Encountering Theology of Mission

*Biblical Foundations,
Historical Developments,
and Contemporary Issues*

# 선교신학의 도전

크레이그 오트
스티브 J. 스트라우스 지음
티모시 C. 테넌트

변진석 · 엄주연 외    옮김

기독교문서선교회

**기독교문서선교회**(Christian Literature Center: 약칭 **CLC**)는 1941년 영국 콜체스터에서 켄 아담스에 의해 시작되었으며 국제 본부는 미국의 필라델피아에 있습니다.

**국제 CLC는** 59개 나라에서 180개의 본부를 두고, 약 650여 명의 선교사들이 이동도서차량 40대를 이용하여 문서 보급에 힘쓰고 있으며 이메일 주문을 통해 130여 국으로 책을 공급하고 있습니다.

**한국 CLC는** 청교도적 복음주의 신학과 신앙서적을 출판하는 문서선교 기관으로서, 한 영혼이라도 구원되길 소망하면서 주님이 오시는 그날까지 최선을 다할 것입니다.

# Encountering Theology of Mission

## Biblical Foundations, Historical Developments, and Contemporary Issues

*Written by*
Craig Ott, Stephen J. Strauss, Timothy C. Tennent

*Translated by*
David Taiwoong Lee, Hyochan Michael Kim,
Steve Sangcheol Moon, Hyung Keun Choi,
Jin Suk Byun, Andrew Joo-Yun Eum, Dong Hwa Kim

Copyright © 2010 by Craig Ott, Stephen J. Strauss
Originally published in English under the title as
*Encountering Theology of Mission*
by Baker Academic a division of Baker Publishing Group
Translated and used by the permission of
P. O. Box 6287, Grand Rapids, Michigan, MI 49516-6287

All rights reserved.

Korean Edition
Copyright © 2017, 2021 by Christian Literature Center
Seoul, Korea

〈옮긴이〉

**이태웅** 박사 | 글로벌리더십포커스 원장, 저자 서문과 서론 번역 및 한글판 서문 집필
**김효찬** 박사 | 한국선교훈련원 교수, 1–2장 번역
**문상철** 박사 | 한국선교연구원 원장, 3장 번역
**최형근** 박사 | 서울신학대학교 교수, 4, 8장 번역
**변진석** 박사 | 한국선교훈련원 원장, 5, 6, 11장 번역
**엄주연** 교수 | 한국선교훈련원 교수, 7, 9, 12장 번역
**김동화** 목사 | 한국해외선교회 대표, 10장, 13장 번역

# 추천사

**변창욱 박사**
장로회신학대학교 세계선교대학원장, 장로회신학대학원 선교학 교수

열방과 땅 끝을 향한 하나님의 선교 계획을 성경적 근거, 선교의 동기, 선교 운동사적 관점에서 개관하는 『선교신학의 도전: 성경적 기초, 역사적 발전 과정, 현대적 논점들』은 복음주의적 시각에서 저술이 되었지만 에큐메니칼 진영과 로마가톨릭의 선교 이해도 간간이 다루고 있다. 본서는 최근의 변화된 선교 상황을 반영하여 저술되었을 뿐 아니라, 다양한 선교지에 적용 가능한 선교적 대안을 제공함으로써 사변적인 논의에 머물지 않고 현장에서 실천할 수 있는 선교적 돌파구를 제시한다. 이에 하나님의 선교에 참여하는 모든 그리스도인들에게 본서를 강력히 추천한다.

**이현모 박사**
Baptist World Alliance 선교위원회 부의장, 침례신학대학교 선교학 교수

선교신학은 신학의 단순한 한 영역이 아니라, 성서학, 역사신학, 실천신학, 사회과학을 포괄해서 성경 본문과 선교적 상황 간에 대화를 이루는 작업이다. 복음주의 그룹은 오랫동안 단순한 선교신학적 기초를 가지고 있었는데 21세기의 급변하는 상황에서 취약함을 드러내고 있었다. 본서

의 세 저자는 오늘날 성경적 신앙을 견지하면서 포괄적이고 균형 있는 조망을 제공할 가장 신뢰받는 복음주의 선교학자들이다. 본서를 변화하는 상황 가운데에서 복음주의 선교신학의 입장을 대변하는 최선의 책으로 강력하게 추천한다.

J. 넬슨 제닝스(J. Nelson Jennings)
Covenant Theological Seminary 교수, *Missiology* 편집인

좋은 지도를 만나기는 쉽지 않다. 감사하게도 크레이그 오트(Craig Ott)와 스티브 스트라우스(Stephen Strauss), 티모시 테넌트(Timothy Tennent)는 기독교 선교를 신학화하는 복잡한 길을 쉽게 찾아갈 수 있는 포괄적인 안내서를 그렸다. 이 방대한 주제에 대해 이보다 더 나은 안내서를 상상하기를 어렵다.

윌리암 D. 테일러(William D. Taylor)
World Evangelical Alliance 선교위원회

풍부한 내용으로 잘 짜인 본서의 세 명의 저자에게 깊이 감사드린다. 본서는 성경과 역사와 상황에 뿌리를 내리고 있다. 본서는 도전적이면서 읽기 쉽다. 신학과 이론에서 출발하여 매우 실제적이고 참여적인 선교를 노래하는 교창(交唱)을 듣는 것과 같다. 뛰어난 사례 연구와 보조 자료 등이 돋보인다. 본서가 어떤 사람들에게는 교과서로서 평가 받을 수 있지만, 나는 본서를 오늘날 선교사역을 수행하며 성찰하고자 하는 전세계의 동역자들에게 진심으로 추천하고 싶다.

**쥬니아스 비너고펄(Junias Venugopal)**
Columbia Internatinal University, CIU Seminary & School of Missions

세계화된 이 세상은 선교 명령을 교회가 성취하기 위해 설득력 있는 성경적 방향성을 제시하는 적절한 선교신학을 요구하고 있다. 뛰어난 본서는 우리를 가부장적인 의식에서 탈피하여 형제애에 근거한 의식을 갖고 모든 지역에서부터 모든 지역으로 나아가 복음을 선포하게 한다. 나는 본서를 신학교의 교수나 학생에게만이 아니라 지역 교회의 선교위원회나 선교에 참여하는 분들에게 강력하게 추천하고자 한다.

# 한글판 서문

이 태 웅 박사
한국해외선교회 글로벌리더십포커스 원장

　본서가 처음 한글로 번역되어 출판된 때는 2012년이었고 이후 절판되었다. 2016년 7월에 한국글로벌리더십연구원(Korean Global Leadership Institute-KGLI)이 주최하는 선교학 박사학위 핵심 과목인 "선교신학의 새로운 도전"이라는 제목의 세미나 인도 차 방한한 저자 중 한 분인 크레이그 오트(Craig Ott) 박사와 상의한 후에, 다시 번역하여 출판하기로 결정을 했다. 그 후 일부 번역진도 새롭게 구성하고 미흡한 부분을 보완하여 드디어 새로운 번역본이 나오게 되었다. 한국선교계의 목소리도 포함되어야 한다는 저자의 요청에 따라서 "한글판 서문"도 일부를 보강해서 다시 싣게 되었다.

　개정판이 나오기까지 많은 분들이 수고했다. 특히 새롭게 구성된 번역진들과 출판의 전 과정을 모니터링하여 원본대로 출판이 되도록 수고한 백인숙 교수와 기꺼이 본서를 출판하기로 결정한 기독교문서선교회 박영호 박사님께 깊은 사의를 표하는 바이다.

　부디 본서가 선교학을 전공하는 분들과, 선교사, 목회자, 신학도들과 그리고 성도들에게 복음주의 관점에서 본 선교신학의 제반 주제에 관해 보다 잘 이해할 수 있게 해 주기를 바라마지 않는다.

지난 반세기 동안 선교신학 책들이 여러 권 출판되었다. 그럼에도 불구하고 철저하게 복음주의적 관점에서 쓰인 좋은 선교신학 책이 없어서 아쉬워하고 있었다.

그러던 중 필자의 트리니티복음주의신학교(Trinity Evangelical Divinity School) 동문들인 크레이그 오트(Craig Ott) 박사, 스티브 스트라우스(Steve Strauss) 박사와 현 애즈베리신학교(Asbury Theological Seminary) 총장인 티모시 테넌트(Timothy Tennent) 박사가 공동으로 저술한 『선교신학의 도전: 성경적 기초, 역사적 발전 과정, 현대적 논점들』(*Encountering Theology of Mission: Biblical Foundations, Historical Developments, and Contemporary Issues*, Grand Rapids: Baker Academic, 2010-이하 『선교신학의 도전』)을 읽게 되었다.

필자의 마음속에서는 "바로 이것이다"라는 탄성이 저절로 흘러나왔다. 그동안 이런 책이 나오기를 얼마나 기다렸는지 모른다. 21세기 세계화된 현 세계를 직시하는 가운데 지금까지의 선교신학 발전 과정도 무시하지 않으면서도 철저히 성경적이며 복음주의적 관점에서 쓰인 책을 목마르게 기다렸던 것이다.

본서는 필자가 느끼는 것처럼 선교신학이 성경적이어야 하며 동시에 복음주의적이어야만 우리가 하나님의 선교(*missio Dei*, 미시오 데이)에 효과적으로 참여할 수 있다고 생각하는 많은 사람들에게 마치 사막에서 샘물을 만난 것 같은 반가움과 기쁨을 선사하게 될 것이다.

순수한 복음주의 선교신학 책들이 집필되기 시작된 것은 그리 오래지 않다. 필자가 기억하기에는 이런 책들이 조금씩 흘러나오기 시작한 것은 1970년대부터이다. 아더 글라서 등은 선교신학 그 자체가 1960년대 이전에는 존재하지 않았다고까지 주장한 바 있다(Arther F. Glasser & Donald A. McGavran, *Contemporary Theologies of Mission*, Grand Rapids: Baker Book

House, 1983). 필경 이는 체계적으로 잘 갖추어진 선교신학이 그때까지 존재하지 않았다는 의미이지 선교신학 그 자체가 전혀 존재하지 않았다는 말은 아닐 것이다.

1921년에 국제선교협의회(IMC: International Missionary Council)가 창립되고, 1948년에 세계교회협의회(WCC: World Council of Churches)가 만들어진 후에 에큐메니칼 운동이 본격적으로 일어나면서 선교신학화가 급속도로 이뤄지기 시작한 것도 사실이다. 하지만 복음주의 진영에서는 아마도 1974년에 개최된 로잔 제1차 대회를 본격적인 복음주의 선교신학화의 첫 신호탄으로 추측한다.

이 대회를 마친 후에 존 스토트 목사는 『현대기독교선교』(*Christian Mission in the Modern World*, London: falcon books, 1975)를 출간했다. 이는 확대된 선교의 정의에 대한 복음주의 입장을 대언하는 것이었다. 이 책의 내용은 지난 30여 년간 복음주의 선교계에서 논의를 거듭하며 복음주의 선교신학 발전의 뇌관 역할을 했다.

이에 앞서 조지 피터스는 『선교성경신학』(George W. Peters, *A Biblical Theology of Mission*, Chicago: Moody, 1972)을 집필했다. 그 외에도 요하네스 베르카일(J. Verkuyl)의 『현대선교신학개론』(*Contemporary Missiology: An Introduction*, Grand Rapids: Eerdmans, 1978, CLC 刊)을 들 수가 있다. 이런 책들은 아직도 고전으로 읽혀져야 할 책들이다. 하지만 21세기 세계화된 세계를 위해서는 그러한 책들만 가지고는 역부족이란 느낌을 떨칠 수가 없었다.

1980-90년대 들어서면서부터 점점 더 많은 선교신학 책들이 나오기 시작했다. 그 중에는 풀러신학교 교수들이 공동으로 집필하고 두란노서원에서 역간한 『현대선교신학』(Arthur F. Glasser & Donald A. McGavran, *Contemporary Theologies of Mission*, Grand Rapids: Baker Book House, 1983)이 있다. 이 시기에 두란노에서 출간한 데이비드 J. 보쉬(David J. Bosch)

의 『세계를 향한 증거』(*Witness to the World*, Atlanta: John Knox, 1980)와 기독교문서선교회(CLC)가 역간한 데이비드 J. 보쉬의 『변화하는 선교』(*Transforming Mission: Paradigm Shifts in Theology of Mission*, N.Y.: Orbis Books, 1991, 2011, 2017, CLC 刊)가 있는데, 그 중에 후자는 우리가 특히 주목할 만한 중요한 책이다.

이 책은 좀 더 조직적이며 포괄적인 저서로서 본격적으로 선교신학의 기초를 견고하게 다진 개신교 관점에서 쓰인 대표적인 선교신학 책이다. 그럼에도 불구하고 이상의 대표적인 책들은 보쉬의 『변화하는 선교』를 제외하고는 현 21세기가 얼마나 큰 변화를 경험할 것인가를 다 알지 못한 채 다만 그런 시대를 예측하는 차원에서 쓰여졌다.

21세기에 들어서면서 또 한 번 큰 패러다임의 전환이 있게 되는데, 이 후부터는 명실공히 세계화된 세계와 범세계교회가 공존하게 된 상황이 전개되었다. 이런 시대를 반영한 21세기의 첫 선교신학 책은 윌리암 D. 테일러(William D. Taylor)가 편집한 『21세기 글로벌 선교학』(*Global Missiology for the 21st Century*, Grand Rapids: Baker Academic, 2000, CLC 刊)이다. 이는 과거에 우리가 한 번도 가보지 못한 새로운 시대를 대표하는 책이다. 이후 지난 10년간에 걸쳐서 나온 선교신학 책들이야말로 현대를 위한 선교신학 책들이라 여겨진다. 이 중에 대표적인 몇 권만 여기에서 소개한다.

첫째, 스티브 베반스(Stephen B. Bevans)와 로저 슈뢰더(Roger P. Schroeder)가 공동으로 저술한 『예언자적 대화의 선교』(*Constants in Context: A Theology of Mission for Today*, N.Y.: Orbis Books, 2004)로서 세계 선교계뿐만 아니라 신학계에서까지도 주목한 책이다. 본서는 데이비드 J. 보쉬 이후에 나온 대작 중의 하나이다. 두 저자가 모두 로마가톨릭교회 신부 출신 학자들임에도 불구하고 가톨릭과 에큐메니칼 운동권의 선교신학적 흐름은 물론이고, 개신교의 선교신학까지 골고루 기술하고 있는 대작이라 할 수 있다.

둘째, 비교적 최근에 크리스토퍼 J. H. 라이트(Christopher J. H. Wright)가 집필하고 한국에서는 IVP가 역간한 『하나님의 선교』(Mission of God, Downers Grove: IVP Academic, 2008)가 있다. 이는 선교신학사상 처음으로 성경신학적으로 선교신학화를 시도한 책으로서 선교계와 신학계의 신학화 과정에 큰 영향을 끼친 것으로 추측된다.

다음 두 권의 선교신학 책이 일 년의 간격을 두고 연이어 쏟아져 나왔는데 하나는 본서인 『선교신학의 도전』(Encountering Theology of Mission: Biblical Foundations, Historical Developments, and Contemporary Issues, Grand Rapids: Baker Academic, 2010)이고, 또 하나의 책은 티모시 테넌트(Timothy C. Tennent)가 쓴 『세계 선교로의 초대: 21세기를 위한 삼위일체 하나님의 선교신학』(Invitation to World Missions: A Trinitarian Missiology for the Twenty-first Century, Grand rapids: Kregel Academic, 2011)이다.

이상과 같은 선별적인 선교신학 책들을 통해서 읽을 수 있는 선교학적 의미를 필자는 다음과 같이 간단히 정리해 보고자 한다.

첫째, 초대 교회 이후부터 20세기 말까지 있었던 모든 패러다임의 변화를 다 통틀어도, 21세기에 접어들면서 교회와 선교 공동체가 경험한 바와는 비교할 수 없다고 한 본서의 저자 서문의 내용대로 이 책들은 일대 패러다임의 변화를 인식하는 가운데 집필된 책들이다.

둘째, 이런 변화는 비단 선교계뿐만 아니라 범세계적인 교회에까지 파급되었고, 특히 그 중에서도 교회론과 선교의 통합이 선교신학적으로 처음 학자들 사이에 다루어져서 소위 선교적 교회론이 개신교 내에서 대세가 된 것을 잘 나타내주고 있다. 이는 세계화된 교회의 존재와 결부시켜 볼 때 세계복음화 전략의 패러다임에 변화를 주고도 남음이 있을 정도로 중대한 선교신학적 진전이다.

셋째, 선교하는 상황 자체가 미증유의 변화를 겪고 있다. 2011년 11

월 6-11일 동안 독일 슈투트가르트 근교에서 개최된 세계복음주의연맹 선교위원회(World Evangelical Alliance Mission Commission) 선교대회에서는 현세대를 "혼란스러운 세상"(disturbing world)이라고 규정하고 이런 상황 속에서 "혼란스러운 선교"(disturbing mission)를 할 수 밖에 없다고 결론지었다.

이런 현 세상을 반영하는 선교신학화만이 앞으로 하나님의 선교(missio Dei)에 범세계교회가 효과적으로 참여할 수 있게 해 줄 수 있다는 점에서, 앞에 언급한 책들은 복음주의 선교계에 공헌한 바가 크다고 본다. 왜냐하면 현 상황에 적합한 선교신학은 처음 현대 선교 운동이 일어났던 19세기 말과는 무척 다르기 때문이다. 그때에는 단순한 선교신학의 틀(framework)을 가지고서도 선교를 잘 할 수 있었지만 20세기는 달랐다. 하지만 그때에도 복음주의 선교계는 비교적 단순한 선교신학적 지침을 가지고서 지금처럼 범세계적인 교회와 선교계로 발돋움할 수 있었다.

이제는 더욱 다르다. 우리가 다양한 변화 속에서 새롭게 선교하고 교회가 선교적이 되기 위해서 선교신학도 발전되지 않으면 안 되는 상황에 처했다.

어떻게 달라져야 하는가?

다음과 같은 몇 가지 예만 들어보아도 그 필요를 입증할 수 있다.

첫째, 과거에 기독교적 우위를 차지하던 지역들이 후(後)기독교 시대를 맞이하여 새로운 선교지로 부상하고 있다. 이들을 향한 선교는 소위 전통적인 선교지로 한때 알려졌던 대다수 세계(the majority world)의 선교 양식과는 달라져야 할 것이다.

둘째, 세계화가 가속도가 붙어서 미증유의 속도로 그 파급효과가 지구촌 각처에서 일어나고 있다. 세계 어느 곳이든지 하루면 갈 수 있을 뿐만 아니라, 인터넷이나 기타 매스컴을 통해 동시다발적으로 모든 것을 보고 듣고 참여할 수 있게 되었다. 진정한 의미로서의 유비쿼터스

(ubiquitous) 시대가 열린 것이다. 최근에는 4차 산업 시대로 급속도로 접어들고 있다. 앞으로의 선교신학화는 이런 상황을 감안하지 않으면 안 될 것이다.

셋째, 한때는 사람들이 비록 성경 말씀은 믿지 않을지 몰라도 진리 그 자체는 존재한다고 믿었으나 현재는 진리 그 자체가 존재하지 않는다고 볼 뿐만 아니라, 어떤 것이든 자신이 옳다고 생각하면 그것을 진리로 받아들이는 시대로 변했다. 소위 포스트모더니즘을 좇는 시대가 도래(到來)한 것이다. 이런 상황 속에서는 수없이 많은 영성이 존재할 수 있고, 선교행위는 과거 어느 때보다 더 큰 도전을 세상으로부터 받게 되었다. 우리의 선교신학은 이런 시대에 하나님께서 무엇을 말씀하고 계신지를 우리에게 분명하게 알려주는 역할을 해야 한다.

21세기 들어서면서 이런 시대를 반영하는 선교신학이 앞서 말한 책들을 통해 출현한 것이다. 그 선교신학 내용은 과거 어느 때보다도 다음의 특징을 지닌다.

① 거시적
② 통합적
③ 포괄적
④ 조직적

데이비드 J. 보쉬의 『변화하는 선교』나 얼마 전에 나온 베반스 등의 『예언자적 대화의 선교』가 그 대표적인 예이다. 그 뒤를 크리스토퍼 라이트의 『하나님의 선교』가 잇고 있다. 이런 추세가 한때 복음주의자들이 터부시하던 하나님의 선교(*missio Dei*)를 보편화시켰고, 이제는 복음주의 선교학계에서도 이를 자연스럽게 받아들이게 되었다.

하지만 실제 선교를 하고 있는 선교 실천가들에게는 선교가 너무 방

대한 모습으로 다가 오기 때문에 선교를 하기 위해 어디서부터 손을 대야 하는지 감을 잡지 못할 수 있다는 점도 감안하지 않으면 안 되게 되었다. 복음주의 선교 운동이 일어날 때만 해도 선교가 진전되면서 서서히 그에 따르는 선교신학들이 모습을 드러냈고 선교신학화도 점진적으로 이루어졌기 때문에 선교 실천가(mission practitioners)들은 선교현장에서 이를 실천하면서 이론을 정립해 갈 수 있었다.

지금 사정은 좀 다르다. 이론들이 이미 다 한 눈에 보이도록 과학적이고도 조직적으로 잘 짜여 있기는 하지만, 이 엄청난 내용으로 들어가는 입구를 자세히 가르쳐주지 않은 채 한데 뭉뚱그려 놓았기 때문에 실천가들은 선교신학 책들을 보고 어디서부터 어떻게 선교를 시작을 해야 할지 쉽게 알 수 없는 것이 고민이었다.

본서인 『선교신학의 도전』에서는 이런 문제들을 잘 풀어주어서 선교신학들의 전체도 볼 수 있지만 동시에 실천가들이 선교를 하기 위해 어디서부터 손을 대야 하는지도 알 수 있게 해 주었다. 즉 입문(entry point)을 다음과 같이 가능케 해 주었다.

첫째, 하나님의 선교의 큰 틀을 제시하면서 동시에 우리가 할 부분을 정확히 알려 주었다. 선교(mission)와 선교사역(missions)을 구분함으로써 우리가 어떻게 구체적으로 하나님의 선교에 참여할 수 있는지 알려 주었다. 이로써 하나님께서도 선교하시지만 우리도 선교사역을 함으로써 능동적으로 하나님의 선교에 동참할 수 있다는 것을 확인해 주었다.

둘째, 교회의 선교와 선교사역의 동시성과 공존성을 확인해줌으로써 우리가 선교적 교회를 통해 선교하는 동시에 선교팀들을 전략적으로 보냄으로써 미전도지역을 복음화할 수 있게 했다.

셋째, 선교가 삼위일체 하나님의 선교임을 복음주의적 입장에서 명백히 정립함으로써 우리가 더 이상 이원론적인 태도로 선교사역에 참여하지 않아도 될 수 있게 했다. 우리가 하는 선교와 하나님께서 하시는 선교를 구분하지 않고 모든 선교는 하나님께서 하시는 것이며, 우리는 다만 이 선교에 초대를 받아서 하나님과 함께 참여하는 것이라는 점을 명확히 해 주었다(Tennent, *Invitation to World Mission* 참조).

이런 이유로 본서는, 중요한 현대적인 선교 논점들에 대한 복음주의 입장을 알리는 데도 큰 역할을 할 것이라 본다. 특히 종교신학적인 면에서 종교간 대화를 주장하는 이들을 향해 복음주의의 종교간 대화는 무엇을 의미하는지를 알려 준다. 또 타종교인들을 향해서도 우리가 그런 대화를 언제든지 환영한다는 메시지도 아울러 보낼 수 있다는 점에 있어서도 유익하다.

결론적으로 본서의 저자들이 서문에서 언급한 대로, 한국교회와 선교계가 진정한 복음주의 입장에서 본 삼위일체 하나님의 선교가 무엇인지를 더 잘 이해하게 되고, 이로써 하나님의 선교에 더 열렬히 참여하는 계기가 되기를 진심으로 바란다.

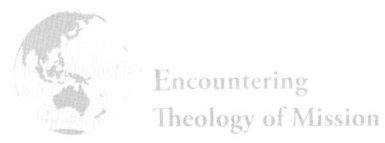

# 저자 서문

　데이비드 J. 보쉬의 분석에 의하면 기독교 선교신학은 교회 역사상 여러 번 패러다임의 변화를 거쳤다. 그럼에도 불구하고 이 모든 변화를 다 합하여도 20세기에 일어난 변화에 미치는 여파와는 비교가 되지 않을 것이다. 진리에 대한 이해, 성경의 권위, 타종교의 성격, 개교회의 역할, 사회적 공의가 차지하는 위치, 영적 역동성, 대다수 세계(the Majority World)의 교회 성장이 그 예들이다.

　그 이외도 많은 관심사들이 생겼으며, 이런 것들은 선교에 대해 다양한 방향으로 새롭고도 적극적인 사고를 할 수 있는 자극제가 되었다. 21세기로 접어들면서 교회의 선교에 대한 명확한 성경적 가르침과 세계화된 세계에 대한 인식이 그 어느 때보다 크게 요구되었다.

　우리의 목표는 독자들에게 이런 진전 상황을 한 눈에 볼 수 있게 하고, 선교에 대해 신선하고도 성경적으로 이해할 수 있게 하기 위한 새로운 틀을 제공하는 데 있다. 이를 위해 우리는 선교의 핵심이 되는 주제들을 선택하여 이들에 대해 성경적, 역사적 내지는 현대적인 관점에서 검토할 것이다.

이런 과정 중에 우리는 이 주제들이 지역적 차원(local level) 및 범세계적 차원(global level)에서 어떻게 변천했는가를 규명하는 데 관심을 갖게 될 것이다. 본서는 이런 주제들을 다음 세 단계로 다루게 될 것이다.

① 성경적 기초들
② 선교에 대한 동기와 방법들
③ 글로벌 및 지역적 상황에서의 선교

항상 명시적으로 나타나지는 않을지라도, 우리는 시종일관 선교신학을 교회론과 종말론과 연계시키려고 했다. 그 이유는 하나님 나라 공동체로서의 교회야말로 선교의 일차적인 주체(primary agent)이자, 동시에 이 세상을 향한 **하나님의 선교**(missio Dei)의 최상의 열매이기 때문이다. 더 나아가서 올바른 종말론적 관점에 따라서 선교신학이 형성되었을 때에만 비로소 하나님 나라를 제대로 보여줄 수 있다. 하나님의 백성인 교회는, 이미 도래(到來)하였으나 그리스도께서 재림한 후에야 비로소 충만한 상태로 나타날 하나님 나라의 도구와 증거와 표지(sign)로서 산다. 십자가는 계속해서, 역사와 복음이 주는 소망의 메시지와 선교의 능력이 되는 성령과의 연결고리 역할을 할 것이다.

우리는 성경의 권위를, 풍랑이 일어나는 물 위를 항해하는 데 있어서 방향성을 제시해 주는 북극성과 같은 역할로 삼는 것에 대해 재고할 의도가 전혀 없다. 우리는 철저히 복음주의 신앙을 가진 사람들임에도 불구하고 본서 내용들이 모두에게 유익을 줄 수 있기를 기대한다. 따라서 다른 관점에 대해서도 공평하게 다루려고 노력했다. 이 책을 집필할 때 우리의 자세는 단순히 상아탑 속에서만 활동하는 학자로서가 아니었다. 각 저자마다 수 년간에 걸친 타문화 선교 상황에서의 실제적인 경험을 토대로 하여 글들을 집필했다.

  크레이그 오트(Craig Ott)는 서론과 제1-9장을 집필했다. 스티브 스트라우스(Stephen Strauss)는 제10, 11장과 제13장을 집필했다. 티모시 테넌트(Timothy Tennent)는 제12장을 집필했다.

  인용된 영어 이외 외국어로 쓰인 내용들은 원본에서 본인들이 직접 번역한 것이다. 성경 구절들은 달리 규정하지 않은 것은 모두 NIV(New International Version)으로부터 온 것이다. 하나님의 경우나 고유명사를 제외하고는 **교회**(church, 지역 교회나 우주적 교회인 공회[the church universal])나 **성경**(scripture)이나 **하나님 나라**(kingdom of God) 등 모든 첫 글자를 소문자로 쓰기로 결정했다. **복음**(gospel)의 경우 신약전서 중의 사복음서(four Gospels)를 지칭할 경우만 첫 글자를 대문자로 쓰기로 했다. 인용문 중에 있는 볼드체가 있다면 이는 특별한 언급이 없는 이상 원문에 있는 것을 그대로 나타낸 것이다.

  대부분의 장(章)마다 교수와 학생들과 독자들이 활용할 수 있는 보조자료(sidebar)와 사례 연구(case studies)를 실었다. 이는 더 깊이 성찰할 수 있도록 격려하거나, 각자가 나름대로 자신의 결론을 도출해낼 수 있게 하거나, 다루고 있는 주제에 대해 실제적으로 적용을 할 수 있도록 도움을 주기 위한 것이다. 이외에도 그룹 토의와 수업 중에 서로 의견을 나누는 데 활용하거나 개별적인 연구를 위해 사용할 수 있다.

  우리는 원고를 읽고 아주 유익한 피드백을 해준 모든 분들에게 감사를 표한다. 스티브 베반스(Steve Beavans), 존 정(John Cheong), 조지 헌스버거(Geeorge Hunsburger), 데이비드 응가루이야(David Ngaruiya), 짐 립섬(Jim Reapsome), 에크하르트 슈나벨(Eckhard Schnabel), 에드 스텟저(Ed Stetzer), 타이트 티에누(Tite Tiénou)가 그들이다. 본 시리즈의 편집인인 스캇 모로우(Scott Moreau)와 베이커 아카데미출판사의 짐 켄니(Jim Kenny)는 이 책을 완성하는 데 있어서 한없는 인내를 발휘하였을 뿐만 아니라, 이 책을 완성하는데 필요한 전문적인 조언과 도움을 주었다.

또한 연구 조사와 편집을 도운 팀에게도 감사를 드린다. 엑슬 파취너(Axel Fachner), 벤 스티븐스(Ben Stevens), 에이미 해이(Amy Hay) 등이 바로 그들이다. 우리의 집필 과정 내내 인내하며 충성스럽게 지원해준 우리의 배우자들에게도 깊은 사의를 표하는 바이다.

우리의 기도와 소망은 본서가 학생들과 선교사, 교수들, 그리고 일반 그리스도인들이 하나님의 선교를 더 깊이 이해할 뿐만 아니라 더 충실하게 참여하게 되는 데 있다.

# 약어표

| | |
|---|---|
| *AG* | Vatican Council II, *Ad Gentes* |
| CRESR | Consultation on the Relationship between Evangelism and Social Responsibility(sponsored by LCWE) |
| CWME | Commission on World Mission and Evangelism |
| ESA | Evangelicals for Social Action |
| GOCN | Gospel and Our Culture Network |
| IMC | International Missionary Conference |
| LCWE | Lausanne Committee for World Evangelization |
| *LG* | Vatican Council II, *Lumen Gentium* |
| LMS | London Missionary Society |
| LOP | Lausanne Occasional Paper |
| MM | Manila Manifesto(from Lausanne II) |
| *RM* | Pope John Paul II, *Redemptoris Missio*(encyclical letter) |
| SLSW | strategic-level spiritual warfare |
| SPCK | Society for Promoting Christian Knowledge |
| SPG | Society for the Propagation of the Gospel |
| WCC | World Council of Churches |
| WEA | World Evangelical Alliance |
| WEF | World Evangelical Fellowship(later renamed WEA) |

# 목차

추천사 / 변창욱 박사 외 4인    5
한글판 서문 / 이태웅 박사(한국해외선교회 글로벌리더십포커스 원장)    8
저자 서문    17
약어표    21

## 서론 ……………………………………………………………… 24

## 제1부 선교의 성경적 기초……………………………………… 63
  제1장  구약에서의 하나님과 열방 …………………………… 64
  제2장  신약에서의 하나님과 열방 …………………………… 104
  제3장  선교의 정당성(하나님의 선교) ……………………… 159
  제4장  선교의 목적과 본질 …………………………………… 205
  제5장  선교사역의 과업(확신과 논쟁) ……………………… 257
  제6장  선교사역의 과업(수렴과 결론) ……………………… 318

## 제2부 선교의 동기와 수단 ……………………………………367
  제7장  선교사역의 동기 ……………………………………… 368
  제8장  교회와 선교 …………………………………………… 421
  제9장  선교사의 소명 ………………………………………… 467
  제10장 영적 역동성과 선교 …………………………………… 506

**제3부 지역적, 세계적 상황에서의 선교** ························553
    제11장 상황화와 선교 ················································ 554
    제12장 기독교와 타종교의 만남(복음주의 종교신학을 위하여)
           ··················································································· 604
    제13장 선교의 필요성(세 가지 불편한 질문) ··············· 646


참고문헌　690

주제별 색인　723

Encountering
Theology of Mission

# 서론

## 1. 현대에 선교신학이 중요한 이유

    살아 계신 하나님이시며, 하늘과 땅의 창조자이시며, 우리 영혼들을 사랑하시는 분이신, 영원한 아버지께서는 하나님의 백성들을 선교를 위해 세상으로 보내신다. 하나님의 아들의 보혈로써 우리를 구속하시고, 우리에게 성경의 메시지를 주시고, 성령으로 무장시켜서 내보내신다. 이로써 우리가 역사 가운데 나타난 하나님의 목적을 성취하는 도구가 되게 하신다.

    우리가 이런 사실을 생각하면 할수록 더욱더 두렵고 떨리며 압도당하게 된다. 우리에게 주어진 특권에 비해 무가치함과 부족함을 더 깊이 느끼면 느낄수록 우리에게 주어진 이런 사명을 올바로 감당하지 않으면 안된다는 중압감을 느끼게 된다.

    선교신학은 이런 놀랍고도 엄청난 점을 잘 이해할 수 있도록 풀이해 주는 역할을 한다. 즉 우리가 하나님께로부터 세상으로 보내심을 받았다는 사실을 잘 알게 해 주는 역할을 한다는 말이다.

    하지만 기독교 선교만큼 다양한 감정과 헌신과 확신을 불러일으키는 주제도 드물 것이다. 일부 그리스도인들은 선교에 대해 한없이 열정적이다. 그들은 선교가 교회의 최고의 사명이라 본다. 반면에 또 다른 그리스도인들은 선교에 대한 생각만 해도 두려워하며 심지어는 적대시한다. 그들은 선교는 오만한 것이며 세상의 평화를 위협하는 것으로 본다. 어떤 이들은 "기독교 선교"를 식민지적 사고방식, 전통 문화의 파괴, 종교적 독선과 동일시한다.

심지어는 선교를 지향하는 진영에서도 선교의 핵심적인 사역이 무엇인가를 놓고는 서로 의견이 분분하다.

선교는 복음을 들어보지 못한 사람들을 향해 오직 복음만을 전하는 것인가?

혹은 선교는 배고픈 사람들에게 양식을 주는 것도 포함하는 것인가?

혹은 선교는 소위 "제도적인 죄"에 대해 투쟁하여 사회 정의를 이루는 것에 더 치중해야 하는가?

혹은 선교는 말없이 투명한 삶을 살면서 어떤 것을 믿고 있는지 상관하지 않고 사랑함으로써 "조용한 증인"(silent witness)의 역할만을 해야 되는가?

이외에도 여러 가지 질문과 논점들이 **선교**라는 용어 주위에 맴돌게 된다.

일례로서 과연 현재도 선교사가 필요하다거나, 보내야 된다는 당위성이 있는가?

"선교사"는 어떤 사람인가?

기독교인들은 무슨 권리로 기독교가 다른 종교에 비해 우월하다고 주장할 수 있는가?

복음을 평생 한 번도 듣지 못한 사람은 어떻게 해야 되는가?

우리에게는 더 좋은 전략이 필요한가 아니면 더 많은 영적 능력이 필요한가?

이런 질문들은 끝이 없다. 이런 질문들은 기독교 선교가 지금 얼마나 혼란한 상태에 있는지를 나타내고도 남음이 있다. 1950년대 이후 전통적인 의미에 있어서의 선교의 필요성과 정의(定義)와 정당성이 심각하게 의문시되었다. 월터 프레이탁(Walter Freytag 1958,138)이 50년도 더 되는 이전에 언급한 다음과 같은 말이 지금도 우리에게 사실로 느껴진다.

선교는 문제를 안고 있는 것이 아니라 선교 자체가 문제가 **되어버렸다!**

여러 논점들 중에 명확한 동의가 이뤄진 영역은 극히 드물다. 일반 교인들 차원에서나 신학교에서의 신학적인 차원에서나 선교단체 간의 선교 전략적 차원에서까지도 그렇다. 그럼에도 불구하고 개교회들과 선교단체들과 기독교 지도자들과 개별 그리스도인들은 이 질문들이 어떻게 답변되어야 하는가에 대한 그들의 이해에 기초해서 의사 결정을 주기적으로 내리고 있는 형편이다. 그런 결정들은 엄청난 결과를 초래하게 된다.

그런 결정에 따라서 다음과 같은 내용들에 영향을 끼치게 된다. 어떤 프로젝트를 지원할 것인가, 어떤 사역을 해야 하는가, 어떻게 기도해야 하는가, 크리스천 사역을 하는 데 있어서 어떻게 조언을 해 주어야 하는가, 다른 종교를 가진 사람들을 어떻게 대해야 되는가, 크리스천 지도자들을 어떻게 훈련시켜야 되는가, 설교 중에 어떤 것이 강조되어야 하는가, 선교활동을 어떻게 장려해야 하는 것 등 수없이 많은 일들에 영향을 끼치게 된다.

빠른 속도로 세계화 되어가는 현 세계에서는 이런 문제들이 갈수록 더 복잡해지고 있다. 세계는 증가된 여행, 글로벌 소통의 용이함, 다양한 언론 매체의 증가, 국제 경제 네트워크의 확산, 그리고 이주자, 학생, 난민, 여행객, 비즈니스맨 등의 국제적인 흐름 등으로 인해 갈수록 더 좁아지고 있다. 그리스도인들은 갈수록 어디서나 다른 민족적 배경을 가진 사람들을 만나며 다른 종교적 배경과 가치관을 가진 사람들과 접하게 될 것이다.

그들은 종종 내 이웃 또는 직장 동료일 수 있다. 단기 선교로 인해 매년 오십만 명이 넘는 미국인이 국제 여행을 하게 되는데 이는 선교의 열풍을 일으키는 데만 그치지 않고 동시에 선교에 대한 우려도 야기시켰다. 대다수 세계(Majority world) 교회들도 주요 선교사 파송처가 되었으며 종종 과거에는 기독교권으로 보았던 곳으로 보내게 되었다. 선교는 문자 그대로 "모든 곳에서 모든 곳으로"가는 것이 되었다(Nazir-Ali 1990).

이런 현상들은 우리가 선교를 이해하는 데 있어서 과연 어떤 의미를 주고 있는가?

## 2. 선교신학의 사명

선교신학의 사명은 이상과 같은 문제들에 대해 논함으로써 교회가 선교 대사명을 성취하도록 성경적인 방향을 제시하는 데 있다. 현재는 선교사역에 대한 추세가 급변하고, 새로운 선교 이론과 전략이 강력하게 추진되기도 한다. 또한 동시대적 발전들은 고정관념들을 당황스럽게 만들고, 지역 교회들이 기성 선교단체들을 건너뛰기도 하며, 수없이 많은 선교대회와 워크숍들과 선교전략회의들이 우후죽순처럼 일어나고 있다.

따라서 과거 어느 때보다도 선교의 성격에 대한 성경적 및 신학적인 연구의 필요가 커졌다. 만일 우리의 역과 열정이 자극적인 슬로건이나 유행을 타는 전략이나 사회과학적인 발견에 근거하고, 건실한 성경적 기초에 둔 것이 아니라면 선교행위는 다만 실용주의적인 것이나, 열정이나, 정치적으로 옳고 그름에 그 근거를 둔 것으로 전락하고 말 것이다. 복음주의자들의 "선교학의 비신학화"(de-theologizing of missiology)에 대한 경고를 매우 심각하게 받아들여야 한다(예, Rommen 1993).

우리에게 필요한 것은, 하나님께서 세상에서 어떤 일을 하시는가에 대한 것과 이에 대해 교회가 어떻게 참여하는가에 대한 성경적이며 신학적인 관점 그 이상도 그 이하도 아니다. 만일 우리가 선교는 하나님의 본성과 직결된 것이며, 교회를 위한 하나님의 뜻이며, 세상 나라들을 향한 하나님의 계획이라고 믿는다면(우리는 이것을 매우 확실히 믿는다) 선교신학은 선교의 성격과 선교사역을 어떻게 할 것인가를 발견하는 데 시발점이 되어야 한다. 따라서 선교신학은 다음과 같은 과제를 성취하지 않으면 안된다.

### 1) 선교사역에 대한 명확한 성경적 근거를 제시한다

성령의 능력으로 인해 생긴 선교에 대한 열정은 기독교 선교라는 열차를 이끄는 원동력이 된다. 반면에 선교신학은 이 열차가 갈 수 있는 철로(鐵路)의 역할을 한다. 철로 때문에 열차는 안정된 상태로 목적지까지 갈 수 있다. 철로가 없이는 아무리 강력한 힘을 가진 열차라도 멀리 가지 못할 뿐만 아니라 목적지까지도 도달하지 못한다.

이와 마찬가지로 명확한 성경적 및 신학적인 지침이 없이는 아무리 강력한 선교 헌신과 비전이 있을지라도 하나님께서 제시한 선교의 목적을 달성하지 못하게 된다. 반면에 성령의 능력 없이는, 가장 신중하게 그리고 성경적으로 정확하게 선교신학을 형성했더라도 마치 화차가 없는 기차처럼 옴짝달싹도 못할 것이다.

### 2) 선교활동과 그 기초가 올바르게 놓였는가를 점검하는 역할을 한다

선교신학은 교회가 세상과 접목(接木)을 시도하는 데 있어서 방향을 제시할 뿐만 아니라, 동반자의 역할도 하게 된다. 데이비드 J. 보쉬는 다음과 같이 말했다.

더 나아가서 선교학의 사명은 선교 사업을 위해 비판적인 동반자가 되며, 그 기초와 목표와 태도와 메시지와 방법을 청중들로부터 안전한 거리에서 점검도 한다. 다만 그리스도의 교회를 위해 책임감을 통감하며 섬기는 태도로 그렇게 한다. 따라서 선교학적 숙고(熟考)는 기독교 선교에 있어서 필수적인 요소가 된다. 선교학적 숙고는 선교를 더 강화하고 정화(淨化)한다(1991, 96-97).

### 3) 교회와 기관들을 위해 복음의 선교적인 깃발을 높이 든다

선교는 하나님의 본질 그 자체에 뿌리를 내리고 있다. 그 때문에 하나님은 선교의 하나님이시다. 따라서 선교신학은 더 넓은 신학 분야를 향해서도 중요한 역할을 하고 있다. 선교신학은 교회의 선교 사명을 지속적으로 상기시켜 주고, 선교사역에 대해서도 성경적인 방향을 제시해 준다. 동시에 "각종 신학들에 있어서 약방의 감초와 같은 역할도" 하고 있다(D. J. Bosch 1991, 496). 선교신학은 언제나 세계를 눈앞에 둠으로써 교회가 안일한 곳에 머물지 못하게 하고, 학문이 상아탑에 머물러 있지 못하게 한다.

교회와 교육기관은 성격상 협소하게 정의한 "내부 일"과 자기를 위한 섬김에 치중하기 쉽다. 하지만 선교신학은 그와 달리 고집스러울 정도로 세상을 향한 하나님의 목적을 신학자들과 목회자들과 교육기관과 회중들과 기독교 지도자들과 그 추종자들 눈앞에 제시하는 기능을 한다. 따라서 건전한 선교신학은 하나님과 오늘날 교회를 위한 하나님의 목적을 성경적으로 이해하는 데 있어서 중심으로 여겨져야 한다.

## 3. 선교, 선교사역들, 그리고 선교사들

놀랍게도 영어성경 번역본 중에는 **선교**(mission)와 **선교사들**(missionary)이란 용어는 대부분 나타나지 않고 있다. 성경 색인(Concordance) 중에서도 이런 용어를 사용한 예가 있는가를 아무리 찾아보아도 찾아볼 수 없다. 이런 단순한 사실만 보아도 이런 용어를 사용하는 데서 야기된 혼란에 대해 이해할 수가 있을 것이다. **선교**라는 용어는 라틴 말 **미토**(*mitto*), 즉 "보내다" 그리고 **미시오**(*missio*)는 "보냄"에서 온 것이다. **선교**라는 용어는 1544년에 예수회 이그나시우스 로욜라(Ignatious Loyola)와 제이콥 로이너(Jacob Loyner)가 기독교 신앙의 전파 과정을 설명하기 위해 처음 사용하였다. 1588년에 로욜라는 다음과 같이 기록했다.

> 선교는 하나님의 말씀을 각 마을마다 전파하기 위해 떠나서 사역하는 것을 의미한다(K. Müller 1987, 30에서 재인용).

**선교**라는 용어는 17세기에 와서 비로소 실용화되기 시작했다. 그전에는 주로 **사도직**(Apostolate), 아니면 사도적 직무(Apostolic office)가 더 많이 쓰였다(Ohm 962, 38-39).

비록 영어역 성경에는 사용된 예를 찾아볼 수 없지만, 보낸다는 뜻으로 사용된 선교 개념은 얼마든지 있다. 헬라어 신약에서는 보낸다는 뜻을 두 가지 용어로 사용하고 있다. "펨포"(*pempo*)와 "아포스텔로"(*apostello*)가 그것이다. 이 용어들은 대개 동의어로 사용되었다. 하나님께서 천사들과 선지자들을 보내신다는 뜻으로도 사용되었다. 또 하나님 아버지께서 그 아들을 보내시는 데와 성령을 보내시는 데 사용되었다. 더 나아가서 제자들을 보내시는 데도 사용되었다(Köstenberger 1998a, 97-111).

1950년대까지는 **선교**(mission)와 **선교사역**(missions)은 교회를 통해 파

> 선교를 신학적으로 오직 "해외 선교(사역들)"만을 의미한다고 고집하는 주장에 대해 내 생각에는 일리가 있다고 본다. 교회는 세상으로 보내진 공동체라는 그 본질에 대해 잊지 않고 계속 숙고하게 하는 데 그 의의가 있다고 본다. 그와 같은 관점에서 볼 때 선교사역은 많은 사역 중에 하나가 아니라 다른 여러 사역들에 대한 기준이 된다. 선교사역은 독특한 방법으로, 특히 흘러가는 시공(時空)의 관점에서 볼 때 진정한 교회의 본질이 무엇인지를 알게 해 주는 기준이 된다. 그것은 교회가 그 본질로 돌아가게 하며 선교에 대한 소명 앞에 직면하게 만든다. 이렇게 확실하게 교회가 자기 밖으로 나아갈 때 교회는 교회로서 정체성을 찾게 되며 교회답게 된다.
>
> -Johnnes Blauw(1962, 122)

송받아 기독교 신앙을 전파하는 선교사들에 대해 동의어로 사용되었다. 그들은 복음을 들어보지 못한 사람들을 위해 복음을 전하고 개종한 사람들을 모아서 교회를 개척하라는 특별한 소명을 받고 파송된 사람들이었다(보조 자료 I.1의 선교의 정의에 대해 추가적으로 제시한 정의들을 참고할 것).

이 내용을 보면 지역적 내지는 문화적 경계선을 넘는 것이 포함된다. 이런 사역과 병행해서 진행되나 대개는 이차적 내지는 보조하는 형식으로 진행되는 것 중에는 학교, 병원 및 고아원을 세우는 일이나, 다른 자선 사업이나, 경제적 개발 사역이 여기에 속했다. 이와 같은 선교에 대한 이해는 여러 진영 중에서 급진적인 변형을 겪었다.

### 보조 자료 I.1
### 선교의 정의

다음과 같은 선교의 정의를 생각해 보라.

"선교"라는 말은 … 하나님께서 그 백성을 세상에 보내셔서 실행하라고 명하신 모든 것을 포함하는 포괄적인 단어이다(Stott 1975, 35).

선교는 하나님의 백성이 하나님 나라의 표징(sign)와 선(先)경험과 현존(現存)으로서의 교회를 통해 하나님의 실재를 증거하는 것이다(Roxburgh 2000, 179).

선교는 인류와 세상을 구속하기 위해 삼위일체 하나님께서 행하신 창조적이고도 구속적인 행위이다. 선교의 궁극적인 목표는 하나님 나라의 완성과 하나님의 백성의 구원이다(Yoshimoto 2005).

"선교"는 하나님의 심판이나 구속을 증진시키기 위해 초자연적인 존재나 인간을 중재자로서 파견하여 하나님의 뜻을 전하기도 하며 또 실행케도 하는 신적인 행위이다(Larkin 1996, 534).

◆ 성찰과 토의 ◆
① 어떤 정의가 성경적인 선교의 정의를 가장 잘 반영하고 있으며 그 이유는 무엇인가?
어떤 성경 구절이 자신의 선택에 대한 근거가 되는가?
② 각 정의마다 어떤 강점과 약점을 갖고 있는가?
③ 기독교 선교의 정의 중에 불충분하거나 부정확한 것을 선택했을 때 어떤 어려움이 생기겠는가?

1960년대 이후 **선교**(mission[단수])라는 용어는 하나님의 보내시는 모든 행위에 대해 포괄적으로 묘사하기 위해 주로 사용되었다. 즉 하나님의 세상을 향한 선교행위에 대해 이런 용어를 사용했다. 선교(mission)는 선교사들의 선교활동만 의미하지 않고, 교회가 선교사명을 위해 세상에 보내심을 받은 그 자체를 의미하게 되었다. 스티븐 닐(Stephen Neill)은 이런 현상에 대해 다음과 같이 주장했다.

> 선교사역(missions)의 시대는 이제 끝났다. 선교(mission)의 시대가 이제 막을 올렸다(D. J. Bosch 1991, 391에 재인용).

반면에 **선교사역**(missions[복수])은 교회가 범세계적으로 선교사역을 구체적으로 펼쳐 나가는 것을 지칭하게 되었다. 대개는 복음을 전파하는 것이나 하나님 나라를 확장하는 사역이 여기에 속했다. 이런 용어들을 그렇게 구분하는 데 있어서 문제가 없지는 않겠지만 이 책에서는 그런 의미로 이 용어들을 사용하게 될 것이다.

반면 **선교**라는 용어는, **모든 나라, 방언, 족속들의 타락한 남자들와 여자들을 하나님과 화목케 하고 하나님 나라에 입문케 하기 위한 하나님의 보내시는 행위**를 의미하는 것으로 사용하게 될 것이다. 이 경우 교회는 이 시대를 위한 선교의 주체가 된다. 이 책의 가장 중요한 목적 중 하나도 선교의 목적과 사역에 대해 정확하게 정의하는 것이다.

**선교사**라는 용어는 초기에 사도들의 직무와 연관이 있었다. 헬라어로 **사도**(*apostolos*)는 원래 "보내심을 받은 자" 내지는 "밀사"(emissary)라는 뜻이 있다. 초기 선교사들은 열두 사도들의 전통을 좇아서 예수의 보내심을 받아 온 세상에서 복음을 전하고 제자 삼는 사역에 참여하고 있다고 생각했다. **선교사**는 용어상의 혼란이 있는 것이 사실이지만 우리는 이 용어를 교회가 공식적으로 파송한 사람들이나 선교단체가 특별히 선교사역들을 위해 위임한 사람들을 지칭하는 데 사용할 것이다(제10장을 보라. 보조 자료 I.2에는 이 책에서 사용한 여러 용어들의 기본적인 정의에 대해 추가로 제시하였다).

## 보조 자료 I.2
## 용어 정리

**선교적**(missional), **상황화**(contextualization), **종교 다원주의**(religious pluralism) 등 다양한 용어들은 본서 후미에 더 자세히 정의를 내릴 것이다. 여기에서는 독자에게 생소한 용어들만 간단하게 해석하겠다.

### 협의회(Conciliar)
세계교회협의회(WCC, 설립년도 1948)나 1910년 이후에 일어난 각종 연합 운동에 속한 교회들이나 교단들이나 선교단체들을 지칭한다. WCC의 다양한 대회들과 위원회들(세계 선교와 전도위원회와 같은 위원회들)을 통해 선교에 대한 협의회신학이 형성되었다(www.oikoumene.org를 보라).

### 송영(頌詠, Doxology)
이 단어는 "영화"(glorification)라는 의미를 가진 헬라어에서 기인한 용어로서 하나님을 영화롭게 한다는 뜻으로 사용된다. 본서에서는 예배(worship)와 찬양(praise)과 하나님의 영광을 포함한 넓은 의미에서의 사용하였지만, 더 좁은 의미인 기독교 예전의 요소로는 사용하지 않았다.

### 계몽주의(Enlightenment)
18세기에 일어난 지적 및 사회적 운동을 지칭하였다. 후에 서구 문화는 이 운동의 영향을 받았다. 이 운동은 개인적인 권한과 자연의 법칙을 고수하였으며 이성만으로도(종교적인 권위 없이) 충분히 실재를 이해하고 인간의 문제들을 해결할 수 있다고 주장하였다. 과학적 탐구가 곧 미신을 타파해야 한다고 했다. 그리고 종교는 개인적인 영역으로 밀려났고 개인적인 삶에 국한되는 것이 되었다.

### 종말론(Eschatology)
하나님 나라의 도래(到來)와 예수 그리스도의 재림과 역사의 종말이 어떻게 이뤄질 것인가에 대해 다룬 신학이다.

### 복음주의(Evangelical)
개신교인과 개신교 교회들과 개신교 단체들 중에 성경의 권위와 그 확실성을 전적으로 믿으며, 예수 그리스도를 통한 회심의 필연성과 개인의 경건한 삶과 행위를 고수하는 진영을 의미한다. 이 책에서는 모든 오순절 계통 교인들과 은사주의자들과 여러 교회들 중에 복음주의적인 신앙을 가진 사람들을 모두 지칭한다(www.worldevangelicals.org를 보라).

### 세계화(Globalization)

세계가 여행과 통신과 이민과 통상과 교육으로 인해 갈수록 경제적으로나, 문화적으로나, 지식적으로 서로 연결되는 현상을 의미한다. 지역적인 생활도 갈수록 도처에서 일어나는 사건들과 사람들과 권력들에 의해 영향을 받고 상호 의존적이 된다.

### 토착 교회(Indigenous Church)

주로 한 지역민으로 구성된 교회를 의미하며 역사적으로는 자전, 자치, 자립하는 교회로 정의되었다. 최근에는 자(自)신학화와 상황화 개념이 추가되어 지역적으로 적합한 복음을 전하는 교회로도 정의되고 있다.

### 로잔 운동(Lausanne Movement)

1974년에 스위스 로잔에서 개최된 세계복음화국제대회(International Congress on World Evangelization)에서 태동되었고, 선교를 위해 광범위하게 복음주의자들 간의 협력을 촉구하는 운동이다. 로잔 언약(The Lausanne Covenant, 1974)이 본 운동의 신학적 및 선교학적인 근간이 된다. 계속되는 연구모임과 집회와 대회들을 통해 복음주의 선교에 대한 사고와 실행 방법이 많이 정리되었다(www.lausaane.org를 참고하라).

### 대다수 세계(Majority World)

아프리카, 아시아, 라틴 아메리카. 제3세계나 개발 도상 세계란 용어가 더 이상 사용되지 않는다. 이 지역에 대다수의 인구가 거주하는 것은 물론이고 대다수의 기독교인들이 살고 있다는 점을 강조하기 위한 것이다.

### 천년왕국(Millennium)

요한계시록 20:1-8에서 설명하고 있는 것과 같이 천년 동안 마귀가 갇히고 그리스도의 통치가 이뤄짐에 대한 것이다.

### 오순절/은사주의(Pentecostal/Charismatic)

성령의 역사로 방언을 하거나 개인적으로 황홀한 경험을 하는 것에 대해 강조하는 교회와 교인들과 기관들을 가리킨다. 이들은 기적이나 신유와 같은 성령의 은사가 지속적으로 일어나는 것을 중요시하고 강조하는 진영이다.

### 전천년설(Premillennialism)
그리스도께서 실제로 몸소 지상에 재림하셔서서 천 년 동안 평화의 통치를 실행하신다는 신앙노선을 의미한다. 이 노선에 의하면 주님의 재림 이전에는 사탄과 악한 세력들이 최종적으로 말살되거나 하나님 나라가 완성될 수 없다고 본다.

### 후천년설(Postmillennialism)
천년왕국이 끝난 후에 그리스도께서 재림하실 것이라고 믿는 신앙노선을 의미한다. 이 노선에 의하면 천 년 동안 하나님 나라가 서서히 확장됨으로써 마침내 사탄이 패배하고 그 후에 비로소 그리스도께서 재림하신다고 본다.

### 혼합주의(Syncretism)
한 종교와 또 다른 종교가 서로 혼합함으로써 본래 가지고 있던 본질이 변질하거나 타협하는 현상을 의미한다.

### 미전도종족(Unreached People)
한 종족이나 동질 언어 그룹 중에 복음이 미미하게 전해졌거나, 아니면 전혀 전해지지 않은 계층을 의미한다. 종종 복음을 문화적으로 적절하고 이해할 수 있게 소통할 수 있는 토착 교회가 없는 종족을 가리킨다.

### 제2차 바티칸 공의회(Vatican II)
1962-65년에 걸쳐서 개최된 제2차 바티칸 공의회로서 로마가톨릭교회의 중요한 교리와 실행규칙들을 대폭 개정한 바 있다. 교회의 선교활동에 관해서는 두 개의 중요한 문서가 초안되었다. 이는 각각 『인류의 빛』(*Lumen Gentium*)과 『만민에게』(*Ad Gentes*)이다.

### 서구(Western)
서구는 본서에서 주로 유럽 중심의 문화적, 지식적, 사회적 영향력을 설명하는 데 사용한 용어를 의미한다. 현대에 와서는 서구 문화는 개인주의와 현대화와 산업화와 자본주의 시장의 자유화와 계몽주의 철학을 신봉하는 진영을 의미하기도 한다. 서구교회는 특히 유럽계 교회와 유럽계 혈통을 가진 사람들을 지칭한다. 특히 북미주의 경우는 그렇다.

최근에는 **선교적**(missional)이라는 용어가 선교계와 교계의 문건들 중에 자주 등장하기 시작했다. 크리스토퍼 J. H. 라이트(Christopher J. H. Wright)는 다음과 같이 이를 정의했다.

> 선교적이라는 용어는 간단히 말해서 선교와 어떤 연관성이 있거나 선교의 성격을 띤 점을 부각시키기 위해 사용된 말이다. 그 밖에도 이 용어는 선교적 특성이나 본질이나 역동성과도 연관성이 있다(C. J. H. Wright 2006, 24).

간단히 말해서 **선교적**이란 선교를 실제로 **실행**하는가에 그 초점이 맞춰진 용어이다. 그 용어는 현재 "선교적 교회론"(missional church)이라는 개념과 연관되어 있다. 이는 교회가 단지 선교사들을 보내는 데서 그치지 않고, 하나님께서 선교의 사명을 위해 교회 **자체**를 보내셨음을 강조하는 견해이다. 이 견해에 의하면 교회는 어디에 있든지 간에 선교를 실행해야 함을 의미한다.

## 4. 선교적 신학, 선교신학, 선교학

**선교적 신학**(Missional Theology)과 **선교신학**(Theology of Mission)과 **선교학**(Missiology)과 **성경적 선교신학**(biblical theology of mission)이란 용어들이 어떻게 다른가를 구분하는 것이 유익할 것이다.

### 1) 선교적 신학

**선교적 신학**(Missional Theology)은 종종 선교적 성격을 띤 신학(mission

theology)이라고도 불리는데, 이는 모든 신학 분야들(theological disciplines) 속에는 선교적인 성격이 나타나야 된다는 점을 부각시키기 위한 의도가 있다. 어떤 의미에서는 모든 신학은 선교가 내재된 신학이기도 하다. 그 이유는 성경적인 기초 위에 형성된 모든 신학에는 반드시 어떤 면으로든지 하나님의 선교적인 목적과 하나님의 선교적인 성품이 드러날 것이고, 드러나야 하기 때문이다.

마틴 캘러(Martin Kähler)는 이 점에 대해 다음과 같이 언급했다.

> 최초의 선교는 그 당시 문화를 공격하기 때문에 신학의 어머니가 되었다(Kähler [1908] 1971, 190).

역사적으로 볼 때, 대부분의 신학은(특히 신약에서) 기독교 신앙을 전파하는 상황 중에 형성된 것을 볼 수 있다. 초신자들이 직면한 타종교와 대결, 우상숭배, 그릇된 가르침, 혼합주의, 도덕적 도전들을 마치 대장간의 모루(anvil)처럼 사용해서 신학을 빚어냈다. 그렇기 때문에 마틴 헹엘(Martin Hengel)은 초대 교회의 역사와 신학은 다 "선교 역사"이며 동시에 "선교신학"(1983, 53)이라고 주장할 수 있었다.

더 깊은 차원에서 볼 때에 모든 신학은 하나님께서 스스로 자신을 계시하신 것과 예수 그리스도께서 최종적으로 이뤄놓으신 모든 구원 행위로부터 기인하는 것이다. 따라서 모든 성경적 신학은 선교적인 측면을 포함하고 있다. 라이트는 선교적 성경해석학(missional hermeneutics of the Bible)의 필요성에 대해 올바로 주장했다. 이 경우 선교가 성경해석을 일관성있게 해 주는 역할을 하게 된다.

> 성경은 선교에 대한 책이다. 따라서 우리는 성경의 선교적 기초(the missional basis of the Bible)를 선교의 성경적 기초(the bib-

lical basis of mission)로 보아도 타당하다고 볼 수 있다(C. J. H. Wright 2006, 29).

선교적 신학은 신학 전체가 가지고 있는 선교적인 경향을 보다 명확하게 나타내주려고 할 것이다. 그 결과 하나님의 선교가 한 중앙에 위치하게 함으로써 모든 신학이 선교를 중심으로 통합되게 해 줄 것이다. 보쉬는 이에 대해 이렇게 말했다.

> 우리에게 필요한 것은 단순히 선교의 신학적인 성격에 대한 논의가 아니다. 이보다 오히려 모든 신학에 내재되어 있는 선교학적인 경향에 대한 논의이다(D. J. Bosch 1991, 494).

따라서 선교적 신학은 성경을 올바로 해석하게 함으로써 성경의 메시지를 제대로 이해하고, 더 나아가서 교회에게 주어진 선교적 사명을 총체적으로 이해할 수 있는 해석학적 단서(interpretive frame of reference)를 제공하는 데 관심이 있다.

동시에 선교적 신학은 다른 신학들에게 의존도 한다. 그것들을 통해 배우기도 하며, 그들을 발판삼아 더 발전도 시킴으로써 마침내는 그 모든 것이 합력하여 하나님의 선교에 참여할 수 있게 이끄는 역할을 한다. 건전한 신학이 없는 선교학은 위험에 노출되며 공리공론에 지나지 않는다. 신학은 성경을 올바로 해석하도록 도울 뿐만 아니라, 성경을 제대로 이해하는 데 있어서 필수적인 보다 더 큰 틀을 제공함과 동시에 선교적 신학이 이와 함께 조화를 이루게 한다.[1]

---

1 선교는 신학을 통해 어떤 식으로 유익을 얻을 것인가 하는 논의에 대해서는 캘러(Kähler [1908] 1971, 184-221)를 참조하라.

## 2) 선교신학

　선교신학(Theology of Mission)은 선교적 신학의 한 지류에 속하며 특별히 선교적 기초와 실행지침과 선교의 여러 국면들에 대해 검토하게 된다. 이는 선교의 성격과 사역에 관해 신학적으로 성찰하는 행위이다. 이런 면에서 선교신학은 무엇보다도 먼저 선교에 대해 성경이 어떻게 말씀하고 있는가를 명백히 해야 한다. 그렇게 한 것을 가지고 교회가 선교 사명을 완수하는 데서 일어나는 제반 논점들에 대해 이를 적용하게 된다. 한마디로 말해서 선교신학은 성경 말씀과 선교적인 상황과의 대화이다.

> 선교신학은 신앙인들이 어떻게 하면 세상을 향한 하나님의 목적을 이해하고 성취할 수 있는가에 대해 연구하는 학문이며, 그 기준은 예수 그리스도께서 보여주신 사역들이다. 이런 연구는 선교사명을 이행하려는 그리스도인들의 태도와 행동에 대해 비판적으로 성찰함으로써 이뤄진다. 그런 역할은 선교활동 전반에 대한 정당화와 교정을 통해 선교활동에 대한 기초를 철저하게 형성하는 데 그 목적이 있다(Kirk 2000, 21).

　이런 사실이 의미하는 바는, 선교신학의 역할이 우리가 이미 정의를 내린 바와 같이 세상에서 진행되고 있는 하나님의 선교를 폭넓게 다룬다는 것이다. 더 나아가서 이런 논점들에 대해 성경적으로 성찰함으로써 선교활동에 대해 도전하는 것이다. 이는 성경에서 언급하지 않는 현대적인 논점들과 도전은 물론이고, 전통적인 신학에서 다루지 않은 분야까지 그 연구 영역을 넓히는 것을 의미한다.

　케빈 밴후저(Kevin Vanhoozer)는 신학이란 일반적으로 "하나님에 대한 지식을 얻기 위한 성경해석 행위"(biblical interpretation that aims at knowledge of God)라고 정의한다(2000, 81). 그는 다음과 같이 신학의 실제적인 유익에 대해 확대 설명한다.

> 신학은 우리가 복음을 잘 이해할 수 있기 위한 지침을 제공한다. 그 지침은 그리스도 안에서 하나님께서 어떤 역사를 하셨는가를 잘 알게 해주고, 교회가 독특한 사안을 놓고 하나님에 대해 무엇이라고 말하며 하나님의 이름으로 잘 행할 수 있게 도와주고, 우리가 복음 안에서 한 개인으로서 또는 한 공동체의 일원으로서 어떻게 하면 잘 살 수 있는가를 알려 준다 (Vanhoozer 2000, 82-83).

그는 신학이 단순히 **훌륭한 개념적 논리**(*theoria*, 데오리아) 단계에서 그치면 안 된다고 주장한다. 지혜로까지 이어가야 된다고 한다. 그는 이를 올바른 행위로 이어지는 **실제적인 이성**(*phronesis*, 프로네시스)이라고 주장한다. 만일 우리가 밴후저의 신학에 대한 정의를 따른다면 선교신학은 그리스도 안에서 나타난 선교적인 하나님 속성을 잘 나타내주고 있다는 점을 잘 알게 될 것이다. 또 교회가 선교적인 본질을 가진 공동체라는 점도 잘 이해하게 될 것이다. 그리고 한 개인으로서나 공동체로서 어떻게 하면 복음의 관점에서 선교사명을 지혜롭게 이행할 수 있는지도 알게 해 줄 것이다.

### 3) 선교학

**선교학**(Missiology)이라는 포괄적인 용어는 위에서 언급한 용어들과 연관성이 있다. 여기에는 선교신학, 선교 역사, 문화인류학, 교차문화에 대한 영역들, 선교전략, 세계 종교, 교회성장학, 종교의 분포상태 및 이와 관련된 분야들이 포함된다.

> 선교학의 역할은 시대마다 교회가 그 사명을 감당하기 위해 갖고 있는 전제, 동기, 구조, 방법, 협력의 형태와 리더십에 관해 과학적 및 비판적으로 연구하는 데 있다(Verkuyl 1978, 5).

이것이 선교학의 역할이라면 선교신학은 선교학의 신학적 기초(theological foundations)와 지침(guidelines)을 제시하는 임무를 띠고 있다. 선교신학은 선교학과 선교적 신학의 교차 영역(intersection)에 해당된다 (도형 I. 1을 보라).

### 도형 I.1 선교신학의 가시(可視)화된 영역

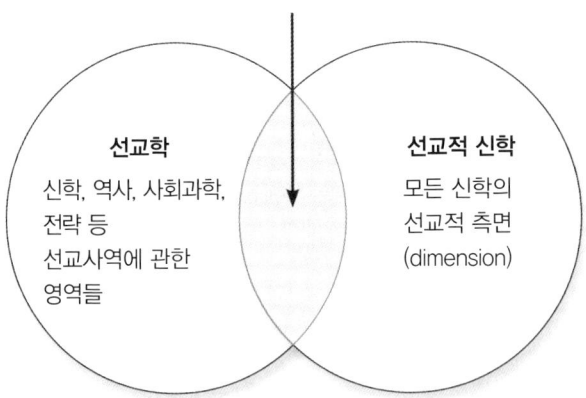

### 4) 성경적 선교신학

성경적 선교신학(Biblical Theology of Mission)은 성경적 신학의 하위 범주(subcategory)에 속한다고 볼 수 있다. 동시에 선교신학의 하위 범주에도 해당된다. 성경적 신학은(대개는) 단순히 성경이 가르치고 있는 내용에 따라서 형성된 신학을 의미하지 않는다. 이보다는 성경 정경(正經) 중에 나타난 신학적 주제들이 역사적으로 어떻게 형성되었는가에 대해 검토하고, 그런 가운데 각 책들이 갖고 있는 정황이나 주제나 그 저자들이 어떤 기여를 하였는가에 대해 특별한 관심을 기울임으로써 형성된 신학을 의미한다.

따라서 성경적 선교신학은 성경 전체에 나타난 선교적 주제들이 역사적으로 어떻게 발전되었는가를 검토하고, 각 책들과 그 저자들이 어떤 기여를 하였는가를 검토하게 된다.

성경적 선교신학은 선교학자들(예, Peters 1972, Glaser et al. 2003)이나 주경신학자들(예, Senior and Stuhlmueller 1983, Larkin and Williams 1998, C. J. H. Wright 2006)이 집필했다. 안드레아스 쾨스텐버거(Andreas J. Kostenberger)와 피터 오브라이언(Peter T. O'Brien)의 『구원을 땅 끝까지: 성경적 선교신학』(*Salvation to the Ends of the Earth: A Biblical Theology of Mission*, 2001)이 주경신학자가 집필한 좋은 예이다.

그들은 신약학자들로서 성경의 각 저자들과 각 책에 기록된 역사와 문헌들과 신학을 검토함으로써 성경이 선교에 대해 무엇을 가르치고 있는가를 논하였다. 그들은 주로 귀납법적 및 해석학적 방법을 사용했다. 그들은 철저하게 당대의 성경적 및 신학적 조류에 입각해서 이를 실행했다. 그것은 성경 본문이 쓰인 상황 내에 무슨 의미가 있는가를 추구하는 데서 벗어나지 않은 채 신학화를 행했다.

물론 구원사적(Salvation-historical) 관점 같이 성경 전체를 관통하는 주제에 대해 의식하는 가운데 그렇게 했던 것이다. 에크하르트 슈나벨(Eckhard Schnabel)의 기념비적인 두 권으로 된 『초기 기독교 선교』(Early Christian Mission, 2004)가 바로 그런 책이다. 그 책에서 그는 신약 중에 나타난, 선교와 관련된 면들에 대해 역사적, 사회적, 지리적 및 선교신학적으로 집대성했다.

선교학자들은 성경적 선교신학에 관해 집필하면서 신구약 내용 중 전문적 문제점에 대해서는 별로 다루지 않았다. 오히려 선교사역에 대한 주제들에 대해 더 많은 지면을 할애한 것 같다. 위에서 언급한 저자들과 그 밖의 다른 저자들이 이미 성경적 선교신학에 대해 구체적으로 연구해 놓았기 때문에 본서 제1장과 제2장에서는 이런 학자들이 해 놓은 연구들의 결과물만 간단히 취급하게 될 것이다. 보다 구체적인 선교신학적 논점들에 대해서는 뒤에서 보다 더 조직적으로 다루게 된다.

## 5. 선교신학 연구를 위한 자료들

선교신학을 조성하는 데는 다양한 방법이 있을 것으로 본다. 본서에서는 네 분야에 대해 연구 질문을 하고, 그 질문들에 대해 대답을 함으로써 선교신학을 어떻게 형성하는가에 대한 이해를 돕고자 한다.

### 1) 성경

첫째, 무엇보다 제일 먼저 하나님의 영감에 의해 기록된 성경 말씀을 들 수 있다.

말씀을 통해 우리가 하나님의 목적과 계시된 뜻을 파악할 수 있다. 이런 커다란 문제들에 대해 우리가 결코 방황하거나 상상할 필요가 없다.

하나님께서는 이미 말씀하셨다. 물론 우리가 성경을 해석하는 데는 서투른 면이 있다. 우리는 다 맹점과 선입견을 가지고 있다. 더 나아가서 그리스도를 존중하며 성경을 중시하는 사람들 사이에서도 다양한 의견이 있다는 점을 인정한다.

그럼에도 불구하고 성경은 우리가 추구하는 주제에 대해 충분히 분명한 해답과 방향성을 제시하고 있다고 확신한다. 따라서 성경은 우리의 최종적인 권위로서의 역할을 하게 될 것이다. 우리의 열망은 성경이 이런 논점들에 대해 우리에게 말씀해 주시기를 간절히 바라는데 있다 (C. J. H. Wright 2006, 51-58을 참조하라). 다른 모든 자료들은 이차적인 것들이며, 성경의 가르침에 비해 하위 범주에 속한 것이다.

성경적 선교신학은 선교라는 선박이 항해하는 데 있어서 북극성과 같은 역할을 할 것이다. 비록 성난 파도가 노도처럼 밀려오고, 그 물결로 말미암아 이리 쏠리고 저리 쏠리는 한이 있다 하더라도 선교라는 선박이 기준점에 방향을 맞춰 나아가는 한 그 선박은 의도한 항해를 계속 하게 될 것이다. 각종 풍습들과 유행들과 정치적 추세들과 (교회 안팎에서) 유행하는 의견들과 자문화우월주의와 근시안적인 주장들과, 그 밖에도 수많은 세력들이 이 선박을 항로에서 벗어나게 만들 것이다. 이럴 때일수록 선교의 선박은 하나님의 계시인 성경 말씀을 거점으로 삼아 항해를 계속 해야 할 것이다.

### 2) 역사

둘째, 연구 방향과 통찰력의 근원이 되는 것은 역사이다.

우리는 기독교가 어떻게 전세계로 전파되었으며, 더 나아가서 기독교 선교에 대한 기독교 사상(Christian Thought)이 역사적으로 어떻게 확산 되었는가를 통해 배워야 한다. 오늘날 우리에게만 있을 법한 많은 논점들과 질문들이 놀랍게도 이전 세대에도 그와 비슷한 논점들이 이미 있었다. 우리보다 먼저 전 세대들이 선교사역에 대해서와 선교적 논점들에 대해 신학적인 성찰을 이미 하였다. 그들이 먼저 경험한 많은 선교적인 논쟁을 그들이 봉착했던 위기를 모루(anvil)로 삼아 이미 해결했다는 사실을 발견하게 될 것이다.

또 다양한 이론들이 전에 있었던 선교사역에 대한 논쟁의 불꽃을 사용해서 이미 정제되었다는 사실을 발견하게 될 것이다. 하나님께서는 성경을 통해 말씀만 하신 것이 아니라, 역사 가운데 말씀대로 행하기도 하셨다는 점을 간과하고 역사를 통해 배우지 못한다면 어리석은 일이다. 또 우리가 어디서부터 왔는가를 알게 된다면 현재 우리가 어디로 왜 가고 있는지도 알게 될 것이다. 또 우리가 길을 잘못 가고 있다면 바로 잡을 수도 있게 될 것이다.

우리는 이처럼 이미 먼저 간 사람들의 어깨를 의지해서 가되 무비판적으로 그들이 도출한 결론을 받아들이지 않고, 겸손히 더 멀리 더 넓게 봄으로써 현세대를 위한 새로운 시각을 갖게 되기를 원하는 바이다.

### 3) 사회과학

셋째, 우리는 사회과학(Social Science)을 통해 복잡한 문화와 인간의 경험들을 이해하는 데 도움을 받게 된다.

엄격히 말해서 사회과학 그 자체는 선교신학의 근거로 보지 않는다. 하지만 선교신학의 배경을 이해하는 데서나 대화의 파트너로서는 중요한 역할을 한다. 선교의 관심 영역은 인간의 삶과 가정과 공동체와 사회에서 하나님께서 어떻게 역사하시는가 하는 것이다. 따라서 우리가 그들의 삶의 성격과 그들의 공동체를 이해할 수 있어야 한다. 사회과학은 체계적인 방법을 통해 그런 현상들을 보다 더 잘 이해하는 데 도움이 될 수 있다.

그럼에도 불구하고 사회과학적 이론이 성경적인 가르침을 약화시키는 결과를 허용해서는 안된다. 이런 경고에도 불구하고 사회과학적인 이론으로 말미암아 주객이 전도되는 일이 종종 일어나고 있다. 이런 위험에도 불구하고 성경적 세계관의 범위를 벗어나지 않는 가운데 그와 같은 연구는 소통의 복잡성과 생의 전환 과정과 사회적 변화를 보다 잘 이해하는 데 도움이 된다. 그 외에도 성경적 선교를 이해하고 이를 완수하는 데 있어서 생기는 수많은 인간적인 요인들을 이해하는 데에도 도움이 될 것이다.

### 4) 글로벌 교회의 목소리

넷째, 글로벌 교회의 목소리(Voice of the Global Church)를 조심스럽게 들어야 한다(Ott and Netland 2000을 참조하라).

지금까지는 선교신학에 대한 집필이나 의논이 다른 여러 신학적인 분야와 동일하게 주로 서구교회의 몫이었다. 그럴 만한 여러 가지 요인이 있는 것은 이해가 된다. 오늘날에는 다행스럽게도 대다수 세계(majority world) 교회들의 목소리를 들을 수 있게 되었다. 그 중에 선교와 관련된 관심사들과 선교에 대한 목소리도 많다.

그런 목소리 중에는 전통적인 방식에 대해 도전이 되는 의견을 종종 찾아볼 수 있다. 밴후저는 이를 "오순절적 다양성"(Pentecostal Plurality)이라고 평했다. 이렇게 다양한 문화적 관점을 가진 진영에서 들리는 목소리들이야말로 문화적 편협성에서부터 벗어나게 하며 성경을 보다 정확하게 해석할 수 있게 해 줄 것이다(1998, 419). 월벗 쉥크(Wilbert R. Shenk)는 이에 대해 다음과 같이 주장했다. 역동적인 선교신학은 복음이 문화와 격렬하게 부딪히며 그 과정 중에 비판적 성찰(Critical Reflection)이 있었을 때 발전했다.

그렇기 때문에,

> 우리는 아시아와 아프리카와 라틴 아메리카에서 일어나고 있는 운동을 주목하고, 이를 통해 주제들에 대해 어떻게 정의하였는가를 평가해야 한다(Shenk 2001, 98).

그와 같은 목소리를 듣는 것은 매우 중요하다. 그 이유는 오늘날 대다수의 그리스도인들이 아프리카와 아시아와 라틴 아메리카에 살고 있으며, 이 지역 교회들이 날로 성장하며 선교사를 파송하는 강력한 세력이 되고 있기 때문이다.

## 6. 선교신학과 신적 드라마

선교는 하나님께서 보내시는 행위이며 교회가 그 일에 동참하는 것을 의미한다. 이런 하나님의 구속적이고도 의사전달식 행위(communicative action)는 단순한 하나님에 대한 명제를 제시하는 것 이상의 것을 의미한다. 밴후저(2005)가 사용한 예화를 인용한다면 이는 한 편의 신적인 드라마(*theodrama*)에 비유된다. 선교신학은 마치 교회가 주역이 되어 구속사가 어떻게 펼쳐지는가를 연출하는 신적 드라마(Divine Drama)와 같다는 것이다. 그 드라마는 범세계적으로 하나님의 구속적인 목적이 어떻게 이뤄지는가를 나타내 주고 있다는 것이다.

이 경우 성경은 이 드라마의 각본과 구상(plot)이 된다. 역사는 과거에 다른 사람들이 이 드라마를 어떻게 해석하고 연기했는가에 대해 알려 주고 있다. 사회과학은 이 드라마가 상연된 문화적인 장(場)을 제시해 준다. 글로벌 교회 목소리는 드라마의 새로운 연기자와 다양한 관점을 제시하는 비판의 목소리를 상징한다(이들은 더 이상 조역의 역할을 하지 않는다).

하나님 아버지가 시나리오 작가이자 감독이시다. 예수 그리스도와 그의 구속적인 사역이 바로 스토리가 주는 메시지이다. 성령께서는 영감을 주고 배역들을 진두지휘하는 연출가이시다. 선교신학자들은 교수로서, 목회자로서, 혹은 평신도로서 각본을 편집하는 역할을 하게 된다. 그들은 각본을 면밀하게 검토하여 연기자와 관람자들이 이해할 수 있게 역할을 알려 주고 의미를 해석한다. 이와 같은 식으로 드라마는 작가가 의도한 대로 공연이 되고 이해가 된다(Vanhoozer 2005, 243-46).

이런 드라마는 특별히 선교적인 성격을 띠게 되는데 그 이유는 세상이라는 무대에서 공연되며, 교회나 한 기관의 태두리 안에 국한 되지 않기 때문이다. 그 드라마는 모든 민족과 나라와 족속들과 언어들이 그 영광을 목도하고 그 연극에 참여하게 되기까지 중단되지 않을 것이다.

## 7. 선교신학 발전의 간단한 역사

### 1) 초기 발전 과정

보다 공식적인 선교신학들은 중세에 들어와서 비로소 집필되기 시작되었으나 비공식적인 선교신학은 늘 교회와 함께 있었다. 이미 앞에서 언급한대로 신약 시대의 사도들과 성경 저자들은 선교신학자들이었다. 초기 순회 전도자들과 선교적 수도원 운동들은 그들 나름대로 자기들의 사역에 대한 신학적인 근거를 가지고 있기는 했지만 자신들이 행하고 있는 선교사역에 대해 명확한 신학적 사고를 하는 데는 부족한 면이 있었다(Ohm 1962, 75-121 참조). 초기 교부들의 관심은 기독교 신앙에 대한 변증과, 비(非)기독교적 철학과 어떤 관계를 맺는 것이 적절한 것인가를 파악하는 데 집중되었다.

A.D. 410년에 로마가 함락된 후부터 어거스틴(Augustine)은 그의 후기 저서들(예, 『Hesychius에게 보내는 서신』, 199번, A.D. 418)을 통해, 유세비우스(Eusebius)가 주장한 바 있고 사람들이 주로 믿고 있던 것에 대해 반론을 제시하기 시작했다.

그 주장에 의하면 사도들이 이미 지상명령을 완수했다는 것이었다 (Hist. eccl. 3.1). 그는 인간의 본질과 죄성과 구원에 대해 쓴 글들을 통해 그 당시 신학은 물론이고 특히 선교에 대해 지대하고 영구적인 기여를 했다. 중세기 말경에는 선교에 대한 여러 의견들이 나왔다. 중세기 중에 선교에 관해 가장 많은 글을 쓴 사람은 레이몬드 룰(Raymond Lull, 1235-1315)이었다. 그의 가장 큰 관심사는 무슬림들의 회심과 그 사역을 위해 선교사들을 훈련시키는 것에 대한 것이었다.

신대륙 발견의 시대에 이르러서는 사도 시대에 이미 지상명령이 다 성취되었다는 주장은 완전히 사라졌다. 그 시대에는 선교에 대한 상당수의 저서들이 출판되었다. 1502년에는 크리스토퍼 콜럼버스(Christopher Columbus)가 자신의 『예언에 관한 책』(libro de las Profecias)에서 선교에 대한 성경 구절들을 수집한 바 있다. 로테르담의 에라스무스(Erasmus of Rotterdam)는 선교사들을 보내서 영혼들을 구원하는 책무를 다하게 하라고 교황과 황제에게 요청한 바 있다(Ecclesiastae sive de ratione concionandi libri IV, 1535). 동인도 제도(East Indies)에 파송된 스페인 출신 예수회 선교사인 요셉 드 아코스타(Joseph de Acosta, 1540-1600)는 그 당대 가장 저명한 선교신학자였을 것이다.

1622년에 로마가톨릭교회는 포교성성(布教聖省, Sacred Congregation for the Propagation of the Faith)을 창설하여 해외 선교에 대한 관리를 맡게 했다. 이 기관에서 최초로 선교사역에 관한 교범과 전략과 선교사역에 지침이 되는 원칙을 제정했다. 아울러서 선교의 성격과 해당 문화와의 관계에 대한 의미 있는 선언문을 발표했다. 그러나 여러 종류의 논쟁들과 도전들이 17세기 중반과 19세기 초 사이에 발생(아시아에서의 "전례논쟁"[rites controversy]과 계몽주의와 세속화를 포함)하므로 선교학적 사고의 진전에 방해받게 되었다.

2) 개신교 측의 시작

개신교 측의 개혁자들은 종교개혁에 관한 극한 논쟁들에 휩싸였으며 사회는 극도로 불안정한 상태였다(전쟁, 전염병 등). 따라서 이들은 선교에 대해서는 아무 말도 하지 못했다. 또한 다수가 지상명령은 원 사도들(the original apostles)에게만 적용되는 것이라고 주장했다. 최초로 선교에 대해 관심을 표명한 개신교 신학자들 중에는 몇몇 화란 개혁자들도 포함되었다. 이들 중에 가장 저명한 사람은 기스베르투스 보에티우스(Gisbertus Voetius, 1588-1676)였다. 그는 『교회정치』(*Politica Ecclesiastica*, 1663-76)라는 제목으로 선교신학에 대한 3권짜리 책을 저술했고, 그 외에도 다른 책들을 통해 선교에 대해 언급했다.

> 보에티우스는 선교신학 전체의 개요를 완성하려고 노력했을 뿐만 아니라, 전 신학 분야 중에 최초로 선교학에 정당하게 학문적인 지위를 제공하려고 노력한 사람이다(H. A. Van Andel, Jongeneel 1991, 47에 재인용).

유시티니안 폰 벨츠(Justinian von Weltz, 1621-68)는 독일 선교신학의 창시자이다. 그는 동시에 개신교 선교 운동이 일어나도록 열렬히 외쳤다. 마침내 그는 남아메리카에 선교사로 갔으며 그곳에서 야생 동물에 의해 살해당했다. 그럼에도 불구하고 종교개혁 시대는 개신교 선교학에 대한 깊이 있는 숙고(熟考)가 결실을 보지 못한 시기라는 것이 일반적인 견해이다.

개신교 선교는 청교도와 경건주의자들의 영향으로 17세기 및 18세기에 점진적 진전이 있었다. 그들의 선교에 대한 신학적인 이해는 학문적인 문헌들을 통해서보다는 설교와 찬송가를 통해 더 잘 표현되었다. 하나의 예외가 있다면 조나단 에드워즈(Jonathan Edwards)이다. 그는 위대한 각성 운동과 부흥이 한창일 때 성경적인 분별력과 개인적인 경험 간에 균형이 잘 이뤄진 글들을 썼다. 보쉬는 에드워즈의 사상에 대해 다음과 같이 평했다.

> 위대한 지성과 영성의 광맥에서 채굴된 것이 그 당시의 선교 사적인 신학이다(D. J. Bosch 1991, 277).

윌리엄 케리(William Carey)의 87쪽으로 된 『이교도들의 회심을 위해 수단을 사용해야 할 그리스도인의 책임에 대한 연구』(*An Enquiry into the Obligations of Christians to Use Means for the Conversion of the Heathens*, 1792)는 그 당시 지도자들 간에 선교의 필연성에 대해 회의를 품고 논쟁을 벌이던 시대를 위한 탁월한 변증이다. 최초의 개신교 선교사들 중에는 다수가 어떤 지역의 종교와 문화적인 연구에 탁월성을 나타냈다. 하지만 선교신학 그 자체에 대해 거의 진술하지 않았다.

### 3) 19세기와 20세기 초반

19세기에 이르러 개신교 선교 운동이 일어나자 지도자들은 선교행위에 대해 더 심각하게 숙고하기 시작했다. 한 예로서, 헨리 벤(Henry Venn)과 루퍼스 앤더슨(Rufus Anderson) 같은 선교사 파송단체의 지도자들은 선교지 교회의 자생력을 위해 "삼자"(three-self) 운동을 처음 시작한 사람들로 알려졌다. 그들은 교회가 자전(self-propagating), 자치(self-governing), 그리고 자급(self-supporting)해야 한다는 공식을 제정하였다.

1811년 작성된 프린스턴대학교(Princeton University)의 "신학교 계획안" 원본에 의하면 이 학교는 "이교도들을 위한 선교사의 양성소"가 되어야 함이 명문화돼 있고, 그곳은 선교사역을 위해 젊은이들의 훈련과 자격을 검증하는 곳으로 드려져야 한다고 했다(Myklebust 1955, 1:146).

그럼에도 불구하고 19세기 후반에 가서야 비로소 선교사를 위한 준비과정 중의 하나로 선교에 대한 조직적인 연구의 중요성이 널리 인정되기 시작했다. 1849년에 에어랑엔대학교(University of Erlangen)에 개신교 선교학 교수로서는 처음으로 임명된 칼 그라울(Karl Graul)은 선교에 대해 다음과 같이 외쳤다.

> 감성적인(sentimental) 선교의 음지(陰地)에서 벗어나서 과학을 믿는 정오의 밝은 빛 가운데로 나와야 된다(Gensichen 1971, 250에서 재인용).

대학마다 교수들이 임용(任用)되었으며 교수직이 생겼는데 대개는 이전의 선교단체 대표들로 그 자리들이 채워졌다.

그럼에도 불구하고 독일의 할레대학교의 구스타프 바르넥(Gustav Warneck, 1834-1910)이 첫 번째로 선교에 대한 조직적인 연구를 하는 개척자가 되었다. 그는 1874에 최초의 선교저널인 「일반 선교저널」(*Allgemeine Missionszeitschrift*)을 공동으로 창간했다. 그 후 1897년에는 개신교 최초의 선교학 작품인 『개신교 선교학』(*Evangelische Missionslehre*)을 제3부로 된 5권으로 집필했다.

바르넥에 대한 로마가톨릭의 상대역은 뮌스터대학교(University of

Münster) 교수이며 가톨릭 선교학의 아버지로 불리는 조셉 슈미들린 (Joseph Schmidlin, 1876-1944)이었다. 그는 『가톨릭 선교이론』(*Catholic Mission Theory*, 1931, German 1919)과 『가톨릭 선교 역사』(*Catholic Mission History*, 1933, German 1924)를 집필했다. 그 외에도 「선교학 저널」 (*Zeitschrift für Missionswissenschaft*)을 편집했다. 그는 공개적으로 나치 정권에 반기를 듦으로써 결국 처형되었다.

20세기 초반에 개신교 선교 운동이 성숙해 감에 따라서 선교학적 및 신학적으로도 미증유의 발전을 경험했다. 로랜드 알렌(Roland Allen, 1868-1947)은 그의 자극적인 책 『선교 방법론: 바울의 것인가? 우리의 것인가?』(*Missionary Methods: St. Paul's or Ours?*, [1912] 1962a)를 집필했다. 그는 이 책을 통해 바울 사도가 우리에게 보여준 모범대로 돌아가야 된다고 극구 주장했다. 1918년에는 독일선교학회가 설립되었으며 이를 통해 가톨릭 선교학적 저술과 학문 활동을 장려했다. 다양한 에큐메니칼 선교 협회들와 보고서들을 통해 타종교의 가치와 교회와 선교와의 관계에 대해 논함으로써 상당한 물의를 일으키기도 했다.

### 4) 20세기 후반

20세기 중반에 들어서면서 선교신학의 황금기라고 할 수 있는 시기를 맞이했다. 이 기간 중에 많은 선교학자들이 의미심장하고 창의적인 신학 저서들을 집필했는데 그 책들은 오늘날까지도 영향을 미치고 있다. 이와 같은 발전은 식민지 시대의 종말과 비극적인 제2차 세계 대전과 전세계적인 사회주의의 발흥과 세속화의 거센 바람으로 촉발(觸發)되었다.

이 시기에 유럽 대륙의 학자들 중에 핸드릭 크래머(Hendrick Kraemer), 발터 프라이탁(Walter Freytag)과 토마스 옴(Thomas Ohm) 등이 주도적인 역할을 했다. 반면에 이 기간은 해방신학(Gustavo Gutierrez), 교회 성장 운동(Donald McGavran), 이외에도 협의회(conciliar, WCC와 관련된 집단들)의 선교 이해와 복음주의적 선교 이해 간의 분열이 갈수록 심화되는 일로 상당한 소용돌이와 혼란이 있던 시대이기도 하다.

이 시기에 교황 요한 23세(Pope John XXIII)가 제2차 바티칸 공의회(Second Vatican Council, 1962-65)를 소집하고 (여러 문서와 함께) 교회의 교의헌장인 『인류의 빛』(Lumen Gentium[LG], 1964)과 교회의 선교활동에 관한 교령인 『만민에게』(Ad Gentes[AG], 1965)를 창출(創出)했다. 그 후 1974년에는 교황 바오로 6세(Pope Paul VI)가 영향력 있는 선교 문서인 『현대의 복음 선교』(Evangelii Nuntiandi)를 집필했다. 이런 문서들은 선교에 대한 새로운 인식과 더불어 선교의 기초에 대해 새롭게 이해하는 계기를 마련했다.

풀러신학교(Fuller Theological Seminary)와 트리니티복음주의신학교(Trinity Evangelical Divinity School)같은 학교에 선교학 교수직이 설립되면서부터 복음주의 선교학은 장족의 발전을 했다. 20세기 중후반에 들어서면서 복음주의 선교신학은 1974년 로잔세계복음화대회(Lausanne Congress on World Evangelization) 개최와 존 스토트(John Stott)가 깊이 관여한 바 있는 로잔 언약(Lausanne Covenant) 제정으로 극에 달했다. 이 언약은 보다 균형 잡힌 선교에 대한 이해를 하는 데 중요한 역할을 하였다. 현재까지도 이 언약은 타의 추종을 불허하며, 여러 지류의 복음주의 진영들이 이 언약을 기초로 하여 협력하고 있다.

20세기 말에는 계속적인 도전과 사회적 변화가 선교학에 영향을 주었다. 그 중에는 사회적 불안정과 반(反) 서구적 사상과, 극단적인 전통 문화로의 회귀와 전통 종교의 부활 등이 있다. 그 어떤 곳에서보다 이런 현상이 두드러지게 일어난 곳은 바로 이란(Iran)이다. 이란에서는 샤(shah, 이란의 왕-역주)를 전복되고 매우 반 서구적이며 극단적인 이슬람 왕국이 설립되었다.

여성에 관한 논쟁들과 인권 탄압과 세계화에 관련된 염려와 그 외에도 환경에 관한 책임 등으로 선교학 내용이 채워져 갔다. **상황화**(contexualization)라는 용어가 신학과 여러 문화와의 연관성을 정확하게 나타내기 위해 제정되었다. 그 결과 상황적 신학들(contextual theologies)이 난무했다. 문화인류학, 정보 전달학, 정치 이론 등과 같은 사회과학들(Social Sciences)이 선교학에 있어서 중요한 역할을 하기 시작했고, 그 결과 선교의 신학적인 기반을 어둡게 하는 위기를 초래하기도 했다.

협의회의 선교신학(Conciliar Theology of mission)은 계속해서 사회 정의, 종교 다원주의, 타종교와의 대화, 에큐메니즘, 환경과 구원의 성격 등에 관한 질문에 대해 답을 찾기 위해 노력했다. 레슬리 뉴비긴(Lesslie Newbigin)과 다른 사람들은 "선교적 교회론"(Missional Church) 개념을 발전시켰다. 그 결과 우리 문화 네트워크에서의 복음(The Gospel in our Culture Network)이 형성됐다. 이들은 교회가 서구 문화에 대해서 선교적으로 관여해야 한다고 주장했다. 세속화의 여러 세력들과 포스트모더니즘과 기독교의 급격한 쇠퇴(특히 유럽) 등이 계속해서 서구교회에 미증유의 도전을 제공하고 있다.

복음주의 선교신학도 이런 문제들로부터 자유롭지 못했다. 그럼에도 불구하고 그 초점은 주로 전도와 사회적 책임(총체적 선교)과의 관계, 하나님 나라와 선교, 종교 다원주의, 선교의 영적 능력에 주로 집중이 되었다. 수많은 선교전략들에 대해 신학적인 평가가 필요하다. 로잔 운동에 연관된 다양한 국제적 사역단체들이 복음주의 진영을 대표해서 다양한 선교적 논점들과 신학적으로 중요시 되는 주제에 대해 보고서와 소논문들을 작성하였다. 같은 기간에 여러 주요 세계(majority world) 신학자들도 세계적으로 관심을 끌었을 뿐만 아니라, 선교학적 논의에 새로운 관점을 제시한 중요한 연구 결과들을 내놓았다.

### 5) 21세기에 들어서면서

1989년에 베를린 장벽이 무너지고, 1990년대 냉전이 종식되면서 추가적인 자극적 요인이 선교학계에 나타났다. 포스트모던 사고방식과 폴 니터(Paul Knitter) 같은 극단적인 다원주의자들의 시각이 협의회의 선교학와 가톨릭의 선교학와 일부 복음주의 선교학에도 깊은 영향을 주었다.

데이비드 바렛(David Barrett), 앤드류 월스(Andrew Walls) 그리고 여러 사람들이 예측하던 일들이 벌어졌다. 즉 대다수의 그리스도인들은 더 이상 유럽이나 북미주에 살고 있지 않았다. 그들은 소위 종전에 "선교지"였던 곳에 살게 되었다. 대다수 세계의 나라들은 또한 많은 선교사들을 보내기 시작했다. 압박을 받고 있던 중에 급성장한 중국의 경우는 보다 낙관적인 시각을 제공했다.

글로벌 소통 방식은 인터넷의 보편화와 다양한 전자 매체의 등장으로 혁명이 일어났다. 이와 동시에 글로벌 자본주의의 세력 때문에 빈부의 차이는 더 크게 벌어졌으며 이는 더 이상 통제를 할 수 없는 지경까지 이르게 되었다. 이와 같은 변화들은 선교에 대해 새롭게 생각하고 표현해야 할 필요성을 느끼게 했다.

1990년에는 교황 요한 바오로 2세가 『구속자의 선교』(*Redemptoris Missio*[*RM*])라는 교황의 칙령을 발표했다. 이로써 "교회의 선교적 사명의 영구적 타당성"(*RM*의 부제[subtitle])에 대한 바티칸의 입장을 더욱더 견고히 했다. 그 내용으로는 예수 그리스도의 유일성, 하나님 나라, 교회의 중요성과 종교간 대화가 포함되었다.

몇몇의 사전, 핸드북, 그리고 참고 자료들이 이 기간에 간행되었다. 이로써 선교적 데이터베이스를 더 확장시켜서 학생들이 쉽게 접근할 수 있게 했으며 선교신학을 보다 풍요롭게 만들었다(보조 자료 I.3을 보라). 이 기간에 다수의 학문적인 서적들이 출판됨으로써 성경적 선교신학의 부흥기를 경험하게 되었다. 반면에 선교신학의 "황금 시기"에 대부분의 풍요로운 연구 결과를 냈던 유럽 대학들의 선교학 교수직들은 차츰 사라지게 되었다.

2001년 9월 11일 테러범들의 공격과 그 뒤를 이은 현상들에 대해 혹자들은 "문화들 간의 충돌"(clash of civilizations)이 있을 것이라는 예언이 입증된 것이라고 주장했다(Huntington 1997). 증폭된 종교 간 긴장, 전쟁, 부족 간의 폭력이 21세기에도 계속 이어졌다. 그 결과 전 세계에서의 증인 역할을 하고 타종교와 조우하는 교회를 지도할, 합리적이고도 성경적인 선교학적 응답의 필요성을 이전보다 더 요청되었다.

세계적 냉전 시대 이후에 출판된 두 권의 선교신학 책에 대해 언급할 필요성이 있다. 두 권 다 강한 역사적 방법을 취했으며, 그것이 어떻게 전개되는지에 대해 깊이 있게 다루었다. 보쉬의 대표작인 『변화하는 선교』는 선교학계에 새로운 학적 기준을 세웠다. 그는 선교학적 패러다임이 바뀌는 여섯 단계를 역사적인 상황과 대비시킴으로써 신학과 선교학이 어떻게 진화했는가를 이해할 수 있게 했다.

보쉬는 비록 대다수 세계 신학자들과 선교하는 여성(women in mission)과 오순절주의자들의 범세계적 성장 상태에 대해서는 별로 다루지 않았지만 그 규모나 학문적인 범위에 있어서는 타의 추종을 불허할 정도였다. 어느 비평가가 말했듯이 『변화하는 선교』는 "20세기에 **선교학 대전**(*summa missiologica*)이 되었다. 보쉬는 그의 시대에 양극(polarities)을 모두 포용할 수 있는 포괄적인 선교의 이론적 틀을 제공하는 데 성공했다"(Roxborogh 2001).

스티븐 B. 베반스(Stephen B. Bevans)와 로저 P. 슈뢰더(Roger P. Schroeder)는 둘 다 로마가톨릭 신자로서 위와 비슷한 대작인 『예언자적 대화의 선교』(*Constants in Context: A Theology of Mission for Today*, 2004)를 집필

> **보조 자료 I.3**
> **선교신학에 관한 중요한 사전과 참고 자료들**
>
> 지난 20년간 선교를 보다 잘 이해하는 데 도움이 되는 다양한 자료들이 집필되었다. 다음에 소개되는 자료들은 각각의 특성과 내용들로서 선교에 대해 관심이 있는 이들에게 큰 도움이 될 것이다.
>
> 1. 『선교 사전: 신학, 역사, 관점들』(K. Müller, *Dictionary of Mission: Theology, History, Perspectives*, 1997a)
> 2. 『19세기 및 20세기 철학, 과학, 선교신학: 선교신학 종합사전』(Jongeneel, *Philosophy, Science, and Theology of Mission in the 19th and 20th Centuries: A Missiological Encyclopedia*, 1995-97)
> 3. 『기독교 선교의 인물 사전』(G. H. Anderson, *Biographical Dictionary of Christian Mission*, 1998)
> 4. 『선교학 사전』(Moreau, *Evangelical Dictionary of World Missions*, 2000a, CLC 刊)
> 5. 『세계 기독교 백과사전: 현대 교회와 종교비교 조사』(Barrett, Kurian, and Johnson, *World Christian Encyclopedia: A Comparative Survey of Churches and Religions in the Modern World*, 2nd ed. 2001)
> 6. 『선교신학 사전: 복음주의 편』(Corrie, *Dictionary of Mission Theology: Evangelical Foundations*, 2007)

했다. 이 두 사람도 강한 역사적인 관점을 가졌으나 보쉬와는 좀 더 미묘하게 다른 접근을 했다. 그들은 보다 더 많은 지면을 로마가톨릭 선교를 위해 할애했으며 보쉬가 보인 약점들을 보완했다. 그들은 여섯 개의 신학적인 주제들이 어떻게 이해되었는가에 따라서 역사를 여섯 단계로 나누어서 각 단계마다 선교와 선교사역이 어떻게 발전했는가를 추적했다. 그 주제들은 기독론, 교회론, 종말론, 구원론, 문화인류학 그리고 문화에 관한 것이다.

베반스와 슈뢰더는 위에서 언급한 여섯 개의 "상수"(constants)들이 역사적으로 어떤 형태로 변천했는가에 대해, 후스토 곤잘레스(Justo L.

González)와 도로테 죌레(Dorothee Sölle)가 전체 역사에서 반복해서 나타난다고 주장한 세 타입(type)의 신학에 따라서 검토했다. 이 타입들은 영혼을 구원하고 교회를 확장하는 것으로서의 선교, 진리의 발견으로서의 선교, 해방과 변혁의 추구로서의 선교이다(32-72). 그런 다음 그들은 선교의 모델로서 "예언자적 대화"(prophetic dialogue)를 제시했는데 이는 이 셋을 종합하는 것과 옛 모델들에 대해 새로운 깊이와 방향을 제시하는 것을 의미했다.

역사신학의 역할은 지난 세월 동안 다양한 교리들이 어떻게 발전했는가를 추적하는 것이다. 이처럼 보쉬와 베번스와 슈뢰더도 지난 세월 동안 선교학적 사고와 사역이 어떻게 발전해 왔는가를 추적한 두 가지 역사적 선교신학을 제시했다. 그들의 통찰력은 예리했으며 그 연구량도 엄청난 것이 사실인 것에 비해, 결국 그들은 선교에 대한 빈약한 이해들로 결론을 지었다. 그들은 선교가 시대마다 어떻게 변천했고, 선교가 역사, 문화, 전통, 상황의 영향을 어떻게 받았는지를 올바르게 알려준다.

그러나 그들은 우리가 우리 문화와 상황의 포로이며 우리가 과연 무엇이 **진정한**(true) 선교인가를 아는 것에 대해서는 희망이 없다고 단정했다. 보쉬는 다음과 같은 전제를 가지고 시작했다.

> 궁극적으로 선교는 정의(定意)가 불가능하다. 우리가 선호하는 좁은 한계로 선교를 가둬놓는 행위는 결코 하지말아야 한다. 우리가 갖는 최대의 희망은 선교가 대충 이렇다는 정도까지만이라도 도달하게 되는 것이다(D. J. Bosch 1991, 9).

보쉬 자신은 현존하는 선교에 대한 위기를 극복할 수 있는 차기 선교 패러다임이 무엇인가에 대해서는 잠정적인 제안을 할 수 있을 뿐이라고 했다. 베반스와 슈뢰더도 역시 선교에 대한 "상수들"은 이상의 질문에 대한 해답을 제시하는 것이 아니라, 이와 비슷한 질문들이 끊임없이 이어지는 것이라고 본다(2004, 34). 그들도 다음과 같은 보쉬의 경고에 동의한다.

> 선교에 대해 너무 명확한 설명을 하려하는 어떤 행위도 조심해야 한다(2004, 9; 참조. D. J. Bosch 1991, 512).

반대로, 위에서 언급한 바 있는 우리의 성경에 대한 관점과 우리의 인식론적 가정들과 우리의 방법론적인 접근을 고려할 때 성경에 나타난 하나님의 선교의 목적에 대해 보다 큰 확신을 갖고 대할 수 있게 된다. 다만 우리의 지식에는 한계가 있을 뿐 아니라 불안전하기 때문에 겸허하게 이것을 추구할 수밖에 없다.

그럼에도 불구하고 우리가 갈수록 명확하게 성경을 이해하게 될 것이라는 점과 이로써 보다 더 신실하게 실천할 수 있게 될 것이라는 희망을 포기할 필요는 전혀 없다고 본다.

이와 같은 비판적이면서도 실제적인 접근이야말로 성경 상에 나타난 선교에 관한 하나님의 뜻을 더 잘 이해하게 될 것이라 본다. 비록 우리가 거울을 통해 보듯 희미하게 볼지 몰라도 **우리가 본다**(고전 13:12)는 사실에 대해서는 변함이 없다. 우리가 비록 부분적으로 알고 부분적으로 예언할지 몰라도 **우리는 알 수 있고 또 진실을 말할 수 있다**(고전 13:9).

우리 이전의 사람들도 그랬듯이 우리도 역시 우리의 역사와 문화와 전통의 영향을 받을 수밖에 없다. 하지만 우리가 그 울타리 안에 갇혀 있을 필요는 없다. 역사와 인문학으로부터 배움으로써 교회가 현대에 어떻게 선교를 하며 살 수 있는가를 보다 더 잘 알 수 있게 될 것이다. 그리스도와 말씀을 존중하는 사람들의 다양한 목소리들을 경청함으로써 우리는 보다 더 선명하게 볼 수 있고, 문화적 맹점(cultural blind spots)과 해석학적 근시안(myopia)도 탈피할 수 있다.

　이처럼 본서의 목적은 다양한 견해들과 발전 과정과 선교에 대한 도전들에 대해 검토하는 데 있다. 우리는 성경을 지침으로 삼아 그런 목적을 달성할 것이다. 또 역사와 인문학과 다(多)문화적 관점을 통해 도움을 받게 될 것이다. 그 결과 독자들이 본서를 통해 성경적으로도 보다 신실하고, 실천적으로 보다 적실한 선교신학으로 인도되기를 바란다.

# 제1부
# 선교의 성경적 기초

제1장  구약에서의 하나님과 열방
제2장  신약에서의 하나님과 열방
제3장  선교의 정당성(하나님의 선교)
제4장  선교의 목적과 본질
제5장  선교사역의 과업(확신과 논쟁)
제6장  선교사역의 과업(수렴과 결론)

# 제1장
# 구약에서의 하나님과 열방

　성경은 처음부터 끝까지 선교적인 책이다. 이는 성경이 타락하고 반역한 인류를 자신과 화해시키시고 모든 창조물 위에 그의 통치를 회복시키시기 위하여 인류의 역사 속으로 찾아 오시는 하나님 자신의 이야기이기 때문이다. 이러한 관점에서 볼 때, 하나님은 그의 사자들과 사신들을, 그리고 궁극적으로 그의 아들을 이 구원의 이야기 속의 대리자로 보내시는 선교적인 하나님이시며, 이 구원은 궁극적으로 모든 나라와 백성, 모든 족속과 방언의 사람들에게까지 확장된다. 이 구원은 하나님께서 주도하는 것이며 모든 영광을 받으시는 이도 하나님이시다.
　처음에 하나님께서는 주로 천사들과 선지자들을 보내셨고, 그 후에는 열방 가운데 자신의 의와 영광을 증거하기 위하여 한 백성 이스라엘을 일으키셨다. 이 이야기는 악을 물리치기 위해 그의 아들을 보내시고, 십자가에서 구원을 성취하시는 것에서 절정에 이른다.
　하지만 그 이야기는 성령의 능력 가운데 하나님의 새로운 백성, 즉 교회를 보내 하나님의 도구와 하나님 나라의 표징이 되게 함으로써 이어진다. 그리고 그리스도의 재림과 그의 나라의 궁극적인 성취, 악의 최종적인 패배, 그리고 그리스도가 주 되심을 고백하는 승리의 모습으로 이 이야기는 결론지어질 것이다.

성경과 선교에 관한 제1장과 제2장은 열방을 향한 하나님의 계획에 주로 초점을 맞춘다. 나머지 장들에서는 선교의 다른 성경적 주제들을 고찰한다. 단지 몇 개의 대표적인 성경 본문들만 고찰될 것이다. 이 주제에 대한 자세한 고찰을 위해서는 쾨스텐버거와 오브라이언(Köstenberger and O'Brien 2001), 라킨과 윌리엄즈(Larkin and Williams 1998), 글라서(Glasser et al., 2003), 라이트(C. J. H. Wright 2006), 그리고 그 외 다른 사람들에 대한 연구들을 권한다.

우리는 좀 더 포괄적인 선교신학을 위한 시발점으로, 비록 모든 정상에 오르거나 모든 전망대에서 쉴 수 없다 할지라도, 웅장한 파노라마의 놀라움과 흥분스러운 그 어떤 것을 잡아 낼 수 있도록 노력해야 한다. 우리는 열방을 향한 하나님의 계획의 중요성과 중심성, 그리고 그 영광을 이해해야 한다. 더 나아가 구속사 속에서의 우리들의 특권적 위치와 하나님께서 우리에게 감당하도록 맡기신 역할을 반드시 분별해야 한다.

많은 선교의 주제들이 성경적인 선교신학 안에서 연구될 수 있다. 『땅 끝까지 이르는 구원: 성경적 선교신학』(Salvation to the Ends of the Earth: A Biblical Theology of Mission)에서 안드레아스 J. 쾨스텐버거(Andreas J. Köstenberger)와 피터 T. 오브라이언(Peter T. O'Brien)은 "이 주제에 관한 성경적인 메시지 아래에 깔려 있는 논리와 통일성"을 보기를 기대하며 선교에 대한 성경적 가르침을 고찰한다.

> 왜냐하면 성경이 하나의 주된 그리고 전체에 내재된 목적에 의해 연결되어 있기 때문이다. 즉 그것은 하나님의 구속 계획이 어떻게 펼쳐지는가를 추적하는 것이다(Köstenberger and O'Brien 2001, 20).

그러나 그들은 다른 가능한 주제들에 대하여는 별로 관심을 두지 않는다. 아더 F. 글라서(Arthur F. Glasser)는 하나님 나라를 성경에서 선교를 하나로 묶는 주제로 본다(Glasser et al. 2003). 다른 이들은 통일성과 다양성(Legrand 1990), 보편성과 특수성(Bauckham 2003) 등과 같은 주제들을 추적한다.

이러한 주제들은 상호 배타적이지 않으나, 성경적인 메시지의 다양한 측면들을 펼쳐나가면서 다른 뉘앙스와 강조점들을 반영하고 있다. 성경 안에는 많은 내러티브들과 문학 장르들, 그리고 역사와 문화적인 상황들을 통해 나타나는 엄청난 다양성이 있기 때문에, 성경 속에 있는 풍부한 다양성을 하나의 주제나 모티프로 너무 좁게 축소시키는 것에 대해서는 조심을 해야 한다.

우리들의 취지들에 맞게, 본 장과 다음 장은 구속사의 전개 과정에서 나타나는 열방과 하나님과의 관계에 주 초점을 맞출 것이다. 본 장은 개관을 시작으로 구약을 고찰할 것이다. 다음 장에서는 신약의 가르침으로 초점을 옮긴다. 분명한 사실은 선교가 신약의 복음서들 끝에 있는 지상명령(Great Commission)과 함께 시작하지 않는다는 것이다. 오히려 열방을 위한 하나님의 계획은 성경 전체를 통하여 흐르는 주제이다.

구약에서 이 주제는 중요한 곳에서 자주 나타나며, 하나님께서 이스라엘을 택하시고 구속사를 전개시켜 나가시는 뒤에 깔려 있는 하나의 모티프로 남아있다. 열방을 향한 하나님의 계획은 신약에 와서 완전한 실현으로 나아간다.

## 1. 구속사적 관점으로 본 하나님과 열방

하나님의 목적들에 관련하여, 특히 열방과 하나님의 관계에 있어서,

역사는 어디를 향하고 있는가?

　창조 때에는 모든 것이 좋았고, 하나님과 피조물 사이, 그리고 피조물들 가운데 조화가 있었다(창 1-2장). 죄가 들어옴으로 하나님의 피조물들이 하나님과 가진 관계들, 그리고 남자와 여자 사이의 관계들이 끊어지게 되었다. 창조 그 자체가 하나님의 통치에 대한 인간의 반역으로 인한 결과에 영향을 받았으며 그 결말들은 참혹하였다(창 3장).

　그러나 하나님께서 역사를 끝마치시고 모든 것이 완성(consummation)에 이르게 될 때 하나님의 통치는 남녀 인간들, 모든 열방(시 96:10, 13; 사 2:4; 계 19:15), 그리고 모든 피조물들(롬 8:19-22)에게 완전한 회복을 가져올 것이다. 그의 나라는 "세상 나라가 우리 주와 그의 그리스도의 나라가 되어 그가 세세토록 왕 노릇 하시리로다"(계 11:15b, 참조, 12:10)라는 천상의 소리가 선포할 때 영광 중에 이루어질 것이다.

> 그들이 새 노래를 불러 이르되 "두루마리를 가지시고 그 인봉을 떼기에 합당하시도다 일찍이 죽임을 당하사 각 족속과 방언과 백성과 나라 가운데에서 사람들을 피로 사서 하나님께 드리시고 그들로 우리 하나님 앞에서 나라와 제사장들을 삼으셨으니 그들이 땅에서 왕 노릇 하리로다" 하더라(계 5:9-10).

잠시 후에 천상 예배의 비슷한 환상이 묘사된다.

> 이 일 후에 내가 보니 각 족속과 백성과 방언에서 아무도 능히 셀 수 없는 큰 무리가 나와 흰 옷을 입고 손에 종려 가지를 들고 보좌 앞과 어린 양 앞에 서서 큰 소리로 외쳐 이르되 "구원하심이 보좌에 앉으신 우리 하나님과 어린 양에게 있도다"(계 7:9-11).

이 구절들은 하나님을 향한 종말의 예배에 포함될 다양한 사람들을 묘사하기 위해서 나라, 족속, 백성, 그리고 방언과 같은 용어들을 중복하여 사용한다. 인간은 사회적으로 구분될지라도, 각 집단의 대표들이 포함될 것이다. 찰스 H. H. 스코비(Charles H. H. Scobie)의 말을 빌리자면, 나라들의 흩어짐을 묘사하는 창세기 11장으로부터 나라들의 모아짐을 묘사하는 요한계시록에 이르기까지, 성경 정경(canon)은 "성경의 전체 이야기의 틀을 제공하는 거대한 봉투 구조(envelope structure)를 형성한다"(Scobie 1992, 285). 이제 구약성경의 이 거대한 목적을 성취해 가시는 하나님에 대한 성경 이야기를 따라가 보자.

## 2. 열방의 시작과 기원

이미 언급된 바와 같이, 창조 때에는 하나님과 인류 사이에 완전한 조화가 있었다. 아담과 하와의 죄는 하나님의 선하심을 신뢰하지 않고, 그들의 삶에 대한 하나님의 사랑스러운 권위에 반역하는 문제였다. 만일 인간의 목적이 하나님을 사랑하고 영광스럽게 하는 것이었다면, 죄의 핵심은 그러한 하나님과의 관계를 거부한 것이다.

만일 하나님 나라가 본질적으로 하나님의 공의롭고 사랑스러운 통치 아래서 살아가는 것으로 이루어진다면, 죄라는 것은 그러한 통치에 대항하여 반역하는 것이다. 아담과 하와의 눈이 열렸을 때, 죄의 즉각적인 결과는 부끄러움이었다. 그들은 하나님으로부터 숨으려 하였다(창 3:9). 그리고 여기서 이미 하나님의 선교 이야기는 시작된다.

하나님은 몇 가지 방법으로 깨어진 관계의 회복을 주도하신다.

첫째, 하나님 스스로 아담과 하와를 찾으신다.

> 여호와 하나님이 아담을 부르시며 그에게 이르시되 네가 어디
> 있느냐(창 3:9).

쉽게 잊혀지지 않는 이러한 말씀은 하나님의 마음을 드러낸다. 그분은 타락한 인간을 찾으신다. 그분은 그들이 숨어 있도록 내버려 두지 않으신다. 그분은 사형선고를 즉시 집행하지 않으신다. 그분은 그들을 찾으시고, 책임을 물으시며, 그들에게 말씀하신다.

둘째, 하나님은 일련의 저주를 선포하신다(창 3:14-19).

하지만 이러한 저주들 안에는 하나의 약속, 곧 베일에 싸인 복음의 예고를 의미하는 소위 "원시복음"(*protoevangelium*, 프로토에반겔리움)이 들어가 있다. 하나님께서 뱀에게 말씀하신다.

> 내가 너로 여자와 원수가 되게 하고 네 후손도 여자의 후손과
> 원수가 되게 하리니 여자의 후손은 네 머리를 상하게 할 것이
> 요 너는 그의 발꿈치를 상하게 할 것이니라(창 3:15).

언젠가 하와의 후손은, 상처 입은 자신을 통하여 궁극적으로 사탄과 그가 대표하는 악을 물리칠 것이다.

셋째, 하나님께서는 낙원에서 그들을 쫓아내시기에 앞서, 무화과 잎사귀가 아닌 가죽으로 만든 옷을 그들에게 입히신다(창 3:21, 참조, 7절). 하나님 스스로 준비하신 피 흘림을 통해서 그들의 부끄러움이 덮여진 것이다. 이는 하나님의 아들의 흘린 피로 우리의 죄를 덮기 위한 하나님의 궁극적인 공급하심의 예표다. 죄의 파괴적인 결과들은 창세기의 이어지는 장들에서 분명해지며 창세기 6-9장에서 노아와 그의 가족을 제외한 모든 것의 멸망을 통해 절정에 이른다.

그러나 노아가 방주에서 나온지 얼마 지나지 않아, 노아가 하나님과

의 새 언약 안으로 들어갔음에도 불구하고, 죄는 추악하고 음란한 행위로 고통스럽게 드러난다(창 9:20-27).

창세기 11장은 인류가 하나 되는 모습으로 시작한다.

> 온 땅의 언어가 하나요 말이 하나였더라(창 11:1).

그러나 이렇게 시작된 이야기는 바벨탑과 언어의 혼란 그리고 세상 곳곳으로 흩어지는 사람들의 모습들을 통해 상징적으로 나타나는 인간 종교의 실패로 끝을 맺는다(창 11:7-9). 인류 가족들의 하나됨은 깨어져 버리고 종족 간의 경쟁이 즉시 일어난다.

성경에서 시작하는 이러한 이야기들을 통해 하나님과의 깨어진 관계를 회복하고 죄의 결과를 극복하려는 인간적인 노력들의 완전한 실패가 드러난다. 그러나 바로 이 순간, 즉 죄가 통치하고, 인류는 난장판으로 변하며, 나라들은 흩어져버려 모든 것이 가장 참담하고 절망스러울 때, 하나님은 열방을 위한 그의 계획, 곧 하나님 나라의 백성을 창조함으로써 실현될 그 계획을 드러내신다.

## 3. 하나님 나라의 백성을 창조

### 1) 족장들: 열방에 대한 복의 약속

창세기 11장의 백성들의 흩어짐과 민족들의 계보에 이어, "인간 민족들에 대한 하나님의 응답"(Wright 1996, 39)으로서 아브라함의 부르심이 창세기 12장에 등장한다. 창세기 1-11장이 재앙에 이르게 한 인류의 노력들에 대한 하나님의 대응을 담은 보편적인 역사를 표현하고 있다면,

창세기 12장은 한 사람을 특별하게 부르심으로 시작하는데, 하나님께서는 그를 복으로 인도하기 위해 특별하게 선택한 백성의 아버지가 되게 하신다.

이어지는 구약성경의 많은 부분들은 하나님께서 이렇게 선택된 백성과 관계하시는 이야기다. 그러나 이 특별한 부르심 안에는 모든 열방을 포함하는 보편적인 의도 역시 내포되어 있다. 이 주제는 하나님께서 이스라엘과 관계하시는 과정에서 반복적으로 나타난다.

여기서 우리는 열방을 향한 하나님의 계획과 관련해 성경의 구속사에 나오는 가장 중대한 약속들 중의 하나와 만나게 된다. 창세기 12:1-3은 말한다.

> 여호와께서 아브람에게 이르시되 "너는 너희 고향과 친척과 아버지의 집을 떠나 내가 네게 보여줄 땅으로 가라 내가 너로 큰 민족을 이루고 네게 복을 주어 네 이름을 창대하게 하리니 너는 복이 될지라 너를 축복하는 자에게는 내가 복을 내리고 너를 저주하는 자에게는 내가 저주하리니 모든 족속이 너로 말미암아 복을 얻을 것이라"[1] 하신지라(창 12:1-3).

한편, 하나님은 아브람(후에 아브라함이란 새 이름으로 일컬어짐)을 특별하게 축복하시고 그로부터 시작해서 위대한 민족을 창조하실 것이다. 이는 하나님의 특별한 부르심이다. 하지만 이러한 특별한 부르심에도 보편적인 의도가 또한 포함되어 있다. 아브라함을 통해 하나님은 지구 상의 **모든** 족속들에게 복을 내리실 것이다. "족속"(families)이란 말은 "민족,"

---

[1] 다른 가능한 번역인 "스스로 복을 얻으리라"(bless themselves)라고 한 것에 대한 짤막한 토론을 위해서는 보컴(Bauckham 2008, 29n3)과 쾨스텐버거와 오브라이언(Köstenberger and O'Brien 2001, 30-31, including n. 13)을 보라.

"종족," 혹은 "종"이라는 의미하는 히브리어 **미시바하**(*mishpāhâ*)에서 유래한다. 이 마지막 구절은 약속의 절정이며 하나님의 궁극적인 의도이다. 아브라함을 향한 하나님의 축복은 아브라함만을 위한 것이 아니다. 그 약속은 창세기 18:18; 22:18; 26:3-4; 28:14에서 아브라함과 그리고 후에 이삭과 야곱에게 반복되는데, 첫 세 구절들에서는 통상적으로 비유대인이나 민족들을 일컫는 **고이**(*gôy*)라는 히브리 단어가 **미시바하**를 대신하여 사용된다.

아브람을 축복하는 자들이 복을 받고 그를 저주하는 자들이 저주를 받을 것이라는 선언은 아브람이(그리고 그의 자손들이) 하나님의 특별한 대리인이며 은혜의 중재자임을 나타낸다. 한 사람이 그에게 어떻게 반응하는가는 그 사람이 하나님께 어떻게 반응하는가에 대한 척도가 된다.

이 선언의 큰 의미에 대해 잠시 멈춰 생각해 보아야 한다. **모든 족속**의 저주와 복이, 그들이 아브라함과 그의 자손들과 갖는 관계에 따라 결정된다는 것이다. 그러나 강조점은 분명히 열방에 대한 복이 확실한 사실임을 예고하는 마지막 구절에 놓여 있다.

이 복이 정확히 어떻게 열방에 의해 경험될지는 아직 드러나지 않는다. 그러나 창세기 22:18에서 아브라함의 약속이 반복되면서 암시가 주어진다.

> 또 네 씨로 말미암아 천하 만민이 복을 받으리니 이는 네가 나의 말을 준행하였음이니라(창 22:18).

신약은 이 구절을 그리스도에 대한 언급으로 해석한다. 베드로는 사도행전 3:25에서, 바울은 갈라디아서 3:13-16에서 이 구절을 인용한다.

> 그리스도께서 우리를 위하여 저주를 받은 바 되사 율법의 저주

에서 우리를 속량하셨으니 기록된 바 나무에 달린 자마다 저주 아래에 있는 자라 하였음이라 이는 그리스도 예수 안에서 아브라함의 복이 이방인에게 미치게 하고 또 우리로 하여금 믿음으로 말미암아 성령의 약속을 받게 하려 함이라(행 3:25).

형제들아 내가 사람의 예대로 말하노니 사람의 언약이라도 정한 후에는 아무도 폐하거나 더하거나 하지 못하느니라 이 약속들은 아브라함과 그 자손에게 말씀하신 것인데 여럿을 가리켜 그 자손들이라 하지 아니하시고 오직 한 사람을 가리켜 네 자손이라 하셨으니 곧 그리스도라(갈 3:13-16).

아브라함으로부터 이스라엘 민족이 나올 것이며, 이스라엘 민족으로부터 나오게 될 메시아의 구속적 죽음과 부활은 모든 민족들의 백성들을 위한 복의 근원이 될 것이다. 그리스도를 통하여 각 민족의 백성들이 아브라함의 복에 참여한다.

구약성경 속에서 열방을 위한 축복은 다른 곳에서 드물게 나타나지만, 이 사실이 그 가르침의 심오한 중요성을 축소시키지는 않는다. 여기서 아브라함(그리고 그로 인한 이스라엘)에 대한 부르심의 진정한 목적이 열방들의 번영과 연결된다.

### 2) 율법: 열방 가운데 주의 영광과 의를 나타내는 백성

출애굽과 더불어 하나님은 하나님 나라 백성을 형성하는데 있어 새로운 시대를 시작하신다. 이스라엘이 애굽과 바로의 군대로부터의 구출되어 시내 광야로 들어간 후에, 모세가 주님으로부터 받은 첫 말씀이 출애굽기 19:5-6에 기록되어 있다.

세계가 다 내게 속하였나니 너희가 내 말을 잘 듣고 내 언약을 지키면 너희는 모든 민족 중에서 내 소유가 되겠고 너희가 내게 대하여 제사장 나라가 되며 거룩한 백성이 되리라. 너는 이 말을 이스라엘 자손에게 전할지니라(출 19:5-6).

이스라엘의 언약관계와 소명을 설명하는 이 말씀은 비록 이스라엘 백성이 구출을 경험한 후에 주어졌지만, 하나님께서 율법을 주시기 **전**이라는 사실에 주목하여야 한다. 다시 한 번 우리는, 열방 가운데 하나님의 독특한 소유로서의 이스라엘 백성을 위한 하나님의 특별한 부르심을 보게 된다. 동시에 하나님은 온 땅에 대한 보편적인 권리를 주장하신다. 여기서 하나님의 선교적 목적을 위해 중요한 것은 이스라엘이 제사장들을 **가진** 나라(kingdom with priests)라는 것이 아니라, 그 민족 자체가 제사장들**의** 나라(kingdom of priests)라는 것이다. 제사장의 역할은 중재(mediation)이다.

> 택하심은 이스라엘을 열방으로부터 구별하여 특별한 방법으로 하나님을 섬기고 그의 영광과 주 되심을 땅 위에 나타내며, 궁극적으로 온 세상이 하나님께로 나아오게 한다. … 택하심은 그 자체로 목적을 갖는 것이 아니라 오직 하나님 나라를 목적으로 삼는다.
>
> —Theodorus Christians Vriezen
> (Blauw 1962, 23에서 재인용)

그러므로 이스라엘은 하나님과 열방 사이를 중재한다(Blauw 1962; Schultz 1996; Kaiser 2000을 보라).[2] 이스라엘이 열방 가운데 제사장적 기

---

2 다른 해석에서는 "제사장 나라"를 이스라엘의 하나님을 향한 관계, 오직 제사장만이

능을 갖는다는 것은, 모든 열방 가운데서 이스라엘만을 하나님의 특별한 소유로 구별해 내는 것을 통하여 명백해진다. 이 똑같은 말씀이 신약에서 하나님의 새 백성, 곧 교회에게 적용되는 것을 우리는 읽게 되는데, 명백하게 선교적인 맥락에서 그렇다.

> 그러나 너희는 택하신 족속이요 왕 같은 제사장들이요 거룩한 나라요 그의 소유가 된 백성이니 이는 너희를 어두운 데서 불러내어 그의 기이한 빛에 들어가게 하신 이의 아름다운 덕을 선포하게 하려 하심이라(벧전 2:9).

월터 카이저(Walter Kaiser)는 이 본문을 "이스라엘의 선교적 소명"이라 칭했다(1999). 그러나 중재자로서의 이스라엘의 제사장적 역할은 선포를 위해 열방으로 실제적으로 나아가는 것에 있는 것이 아니라, 그들이 가진 주님과의 독특한 관계와 모범적인 삶의 방식을 통해 이루어지는 것에 더 가깝다. 이스라엘의 제사장적 역할은 그들이 거룩한 나라인 것과 밀접하게 관련되어 있다. 하나님께 성별된 백성으로서의 삶은 열방 앞에서 증인이 되는 것에 필수적이다.

> 여호와께서도 네게 말씀하신 대로 오늘 너를 그의 보배로운 백성이 되게 하시고 그의 모든 명령을 지키라 확언하셨느니라 그런즉 여호와께서 너를 지으신 모든 민족 위에 뛰어나게 하사 찬송과 명예와 영광을 삼으시고 그가 말씀하신 대로 너를

---

가질 수 있는 하나님에 대한 신뢰를 가리키는 것으로 본다. 혹은 모든 이스라엘 사람들은 JHWH(하나님을 뜻하며, 여호와 또는 야훼의 이름을 나타내는 히브리어 네 글자[יהוה]이다-역주)께 나아가야 하는 것을 의미하는 것일 수 있다고 본다(예, Schnabel 2004, 71).

네 하나님 여호와의 성민이 되게 하시리라(신 26:18-19).

이스라엘이 하나님의 율법에 순종하여 살아갈 때, 다시 말해, 이스라엘 백성들이 하나님의 통치 아래 있는 백성으로 살아갈 때, 그들은 하나님 나라를 나타내고 거룩한 민족이 되는 것이다. 이는 결국 열방 가운데서 하나님을 영광되게 하며 그들이 하나님에 대해 더 알고 싶어 하도록 매료시킨다.

> 너희는 지켜 행하라 이것이 여러 민족 앞에서 너희의 지혜요 너희의 지식이라 그들이 이 모든 규례를 듣고 이르기를 "이 큰 나라 사람은 과연 지혜와 지식이 있는 백성이로다" 하리라 우리 하나님 여호와께서 우리가 그에게 기도할 때마다 우리에게 가까이 하심과 같이 그 신이 가까이 함을 얻은 큰 나라가 어디 있느냐(신 4:6-7).

제임스 추쿠마 오코예(James Chukwuma Okoye)는 이것을 "선교 중에 있는 공동체"(community-in-mission)라고 일컫는다(Okoye 2006, 11).

> 이스라엘은 야훼의 본성과 야훼 아래에서의 삶의 유익을 나타낼 의도로 세워진 언약의 공동체가 될 것이다(Okoye 2006, 3-4).

고대 근동의 고고학적 발견들은 모세의 율법이 얼마나 현저히 달랐으며 그러한 삶의 방식이 얼마나 매력적인 방식이었는지를 대조적으로 보여준다. 그러나 이스라엘이 실패했을 때라 할지라도, 그들의 불순종으로부터 기인한 이스라엘에 대한 하나님의 심판은 열방을 위한 증거가 될 것이다.

여러 나라 사람들도 묻기를 "여호와께서 어찌하여 이 땅에 이같이 행하셨느냐 이같이 크고 맹렬하게 노하심은 무슨 뜻이냐" 하면 그때에 사람들이 대답하기를 "그 무리가 자기 조상의 하나님 여호와께서 그들의 조상을 애굽에서 인도하여 내실 때에 더불어 세우신 언약을 버리고 가서 자기들이 알지도 못하고 여호와께서 그들에게 주시지도 아니한 다른 신들을 따라가서 그들을 섬기고 절한 까닭이라"(신 29:24-26; 참조, 30:1).

이스라엘이 같은 곳에 거주하며 살고 있는 이방인들과 가졌던 관계 또한 중요하다. 거주 이방인 혹은 정착인(히브리어 gêr, 게르)은 이스라엘에 살고 있던 비이스라엘인이었기에 억압과 학대를 당할 수 있었다. 모세의 율법은 이스라엘 가운데 거주하는 이방인들에게도 일정한 권리와 혜택을 줌으로써 그들을 학대로부터 보호하였다(예, 레 23:22; 신 14:29; 24:14-22; 27:19). 이중 잣대는 허락되지 않았다. 오히려 율법이 거주 이방인들과 이스라엘 사람들 모두에게 동일하게 적용되었다(민 9:14; 15:14-16, 29-30). 거주 이방인들 또한 하나님의 긍휼의 대상이므로 이스라엘은 마땅히 그들에게 긍휼을 보여주어야 한다.

> 너희의 하나님 여호와는 신 가운데 신이시며 주 가운데 주시요 크고 능하시며 두려우신 하나님이시라 사람을 외모로 보지 아니하시며 뇌물을 받지 아니하시고 고아와 과부를 위하여 정의를 행하시며 나그네를 사랑하여 그에게 떡과 옷을 주시나니 너희는 나그네를 사랑하라 전에 너희도 애굽 땅에서 나그네 되었음이니라(신 10:17-19).

하지만 더 중요한 것은 거주 이방인들에게도 하나님의 율법을 가르치고 주님을 경외하게 했다는 것이다.

> 곧 백성의 남녀와 어린이와 네 성읍 안에 거류하는 타국인을 모으고 그들에게 듣고 배우고 네 하나님 여호와를 경외하며 이 율법의 모든 말씀을 지켜 행하게 하고 또 너희가 요단을 건너가서 차지할 땅에 거주할 동안에 이 말씀을 알지 못하는 그들의 자녀에게 듣고 네 하나님 여호와 경외하기를 배우게 할지니라(신 31:12-13).

그러므로 하나님 나라의 백성인 이스라엘은 하나님의 의를 보여 주고 이방인들을 정의와 긍휼로 대해야 했다. 이런 방법으로 이방인들은 주님을 경외함을 마땅히 알아가야만 했다.

### 3) 시편: 열방의 예배를 받기에 합당하신 하나님

시편을 살펴보기에 앞서, 시편과 비슷한 시기에 쓰여졌거나 그 시대를 묘사하고 있는, 역사서에 있는 몇 개의 중요한 본문들에 주목할 필요가 있다. 역대상 16장은 다윗이 예루살렘으로 언약궤를 가져오는 것을 기록하고 있다. 몇 개의 시편에서도 나타나는 감사의 노래는 이스라엘로 하여금, 주의 일하심을 모든 백성들 가운데 알게 하고(8절), 온 땅에 노래하고 그의 구원을 선포하며(23절), 열방 가운데 그의 영광을 말할 것(24절)을 요구한다. 땅은 여호와를 경외해야 하며(30절), 열방은 주의 통치를 알아야 한다(31절).

솔로몬이 성전을 봉헌했을 때, 그의 기도는 이스라엘이 열방을 하나님께 이끌어야 하는 것에 대해 이해하고 있음을 보여 준다.

> 또 주의 백성 이스라엘에 속하지 아니한 자 곧 주의 이름을 위하여 먼 지방에서 온 이방인이라도 그들이 주의 크신 이름과 주의 능한 손과 주의 펴신 팔의 소문을 듣고 와서 이 성전을 향하여 기도하거든 주는 계신 곳 하늘에서 들으시고 이방인 주께 부르짖는 대로 이루사 땅의 만민이 주의 이름을 알고 주의 백성 이스라엘처럼 경외하게 하시오며 또 내가 건축한 이 성전을 주의 이름으로 일컫는 줄을 알게 하옵소서(왕상 8:41-43).

본문은 비유대인들인 이방인들이 기도하기 위해 성전으로 오게 될 것을 추정한다. 성전으로부터의 기도 응답은 더 나아가 열방들로 하여금 하나님을 경외하게 만들 것이다(참조, 사 56:7). 열왕기상 10:1-13은 스바의 여왕이 솔로몬에게 와서 그의 지혜를 구하고, 하나님을 찬양하며 엄청난 선물들을 드린 것에 대해 이야기한다. 열왕기하 5장은 아람의 군대 장관 나아만이 병 고침을 경험하고 이스라엘의 하나님의 우주적 통치를 고백하는(15절) 이야기를 담고 있다. 이들은 이스라엘에 끌리어 이스라엘의 하나님의 위대함을 인정하는 이방인들의 전형들(types)이나 선구자들로 여겨질 수 있다.

시편은 구약의 찬송집을 우리에게 제공한다. 여기서 우리는 열방과 관련된 주님의 영광과 위대하심을 발견한다. 하나님은 모든 백성들과 열방 위에 주권을 가지고 계시며(예, 시 22:28; 47:8; 82:8), 그의 영광은 "세상 끝까지" 뻗치며(시 19:4), 모든 백성은 그의 영광을 보았다(시 97:6). 수많은 기도들은 하나님이 그의 영광을 온 땅에 나타내실 것을 요청한다(예, 시 57:5, 11; 72:19; 108:5).

시편은 열방을 향한 아브라함의 복을 주제로 다룬다. 시편 67편에서는 복이 흘러가도록 이스라엘을 축복해 주시기를 하나님께 간구하고 있다. 이스라엘은 열방을 축복하는 수단이 된다. 하나님께서 이스라엘을 택하시고 복 주심은 열방을 염두에 두고 계심이다. 이 시편의 구조를 주목해 보자.

> 1 하나님은 우리에게 은혜를 베푸사 복을 주시고
> 그의 얼굴 빛을 우리에게 비추사(셀라)
> 2 주의 도를 땅 위에
> 주의 구원을 모든 나라에게 알리소서
>> 3 하나님이여 민족들이 주를 찬송하게 하시며
>> 모든 민족들이 주를 찬송하게 하소서
>>> 4 온 백성은 기쁘고 즐겁게 노래할지니
>>> 주는 민족들을 공평히 심판하시며
>>> 땅 위의 나라들을 다스리실 것임이니이다(셀라)
>> 5 하나님이여 민족들이 주를 찬송하게 하시며
>> 모든 민족으로 주를 찬송하게 하소서
> 6 땅이 그의 소산을 내어 주었으니
> 하나님 곧 우리 하나님이 우리에게 복을 주시리로다
> 7 하나님이 우리에게 복을 주시리니
> 땅의 모든 끝이 하나님을 경외하리로다(시 67:1-7).

시편 67편의 처음과 마지막 절은, 이스라엘이 "모든 나라"에게 복이 되어 "땅의 모든 끝이 하나님을 경외"하게 하기 위하여 복을 청하는 주제가 반복한다. 3절과 5절은 온 백성들로 하여금 하나님을 예배하도록 독려한다. 중앙에 위치한 4절은 하나님께서 민족들을 심판하고 열방을 인도하실 것이기에, 열방으로 하여금 즐거워하며, 기쁨의 노래를 부르도록 권면한다. 심판을 기대하는 것은 통상적으로 기뻐할 일이 아니다. 그러나 이것이 가능한 이유는 그 심판이 정의롭고 주의 구원이 알려지기 때문이다(2b절).

시편 72편은 특히 중요한 메시아적 시편이다. 솔로몬의 이 시편은 다음과 같은 기도를 하며 왕 위에 복이 임할 것을 염원한다.

> 그의 날에 의인이 흥왕하여 평강의 풍성함이 달이 다할 때까지 이르리로다 그가 바다에서부터 바다까지와 강에서부터 땅 끝까지 다스리리니(시 72:7-8).

이러한 구절들은 분명히 솔로몬의 통치를 넘어서 메시아 왕의 우주적인 통치를 기대하도록 한다. 기도는 계속된다.

> 모든 왕이 그의 앞에 부복하며 모든 민족이 다 그를 섬기리로다(시 72:11).

왕은 자신이 행하는 긍휼과 구원의 행위들로 인해 칭송을 받는다(12-16절). 그리고 17절은 다음과 같이 말한다.

> 그의 이름이 영구함이여 그의 이름이 해와 같이 장구하리로다 사람들이 그로 말미암아 복을 받으리니 모든 민족이 다 그를 복되다 하리로다(시 72:17).

열방을 위한 아브라함의 복의 약속은 다윗의 혈통을 통해 그리고 궁극적으로는 메시아 왕을 통해 올 것이다.

이스라엘은 열방 가운데서 하나님의 행하심과 영광 그리고 구원을 선포하도록 부름을 받았다.

너희는 시온에 계신 여호와를 찬송하며
그의 행사를 백성 중에 선포할 지어다(시 9:11).

여호와께 감사하고 그의 이름을 불러 아뢰며
그가 하는 일을 만민 중에 알게 할지어다(시 105:1).

시편들은 모든 열방이 실제로 주의 영광을 인정하고 또한 그를 예배할 그 날의 종말의 비전을 표현한다.

땅의 모든 끝이 여호와를 기억하고 돌아오며
모든 나라의 모든 족속이 주의 앞에 예배하리니
나라는 여호와의 것이요 여호와는 모든 나라의 주재심이로다
세상의 모든 풍성한 자가 먹고 경배할 것이요
진토 속으로 내려가는 자 곧 자기 영혼을 살리지 못할 자도
다 그 앞에 절하리로다(시 22:27-29).

주여 주께서 지으신 모든 민족이 와서 주의 앞에 경배하며
주의 이름에 영광을 돌리리이다(시 86:9-10).

이것을 기억하면서, 시편들은 열방으로 하여금 하나님을 주로 인정하고, 와서 하나님 한 분만을 예배하도록 계속해서 권면한다.

새 노래로 여호와께 노래하라
온 땅이여 여호와께 노래할지어다
여호와께 노래하여 그의 이름을 송축하며
그의 구원을 날마다 전파할지어다

그의 영광을 백성들 가운데에
그의 기이한 행적을 만민 가운데에 선포할지어다
여호와는 위대하시니 지극히 찬양할 것이요
모든 신들보다 경외할 것임이여
만국의 모든 신들은 우상들이지만
여호와께서는 하늘을 지으셨음이로다
존엄과 위엄이 그의 앞에 있으며
능력과 아름다움이 그의 성소에 있도다
만국의 족속들아 영광과 권능을 여호와께 돌릴지어다
여호와께 돌릴지어다
여호와의 이름에 합당한 영광을 그에게 돌릴지어다
예물을 들고 그의 궁정에 들어갈지어다
아름답고 거룩한 것으로 여호와께 예배할지어다
온 땅이여 그 앞에서 떨지어다
모든 나라 가운데서 이르기를 여호와께서 다스리시니
세계가 굳게 서고 흔들리지 않으리라
그가 만민을 공평하게 심판하시리라 할지로다(시 96:1-10).

너희 모든 나라들아 여호와를 찬양하며
너희 모든 백성들아 그를 찬송할지어다
우리에게 향하신 여호와의 인자하심이 크시고
여호와의 진실하심이 영원함이로다
할렐루야(시 117편).

여호와께서 다스리시니
만민이 떨 것이요

> 여호와께서 그룹 사이에 좌정하시니
> 땅이 흔들릴 것이로다
> 시온에 계시는 여호와는 위대하시고
> 모든 민족보다 높으시도다
> 주의 크고 두려운 이름을 찬송할지니
> 그는 거룩하심이로다(시 99:1-3).

### 4) 예언서: 열방을 위한 종말론적 소망

예언서에서는 열방을 위한 하나님의 구원 계획이 좀 더 선명해진다. 이사야 선지자는 특히 열방과 하나님의 관계와 관련하여 풍성한 메시지를 준다. 이사야의 중심적인 관심은 시온의 미래에 있다(Seitz 1991; Dumbrell 1985; Schultz 1996, 48). 이스라엘 백성은 비록 심판을 받았으나 회복될 것이었다. 하나님은 진정한 종을 통하여 구원을 주신다.

하나님의 다스리심은 모든 나라들 위에 나타날 것이며, 궁극적으로 열방은 하나님을 인정하고 예배하기 위해 시온에 올 것이다. 이사야서는 구약 전체를 통틀어 이방인들에 관한 가장 놀라운 말씀들 중의 하나로 끝을 맺는다. 이사야는 이미 2장에서 주님을 예배하고 주님으로부터 배우기 위해 시온으로 찾아오는 열방에 대한 종말의 비전 가운데 그의 주요한 주제들 중 하나를 소개한다.

> 말일에
> 여호와의 전의 산이 모든 산 꼭대기에 굳게 설 것이요
> 모든 작은 산 위에 뛰어나리니
> 만방이 그리로 모여들 것이라
> 많은 백성이 가며 이르기를

"오라 우리가 여호와의 산에 오르며
야곱의 하나님의 전에 이르자
그가 그의 길을 우리에게 가르치실 것이라
우리가 그 길로 행하리라" 하리니
이는 율법이 시온에서부터 나올 것이며
여호와의 말씀이 예루살렘에서부터 나올 것임이니라(사 2:2-3).

하나님은 열방을 심판하실 것이다. 그들은 그분 앞에서 변호할 책임이 있다. 모든 다른 신들은 거짓된 신들이며 우상들이다. 그러나 열방은 시온에서 높임을 받으신 주님께 이끌리게 될 것이다. 더욱이 주님께서는 자신의 평화의 나라를 세우실 것이다.

그가 열방 사이에 판단하시며
많은 백성을 판결하시리니
무리가 그들의 칼을 쳐서 보습을 만들고
그들의 창을 쳐서 낫을 만들 것이며
이 나라와 저 나라가 다시는 칼을 들고 서로 치지 아니하며
다시는 전쟁을 연습하지 아니하리라(사 2:4).

이 주제(motif)는 책 전체를 통하여 반복해서 나타난다(예, 사 14:26; 19:23-25; 24:13-16; 34:1-2). 또한 이사야는 이스라엘이 주의 구원을 경험하고 이것을 열방에게 알리게 될 그 날을 예견한다.

그러므로 너희가 기쁨으로
구원의 우물들에서 물을 길으리로다
그 날에 너희가 또 말하기를

> "여호와께 감사하라 그의 이름을 부르며
> 그의 행하심을 만국 중에 선포하며
> 그의 이름이 높다" 하라
> 여호와를 찬송할 것은 극히 아름다운 일을 하셨음이니
> 이를 온 땅에 알게 할지어다(사 12:3-5).

11장에서 이사야는 메시아가 여호와를 아는 지식으로 땅을 가득 채울 것이며(9절), 나라들은 그에게 모여들 것이라고(10절) 말한다. 언젠가 애굽과 앗수르는 주님께로 오게 될 것이며 이스라엘과 함께 하나님의 백성으로서 하나님의 복 안에서 포함될 것이다. 전능하신 하나님은 그들을 축복하시며 말씀하실 것이다.

> 그 날에 이스라엘이 애굽 및 앗수르와 더불어 셋이 세계 중에 복이 되리니 이는 만군의 여호와께서 복 주시며 이르시되 "내 백성 애굽이여, 내 손으로 지은 앗수르여 나의 기업 이스라엘이여, 복이 있을지어다" 하실 것임이라(사 19:24-25).

라이트는 다음과 같이 말했다.

> 이스라엘의 정체성은 애굽과 앗수르의 정체성과 합쳐져서 아브라함의 약속이 그들 안에서 뿐만 아니라 그들을 통해서 성취된다(C. J. H. Wright 2006, 236).

주의 종에 관한 이사야의 가르침은 계시의 점진성에 새로운 관점을 가져온다. 한편으로 이스라엘은 주의 종으로 여겨진다(사 20:3; 41:8-9; 44:1-2, 21; 45:4; 48:20; 49:3). 이상적인 종은 42장에 묘사되어 있다.

내가 붙드는 나의 종
내 마음에 기뻐하는 자 곧 내가 택한 사람을 보라
내가 나의 영을 그에게 주었은즉
그가 이방에 정의를 베풀리라
나 여호와가 의로 너를 불렀은즉
내가 네 손을 잡아
너를 보호하며 너를 세워
백성의 언약과 이방의 빛이 되게 하리니
네가 눈먼 자들의 눈을 밝히며
갇힌 자를 감옥에서 이끌어 내며
흑암에 앉은 자를 감방에서 나오게 하리라(사 42:1, 6-7).

그 종은 주의 영이 충만한 사자가 되어 열방에게 정의와 빛, 그리고 구원을 가져다 주기 위해 주께서 선택하신 자이다. 주께서 선포하시는 이 새로운 일(9절)에 열방은 기쁨으로 예배하여야 한다.

> 항해하는 자들과 바다 가운데의 만물과 섬들과 거기에 사는 사람들아 여호와께 새 노래로 노래하며 땅 끝에서부터 찬송하라 (사 42:10).

하지만 몇 구절 뒤에서 다음과 같은 구절을 읽게 된다.

> 맹인이 누구냐 내 종이 아니냐 누가 내가 보내는 내 사자 같이 못 듣는 자겠느냐 누가 내게 충성된 자 같이 맹인이겠느냐 누가 여호와의 종 같이 맹인이겠느냐(사 42:19).

이스라엘은 주의 종으로서의 부르심에 부응하는 데 확실히 실패하였다. 43장에서 우리는 그 종이 열방을 향한 증인이 될 것을 보게 된다.

> 열방은 모였으며
> 민족들이 회집하였는데
> 그들 중에 누가 이 일을 알려 주며
> 이전 일들을 우리에게 들려 주겠느냐
> 그들이 그들의 증인을 세워서 자기들의 옳음을 나타내고
> 듣는 자들이 옳다고 말하게 하여 보라
> 나 여호와가 말하노라 너희는 나의 증인
> 나의 종으로 택함을 입었나니
> 이는 너희가 나를 알고 믿으며
> 내가 그인 줄 깨닫게 하려 함이라
> 나의 전에 지음을 받은 신이 없었느니라
> 나의 후에도 없으리라
> 나 곧 나는 여호와라
> 나 외에 구원자가 없느니라(사 43:9-11).

43장의 남은 본문도 다시 이스라엘의 실패를 분명히 밝힌다. 그럼에도 불구하고 하나님은 여전히 신실하시며 진정한 종의 도래를 약속하신다. 49장에 이르러 종에 대한 묘사는 이스라엘을 회복시킬 이상적인 종을 묘사하는 것으로 바뀐다. 그러나 "이스라엘의 회복은 종에게 있어서 충분히 위대한 사명은 아니다"(Young 1972, 274). 그는 하나님의 구원을 모두에게 알리는 이방 나라들을 위한 빛이어야 한다.

> 그가 이르시되 네가 나의 종이 되어 야곱의 지파들을 일으키
> 며 이스라엘 중에 보전된 자를 돌아오게 할 것은 매우 쉬운 일
> 이라 내가 또 너를 이방의 빛으로 삼아 나의 구원을 베풀어서
> 땅 끝까지 이르게 하리라(사 49:6).

오직 진정한 종을 통해서 주의 구원은 마침내 모든 나라들에게 알려진다. 신약성경은 "이방의 빛"이란 표현을 그리스도(눅 2:32; 참조, 요 8:12; 9:5)와 교회(행 13:47; 참조, 마 5:14)에 직접적으로 적용한다. 그 다음에 구세주는 왕들과 통치자들의 예배를 받을 것이다. 이 구원은 종의 희생적인 죽음을 통하여 가능해질 것이다(사 53:10-12). 쾨스텐버거와 오브라이언은 이사야서의 종에 관하여 다음과 같이 말한다.

> 이러한 그의 사역의 순서는, 다시 말해, 복이 먼저 이스라엘
> 에게로 그리고 그 결과로 나라들에게로 이르는 것은, 아브라함
> 의 약속들과 유사한 유형일 뿐만 아니라 그 약속들의 부분적
> 인 성취(사 49:6)를 시사한다(Köstenberger and O'Brien 2001, 46).

56장은 주님과 연합하고, 성전에서 예배하고 섬기며, 주님을 위해 일하며 그분을 사랑하는 "다른 자들"인 타국인들에 대한 환상을 표현한다.

> 여호와께 연합한 이방인은 말하기를
> "여호와께서 나를 그의 백성 중에서 반드시 갈라내시리라" 하지
> 말며 …
> 또 여호와와 연합하여 그를 섬기며
> 여호와의 이름을 사랑하며 그의 종이 되며
> 안식일을 지켜 더럽히지 아니하며

> 나의 언약을 굳게 지키는 이방인마다
> 내가 곧 그들을 나의 성산으로 인도하여
> 기도하는 내 집에서 그들을 기쁘게 할 것이며
> 그들의 번제와 희생을 나의 제단에서 기꺼이 받게 되리니
> 이는 내 집은 만민이 기도하는 집이라 일컬음이 될 것임이라
> 이스라엘의 쫓겨난 자를 모으시는 주 여호와가 말하노니
> 내가 이미 모은 백성 외에 또 모아
> 그에게 속하게 하리라 하셨느니라(사 56:3, 6-8).

후에 이사야는 이제까지 전례가 없는 웅장한 모습으로 열방을 종말론적인 의미에 포함시키는 메시지를 다시 시작한다. 60장은 인격화된 시온을 섬기도록 나라들을 끌어들이시는 주님의 빛과 영광에 대한 그림을 그린다(1-3절). 나라들이 부(wealth)를 그곳으로 가져오게 되실 것이며, 그것을 거절하는 나라들은 멸망할 것이다(11-12절). 주님은 평화와 공의로 통치하시며 스스로 그들의 영원한 빛과 영광이 될 것이다(17-20절). 이사야서의 마지막 장인 66장에 이르러 환상은 절정에 이른다.

> 내가 그들의 행위와 사상을 아노라 때가 이르면 뭇 나라와 언어가 다른 민족들을 모으리니 그들이 와서 나의 영광을 볼 것이며 내가 그들 가운데에서 징조를 세워서 그들 가운데에서 도피한 자를 여러 나라 곧 다시스와 뿔과 활을 당기는 룻과 및 두발과 야완과 또 나의 명성을 듣지도 못하고 나의 영광을 보지도 못한 먼 섬들로 보내리니 그들이 나의 영광을 뭇 나라에 전파하리라 나 여호와가 말하노라 이스라엘 자손이 예물을 깨끗한 그릇에 담아 여호와의 집에 드림 같이 그들이 너희 모든 형제를 뭇 나라에서 나의 성산 예루살렘으로 말과 수레와 교

자와 노새와 낙타에 태워다가 여호와께 예물로 드릴 것이요 나는 그 가운데에서 택하여 제사장과 레위인을 삼으리라 여호와의 말이니라(사 66:18-21).

여기서 어떤 나라나 언어 집단도 배제되지 않는다. 이방인들 스스로 주님께 보냄을 받은 사자들(선교사들)이 되어 그분이 알려지지 않았던 곳에서 주님의 영광을 선포한다. 아마도 이 예언에서 가장 놀라운 점은 이방인들이 "제사장과 레위인들"이 된다는 것인데 이는 온전하게 포함되어지고 하나님께 접근할 수 있는 자격을 가지게 된다는 것이다. 주목할 만한 것은 이사야 66:19이 바울의 선교 여정에 영향을 주었다고 여겨진다는 점이다(Aus 1979; Riesner 1998, 245-53; 이 주장의 문제점들에 대한 토의를 위해서는 Schnabel 2004, 2:1295-97을 보라).

이제 다른 예언서들의 대표적인 본문들을 살펴보도록 하겠다. 에스겔은 36:16-18에서 이스라엘에게 내려질 심판과 주께서 이스라엘을 열방 가운데 흩으실 것에 대해 말한다. 더 심각한 것은 주께서 "그들이 이른 바 그 여러 나라에서 내 거룩한 이름이 그들로 말미암아 더러워"질 것이라 말씀하신다는 것이다(20절). 이것은 이스라엘의 소명에 정확히 반대되는 것이다. 그러나 이스라엘의 실패 앞에서 하나님은 여전히 신실하시다. 하나님은 그의 이름을 위하여 열방 가운데 그의 이름을 변호하신다.

여러 나라 가운데에서 더럽혀진 이름 곧 너희가 그들 가운데에서 더럽힌 나의 큰 이름을 내가 거룩하게 할지라 내가 그들의 눈 앞에서 너희로 말미암아 나의 거룩함을 나타내리니 내가 여호와인 줄을 여러 나라 사람이 알리라 주 여호와의 말씀이니라(겔 36:23).

가장 놀라운 것은 이러한 일이 일어날 방식이다. 주님께서는 이스라엘을 땅으로 돌아오게 하시고 그들을 정결케 하실 것이다.

> 또 새 영을 너희 속에 두고 새 마음을 너희에게 주되 너희 육신에서 굳은 마음을 제거하고 부드러운 마음을 줄 것이며 또 내 영을 너희 속에 두어 너희로 내 율례를 행하게 하리니 너희가 내 규례를 지켜 행할지라(겔 36:26-27).

이러한 말씀들은 분명히 새 언약을 기대한다. 하나님의 백성들의 성령충만한 순종을 통하여 열방은 주께서 하나님이시라는 것을 알게 될 것이다.

또한 우리는 이스라엘이 열방을 위한 축복이라는 분명한 언급을 예레미야 4:1-2에서 보게 된다. 주께서 이스라엘에게 말씀하신다.

> 여호와께서 이르시되
> 이스라엘아 네가 돌아오려거든
> 내게로 돌아오라
> 네가 만일 나의 목전에서 가증한 것을 버리고
> 네가 흔들리지 아니하며
> 진실과 정의와 공의로
> 여호와의 삶을 두고 맹세하면
> 나라들이 나로 말미암아 스스로 복을 빌며
> 나로 말미암아 자랑하리라(렘 4:1-2).

리차드 보컴(Richard Bauckham)은 이 구절에 대해서 이렇게 설명한다.

> 여기서 주목할 것은 이스라엘이 자신에게 주어진 언약적 의무들을 이행함과, 진실과 정의와 공의를 실행하는 것이 열방에게 복을 가져온다는 것이다(참조. 창 18:18-19). 열방이 복을 받기 위해서 이스라엘은 그저 여호와께 신실할 필요만 있다는 것이다. 여호와와 함께하는 이스라엘의 삶 자체가 열방을 여호와께 이끌 것이다. 그리하여 열방도 복을 경험할 수 있게 되는 것이다(Bauckham 2003, 31).

요나서는 구약에서 위대한 선교적 책으로 여겨진다. 비록 수많은 구약의 선지자들에게 열방을 **위한** 메시지(보통은 심판에 대한)가 주어졌지만, 우리는 요나를 통해 하나님의 사자로서 지리적으로 이방의 나라**로** 보내심을 받은 선지자의 명백한 한 예를 보게 된다. 목적지인 니느웨는 이스라엘에게 가장 위협적인 적이었던 앗수르 제국의 수도였다.

이 경우에도 메시지는 심판에 관한 것이었다. 그러나 선지자 요나가 마지못해 그의 메시지를 전했다. 그 후 니느웨 성 전체가 회개하며 하나님께 자비를 구했다(욘 3:1-9). 하나님께서는 심지어 가장 잔인한 나라들에게 조차도 긍휼의 하나님이심을 보여주시며, 노여움을 풀고 파멸을 멈추셨다(욘 3:10). 그의 언약적 사랑(히브리어 *hesed*, 헤세드)은 이방인들에게도 미친다(욘 4:2).

그러나 역설들로 가득한 요나서의 절정은 니느웨 사람에 대한 하나님의 용서가 아니라 마지막 장에 나오는 하나님과 요나의 만남에 있다. 요나는 니느웨에 보여주신 하나님의 긍휼하심에 화가 났고 자기 연민에 사로잡혀 있었다(욘 4:1-3). 요나의 자기중심성을 다시 강조하는 박넝쿨과 벌레의 실제적인 교훈 후에, 요나서는 하나님께서 요나에게 주시는 한 질문과 함께 갑자기 끝이 난다.

> 여호와께서 이르시되 네가 수고도 아니 하였고 재배도 아니 하였고 하룻밤에 났다가 하룻밤에 말라 버린 이 박넝쿨을 아꼈거든 하물며 이 큰 성읍 니느웨에는 좌우를 분변하지 못하는 자가 십이만여 명이요 가축도 많이 있나니 내가 어찌 아끼지 아니하겠느냐 하시니라(욘 4:10-11).

여기서 요나의 마음과 성품은 하나님의 마음 및 성품과 극적으로 대비된다. 요나의 관심이 이교도들의 멸망과 자신의 개인적인 평안에 있다면, 주님의 바램은 동물들에게조차 긍휼을 보여주시는 데 있다. 마지막 질문에 대한 답을 주지 않고 남겨두는 수사학적 장치는 읽는 이들로 하여금 답을 하게끔 만든다.

우리는 요나와 주님 중 누구와 동질감을 느끼는가?

주님께서 긍휼을 베푸시는 것이 옳지 않은가?

요나는 하나님의 의도와는 전혀 다르게 하나님의 복의 중재자가 되는 대신 소비자가 된 이스라엘 또는 믿는 자의 전형이 되었다. 하나님의 의도는 설사 가장 타락한 사람들이라 할지라도 회개하고 그에게 돌아오는 자들에게 긍휼과 은혜를 베푸시는 것이다.

스가랴 선지자는 8장에서 위대한 소망의 메시지를 가지고 이스라엘이 열방들과 갖는 관계에 대해 언급한다. 아브라함의 약속이 13절에 반복된다.

> 유다 족속아, 이스라엘 족속아, 너희가 이방인 가운데에서 저주가 되었었으나 이제는 내가 너희를 구원하여 너희가 복이 되게 하리니 두려워하지 말지니라 손을 견고히 할지니라(슥 8:13).

언약을 실현하는 데 있어서 주의 구원의 은혜는 이스라엘의 인간적인 실패와 대조를 이룬다. 20-23절은 모든 나라들로부터 뭇 백성들이 이스라엘로 와서 하나님을 예배할 그 성취의 날을 고대한다.

> 만군의 여호와가 이와 같이 말하노라 다시 여러 백성과 많은 성읍의 주민이 올 것이라 이 성읍 주민이 저 성읍에 가서 이르기를 우리가 속히 가서 만군의 여호와를 찾고 여호와께 은혜를 구하자 하면 나도 가겠노라 하겠으며 많은 백성과 강대한 나라들이 예루살렘으로 와서 만군의 여호와를 찾고 여호와께 은혜를 구하리라
> 만군의 여호와가 이와 같이 말하노라 그 날에는 말이 다른 이방 백성 열 명이 유다 사람 하나의 옷자락을 잡을 것이라 곧 잡고 말하기를 하나님이 너희와 함께 계심을 들었나니 우리가 너희와 함께 가려 하노라 하리라 하시니라(슥 8:20-23).

그 다음, 9장에서 스가랴는 우주적인 평화와 공의를 모든 나라들에게 미치게 하는 메시아의 나라를 묘사한다.

> 시온의 딸아 크게 기뻐할지어다
> 예루살렘의 딸아 즐거이 부를지어다
> 보라 네 왕이 네게 임하시나니
> 그는 공의로우시며 구원을 베푸시며
> 겸손하여서 나귀를 타시나니
> 나귀의 작은 것 곧 나귀 새끼니라
> 내가 에브라임의 병거와
> 예루살렘의 말을 끊겠고

> 활도 끊으리니
> 그가 이방 사람에게 화평을 전할 것이요
> 그의 통치는 바다에서 바다까지 이르고
> 유브라데 강에서 땅 끝까지 이르리라(슥 9:9-10).

처음에 메시아 왕(messianic king)은 구원을 가지고 나귀를 타고 겸손히 오신다. 그러나 그 다음에 그는 온 땅 위에 평화의 나라를 세우시는 것으로 묘사된다. 나중에 스가랴는 예루살렘에 대항하여 일어서는 열방을 묘사한다. 그러나 메시아 왕이 돌아옴에 따라 반역하는 나라들은 단번에 완전히 패배한다.

> 여호와께서 천하의 왕이 되시리니 그 날에는 여호와께서 홀로 한 분이실 것이요 그의 이름이 홀로 하나이실 것이라(슥 14:9).

열방은 그들의 부(wealth)를 예루살렘으로 가져올 것이다.

> 예루살렘을 치러 왔던 이방 나라들 중에 남은 자가 해마다 올라와서 그 왕 만군의 여호와께 경배하며 초막절을 지킬 것이라 (슥 14:16).

그러나 그러기를 거부하는 자들은 주께 벌을 받게 될 것이다(슥 14:17-19). 스가랴의 비전은 다른 소선지서들에서도 반복된다. 예를 들어, 주님께서는 말라기를 통해 다음과 같이 말씀하신다.

> 만군의 여호와가 이르노라 해 뜨는 곳에서부터 해 지는 곳까지의 이방 민족 중에서 내 이름이 크게 될 것이라 각처에서 내

이름을 위하여 분향하며 깨끗한 제물을 드리리니 이는 내 이름이 이방 민족 중에서 크게 될 것임이니라(말 1:11).

미가 선지자 또한 시온에서 여러 나라들이 예배할 것(미 4:2)과, 평화의 통치(미 4:3), 베들레헴에서 태어날 자의 창대함이 땅 끝까지 이를 것(미 5:4)과 불순종하는 나라들에 대한 심판(미 5:15)을 예언한다. 그래서 메시아를 통해 하나님 나라가 모든 나라들 위에 세워질 것이며, 모든 나라들의 예배를 포함할 것이며, 온 땅 위에 이를 것이다.

이와 같이 열방을 위한 하나님의 계획과 하나님 나라의 목적은 한데 어우러져 궁극적인 성취에 이르게 된다. 미래에 시온에서 주를 예배하기 위하여 이방인들이 하나님의 백성 안으로 들어오는 것은 구약에서 반복되어 나타나는 주제이다. 땅의 모든 족속이 언젠가 실제로 복을 받을 것이다.

## 4. 이스라엘의 사명은 열방으로 보내심을 받는 것이었는가?

요약하자면, 구약에서 열방을 위한 하나님의 계획은 반복되는 주제로서 구약의 구속사가 전개됨에 따라 결정적인 순간마다 계속해서 나타난다.

- 타락 후 구원자에 대한 약속(창 3:15).
- 아브라함과 족장들을 부르셨을 때, 모든 열방에 대한 복의 약속 (창 12:3; 18:18; 22:18; 28:14).
- 출애굽 후와 율법을 받기 전, "제사장 나라"로 이스라엘이 받은 소명(출 19:5-6).
- 이스라엘의 순종이 열방에게 증거가 될 것임을 율법 안에서 상기시키는 것(신 4:6-7).

- 언약궤가 예루살렘으로 돌아오고(대상 16:8-36) 솔로몬의 성전이 봉헌되었을 때(왕상 8:41-43; 대하 6:32-33), 열방에게 주를 예배하라고 초대함.
- 이어지는 이스라엘과 유다의 포로생활 동안, 이방인들을 포함하는 더 위대한 나라에 대한 약속(참조, 위에서 언급된 이사야서의 구절들).
- 유대 민족이 바벨론 포로 생활에서 회복되어질 때, 다가올 메시아 나라가 열방을 포함하리하는 약속(참조, 위에서 언급된 스가랴의 구절들).

지금까지 논의된 것을 볼 때, 이스라엘이 실제로 열방에게 **가라**는 선교적 위임 명령을 받았었는지(참조, Rowley 1944; Bright 1955; Schultz 1996; Kaiser 2000), 혹은 이스라엘의 선교적 소명이 나라들을 매료시켜 하나님께로 **오게** 하고 예배하게 함으로써 하나님의 공의와 영광의 피동적인 증인이 되는 것이었는지는 명확하지 않다(Blauw 1962; Köstenberger and O'Brien 2001; Schnabel 2004; C. J. H. Wright 2006을 참조하라).

몇 구절들은 이스라엘이 열방으로 가라는 명령을 받았다는 것을 나타내는 것으로 이해 될 수 있다. 예를 들면, 다양한 시편들이 이스라엘로 하여금 "그의 영광을 백성들 가운데에, 그의 기이한 행적을 만민 가운데에 선포할" 것을 요구한다(시 96:3, 또한 9:11b; 105:1b을 보라).

그러나 이러한 구절들은 시적인 표현으로 이해 될 수도 있다. 또는 이스라엘이 소통하는 방식이 열방 가운데로 공개적으로 나아가 전도하는 것 보다는 그들의 마음을 끌거나 본이 되는 방법일 수도 있다. 이 경우 이스라엘의 사명은 열방 **가운데서** 주님의 언약 백성으로서 신실하게 주님을 섬기는 것이었다. 그렇게 함으로써 그들은 그의 나라와 공의를 열방에게 드러내는 하나님의 도구들이 되어야 했던 것이다.

구약은 일관되게 시온이 중심이 되는 하나님에 대한 예배를 묘사한다. 열방은 우상들을 버리고 하나님의 통치에 복종하며 **와야** 했다. 이사야는 예루살렘으로부터 나오는 주의 말씀에 대해 이야기하지만 그 결과는 열방이 시온으로 **오는** 것이 될 것이다(사 2:3; 12:4-5; 참조, 미 4:2). 이러한 열방의 모여짐은 만일 종말에 이루어질 것이 아니라면, 일반적으로 먼 미래에 이루어진다.

이스라엘은 열방을 위한 빛이어야 했지만(예, 사 42:6), 여기서도 그 방식은 분명하지 않다. 이스라엘의 많은 선지자들은 이방 나라들을 위한 메시지를 가지고 있었지만, 마지못해 나아갔던 선지자 요나를 제외하면 그들이 실제로 다른 나라에 가서, 보통 심판의 메시지였던 그 메시지를 전달하였다는 아무런 증거가 없다. 이사야 66:19은 명백하게 열방으로 보내는 것을 말한다. 그러나 이것은 분명히 먼 미래를 바라보는 종말론적인 구절이며 그 주체가 이스라엘이라기보다는 이방인들로 여겨진다.

쾨스텐버거와 오브라이언은 다음과 같이 결론을 맺는다.

> 이스라엘이 선교적 임무를 가졌으며 오늘날 우리가 이해하는 선교와 같이 선교에 참여해야만 했다고 주장하는 것은 증거를 넘어서는 것이다. 구약에는 이스라엘이 "타문화" 혹은 해외 선교에 참여해야 한다고 하는 그런 제안은 없다(Köstenberger and O'Brien 2001, 35).

쾨스텐버거와 오브라이언은 다음과 같이 스코비(1992)의 의견에 동의한다. 즉 이스라엘은 민족들과 관련을 맺음에 있어서, 결합, 즉 이방인들을 공동체로 받아들인다는 측면에서는 **역사적**이고, 마지막 날에 모은다는 측면에서는 **종말론적**이다. 더욱이 이스라엘은 다른 나라들에게로 가는 데 실패한 것에 대하여 선지자들에게 한 번도 비난 받지 않았다. 라이트는, 이스라엘이 비록 열방으로 가라는 선교적 위임을 갖지 않았다 할지라도 "이스라엘은 민족들 가운데서 선교적 역할, 즉 이스라엘은 민족들에게 복을 주시려는 하나님의 궁극적 목적과 연결된 정체성과 역할을 가졌다고 말할 수 있다"고 주장함으로써 어쩌면 이스라엘의 선교의 개념을 가장 잘 잡아내고 있다고 할 수 있다(C. J. H. Wright 2006, 24-25).

열방 중에 이스라엘의 역할에 관한 질문에 대하여 우리가 어떤 답을 할지라도, 한마디로 이스라엘은 실패했다. 이스라엘은 열방에게 가지 **않았고**, 열방 가운데서 거룩하고 의로운 백성으로서 살지**도 않았다**. 이스라엘은 반복해서 우상숭배에 빠졌으며, 정의를 왜곡하고, 극히 드문 경우들을 제외하고는 열방 가운데서 하나님의 공의와 영광을 드러내는 데 실패했다. 이스라엘은 하나님의 복 아래서 하나님 나라의 백성으로 살아가는 것이 무엇을 의미하는지를 본으로 보여주는 데 실패했다.

> 이스라엘과 다른 모든 나라들 사이의 유일한 차이점은 모든 족속들에게 축복을 가져다주기 위해 주님(YHWH)께서 자격에 상관없이 자신의 한 백성이 되도록 선택하신 것에 있다. 이스라엘은 주님과 맺은 자신의 언약에 신실하도록 부름을 받았는데, 이는 우월성을 위함이 아니고 이 언약적 관계가 다른 이들에 대한 초대가 되도록 본을 보이게 하기 위함이었다. 이스라엘이 빠졌던 자문화 중심적인 유혹은 그들이 특권을 가졌다고 여기는 것이었다(Bauckham 2003, 67).

심지어 포로기 이후에도 이스라엘 사람들의 태도에는 이방 나라들을 하찮게 바라보는 교만과 특권적 태도를 갖는 경향이 있었다. 이스라엘은 열방을 위한 복의 수단이 되기를 거부하고, 자신만을 위해 아브라함의 복을 가지고 있으려 시도하였다. 그렇게 함으로써 이스라엘은 그 복을 모두 상실했다. 그러나 인간의 실패에도 불구하고, 전능하신 하나님께서는 열방에게 복을 가져올 그의 계획을 성취시키실 것이다.

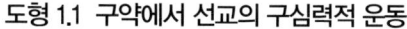

도형 1.1 구약에서 선교의 구심력적 운동

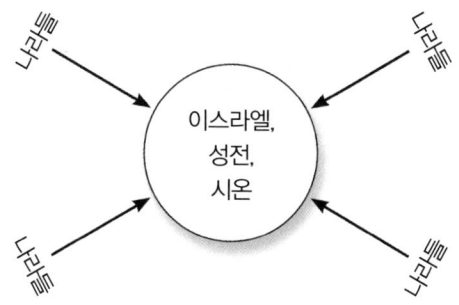

가장 많이 받아들여진 구약과 신약의 선교에 대한 비교 이해 중 하나는 벵트 순드클러(Bengt Sundkler)에 의해 처음으로 제시된 것이다(Sundkler 1936). 그는 예수의 진정한 생각과 가르침의 어느 곳에도 이방 선교가 없었다는 아돌프 하르낙(Adolf Harnack)의 주장을 반박하는 글을 썼다. 순드클러는 선교의 구심력적·원심력적 개념을 제안함으로써 선교를 배타적 혹은 보편적으로 이해하는 이분법적 사고를 넘어서려 했다(D. T. Bosch 1969를 보라). 그는 구약이 **구심력적**(centripetal) 선교 운동을(중심으로 이끌려 감, 도형 1.1 참조) 소개하는 반면에, 신약은 반대로 이것을 **원심력적**(centrifugal) 운동으로(중심으로부터 움직여 나감) 바꾸는 것으로 제안했다. 구심력적인 운동은 나라들이 마치 자석에 끌리듯이, 이스라엘에 드러난 주의 영광에 이끌리어 열방이 시온으로 찾아오며, 성전 중심으로 주께 드려지는 예배가 이루어지는 것을 말한다. 예를 들어, 요한네스 블라우(Johannes Blauw)는 이렇게 기록했다.

구약에 원심력적인 면에서의 선교 개념은 없다. 그것은 신약에 와서야 전면으로 나오게 된다(Blauw 1962, 35).

신약에서의 원심력적인 선교 운동은 열방 가운데 증인이 되기 위해 열방으로 보냄을 받는 하나님의 새 백성과 함께 반전을 보여주고 있다. 열방이 예루살렘으로 **오는** 것이 아니라 하나님의 백성이 열방으로 **가야** 하는 것이다. 다음 장에서 보게 되듯이, 성령의 시대에 선교의 변혁은 구심력에서 원심력으로의 반전 그 이상의 완전히 급진적인 것이다. 하지만 모든 것이 완성되고 구약의 종말론적인 비전이 성취될 때, 그 방향은 다시 반전을 일으켜 열방은 새 예루살렘 시온을 향하여 구심력적으로 이끌리게 될 것이다.

## 5. 결론

선교에 대한 구약의 가르침에 대한 조사, 특별히 하나님과 열방에 관해 언급된 것들로부터 발견한 것들을 요약해 본다.

① 하나님께서는 만물의 창조자이시며 모든 민족과 열방 위에 주권을 가지신 주님이시다.
② 비록 모든 인간이 하나님의 통치에 반역하였으나, 하나님께서는 자신의 은혜 가운데 그들을 자신의 나라로 다시 데려오기 위해 화해의 길을 주시고자 계획을 세우셨다.
③ 하나님께서 아브라함과 이스라엘을 부르신 결과로, 그들은 복을 받게 되었을 뿐만 아니라 하나님의 의와 영광, 그리고 구원을 열방에게 중재함으로써 또한 복이 되어야만 했다.
④ 증인으로서 이스라엘의 주요한 증거의 형태는 공의롭게 살며 온 마음을 다해 예배함으로 열방 가운데 하나님 나라를 드러내는 것이었다.

⑤ 이스라엘은 열방 가운데 주의 구원을 선포하고, 나아와 주를 예배하고 오직 그분만을 예배하도록 그들을 초대해야 했다.

⑥ 이스라엘은 "열방의 빛"으로서의 그들의 소명에 실패했지만, 메시아는 자신의 역할을 수행할 것이며, 새로운 나라 백성을 만들고, 그들을 자신의 증인들로 열방에 보내실 것이다.

⑦ 모든 나라들부터 온 이방인들이 주를 예배하고 주의 나라 백성으로 합류하게 될 날이 올 것이다. 시온은 열방으로 흘러가는 중심점으로 묘사된다.

⑧ 하나님께서는 언젠가 모든 나라들을 심판하실 것이며, 모든 악을 물리치시고, 모든 창조 위에 자신의 평화와 공의의 나라를 온전히 세우실 것이다.

구약에서 이스라엘이 열방으로 보내지는 분명한 선교가 없어 보이는 것이 우리를 방해할 수는 없다. 얼핏 보면 이는 신약과의 불연속성을 나타내는 것처럼 보일 수 있다. 그러나 성경은 처음부터 열방을 향한 하나님의 마음이 나타나는 점진적 계시를 담은 긴 이야기다. 하나님의 구원 계획이 역사를 통해 한 단계씩 펼쳐진다. 구약은 신약의 기초를 놓으며, 그곳에 뿌려진 씨앗들은 싹을 틔우고 후에 많은 열매를 맺게 된다. 구약과 신약 모두 새 예루살렘에서 모든 나라와 족속과 방언의 사람들이 하나님을 예배하는 종말론적인 비전을 가지고 열방을 위한 하나님의 계획이 완성되기를 기대한다.

구약은 열방이 하나님을 알게 되는 종말론적인 비전이 어떻게 실현되어질 지에 대해 암시할 뿐이다. 그 비전은 신약에서 극적인 혁명의 모습으로 나타날 것이다. 즉 하나님께서 새 나라를 만드심으로써 그 비전을 성취하신다. 이제 그 부분의 이야기를 살펴보자.

# 제2장
# 신약에서의 하나님과 열방

구약은 열방에 대한 하나님의 주권, 열방을 축복하시려는 그분의 갈망, 그리고 궁극적으로 그의 나라에 그들을 포함시키는 것에 대한 분명한 비전을 우리에게 주고 있다. 그러나 이 비전은 기본적으로 미래에 있다. 이스라엘이 열방 앞에서 하나님의 종으로서 주의 공의와 영광을 드러내는 데 실패한 반면, 진정한 종, 약속된 메시아는 이방인들에게 구원자와 빛으로 오실 것이다. 그를 통해 땅의 모든 족속들을 위한 아브라함의 축복의 약속이 성취된다(갈 3:13-16). 어떠한 방식으로 열방이 주께 모여들 것인지가 신약에 나타난다. 성령의 시대가 시작된다.

## 1. 성령 시대의 선교

특정한 신약의 저자들과 책들의 다양한 가르침을 살펴보기에 앞서, 그리스도의 구속 사역의 완성, 오순절 성령의 강림, 그리고 교회의 탄생으로 생겨나는 선교의 엄청난 변혁의 크기를 이해하는 것이 중요하다. 이 변혁은 사실상 신약에 묘사되어 있는 선교의 모든 면들에 영향을 미친다. 앞 장의 끝부분에서 주목한 것처럼, 선교 운동은 이스라엘이 이방인들을 매료시켜 시온으로 와서 주를 예배하도록 하는 구약의 **구심력적인** 선교 운동으로부터 열방으로 그리스도의 증인들을 보내는 신약의 **원심력적인** 선교 운동으로의 반전이 일어난다. 하지만 선교의 변혁은 이것보다 훨씬 더 심오하며, **원심력적**이란 말은 그 변혁을 표현하기에 충분치 않다.

이미 보았듯이, 구약은 가장 먼 나라들로부터 오는 족속들의 구원을 종종 예언한다. 비록 구약은 그것이 정확히 **어떻게** 이루어질 것인가에 대해서는 덜 분명하지만, 몇 구절들은 신약 시대에 완전히 실현되어질 그림을 어렴풋이나마 보여준다. 에스겔 선지자는 하나님이 그의 백성들에게 그의 영을 주시어 그들이 전심으로 그에게 순종할 수 있을 그 날을 예언한다(겔 36:26-27). 이사야는 하나님의 말씀이 예루살렘으로부터 나가고(사 2:3; 참조, 미 4:2), 진정한 종이 열방의 빛이 될 그 날을 예견한다(사 42:6). 이방인들은 먼 해안의 땅들에 하나님이 보내신 사자들이 되어, 하나님의 영광을 열방 가운데서 선포할 것이다(사 66:19). 그러나 이러한 놀라운 말씀도 이스라엘을 중심에 둔 시각 안에 깊이 들어가 있다.

> 내가 그들의 행위와 사상을 아노라 때가 이르면 뭇 나라와 언어가 다른 민족들을 모으리니 그들이 와서 나의 영광을 볼 것이며 … 그들이 너희 모든 형제를 뭇 나라에서 나의 성산 예루살렘으로 … 여호와께 예물로 드릴 것이요(사 66:18, 20b).

구약의 선교는 땅 위에서 하나님의 임재가 특별하게 나타나는 성전에서 오직 한 분, 참된 하나님을 예배하기 위해 시온으로 모여드는 열방을 그리고 있다.

신약도 이러한 구심력적인 시각을 버리지 않으며 사실상 더욱 놀라운 표현들로 묘사한다. 예수는 이방인들이 하나님 나라에 포함되기 위하여 동서남북에서 오게 될 날에 대하여 말씀하신다(마 8:11-12; 눅 13:29). 요한계시록 속에서 요한의 환상은 "하나님의 백성들이 살고 예배하며, 하나님이 머무는 곳[성소]이 사람들과 함께 하는 하늘에서 내려오는 새 예루살렘"을 포함하는 하나님 나라의 궁극적 도래를 묘사한다(계 21:2-3). 요한계시록 21장은 계속해서 놀라운 표현들로 이전 예루살렘 성전의 영광을 크게 뛰어넘는 새 예루살렘에서의 주의 영광과 임재를 묘사한다.

> 성 안에서 내가 성전을 보지 못하였으니 이는 주 하나님 곧 전능하신 이와 및 어린 양이 그 성전이심이라 그 성은 해나 달의 비침이 쓸 데 없으니 이는 하나님의 영광이 비치고 어린 양이 그 등불이 되심이라(계 21:22-23).

열방이 하나님을 예배하게 될 구심력적 운동의 소망은 다음과 같이 성취된다.

> 만국이 그 빛 가운데로 다니고 땅의 왕들이 자기 영광을 가지고 그리로 들어가리라 낮에 성문들을 도무지 닫지 아니하리니 거기에는 밤이 없음이라 사람들이 만국의 영광과 존귀를 가지고 그리로 들어가겠고(계 21:24-26).

여기서 보게 되는 것은 일종의 확장과 축소의 효과인데, 그것은 구약에서 예루살렘이 선교의 중심이 되는 것으로 시작하여, 나중에 신약 시대에서는 선교사들의 파송과 탈중심화가 일어나 완성(consummation)의 때까지 이어진다. 그때는 열방들이 새롭고 더욱 영광스러운 예루살렘으로 다시 모여들게 될 것이다. 그러나 신약에서 더욱 눈에 띄는 선교의 묘사는 그리스도의 초림과 재림 사이, 하나님 나라의 시작과 그의 나라의 완전한 성취 사이, 옛 예루살렘과 새 예루살렘 사이에 끼어 있는 기간으로의 묘사이다. 이 끼어 있는 시간이 성령의 시대이다.

### 1) 신약 선교의 탈중심화와 확산

예수께서 야곱의 우물가에서 사마리아 여인과 하는 대화는 특별한 흥미를 유발한다. 여인은 유대인들과 사마리아인들이 서로 의견이 다른 주제인 올바른 예배의 장소에 대하여 질문한다(요 4:20). 그러나 예수는 진정한 하나님의 예배가 예루살렘이나 그 어떤 다른 장소에도 지리적으로 초점이 맞추어지지 않는 그러한 날이 올 것이라 대답하신다.

> 예수께서 이르시되 여자여 내 말을 믿으라 이 산에서도 말고 예루살렘에서도 말고 너희가 아버지께 예배할 때가 이르리라 너희는 알지 못하는 것을 예배하고 우리는 아는 것을 예배하노니 이는 구원이 유대인에게서 남이라 아버지께 참되게 예배하는 자들은 영과 진리로 예배할 때가 오나니 곧 이 때라 아버지께서는 자기에서 이렇게 예배하는 자들을 찾으시느니라 하나님은 영이시니 예배하는 자가 영과 진리로 예배할지니라 (요 4:21-24).

이러한 말들을 통해 예수는 하나님의 예배를 탈중심, 탈지역화 시키신다. 신약에서 이 개념은 계속해서 나타난다. 사도행전 7장에서, 스데반의 설교는 하나님의 임재가 예루살렘 성전에 더 이상 제한되어있지 않음을 지적한다(Flemming 2005, 33). 사도 바울은, 성령의 시대에는 어떤 지리적인 장소와 무관하게 **그의 백성**이 주의 성전임을 강조한다. 이방인들이 하나님의 새 백성 중에 포함될 뿐만 아니라, 그들이 어디에 있든지 그들 자신이 살아있는 영적 성전이 된다.

> 그러므로 이제부터 너희는 외인도 아니요 나그네도 아니요 오직 성도들과 동일한 시민이요 하나님의 권속이라 너희는 사도들과 선지자들의 터 위에 세우심을 입은 자라 그리스도 예수께서 친히 모퉁잇돌이 되셨느니라 그의 안에서 건물마다 서로 연결하여 주 안에서 성전이 되어 가고 너희도 성령 안에서 하나님이 거하실 처소가 되기 위하여 그리스도 예수 안에서 함께 지어져 가느니라(엡 2:19-22).

베드로전서 2:5에도 유사한 개념이 나타난다.

> 너희도 산 돌 같이 신령한 집으로 세워지고 예수 그리스도로 말미암아 하나님이 기쁘게 받으실 신령한 제사를 드릴 거룩한 제사장이 될지니라(벧전 2:5).

제사장, 희생 제물, 성전 같은 구약의 종교적 언어는 디아스포라 교회, 즉 어디에 있든지 간에 하나님의 임재의 현장이 되는 믿는 자들의 공동체에 적용된다.

하나님의 임재의 탈중심화가 이루어지는 것처럼, 선교 운동 또한 완전한 탈중심화가 이루어진다. 사도행전 1:8은 그리스도의 증인이 되어 예루살렘으로부터 유대, 사마리아, 그리고 땅 끝까지 나아가는 제자들을 묘사한다. 이는 예루살렘이 여전히 중심에 있는 것으로 인해 언뜻 보기에는 원심력적으로 보인다. 그러나 신약의 선교는 곧 다수의 중심지들을 갖는 것으로 탈바꿈한다(도형 2.1을 참조하라). 어디든지 하나님의 새 백성들인 교회가 세워진 곳은 선교를 위한 잠재적인 파송과 모임의 장소가 된다.

> 예수 그리스도 자신이 예루살렘을 대체한다. 그는 나라들이 함께 둘러싸며 모이게 될 중심점이다(Blauw 1962, 92).

도형 2.1 원심력적인, 탈중심화된 신약에서의 선교 운동

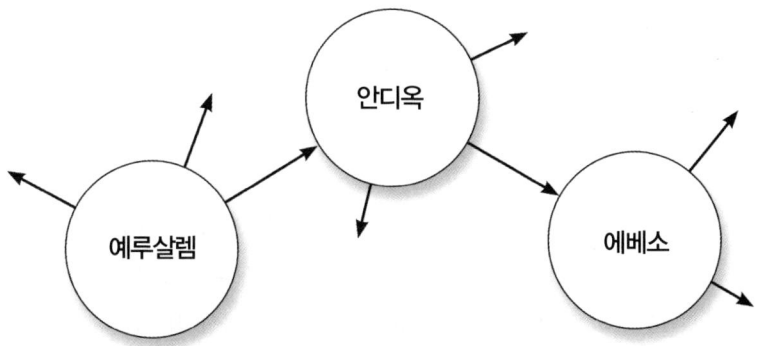

초기 그리스도인들조차 이 새로운 사실을 이해하는 데 시간이 걸렸으며, 예루살렘은 한동안 초대 교회의 권위의 중심지로 남아있었다. 하지만 사실상 성령의 선교 운동은 이미 탈중심화된 선교였다. 안디옥이 바울과 바나바의 이방 선교의 파송과 보고의 중심이 되었다(행 13:1-3; 14:26-28). 후에 에베소는 골로새와 리코스 계곡(Lycos Valley)으로 복음을 전파하는 새로운 중심지가 되었다.

수 세기를 거쳐 복음은 로마, 아이오나(Iona, 중세의 켈트족 선교), 헤른후트(최초의 중요 개신교 선교 운동의 기원이 된 진젠도르프의 모라비안 공동체), 런던(첫 번째 개신교선교협회의 본거지), 시카고, 나이로비, 서울, 부에노스 아이레스 등, 다양한 중심지들로 전파되어 나갔다. 더욱이 초대 교회에서도 복음은 사도들을 통해서만 전파된 것이 아니었다. 실제로 안디

옥의 이방인들에게 복음을 처음 가져간 그리스도인들은 구브로와 구레네로부터 온 자들이었다(행 11:20).

이러한 탈중심화와 확산이 오늘날 세계화의 이 시점보다 더 명백한 적은 결코 없었다. 많은 지역의 회중들이 교단의 조직과 선교단체들을 우회하여 직접 선교사들을 파송하고 국제적인 파트너십을 확립하는 데 참여하고 있다. 교회가 개척된 곳마다 새로운 잠재적 파송 거점들이 세워졌다. 새로운 종족 집단이 그리스도를 받아들일 때마다, 그 사람들은 또 다른 집단을 위한 잠재적 선교사들이 된다. 그러므로 원심력적인 선교를 말하기보다는 신약 선교의 탈중심화와 확산을 말하는 것이 유익할 것이다. 리차드 보컴(Richard Bauckham)은 경고한다.

> 예루살렘을 또 다른 물리적 장소로 대체하는 것은 그곳이 초창기의 로마나 비잔틴이든지 현대 선교 시대의 서유럽이든지 간에 아무리 이해할 만하다고 해도, 그것은 항상 실수하는 것이다(Bauckham 2003, 76).

### 2) 하나님 나라를 성령의 운동으로서 재구성하기

구약에서 하나님 나라는 주로 이스라엘 민족과 결부되어 있다. 하나님은 그의 백성의 최고의 왕이시며, 그 백성은 그의 율법 아래서 살아간다. 백성은 왕을 요구하여 얻었지만, 이것은 하나님의 원래 의도는 아니었다(삼상 8:4-22; 12:12-17). 하나님 나라는 하나님의 백성인 이스라엘을 통한 하나님의 왕적인 통치에서 나타나야 했다.

이스라엘 민족은 하나님의 왕 되심을 거부한 결과로 수없이 정복당하고 그들의 적들에 의해 핍박을 받는다. 예수 당시에 유대인이 가졌던 일반적 기대는 메시아가 정치적 나라을 출범시켜 로마나 다른 외부의 지배자들로부터 해방을 시켜주는 것이었다. 사실상 그가 가져오는 것은 훨씬 더 위대한 나라이다.

예수는 하나님 나라가 영적인 중심과 갱신으로부터 나오는 것이라는 새롭고 예상하지 못한 가르침을 강조했다. 그의 오심과 함께 하나님 나라가 가까이 왔다(마 4:17). 그뿐만 아니라 더 나아가 "그는 하나님 나라가 가까이 왔음을 **선포**하실 뿐만 아니라, 그 **존재** 즉 그의 인격(His Person) 안에 가까이 와있는 하나님 나라 그 자체이다"(Blauw 1962, 72).

예수께서 병을 고치시고, 귀신을 쫓아내시고, 기적을 행하실 때, 그분은 이러한 것들이 하나님의 통치가 악을 물리치고 죄의 영향을 되돌리는 새로운 방식으로 역사 안으로 개입하였다는 표징들이라고 말씀하신다. 실제로 하나님 나라가 그들 가운데 임한 것이다(마 12:28). 그분은 자신이 힘에 의해 왕이 되는 것을 허락치 않으신다(요 6:15). 그의 나라는 이 세상에 속한 것이 아니기 때문이다(요 18:36). 바리새인이 하나님 나라가 도래하는 때가 언제인지 예수께 물었을 때, 예수는 이렇게 대답하신다.

> 하나님 나라는 볼 수 있게 임하는 것이 아니요 … 하나님 나라는 너희 안에 있느니라(눅 17:20-21).

그리고 예수께서 부활 후 그의 제자들이 그에게 똑같은 질문을 하였을 때, 그분은 대답하시기를, 이것은 그들이 알 바가 아니고 다만 그의 증인들이 되도록 그들에게 권능을 주기 위해 성령이 올 것이라고 하신다(행 1:6-8).

신약은 하나님 나라를 완전히 영적인 것으로 만들지는 않지만, 하나님 나라는 영적인 차원에서 성령의 운동(movement)으로 시작된다.

> 진실로 진실로 네게 이르노니 사람이 거듭나지 아니하면 하나
> 님 나라를 볼 수 없느니라 … 사람이 물과 성령으로 나지 아니
> 하면 하나님 나라에 들어갈 수 없느니라(요 3:3, 5).

이는 회개와 믿음을 통하여 일어난다(마 3:2; 4:17; 막 1:15). 하나님 나라는 심령이 가난한 자, 핍박받는 자, 그리고 의로운 자들에게 속한다 (마 5:3, 10, 20).

> 하나님 나라는 먹는 것과 마시는 것이 아니요 오직 성령 안에
> 있는 의와 평강과 희락이다(롬 14:17).

이제 선교를 이해하기 위해, 하나님 나라라는 주제와 그것이 미치는 영향들을 여러 본문들을 통해 살펴보도록 할 것이다. 여기서는 신약이 선교를 탈중심화할 뿐만 아니라, 또한 탈민족화하며, 영적인 성격의 관점에서 볼 때 메시아 왕의 통치 아래서 하나님 나라를 재구성한다는 것 정도에 주목하고자 한다.

하나님 나라는 하나님께서 통치하시는 곳이다. 단순히 정치적으로나 혹은 국가적 개체를 통해서 통치하시는 게 아니라, 먼저 그리고 그 무엇보다 영적으로 하나님의 통치가 이루어지는 곳이다. 그의 나라에 들어가기 위해 사람들은 먼저 하나님과 화해해야만 하며, 이것은 예수께서 땅으로 와서 성취하실 위대한 사역이었다.

사람들이 회개하고, 예수를 주로 고백하며, 죄 사함을 받으며, 주님이신 예수의 뜻에 복종하며, 또한 성령의 능력으로 살아가는 곳, 그곳에 하나님 나라가 있다. 하나님 나라는 실제로 모든 삶의 영역에서 변혁시키는 효과를 가져 올 것이다. 그러나 그것은 예수 그리스도의 복음 선포를 통한 성령의 운동과 더불어 시작되는 것이다. 아니면 아예 시작되지도

않는 것이다.

### 3) 새 나라 백성의 초문화화

신약 선교의 탈중심화와 성령으로 인한 나라의 재구성과 더불어 새 나라 백성인 교회의 초문화화(Transculturalization)가 또한 나타난다. 이방인들이 그리스도를 믿게 될 때 그들은 단순히 유대 개종자가 되는 것이 아니다. 교회의 성장 초기에, 이것은 뜨거운 논쟁이 되었던 문제였다.

이방인 신자들은 유대인이 되어야 하는가?

그들은 할례를 받고 모세의 율법을 지켜야만 하는가?

예루살렘 그리스도인들은 이방인들에게 복음이 전파됨을 들었을 때, 이방인들이 먼저 유대 개종자들이 되지 않고도 회심이 정당한가에 대해 반복적으로 의문을 제기한다. 그러나 하나님은 자신이 편애하지 않으심을 계속 보여주신다(행 10:34). 결국 초대 교회는 이방인 신자들이 유대 개종자가 되는 것과 상관없이, 하나님의 새 백성 안으로 온전히 들어오게 됨을 인정한다(행 15장).

바울은 에베소서 2장에서 이것의 깊은 의미들을 생각한다. 전에는 하나님의 백성들에게 외인들이었던 이방인들이(11-12절) 동등하게 포함되었을 뿐만 아니라, 실제로 하나님은 둘로부터 하나의 **새로운** 백성을 만드셨다(13-14절). 그리스도는 유대인과 이방인 사이를 나누는 장벽을 무너뜨리셨다. 이것이 골고다에서 이뤄진 그리스도의 구속 사역의 핵심이다(14절).

그리스도의 십자가는 개인적인 구원을 얻어냈을 뿐만 아니라, 이러한 화목의 역사 또한 완성하였다(13, 16절). 이 새로운 하나님의 백성이야말로 새로운 영적 성전이며 하나님이 거하시는 장소이다(엡 2:19-22). 또 다른 곳에서 이렇게 말한다.

> 너희는 유대인이나 헬라인이나 종이나 자유인이나 남자나 여
> 자나 다 그리스도 예수 안에서 하나이니라 너희가 그리스도의
> 것이면 곧 아브라함의 자손이요 약속대로 유업을 이을 자니라
> (갈 3:28-29).

골로새서 3:10-11은 이 새로운 연합에 대해 말한다. 이 연합은 중생의 새 창조에 뿌리를 둔 것이며, 이 중생에 의해 신자 안에서 하나님의 형상이 새로워진다.

> 새 사람을 입었으니 이는 자기를 창조하신 이의 형상을 따라
> 지식에까지 새롭게 하심을 입은 자니라 거기에는 헬라인이나
> 유대인이나 할례파나 무할례파나 야만인이나 스구디아인이나
> 종이나 자유인이 차별이 있을 수 없나니 오직 그리스도는 만
> 유시요 만유 안에 계시니라(골 3:10-11).

일반적으로 비헬라인을 지칭하는 야만인(Barbarian)도 포함되어 있다. 특히 스구디아인(Scythians)을 언급하고 있는 것은 그들이 유대인과 헬라인 모두에게 영적으로나 사회적으로 혐오스러운 사람, 즉 "야만인들 중 가장 야만인"으로 여겨졌기 때문이다(Bauckham 2003, 69). 그러므로 새로운 나라의 공동체는 종교적 배경, 사회적 위치, 민족의 전통 유산, 성별, 혹은 경제적 신분 등, 인간을 나누는 모든 구분들을 초월한다.

하나님의 새 백성이 등장하고 유대 문화의 경계를 넘어 움직이는 동안 유대 문화는 어떤 새로운 종류의 기독교 문화로 교체되지 않는다. 오히려 교회가 진정으로 다문화화된다. 이것이야말로 다른 여러 가지 것들 중에서 기독교를 이슬람으로부터 뚜렷하게 구별짓는다. 이슬람은 꾸란이 매우 세밀하게 규정하는 획일적인 사회 질서와 문화에 기초한 이슬

람 단일문화를 만들고자 한다. (아랍어로 쓰여진) 꾸란 자체는 엄밀히 말하면, 토착 언어들로 번역하지 않게 되어 있다.

신약성경은 그 과정에 있어 문화적 획일화(homogenization)가 아닌, 포용주의의 측면에서 문화적 보편화(universalization)를 묘사한다. 그리스도인의 삶의 다양한 문화적 표현들은 이러한 폭넓은 연합 안에서 자신들이 복음을 삶으로 살아내며 하나님 나라의 가치들을 구현해낼때 정당성을 갖는다. 예루살렘교회는 율법에 대한 열심, 성전 의식의 참여 같은 유대적 모습 안에서 계속 자신을 표현했다(행 21:20-26).

이방인을 배경으로 하는 교회들은 구약의 도덕적 규범들을 유지하며 유대 관습인(로마 세계의 다른 사회적 집단들에게는 생소하였던) 매주마다 모임을 요구받았지만, 유대교 의식과 문화적 정체성으로부터 자유로우면서도 동일한 믿음의 독특한 표현들을 발전시킬 수 있었다. 이것이 바로 앤드류 월스(Andrew Walls)가 말했던 교

> 기독교는 문화들을 절대화시키지 않음으로써 문화에 영향을 미친다. 그리고 하나님을 중심에 놓음으로써 이것을 달성한다. 선교에 있어 교회의 출발점은…오순절이다. 기독교는 예루살렘이나 다른 모든 고정된 보편적인 중심지를, 그것이 지리적이든 언어적이든 문화적이든 간에, 포기함을 통해 승리하며, 또한 교회 안에 중심지들과 언어들과 문화들이 확산되어지는 결과를 낳았다. 기독교 에큐메니즘은 하나님만을 중심에 둔, 주변적인 것들의 다원주의이다. 결과적으로 모든 문화적 표현들은 진리의 주변에 남는다. 모두가 그 진리에 접근하는 데 있어서 동등하지만, 무엇이 궁극적이고 최종적인가라는 면에 있어서는 모두가 동일하게 불충분하다.
>
> —Lamin Sanneh(1995, 61)

회의 "토착 원리"(indigenous principle)이다(Walls 1982).

그럼에도 불구하고 믿음의 이러한 상황적 표현들조차도 조건적이다. 그 표현들은 최종적으로 정의된 것은 아니다. 그리스도인의 정체성과 그 "시민권"은 궁극적으로 "하늘에 있다"(빌 3:20). 베드로는 하나님의 "택하심을 받은 자들," 세상에 "나그네들"로서의 교회를 이야기한다(벧전 1:1-2). 하나님 나라의 가치들은 어떤 동시대 문화라 할지라도 그 문화의 가치들과 충돌하며 도전하기 때문에, 신실한 기독교 공동체는 언제나 필연적으로 반문화를 대표할 것이다. 이것이 월스가 말하는 교회의 "순례자 원리"(pilgrim principle)이다(Walls 1982). 이런 이유로 신약 선교의 다문화화(multiculturalization)가 아닌 선교의 초문화화(transculturalization)에 대해 논하는 것이 선호된다.

간과하기 쉬운 또 하나의 놀라운 사실은 신약이 헬라어로 쓰여졌다는 사실이다. 몇 개의 인상적인 구절들을 제외하곤(예, 막14:36; 15:34), 신약은 예수의 가르침조차 그의 원래 언어였던 아람어로 이야기하지 않는다. 라민 사네(Lamin Sanneh)가 지적하듯이, 신약성경 자체가 예수 자신의 가르침의 번역이었던 것에서 알 수 있듯이, 복음의 메시지는 번역이 가능한 것이었다(Sanneh 1989). 메시지는 번역되므로 새로운 동력을 얻는다. 이 사실은 유대 문화, 혹은 예수의 언어와 문화, 혹은 초대 교회의 문화들이 절대화되므로 모든 곳에 있는 그리스도인들에게 구속력이 있는 것이 되어서는 안 된다는 것을 강력히 상기시켜 주는 것이다.

신약의 권위적 메시지, 즉 구세주의 삶과 가르침에 대한 우리의 단 하나의 문서적 증거는 이미 상황화된 메시지이다(Flemming 2005를 보라). 다음 장에서는 아버지에 의해 세상으로 보내심을 받은 것에 대한 예수의 이해를 논할 것이다. 본 장의 나머지 부분에서는 구속사를 전개해 나가는 데 있어 열방과 하나님의 관계에 대해서만 살펴보게 될 것이다.

## 2. 예수와 열방: 복음서들

예수의 삶과 사역의 시작에서부터 열방은 예수의 관심 가운데 있다. 성전에서 아기 예수가 봉헌되었을 때 시므온의 기도는 이사야 49:6을 인용하며 이방인들에 대한 그의 메시아적 역할을 암시한다.

> 내 눈이 주의 구원을 보았사오니
> 이는 만민 앞에 예배하신 것이요
> 이방을 비추는 빛이요
> 주의 백성 이스라엘의 영광이니이다 하니(눅 2:30-32).

세례 요한은 이제 "모든 육체가 하나님의 구원하심을 보게" 될 것을 선포하며(눅 3:6) 이사야 40:3-5을 인용한다. 예수는 자신을 구약의 메시아적 소망의 성취로 확인하는 이사야 61:1-2을 읽으시며 나사렛 회당에서 그의 공적 사역을 시작하신다. 마태는 예수께서 자신이 이방인들에게 공의와 소망을 가져오는 종(servant)임을 주장하며 인용하시는 이사야 42:1-4에 주목한다(마 12:18-21). 그러므로 복음서들은 예수의 도래를 열방을 향한 선교에 대한 이사야적 기대의 성취로 분명히 묘사한다.

그러나 그의 지상 사역과 관련하여, 예수는 누누이 자신이 일차적으로 이스라엘 백성에게 왔고, 이방인들에 대한 사역은 이차적인 것임을 나타내신다(마 15:24; 막 7:26-27). 이는 이스라엘로부터 시작하여 그들을 통해서 흘러가는 복에 대한 구약의 비전과 연속성을 갖는다.

예수께서 제자들을 보내시는 것 또한 처음에는 "이스라엘 집"으로 제한된다(마 10:5-6). 오직 예수께서 십자가에서 구속의 사역을 완성하신 후에야, 이방인들에게로의 선교는 전적으로 시작될 것이었다. 복음서의 저자들이 놓치지 않는 가슴 아픈 역설은 예수께서 "자기 땅에" 오셨으나

"자기 백성이 영접하지 아니하였다"라는 것이다(요 1:11). 반대로 이방인들은 종종 예수께 믿음으로 반응한다.

- 동방 박사들의 경배(마 2:1-11)[1]
- 로마 백부장(마 8:1-13)
- 수로보니게 여인(마 15:22-28; 막 7:25-30)
- 야곱의 우물에서의 사마리아 여인(요 4:7-29)
- 십자가 앞에서 "이 사람은 진실로 하나님의 아들이었도다"라고 고백하는 또 다른 로마 백부장(막 15:39)

산상수훈에서 예수는 자신의 제자들을 땅의 소금이요 세상의 빛이라 말씀하시는데(마 5:13-16), 이것은 아마도 열방의 빛인 "이사야서의 종"의 메아리일 것이다(사 42:6; 49:6). 예수께서 성전을 정화하셨을 때, 그는 이사야 56:7이 기대하는 것을 생각나게 하신다.

> 이에 가르쳐 이르시되 기록된 바 내 집은 만민이 기도하는 집이라 칭함을 받으리라고 하지 아니하였느냐 너희는 강도의 소굴을 만들었도다 하시매(막 11:17).

이사야의 인용문은 열방이 예배하기 위해 시온으로 나아오는 종말의 비전 안에 자리잡고 있다. 일반적으로 예수는 이방인들이 포함되는 것과 복음을 열방으로 가져가는 것을 미래의 시점에 놓으신다. 그는 이렇게 말씀하신다.

---

1 황금과 유향과 몰약의 선물들은(마 2:11) 열방이 시온으로 선물들을 가져오는 구약의 예언들을 상기시킬 수도 있다. 예를 들어, 사 60:6 후반부는, "스바 사람들은 다 금과 유향을 가지고 와서 여호와의 찬송을 전파할 것이며"라고 말한다.

> 또 이 우리에 들지 아니한 다른 양들이 내게 있어 내가 인도하
> 여야 할 터이니 그들도 내 음성을 듣고 한 무리가 되어 한 목
> 자에게 있으리라(요 10:16).

그렇게 해서, 예수는 이스라엘 무리 밖에 있는 자들이 하나님의 백성 안에 한 무리로서 포함될 것을 나타내신다(참조, Morris 1971, 512). 그는 사람들이 천국에서 아브라함, 이삭, 그리고 야곱의 곁에 함께 하기 위하여 "동쪽과 서쪽에서" 올 날을 기대하신다(마 8:11). 마지막 날들에 대해 이야기하시는 가운데, 감람산 강화(Olivet Discourse)에서 놀라운 말씀을 하신다.

> 이 천국 복음이 모든 민족에게 증언되기 위하여 온 세상에 전
> 파되리니 그제야 끝이 오리라(마 24:14; 참조, 막 13:10).

이 말씀은 선교 운동에 반전이 일어나고, 복음이 열방**에게** 전파될 것이라는 가장 분명한 암시이다. 이는 사실상 그리스도의 재림과 궁극적인 나라의 도래 전에 이루어져야 할 조건이다. 이와 동일한 생각이, "내가 진실로 너희에게 이르노니 온 천하에 어디서든지 이 복음이 전파되는 곳에서는 이 여자가 행한 일도 말하여 그를 기억하리라"라고 말씀하신 마태복음 26:13에 간접적으로 언급되어있다.

복음은 땅 위의 모든 나라들 가운데 전파**될** 것이다. 요약하자면, 예수 자신의 사역, 예수의 가르침, 그리고 예수의 제자들의 초기 사역은 이스라엘에 주로 초점을 맞추는 구약의 질서 아래에서 그 섬김을 계속한다. 하지만 그것은 또한 열방을 향한 미래의 의도적인 선교를 꿈꾸고 있다. 이방인들의 믿음에 대한 예수의 긍정적인 반응과 예수의 가르침들은 선교가 구속의 완성과 성령의 도래와 함께 시작될 것을 예시한다.

### 1) 열방과 하나님 나라

앞서 언급한 것처럼, 예수의 가르침 안에 하나님 나라는 새로운 영적인 차원을 취하며, 더 이상 지리적인 것이나 민족에 중심을 두지 않음을 강조한다. 여기서 우리는 선교와 관련하여 예수의 가르침 속에 있는 하나님 나라에 관련된 추가적인 중요한 특징들에 주목한다.

#### (1) 거꾸로 된 하나님 나라

산상수훈은 하나님 나라에 대한 예수의 이해가 외형적 동화로부터 내적인 변혁으로 얼마나 극적으로 바뀌는가에 대한 증거를 제공한다. 하나님 나라의 본질을 구성하는 가치들은 세상 나라들의 가치와 완전히 대조된다. 온유, 겸손, 섬김, 그리고 보복하지 않는 것은 하나님 나라에서 위대한 자들의 특성을 나타낸다.

도날드 B. 크레이빌(Donald B. Kraybill)은 적절하게 이를 "거꾸로 된 나라"(upside-down kingdom)라고 불렀다(Kraybill 2003). 하지만 크레이빌이 지적하듯이, 이것은 하나님 나라가 그저 개인화된 가치나 다른 세상적 염려에 관한 것임을 의미하지는 않는다. 하나님 나라의 가치들은 사람들과의 관계들과 사회를 변혁한다. 새로운 나라 백성은 세상이 관찰할 수 있는 특정한 방식으로 이러한 가치들에 모범을 보인다.

#### (2) 하나님 나라의 표징들

예수의 사역에서 그의 기적들, 병고침, 죽은 자를 살리는 것, 그리고 귀신을 쫓아내는 것은 하나님 나라가 그의 청중들 가운데 임하였다는 표징들이다(마 12:28). 이러한 행위들은 악의 세력들, 속박, 그리고 고통이 이 메시아 왕에게 복종한다는 것을 담대히 나타낸다.

귀신의 능력들은 하나님과 그의 통치에 정면으로 반대하는 능력들이다. 질병, 소경, 그리고 죽음은 타락의 결과들이다. 그러나 이러한 능력들이 극적으로 붕괴된다. 그리고 예수는 하나님 나라가 가까이 왔다는 표징들로서, 제자들에게 가서 동일한 일들을 할 것을 명하신다(눅 10:8-11).

비록 하나님 나라가 예수의 사역 안에 있지만, 그는 미래의 완전한 나라는 아직 오지 않았음을 분명하게 나타내신다. 이런 면에서, 예수는 그의 땅에서의 삶을 통해 하나님 나라를 **시작**하시지만, 그것을 완전히 실현하지 않으시며, 그의 재림 때까지 그 완전한 실현을 기대하지 않으신다.

### (3) 하나님 나라의 비유들

마태복음 13장의 하나님 나라의 비유들은 특히 좋은 가르침을 준다. 씨 뿌리는 자의 비유는 비록 때로는 그 말씀을 받아들이는 것이 사탄의 저항과 핍박에 직면하기도 하지만, 하나님 나라의 확산은 하나님의 말씀의 확산과 연결되어 있다고 가르친다(18-23절). 그 다음 비유는 곡식이 가라지들과 함께 자라는 것에 대해 이야기한다(24-30절). 그러므로 이 시대에는 하나님 나라가 모든 자에게 받아들여지지는 않을 것이며, 선과 악이 공존할 것이며, 오직 마지막 때에 최종적인 구별됨과 심판이 이루어질 것이다(36-43절). 이와 비슷하게, 하나님 나라는 좋은 것과 나쁜 것 모두를 건져 올리는 그물과도 같아서, 마지막 날에 의인과 악인들이 나뉘어지고 악은 심판을 받을 것이다(47-50절). 이 비유들은 하나님 나라가 그리스도의 지상 사역을 통해 시작됨에도 불구하고, 마지막 날까지 완성되지 않을 것임을 상기시켜 준다.

겨자씨 비유는 하나님 나라가 하찮아 보이는 시작을 넘어 성장할 것임을 보여준다(마 13:31-32). 누룩 비유는 거의 감지할 수 없지만 궁극적으로는 모든 곳으로 퍼져나가는 하나님 나라의 영향력에 대해 이야기한다(33절).

감춰진 보화 비유와 값비싼 진주 비유들은 다른 모든 것들에 앞서 우선순위를 갖는 하나님 나라의 놀라운 가치들을 강조한다(44-46절).

종합해 보면 이 비유들은 하나님 나라의 전파와 실현이 심판의 날을 향해 움직이는 과정임을 보여준다. 그 날에 이르기까지 선과 악은 공존할 것이며 얼마의 사람들은 하나님 나라를 받아들이겠지만 다른 이들은 격렬히 반대할 것이다. 이 시대의 하나님 나라의 전파는 격렬하고 폭력적인 전복에 의해 일어나지는 않을 것이다.

그것의 영향과 전파는 식별이 어려울 수 있지만 모든 곳으로 스며들어 갈 것이다. 하나님 나라가 성장하는 모습은 그 진전이 인간의 노력이 아닌 하나님이 하시는 일이라는 것을 묵시적으로 상기시킨다(참조, 고전 3:6-7). 하나님 나라에 들어가는 것은 값비싼 대가를 요구할 수도 있지만 그것은 기쁨으로 지불할 수 있는 그런 대가이다. 종말은 언젠가 악이 마침내 심판을 받고 의인들은 상을 받게 될 그 시간에 도래할 것이다. 오직 모든 것이 완성이 되는 그때에 하나님 나라는 완전하게 실현될 것이다.

### (4) 이방인들과 하나님 나라

예수는 다른 이들이 동서남북에서 와서 하나님 나라에 포함될 그 날을 고대하시는데, 이는 이방인들이 포함될 것에 대한 명백한 언급이다(마 8:11-12; 눅 13:29). 하나님 나라는 더 이상 이스라엘 민족에 제한되지 않을 것이며, 그들의 인종적 배경에 상관없이 예수를 믿는 사람들로 구성될 것이다.

누가복음 14장은 어떤 한 사람이 "무릇 하나님 나라에서 떡을 먹는 자는 복되도다"(15절)라고 예수에게 말한 사건에 관해 이야기한다. 예수는 (하나님 나라를 의미하는) 큰 잔치 비유를 말씀하심으로 응답하신다. 초대받은 손님들이 모두 오지 못할 변명이 있었기에, 주인은 자신의 종들을 보내어 대로로 나아가 다른 이들을 데려오게 한다(16-24절).

T. W. 맨슨(T. W. Manson)은 다음과 같이 말한다.

> 의심할 나위 없이 이것은 이스라엘의 경계를 넘어 이방인들에게 가는 선교를 암시하는 것을 의도한다(Geldenhuys 1977, 396에 재인용).

마태복음의 악한 소작농 비유는 다음과 같은 결론으로 비슷한 메시지를 전달한다.

> 그러므로 내가 너희에게 이르노니 하나님 나라를 너희는 빼앗기고 그 나라의 열매 맺는 백성이 받으리라(마 21:43).

### 2) 지상명령

예수께서 자신의 죽음과 부활을 통하여 구속을 성취하신 후에야 제자들에게 지상명령으로 열방에게 복음을 전하라는 분명한 명령을 내리셨다. 오직 그 후에 성령의 새 시대의 막이 오르는 조건들이 충족되었다. 이제 사복음서에 나타난 지상명령의 다양한 형식들의 독특한 몇가지 특징들을 살펴볼 것이다.

#### (1) 마태복음

마태복음을 결론짓는 지상명령 형식은 복음서의 시작 부분과 함께 이해되어야 한다. 마태복음을 여는 구절들은 아브라함과 다윗을 포함한 예수의 족보로 시작한다. 아브라함을 부르신 것은 특정 백성을 통한 하나님의 특별한(particularistic) 사역의 시작이지만, 그것은 우주적인 의도를 가지고 있다.

하지만 마태는 모든 민족을 제자 삼으라는 사명과 함께 자신의 복음서를 끝맺는다. 그리스도에 의해 완성된 특별한 구속의 사역은 복음이 열방에게 전파되는 우주적인 의도의 성취를 가능하게 한다. 1장에 있는 아브라함에 대한 언급과 28장에 있는 모든 민족에 대한 언급은 이 복음서의 처음과 끝을 만들고 이런 견지에서 예수의 전체 사역의 틀을 잡아준다. 실제로 많은 신약 학자들은 마태복음 28:18-20을 책 전체를 이해하는 열쇠로 본다(Köstenberger and O'Brien 2001, 87n4을 보라).

① 지상명령의 권위
마태는 "하늘과 땅의 모든 권세를 내게 주셨으니"(마 28:18)라는 예수의 말씀으로 시작한다. 우주의 주인이 우주적 사명을 준다. 이 말은 의심 없이 "인자"(예수께서 자신을 일컬을 때 선호하셨던 호칭)에 관한 다니엘 선지자의 말이 떠오르게 한다.

> 그에게 권세와 영광과 나라를 주고 모든 백성과 나라들과 다른 언어를 말하는 **모든 자**들이 그를 섬기게 하였으니 그의 권세는 소멸되지 아니하는 영원한 권세요 그의 나라는 멸망하지 아니할 것이니라(단 7:14, 강조는 필자의 것).

② 지상명령의 임무
지상명령의 중심에는 제자를 삼으라는 명령이 있다. 문법적으로 이것은 명령형 주동사이다. "가서," "세례를 베풀고," "가르치라"는 모두 "제자를 삼으라"는 명령어와 연결되어, 그것을 묘사하며 명령적 의미로 사용된 동명사들이다. 이 명령은 단순한 선포 이상을 포함한다.

"가라"는 것은 메시지를 열방으로 **의도적으로** 전파하는 임무를 강조한다.

(회개와 믿음이 수반되는) 세례는 새로운 나라 공동체로 공식적으로 들어가는 수단이다.

예수가 명하신 모든 것에 순종하라는 가르침은 교리적인 것에 대한 명목상의 준수나 종교적인 조직의 피상적인 일원이 되는 것으로 충분치 않다는 것을 강조한다. 가르침은 단순히 지식의 전달이 아니라 순종을 통해 삶이 변혁되는 것이다.

예수의 **모든** 가르침은 제자들에게 구속력을 갖는다. 그들은 예수의 가르침들 중 어떤 것만을 고를 수 있는 선택권이 없다. 분명히, 제자를 삼는다는 것은 사람들로 하여금 예수를 주로 시인하고, 그들의 삶의 모든 면에서 그의 주되심(Lordship)에 대한 순종을 요구하는 것을 포함한다.

③ 지상명령의 범위

구약의 구심력적 선교는 이제 명백히 그 방향이 반대로 되었다. "가라"는 열방**으로**의 원심력적 선교 운동을 시작한다. 이 사명은 개개의 사람들을 제자로 삼는 것만을 의미하지 않는다. 오히려 그것은 **열방**을, 실제로 **모든** 열방을 제자화하는 것이다. 사명을 내리신 부활하신 예수의 권위와 약속이 없다면, 이것은 거의 터무니없는 것이 되고 말, 정말 충격적인 명령이다.

④ 지상명령의 약속

지상명령, 그리고 마태복음 자체는 예수의 지속적인 임재에 대한 위로와 미래의 약속으로 끝을 맺는다(28:20). 모든 권한을 받으신 동일한 예수께서 이 힘난한 선교에 제자들과 동행하실 것을 약속하신다. 그들은 그들 자신의 권위로, 그들 혼자서 가는 것도 아니다.

여기서 마태가 사용한 표현의 포괄성을 간과할 수 없다. 즉 **모든** 권세, **모든** 민족, 예수가 분부한 **모든** 것, 그리고 예수가 그들과 **항상** 함께 하신다.

⑤ 지상명령의 기간

지상명령에 관련된 약속은 "세상 끝날까지"이다. 이것은 분명 이 사명이 그리스도의 재림과 현재의 세상이 끝날 때까지 계속될 것임을 시사한다. 이 약속은 일세대 제자들의 죽음으로 끝나지 않으며, 그것은 지상명령에 있어서도 마찬가지다. 사명은 그리스도의 초림과 재림 사이의 시간을 채우며 구원사의 완성으로 들어가게 한다. 오직 복음이 모든 민족에게 전파되었을 때 종말은 임할 것이다(마 24:14).

(2) 마가복음

① 지상명령의 중대함

마가의 독특한 강조는 지상명령의 중대함에 있다. 그 형식은 16:9-20절의 진실성 문제로 인해 복잡해지는 면이 있다. 이 구절들이 어쩌면 마가복음 원본의 일부는 아니었을지라도 그 구절들은 믿을 만한 전통을 대표하고 있는데, 그것은 최소한 다른 권위 있는 신약의 가르침에 대한 기록과 일치하고 있다.

마가는 확실한 표징들을 동반하는 선포를 강조한다. 그의 형식은 다른 복음서에는 없는 긴박감을 더한다.

> 믿고 세례를 받는 사람은 구원을 얻을 것이요 믿지 않는 사람은 정죄를 받으리라(막 16:16).

믿음과 세례는 구원을 위한 조건들이다. 그러나 거부는 정죄에 이르게 한다. 복음 선포에 대한 반응은 영원한 결과를 초래하는 문제이다.

② 예수의 모범과 지상명령

뤼시앵 르그랑(Lucien Legrand)는 마가의 지상명령이 복음을 시작하는 구절들과 병행하고 있다는 것을 지적한다(Legrand 1990, 72).

| | |
|---|---|
| 1:14 예수께서 갈릴리에 오셔서 하나님의 복음을 전파하며 | 16:15 온 천하에 다니며 만민에게 복음을 전파하라 |
| 1:15 하나님 나라가 가까이 왔으니 회개하고 복음을 믿으라 | 16:16 믿고 세례를 받는 사람은 구원을 얻을 것이요 믿지 않는 사람은 정죄를 받으리라 |
| 1:23-28 귀신들을 내쫓음 | 16:17b 그들이 내 이름으로 귀신을 쫓아내며 |
| 1:29-34 병 고침들 | 16:18b 병든 사람에게 손을 얹은즉 나으리라 |
| 1:38 우리가 다른 가까운 마을들로 가자 거기서도 전도하리니 내가 이를 위하여 왔노라 하시고 | 16:20 제자들이 나가 두루 전파할새 |

이러한 병행 구조는 "예수께서 품고 계셨던 선교와 부활한 이(예수)가 자기 제자들에게 맡기신 선교 사이에 근본적인 연관성이 있다는 것을 보여준다"(Legrand 1990, 72).

(3) 누가복음
① 지상명령의 구속사적인 중요성

누가의 이야기(눅 24:46-47)는 예수께서 부활 후 나타나신 이야기 속에 들어가 있다. 먼저, 예수는 "모세의 율법과 선지자의 글과 시편"(예, 구약성경)이 어떻게 그를 증거하는 지를 이야기하심(44절)으로써 복음의 선포를 구속사와 연결시키신다. 그리고 예수는, 모든 열방을 향한 구원 사역과 선포가 성경 계시와 연속성을 지님을 보여주는 "기록되었으니"(47절)라는 말로 지상명령의 설명을 시작하신다.

② 지상명령의 메시지
예수께서 다음과 같이 말씀하신다.

> 그리스도가 고난을 받고 제 삼일에 죽은 자 가운데서 살아날 것과 또 그의 이름으로 죄 사함을 받게 하는 회개가 예루살렘에서 시작하여 모든 족속에게 전파될 것이 기록 되었으니 (눅 24:46-47).

앞서 제자들이 "하나님 나라가 … 가까이 왔다"(눅 10:9)는 것을 전하는 사명을 받았다면, 이제는 죄 사함이 그들 메시지의 핵심이 된다. 구원 사역(the work of salvation)이 완성됐다. 그리고 그리스도의 구원 사역(the salvific work)은 제자들이 세상으로 가지고 가야 할 메시지의 중심이다.

이는 사도행전에 기록된 사도들의 선포에서 증거된다(행 2:28; 5:31; 10:43; 13:38; 26:18). 사도행전 1:8에서 나타나듯이 "예루살렘에서 시작하여"는 구심력적 선교 운동에서 원심력적 선교의 운동으로의 반전을 강조한다. 예수는 "너희는 이 모든 일의 증인이라"(눅 24:48)는 말씀을 더하시는데, 이 말씀은 증인으로서의 제자들의 역할이 재개될(행 1:8) 사도행전에 대한 가교역할을 한다.

③ 지상명령의 능력
누가복음에서 독특한 또 한 가지는 성부께서 제자들을 능력으로 입힐 때까지 예루살렘에서 기다리라고 한 예수의 지침이다(눅 24:49). 예수는 그 단순한 명령이 즉각적인 행군 명령을 의미하지는 않음을 분명히 하

신다. 오히려 제자들은 성령의 오심을 기다려야 한다. 오직 그들이 능력을 받은 후에야 성령 시대가 완전히 시작되고 열방으로의 복음의 전파가 본격화될 것이다.

이 역시 사도행전의 뛰어난 주제 중 하나가 될 것이다. 사도행전에는 성령의 능력에 대한 약속이 반복된다(행 1:8). 나아가 오순절에 성령을 받음으로 신약의 선교가 시작되며(행 2장), 성령의 운동이 열방으로의 복음 전파를 계속적으로 주도한다. 성령의 능력을 받음으로 선교는 예루살렘으로부터 퍼져나가기 시작한다.

(4) 요한복음

요한복음 20:31에 "오직 이것을 기록함은 너희로 예수께서 하나님의 아들 그리스도이심을 믿게 하려 함이요 또 너희로 믿고 그 이름을 힘입어 생명을 얻게 하려 함이니라"고 기록된 것처럼, 요한복음은 분명히 복음 전도의 목적을 의도하고 있으며, 따라서 선교적이다. 요한복음에서는 "보내심"의 개념이 중요한 역할을 감당한다.

① 선교: 예수가 보내심을 받은 것처럼 보내심을 받는 것

지상명령에 대한 요한의 표현은 "아버지께서 나를 보내신 것 같이 나도 너희를 보내노라"(요 20:21b)라는 말과 함께 사명에 대해 심오한 새 빛을 던져준다. 다른 복음서들의 형식이 선포를 강조하는 반면, 요한의 형식은 더 폭 넓고 어떤 점에서는 더 근본적이다. 이런 표현은 제자들을 "세상에" 보내시는 것을 분명히 이야기하는 요한복음 17:18의 대제사장적 기도에서 또한 발견된다. 그 기도는 원 제자들(the original disciples)을 위한 것일 뿐만 아니라, 그들의 메시지를 통해서 믿게 될 제자들을 위한 것이기도 하다(요 17:20). 그들의 연합은 세상으로 하여금 예수께서 아버지에 의해 파송된 것을 믿도록 확신을 줄 것이다(요 17:21).

안드레아스 쾨스텐버거(Andreas J. Köstenberger)는 제4복음서의 선교에 대한 자신의 연구에서 다음과 같은 결론을 내린다.

> 제4복음서의 저자는 기독교 공동체의 선교를 궁극적으로 자신의 추종자들을 통하여 이루어질 **높임을 받으신 예수**(the exalted Jesus)의 선교로 이해한다(Köstenberg 1998, 210).

예수는 제자들에게 자신이 떠난 후 제자들이 자신이 한 것보다 더 놀라운 일들을 할 것이라고 말씀하셨다(요 14:12). 이 "놀라운 일들"은 아마도 제자들이 행하게 될 수도 있을 기적들에 대한 언급이라기보다, 예수께서 완성하신 구원 사역의 결과일 것이다. 구속사 안에서 그들이 처한 위치 때문에, 제자들은 선포할 더 놀라운 메시지를 갖게 될 것이며, 그 메시지는 예수의 지상에서의 사역보다 더 멀리 미치게 될 것이다(참조, Köstenberg 1998a, 171-75). 성령을 받으므로 제자들은 예수의 증인들이 된다(요 15:26-27). 그래서 준비된 제자들은 세상에서 예수의 사역을 계속하기 위하여 보내진다.

모든 민족을 제자로 삼으라는 마태복음의 지상명령은 일반적으로 선교의 가장 직설적 표현으로 여겨졌다(예, Verkuyl 1978, 106). 하지만 근래에 다른 이들은 요한의 말을 지상명령의 더 결정적인 형태로 이해하였다(예, Stott 1975, 23). 이러한 생각의 영향들에 대해서는 이어지는 장들에서 살펴 볼 것이다.

② 중재로서의 선교

다음 구절들은 지상명령에 대한 공관복음서의 설명을 확장시킨다.

> 이 말씀을 하시고 그들을 향하사 숨을 내쉬며 이르시되 "성

령을 받으라 너희가 누구의 죄든지 사하면 사하여질 것이
요 누구의 죄든지 그대로 두면 그대로 있으리라" 하시니라
(요 20:22-23).

누가복음에서와 같이, 예수는 그들의 제자들이 사명을 성취하기 위해 성령을 필요로 할 것임을 드러내신다. 22-23절은 교회사에서 상당한 논란들을 일으켜 왔다. 이 말들을 어떻게 해석하든, 여기서는 제자들이 하나님의 용서의 중재자들(mediators)이 됨을 말하는 것으로 충분할 것이다. 용서는 그리스도의 십자가를 통해 성취되었다. 그러나 성령의 능력으로 이 용서를 세상에 중재하는 것은 그들의 메시지와 사역을 계속하는 제자들과 교회들이 될 것이다(Morris 1971, 847-50).

### (5) 요약

비록 지상명령에 대한 공식 진술들(formulations)이 독특한 강조점들을 가지고 있지만, 눈에 띄는 공통점들이 있기도 하다. 그것들로부터 심오하고 조화로운 그림이 나타난다.

- 모든 경우에 그리스도 자신이 사명을 주신다. 선교 사명은 그리스도의 사역과 말씀에 기초한다.
- 지상명령은 모든 경우에, 세상으로, 모든 열방으로, 또는 모든 피조물로 보내는 것을 포함한다. 선교는 "이스라엘의 잃어버린 양들"(막10:6)을 넘어, 예루살렘으로부터 이동해 나간다. 교회의 선교는 분명히 다른 이들, 아직 하나님 나라 밖에 있는 자들을 지향한다. 그것은 세상 속에 있는, 그리고 세상을 향한 선교로서 각 백성과 나라, 각 방언으로 확장되어간다.
- 모든 사건은 부활 후 주님이 나타났을 때 이루어졌다. 예수께서 무

덤 속에 남아있었다면, 선포할 어떤 복음도, 그리고 죄와 사망의 권세를 이길 어떤 승리도 없었을 것이다. 그러나 부활과 함께 구속 사역은 완성되었으며, 성령의 시대가 곧 시작할 수 있게 되었다.

- 그리스도 자신이 모든 공식 진술의 중심에 계신다. 그것이 그의 보내심이든(요한복음), 그의 권위, 가르침, 그리고 임재이든(마태복음), 그의 구원과 용서의 사역이든(누가복음), 또는 이적을 일으키는 그의 이름이든(마가복음) 간에, 지상명령 메시지와 사역은 그리스도 자신과 불가분으로 연결되어 있다.
- 성령은(또는 마태복음의 경우, 예수의 지속적인 임재는) 각 경우 마다 그것을 가능하게 하시는 이(enabler)시다. 사명은 인간의 힘과 지혜로 이루어져서도 안되고, 또 이루어질 수도 없다. 하나님 스스로 그 자신의 임재를 통하여 능력을 제공하실 것이다.
- 모든 표현에 있어서 제자들은 예수께서 시작하신 사역을 계속한다. 우리는 "선교가 예수의 고유 사역의 모든 차원들과 범위들을 지닌다"라고 한 레그란드의 주장에 동의한다(Legrand 1990, 74). 제자들이 죄를 위한 대속적 죽음으로 죽지는 않을 것이다(이것은 골고다에서 이루신 예수의 독특한 사역이었다). 하지만 그들은 새롭고 더 놀라운 방법으로 이 구원의 중재자들이 될 것이다. 그들은 **온** 세상에서 복음을 선포할 것이며, **온** 나라들에서 제자를 삼을 것이며, 예수께서 지상에서 행하신 것들보다 **더 큰** 일들을 행할 것이며, 또한 그들은 구원과 용서에 대한 **완성된** 사역을 선포하며 능력으로 섬기게 될 것이다.

마지막으로 말하자면, 그리스도의 삶과 사역, 그리고 지상명령 사이의 밀접한 관계는 선교 사명이 교회가 해야 할 많은 선한 것들 중에 그저 하나가 아니라는 결론을 피할 수 없게 만든다. 그것은 그저 또 다른 하나의 "프로그램"이 아니다. 그것은 교회의 모든 소명이 통합되는 지점이다. 그리스도의 사역과 관계가 없이는, 어떤 선행도 선교로 여겨질 수 없다. 이 사명은 예수의 가르침의 절정이며, 그의 구속 사역, 교회를 위한 그의 행군 명령, 그리고 구속사의 새 시대의 문턱에서 그가 남기신 마지막 말씀의 논리적 귀결이다.

그러므로 그리스도를 따르는 제자들에게 주어진 기쁘고도 진실된 임무는, 그리스도께서 지상 사역을 끝내고 떠나신 곳에서 성령의 능력으로 용서와 하나님 나라 변혁의 대리자가 되는 것이다. 선교적 사명에 대한 이러한 이해는 단번에 우리에게 깊은 감동을 주고, 위대한 특권이라는 느낌을 불러 일으키며, 불타는 긴급성을 전해준다.

## 2. 열방으로의 복음 전파와 새로운 나라 백성의 창조

### 1) 사도행전

사도행전 1:8은 선교 운동의 큰 반전을 묘사한다. 구약의 종말론적 비전을 통해 나라들이 예루살렘으로 나아오는 것을 보았다면, 누가는 예루살렘**에서부터** 나가는 복음을 묘사한다. 많은 주석가들은 이곳에 있는 복음 전파의 진행과정이 사도행전 전체의 윤곽을 제공하고 있다고 말한다.

- 사도행전 1-7장, 예루살렘에서의 복음
- 사도행전 8-9장, 유대와 사마리아에서의 복음
- 사도행전 10-28장, 땅 끝까지

음바추 힐러리(Mbachu Hilary)의 말을 빌리자면, "사도행전 전체에 문화화(inculturation)에 대한 '타 도그마타'(*ta dogmata*, 가르침들)가 산재해 있다. 이 책 전체는 어떻게 복음의 메시지가 점진적으로 그러나 꾸준히 먼저는 유대인의 문화적 환경 속으로 들어가고(1-12; 15장), 후에는 이방의 환경 속으로 들어가는가에 관한(13-14; 16-28장) 이야기이다"(Hilary 1995, 73).

**도형 2.2 구속사적인 개관**

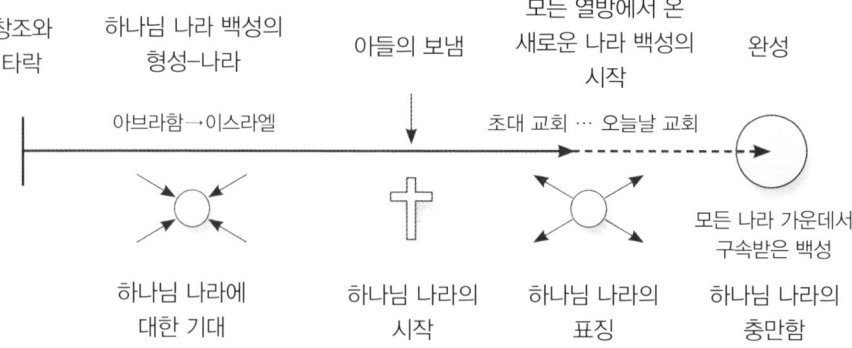

도래할 하나님 나라에 대한 제자들의 기대는 "주께서 이스라엘 나라를 회복하심이 이때니이까?"라는 그들의 질문에 표현되어 있다(행 1:6). 그들의 눈에 보기에 이스라엘은 하나님 나라의 중심에 남게 될 것이었다. 그들의 관심은 때에 관련된 것이다. 예수는 언젠가 하나님 나라가 이 땅에 임할 것을 부인하지 않으시지만, 그때는 아직 이르지 않았고, 그것은 또 다른 시대에 속할 것이다. 예수께서 다음과 같이 말씀하신다.

> 때와 시기는 아버지께서 자기의 권한에 두셨으니 너희가 알 바 아니요(행 1:7).

종말이 가까워진 것과는 달리, 인류 역사상 가장 흥분되는 날들이 막 시작되려한다. 종말에 이르기 전까지의 시간에 선교는 예수께서 전에 보여주신 것과는 완전히 거꾸로 된 예상치 못한 방식으로 진행되어질 것이다.

> 오직 성령이 너희에게 임하시면 너희가 권능을 받고 예루살렘과 온 유대와 사마리아와 땅 끝까지 이르러 내 증인이 되리라 하시니라(행 1:8).

하나님 나라의 충만함을 기대하는 선교는, 사람의 능력이나 강압적인 능력이 아닌 영적인 능력을 통한 능력의 선교일 것이다. 사도행전은 성령이 없이는 아마도 제자들이 결코 예루살렘 밖으로 나가거나, 이방인들에게 가거나, 이방 신자들을 받아들이거나, 혹은 어떤 청중들도 설득하지 못할 것이라는 점을 분명히 한다.

사도행전은 제자들과 교회의 선교가 사실상 그들을 통해서, 그리고 때로는 그들이 있음에도 불구하고, 실현되어지는 하나님의 선교라는 것을 보여준다. 성령 안에서 시작하고, 동기를 부여하며, 능력을 주고, 예루살렘으로부터 열방까지 복음의 확장을 완성하시는 분은 하나님이시다. 하나님은 다양한 문화의 사람들을 자신의 백성으로 데려오시고, 그들로 구세주이시며 왕이신 예수 그리스

> 증언자들은 그리스도-사건의 사실 자체에 대해서 뿐 아니라 그 사실들의 의미에 대해서도 충실해야 한다. 그것은, 현대의 증언자들은 그리스도의 삶과 죽음과 부활에 대해 말하되, 이러한 사건들의 내재된 신적 의미를 드러내는 방식으로 말하는 것을 의미한다.
> 
> —Allison A. Trites (1977, 229–30)

도를 둘러싼 하나님 나라 공동체로 만드시는 분이시다(도형 2.2을 보라).

(1) 증인으로서의 선교

제자들의 증거, 즉 그들이 예수와 함께 직접 보고, 배우고, 경험한 것을 개인적으로 또 공개적으로 증언하는 것은 성령이 일하시는 주요한 수단이다. 이것은 이사야가 주의 종을 "증인"(사 43:10, 12; 44:8)이라는 관점에서 묘사한 것과 다윗 혈통의 메시아를 "만민의 증인"으로서(사 55:4) 묘사한 것을 떠올리게 한다.

이제 이 역할은 교회에 의해 계속된다. 그리스도와 초기 기독교인들의 주장들에 대한 이의가 있었기 때문에, 누가는 법정 용어들을 사용하는데, 이는 사도행전에서 "증인"이 특히 중요한 은유(metaphor)가 되게 한다(Trites 1977, 128). 누가복음에는 헬라어인 "마르투스"(*martus*, "증인")라는 단어가 동사형인 "디아마르투로마이"(*diamarturomai*, "진지하게 증거하다")를 포함하여 세 번 나타나는데 반해, 사도행전에서는 39번 나타난다(이 용어들은 요한복음에서도 빈번히 등장한다). "법정"에서 그리스도인의 역할은 변호사나 판사나 배심원의 그것이 아니다. 보컴은 그리스도인 증인(Christian witness)의 역할을 다음과 같이 표현한다.

> 증인은 비강제적이다. 그는 자신이 증거하는 진실에 대한 확실함 외에 다른 어떤 힘도 갖지 않는다. 증인들에게는 변호사들처럼 자기 연설의 수사적인 능력으로 설득시키는 것이 아닌, 단순히 증거가 되기에 충분한 사실만을 증거하는 것이 요구된다. 하지만 하나님과 세상의 진리에 대해 자격 있는 증인이 되기 위해서 증인들은 반드시 전체의 삶, 심지어 죽음마저도 포함하는 삶으로 살아온 증인이어야 한다(Bauckham 2003, 99).

제자들은 추상적 교리, 종교기관, 혹은 정치 운동의 증인들이어서는 안된다. 그들은 한 **인격체**(person), 즉 십자가에 못 박혀 죽으시고 부활하신 주 예수 그리스도의 증인들이 될 것이다. 첫 제자들은 실제로 가르침과 특히 예수 그리스도의 부활의 목격자들이었다(행 4:33). 사도행전에 기록된 설교들은 한결같이 그리스도 중심적이다.

나중에 바울이 쓴 것처럼,

> 우리는 우리를 전파하는 것이 아니라 오직 그리스도 예수의 주 되신 것과 또 예수를 위하여 우리가 너희의 종 된 것을 전파함이라(고후 4:5).

성령은 제자들의 증거에 능력을 부어주실 뿐만 아니라(행 1:8), 성령 스스로 그리스도를 또한 증거하신다(행 5:32; 참조, 요 15:26).

### (2) 땅 끝까지의 증거

사도행전 1:8에서 누가는 증인이 퍼져나갈 범위를 나타내기 위해 "땅 끝"(헬라어, *eschatou tēs gēs*, 에스카투 테스 게스)이라는 표현을 사용한다. 이는 이방인을 위한 빛으로서의 이스라엘과 후에 메시아적 종의 역할에 대한 구약의 이사야의 언어를 떠올리게 한다. 누가는 바울의 선교와 교회의 선교를 묘사하면서 이사야 49:6을 인용한다.

> 주께서 이같이 우리에게 명하시되 "내가 너를 이방의 빛으로 삼아 너로 땅 끝까지 구원하게 하리라" 하셨느니라(행 13:47, 헬라어, *eschatou tēs gēs*; 또한 70인역[LXX] 사 45:22; 49:6).

또한 이러한 언어는 "온 땅으로"(시 19:4; LXX *oikoumenē*, 오이쿠메네)

퍼지는 하나님의 영광에 대한 하늘의 증거를 언급하는 구약의 가르침을 떠올린다. 보컴은, 전 세계적 통치를 이루기 위한 로마 제국의 거대한 권력을 보여주는, "온 로마 제국"(눅2:1, 헬라어, *oikoumenēn*, 오이쿠메넨)에 대한 인구조사의 실시를 명한 아우구스투스 황제의 칙령과, 하나님 나라의 영향력에 대한 누가의 묘사 사이의 유사성을 본다(Bauckham 2003, 103-9).

하지만 하나님 나라의 확장은 겸손한 증거를 통해 이루어질 것이다. 사도행전 17:6에서 누가는 그리스도인들이 천하(*oikoumenēn*; 24:5과 유사함)를 어지럽게 했다는 바울의 반대자들의 말을 기록한다. 제자들은 "하나님 나라가 단지 더 강력하거나 더 성공적인 형태의 제국주의 세력들에 불과하다고 암시하지 않는다. 그들의 증거는 완전히 다른 종류의 통치에 관한 것이다"(Bauckham 2003, 104). 그러나 하나님이 천하(*oikoumenēn*, 행 17:31)를 심판하실 날이 올 것이다.

제자들이 알지 못했던 청중들의 언어로 복음을 선포하도록 했던(행 2장) 오순절의 기적은 교회의 탄생과 성령 시대의 시작을 알릴 뿐만 아니라 바벨의 저주가 극복될 것임을 보여준다. 오순절의 유대인 순례자들은 히브리어나 아람어, 혹은 아마도 헬라어나 라틴어를 알았을 것이기 때문에 이러한 청중들의 방언의 기적은 불필요한 면이 있었다.

기적은 좀 더 커다란 무엇을 나타낸다. (바벨 이야기 이후에 나오는) 열방에 대한 복을 말하는 아브라함의 약속이 성취되는 중에 있는 것이다. 더 이상 이방인들이 유대인의 언어를 배우지 않아도 되며, 하나님의 메시지는 곧 이방인들에게 그들의 언어로 전달될 것이다.

### (3) 열방을 향한 선교의 점진적 시작

우리는 초대 교회를 지나치게 이상화하는 것에 주의해야 한다. 이방인들에 대한 선교의 출발은, 어떤 면에서는 예상치 못했던 사건들과 때때로 반대에 직면함으로 인해 다소 느리게 시작되었다. 오순절에 성령을 받음으로 인하여 사도들은 열방으로의 선교를 위해 예루살렘에서부터 빠르게 움직여 나갔을 것이라고 생각할 수도 있지만, 사건들의 시간적인 순서들을 살펴보면 그게 아니었음이 나타난다.

- 오순절: A.D. 30
- 사마리아 선교: A.D. 31-32
- 아라비아의 바울: A.D. 32-33
- 바울의 길리기아와 수리아 선교: A.D. 33-42
- 바울의 해안지역(룻다, 사론, 욥바) 선교: A.D. 34
- 고넬료의 회심: A.D. 37-41경
- 안디옥에 첫 이방인 중심의 교회를 탄생시키도록 이끈 박해와 디아스포라: A.D. 41
- 예루살렘에서 열두 사도들이 세상으로 나아간 대략의 시기: A.D. 41-42
- 바울과 바나바의 첫 선교 여행: A.D. 45-47
- 예루살렘 공회: A.D. 48(Schnable 2004, 51-52 및 2008, 66-67에 따른 연대표)

초기의 성도들은, 기독교를 유대교의 연장으로 생각했으며, 이방인들이 공동체에 받아들여진다 할지라도 유대인 개종자가 됨으로써 그것이 가능하다고 생각했다. 찰스 H. H. 스코비(Charles H. H. Scobie)는 많은 초대 유대인 신자들의 사고방식을 이렇게 묘사한다.

> 그들의 사고는 "병합"이라는 방식을 따랐다. 오직 할례와 율법(the Torah)의 모든 의무들을 수용함으로, 오직 개종자가 귀화

된 유대인이 되는 것을 통해서 이방인은 그리스도인 공동체로 들어갔다(Scobie 1992, 295).

일정 기간 동안 하나님은 복음을 예루살렘으로부터 밖으로 나가게 하기 위해 다양한 사람들을 통하여 다양한 상황들과 일들을 꾸미신다.

- 스데반의 박해 후, "사도 외에는 다 유대와 사마리아 모든 땅으로 흩어"졌다(행 8:1).
- 복음은 헬라파 유대인이었던(즉, 헬라어를 하는) 빌립을 통하여 사마리아로 들어간다(행 8:4-8). 8장의 후반부에 아프리카의 첫 그리스도인이 될 에티오피아의 내시에게 복음을 설명했던 사람도 빌립이었다.
- "이방인의 사도"는 원래의 열두 제자들 중의 하나가 아닌, 이전에 교회의 핍박자였던 다소 사람 바울이었다(행 9:15).
- 베드로는 초자연적인 환상이 세 번 반복된 후에야 이방인 백부장이었던 고넬료의 집으로 들어 갈 마음을 가진다(행 10:9-11:18). 다른 이들은 그가 한 행동에 대해 비판하고(행 11:1-2), 베드로의 놀라운 이야기를 들은 후에야 하나님께 영광을 돌리며, "그러면 하나님께서 이방인에게도 생명 얻는 회개를 주셨도다"라고 말한다(행 11:18). 이는 분명 그들이 예상치 못했던 것이었다.
- 핍박을 받은 그리스도인들이 베니게와 구브로와 안디옥에 이르렀을 때도, 이방 선교에 대한 생각은 여전히 그들의 마음으로부터 멀리 있었다. 그들은 여전히 "유대인들에게만 말씀을 전했다"(행 11:19b). 하지만 그 후에, 사실 별로 알려지지 않았던, 구브로와 구레네로부터 온 신자들이 (심지어 유대에서 온 자들이 아닌) 이방인들이 중심이 된 첫 교회를 세우는 데 중요한 역할을 했다(행 11:20-21).

예루살렘교회는 처음에는 이러한 발전에 회의적이었으며 바나바를 보내어 이러한 운동의 진의를 파악하게 하였다(행 11:22-23).
- 이방인 중심의 안디옥교회는 바울과 바나바를 이방 세계의 선교사들로 의도적으로 보낸 첫 번째 교회가 되고 주요 파송 기지로 남는다(행 13:1-3; 14:26-28; 15:35).
- A.D. 48년(오순절 사건 후 18년 정도 지난 때)에, 예루살렘 공의회가 교회에서의 구약의 율법의 위치를 결정하고 유대인과 이방인 신자들 사이의 긴장을 해결하기 위하여 열린다(행 15장). 할례를 받지 않은 이방인들을 교회로 받아들이는 것에 대한 반대가 공식적으로 거부된다. 사도행전 15장은 종종 이방 선교를 위한 "해방 선언"이라 불리는데, 이는 이방인들이 마침내 먼저 유대인들이 되지 않고도 그리스도인이 될 수 있게 되었기 때문이다. 복음의 진보는 모세의 율법으로부터 뿐만 아니라 모든 특정한 문화로부터의 해방도 되었다.

이처럼 초대 교회에 있어서 열방을 향한 선교의 충분한 의미는 시간을 두고 발전하였으며, 거기에 의심과 반대가 없었던 것이 아니었다. 하나님은 종종 예상치 못한 극적인 방법들로 개입하여 교회를 지속적인 선교 활동에 동원하신다. 그래서 이방인들을 자신의 새 백성 안에 받아들였음을 보여주신다.

좌절의 순간들이 있겠지만 궁극적으로 하나님의 선교는 승리할 것이다. 그리스도께서는 자신의 교회를 세우실 것이다(마 16:18). 누가는 교회의 성장을 하나님의 말씀이 "왕성"해지며(행 6:7; 13:49), 계속해서 "흥왕하여 더하여지고"(행 12:24) "힘이 있어 흥왕하며 세력을 얻는 것으로"(행 19:20) 묘사하고 있다. 하나님의 말씀은 자체 동력을 가지며, 제자들의 사역을 거의 부수적인 것으로 만든다. 선교는 완전히 하나님의 선교이다!

## 2) 바울서신

사도행전은 복음이 예루살렘부터 열방으로 나가면서 하나님의 새 백성이 생겨나는 것에 대한 역사적 관점을 우리에게 제공한다. 반면에 서신서들은 이러한 하나님 나라 공동체들, 곧 교회들의 삶에 대한 내부적 관점을 우리에게 제공한다. 또한 바울의 서신들은 탁월한 선교사로서 바울 자신의 소명과 사역에 대한 사고에 대해 많은 것을 드러낸다.

우리가 앞서 살펴봤듯이, 바울은 유대인과 이방인들이 하나의 새 백성인 교회로 구성되는 꿈을 꾸었으며, 그가 이해하는 하나님 나라의 강조점은 그 구성원들의 영적, 도덕적 갱신에 있다. 이제는 이방인의 사도로서의 바울의 자기 이해와 바울서신에 나타난 지상명령(혹은 그것의 결핍)을 살펴보도록 하겠다.

### (1) 바울, 이방인의 사도

바울은 자신을 이방인의 사도라 불렀다(롬 11:13; 갈 2:8). 그 자신의 소명과 사역은 열방을 위한 하나님의 구원의 목적과 일치한다. 그가 회심했을 때부터 이것은 그의 특별한 소명으로 그에게 알려졌다(행 9:15; 22:21; 롬 1:5; 갈 1:15-16; 엡 3:1-10). 이사야서의 종에 대한 바울의 빈번한 암시들은 자신의 소명과 교회의 소명에 대한 바울의 이해를 분명히 보여주는데, 그것은 열방의 빛으로서의 종의 역할과 연속성을 지닌다(O'Brien 1995, 7과 각주 19을 보라).

특히 로마서는 하나님의 목적에 관한 이야기 속에서 선교사로서의 자기 이해를 드러내는 구절들을 많이 있다. 그의 사도직은 "모든 이방인 중에서 믿어 순종하게" 하기 위한 것이었다(롬 1:5). "믿어 순종하게 하니"라는 말은 그의 사명이 이방인들의 표면적인 회심으로 성취되는 것이 아니라 그리스도 안에서의 성숙함으로 성장하는 것을 포함한다는 것을 보여준다(O'Brien 1995, 34). 열방 가운데 믿어 순종하게 한다는 것에 대한 언급은 서신을 끝맺는 말(롬 16:26)에서 반복되어 책버팀(bookends) 역할을 하며, 로마서 전체에 있어 이 주제의 중요성을 나타낸다.

복음은 구원을 위한 하나님의 능력으로서 "먼저는 유대인에게요 그리고 헬라인에게로다"(롬 1:16). 이는 사도행전에 묘사된 바울의 관행, 곧 유대인 회당에서 먼저 설교하고, 보통 그곳에서 거절당한 후에 이방인들에게 설교하기 위해 이동하는 것에서 실제로 반영되고 있다. 유대인이나 이방인 할 것 없이 죄를 지었으며, 그들에게 주어진 빛에 부응하는 삶을 사는 데 실패했다.

따라서 그들 모두는 동일하게 죄가 있으며 하나님의 구원의 은혜에 의지해야 하는데, 이 은혜는 그리스도 안에서 나타나고 믿음을 통해서 주어진다(롬 1-3장). 참으로 "유대인이나 헬라인이나 차별이 없음이라 한 분이신 주께서 모든 사람의 주가 되사 그를 부르는 모든 사람에게 부요하시도다 누구든지 주의 이름을 부르는 자는 구원을 받으리라"(롬 10:12-13)라고 한 것처럼, 하나님은 사실 그의 자비를 유대인과 이방인 모두에게 보여 주셨다(롬 9:23-24).

이것은 바울이 선교의 긴급성을 강조하기 위해 수사적으로 사용하는 일련의 질문들을 제기한다.

> 그런즉 그들이 믿지 아니하는 이를 어찌 부르리요? 듣지도 못한 이를 어찌 믿으리요? 전파하는 자가 없이 어찌 들으리요? 보내심을 받지 아니하였으면 어찌 전파하리요?(롬 10:14-15a)

이 논리는 저항하기가 힘들다. 오직 전달자들이 보내질 때만 (모든 곳의) 사람들이 주의 이름을 부르고 구원을 받게 될 것이다. 바울과 바나바가 안디옥교회에 의해 파송된 것처럼(행 13:1-3), 아직 그것을 듣지 못한 자들에게 복음의 메시지를 가져가기 위해 보냄을 받을 자들, 곧 선교사들이 필요한 것이다.

바울은 로마서를 끝맺을 때 분명하게 그의 소명과 선교의 주제로 돌아간다. 최종상(Daniel Jong Sang Chae)은 로마서 15:14-21과 이방인의 사도로서의 바울의 자기 이해가 서신 전체를 이해하는 열쇠들이라는 것을 설득력있게 주장했다(Chae 1997). 바울이 소명받은 것은,

> 이방인을 위하여 그리스도 예수의 일꾼이 되어 하나님의 복음의 제사장 직분을 하게 하사 이방인을 제물로 드리는 것이 성령 안에서 거룩하게 되어 받으실 만하게 하려 하심이라 (롬 15:16).

바울은 자신의 선교를 제사장적 사역과 제물의 관점에서 이야기하기 때문에, 열방 선교 자체가 예배 행위로 높여진다.[2]

선교는 순종의 의무 그 이상이다. 믿는 자가 하나님께 올려드릴 수 있는 예배의 선물과 제물 가운데, 과거에는 멀리 떨어져 있었으나 이제는 가까이 나아와 어린 양의 피로 거룩해지고(엡 2:13) 하나님의 예배자가 된 자들보다 더 위대하고 뜻깊을 수 있는가!

이어서 바울은 자신의 선교 전략을 보여주는 놀라운 주장을 한다. 하나님께서는 바울이 다음과 같이 단언할 정도로 성령의 능력으로 그를 통해 일하셨다.

> 표적과 기사의 능력으로 성령의 능력으로 이루어졌으며 그리

---

2  이런 제물들은 이방인 자체에 대한 상징일 수도 있지만, 어떤 이들은 이것을 바울이 예루살렘으로 가져온 이방인 교회들의 헌금에 대한 언급으로 본다(예, O'Brien 1995, 50-51; Howell 1998, 113).

하여 내가 예루살렘으로부터 두루 행하여 일루리곤까지 그리스도의 복음을 편만하게 전하였노라(롬 15:19).

후에 바울는 이 지방에 자신이 일할 곳이 더 이상 없다고 말한다(롬 15:23). 분명히 바울은 모든 도시와 마을에서 설교하지 않았다. 예루살렘에서 일루리곤(오늘날의 발칸반도)에 이르기까지, 이 지역의 모든 사람이 복음을 들었을리는 더 만무하다.

그렇다면 바울이 "편만하게 전하여" 더 이상 자신이 필요하지 않다고 말한 것의 의미는 무엇인가?

많은 주석가들은 이 구절들이, 바울이 중요한 도시들에 교회들을 개척함으로써 이 지역의 복음을 위한 교두보를 세웠으며, 이제 새롭게 세워진 교회들이 배가하여 지역 전체를 복음화시킬 것에 대한 확신이 바울에게 있었다는 것을 의미한다고 믿는다. 바울의 개척 사역은 완료되었다.

예를 들어, 페르디난드 한(Ferdinand Hahn)은 이렇게 말한다.

> 바울은 매번 한 지역의 중심지에 복음을 전하고, 그 메시지가 그 곳으로부터 퍼져 나갈 것을 믿는 것에 만족했다(Hahn 1965, 16).

그리고 복음이 비시디아 안디옥(행 13:49), 데살로니가(살전 1:8), 그리고 에베소(행 19:20; 고전 16:9) 같은 교회들에서 전체 지역에 영향을 미치며 퍼져 나간 것처럼 실제로 이러한 경우가 매우 빈번하게 있었다. 그러므로 바울 선교의 목적은 단지 개인들의 회심이나 심지어 개교회들의 개척이 아니었다. 오히려 그는 재생산하는 회중들이 세워졌을 때에만 한 지역에서의 그의 사역이 완료되었다고 보았다.

바울은 다음과 같이 계속 말한다.

> 또 내가 그리스도 이름을 부르는 곳에는 복음을 전하지 않기
> 를 힘썼노니 이는 남의 터 위에 건축하지 아니하려 함이라
> (롬 15:20).

바울은 고대 세계관에서 땅 끝으로 여겨졌던 스페인까지 이르기를 기대한다. 바울의 개척 목표는 여전히 전도되어야 할 종족들에게 나아가 증식하는 교회들을 더 많이 세우는 것이다. 어떤 저자들은 이러한 바울의 전략이 참된 "선교의 본질"이라 주장한다(예, Piper 1993, 212n39).

마지막으로, 바울은 그의 선교적 방법들과 생활 방식에 있어서 융통성과 적응력을 보여주는데, 그것은 자주 인용되는 고린도전서 9:19-23에서 전형적으로 나타난다.

> 내가 모든 사람에게서 자유로우나 스스로 모든 사람에게 종이
> 된 것은 더 많은 사람을 얻고자 함이라 유대인들에게 내가 유
> 대인과 같이 된 것은 유대인들을 얻고자 함이요 율법 아래에
> 있는 자들에게는 내가 율법 아래에 있지 아니하나 율법 아래
> 에 있는 자 같이 된 것은 율법 아래에 있는 자들을 얻고자 함
> 이요 율법 없는 자에게는 내가 하나님께는 율법 없는 자가 아
> 니요 도리어 그리스도의 율법 아래에 있는 자이나 율법 없는
> 자와 같이 된 것은 율법 없는 자들을 얻고자 함이라 약한 자들
> 에게 내가 약한 자와 같이 된 것은 약한 자들을 얻고자 함이요
> 내가 여러 사람에게 여러 모습이 된 것은 아무쪼록 몇 사람이
> 라도 구원하고자 함이니 내가 복음을 위하여 모든 것을 행함
> 은 복음에 참여하고자 함이라(고전 9:19-23).

누구든지 본질적인 것과 비본질적인 것을 구별해야 하고, 그렇게 함

으로써 적응(adaptable)할 수 있어야 한다. 바울의 경우에는 의심의 여지가 없다. 최상의 선은 그리스도를 위하여 다른 사람들을 얻는 것이다.

> 22절에 바울은 "약한 자들"을 얻고자 하는 그의 목표에 대해 말할 때에, 얻는다는 것은 그들의 회심에만 적용될 수가 없다. … 유대인들과 이방인들, 그리고 약한 그리스도인들을 얻고자 하는 바울의 목적은, 그리스도 안에서의 그들의 온전한 성숙함과 관련이 있으며, 그 결과로 "그들을 완전히 얻는 것"을 의미한다(Köstenberger and O'Brien 2001, 181).

다른 모든 것들은 이 목적에 종속된다. 그렇게 함으로써 바울은 "복음에 참여"하기 위하여 자신의 개인적 권리들을 포기할 수 있는 준비가 되었다. 오직 그렇게 함으로써 그는 최고의 상을 얻을 것이다(고전 9:24-27).

### (2) 바울서신의 지상명령

복음서에 있는 열방에 복음을 전하고 제자로 삼으라는 명백한 사명과 명령들을 고려할 때, 그리고 바울 자신의 삶과 사역에 있어서 선교에 대한 분명한 열정이 있음을 고려할 때, 바울서신에 전도나 선교를 하라는 어떤 명백한 권면도 없다는 것은 설명을 필요로 한다. 바울은 더 특별한 명령들에 상관없이, 복음의 논리 자체와 성령의 운동이 교회로 하여금 선교를 하도록 한다는 것을 당연시하는 듯하다.

여기서 피터 T. 오브라이언(Peter T. O'Brien 1995)과 로버트 플루머(Robert Plummer 2006), 그리고 다른 학자들이 주장하는 바, 바울서신의 일종의 지상명령을 구성하는 내용들을 요약해 보도록 하자.

- 이미 세워진 교회들의 예상된 증식(앞의 롬 15:19에 대한 논의에서 언급된)은 교회들이 실제로 신앙의 전파에 적극적이었다는 것을 추정케 한다. 교회들은 분명 선교에 대한 그들의 책임을 이해했었다.
- 로마서 10:14-15는 아직 듣지 못한 이들에게 복음을 선포하기 위해 보냄을 받는 전달자들의 필요성에 대해 분명하게 말한다.
- 바울은 고린도후서 5:20에서 화목의 사역에 대한 자신의 논의를 이렇게 결론짓는다.

> 그러므로 우리가 그리스도를 대신하여 사신이 되어 하나님이 우리를 통하여 너희를 권면하시는 것 같이 그리스도를 대신하여 간청하노니 너희는 하나님과 화목하라(고후 5:20).

여기서 "우리는" 일반적으로 화목의 사역자들이 되기 원하는 모든 신자들을 간접적으로 포함한다.
- 바울은 자신을 믿는 자들의 본보기로 소개한다. 이는 당연히 전도와 선교에 대한 그의 관심을 포함한 것이다(고전 4:16; 11:1; 엡 5:1; 살전 1:6; 2:14; 살후 3:7).
- 빌립보서 1:14-18에서 바울은 그가 감옥에 갇힌 결과로 "겁 없이 하나님의 말씀을 더욱 담대히 전하게" 된(14절) 익명의 사람들에 대해 이야기한다. 비록 얼마는 옳지 않은 동기를 가지고 그리스도를 전하지만, 그럼에도 불구하고 바울은 그리스도가 선포되는 것에 기뻐한다.
- 빌립보 교인들이 "복음을 위한 일에 참여"(빌 1:5)하며, "한마음으로 서서 한 뜻으로 복음의 신앙을 위하여 협력"하고(빌 1:27; 참조, 30절) "생명의 말씀을 밝혀"야 하는 그들의 책임은 적극적인 복음의 선포를 포함한다.

- 에베소서 6:10-17에서 바울은 영적 전쟁에 대해 논하며, "평안의 복음이 준비한 것으로 신을 신고," "성령의 검 곧 하나님의 말씀을" 가질 것에 대하여 말한다. NRSV(*New Revised Standard Version*)는 15절을 다음과 같이 번역한다.

> 평안의 복음을 선포하도록 너희들을 준비시킬 것은 무엇이든 지 너희의 신발로 신어라(As shoes for your feet put on whatever will make you ready to proclaim the gospel of peace, 엡 6:15, NRSV).

이것은 단지 방어적인 그림이 아니라 공격적인 자세의 그림이기도 하다. 믿는 자는 확신있게 그리고 성령의 능력으로 복음을 제시할 수 있는 준비가 되어 있어야 한다.

- 골로새서 4:5-6에서 바울은 이렇게 권면한다.

> 외인에게 대해서는 지혜로 행하여 세월을 아끼라 너희 말을 항상 은혜 가운데서 소금으로 맛을 냄과 같이 하라 그리하면 각 사람에게 마땅히 대답할 것을 알리라(골 4:5-6).

오브라이언은 이렇게 결론짓는다.

> 바울서신에는 우리들이 기대하는 것보다 전도적 활동들의 사례가 적다. 그러나 그러한 이유는 … 바울이 복음의 역동적인 진보에 대해 말하는 것을 선호했기 때문이다(O'Brien 1995, 127; 예, 엡 6:19; 골 4:3-4; 살전 1:8; 살후 3:1).

바울의 동역자들에 대한 볼프 헤닝 올로그(Wolf-Henning Ollrog)의 연구는 바울이 개척한 교회들은 단순히 사도들의 선교를 받기만 한 자들이 아니라 동역자들을 파송함을 통해 바울의 선교에 조력하고, 선교의 적극적인 동반자들이 되었다는 것을 보여준다(Ollrog 1979, 129). 교회들이 이런 방식으로 참여하는 것은 당연하게 여겨졌을 것이며, 바울 선교의 동역자들에 대한 고찰은 바울이 개척한 거의 모든 교회들이 참여했음을 보여준다.

바울은 분명히 선교사의 관점에서 종종 새로운 교회들이 당면했던 역기능과 도전에 대해 언급하며 선교적 교회들에게 편지한다. 그의 관심은 그들이 하나님 나라의 가치들을 드러내는 공동체들로 성장하는 것이었다. 이 서신들은 선교로의 공개적인 요청이라기보다는, 하나님 나라 공동체들이 어떻게 보일 수 있는지, 그리고 어떻게 보여야만 하는지에 대한 증거로서의 역할을 한다. 그러한 공동체들을 통하여 복음은 구현되어지고 또한 땅 끝까지 전파되어 나갈 것이다.

### 3) 공동서신

공동서신에 대한 언급은 베드로전서의 두 구절들로 제한될 것이다.

P. J. 로빈슨(P. J. Robinson)의 말에 의하면, "베드로전서는 세상 속에 있는 교회, 즉 사회 가운데 완전히 새로운 생활방식을 가진 새롭고 독특한 공동체로서의 교회의 실존에 관한 가장 기초적인 질문을 다루는 훌륭한 선교적 문서이다"(Robinson 1989, 177). 이 서신의 수신자들은 저항에 직면한 그리스도인들이었다. 하지만 저항은 증거하는 것으로부터 후퇴해야 하는 이유가 아니다. 고난과 비난에도 불구하고 베드로는 신자들을 권면한다.

그러나 의를 위하여 고난을 받으면 복 있는 자니 그들이 두려

워하는 것을 두려워하지 말며 근심하지 말고 너희 마음에 그리
스도를 주로 삼아 거룩하게 하고 너희 속에 소망에 관한 이유
를 묻는 자에게는 대답할 것을 항상 준비하되(벧전 3:14-15a).

교회의 생활방식은 교회의 증거에 신뢰를 준다. 하지만 비언어적인 모범은 반드시 말로 선포하는 증거와 설명을 수반해야만 한다. 선교와 관련된 교회의 자기 이해를 위한 보다 중요한 구절은 베드로전서 2:1-11이다. 하나님의 새 백성의 본질과 소명은 구약의 범주 안에서 표현되며, 구약과 신약의 선교 개념들의 연속성을 나타낸다(Köstenberger 1998b, 202-3).

앞서 언급된 것처럼, 5절은 가르쳐주는 것은, 이 새로운 하나님의 백성은 거룩한 제사장이 그리스도를 통하여 영적인 제물을 바치기 위한 영적인 집이라는 것이다. 그리스도를 영접하거나 거부함이 사람들을 두 개의 집단으로 나눈다. 즉 멸망될 운명인 자들과 이 영적인 집에 돌이 될 자들이다.

그런 후 베드로는 하나님의 새 백성의 소명과 선교를 더욱 분명하게 표현하기 위하여, 교회에 대한 그의 묘사에 출애굽기 9:5-6(제1장에서의 논의를 보라), 이사야 43:21, 그리고 호세아 1:9; 2:23 등의 인용을 엮어 넣는다.

그러나 너희는 택하신 족속이요 왕 같은 제사장들이요 거룩한
나라요 그의 소유가 된 백성이니 이는 너희를 어두운 데서 불
러 내어 그의 기이한 빛에 들어가게 하신 이의 아름다운 덕을
선포하게 하려 하심이라 너희가 전에는 백성이 아니더니 이제
는 하나님의 백성이요 전에는 긍휼을 얻지 못하였더니 이제는
긍휼을 얻은 자니라(벧전 2:9-10).

교회의 소명과 선교는 출애굽기 19:5-6에 있는 이스라엘의 제사장적 소명과 연속성이 있지만, 그것을 더욱 영광스러운 모습으로 실현한다. 9절의 구속사적인 위치를 고려할 때, 교회에 대한 네 가지 묘사는 특히 심오하다.

- **택하신 족속**—인류는 더 이상 유대인과 이방인, 족속들이나 종족 집단이나 경쟁관계들로 나누어지지 않는다. 구원받은 자들에게는 다른 모든 것들을 초월하여 하나님께서 친히 택하시고 지으신 족속, 하나의 **새 족속**만이 있을 뿐이다.
- **왕 같은 제사장**—하나님의 새 공동체에서 인류는 제사장과 비제사장으로 나누어지지 않는다. 오히려, 이러한 영적인 집에 속하는 모든 자들은 하나님께 직접 나아가며 사람들과 하나님 사이를 중재할 의무를 또한 갖게 된다. 공동체는 전체로서 이러한 제사장적 방식으로 기능한다.
- **거룩한 나라**—이 표현은 모든 족속(*panta ta ethnē*, 판타 타 에스네)을 제자 삼으라는 명령의 관점에서 볼 때 새로운 중요성을 갖는데, 모든 족속은 그리스도 안에서 새로운 거룩한 족속(*ethnos hagion*, 에스노스 하기온)이 된다.
- **하나님의 소유된 백성**—이 백성은 하나님과 특별한 관계를 갖는다. 하나님의 소유가 된다는 것은 특권의 위치일 뿐만 아니라, 구속사 가운데서 그의 뜻을 성취하는 데 있어 하나님의 도구들이 되기 위해 섬기는 것을 또한 의미한다.

베드로는 이러한 부르심의 목적이 하나님의 위대함을 선포하는 것이라는 사실을 분명히 밝힌다. 그는 하나님 백성의 종말의 회복을 묘사하는 구절인 이사야 43:21을 인용한다. "선포한다"(*exangeilēte*, 엑상게일레

테)는 말은 신약성경 가운데 이곳에서만 사용되었으며, 하나님의 뛰어난 자비의 행위를 "멀리 그리고 널리 선포한다"는 의미를 지닌다(Schniewind, P. J. Robinson 1989, 183에 재인용).

교회가 이러한 하나님의 부르심을 삶으로 실천하며 그리스도 안에서 그들의 정체성에 충실할 때, 그들은 하나님의 자비와 영광에 대하여 삶과 입술을 통한 증인이 된다. 이것을 놓치는 것은 그의 백성을 위한 하나님의 의도를 놓치는 것이다.

이스라엘의 소명 뿐만 아니라 교회의 소명도 그 자체를 목적으로 하지 않는다. 오히려 그것은 다른 이들에게 하나님의 복의 통로가 되는 특권적인 소명으로서, 궁극적으로 하나님을 영화롭게 하는 것이다. 이것은 또한 열방에게 복이 되기 위한 아브라함의 약속과 일치한다. 하나님의 부르심과 은혜는 선교의 기초이다. 우리들이 받은 자비는 선포의 동기이자 내용이다.

다음 부분으로 들어가는 11절에서 베드로는 그의 청중을 "거류민과 나그네"로 일컫는다. 이것은 하나님의 백성의 본향이 타락한 세상의 가치 체계들 안에 있지 않다는 것을 상기시킨다. 그들의 궁극적인 시민권과 충성심은 하나님 나라에 있다.

## 4. 오늘날의 교회: 신약의 선교적 궤적을 따라 살아가는 삶

사도행전은 갑자기 끝을 맺는다. 결론이나 요약의 말도 없다. 독자는 단지 로마에서 가택 연금되어 복음을 선포하는 바울과 함께 할 뿐이다. 쾨스텐버거와 오브라이언은 이에 대하여 다음과 같이 생각한다.

마지막으로, 사도행전의 열려 있는 결론은 독자들로 하여금 구원의 복음이 강력한 진전을 이룬 것을 보게 하고, 계속해서 이 복음을 전파하는 임무에 그들을 포함시키려 한다. 바울이 로마에 도착함으로써 사도적인 증언이 땅 끝에 이른 것은 아니다. 이 열려있는 결말은 아직 끝나지 않은 임무를 상기시키며, 독자들인 우리 모두를 계속되는 하나님의 선교(mission Dei)에 헌신하도록 격려한다(Köstenberger and O'Brien 2001, 157).

복음서들과 사도행전 그리고 서신서들은 선교를 위한 정확한 방법론을 구체적으로 제시하지 않는다. 오히려 우리는 복음이 선포되고 교회들을 세우는 다양한 방법들을 찾게 된다. 우리는 사도행전을 선교가 복제되기 위한 구체적인 단계별 지침서로 만들지 않도록 주의해야만 한다. 이것은 누가의 의도가 아니다. 보컴이 다음과 같이 말한다.

> 성경은 우리를 위해 오순절로부터 하나님 나라까지의 길을 결정해 놓지 않는다. 그것은 역사를 추정하는 것에 통달하는 것에로가 아니라, 하나님을 신뢰하는 것에로 우리를 초대한다. … 우리가 성경의 이야기에서 확실하게 배웠던 것처럼, 거기에는 충격과 놀라움들이 있을 것이다(Bauckham 2003, 92).

우리가 가진 것은 예수 그리스도의 인격과 사역과 메시지에 기초한 하나님이신 성령의 운동의 그림이다. 우리는 반복되는 주제들을 발견하며, 밑에 깔려있는 가치들을 발견하고, 하나님께서 교회 안에서 또 교회를 통해 어떻게 세상 안으로 움직이시는지 그 궤적을 관찰하게 된다. 오늘날의 교회는 그 선교의 궤적 안에서 살아가야 한다.

이는 창조로부터 새 창조까지, 예루살렘으로부터 땅 끝까지 그리고 새 예루살렘까지, 겨자씨로부터 나무까지, 몇 안되는 유대인 제자들로부터 모든 민족에서 온 백성에 이르기까지, 오순절에서부터 그리스도의 재림에 이르는 성령의 운동 안에서 지속적으로 살아가는 것을 의미한다.

그것은 적대적인 세상에서 하나님 나라 백성으로 살아가며, 필요할 경우 고통을 감내하고, 소금과 빛이 되며 사도적인 가르침의 권위 아래서 계속 살아가는 것을 의미한다. 그것은 성령의 능력과 창조적인 인도하심 안에서 섬기며, 항상 하나님께서 행하시는 일에 놀라워하며 사는 것을 의미한다.

그것은 "선교의 불확실성"(mission entropy)에 저항하며, 그 대신 새로운 경계지역들을 개척하며, 복음이 땅의 가장 먼 구석에 도달하고 그리스도의 주권이 모든 족속 가운데 인정될 때까지 쉬지않는 것을 의미한다.

## 5. 완성

신약성경을 마무리하는 책이, 역사 무대의 막을 걷어 올려 역사의 마지막을 드러낼 뿐 아니라 최고의 예배 책이기도 하다는 것은 참으로 적절하다. 이 예배 중심에는 천사 같은 존재들과 어린 양의 피로 구속받은 자들로 둘러싸인 어린 양 그리스도가 있다. 예배의 한 찬송은 이렇게 노래한다.

> 그들이 새 노래를 불러 이르되 두루마리를 가지시고 그 인봉을 떼기에 합당하시도다 일찍이 죽임을 당하사 각 족속과 방언과 백성과 나라 가운데에서 사람들을 피로 사서 하나님께 드리시고(계 5:9).

십자가 상의 구속 사역는 헛되지 않을 것이다. 열방에 이르는 복과 구원의 약속은 실현될 것이다. 다음 절은 출애굽기 19:6과 베드로전서 2:9을 떠올린다.

> 그들로 우리 하나님 앞에서 나라와 제사장들을 삼으셨으니 그들이 땅에서 왕 노릇 하리로다 하더라(계 5:10).

이는 그리스도의 사역의 최종적인 결과이며, 이로 인해 그는 영원토록 예배를 받을 것이다.

또한 요한계시록은 모든 악에 대한 하나님의 궁극적인 승리와 하나님 나라의 완성을 생생하게 묘사한다. 끝까지 그리스도의 증인들은 강요와 폭력을 거부하고 오히려 폭력적인 박해의 고난을 받는다. 그리스도께서 친히 마지막 심판자와 전능의 왕으로 오실 때까지 악의 세력들은 완전히 무너뜨려지지 않을 것이다.

비극적으로, 그리스도와 그리스도의 나라를 거부하고 짐승을 경배하기로 선택한 사람들은 불의 못에서 영원한 심판의 운명을 맞이하게 될 것이다(계 19:20; 20:10-15). 그리스도의 증인들의 메시지에 대한 사람들의 반응은 영원한 결과를 가져온다. 이것은 교회의 선교에 긴급함과 최종성의 무게감을 더해준다.

성경의 마지막 본문은 새롭게 창조된 하나님 나라의 중심에 나타나는 새 예루살렘을 묘사하고 있는데, 그곳은 살아있는 하나님의 직접적인 임재 안에 있는 무한한 영광과 예배의 장소이다(계 21-22장). 구약의 구심력적인 선교는 신약에서 원심력적이고 탈중심화되는데, 이제 완성의 단계에서 다시 한 번 구심력적이 된다. 열방이 새로운 시온으로 나아오는 구약의 종말론적인 비전은 이제 성취된다. 하지만 이것은 신약 시대에 열방으로의 탈중심화되고 분산화된 선교가 없이는 실현될 수 없을 것이다.

## 6. 결론

구약과 신약에 있는 열방을 향한 하나님의 계획에 대한 우리의 연구는 그동안 생각했던 것보다 더 깊은 연속성을 드러냈다. 타락한 인류를 하나님과의 교제와 하나님의 통치 아래로 다시 가져오시려는 하나님의 보편적인 의도는 개인과 민족들의 특별한 부르심을 통하여 펼쳐졌다.

이 부르심을 받은 이들은 모든 열방으로까지 뻗어나가는 하나님의 복의 중재자들이 되었다. 이스라엘의 특별한 선교는 보다 구심력적인 선교로서 열방 가운데서 하나님 나라의 백성으로 살아감으로 그들을 주의 예배자들이 되도록 이끄는 선교였다. 하나님은 미래에 열방을 그의 백성의 일부로 포함시키실 것과 언젠가 가장 먼 곳까지 사자들을 보내어 모든 민족으로부터 사람들을 시온의 자신에게 모아들일 것을 나타내셨다. 이스라엘은 주의 종으로서 실패했지만, 메시아는 열방의 빛으로 오시게 될 것이며 구원을 성취하실 것이다.

신약과 더불어 이 비전은 기대하지 않은 방식으로 시작되었다. 약속된 메시아 나사렛 예수는 십자가에서 구원을 이루셨을 뿐만 아니라, 선교의 방향을 뒤바꾼 성령의 운동을 시작하셔서 자신의 백성을 땅 끝으로 보내시고, 모든 곳에 있는 사람들을 부르사 회개케하고 그리스도를 통하여 하나님과 화목케하고, 하나님 나라로 들어오게 하셨다.

이는 그가 선택한 새 백성이 될 자들로서 모든 민족으로부터 온 사람들로 구성되어질 것이었다.

하나님의 백성은 그의 나라를 말씀과 행동으로 나타내며, 성령이 임재하는 곳으로서 영적 성전이 될 것이다. 교회는 계속해서 참된 주의 종과 열방의 빛으로서의 이스라엘의 소명을 이어갔다. 박해와 영적인 반대에 직면했음에도 불구하고, 그리스도는 복음이 모든 족속에게 선포되어질 때까지 교회를 세우실 것이다. 그리고 그는 마침내 모든 악을 심판하기 위해 승리의 모습으로 돌아오실 것이며, 새 예루살렘에서 영원토록 그를 예배하기 위해 모든 열방으로부터 나아올 그의 백성을 모으실 것이다. 종말의 비전은 실현될 것이며 하나님은 모든 피조물 가운데서 영광을 받으시게 될 것이다.

# 제3장
# 선교의 정당성

−하나님의 선교−

    기독교 선교의 존재 자체는 역사를 통하여 지속적으로 도전을 받아왔다. 1세기에는 그 도전이 한편으로는 유대인 공동체로부터, 다른 한편으로는 제국주의의 이교로부터 왔다. 중세에는 이슬람의 도전이 거셌다. 17세기에는 계몽주의의 도전이 있었으며, 20세기에는 세속주의의 도전, "기독교" 국가들 간의 두 차례에 걸친 세계 대전, 종교개혁의 땅에서의 홀로코스트의 공포 등이 있었다. 오늘날 선교의 개념 자체에 대항하는 일단 논쟁은 다음과 같이 정리할 수 있겠다.

- **사회종교적**—종교 다원주의가 넘쳐 나는 세상에서, 갈등적인 종교적 관점들이 한 사회에서 공존하기에 한 종교에서 다른 종교로 개종시키려는 시도는 교만하고, 외골수적이고, 비관용적인 것이다.
- **인식론적**—모든 사람들과 모든 시대에 유효한 보편적인 진리 주장을 그 어떤 것이라도 거부하는 입장.
- **역사적**—기독교 선교는 식민주의와 결부되어왔으며, 서구 제국주의, 자본주의, 심지어 CIA의 도구로 보여왔다.
- **인류학적**—선교사들은 전통 문화를 파괴한다는 비판을 받는다.

- **윤리적**—대량 학살, 폭력, 전쟁 등이 북아일랜드, 르완다, 발칸 등 기독교 지역으로 보여지는 곳에서 일어남에 따라 기독교의 윤리적 우월성에 대한 주장에 의심을 던진다. 종교의 이름으로 전쟁이 행해졌고 심지어 테러행위가 자행되었다. 선교사역은 종교적 갈등에 불을 붙이고, 그로 인한 인간의 고통을 심화시키므로, 단적으로 말해서 선교는 비도덕적이다.
- **심리학적**—사람들은 어떤 종류의 종교적 "근본주의"를 두려워하며, 강한 종교적 확신을 극단적이고, 억압적이며, 위험하다고 낙인을 찍는다. 영원한 심판을 포함한 전도 메시지들은 공격적이고 조작적인 것으로 여겨진다.
- **실용주의적**—오늘날 세계의 거의 모든 나라에 그리스도인들이 있다. 따라서 더 이상 해외 선교사들은 필요하지 않다. 선교사역은 기껏해야 긍휼을 베푸는 지원 사역과 경제 개발로 축소되어야 한다.

이러한 거부를 고려하는 가운데서도 선교는 합리적인 사람들의 눈에 정당화될 수 있는가(이 장의 마지막에 있는 사례연구를 보라)?

> 선교적 설교의 중심 전제는 하나님의 실재이다. 창조자, 보존자(Sustainer), 심판자, 구속자.
> —Lamin Sanneh(1989, 158)

기독교 선교는 모든 문화적, 종교적, 사회적 배경을 가진 사람들이 "예수는 주이시다"라고 고백하도록 촉구하며, 나사렛 예수를 그리스도와 구세주로 받아들이고, 모든 생명체를 그 권위 아래 두며, 하나님 나라를 준비하게 한다. 이것은 가장 급진적인 개인적 변화를 촉구하는 것이며, 궁극적으로 삶의 모든 측면에 영향을 주는 것이다.

그러나 그리스도인들은 다른 사람들을 그런 헌신으로 초청하기 위해서 어떤 권한을 가지고 있는가?

기독교에 대한 비판자들뿐만 아니라 신실한 그리스도인들도 그러한 질문들과 씨름하고 있다. 그 질문에 대한 적절한 대답을 듣지 못하면, 교회의 선교는 권위와 자신감을 상실하게 되고, 그 핵심에 있어서 위협을 받게 될 것이다.

이러한 구체적인 질문들 가운데 어떤 것들은 나중 장에서 토론될 것이다. 레슬리 뉴비긴(Lesslie Newbigin)이 그 논점을 궁극적 권위와 헌신의 관점에서 다루는 것은 타당하다.

> 권위의 문제는 선교 사업의 근거가 되는 궁극적인 헌신을 떠나서 선교의 유용성을 몇 가지 목적을 가지고 나타내려고 함으로써 답할 수 있는 것이 아니다(Newbigin [1978] 1995, 14).

그렇다면, 그 궁극적인 헌신이란 무엇인가?

## 1. 우주적 계획을 가지신 우주적 하나님

선교의 정당성은 성경에 계시된 하나님 자신의 인격, 계획, 성품과 함께 시작되어야 한다. 성경은 모든 존재하는 것들의 창조자이신 하나님과 함께 시작하는데, 그가 만드신 모든 것이 선한 것은 하나님 자신이 선하시기 때문이다. 하나님은 다른 신들이나 우상들과 비교할 때 고유한 분이시다. 하나님은 빈번하게 하늘과 땅의 하나님, 열방의 하나님, 보편적인 하나님으로 언급된다. 여기에 몇 가지 예들이 있다.

- 그런즉 너는 오늘 위로 하늘에나 아래로 땅에 오직 여호와는 하나님이시요 다른 신이 없는 줄을 알아 명심하고(신 4:39).

- 하늘과 모든 하늘의 하늘과 땅과 그 위의 만물은 본래 네 하나님 여호와께 속한 것이로되(신 10:14).

- 그룹들 위에 계신 이스라엘의 하나님 여호와여 주는 천하 만국에 홀로 하나님이시라 주께서 천지를 만드셨나이다(왕하 19:15b; 참조, 사 37:16).

- 우리 조상들의 하나님 여호와여 주는 하늘에서 하나님이 아니시니이까 이방 사람들의 모든 나라를 다스리지 아니하시나이까 주의 손에 권세와 능력이 있사오니 능히 주와 맞설 사람이 없나이다(대하 20:6).

- 오직 주는 여호와시라 하늘과 하늘들의 하늘과 일월 성신과 땅과 땅 위의 만물과 바다와 그 가운데 모든 것을 지으시고 다 보존하시오니 모든 천군이 주께 경배하나이다(느 9:6).

- 하나님이여 일어나사 세상을 심판하소서 모든 나라가 주의 소유이기 때문이니이다(시 82:8).

성경의 가장 편만한 주제들, 특별히 구약성경에서 발견되는 주제들 가운데 하나는 우상숭배의 헛됨과 거짓 신들을 따르는 것의 어리석음이다. 반복해서 이스라엘의 우상숭배는 하나님의 심판을 초래한다. 이스라엘의 선지자들은 계속해서 거짓 신들을 비난하고 이스라엘의 하나님을 다른 어떤 신들에게 비견될 수 없는 존재로 높인다(삼하 7:22; 왕상 8:23, 60; 시 86:8, 10; 사 46:9; 다음의 책을 보라. J. H. Wright 2006, 75-104과 136-88). 주님만이 하나님이시며 경배를 받으시기에 합당한 분이시다. 주님은 이스라엘에서뿐만 아니라 열방 가운데서 경배를 받으셔야 한다.

> 그의 영광을 백성들 가운데에, 그의 기이한 행적을 만민 가운데에 선포할지어다 여호와는 위대하시니 지극히 찬양할 것이요, 모든 신들보다 경외할 것임이여 만국의 모든 신들은 우상들이지만 여호와께서는 하늘을 지으셨음이로다 존귀와 위엄이 그의 앞에 있으며 능력과 아름다움이 그의 성소에 있도다 만국의 족속들아 영광과 권능을 여호와께 돌릴지어다 여호와께 돌릴지어다(시 96:3-7).

다른 많은 성경적인 가르침들과 함께 첫 두 계명은 의심의 여지없이 하나님은 질투하시는 하나님이시며, 하나님만이 경배를 받으시기에 합당하시며, 다른 모든 신들은 거짓 신들임을 가르치고 있다. 우상들을 폄하하는 것은 동시대의 가나안 종교에서는 찾아볼 수 없는 것이었다(C. J. H. Wright 2006, 159).

이스라엘의 하나님은(이스라엘의 이웃 나라들의 신들처럼) 지리적, 국가적, 인종적 영역에 국한되지 않으신다. 보다 더 현대적인 용어로 말하면, 하나님은 한 개인의 개별화되고 짜맞추어진 신앙 대상인 개인적 신으로 축소될 수 없다.

성경의 하나님은 그 창조자로서의 지위, 통치, 인간에 대한 주장, 열방과 지구에 대한 주권, 다른 영적 권세들에 대한 수월성, 구속의 계획에 있어서 우주적이다. 바울은 로마서의 앞장에서 유대인과 이방인이 모두 죄인으로서 이 하나님 앞에 책무를 진다는 것을 주장한다.

> 하나님은 다만 유대인의 하나님이시냐 또한 이방인의 하나님은 아니시냐 진실로 이방인의 하나님도 되시느니라 (롬 3:29).

성경은 또한 하나님이 그 피조계를 향한 우주적 의지와 계획을 가지고 계심을 말씀한다. 하나님께서는 그가 만드신 인격적 존재들에게 자신을 계시하시며, 그들과 교제하기를 원하시며, 의사소통하기를 원하신다. 인간들은 하나님의 형상을 가진 존재들로서 하나님의 피조물의 정점에 위치해 있다. 모든 남녀는 이 형상을 가지고 있어(타락에 의해 훼손되었음에도 불구하고), 하나님의 사랑의 대상이며, 그의 주권의 통치를 받는다.

모두가 하나님을 거역해서 영원한 처벌을 받을 수밖에 없지만, 하나님께서는 그 관계를 회복시키기 위한 우주적 계획을 가지고 계시며, 궁극적으로 타락한 피조계를 새롭게 하고 만물을 자신의 주권 아래에 두어 자신의 우주적 나라를 확립하려 하신다. 이 구원의 베풂과 하나님 나라의 메시지는 모든 나라, 인종, 언어 집단, 세대, 남녀, 부자와 가난한 자들에게 다 확산되어야 한다. 이것이 우주적 하나님의 우주적 계획이며, 그것이 우주적 선교의 영역을 궁극적으로 정당화하는 것이다.

하나님에 대한 이러한 이해에서 벗어나서는 선교를 이해하고 정당화하는 것은 불가능하다. 마태복음 28:18-20에 표현된 지상명령은 너무나 라운 우주적 주장, 즉 "하늘과 땅의 모든 권세를 내게 주셨으니, 그러므로 너희는 가서 …"라는 말씀으로 시작된다.

그리스도의 권위를 벗어난 인간, 사회, 나라, 영역은 없다. 그러한 확신은 진리에 대한 포스트모던적 접근과 대조된다. 진리에 대한 포스트모던적 접근은 하나님에 대한 서로 경쟁적인 관점들을 긍정해줄 뿐만 아니라 우주적인 삶의 목적이나 계획을 설명하는 어떠한 거대한 내러티브(grand nerrative)의 제시도 거부한다.

모든 피조물에 대한 하나님의 권위는 성자 하나님이신 예수 그리스도께 부여되었으며, 이 그리스도께서 교회로 하여금 자신의 증인이 되게 하시고, 모든 종족, 나라, 언어 집단이 자신의 주되심에 순복할 것을 촉구하신다. 우리가 성경의 명확한 가르침을 진지하게 생각한다면, 우리는 남녀 인간과 만물에 대한 하나님의 우주적 주장의 유효성을 자신 있게 주장할 수 있을 것이다.

이러한 이유로 인해서 기독교 선교는 하나님 자신의 선교와 조화되는 한 우주적 정당성을 가지는 것이다. 지상명령은 그 영역에 있어서 우주적인데, "모든 민족"(마 28:19), "세상 끝날까지"(마 28:20), "만민에게"(막 16:15), "모든 족속"(눅 24:47), "땅 끝까지"(행 1:8) 등으로 표현되어 있다.

모라비안들의 지도자였던 니콜라스 루드비히 폰 친첸도르프(Nicholas Ludwig von Zinzendorf) 백작은 첫 번째 중요한 개신교 선교 운동을 시작했던 사람으로서 그리스도의 주되심에 근거해서 선교를 정당화했다(Vicedom 1965, 12). 그는 그리스도를 창조자와 구원자이자 선교의 궁극적인 기원자로 주장했으며, 그리스도의 구속 사역이 그의 창조사역과 마찬가지로 전 세계에 해당하는 것으로 가르쳤다(Bintz 1979, 22).

이것보다 더 잘 선교를 근본적으로 정당화하는 것은 없다. 어둠의 나라는 하나님의 우주적 통치에 의문을 제기하며, 그것을 부인하는 것이 죄와 악의 뿌리이며, 그것은 에덴 동산에서 시작해서 역사를 통해서 전개된다.

하나님의 우주적 주권에 대한 확신은 자만심이나 비하하는 태도의 이유가 되지 못하며, 결코 위압의 구실이 될 수 없다. 복음의 정신은 그리스도인들로 하여금 우리의 신념을 거부하는 타인의 양심의 자유와 종교적 확신을 존중하도록 한다. 진정으로, 그리스도인들은 그 원수들과 핍박자들을 사랑하도록 부름을 받았다(마 5:43-48).

## 2. 우주적 하나님이 구체화되다

동시에, 하나님의 우주성은 역사 속에서 구체적으로(in particularity) 구현된다. 이것은 의심의 여지없이 기독교 신앙의 가장 큰 경이이자 기적이다. 우주적 하나님께서 인간 역사의 시공간이라는 구체적인(particular) 여건 속에서 구속적 활동을 통해, 기적을 행하시고 기도에 응답하심으로써 역사해오셨다.

우주적 하나님께서 아브라함이라는 구체적인 사람을 불러서 이스라엘이라는 구체적인 한 나라의 아버지로 삼으셨는데, 그를 통해 어느 날 **모든** 민족에게 복 주시려는 그의 우주적 계획이 실현될 것이다. 우주적 하나님이 구체적인 한 왕인 다윗을 임명해서, 그를 통해서 우주적인 왕 중왕이 태어나게 하실 것이다. 우주적 하나님이 특정한 천사들과 선지자들을 통해서 그의 우주적 뜻을 알리셨을 뿐만 아니라, 히브리서의 저자가 말한대로,

> 옛적에 선지자들을 통하여 여러 부분과 여러 모양으로 우리 조상들에게 말씀하신 하나님이 이 모든 날 마지막에는 아들을 통하여 우리에게 말씀하셨으니 이 아들을 만유의 상속자로 세우시고 또 그로 말미암아 모든 세계를 지으셨느니라(히 1:1-2).

우주적 하나님께서는 성자 하나님의 성육신 속에서 **친히** 구체화되셨다(became particular). 삼위 하나님의 두 번째 위격(person)이 인간이 되

셨고, 구체적인 장소, 구체적인 밤, 구체적인 로마 통치의 정황, 구체적인 유대 환경 속에서 태어나셨다.

> 말씀이 육신이 되어 우리 가운데 거하시매 우리가 그의 영광을 보니 아버지의 독생자의 영광이요 은혜와 진리가 충만하더라(요 1:14).

하나님 자신이 그리스도의 인격 속에서 역사 속으로 들어오셨기 때문에 인간 역사는 영원한 가치를 지닌다. 신약성경의 언어는 명백하게 나사렛 예수를 구약성경의 야훼와 동일시한다(C. J. H. Wright 2006, 105-35을 보라). 인간 역사는 더 이상 우연적이거나 임의적인 것으로 간주될 수 없다. 그 자체를 넘어선 의미를 가진다.

> 따라서 이 물질적이고 물리적이고 역사적인 세계는 시간을 넘어선 어떤 우주적 본질의 창백한 반영 정도가 아니다. 그것은 하나님의 위대한 구원과 종말론적 미래의 일부분이다(Roxburgh 2000, 187).

선교는 이 이야기를 각 민족과 각 개인의 이야기로 불러오며, 각각의 구체적인 이야기를 영원한 하나님의 우주적 계획에 연결함으로써 그 이야기에 영원한 중요성을 부여한다.

기독교 신앙은 추상적인 철학이나 관념적인 이데올로기가 아니다. 성경적 신앙의 진리는 역사적인 사건들에 닻을 내리고 있다. 구원을 위한 하나님의 사랑과 계획은 가시화되고, 구체화되고, 물질화된다.

> 우리가 아직 죄인되었을 때에 그리스도께서 우리를 위하여 죽으심으로 하나님께서 우리에 대한 자기의 사랑을 확증하셨느니라(롬 5:8).

> 하나님의 사랑이 우리에게 이렇게 나타난 바 되었으니 하나님이 자기의 독생자를 세상에 보내심은 그로 말미암아 우리를 살리려 하심이라(요일 4:9).

하나님께서 구원을 우리에게 베푸신 것은 예수 그리스도라는 이 역사적 인물을 통해서이다. 이 단순하고 놀라운 사실은, 예수 그리스도의 인격과 관련한 질문을 모든 인류가 직면한 가장 중심적이고 본질적 질문으로 만든다. 다른 모든 질문들은 이차적인 것이다.

많은 그리스도인들은 "예수는 주이시다"라는 고백을 개인적으로 이해하고서 "예수는 **나의 개인적인** 주님이시다"라고 말한다. 그러나 초기 그리스도인들에게 이 고백은 그 이상의 것을 의미했다. 남아시아에서 종교다원주의의 도전에 익숙한 사람으로서 비노쓰 라마찬드라(Vinoth Ramachandra)는 다음과 같이 진술한다.

> "예수는 주이시다"라는 초기 그리스도인들의 고백은 단지 개인적 경배의 표현이 아니라 우주적 유효성을 주장하는 것이었다. 기독교 선교는 못 박히신 예수가 온 세상의 진정한 주로 높임을 받았다는, 그리고 온 세상이 연관되었다는 것을 주장하는 전제 속에서만 의미가 있었다(Ramachandra 1996, 226).

유대인 신자에게 이 고백은 나사렛 예수를 구약성경의 주인 야훼와 동일시했다. 이방인 신자에게 "가이사는 주"라는 고백이 "예수는 주이시다"라는 고백에 버금갈 수 없었으며, 이런 예수에 대한 고백은 잠재적으로 생명을 담보로 한 것이었다. 오늘날 다원적인 세상에서 "예수는 주이시다"라는 고백은, 다른 주들을 종교적 대안들로서 인정하고 경쟁시키려는 시도를 배제한다. 그것은 예수 그리스도를 다른 모든 존재들보다 우위에 두어서 그리스도를 "만유의 주"(행 10:36)로 주장하는 것이다.

그 고백은 단순히 "그리스도는 주"라는 것이 아니라, "**예수**는 주이시다"라는 것으로서, 역사적인 예수를 통한 하나님의 구원의 역사의 구체성을 강조한다. 우리는 다른 이름으로도 알려진 막연하고, "우주적"(cosmic)이고, 정신계에 속한 그리스도를 고백하는 것이 아니라, 나사렛 예수의 구체적이고 세부적인 특성 속의 하나님을 고백한다.

> 다른 이로써는 구원을 받을 수 없나니 천하 사람 중에 구원을 받을 만한 다른 이름을 우리에게 주신 일이 없음이라(행 4:12).

이 사실은 바울로 하여금 다음과 같이 말하게 한다.

> 사람의 모양으로 나타나사 자기를 낮추시고 죽기까지 복종하셨으니 곧 십자가에 죽으심이라. 이러므로 하나님이 그를 지극히 높여 모든 이름 위에 뛰어난 이름을 주사, 하늘에 있는 자들과 땅에 있는 자들과 땅 아래에 있는 자들로 모든 무릎을 예수의 이름에 꿇게 하시고, 모든 입으로 예수 그리스도를 주라 시인하여 하나님 아버지께 영광을 돌리게 하셨느니라 (빌 2:8-11).

따라서 성경 이야기는 성부 하나님의 창조의 우주성으로부터 성자 하나님의 성육신, 죽음, 부활의 구체성으로 나아가고, 다시금 우주적인 성령 하나님께서 하나님의 백성들을 전 세계로 보내서 구원의 메시지와 하나님 나라의 도래를 선포하게 한다. 리차드 보컴(Richard Bauckham)은 다음과 같이 말한다.

> 선교는 예수의 이야기 속에 있는 하나님의 행동의 구체성에서 하나님 나라의 우주적 도래로 나아가는 노상에서 일어난다. 그것은 하나님의 부름을 받은 구체적인 사람들이 여기서 저기로 가며, 모든 사람들을 위해서 이곳 저곳에서 하나님을 위해 살 때 일어난다(2003, 10).

성령에 의해 능력을 덧입은 교회는 이제 하나님의 구체적인 사랑과 우주적 통치라는 이 우주적 메시지를 모든 종족들에게로 전한다. 종족들의 다양성, 즉 그들을 분리시키는 언어, 인종, 역사, 문화의 차이 때문에 하나님의 우주적 메시지와 그들 속에서 하나님의 생명이 나타나는 양상은 각 종족에게서 구체적인 표현으로 다양하게 나타나게 될(혹은 나타나야 할) 것이다. 이것이 하나님의 선교의 성경적 이야기이며, 교회의 선교적 참여 이야기이다.

## 3. 하나님의 선교로서의 선교-하나님의 선교

### 1) 신적 특권으로서의 선교

선교는 종종 잃어버린 자들에 대한 동정심, 혹은 열방에게 나아가서 복음을 선포하고 제자를 삼으라는 성경적 명령의 관점에서 정당화 되어왔다. 영감 받고 신뢰할 만한 하나님의 말씀으로서 성경의 명령은 선교를 정당화할 만큼 권위가 있는 것이다. 그러나 그러한 접근법들은 하나님의 명령과 구원 행위에 대해 반응하는 인간적 주도로서의 선교를 강조하는 경향이 있다. 선교를 성경의 명시적인 명령에 근거해서 정당화하는 것은 선교를 인간적 순종 행위로 여겨 역사 속에 나타난 하나님의 전반적인 목적과 분리시키고, 선교를 성경 전체 이야기의 중심적인 것으로 보지 못하게 한다. 게오르그 비세덤(Georg F. Vicedom)은 다음과 같이 말한다.

> 선교는 하나님의 마음에 그 기원을 두고 있다. 하나님은 보내는 사랑의 원천이시다. 이것이 가장 깊은 선교의 근원이다. 그보다 더 깊이 파고드는 것은 불가능하다. 하나님께서 사람들을 사랑하시기 때문에 선교가 있다.
> —David J. Bosch(1991, 392)

> 열방을 향한 선교는 예수께서 지상명령을 주지 않으셨어도 정당한 것이다(Vicedom 1965, 38).

왜냐하면 그것은 성경 전체 이야기의 일부이기 때문이다.

20세기 중반에 선교에 대한 이해에 있어서 코페르니쿠스적인 혁명이 일어났다. 선교는 **하나님의 선교**(라틴어, *missio Dei*, 미씨오 데이)로 이해되었는데, 이는 곧 선교는 신적 주도권과 특징에 뿌리내리고 있다는 관점이다. 성경에서,

> 우리는 그 본질에 있어서 오늘날 선교의 토대가 되고 있는 하나님을 만난다. 선교는 하나님 자신으로부터 시작되는데, 그것은 그가 선교의 하나님이시기 때문만이 아니라 그의 성품

자체가 선교이기 때문이다(Gnanakan 1989, 67).

선교는 하나님의 자기 이해이며, 교회의 선교는 하나님의 선교에 참여하는 것이다. 하나님은 선교사 하나님이시며, 선교는 성부, 성자, 성령의 삼위 하나님의 보내시는 활동에 뿌리내리고 있다.

이러한 생각에 대한 가장 명백한 성경적 토대는 예수께서 그 제자들에게 "아버지께서 나를 보내신 것 같이, 나도 너희를 보내노라"(요 20:21b)라고 하신 말씀에 있다. 하나님의 보내시는 의지가 성자 하나님의 보내심에서 실현되었듯이 이제 예수께서 교회를 보내시는 것이다. 하나님께서 성령을 보내심을 통해 교회는 그의 선교적 대리인이 되는 능력을 덧입는다. 진정으로, 성경의 전체 이야기가 하나님의 보내시는 활동으로 이해될 수 있다.

바르게 이해되었다면, 선교를 **하나님의 선교**에 근거를 두는 것은 성경적 명령의 중요성을 경감하지도 않고, 그리스도인들이 기쁘고 희생적으로 선교사역을 해야 할 의무를 면제해주지도 않는다. 오히려, 그것은 우리의 선교에 대한 이해를 하나님의 성품과 특권이라는 관점에서 재구성한다. 교회의 선교는 하나님의 선교의 위대한 드라마에 심어져 있다.

### 2) 하나님의 선교 개념의 발전

하나님의 보내시는 활동에서 선교의 근거를 마련하는 것이 20세기 후반기까지 보편화되지는 않았지만, 비슷한 개념들이 초기 사상가들에게서 발견될 수 있다. 성부의 성자를 보내심, 성부와 성자의 성령을 보내심을 설명하는 "신적 선교"의 신학은 어거스틴(Augustine)에 의해 개발되었고, 나중에 토마스 아퀴나스(Thomas Aquinas)와 같은 학자들에 의해 발전되었다(Bevans and Schroeder 2004, 289를 보라). 그러나 교회의 보내심에 대해서는 비슷한 강조가 이루어지지 않았다.

18세기에 진젠도르프는 선교를 교회의 활동으로 묘사하지 않았고, 오히려 그리스도를 "선교의 주"로 간주하면서 그가 주권 가운데서 성령을 통해 선교의 시대를 시작한 것으로 설명한다(Beyreuther 1960, 74). 1889년에 선교 대변인 A. T. 피어슨(A. T. Pierson)은 선교를 하나님과 함께 하는 일일 뿐만 아니라, 하나님의 일로 주장하는 글을 썼다(Forman 1977, 87-88). 20세기 초반에 구스타프 바르넥(Gustav Warneck)은 가장 "근본적인 선교의 교리"를 이렇게 설명했다.

> 선교에 대한 주관적인 순종뿐만 아니라, 선교의 전체 객관적인 실존은 하나님이 선교의 기원이라는 확실성에 뿌리를 내리고 있다. 선교사상 자체를 길러낸 바로 그 동일한 신적 권위가 또한 선교사역의 의지를 추진할 수 있는 유일한 힘이며(요 10:16; 고전 9:16 이하; 롬 1:14; 갈 1:16), 선교의 성공을 위한 확실한 토대와 보증이 된다(Warneck 1897, 1:66).

그러나 신적 주도권은 이 사상가들의 선교신학의 핵심은 아니었다.

1932년 영향력 있는 스위스 신학자 칼 바르트(Karl Barth)는 선교의 토대를 교회론, 구원론, 혹은 비교종교학이 아니라, 하나님 자신의 활동에 둘 것을 촉구하였다. 그는 선교라는 용어가 고대교회에서 성삼위 하나님의 보내시는 활동을 설명하기 위해 사용되었음을 상기시켰다. 칼 하르텐슈타인(Karl Hartenstein, 당시 바젤 선교회의 대표)은 바르트의 영향을 받아, 1934년에 이 사상을 발전시켰다.

그러나 하나님의 선교 개념이 선교학적 사고를 재형성하기 시작한 것은 1952년 독일 빌링겐(Willingen)에서 열린 국제선교협의회(International Missionary Conference)에서였는데, 이 대회에서도 하나님의 선교라는 용어 자체는 사용되지 않았다. 오히려, 그 용어는 하르텐슈타인의 대회보고서에서 사용되었다(Richelbächer 2003; Günther 2003; Sundermeier 2003을 보라).

    이 대회의 역사적 정황은 중요했다. 이 대회는 "기독교" 국가들 사이에서 벌어진 두 번의 세계 대전과 홀로코스트의 공포의 여파 속에서 치루어졌다.

    교회는 어떠한 신뢰성을 가지고 비기독교 세계에 말할 수가 있을까?

    선교사역을 촉진했던 서구 식민지 체제는 붕괴되고 있었다.

    과거 식민지 나라였던 곳에서 선교사역은 어떤 모습으로 가능할까?

    더 나쁘게는, 세계 최대의 "선교지"였던 중국에서 마오쩌둥이 권좌에 올라 공산 정권을 세웠고, 선교사들은 추방되고 있었다.

    인간 정부가 복음의 확산을 막을 수 있을까?

    선교는 중세의 이슬람의 위협 이래 가장 큰 위기를 직면하고 있었다. 그 결과 선교 사업은 그 존재 자체에 대해 불확실해졌고, 그 자신감, 신뢰성, 정당성을 잃어버린 것 같았다. 빌링겐 대회는 혹자에 의해 "자아비판의 난장판"으로 불리워지기도 했다(Günther 2003, 529).

    그 해결책은 선교의 코페르니쿠스적 혁명에서 발견되었는데, 이른바 하나님의 성품과 주도권이 인간을 선교의 중심에 놓은 것을 대체했다. 혹은, 다른 비유로 말하면, 선교라는 집은 인간의 의도라는 가변적인 모래 위에 지어질 수 없고, 신적 의지라는 반석 위에 세워질 수 있다는 것이었다.

> 1952년의 빌링겐 대회는 선교가 포괄적으로 신론에 닻을 내린 첫 시발점이었다(Sundermeier 2003, 560).

하르텐슈타인은 대회보고서에서 이렇게 말했다.

> 성령의 능력을 통해서 우주를 화해시키려 성자를 보내심은 선교의 기초요 목적이다. 교회의 선교(missio ecclesiae)는 하나님의 선교(missio Dei)에서만 나온다. 따라서, 선교는 구속 역사와 하나님의 구속 계획이라는 상상할 수 있는 가장 폭넓은 골격 속에 위치하고 있다(Richelbächer 2003, 589-90에서 재인용).

이러한 이해는 선교가 직면한 위기에서 탈출하는 길을 약속하는 것으로 보였다. 그러나 하나님의 선교의 실질적 의미와 함의를 펼쳐보려는 시도들은 문제가 많은 것으로 드러났다. 하나님의 선교에 대한 이러한 이해들은 세 가지 다른 방향으로 움직였다(Günter 2003, 528-29).

- 하르텐슈타인과 발터 프라이탁(Walter Freytag)으로 대표되는 독일인들은 종말론적이고 구속사적 접근을 했다. 선교는 두 번에 걸친 그리스도의 오심 사이에서 역사상 일어나는 하나님의 활동이다. 복음이 열방에 선포될 때, 그리스도는 하나님 나라를 온전히 이루기 위해서 재림하실 것이다.
- J. C. 호켄다이크(J. C. Hoekendijk)으로 대표되는 화란인들은 하나님의 선교를 역사 속에서 하나님 나라의 약속이 성취되는 것으로 보았다. 선교는 세상을 섬기기 위한 세상 속에서의 하나님의 활동이다.
- 여전히 사회복음의 영향을 강하게 받고 있었던 미국인들은 교회는 현재의 상황 속에서 하나님의 역동적인 활동에 반응하고, 개인적 및 사회적 변혁을 목적으로 하는 것이라고 주장했다. 빌링겐 대회에서의 미국보고서는 선교 과업의 중심적 요소는 영혼 구원이 아니라, "삼위

하나님이 세상 속에서 하셨고, 하고 계시는 일에 대한 교회의 민감하고 전적인 반응"이라고 주장했다(Forman 1977, 109에서 재인용).

비세덤은『하나님의 선교』(Missio Dei, 1958; 영역본은 The Mission of God, 1965)라고 제목을 붙인 그의 책에서 이 개념을 가장 체계적으로 제시하였다. 그는 다음과 같은 정의를 내렸다.

> 하나님의 선교는 하나님의 일이다. 하나님께서 인간의 구원을 위해서 염두에 두신 모든 것, 즉 구속의 하나님 나라의 완전한 충만함을 하나님의 일을 통해, 하나님께서 보내신 사람들을 통해 사람들에게 제공된다. 이것은 죄로부터 자유로워지고 다른 나라(사탄의 통치-역주)에서 옮겨진 사람들이 다시 전적으로 하나님과의 교제 속으로 들어갈 수 있게 하기 위한 것이다 (Vicedom 1965, 45).

하르텐슈타인(1894-1952)과 프라이탁(1899-1959)의 갑작스런 죽음과 함께 하나님의 선교에 대한 화란과 미국의 해석들이 협의회의 선교신학(conciliar theology of mission)에 편만하게 되었다. 이것은 선교를 인간 사회에서의 하나님의 해방 행위에 참여하는 것으로서 규정하면서 점점 더 사회적 및 정치적으로 이해하게 만들었다.

호켄다이크와 다른 이들에게 있어서 교회는 하나님께서 세상에서의 자신의 선교를 이루기 위해 사용할 수 있는 다른 많은 방편들 가운데 하나가 되었다. 하나님께서는 교회나 복음 없이도 자신의 목적들을 달성하실 수도 있다.

이 관점에 따르면, 선교 과업은 세상 속에서 하나님의 일을 찾는 것이다(때로는 "시대의 징조"[signs of the times]로 불림). 이것은 보통 정의를 위한 투쟁과 그러한 운동에의 참여라는 관점에서 규정되었다. 교회가 세상을 섬기기 때문에, 세상은 교회를 위한 의제를 설정한다. 그러한 관점들은 1968년 웁살라(Uppsala)에서 개최된 WCC 총회에서 특별히 영향력이 있었다. 이러한 이해는 해방신학에 반영되었으며, 방콕(Bangkok)에서 열린 1972-73년 세계 선교와 전도위원회(CWME: Commission on World Mission and Evangelism)에서 정점에 달했다.

그 무렵 독일인들은, 나치의 제3제국과 함께 하는 그 시절의 역사와 "독일 그리스도인들"을 생각할 때, 하나님의 뜻을 인간의 노력과 정치적 운동들과 결부시키는 것의 위험성을 너무나 잘 알고 있었다. 따라서 그들은 하나님의 선교를 그렇게 세속화시키는 것을 반대했고, 그리스도의 재림 속에서의 궁극적 소망을 강조했으며, 이 시대에서의 선교란 다가올 나라의 한 표지에 불과한 임시적인 성격을 가질 뿐이라고 주장했다.

교회는 사회정치적인 운동들과의 관련 속에서 선지자적 역할을 할 뿐이라는 것이다. 웁살라와 방콕에서 논의된 관점들에 대해서는 복음주의적인 비평이 없지 않았으며(Winter 1973; Beyerhaus 1974; Johnston 1978), 협의회(conciliar) 진영과 복음주의 진영 선교학자들 사이에 긴장이 고조되었다.

그 논쟁은 이러한 질문들을 제기한다.

하나님의 선교는 예수 그리스도 안에 있는 하나님의 선물(*donum Dei*)과 은혜, 용서, 하나님과의 화해를 위한 필요에 제한되고 있는가?

아니면 하나님의 선교는 전체 피조계를 향한 하나님의 일반적 관심, 즉 세상에서의 하나님의 선교(*missio Dei mundo*)가 더 많이 이해되어야 하는가?

피조계와 인류를 유지하는 것에 대한 하나님의 관심을 이해하는 것과 한편으로 동시에 영적 구원의 필요를 인정하는 것, 이 두 관점들을 조화시키려는 시도들이 있었다. 예를 들면, 루터교세계연맹(the Lutheran World Federation)의 선언인 『상황 속에서의 선교』(*Mission in Context*)

는 창조자(성부)로서의 하나님의 선교, 구속자(성자)로서의 하나님의 선교, 거룩케 하는 자(성령)로서의 하나님의 선교에 대해 말한다(*Mission in Context*, 2004, 2.1.1-3). 그러한 접근법들은 하나님께서 창조명령과 복음명령을 주셨다는 "두 명령"의 관점과 비슷하다(제6장에서 논해진다).

볼프강 귄터(Wolfgang Günther)는 과거를 회상하면서 하나님의 선교 개념에 대한 두 가지 주요한 비판을 한다(Günther, 2003, 530).

첫째, 그것은 선교에 있어서 승리주의로 이끄는 데 결부되었으며 선교가 너무 빨리 "일상적인 사업"으로 옮겨가게 했다.

둘째, 하나님의 선교가 너무 막연해서 그야말로 거의 어떠한 선교의 개념도 수용할 수 있게 했다. 그것은 "쇼핑 카트"와 같은 용어가 되어서 자기가 원하는 것이면 뭐든지 담거나 빼낼 수 있는 것이 되었다.

하나님의 선교는 선교신학에서 "트로이의 목마"가 되었으며(Rosin; D. J. Bosch 1991, 392에서 재인용), 그 용어 속에는 "선교"에 관한 그 **어떠한** 그럴 듯한 이론이나 활동도 담을 수 있게 되었다.

다른 한편으로, 하나님의 선교는 너무 모호해서 하나님께서 이 세상에서 하시기를 원하시는 모든 것을 의미할 수 있다. 또한 어떤 사람들에게는 하나님의 선교가 교회의 역할과 관련해서 거의 수동적인 관점으로 연결될 수 있다는 비판을 받을 수 있었다(Aring 1971). 제임스 쉐러(James A. Scherer)는 다음과 같이 잘 요약하고 있다.

> 1960년대에 하나님의 선교는 안일한 신학자들의 노리개로 전락하여 교회의 실질적 선교에 관한 학문적 관심은 약간만 있을 뿐이고, 신학적 사변과 말장난만 난무했다(1993, 85).

**하나님의 선교**라는 용어는 그러한 비판으로 인해 거의 폐기되었지만, 그럼에도 불구하고 선교의 신학적 토대를 표현하는 데 어느 정도의 힘을 유지했고, 그로 인해 이 용어는 계속해서 사용되었다. 가히 기독교의 모든 지류들, 즉 협의회(conciliar) 개신교, 복음주의, 로마가톨릭, 동방정교회 등이 그 용어를 수용했지만, 다른 뉘앙스로 사용했다(D. J. Bosch 1991, 390-91).

하나님은 진정으로 선교사 하나님이시다. 그리고 삼위 하나님으로서의 하나님의 보내시는 활동에 대한 성경적 검토는 우리로 하여금 오늘날 세상에서의 교회의 선교를 건전하게 이해하도록 할 것이다.

## 4. 선교의 삼위일체적 근거

선교에 있어서의 삼위 하나님의 역할에 대한 인식은 새로운 것이 아니며, 19세기 초 개신교 사상에서 논증된 것이었다(Chaney 1976, 217). 그러나 삼위 하나님의 선교에 교회의 선교를 뿌리 내리는 것에 대한 좀 더 조율된 숙고는 빌링겐 대회 이후에 발전되었다. 1963년에 뉴비긴은 작지만 고전적인 저서, 『오늘날의 선교를 위한 삼위일체 교리』(*Trinitarian Doctrine for Today's Mission*)를 저술했다. 나중에 그는 다음과 같이 진술했다.

> 선교에 대한 삼위일체적 확언:
> 우리는 하나님 중심의 선교학에 대한 새로운 강조점에 헌신한다. 이것은 이 타락한 세상에 대한 선교에 있어 성부, 성자, 성령의 독특한 역할을 이해할 뿐만 아니라, 인류와 전체 피조계의 구속을 위한 삼위 하나님의 역사(*operation*)에 대한 새로운 연구로 우리를 초청한다.
> —이과수 선언문
> (W. D. Taylor 2000a, 19)

교회의 선교가 삼위일체적 모델의 관점에서 이해되어야 하고,
그렇게 할때에만 올바르게 이해될 수 있다(1989, 118).

1965년 제2차 바티칸 공의회에서 등장한 로마가톨릭 문서인 『만민에게』(*Ad Gentes*) 또한 선교에 대한 삼위일체적 접근을 했다. 정교회 선교 문서인 『평화 속에서 전진하라』(*Go Forth in Peace*, Bria, 1986) 또한 삼위 하나님을 선교의 중심에 위치시켰다. 브라질인 신학자 레오나르도 보프(Leonardo Boff, 1988)는 삼위일체적 해방신학을 발전시켰다. 1999년 브라질의 이과수(iguassu)에서 열린 세계복음주의협회(World Evangelical Fellowship) 선교대회에서 스리랑카인 전도자요 신학자인 아지쓰 페르난도(Ajith Fernando)는 "성경적 삼위일체신앙과 선교"(biblical trinitarianism and mission)에 대해 강연했으며, 이과수 선언문(the Iguassu Affirmation)은 "선교에 대한 삼위일체적 확언"(Trinitarian Affirmation of Mission)이라는 부분을 포함했다.

우리는 여기서 우리의 토론을 성부, 성자, 성령의 보내시는 활동에 관한 성경적 진술들에 국한시키고자 하며, 교회의 보냄에 대한 몇 가지 함의들을 고려하고자 한다.

### 1) 성부에 의한 보내심

위에서 우리는 성부 하나님은 우주적 주, 창조자, 심판자, 그리고 인류를 사랑하는 분이시라는 것을 확립했다. 성부의 거룩함의 특성은 정의와 의를 요구한다.

그러나 그의 사랑과 동정의 성품은 타락한 사람들로 하여금 그와의 교제에 다시 들어가고 그의 나라를 선물로 받도록 구속과 화해의 길을 제공하도록 움직인다.

성부의 보내시는 활동은 그의 성품에 뿌리내리고 있다. 그는 간격을 메우시기 위해 다양한 메신저들을 보내고, 사건들을 일으키신다. 그리고 스스로를 계시하시고, 그 뜻을 전하시고, 역사 속에서 인류에 대한 그의 목적들을 성취하신다. 비록 때로 그는 심판하고 그의 거룩함을 나타내기 위해 보내기도 하지만, 이 보내시는 행위들은 보통은 사람들과의 관계 회복과 은혜라는 목적들에 연결되어 있다.

구약성경은 하나님께서 선지자들을 보내셔서 그들을 통해서 말씀하시지만, 사람들이 잘 듣지 않는다는 이야기들을 반복한다(렘 7:25-26; 25:4; 29:19; 35:15; 44:4-5). 예를 들면, 역대기 기자는 "그 조상들의 하나님 여호와께서 그의 백성과 그 거하시는 곳을 아끼사 부지런히 그의 사신들을 그 백성에게 보내어 이르셨으나"라고 쓰고 있다(대하 36:15; 또한 삿 6:8; 삼상 15:1; 삼하 12:1; 왕하 2:2-6; 17:13; 대하 25:15; 사 48:16; 렘 19:14; 25:4, 17; 26:12, 15; 28:1; 29:19; 42:21; 43:1; 학 1:12; 슥 6:15; 7:12; 말 4:5을 보라).

선지자들을 통하여 하나님은 자신의 말씀을 보내시고, 그 말씀이 하나님의 주권적 목적들을 성취할 것이다.

> 우리가 가담하는 선교 운동은 삼위 하나님 자체에 근원을 두고 있다. 우리에 대한 자신의 깊은 사랑으로부터 성부는 만물을 자신에게 화해시키기 위해 자신의 독생자를 보내셨다. … 이 성취된 일의 토대 위에서 하나님은 성령, 즉 예수의 영을 보내셨다. … 그리스도에 의해 선택된 우리는 … 바로 이 사실들에 의해 세상에 대한 그리스도의 구속적 선교에 전적으로 참여하는 데 헌신되었다.
>
> —1952년, 빌링겐, 국제선교협의회(IMC)의 마지막 선언 (Günther 2003, 529-30에서 재인용)

이는 비와 눈이 하늘로부터 내려서
그리로 되돌아가지 아니하고
땅을 적셔서 소출이 나게 하며
싹이 나게 하여
파종하는 자에게는 종자를 주며
먹는 자에게는 양식을 줌과 같이
내 입에서 나가는 말도
이와 같이 헛되이
내게로 되돌아오지 아니하고
나의 기뻐하는 뜻을 이루며
내가 보낸 일에 형통함이니라(사 55:10-11).

하나님께서는 요셉을 애굽으로 보내서 그의 가족을 구원하신다(창 45:5-8). 하나님께서는 모세를 보내서 그의 백성들을 구원하신다(출 3:12-15; 7:16; 삼상 12:8). 그는 사사들을 보내서 이스라엘을 구원하고 통치하시며(삿 6:14), 사울 왕을 보내서 파멸의 과업을 수행하신다(삼상 15:18, 20).

하나님께서는 또한 천사들을 보내서 인도, 보호, 계시, 파멸 등을 포함한 그의 목적들을 성취하신다(창 19:13; 24:7; 대상 21:15; 대하 32:21; 단 6:22; 눅 1:19, 26; 행 12:11; 계 22:6). 그는 때때로 "주의 천사들"로 불리운 신적 현현을 보내셨다(삿 13:6-9). 하나님의 주권은 그가 번개, 우박, 불(출 9:23; 삼상 12:18), 뱀(민 21:6), 곤충(신 7:20), 전염병(삼하 24:15; 대상 21:14), 사자(왕하 17:25), 질병(사 10:16; 또한 McDaniel 1998을 보라)을 보내심에 있어 명백하게 드러난다.

성부 하나님의 보내심은 항상 목적을 띠고 있다. 보냄이라는 개념 자체가 하나님께서 주도하셨음을 강조한다. 타락의 때부터, 인간들은 하나님으로부터 숨고, 피하고, 하나님을 부인하려고 했다. 그러나 하나님은 은혜와 자비를 베푸셔서 잃어버린 남녀들을 그에게로 화해시키려 하신다. 하나님은 세례 요한을 보내셔서 하나님의 아들의 오심을 준비하게 했는데(마 11:10; 막 1:2; 눅 7:27), 이로 인해 하나님의 보내시고 구원하시는 활동은 정점에 이른다.

## 2) 성자를 보내심

신약성경은 아들을 세상에 보내신다는 진술로 가득차 있다. 우리는 복음서에서 특히 예수께서 친히 하신 말씀으로부터 시작한다. 우리의 검토는 구체적으로 **보낸다** 단어가 사용된 경우에 국한되지 않고, 그가 오신 목적과 관련된 진술들을 포함할 것인데, "내가 온 것은 …"이라고 말씀하신 경우들이 그 예가 될 것이다. 이것은 특별히 요한복음에서 중요하다. 쾨스텐버거(Köstenberger)는 다음과 같이 썼다.

> 예수의 과업의 목적들에 대한 언급이 보낸다는 용어들과 직접 연관된 경우는 드물고, "온다"는 용어들과 함께 더 빈번히 사용된다(Köstenberger 1998a, 91).

### (1) 공관복음서에서 예수의 보내심

성부께서 예수를 보내신 것은 그가 지상에서 즉각적으로 성부의 대표자가 된다는 것을 의미한다.

> 너희를 영접하는 자는 나를 영접하는 것이요, 나를 영접하는 자는 나를 보내신 이를 영접하는 것이니라(마 10:40; 참조, 막 9:37; 눅 9:48).

예수께서 보내심을 받은 것과 관련한 명시적인 진술들은 공관복음서에서는 상대적으로 드물다. 그럼에도 불구하고, 빙산의 일각처럼 그 진술들은 예수의 사역에 있어서 폭넓은 주제들을 반영한다.

- **예수는 하나님 나라를 선포하도록 보냄을 받으셨다.**

  예수께서 다음과 같이 말씀하셨다.

  > 내가 다른 동네들에서도 하나님 나라 복음을 전하여야 하리니 나는 이 일을 위해 보내심을 받았노라(눅 4:43b).

  그 나라를 선포하는 것은 회개를 촉구하고 하나님 나라가 가까왔음을 선포하는 것이다(마 4:17). 그러한 설교는 종종 기적들과 축귀 현상이 동반되었는데, 그것은 하나님의 임재로 인한 치유와 구원의 능력을 나타낸 것이었다(마 4:23; 9:35; 12:28).

- **예수는 이스라엘로 보냄을 받으셨다.**

  > 나는 이스라엘 집의 잃어버린 양 외에는 다른 데로 보내심을 받지 아니하였노라(마 15:24).

  비록 예수는 종종 자신을 찾는 이방인들을 영접하셨지만, 예수의 사역은 우선적으로 이스라엘을 향한 것이었다. 이방인 선교는 그의 죽음과 부활, 그리고 성령을 보내신 이후에야 시작될 것이었다.

  우리가 예수께서 "내가 온 것은 …"이라고 언급하신 진술들을 검토할 때, 여러 목적들이 드러난다.

- 예수는 **율법을 성취하기 위해** 오셨다.
  예수는 산상수훈에서 다음과 같이 말씀하셨다

  > 내가 율법이나 선지자를 폐하러 온 줄로 생각하지 말라. 폐하러 온 것이 아니요 완전하게 하려 함이라(마 5:17).

  이 진술은 구약성경의 메시아적 약속들을 실현하는 것으로 이해할 때 가장 잘 이해하는 것이며(참조, 눅 24:44), 구약성경 율법의 의로운 요구들을 성취하는 것으로도 이해될 수 있을 것이다(롬 10:4; Carson 1984, 141-46을 보라). 예수의 자기 이해는 구원 역사와 온전히 연속된 것이었다.

- 예수는 **분열을 일으키기 위해** 오셨다.
  사람들이 예수를 따랐을 때 심지어 가족들도 그로 인해 분열되었다.

  > 내가 불을 땅에 던지러 왔노니 이 불이 이미 붙었으면 내가 무엇을 원하리요 … 내가 세상에 화평을 주려고 온 줄로 아느냐 내가 너희에게 이르노니 아니라 도리어 분쟁하게 하려 함이로라(눅 12:49, 51; 참조, 마 10:34-35).

  예수께서 돌아오시기까지의 과도기에는 선과 악을 구분하는 등고선이 높아질 것이고, 예수께서 친히 분수령이 되실 것이다.

- 예수는 **잃어버린 자들을 찾고 구원하기 위해** 오셨다.
  예수께서 세리 레위를 그의 제자로 삼았다고 비판을 받았을 때 다음과 같이 대답하셨다.

> 내가 의인을 부르러 온 것이 아니요, 죄인을 불러 회개시키러
> 왔노라(눅 5:32).

세리 삭개오와 식탁의 교제를 함께 했다고 비슷한 비판을 받았을 때, 그는 "이는 인자가 잃어버린 자들을 찾고 구원하기 위해 왔다"고 대답하셨다. 야고보와 요한이 예수를 환영하지 않는 사마리아인들에게 불을 내릴 것을 간구하려 했을 때, 그는 그들을 꾸짖으셨는데, 이는 "인자는 사람의 생명을 멸하기 위해서가 아니라, 구하려 왔기" 때문이었다(눅 9:56). 같은 의도가 잃어버린 동전, 잃어버린 양, 잃어버린 아들의 비유에 명백히 표현되는데, 이 비유들은 예수께서 세리와 죄인들과 어울린다고 비판한 데 대한 반응으로 주어졌다(눅 15장).

- 예수는 **자신의 생명을 대속물로 주기 위해서** 오셨다.

> 인자가 온 것은 섬김을 받으려 함이 아니라, 도리어 섬기려 하
> 고 자기 목숨을 많은 사람의 대속물로 주려 함이니라(마 20: 28;
> 막 10:45).

여기서 우리는 예수께서 잃어버린 자들을 구하는 수단에 대해 배운다. 그는 남녀 인간들이 죄의 속박으로부터의 자유를 얻게 하기 위하여 자신의 생명을 대속물로 주셨다. 그 대속의 값은 죄 사함을 위해 자신의 피를 흘리는 것이었다(마 26:28). 이것이 궁극적인 섬김이요 궁극적인 희생일 것이다.

예수의 사명을 해석하는 데 있어서 가장 중요한 구절들은 누가복음 4장이다. 예수께서 그의 공적 사역을 시작하실 때, 나사렛의 회당에서 이사야서(사 61:1-2)를 읽으신다. 누가는 그 사건을 다음과 같이 보고한다.

> "주의 성령이 내게 임하셨으니 이는 가난한 자에게 복음을 전하게 하시려고 내게 기름을 부으시고 나를 보내사 포로 된 자에게 자유를, 눈 먼 자에게 다시 보게 함을 전파하며 억눌린 자를 자유롭게 하고 주의 은혜의 해를 전파하게 하려 하심이라" 하였더라 책을 덮어 그 맡은 자에게 주시고 앉으시니 회당에 있는 자들이 다 주목하여 보더라. 이에 예수께서 그들에게 말씀하시되 "이 글이 오늘 너희 귀에 응하였느니라" 하시니 (눅 4:18-21).

누가에 의하면, 예수는 이사야를 온전히 다 인용하시는 것은 아니었다. 원문은 "여호와의 은혜의 해와 우리 하나님의 보복의 날을 선포하여 모든 슬픈 자를 위로하게"라고 했지만, 심판에 대한 부분을 생략하셨다. 이는 심판의 요소가 그가 오신 목적의 일부가 아니라는 것을 명백히 나타내신 것이다. 이 본문은 대체로 영적인 이해에서부터 보다 더 문자적이고 정치적인 이해에 이르기까지 다양한 스펙트럼의 관점들과 함께 다양하게 해석되어왔다.

예수께서 보내심을 받은 것처럼 우리도 보냄을 받았다면, 사회 정의를 위한 투쟁이 선교의 우선순위가 되어야 한다는 것을 의미하는가? 이 책의 뒷 장들에서 이 본문의 해석과 그 선교적 의미를 보다 상세하게 토론하게 될 것이다.

우리가 누가복음 4장을 어떻게 해석할지라도, 누가복음은 반복해서 가난한 자, 세리와 나환자와 같이 내쫓긴 자들, 그밖의 소외된 자들에 대한 예수의 관심을 강조한다. 예수는 진정으로 전인을 돌보셨다. 더군다나, 그의 기적, 치유, 축귀, 거부당한 자들을 용납하신 것 등은 그 나라가 가까이 왔으며, 죄와 악의 멍에는 예수의 인격 안에서 패배하였음을 증거하는 강력한 표지였다. 이 승리는 영적인 영역에 국한된 것은 아니었으며, 사람들의 일상 생활에 닿은 것이었다.

(2) 요한복음에서의 예수의 보내심

다른 어떤 복음서도 요한복음 만큼이나 성부로부터 보내심을 받은 예수에 대해서 언급하지는 않는다. 안드레아스 J. 쾨스텐버거(Andreas J. Köstenberger)와 피터 T. 오브라이언(Peter T. O'Brien)은 이렇게 말한다.

> 제4복음서의 우선적인 초점은 예수의 사명에 있다. 그는 세상에 오셔서 자신의 과업을 이루시고 성부께로 돌아가신 분이시며, 그는 하늘에서 내려오셔서 다시금 승천하신 분이시며, 그는 보냄을 받으신 자(the Sent One)로서 보내신 분에게 전적으로 의존하면서 완전히 순종하셔서 자신을 보내신 성부의 목적을 성취하신 분이시다(Köstenberger and O'Brien 2001, 203).

요한복음은 처음부터 예수께서 영원한 로고스이시고, 말씀이 인간이 되시고, 하나님의 현존을 나타내시기 위해, 성부의 뜻을 행하시기 위해, 세상을 구원하시기 위해 세상 속으로 보냄을 받으셨다는 이해에 바탕을 두고 있다(요 1:1, 14).

예수는 반복해서 성부에 의해 보내심을 받은 사실을 말씀하신다 (요 5:23; 6:29; 7:18; 8:16; 10:36; 11:42; 12:45; 17:18; 20:21a).

이는 내가 하나님께로부터 나와서 왔음이라. 나는 스스로 온 것이 아니요 아버지께서 나를 보내신 것이니라(요 8:42b; 참조, 요 7:28).

예수는 성육신 이전에 선재하셨으며, 지상에서의 자신의 일이 끝난 후에 성부께로 돌아가실 것이었다(요 7:33; 16:28).

- 예수는 자신의 일이 아니라, **성부의 뜻과 일을 하기 위해** 보내심을 받으셨다.

    내가 하늘에서 내려온 것은 내 뜻을 행하려 함이 아니요 나를 보내신 이의 뜻을 행하려 함이니라(요 6:38; 또한 요 4:34; 5:30; 8:29; 9:4을 보라).

- 예수는 **진리를 가르치기 위해** 오셨다.

    내가 이를 위하여 태어났으며 이를 위하여 세상에 왔나니 곧 진리에 대하여 증언하려 함이로라(요18:37b).

    내가 내 자의로 말한 것이 아니요 나를 보내신 아버지께서 내가 말할 것과 이룰 것을 친히 명령하여 주셨으니(요 12:49; 또한 요 3:34; 7:16; 12:46을 보라).

- 예수는 **풍성한 생명을 주시기 위해서** 오셨다.

    내가 온 것은 양으로 생명을 얻게 하고 더 풍성히 얻게 하려는 것이라(요 10:10b; 또한 요 6:33, 57을 보라).

- 무엇보다도, 예수께서 **구속 사역을 완성하는 것**이 성부의 뜻이었다.

> 하나님이 세상을 이처럼 사랑하사 독생자를 주셨으니 이는 그를 믿는 자마다 멸망하지 않고 영생을 얻게 하려 하심이라 하나님이 그 아들을 세상에 보내신 것은 세상을 심판하려 하심이 아니요 그로 말미암아 세상이 구원을 받게 하려 하심이라 (요 3:16-17; 또한 요 6:39; 12:47b을 보라).

쾨스텐버거는 요한복음에서의 보내심의 기본적인 특징들을 이렇게 요약한다.

① 보내신 분에게 영광과 영예를 돌리기 위해
② 보내신 분의 뜻을 행하고, 그의 일을 하고, 그의 말씀을 하기 위해
③ 보내신 분을 증거하고 그를 정확하게 대변하기 위해
④ 보내신 분을 친밀히 알고, 보내신 분과 친밀한 관계 속에서 살고, 또 그의 본을 따르기 위해서이다(1998a, 191)
⑤ 구속 사역을 완수해서 구원과 영생이 모든 믿는 자들에게 주어지도록 하기 위해서라고 할 수 있다(추가로 더해진 항목이라고 저자가 말함).

(3) 예수의 보내심에 대한 바울의 이해

바울은 성자를 보내심이 우선적으로 구속의 목적을 위해서라고 해석한다. 성자를 보내심과 함께 하나님의 구원은 유대인들과 이방인들에게 주어진다(행 13:26; 28:28).

> 율법이 육신으로 말미암아 연약하여 할 수 없는 그것을 하나님은 하시나니 곧 죄로 말미암아 자기 아들을 죄 있는 육신의

모양으로 보내어 육신에 죄를 정하사 육신을 따르지 않고 그 영을 따라 행하는 우리에게 율법의 요구가 이루어지게 하려 하심이니라(롬 8:3-4).

때가 차매 하나님이 그 아들을 보내사 여자에게서 나게 하시고 율법 아래에 나게 하신 것은 율법 아래에 있는 자들을 속량하시고 우리로 아들의 명분을 얻게 하려 하심이라. 너희가 아들이므로 하나님이 그 아들의 영을 우리 마음 가운데 보내사 **아빠** 아버지라 부르게 하셨느니라(갈 4:4-6).

갈라디아서에서 바울은 성육신의 역사적 본성("여자의 후손")과 종교적 상황("율법 아래")을 강조한다. 구속은 하나님과의 새로운 관계로 이어지는데, 즉 (더 이상 종이나 하인이 아니라) 아들로 입양되는 관계로 연결된다. 더군다나, 입양과 함께 성령의 은사가 주어져서, 신자를 성부와 더욱 친밀한 관계에 들어가게 한다.

여기서 다시 우리는 삼위 하나님이 구속과 보냄에 있어서 능동적이심을 본다. 성부는 구속을 위해 성자를 보내신다. 그런 다음 성령은 신자에게 능력을 부여하고 세상을 확신시키기 위해 보내심을 받는다. 이제 성령의 보내심에 대해 살펴보자.

### 3) 성령의 보내심

성부와 성자에 의한 성령의 보내심은 제자들의 사역을 통해서 성자의 보내심을 계속한다(Vicedom 1965, 55). 요한복음에서 성령을 보내심은 세상에서의 제자들의 사역에 연관된다. 이것은 성령의 가르치는 사역으로 시작된다.

> 보혜사 곧 아버지께서 내 이름으로 보내실 성령 그가 너희에게 모든 것을 가르치고 내가 너희에게 말한 모든 것을 생각나게 하리라(요 14:26).

성령의 사역은 성령께서 제자들을 통하여 예수 그리스도를 증거하면서 계속된다.

> 내가 아버지께로부터 너희에게 보낼 보혜사 곧 아버지께로부터 나오시는 진리의 성령이 오실 때에 그가 나를 증언하실 것이요 너희도 처음부터 나와 함께 있었으므로 증언하느니라 (요 15:26-27).

성령이 보내졌을 때, 그 역시 이 세상에서 사역하실 것이며, 죄, 의, 심판에 대하여 세상을 확신케 할 것인데, 이 역시 그리스도의 인격과 관련된 것이다(요 16:7-11).

우리는 요한복음에서 성령을 보내신 목적과 예수의 보내심의 목적 사이에서 특별히 진리를 증거하기 위한다는 병행구들을 주목한다. 누가의 성령의 보내심에 대한 언급은 제자들이 성령을 받은 것과 직접적으로 연결되어 있다. 그들은 성령을 받을 때까지 예루살렘을 떠나서는 안 되었다(눅 24:49). 그들이 성령을 받았을 때, 그들은 땅 끝까지 예수를 증거하도록 능력을 덧입을 것이었다(행 1:8).

성령이 보내졌을 때, 복음은 새로운 능력과 확신으로 전파된다. 우리가 사도행전을 살펴볼 때, 신자들이 성령으로 충만할 때마다 선포가 일어났다는 것은 명백하다. 바울은 그가 복음을 말로만 아니라, 성령의 능력과 확신 가운데서 전했음을 반복해서 언급한다(롬 15:19; 고전 2:4; 살전 1:5). 성령의 보내심이 교회에서 역사하는 것을 통해서 복음은 전파되고 변화를 일으킨다.

### 4) 교회의 보내심

(1) 예수의 제자들을 보내심
예수께서 제자들을 부르신 목적은 그들을 보내기 위해서이다.

> 이에 열둘을 세우셨으니 이는 자기와 함께 있게 하시고 또 보내사 전도도 하며(막 3:14).

두 차례에 걸쳐 예수는 제자들을 보내사 사역 여행을 하게 하신다. 첫 번째는 열두 제자(마 10:1-42; 막 6:7-13; 눅 9:1-6), 다음에는 칠십인(눅 10:1-20)이었다. 아래는 마태복음 10장의 이야기이다.

- 그들에게는 병을 고치고, 귀신을 쫓아내고, 죽은 자를 일으키는 권능이 주어진다(1, 8절).
- 그들은 이스라엘에게만 갈 것이다(5-6절).
- 그들은 "천국이 가까왔느니라"고 선포할 것이다(7절).
- 그들은 성부의 공급에 전적으로 의존하며 섬긴다(9-11절).
- 그들의 메시지에 대한 반응은 평화 혹은 심판으로 이어질 것이다 (12-15절).
- 그들의 모습은 이리들 가운데 양과 같다(16절).
- 그들은 반대에 직면할 것이다(17-23절).
- 성령께서 그들을 통해 말씀하실 것이다(20절).

간략히 말해, 제자들의 사역은 예수의 사역을 흉내내고자 하는 것이었다. 존 하비(John Harvey)가 요약하듯이, 그들의 권위, 활동, 메시지, 대상 집단, 결과들은 예수의 것과 같았다(1998, 43). 이것은 사도행전에 기록된 오순절 이후에 일어날 훨씬 더 큰 사역을 위한 준비에 불과했다. 복음서들에 기록된 열두 제자와 칠십인들을 보내신 것은 제한된 기간과 권위의 보냄, 즉 일회성 보냄들이었다. 제자들에게는 명백한 지시가 주어지고, 돌아와서는 예수를 다시금 따르고, 그들 스스로의 주도권으로 그러한 여행을 다시 시행하지 않는다.

> 따라서, 그들은 주님께서 지상에서 머무시는 한 독립적인 과제를 받지 아니하였다(Vicedom 1965, 57).

부활과 성령을 받은 후에야 그들의 보내심은 전적으로 새로운 차원을 띠게 된다. 그들은 성령을 받기까지 예루살렘을 떠나지 않도록 지시를 받았는데(눅 24:49), 부활 이후의 보내심은 질적으로 다른 성격의 보내심이 될 것이라는 것이 강조되었다.

사도 바울은 원래 열두 제자 중의 한 사람은 아니었지만, 사도행전 26:16-18에 기록된 대로, 부활하신 그리스도의 말씀을 떠올리면서 자신이 보냄 받음을 묘사했다.

> 일어나 너의 발로 서라 내가 네게 나타난 것은 곧 네가 나를 본 일과 장차 내가 네게 나타날 일에 너로 종과 증인을 삼으려 함이니 이스라엘과 이방인들에게서 내가 너를 구원하여 그들에게 보내어 그 눈을 뜨게 하여 어둠에서 빛으로 사탄의 권세에서 하나님께로 돌아오게 하고 죄 사함과 나를 믿어 거룩하게 된 무리 가운데서 기업을 얻게 하리라 하더이다(행 26:16-18).

### (2) 오늘날 교회의 보내심

예수 그리스도의 죽으심과 부활 이후에 오순절이 찾아왔고, 하나님의 새로운 백성인 교회가 탄생했다. 부활하신 그리스도께서는 지상명령과 성령의 보내심과 함께 제자들을 세상 속으로 보내신다. 그들의 보내심의 **영역**은 이스라엘뿐 아니라 땅 끝까지 그리스도의 증인들로 보내지면서 확대된다. 성령을 보내심과 함께 예수와 원 제자들(original disciples)에 의해 시작되었던 사역은 전 세계로 폭발해 나간다.

그들의 보내심의 **기간**은 종말까지로 연장된다. 그들의 보내심의 **메시지** 또한 그리스도께서 구속 사역을 완성하셨기에 죄 사함을 포함하도록 확장된다. 마지막으로, 그들의 보내심의 **능력**은 그들이 성령의 충만함을 받음에 따라 주어진다. 오늘날 교회는 이 선교의 궤적에 따라 지속된다.

교회의 보내심은 성삼위 하나님의 보내시는 활동에 긴밀히 연결된다. 그것은 인간적 권위에 의해서가 아니며, 성삼위 하나님의 권위를 통해서인데, 즉 성삼위 하나님은 성부로서 보내시고, 성자로서 구속하시고, 성령으로서 권능을 부여하시는 것이다. 이 성삼위 하나님의 이름으로 신자들은 세례를 받는다(마 28:19).

성삼위 하나님께서는 성자의 구속 사역을 통해 그리고 성령을 신자들의 마음 속에 보내심에 의해 신자들을 자녀로 입양하시면서 사역하신다(갈 4:4-6). 성부께서는 복음을 위한 문을 여신다(고전 16:9; 고후 2:12; 골 4:3a). 그로써 성자의 신비가 선포될 수 있고(골 4:3b), 성령께서 메시지를 확증하고 듣는 자들을 확신케 할 수 있게 된다(롬 15:19; 고전 2:4; 살전 1:5). 메신저들이 **보냄**을 받은 일이 없고서는, 주의 이름을 부르는 모든 사람들에 대한 구원의 보편적인 초대는 선포될 수 없고, 들려질 수 없고, 따라서 믿어질 수 없다(롬 10:11-15).

교회의 보내심은 요한복음 20:21b에 나오는 예수의 위임의 말씀에 가장 명백히 드러난다.

아버지께서 나를 보내신 것 같이 나도 너희를 보내노라
(요 20:21b).

그러나 예수께서 보내심을 받은 것처럼 우리가 보내심을 받았다는 것은 어떤 방식을 말하는가?

앞에서 요한은 예수에 의해 보내심을 받는 것은 예수의 대변자가 되는 것이고, 결과적으로는 또한 간접적으로 성부의 대변자가 되는 것이라고 보고한다.

내가 진실로 진실로 너희에게 이르노니 내가 보낸 자를 영접하는 자는 나를 영접하는 것이요 나를 영접하는 자는 나를 보내신 이를 영접하는 것이니라(요 13:20).

위에서 우리는 쾨스텐버거가 요한복음에 나타난 예수의 보내심에 대해 요약한 것을 주목했다.

① 보내신 분을 영화롭게 함.
② 보내신 분의 뜻을 행하고 그의 말을 함.
③ 보내신 분을 증거함.
④ 보내신 분을 친밀히 앎 등이 그것이다.

보냄받은 자가 되어야 하고 해야 하는 것의 이 모든 측면들은 예수께로부터 보내심을 받은 제자들에게 적용될 수 있다 (Köstenberger 1998a, 91).

요한복음 20:22의 즉각적인 맥락은 이 위임이 죄 사함의 사역과 긴밀히 연결된다는 것을 강조하는 것이다. 쾨스텐버거와 오브라이언은 이렇게 요약했다.

> 예수께서 그 성부의 뜻을 행했음과 같이, 그들은 **예수의 뜻을 행해야 한다**. 예수께서 성부의 일을 하셨듯이 그들도 **예수의 일을 해야 한다**. 예수께서 성부의 말씀을 하셨듯이, 그들은 **예수의 말씀을 해야 한다**. 그들을 보내신 분이신 예수에 대한 그들의 관계는 예수와 그 **보내신 분**과의 관계를 반영해야 한다 (Köstenberger and O'Brien 2001, 222).

### 5) 요약

성삼위 하나님의 보내시는 활동이 없이는 선교도 없는 이유는, 그러면 복음도 없기 때문이다. 복음의 핵심은 성부 하나님이 세상을 이처럼 사랑하사 그의 독생자를 세상에 **보내셨다**는 것이다. 창조 때에 수면 위를 운행하셨던 같은 하나님의 성령께서(창 1:2) 이제 교회를 움직여 예수 그리스도에 대한 증인으로서 모든 민족들과 나라들에게로 나아가게 하신다(행 1:8). 이 성령께서 죄, 의, 심판에 대해서 세상을 책망하실 것이다 (요 16:8).

뉴비긴(Newbigin)은 선교에 대한 삼위일체적 이해의 중요성을 다음과 같이 잘 요약하고 있다.

> 따라서 가장 기본적인 형태로서 복음의 선포는 하나님의 삼위일체적 본성에 대한 이해를 전제해야 한다. 우리가 때때로 말하는 것과는 달리, 그것은 마지막에 아치의 꼭대기에 놓을 수 있는 지적인 관석(cap-stone)이 아니라 그와는 반대로, 아타나

시우스(Athanasius)가 부른대로, 기원(*arche,* 아르케)이며, 그것이 없이는 복음의 선포가 이방 세계에서 시작될 수도 없는 전제(presupposition)이다(Newbigin [1963] 1998, 36).

## 5. 실천적 함의들

이상의 논의는 성경적 선교의 정당화를 위해 몇 가지 실천적 함의들을 가진다.

### 1) 선교는 하나님의 특권이며 사업이라는 확신

이상의 논의은 선교를 정당화할 뿐만 아니라, 선교의 성공은 인간의 노력과 전략에 의존한다는 교회의 인식에서 자유롭게 해준다.

> 선교는 하나님께 속한 일이다. 이것이 하나님의 선교(*missio Dei*)의 첫 번째 함의이다(Vicedom 1965, 5).

이것은 교회로 하여금 희생적으로 하나님의 선교에 헌신할 의무를 면제해주는 것이 아니며, 교회가 그 자체보다 더 큰 것의 일부이며, 즉 구속 역사의 진행 과정에서 하나님의 도구가 된다는 깊은 특권 의식과 확신을 심어준다.

> 우리는 우리 자신이 선택하거나 고안해낸 사업에 가담한 것이 아니다. 우리는 창조 자체의 중심 의미인 하나님의 한 활동에 참여하도록 초청받는다. 우리는 성령의 임재를 통해 성자의

성부에 대한 사랑의 순종에 참여하는 자들이 되도록 초청받는
다(Newbigin [1963] 1998, 83).

### 2) 우리는 자신 있게 모든 사람들을 위한 복음을 선포할 수 있다

복수의 진리 주장들과 종교적 확신들이 공존하는 다원적인 사회에서 기독교 신앙이 보편적 유효성을 가질 수 없다는 주장이 종종 제기된다. 더군다나, 다른 신앙을 가진 사람들을 기독교로 개종시키려 하는 시도는 비관용적이고, 고집불통이며, 제국주의적인 것으로 정죄를 받는다.

그러나 교회의 선교는 하늘과 땅의 우주적 창조자이신 하나님의 선교적 의지에서 직접 흘러나오며, 그 앞에서 모든 것이 설명된다. 그의 사랑은 모든 사람들을 포용하려 한다. 이것은 교회로 하여금 담대한 겸손으로 복음을 선포하게 하며, 성경적 진리가 모든 나라, 문화, 인종집단의 남녀들을 위해 유효함을 정당화한다. 우리는 바울과 함께 담대하게 말할 수 있다.

> 내가 복음을 부끄러워하지 아니하노니 이 복음은 모든 믿는
> 자에게 구원을 주시는 하나님의 능력이 됨이라 먼저는 유대인
> 에게요 그리고 헬라인에게로다(롬 1:16).

### 3) 예수 그리스도의 인격은 선교의 방법과 메세지 모두에서 중심이 되어야만 한다

예수께서 보내심을 받은 것처럼 우리도 보내심을 받는다. 선교의 본성을 결정하는 것은 우리 나름대로의 창의성이나 영리함에 달려있는 게 아니다. 본질적으로 선교는 예수의 사역을 계속하는 것이다. 어떤 의미

에서 그것은 그 이상의 것이다. 예수의 죽으심과 부활 이후로 우리는 더 충만한 용서, 구원, 화해의 메시지를 가진다. 그 위임은 세상에서 선한 일을 하는 것 이상의 것이다.

> 선교는 구원의 행위들을 나타냄을 통하여 하나님의 구원의 활동을 지속하는 것 외에 다름 아니다(Vicedom 1965, 9).

### 4) 선교는 성령의 능력에 의존하는 가운데 수행되어야 한다

선교의 능력은 능력을 부여하시는 성령의 능력이다. 성령 하나님 자신이 증인들에게 능력을 부여하고, 듣는 자들을 확신케 하고, 기적을 행하고, 삶을 변화시키고, 하나님 나라 공동체들을 창조하고, 사역을 위한 은사들을 부여하심으로 역사하신다. 허우적거리며 두려워했던 예수님의 원 제자들이 핍박에 직면해서도 땅 끝까지 복음을 담대히 전했다는 것은, 변혁을 일으키고 가능케 하시는(enabling) 성령의 능력을 떠나서는 있을 수 없는 일이다.

> 선교사들과 현지인들이 동의하는 것은 다음과 같다.
> "세계복음화가 신적 사업이며, 하나님의 성령이 위대한 선교자(the great Missioner)이시며, 성령께서 그 일과 일꾼들을 지배하실 때에만 우리는 그리스도에 대한 지식을 모든 사람들에게 전하는 과업에 있어 성공을 바랄 수 있다는 것이다. 그들은 성령께서 초대교회에 선교 사명을 주셨고, 오늘날 모든 진정한 선교사역은 그에 의해서 시작되고, 지시되고, 유지되어야 한다고 믿는다."
> —John R. Mott, 1910
> (Stott 1992, 396에 재인용)

오늘날 교회는 엄청나게 성장해서 초대 그리스도인들이 상상할 수 없는 다양한 자원들을 가지고 있다. 그럼에도 불구하고, 하나님의 가능케 하시는 능력을 떠나서 우리 자신이 하나님 나라를 1 밀리미터라도 전진시킬 수 있어야 한다고 생각하는 것은 부조리하기 짝이 없는 것이다. 예수는 우리를 자신의 제자들로 임명하셔서 지속될 열매를 많이 맺도록 보내시며(요 15:16), 우리가 예수께 전적으로 의지해야 할 것의 중요성에 대해서 너무나 명백하게 언급하셨다.

> 나를 떠나서는 너희가 아무 것도 할 수 없음이라(요 15:5b).

### 5) 우리는 우리의 선교에 대한 헌신을 새롭게 하도록 격려를 받고 영감을 받을 수 있다

선교에 참여하는 것은 하나님의 목적에 참여하는 것이다. 뉴비긴은 다음과 같이 말한다.

> 교회는 그 자체가 세상 속에 보내진 것이며, 성부로부터 시작된 그리스도의 선교를 지속하는 것이며, 하나의 기관이라기보다는 그리스도의 이름으로 땅 끝까지 보내심을 받은 원정대라는 진리가 새로운 생생함으로 이해되었다([1963] 1998, 12).

우리는 과연 이 사실을 이해하고 있는가?
"예수께서 나를 사랑하신다"는 단순한 진리는 시간과 영원 속에서 우리 삶에 무한한 가치를 주지만, 이 시대에 선교를 위한 하나님의 도구가 됨으로써 우리의 삶은 역사 속에서 의미(significance)를 가진다. 이로 인해 우리는 감히 교만할 수 없다. 즉각적인 성공이 교회에 약속되지 않은 것은, 많은 사람들이 고난에 의해서 하나님 나라에 들어갈 것이며, 세상 속에서 우리는 환난을 당할 것이기 때문이다. 그러나 궁극적인 성공은 하나님의 목적들을 위해서 보증되었는데, 왜냐하면 그리스도께서 세상을 이기셨기 때문이다(요 16:33).

열방을 위한 하나님의 계획은 성령께서 추진하시는 거대 기관차처럼 역사의 지형들을 통해 전진하며, 우리는 성경에 나타난 그의 뜻의 철로를 따라 그 종착역에 도착할 때까지 기차를 타고 가는 것이다. 그 종착지는 그의 영원한 의와 영광의 나라에서 열방이 경배하는 것이다. 악의 세력들은 그것을 멈출 수 없다.

이 선교는 실패하지 않을 것이다. 이 진리의 확증, 참여의 놀라운 특권, 사역 중에 임하는 그분과의 교제의 달콤함이 오늘날 우리가 그분의 백성으로서 즐거이 새로운 헌신을 하고 전적으로 하나님의 선교에 순복하도록 도와줄 것이다.

## 사례 연구
### "선교는 부도덕하다!"

어린 시절부터 앰버(Amber)는 주일학교를 방문하는 선교사들에 매료되었다. 그녀는 그들을 가장 존경했다. 지난 여름 그녀는 자메이카로 가는 선교 여행에 참여했다. 어제는 목사님과 장기 선교사역의 가능성을 놓고 토론했다. 주립대학교의 식당에서 점심을 먹으면서 곰곰이 생각하다가, 그녀는 갑자기 거의 자기도 모르게 룸메이트인 셀리아(Shelia)에게 다음과 같이 말했다.

"하나님께서 나를 선교사로 부르시는 것 같아"라고 말했다.

셀리아는 포크를 든 채 그대로 멈추었다.

"말도 안 돼!"

셀리아가 종종 교회를 다녔지만, 그녀는 앰버의 생각이 마치 화성인이라도 되겠다는 말처럼 이상하게 들렸던 것이다.

"세상에는 그리스도인들이 충분히 많지 않니?

왜 추구하던 모든 것을 희생하고 아프리카나 다른 곳으로 가야 하지?

돕기를 원한다면 그냥 돈을 보내는 것이 더 나을 거라 생각해.

요즘 세상에 미국인들은 세계 곳곳에서 별로 환영받지 않는다는 것을 알아야 해."

앰버가 셀리아의 염려에 대해 대답하려 할 때, 폴(Paul)이 테이블에 같이 앉아서는 대화에 끼어들었다.

"선교사?

난민촌에서 담요 나눠주는 걸 말하는 거야? 아니면 다른 거야?"

앰버는 수줍게 사실 십대들을 위한 전도에 더 관심이 있다는 것을 설명하려 했다.

"다른 종교를 믿는 사람들을 그리스도인으로 개종시키려 한다는 뜻이야?"

폴은 믿기지 않는다는 듯이 되물었다.

"너의 종교가 다른 사람들의 종교보다 더 낫다고 생각하는 권리를 누가 네게 주었어?"

폴의 어조는 짜증난 투가 역력했다.

앰버는 자신이 공격을 받는다는 느낌을 받으면서, 그 얘기를 꺼낸 걸 후회하기 시작했을 때, 그들 뒤에 앉아있던 한 학생이 어깨 너머로 보면서 끼어들었다.

"이봐요, 당신들 대화를 곁에서 엿듣게 되었는데요. 선교사들은 문화 파괴자들이에요. 사람들의 신념이나 관습에 대해 존경하지 않아요. 현지인 여성들이 브라자를 하도록 하는 등 바보짓을 하지요!"

다른 사람들은 그 말이 약간 무례하다고 느꼈지만, 그들은 소리내어 웃고 말았다. 앰버의 어깨는 축 쳐졌다.

엿들은 사람이 계속 말했다.

"근데 말이에요. 역사를 읽어보면, 선교사들이 '가난한 자들을 개화시키려고' 했을 뿐 아니라, 식민주의 정부들을 지지했어요. 어떤 사람들은, 서구 정부들이 제3세계 국가들의 전통적인 가치들을 손상하는데 어리석은 선교사들이 이용당했다고 믿어요. 어떤 선교사들은 CIA 앞잡이라는 주장에도 일리가 있을 것이에요."

잠시 생각한 후에 셀리아가 다시 대화에 끼어들었다.

"때때로 난 종교가 세상의 인간 갈등의 근원이 된다는 느낌을 받아. 북아일랜드, 이스라엘과 팔레스타인의 갈등, 무슬림 테러범들을 봐. 최근에 인도네시아에서 그리스도인들과 무슬림들 간에 폭동이 일어나지 않았어?"

여기에 폴이 더했다.

"맞아, 르완다의 대학살은 어떻고?

모두 그리스도인이라는 사람들이잖아. 신앙적으로 좋은 일 한 게 뭔지 봐!"

앰버는 당혹감과 수치에서 벗어나려 절박하게 애쓰면서 화제를 바꾸었다.

"어젯밤 농구 시합 본 사람 있어?"

그러나 엿들은 사람은, 앰버의 꿈을 관에 넣어 마지막 못질을 하듯이 다시금 개입해서 앰버 외에 다른 사람들이 모두 생각하는 바를 큰 소리로 말했다.

"내 생각을 말하면요, 선교사업은 완전 거만하고 부도덕한 일이에요!"

앰버는 너무 혼란스럽고 속상해서 재빨리 자리를 떠서 방으로 와버렸다. 그녀는 선교사들에 대한 그런 비난과 선교사업에 대한 그런 공격을 들어본 적이 없었다. 어쩌면 선교사들은 전혀 영웅이 아니었을지도 모른다. 어쩌면 해외 선교의 시대는 지나가버렸는지도 모른다.

생각을 가다듬은 다음, 그녀는 교회에서 가장 친한 샬롯(Charlotte)에게 전화를 걸었다. 샬롯은 최근에 세계 선교에 대한 세미나에 참석한 바 있었다. 앰버는 샬롯과의 대화를 연습하면서 다음과 같은 질문으로 결론을 내려보았다.

"이런 말들에 대해서 내가 뭐라고 대답해야 하지?

그들이 한 말들에 비추어 볼 때, 선교사역은 정말 정당화될 수 있는 거야?"

◆ 성찰과 토의 ◆

① 당신이 만약 샬롯이라면, 앰버에게 뭐라고 대답해줄 수 있을까?

# 제4장
# 선교의 목적과 본질

교회의 선교가 우주적 하나님의 선교라는 사실을 확인한 다음, 보다 신중하게 하나님의 선교의 목적과 본질을 규명하고자 한다. 서론에서 현대 선교학자들이 추측하는 대로, 선교란 정의할 수 없으며 단지 대략적인 근사치적 정의를 내릴 수 있을 것이라는 주장을 살펴보았다.

다른 선교학자들은 선교 혹은 하나님의 선교(*missio Dei*)는 단순히 하나님께서 교회를 보내사 행하게 하시는 모든 것을 포함한다고 주장했다(예, Stott 1975, 30; Kirk 2000, 24). 하지만 그런 정의들은 거의 도움이 되지 않는다. 이 점에 관해서 스티븐 닐(Stephen Neill)의 다음과 같은 주장이 종종 인용된다.

> 만일 모든 것이 선교라면, 아무것도 선교가 아니다. 만일 교회가 행하는 모든 것이 "선교"로 분류된다면 우리는 그리스도의 이름을 전혀 들어보지 못한 "이방인들"을 위한 교회의 특별한 책임에 관한 다른 용어를 찾아야 한다(Neill 1959, 81).

만일 교회가 진정으로 선교적 교회가 되려는 노력에 집중하려 한다면, 우리가 어떻게 선교를 정의하는가 하는 것은 실제적으로 가장 중요하다. 다음의 논의에서 우리는 선교(mission)의 목적과 선교사역(missions)의 과업을 구분한다.

**선교의 목적**에 대해 말할 때, 우리는 선교에 대한 광범위하고 포괄적인 목표를 말한다. 즉 그것은 궁극적으로 성취되어야 하는 것, 모든 과업들이 그것을 위해 기여하는 선교의 전반적인 틀과 정신에 대한 것이다. 다음 장들에서 우리는 선교의 궁극적 목적의 성취를 위한 핵심적인 특정 활동들과 시도들을 묘사하는 **선교사역의 과업**을 다룰 것이다. 물론 어떻게 선교의 목적을 정의할 것인가는 어떻게 선교사역의 과업을 정의할 것인가와 밀접한 연관성을 갖고 있을 것이다.

우리는 다음과 같이 선교의 목적과 본질을 살펴볼 것이다.

- **송영**(Doxology), 다른 모든 것들이 흘러나오는 선교의 최상의 전체적 **목적**으로서 하나님을 영화롭게 하는 것
- 선교의 **기초**인 **구속**
- 선교의 **중심**인 **하나님 나라**
- 선교의 **소망**인 **종말론**
- 선교의 **범위**인 **열방**
- 선교의 **열매**인 **화해**
- 선교의 **특성**인 **성육신**

10장에서는 선교의 능력인 성령을 다룰 것이다.

## 1. 선교의 목적으로서의 송영

선교의 우선적인 목적이 있다면 그것은 바로 하나님의 영광이다. 하나님의 영광은 모든 땅과 모든 피조물들 가운데서 찬미되어야 한다. 성경은 하나님의 영광이 다양한 방법들, 예를 들어 창조 가운데 드러난다고 가르친다(예, 시 19:1-6). 하지만 하나님의 영광은 훨씬 더 경이로운 방식으로 하나님의 특정한 구원 행위 가운데 드러난다. 하나님께서 역사 가운데 자신의 선교를 성취하실 때, 하나님의 영광과 의와 사랑은 매우 분명하게 드러나게 된다. 이 영광은 하나님의 구속된 백성들의 찬송 가운데 하나님께 돌려진다.

구속사는 하나님의 영광이 우리의 구원을 위해, 그리고 죄와 사망과 악의 권세를 물리치기 위해 독생자를 세상으로 보내심에서 놀랍게 드러나고, 그 절정에 달한다.

> 말씀이 육신이 되어 우리 가운데 거하시매, 우리가 그의 영광을 보니 아버지의 독생자의 영광이요 은혜와 진리가 충만하더라(요 1:14).

송영(Doxology)은 그리스도께서 구원의 주님이실 뿐 아니라 "만물이 다 그로 말미암고 그를 위하여 창조되었다"(골 1:16b)는 점에서 기독론적이다. 성령의 사역은 그리스도를 영화롭게 하는 것이다(요 16:14). 요한 계시록은 그리스도를 높이는 예배로 가득 차 있다(예, 계 1:17; 5:6-14; 7:9-10). 모든 백성들이 그리스도의 메시지를 듣고 용서를 받으며 그리스도의 주권 아래 살아갈 때, 자신들의 삶으로 하나님께 영광을 돌리며 하나님의 충만한 영광 가운데 하나님을 예배하는 자들이 된다. 그리고 하나님께서는 최고의 영광을 받으시게 된다.

우리가 이미 살펴보았듯이, 열방과 열방 가운데 사는 하나님의 백성들의 역할에 대한 특정 구절들과 기타 수많은 성경 구절들이 이를 시사한다. 열방이 되풀이하여 요청받고 있는 것은, 주님의 위대하심을 인정하며 하나님을 즐겁게 예배하는 자들이 되라는 것이다. 예를 들어 시편 67:3-4a에서 다음과 같이 말한다.

> 하나님이여 민족들이 주를 찬송하게 하시며 모든 민족들이 주를 찬송하게 하소서 온 백성은 기쁘고 즐겁게 노래할지니 (시 67:3-4a).

구약의 종말론적 비전은 예배하는 열방들을 예견한다. 예를 들면,

> 땅의 모든 끝이 여호와를 기억하고 돌아오며 모든 나라의 모든 족속이 주의 앞에 예배하리니(시 22:27).

> 주여, 주께서 지으신 모든 민족이 와서 주의 앞에 경배하며 주의 이름에 영광을 돌리리이다(시 86:9).

하나님의 영광과 구원이 매우 다양한 국적을 가진 자들과 종족적 배경을 가진 자들, 그리고 사회적 지위를 가진 자들에 이르기까지 예배할 마음을 불러일으킨다는 사실은 하나님에 대한 우주적 찬양을 더욱더 확대한다.

예수는 친히 아버지를 영화롭게 하시며(요 7:18; 17:1), 아버지의 영광의 광채이시다(히 1:3). 예수는 "아버지께서 내게 하라고 주신 일을 내가 이루어 아버지를 이 세상에서 영화롭게 하였사오니"(요 17:4)라고 기도하면서 자신의 지상 사역을 요약하신다. 예수는 신자들에게 증인이 되

어 그리스도를 영화롭게 하라고 하시며 성령을 보내주신다(요 15:26-27; 16:14). 예수는 자신의 제자들로 말미암아 영화롭게 되신다(요 17:9-10). 그는 자신을 따르는 자들에게 다음과 같이 권고하신다.

> 이같이 너희 빛이 사람 앞에 비치게 하여 그들로 너희 착한 행실을 보고 하늘에 계신 너희 아버지께 영광을 돌리게 하라 (마 5:16).

에베소서 1:5-14에서 교회는 하나님의 영광을 찬양하기 위해 살아가도록 부름을 받았다고 세 차례에 걸쳐 언급하고 있다. 그것은 하나님의 지혜를 드

> 이는 만물이 주에게서 나오고 주로 말미암고 주에게로 돌아감이라 그에게 영광이 세세에 있을지어다 아멘.
> -로마서 11:36

러내고(엡 3:10) 하나님의 아름다운 덕을 선포하는 것(벧전 2:9)이다. 우리가 행하는 모든 것은 하나님의 영광을 위한 것이다(고전 10:31).

죄는 하나님의 영광에 이르지 못한 것으로 묘사되며(롬 3:23) 우상 숭배는 하나님의 영광을 부패하게 만든다(롬 1:23). 한편 믿음(롬 4:20), 회개(계 16:9), 순종(고후 9:13), 그리고 시련 가운데서의 인내(벧전 1:7; 2:12)는 하나님을 영화롭게 한다.

회심의 참된 본질은 "우상을 버리고 하나님께로 돌아와서 살아 계시고 참되신 하나님을 섬기는"(살전 1:9) 데살로니가 교회 신자들에게서 볼 수 있다. 하나님의 은혜가 더 많은 사람들에게 퍼져 나갈 때 하나님의 영광도 확산된다(고후 4:15). 그리스도 안에 나타난 하나님의 영광은 바울 서신의 반복되는 분명한 주제이다(Little 2005, 52-73을 보라).

로마서 15장에서 사도 바울은 이방인들에 대한 자신의 개척 선교사

역을 설명하기위해 예배 언어를 채택한다. 복음 선포는 이방인 신자들이 "제물"이 되는 "제사장적 직분"이다(16절). 이것은 의심의 여지없이 열방으로 보냄 받은 사자들(messengers)에 대한 이사야의 비전을 언급한 것이다.

> … 나의 명성을 듣지도 못하고 나의 영광을 보지도 못한 먼 섬들로 보내리니 그들이 나의 영광을 뭇 나라에 전파하리라 … 그들이 너희 모든 형제를 뭇 나라에서 나의 성산 예루살렘으로 말과 수레와 교자와 노새와 낙타에 태워다가 여호와께 예물로 드릴 것이요(사 66:19-20)

이어서 바울은 다음과 같이 말한다.

> 그러므로 내가 그리스도 안에서 하나님의 일에 대하여 자랑하는 것이 있거니와(롬 15:17).

하나님의 영광은 선교의 궁극적인 목적일 뿐 아니라, 실제 선교사역은 하나님의 영광을 선포하는 것이며, 그 자체로 하나의 제사장적 예배 행위이다.

결국 신약성경의 종말론적 비전은 "각 족속과 방언과 백성과 나라"(계 5:9; 7:9) 가운데서 구속된 자들의 예배에서 드러난다. 여기서 하나님의 어린 양은 천사들의 찬송으로 영광을 받으신다. 왜냐하면 그의 구속 사역이 헛되지 않고 모든 족속에 이르렀기 때문이다. 요한계시록은 예배와 주님의 영광으로 가득 차 있다.

선교에 대한 이러한 이해는 개신교 선교학에 초창기부터 나타났다. 17세기 중반 기스베르투스 보에티우스(Gisbertus Voetius)는 선교의 목적을 삼중적으로, 즉 이교도의 회심, 교회 개척, 영화와 신적 은혜의 나타남으로 공식화했다(Bavinck 1960, 155; Jongeneel, 1991을 보라).

그러나 얀 용어네일(Jan Jongeneel)은 이 선교의 삼중적 목적이 보에티우스가 『교회정치』(*Politica Ecclesiastica*)에서 본래 제시한 일곱 가지 목적을 축약한 것이라고 간주한다(1991, 63-64). 그 책은 회심과 교회 개척을 포함할 뿐 아니라 박해받는 신자들을 재규합하는 것, 결함이 있는 교회들의 개혁, 분열된 교회들의 재통합, 재정적 후원과 같은 다양한 활동을 포함하고 있다.

보에티우스에게 선교는 예정(영원한 작정) 가운데 있는 하나님의 뜻이 명시적으로 표현된 것이며, 선교사 파송은 그 작정을 성취하는 수단이다. 따라서 하나님은 선교의 최상의 원인이며 교회는 이차적인 능동적 원인이다. 하나님의 영광은 선교의 **궁극적** 목적이며, 회심과 교회 개척은 **이차적**(*penultimate*) 목적이다. 하나님 나라조차도 하나님의 영광에 종속된다.

> 하나님은 선교의 최상의 원인일 뿐 아니라 궁극적 목표이다 (Jongeneel, 1991, 68).

J. H. 바빙크(J. H. Bavinck)는 보에티우스의 이해를 기반으로 하여 자신의 책의 한 장 전체를 "삼중적 목적"(The Threefold Aim)에 할애하고, 다음과 같이 결론을 내린다.

> 따라서 하나님과 그의 영광, 그리고 그의 나라는 선교사역의 목적을 규정한다(1960, 158).

칼빈주의 전통에서, 특히 초기 청교도들에게 하나님의 영광은 선교의 "핵심 근거"(taproot)였다(Beaver 1968a, 121). 조나단 에드워즈(Jonathan Edwards)는 하나님의 구속 사역을 모든 다른 사역들을 규정하는 하나님의 가장 위대하고 가장 영광스러운 사역으로 보았다.

> 구속 사역에 대한 교회의 참여는 교회의 다른 모든 사역들 가운데 가장 영광스러운 사역이다. 왜냐하면 교회의 참여를 통해 구속 사역이 완전해지며 그 사역은 하나님께 최상의 영광을 돌리게 하기 때문이다(Chaney 1976, 225).

"하나님의 영광과 그의 나라를 위하여!"라는 구호는 18세기 후반 네덜란드의 선구적 선교사였던 요한네스 데오도루스 판 데르 켐프(Johannes Theodorus Van der Kemp)의 표어였다(Enklaar 1978, 284). 그러나 19세기 초에 이르자 **하나님의 영광**(*gloria Dei*, 글로리아 데이)은 선교적 설교와 동원에서 사라졌고 개인적 회심이 점차적으로 강조되었다.

복음주의적 선언문인 "선교의 근본적 위기에 관한 프랑크푸르트 선언"(Frankfurt Declaration on the Fundamental Crisis in Mission, 1970)에 실린 "선교에 대한 7가지 불가결한 기본 요소들"(Seven Indispensable Basic Elements of Mission) 가운데 두 번째 요소는 "선교의 최상의 목표는 온 세상에 유일하신 하나님의 이름을 영화롭게 하는 것과 그의 독생자 예수 그리스도의 주권을 선포하는 것"이라고 천명한다.

프랑크푸르트 선언의 주도적 창시자인 피터 바이어하우스(Peter Beyerhaus)에 따르면, 성경적 계시의 본래적 비전은 육신적이거나 영적인 인간의 필요 그 자체를 채우는 것이 아니라 전능하신 창조자와 구속자이신 하나님 자신의 비전이다.

교회를 세상으로 파송하는 것은 무엇보다도 세상에서 삼위일체 하나님의 영광을 위해서이다. 만일 우리의 선교신학이 성경적인 방향으로 나아가고자 한다면, 송영적(doxological) 동기가 최우선적인 것이 되어야만 한다(Beyerhaus 1996, 269).

이 주장에 대해 크리스토퍼 R. 리틀(Christopher R. Little)은 이렇게 동의한다.

송영을 추구함으로써 교회는 선교에 있어서 인간화나 수평화의 과정으로부터 자신을 보호할 수 있다(Little 2005, 51).

잘 알려진 용어로 말하자면, 궁극적으로 선교는 우리에 관한 것이 아니라, 하나님에 관한 것이다.

이러한 견해들은 하나님의 영광과 인간에 대한 섬김을 인위적으로 나누는 위험을 초래할 수도 있다. 왜냐하면 이 둘은 하나님을 향한 사랑의 불가분적 표현이기 때문이다(예, 요일 4:20-21). 그럼에도 불구하고 이러한 수직적 목적은 적절한 관점에서 모든 수평적 선교사역을 지탱한다.

존 파이퍼(John Piper)는 그의 저서 『열방들이 기뻐하게 하라!』(*Let the Nations Be Glad!*)에서 하나님에 대한 예배가 선교의 목적임을 널리 인식시켰다(1993, 2003).

선교는 교회의 궁극적인 목표가 아니다. 교회의 궁극적 목적은 예배이다. 선교가 존재하는 이유는 예배가 없는 곳이 있기 때문이다. … 그러므로 예배는 선교사역의 연료이자 목표이다(Piper 1993, 11).

### 보조 자료 4.1
### 동방 정교회 선교신학에 나타난 예배

동방 정교회 전통에서 이해하는 선교신학 역시 예배에 초점을 둔다. 제임스 스태물리스(James Stamoolis)는 일반적인 정교회의 관점을 다음과 같이 요약한다.

선교의 궁극적인 목적은 모든 인간이 삼위일체를 찬양하므로 하나님과 올바른 관계를 회복하는 것이다(2000, 715).

더 나아가,

만일 하나님의 선교의 궁극적인 목적이 그의 영광의 나타냄이라면, 인간을 부르시는 하나님의 목적은 인간이 신적 영광에 참여하는 것이다 (Stamoolis 1986, 51).

아이온 브리아(Ion Bria)는 『평화 가운데 나아가라: 선교에 대한 정교회의 관점』(*Go for in Peace: Orthodox Perspectives on Mission*)에서 정교회를 이렇게 대변한다.

복음적 증언은 구원으로의 부르심으로서, 그 의미는 신화(神化, theosis, 데오시스)에 대한 정교회의 가르침에서 이해되듯이 하나님과 인간의 관계 회복이다.

복음적 증언의 목표는 회복된 하나님의 형상으로 묘사된 한 생명의 회심이다. 이러한 신적 형상은 하나님의 영광을 반영한다.
정교회에게 있어서, 교회의 예전적인 표현은 핵심적인 역할을 하는 성찬식(Eucharist)과 함께 세상을 향해 나아가는 방법이 된다.

성찬식이 구원의 경륜에 접근하는 가장 완전한 수단일지라도, 선교의 수단이라기보다는 선교의 목표이며 선교의 도약대이다. 성찬식은 교회의 형상 기능(iconic function)을 나타낸다. 제도로서의 교회는 그리스도의 투명한 모습만큼 유일하고도 참된 형상(icon)으로서 성찬식에 참여하는 회중을 가리킨다(Bria 1986, 19).

특히 말로 행하는 선포는 신자들에게 중요하다. 하지만 성찬식 축제에서도 선포가 일어난다. 성찬식은 그리스도인의 삶과 증언의 핵심적 원천이며 중심을 이룬다. 성찬식에 참여하는 것이 교회 구성원들에게 제한될지라도, 성찬식은 주님이 다시 오실 때까지 그의 죽으심과 다시 사심을 선포하며 그 선포는 명목상의 그리스도인들뿐 아니라 비 그리스도인들을 위한 것이다(Bria 1986, 29).

"지속적인 예전"(Liturgy after the liturgy)은 세상에 지속적으로 참여하는 것이다. 즉 예전은 세상으로부터 물러나는 것이 아니라 오히려 섬김을 위해 신자들을 세상으로 파송하는 것이다. 사랑의 사역들은 도래하는 하나님 나라에 대한 증언이다. 이러한 증언은 빈곤과 억압에 대항하여 싸우며 치유와 해방을 수반할 것이다. 성찬식 후의 "평화 가운데 나아가십시오!"라는 파송의 말씀으로 회중은 자신들의 공동체에서 도래하는 천국에 대한 증인으로 살아간다.

◆ 성찰과 토의 ◆
① 어떤 성경 구절들이 선교에 대한 이러한 견해를 확증하거나 도전을 주는가?
② 예배, 예전, 성찬식, 선교의 관계에 대한 당신의 견해를 설명해 보라.

그는 한 걸음 더 나아가 다음과 같이 설명한다.

> 모든 역사는 하나의 위대한 목표, 즉 지구 상의 모든 민족들 가운데 하나님과 그의 독생자에 대한 열렬한 예배를 향하여 움직이고 있다. 선교사역은 그 목표가 아니라 수단이다. 그러한 이유로 선교사역은 두 번째로 위대한 인간의 활동이다 (Piper 1993, 15).

파이퍼는 자신이 말하고자 하는 "예배"는 단순히 노래를 부르거나 특정한 예배 형태를 의미하지 않는다고 명확하게 설명한다. 파이퍼에게 예배는 영적인 경험인데, 그 특징은 하나님으로 만족하는 것이다 (Piper 2003, 223).

하나님의 영광과 열방의 영원한 예배가 선교가 이루어지는 궁극적인 목적이라는 견해에 대해서 약간의 의견의 불일치가 있을 수 있다. 예배는 모든 것이 지나가고 선교가 그칠 때에도 여전히 지속될 것이다. 크리스토퍼 J. H. 라이트(Christopher J. H. Wright)는 예배는 선교의 목표일 뿐 아니라 선교의 원천이라고 주장한다.

> 그러나 또 다른 동등한 성경적 의미에서 선교는 찬양으로 인해 존재한다고 말할 수 있다. 교회의 찬양은 선교를 위해 찬양에 활력을 주며 찬양의 성격을 규정한다. 또한 교회의 찬양은 우리가 필요로 하는 많은 것들, 즉 우리의 모든 선교가 하나님의 우선적인 선교에 대한 순종적 응답과 참여로서 흘러나온다는 사실을 끊임없이 상기시키는 역할을 한다. 마치 모든 찬양이 선행하는 하나님의 실재와 행위에 대한 응답이듯이 말이다 (C. J. H. Wright 2006, 134).

예배 가운데 개인적으로 그리고 집단적으로 하나님을 만나게 될 때 이는 선교에 열정, 능력, 그리고 진정성을 부여한다. 켄 미야모토(Ken Chrisoph Miyamoto)는 다음과 같이 주장한다.

> 선교가 예배와 분리될 때 기독교적인 것이 되지 못할 것이다 (Miyamoto 2008, 158).

선교와 예배는 실제적으로 불가분 연계된다.

> 예배가 보다 협의적인 측면에서 선교로 하여금 지속적으로 신적 원천을 유지하는 것을 가능하게 한다면, 선교는 예배를 진정으로 참되게 할 수 있을 것이다(Davis 1966, 18).

선교는 하나님의 영광**으로부터** 흘러나와 하나님의 영광**에로** 흘러들어 간다. 예배는 선교의 모든 활동들과 요소들에 궁극적인 목적을 부여한다.

> 따라서 선교의 참된 목적은 교회 성장이나 영혼 구원, 혹은 사회의 인간화가 아니라, 행동하는 예배이다. 그것이 바로 하나님께서 하늘에서와 같이 땅에서도 영광을 받으시는 것이다 (Greene 2002, 69).

## 2. 선교의 기초인 구속

예배가 선교의 궁극적인 목적이라면, 구속(Redemption) 사역은 선교의 기초이다. 왜냐하면 에드워즈가 주장했듯이, 하나님은 그의 구속 사역 가운데 최고의 영광을 받으시기 때문이다. 사탄과 그의 무리들은 하나님을 반역했고, 인간을 죄에 빠지게 만들었으며, 그로 인해 피조 세계가 영향을 받게 되었다.

성경은 모든 창조 세계에 자신의 주권을 회복하시는 하나님, 특히 타락한 인간을 죄의 저주와 사탄과 죽음으로부터 구속하기 위해 오시는 하나님의 놀라운 이야기이다. 구속 사역을 통해 하나님께서는 세속적이고 우주적인 악의 세력들을 이기시고 타락한 인간을 회복시키신다. 궁극적으로 모든 피조물은 구속될 것이다.

이러한 구속 사역은 창세기 3:15에 나오는 **원시복음**(*protevangelium*, 프로테반겔리움)의 약속으로 시작하며 모세의 율법에 나타나는 희생 제사 규례를 통해 계속된다. 하나님은 예언자를 보내시고 기적을 일으키시며, 심판과 구원을 역사를 통해 행하신다. 그러나 하나님의 구속 사역은 인간으로 오셔서 이 땅에 살고 십자가에 죽으셨으며 죄 사함을 위해 다시 살아나신 하나님의 독생자 예수 그리스도를 보내시는 것으로 정점에 이른다. 예수 그리스도는 하나님 보좌 우편에 오르시어 우리를 위해 중보하신다(롬 8:34).

우리를 하나님으로부터 분리시키고 인간 본성을 오염시킨 죄는 인간의 가장 심각한 문제이다. 하나님과의 분리는 갈등, 전쟁, 불의, 증오, 자기중심성, 인간관계에 있어서 고통과 악을 낳는 모든 쓴 열매를 맺는다.

타락으로 인해 남자와 여자는 영적인 사망에 빠졌을 뿐 아니라 악의 화신인 사탄의 세력에 매이게 되었다(엡 2:1-2; 골 1:13). 자연은 타락의 무거운 짐 아래 신음하고 있다(창 3:17-18; 롬 8:20). 인간의 죄성과 하나님에 대한 죄가 해결될 때까지 하나님 나라에 들어간다고 말할 수 없다. 단지 피상적인 변화가 있을 뿐이고, 죽음 이후의 소망도 없을 것이며, 악의 세력에 대항할 능력도 없을 것이다.

그러나 여기 하나님 나라의 좋은 소식의 핵심이 있다. 그리스도께서 많은 사람의 대속물로서 자신의 생명을 주시기 위해 오셨다(막 10:45). 그는 우리의 죄를 용서하시며 빚을 탕감하시고 그것을 십자가에 못 박으시고 통치자와 권세들을 무력화해서 우리를 하나님에 대해 살게 하시려고 오셨다(골 2:13-15).

> 그가 우리를 흑암의 권세에게 건져내사 그의 사랑의 아들의 나라로 옮기셨으니 그 아들 안에서 우리가 속량 곧 죄 사함을 얻었도다(골 1:13-14).

우리는 십자가의 은혜로 하나님 나라에 들어간다. 사탄은 결국 패배할 것이고, 피조 세계는 새롭게 될 것이다(롬 8:19-21; 벧후 3:13; 계 21:1). 이러한 이유로 십자가와 부활은 "역사의 지렛대"(fulcrum of history)이다(Braaten 2008, 130).

성경 저자들은 구원, 구속, 대속, 용서, 화해, 중생, 용서, 입양, 해방, 씻김 등과 같은 그리스도의 사역을 묘사하기 위해 다양한 용어와 은유를 사용한다. 이러한 메시지는 광범위한 인간 경험, 세계관, 인간의 절실한 필요에 대해 언급하지만, 항상 메시지를 듣는 자들로 하여금 하나님의 궁극적인 구원 행위와 사랑의 증거인 십자가와 빈 무덤으로 귀결하게 한다.

그리스도 안에서 하나님의 구원하시는 행위는 복음의 기초이며 선교의 기초이다. 바울은 다음과 같이 말할 수 있었다.

> 내가 너희 중에서 예수 그리스도와 그가 십자가에 못 박히신 것 외에는 아무 것도 알지 아니하기로 작정하였음이라(고전 2:2).

바울은 다음과 같이 복음을 규정한다.

> 내가 받은 것을 먼저 너희에게 전하였노니 이는 성경대로 그리스도께서 우리 죄를 위하여 죽으시고 장사 지낸 바 되셨다가 성경대로 사흘 만에 다시 살아나사(고전 15:3-4).

이 복음은 종족, 국적 혹은 사회적 지위를 불문하고 믿는 모든 자들을 구원하시는 하나님의 능력이다(롬 1:16). 그리스도를 믿지 않는 자는 심판에 놓이게 된다(요 3:18-19; 행 4:12).

많은 현대 선교신학자들은 교회 개척이나 긍휼 사역을 강조하고 총체적 사역에 관해 말하면서 너무 급하게 하나님 나라의 메시지와 그것이 제시하는 사회적 함의들로 이동한다. 신자들의 삶과 기독교 공동체 가운데 그리스도의 구원하시는 사역은 이 모든 관심사들을 위한 더욱 광범위한 함의들을 포함하고 있다. 그러나 우리는 너무 성급하게 이러한 논점들로 옮겨가므로 인해 십자가를 간과해서는 안된다. 그리스도의 구속 사역과 분리된 이러한 모든 고찰들은 무능한 것이며 하나님 자신의 구원하시고 변혁하시는 사역의 기초를 상실한 것이다. 우리는 허물과 죄 가운데 죽어있는 상태이다(엡 2:1).

선교의 목적은 항상 그리스도의 십자가에 근거해야 한다. 우리는 그리스도를 **단순히** 도덕 선생, 예언자, 종교적인 급진적 개혁가, 긍휼이 넘치는 치유자, 혹은 헌신적인 사랑의 모본으로만 말할 수 없다. 그리스도는 무엇보다도 **구세주**이시다.

> 그리스도 예수께서 죄인을 구원하시려고 세상에 임하셨다 (딤전 1:15b).

그리스도를 주님과 구세주로 고백하지 않고서는 기독교 선교에 관해 말할 수 없다.

## 3. 선교의 중심인 하나님 나라

하나님 나라는 선교의 지향점이라는 의미에서 선교의 중심이다. 이러한 중심에서 모든 선교 활동과 선교에 대한 이해가 도출된다. 하나님 나라의 개념은 다음의 한 구절로 집약된다. 즉 만물을 자신과 화해시키시고, 타락하고 부패한 것을 회복시키시며, 하나님 및 화평하고 기쁘고 의로운 하나님의 통치를 거부하는 모든 권세들을 멸하시기 위해 만물을 자신의 통치 아래 두려는 하나님의 의도이다.

하나님 나라는 구원사의 전반적인 흐름으로 확대되며 모든 삶의 영역들을 포괄하는 개념이다. 구약성경에서 하나님 나라는 이스라엘과 밀접하게 연결되어 있었다. 하나님 나라는 예수의 가르침의 중심이었다. 신약성경에서 새로운 영적 차원은 이스라엘을 넘어서 종족적, 민족적, 사회적, 성별의 장벽들을 초월하는 하나님 나라로 현저히 드러난다. 그러나 철두철미하게 하나님 나라의 핵심 개념은 하나님의 통치

> 하나님의 선교(*missio Dei*)의 궁극적인 목표는 무엇인가?
> 그 대답은 쉽게 찾을 수 있다. 즉 신구약성경에서 하나님은 말씀과 사역으로 자신의 나라를 도래케 하고 자유롭게 하시는 주권의 영역을 회복하시기를 열망하신다는 것이다.
> -Johannes Verkuy(1978, 197)

이다. 조지 래드(George Eldon Ladd)는 이렇게 말한다.

> 하나님 나라는 무엇보다도 그리스도 안에 명백히 드러난 신적인 구속적 통치이며, 두 번째로 그것은 신적 통치의 축복이 경험되는 영역이다(Ladd [1959] 1992, 114).

하나님의 통치는 사탄과 그의 추종자들에 의해, 타락한 인간에 의해 거부되었고, 모든 피조물은 죄의 영향력 아래에서 신음하고 있다. 그러나 역사 속에서 하나님의 계획은 모든 피조물, 특히 모든 열방에 대한 하나님의 영광스럽고도 의로운 통치를 다시 확립하는 것이다. 하나님의 통치는 은혜와 정의가 만나는 곳에서 이루어진다. 하나님의 정의는 하나님의 말씀과 하나님의 흔들림 없는 거룩함 가운데 계시된 의의 기준 안에 명확히 드러난다.

성경은 악과 불의가 단번에 심판되고 종국에는 선과 의가 지배하게 될 마지막 심판의 날이 도래할 것임을 확증한다. 그러나 하나님의 은혜

> 따라서 교회의 선교는 유대인과 이방인이 하나님 나라의 선물인 영생으로 들어가는 문을 여는 천국의 열쇠를 사용하는 것일 뿐 아니라, 이 세상 안에서 악에 대항하고 모든 형태로 나타나는 사탄의 세력들에 대항하기 위한 하나님의 역동적인 통치의 도구이다.
> —George Eldon Ladd([1959] 1992, 121)

는 그리스도의 십자가에서 명백하게 드러난다. 거기는 은혜와 정의가 만나는 곳으로서, 성령의 능력 가운데 용서와 화해와 변혁을 통해 이루어지는 하나님 나라를 위한 길을 열어준다. 복음 그 자체는 하나님 나라가 그리스도의 초림과 함께 시작되었다는 좋은 소식이기 때문에 "하나님 나라의 복음"으로 불린다(마 4:23; 9:35; 24:14; 눅 16:16; 행 8:12).

우리가 논의했듯이, 그리스도의 구속 사역은 하나님 나라의 기초를 놓았다. 따라서 우리가 그리스도를 믿는 믿음을 통해 하나님과 화해할 때, 하나님 나라에 들어가기 위한 가장 기본적인 조건이 충족된다. 하나님 나라에 들어가기 위해 모든 사람은 하나님의 아들을 믿는 어린아이 같은 믿음을 통해 성령으로 다시 태어나야만 한다(마 18:3; 요 3:3-5). 이러한 일이 일어나기 위해 사람들은 복음을 들어야 한다(롬 10:13-15).

하나님께서는 구속된 하나님 나라의 새로운 백성들인 교회를 창조하셨다. 교회가 하나님 나라는 아니다. 그러나 성령의 능력 가운데 살아가는 하나님 나라의 백성으로서 교회는 장차 그리스도의 재림과 함께 충만히 임할 하나님 나라의 살아있는 **표지**(sign)이며 **도구**(instrument)이다. 죄의 속박이 깨어지고, 거짓은 진리에 의해 폭로되며, 모든 관계들은 회복되고 치유되며, 하나님의 긍휼이 실현되며, 인간 나라들의 불의에 도전하고 더 나은 나라를 위한 길을 제시하는 예언자의 소리가 울려 퍼질 것이다.

- 하나님 나라는 국가가 아니라 모든 열방의 백성들로 구성될 것이다.
- 하나님 나라는 교회 안에 명백히 드러나기는 하지만, 종교 기관은 아니다.
- 하나님 나라가 문화를 정화하고 변혁하기는 하지만, 문화는 아니다.
- 하나님 나라는 모든 사상과 행위가 그리스도의 의에 복종할 것을 요청하기는 하지만, 도덕적 혹은 윤리적 규약(code)은 아니다.
- 하나님 나라는 모든 인간 이념에 도전하기는 하지만, 이념(ideology)은 아니다.
- 하나님 나라는 정치권력구조에 도전하기는 하지만, 정치적 운동은 아니다.
- 하나님 나라는 탐욕의 위험과 빈곤과 착취라는 악의 문제를 다루기는 하지만, 경제구조는 아니다.
- 하나님 나라는 사랑 가운데 설득하기는 하지만, 강제적인 것은 아니다.

하나님 나라는 커다란 신비이다. 하지만 하나님 나라는 예수께서 못 박힌 나무십자가 만큼이나 실제적이다(보조 자료 4.2을 보라). 하나님 나라는 하나의 공식이나 포장된 제품으로 축소될 수 없지만, 도움을 필요로 하는 이웃이나 용서를 갈구하는 죄인의 부르짖음에 가까이 있다.

그러나 하나님 나라의 개념은 너무 광범위하고 포괄적이어서 선교의 목적을 규정하는 데 있어서 그 유용성은 제한된다. 하나님 나라의 개념은 **하나님의 선교** 개념이 직면했던 것과 동일한 위험을 감수한다. 그것은 어떤 선한 사역, 영적 사역, 경제적이나 정치적 의제, 어떤 새로운 전략을 "선교"로 정당화하기 위한 잡동사니 통이 되었으며, 또 될 수도 있다. 성경적으로 하나님 나라가 선교에 대해 갖는 의미를 드러내는 것은 복잡하다.

다시금 우리는 "예수는 주님이시다"라는 하나님 나라의 가장 기본적이고 심오한 고백으로 돌아간다. 바르게 이해했다면 이러한 이해와 함께 삶의 모든 영역은 그리스도의 주권(lordship) 아래 놓여진다. 모든 것들을 포용하는 그리스도의 주권은 정확히 선교의 중심이며, 이러한 의미에서 우리는 선교의 중심으로서 하나님 나라에 대해 말할 수 있다.

### 보조 자료 4.2
### 하나님 나라의 신비

하워드 A. 스나이더(Howard A. Snyder, 1991, 16-17)는 하나님 나라와 연관된 여섯 가지 신비를 다음과 같이 제시한다. 다음의 성경 구절들을 읽고 하나님 나라에 대한 당신의 이해가 어떻게 풍부해지고 도전을 받는지를 생각해 보라.
1. 현재 vs. 미래(막 1:15; 마 6:10).
2. 개인적 vs. 사회적(마 13:44; 눅 12:32; 요 3:3; 눅 13:29).
3. 영 vs. 물질(고전 15:50; 요 18:36; 눅 4:18-21; 계 5:10).
4. 점진 vs. 절정(막 4:26-28; 마 25:1-6).
5. 하나님의 행동 vs. 인간행동(눅 19:11-27; 시 99:1-2; 마 6:33; 골 4:11).
6. 하나님 나라와 동일시되는 교회 vs. 하나님 나라와는 구별되는 교회(마 16:19; 7:21).

## 4. 선교의 소망인 종말론

우리가 열심을 다해 충분히 복음을 전파하고 교회를 개척하며 예언자적 증인들로 살아가고 모든 형태의 악에 대항한다면, 때때로 하나님 나라를 앞당길 수 있다는 인상을 받는다. 그러나 성경은 이 세대의 마지막으로 인도하는 선과 악의 세력들에 대해 더욱 침착한 그림을 제시한다.

교회는 하나님 나라를 온전하게 실현해내지는 못하지만, 마지막 날이 도래할 때까지 어두움을 비추는 빛으로서 하나님 나라에 대한 증인이 될 것이다. 사실 선과 악의 상태는 더욱 심화될 것이며 하나님의 백성들은 박해에 직면하게 될 것이다.

이러한 이유로 우리는 종말론적 관점에서 하나님 나라와 선교를 이해해야 한다. 선교의 소망은 인간적 노력을 통한 성공에 있는 것이 아니라 그리스도의 재림과 하나님 나라의 완성과 함께 하나님 자신의 종국적인 개입에 있다. 동시에 우리는 그 날을 바라보고 새 창조의 약속으로부터 소망과 힘을 얻으며 하나님 나라의 표징으로서 살아가야 한다.

> 선교는, 기대감 가운데 하나님 나라를 실현해나가는 백성들에 의해 자신의 나라를 이루어가시는 하나님의 목적에 대한 선언을 수반한다. 그것은 하나님의 완전한 선교에 교회가 완전하게 참여하는 것을 의미한다. 만일 우리가 그리스도의 주권을 심각하게 다룬다면, 하나님의 궁극적인 목적에 대한 관심 속에서 선교의 범위의 총체성을 인식해야 한다. 오늘날 교회는 선교에 있어 자신의 협소한 지평을 깨뜨리고 하나님 나라의 지평에 대한 함의들을 발견해야 한다. 그러면 하나님 나라의 실재는 선교를 위해 매우 역동적이 될 수 있다.
>
> -Ken R. Gnanakan(1989, 119-20)

제자들이 부활하신 그리스도와 대면했을 때, 그들은 하나님 나라가 언제 온전히 도래할 것인가에 관심을 가졌다. 그것에 관해서는 그들이 알 바 아니라고 예수께서 말씀하셨다. 오히려 그들은 성령의 능력을 받고 땅 끝까지 이르러 그의 증인이 되어야 했다. 이에 관해 말씀하신 후 예수는 하늘로 가셨고, 하늘로부터 언젠가 다시 오실 것이다(행 1:6-11).

이에 대한 함의는 명백하다. 그리스도의 승천과 그의 재림 사이에 있는 교회의 과업은 이 땅에서 그의 증인이 되는 것이다. 이것은 또한 마태의 지상명령에 함축되어 있다. 그리스도는 모든 민족들을 제자 삼으라고 제자들에게 명령하신 후, 세상 끝날까지 그들과 함께 할 것이라고 약속하신다(마 28:19-20). 그의 임재(presence)는 그의 지상명령과 연결되는데, 그것은 이 세대가 끝날 때까지 멈추지 않을 것이다. 이것은 감람산 강화(Olivet Discourse)에서 말씀하신 예수의 교훈과 일치한다.

> 이 천국 복음이 모든 민족에게 증언되기 위하여 온 세상에 전파되리니 그제야 끝이 오리라(마 24:14, 참조. 막 13:10).

모든 열방에 복음을 전파하는 것은 그리스도의 재림 전에, 그리고 재림에 대한 대망 가운데 성취해야 할 교회의 과업이다.

불행하게도 "마지막 때의 표지들"에 대한 불안하고도 불확실한 해석들, 그리스도의 재림의 때와 기한 확정, 그리고 교회 내에서 종말론에 대한 입장들에 대한 유익하지 않은 논쟁과 분열은 종말론에 관한 논의를 불쾌하게 만들었고 회피하게 만들었다. 그럼에도 불구하고 종말론은 성경의 이야기를 이해하는 중심이 된다. 교회의 전 역사를 통해 종말론은 선교를 이해하는 데 있어 심오한 역할을 해 왔다(Weidenmann 1965; Peskett 1997; Chaney 1976, 269-80을 보라).

「국제 선교연구 잡지」(International Bulletin of Missionary Research, 33:3, July 2009)에서 종말론에 대해 다양한 관점에서 논의를 재개했다. 선교에 대한 우리의 이해는 종말론적으로 구축되어야만 한다. 그러한 접근은 마지막 때나 신학적 체계에 관한 공론과는 별 상관이 없고, 오히려 역사에 나타난 중대한 의미와 역사가 진행되어 나가는 목표에 관심을 기울인다.

많은 사람들의 세계관에 따르면 시간(그리고 일반적으로 삶)은 순환적인 것, 즉 삶과 죽음, 낮과 밤과 계절, 승리와 패배, 더러움과 깨끗함 등과 같은 것들의 끝없는 반복으로 이해된다. 이와는 대조적으로 시간에 대한 성경적 관점은 보다 직선적이다. 역사는 창조를 출발점으로 해서 끝나는 지점인 완성(consummation)을 향한 진행과정으로 이해된다.

우리는 마지막을 향하여 나아가는 중간기에 살고 있다. 시간과 목적론에 대한 이러한 이해는 목적과 의미를 역사에 부여한다. 삶이란 단순히 보이지 않는 세력들이나 인간의 불완전한 계획에 종속되어 끝없는 순환을 반복하지는 않을 것이다. 창조하시고 의도하신 목표대로 역사의 방향을 인도하시는, 목적을 가지신 하나님이 존재한다.

하지만 성경의 하나님은 역사가 자연적인 방향을 취하듯이 수동적으로 피조 세계를 관찰하는 이신론(deism)의 하나님이 아니다. 또한 성경의 하나님은 철학에서 말하는 추상적인 하나님이나 인간 경험과 분리된 어떤 난해한 높은 권세자도 아니다.

성경의 하나님은 역사 안에서 활동하시는 하나님이다. 하나님의 역사에 대한 궁극적인 의도와 목적은 에덴동산보다 더 영광스러운 영원한 평화와 의의 천국이 될 것이다(계 21장). 그때까지 하나님께서는 역사 안에서 자신의 선교를 성취하시기 위하여 처음부터 자신의 백성인 교회를 통해 일하시기로 결심하셨다.

오스카 쿨만(Oscar Cullmann)의 종말론에 대한 구속사적 접근(Cullmann 1950, 1961)은 여전히 유용하다. 그는 선교의 목적을 그리스도의 재림을 위한 준비와 다가오는 하나님 나라의 "기대하는 표지"(*Vorzeichen*)로서 강조한다. 쿨만은 선교는 하나님의 사역에 속하며 인간의 노력이 그리스도의 재림을 앞당길 수 없다고 강조한다. 또한 그는 데살로니가후서 2:6에 언급된 적그리스도가 오는 것을 **"막는 것"**(*That which restrains*)은 열방에 복음을 전하는 것이라고 주장한다(Cullmann 1961, 51-52).

그는 열방에 복음을 전하는 것이 마지막 날과 적그리스도가 오는 것보다 앞선다는 사실이 마가복음 13:10-14과 마태복음 24:13-15에 분명하게 나타난다고 믿는다. 바이어하우스(Peter Beyerhaus, 1996, 706, 709)와 티모시 캐리커(Timothy C. Carriker, 1993)는 이와 유사한 견해를 갖고 있다.

칼 하르텐슈타인(Karl Hartenstein)은 종말론을 선교의 중심에 두었다.

> 선교는, 하나님 나라를 기대 가운데 ⋯ 고백하는 교회의 복종적 증거이다(Hartenstein 1993, 13).

세례와 교회 개척이 선교사역의 필수적 과업들이기는 하지만, 그것들은 궁극적인 것이 아니고 선교의 궁극적 목표에 대한 증언으로 이해되어야 한다. 즉 도래하는 종말론적 하나님 나라는 그리스도의 재림으로만 온전히 확립된다. 이러한 종말론적 하나님 나라는 모든 선교사역의 궁극적 목표이다(Hartenstein 1993, 39).

쿨만에게 배운 데이비드 J. 보쉬(David J. Bosch)는 초기 저작에서 이와 유사한 이해를 반영한다.

> 본질적으로 선교는 아직 도래하지 않았지만 그리스도 안에서 이미 도래한 하나님의 통치에 대한 증거이다. 교회의 선교적 선포는 그리스도의 부활과 파루시아(*parousia*, 재림-역주) 사이의 기간에 구속사적 의미를 부여한다(D. J. Bosch 1959, 197).

또한 보쉬는 후기 저술에서 구속사적 접근은 "포스트모던 관점에서 선교의 종말론적 성격을 이해하는 가장 확고한 기초를 유지한다"고 주장한다(1991, 504).

하나님의 선교에 참여하는 교회의 선교는 그리스도의 초림과 재림 사이의 역사에 의미를 부여한다. 왜냐하면 선교는 모든 사람을 하나님 나라에 들어가게 하고 그분이 기뻐하시는 종들과 예배자들이 되게 하려고 초청하는 과정이기 때문이다. 이 과업이 완성되면서 이 세대는 그 목적을 성취하게 될 것이고 하나님 나라는 온전함 가운데 도래할 것이다.

한편, 우리는 십자가에서 그리스도의 나라에 들어가기 위한 조건을 확립하심으로 자신의 나라를 시작하셨던 그리스도의 초림을 돌아본다. 다른 한편, 우리는 그리스도께서 마지막에 모든 악의 세력들을 멸하시고 불의한 자들을 심판하시며 자신의 평화의 나라를 확립하시게 될 그리스도의 재림을 고대한다.

이러한 중간기에 이 세상 나라에 속한 악의 세력들은 반역과 기만을 계속하며 정의를 곡해하고 있다. 진리와 의의 증언자들로서 하나님의 백성들은 악한 세력들의 진노의 표적이 될 것이다. 자신의 백성들을 세상의 소금과 빛으로 부르신 예수의 부르심은 바로 이같은 반대와 박해의 상황에서 주어진 것이다(마 5:11-16). 따라서 예수는 교회가 후퇴나 내세주의(otherworldliness)을 선택하는 것을 허용하지 않는다. 선교는 세상의 수단들을 사용하는 것이 아니라 담대한 겸손 가운데 전사(warriors)가 아닌 증인(witnesses)으로서 왕이신 예수의 본을 따라 세상에 참여하라는 부르심이다.

종말론과 선교에 대한 이러한 이해는 모든 선교신학자들이 공유하는 것은 아니다. 이미 1938년 탐바람(Tambaram)에서 열린 국제선교협의회(IMC: International Missionary Conference)에서는, 초월성에 대해 그리 강조점을 두지 않고 이 세상의 일을 강조하는 선교에 대한 우려를 표명했다.

독일 대표는 오직 선교의 종말론적 틀만이 선교를 세속화로부터 구원할 수 있다고 주장했다(Scherer 1990, 406). "그리스도, 세상의 소망"(Christ—The Hope of the World)이라는 주제로 1954년 에반스톤

(Evanston)에서 세계교회협의회(WCC)가 모였을 때, 종말론은 지속적으로 그 역할을 했다. 에반스톤 총회의 회의록은 다음과 같이 기록하고 있다.

> 온 세상을 향한 선교를 품는 것이 교회의 본질이다. 선교는, 이 땅에서 하나님 나라를 시작하시기 위해 예수 그리스도께서 오신 것과 하나님 나라의 완성을 위해 영광 가운데 예수 그리스도께서 다시 오시는 것 사이에 일어나는 하나님의 사역에 우리가 참여하는 것이다. … 따라서 교회의 선교는 역사 가운데 일어나는 가장 중요한 일이다(Scherer 1990, 404에서 재인용).

그러나 1960년대에는 인간화와 해방이 에큐메니칼신학의 지배적인 주제들이 되었다. 쿨만의 구속사적 종말론은 관심의 대상에서 멀어졌고 실현된 종말론(realized eschatology)이 지배적인 주제가 되어갔다. 선교는 역사 안에서 인간의 기관들을 통한 하나님 나라의 구현을 위한 일이며 정의를 위한 투쟁으로 간주되었다. 이러한 경향은 그리스도의 재림으로 확립되는 미래의 하나님 나라에 대한 소망을 어둡게 했다.

1974년 스위스 로잔(Lausanne)에서 열린 제1차 세계복음화국제대회(International Congress on World Evangelization)에서 복음주의자들은 선교의 종말론적 틀을 확증했다. 로잔 언약(Lausanne Covenant)은 이렇게 말한다.

> 그리스도의 승천과 재림 사이의 중간 기간은 하나님의 백성들의 선교사역으로 채워져야 한다고 우리는 믿는다. 그러므로 종말이 오기 전에는 우리에게 이 일을 멈출 자유가 없다(Lausanne Covenant §15).

1989년 마닐라에서 모인 제2차 로잔세계복음화위원회(LCWE: Lausanne Committee for World Evangelization)는 "그리스도께서 오실 때까지 그를 선포하라"는 대회 주제로 개최되었다. 그러나 이 대회에서도 종말론은 거의 제기되지 않았다.

오늘날 교회는 이 세상에서 하나님 나라의 백성으로서 살아가는 것과 다가올 하나님 나라에 대한 소망 사이의 긴장 가운데 살아간다.

어떤 복음주의자들은 이 세상의 타락과 유일한 소망으로서 그리스도의 재림을 너무 지나치게 강조한 나머지, 역사 안에서 하나님 나라를 위해서 일해야 할 모든 수고를 거부한다.

다른 한편, 특히 에큐메니칼 진영에 속한 사람들은 이 세상을 떠나서는 아무런 소망이 없는 것처럼 일하며, 인간적 노력이 유토피아를 초래할 수 있다고 주장하는 경향을 보였다. 보쉬는 "소망 안에서 행동하는 선교"에 관해 쓰며(D. J. Bosch 1991, 498), "미래 지향적인 것과 현재 중심적인 것 양자"(508) 사이의 균형을 찾기 위해 노력한다. 그러나 그는 그 긴장을 해소하지 않은 채 남겨놓는다.

선교신학은 이러한 긴장 가운데 균형을 유지하기 위해 종말론적 관점으로 돌아가야 한다. 교회는 이 세대에 하나님 나라의 표징으로서 살아간다. 그것은 기독교 공동체 내에서와 사회 안에서 하나님 나라의 가치를 옹호하는 하나님 나라 백성으로서의 삶을 수반한다.

그러나 성경은 우리에게 인간의 단점과 타락성에 대해 깨닫게 하므로, 감히 하나님 나라와 어떤 특정 정치적 이념, 경제 구조, 혹은 도덕적 의제를 관련지을 수 없다. 이 세상은 하나님 나라에 대해 여전히 적대적이기에 교회는 역사 안에서 하나님 나라가 실현될 수 있다는 환상을 품지 않는다. 궁극적으로 우리는 하나님 나라가 그리스도의 재림의 때에 온전히 실현될 수 있다는 소망 가운데 살아간다.

그러나 선교는 하나님 나라에 대한 예표이다. 즉 왕이신 그리스도의 주권 아래 생명을 미리 맛보는 것이다. 그리스도의 주권 아래 살아가는 교회는 하나님 나라의 표징일 뿐 아니라, 조지 플로로프스키(George Florovsky)가 말했듯이, "교회는 완전히 도래하지 않은 하나님 나라를 기대하는 "예견된 종말론"(anticipated eschatology)이다"(Braaten 2000, 306에서 재인용). 또한 선교는 마지막 심판의 날이 다가올 것임을 알고 구원과 도래하는 하나님 나라에 들어올 소망을 받아들이고 살도록 다른 이들을 긴박하게 초청하는 것이다.

## 5. 선교의 범위인 열방

제1장과 제2장에서 다룬 하나님과 열방에 관한 성경적 가르침의 개관은, 하나님께서 바벨탑 사건으로 나라들이 형성된 이래로 그 나라들에게 복을 주실 계획을 갖고 계셨음을 밝히 드러내주었다.

우주적인 복은 특별한 부르심과 아브라함에 대한 선택을 통하여, 다음에는 이스라엘을 통하여, 그리고 구속자의 오심을 통하여 이루어질 것이었다. 예언자들은 이방 나라들이 하나님의 백성에 포함되고 하나님을 예배하는 자들이 될 그 날을 예언했다. 그리스도의 완성된 구속 사역과 더불어, 그리고 성령을 통해 하나님 나라의 백성들이 새롭게 만들어짐에 따라 구원과 복의 메시지는 열방들에게 전파되게 될 것이다.

이것은 역사가 움직여 나가는 종국적 방향이며, 나아가 선교가 움직여 나가는 종국적 방향이다. 실로 복음이 모든 열방에 전파될 때 마지막 때가 도래할 것이다(마 24:14). 예수는 교회를 세상에 파송하실 뿐 아니라(요 17:18), 땅 **끝**까지 파송하신다(행 1:8). 교회는 **모든** 족속을 제자 삼으라는 명령의 상속자이다(마 28:19).

그러므로 선교의 목적은 복음을 땅 끝까지 전하는 것과 모든 사람들을 그리스도에게로 인도하는 것을 포함해야 한다. 비록 "모든 족속"(*panta ta ethnē*, 판타 타 에스네)의 정확한 의미에 관한 중대한 논쟁이 있었으며, 마태복음 28:19; 24:14에 연관된 공식들이 있기는 했지만, 요한계시록 5:9; 7:9의 언급은 분명히 포괄적이다.

이 용어들은 다음과 같이 구성된다. 풀레(*phulē*, 종족집단, 부족), 글로쎄스(*glôssēs*, 방언, 언어집단), 라오스(*laos*, 사람, 국가, 군중), 에스노스(*ethnos*, 국가, 나라들, 이방인들). 인간집단이 어떤 방식으로 범주화되고 분류되며 연관되든지 간에 분명히 모든 범주와 집단에 속한 사람들에게 복음이 전파될 것이며, 어떤 사람들은 하나님의 새로운 백성들이 될 것이다.

사도행전 1:8의 "땅 끝"이라는 구절과 다른 구절들은 분명히 선교의 범위에 있어 지리적 측면을 시사한다(Bauckham 2003, 55-81). 20세기에 이르기까지 선교 과업에 관한 생각은, 거의 배타적인 관점에서 지리적으로 아프리카, 아시아, 라틴 아메리카(남미)에 복음을 전하는 것에 초점을 맞추는 경향을 띠었다. 선교사가 되기 위해 사람들은 "바다를 건너야만" 했다. 대다수의 그리스도인들이 지금은 과거 "선교지"로 간주되었던 지역에 살고 있다. 뿐만 아니라 선교 범위에 대한 그러한 개념화는 "모든 족속"과 "땅 끝"에 대한 보다 근본적인 성경적 이해를 간과한다.

예를 들면, 수백 개의 다양한 언어와 종족집단들은 현대 인도라는 국가 내에 살고 있다. 인도의 지정학적 경계선 내에 교회가 개척되었을지라도 그 교회들은 상대적으로 특정 종족집단들에 제한되고, 다른 사람들은 여전히 미전도 종족일 수도 있다. 열방을 제자 삼는 것은, 그리스도가 증거되지 않은 종족집단들과 그리스도에 대한 믿음을 아직 갖지 못한 사람들이 남아있는 한 완수되었다고 할 수 없다.

더욱이 예를 들어, 독일 베를린의 쿠르드족(Kurds)이나 미국 미네소타주 세인트폴의 몽족(Hmong) 같이 오늘날 다양한 종족집단들의 다수는 전통적으로 북대서양 기독교 국가들에 살고 있다. 이런 종족들이 부활하신 그리스도에 대해 알기 쉽고 의도된 전도를 접하지 못한다는 점에서 볼 때, 비록 다른 종족에 속한 그리스도인들과 지리적으로 근접 지역에 살며 명목상 기독교 국가의 시민권을 갖고 있다고 할지라도, 그들은 "전도된"(reached) 것으로 간주될 수 없다.

그런 사람들은 때때로 "숨겨진 사람들"(hidden peoples, 미전도종족, 미복음화부족-역주)로 불리는데, 그 이유는 때때로 그들이 쉽게 무시되며 전통적인 "선교지"에 살고 있지 않기 때문이다. 그들이 근처에 사는 다른 그리스도인들에 의해 쉽게 전도될 수 있다고 여기는 것은 대개 부정확한 가정에 근거한다(그들을 분리하는 문화적, 사회적, 혹은 언어적 장벽들을 과소평가하는 것이다).

선교의 범위는 **모든 사람들**이 지역, 국적, 혹은 종족과 상관없이 전도되어야 한다는 명령과 연관된다. 랄프 윈터(Ralph Winter)와 "전방 개척 선교"(frontier missions) 운동은 교회에게 이 과업을 끊임없이 상기시켰다. 파이퍼는, 선교사역의 과업은 단순히 수많은 사람들을 그리스도에게로 인도하는 것이 아니라 세상의 **모든** 종족집단들에 속한 개개인을 그리스도에게로 인도하는 것이라고 주장했다(Piper 1993, 167-218).

선교의 주안점으로서 하나님 나라에 관한 현대의 강조점들은 종종 열방에 복음을 전하는 것을 간과했다. "선교적 교회론"(missional church)의 주창자들은 서구교회가 후기 기독교 사회에서 스스로를 선교 현장에 있는 것으로 이해해야만 한다고 분명히 강조했다. 그러나 이 주장은 교회가 아직도 모든 미전도 종족들에게 복음을 전해야 할 의무를 면제시켜 주는 것은 아니다.

파이퍼는 열방에 복음을 전하는 것이 어떻게 예배의 목적과 정확히 부합하는지를 웅변적으로 묘사했다.

하나님은 우주적으로 찬양받으실만하고 매우 아름다우시며

덕스러우시고 만족을 주시기에, 하나님은 세상의 모든 다양한 종족집단 가운데 열정적인 찬미자들을 만나게 되실 것이다 (Piper 1993, 222. 또한 보조 자료 4.3을 보라).

> **보조 자료 4.3**
> **더 많은 개인을 구원할 것인가, 아니면 더 많은 민족들에게 복음을 전할 것인가?**
>
> 존 파이퍼가 제시한 진술들에 대해 당신이 동의하거나 동의하지 않는 이유를 논하라(Piper 2003, 157).
>
> 선교사역의 과제는 가능한 한 세상의 가장 수용적인 종족집단에 속한 사람들을 전도하는 것이 아니라 세상의 모든 종족집단들에 속한 모든 사람들에게 복음을 전하는 것이다. …
> [선교사역]은 구원받은 개인의 숫자를 최대한도로 늘리기 위해 문화를 넘어가는 것으로 정의될 수 없다. 오히려 선교사역에 대한 하나님의 뜻은 모든 종족집단에게 복음이 전파되는 것이며 … 백성들이 모든 족속들로부터 그의 이름을 위해 부름을 받는 것이다.

하나님은 어떤 특정 집단의 섬김과 예배를 고취하지 않으신다. 오히려 모든 종족 집단 가운데는 하나님을 예배 받으실만한 분으로 인정하고 기쁘게 하나님 나라에 들어가는 사람들이 있다. 하나님의 위대하심과 주권에 대한 인정은 문화나 가정 교육, 혹은 개인적 취향의 문제가 아니다.

복음이 이해될 수 있는 방식으로 소통될 때, 다양한 모든 삶의 방식을 갖고 있는 사람들과 모든 족속들과 모든 계층의 사람들 가운데서 회개와 믿음과 예배로 반응하는 사람들을 발견하게 될 것이다. 그들은 거짓 신들과 우상들과 이념들을 버리고 살아 계시고 참되신 하나님을 섬기기 위해 돌아선다(살전 1:9). 하나님은 다양한 문화적 배경을 가진 사람들에게 가장 깊은 헌신과 경배와 희생, 심지어 순교까지도 요구하신다.

우리가 제3장에서 살펴본 바와 같이, 주님은 단지 이스라엘의 하나님만도 아니시고 서구 문화의 하나님도 아니시다. 그분은 **모든** 백성들의 하나님이시다. 그분은 하늘과 땅의 창조자이시다. 주님은 자신의 이름을 부르는 **모든 자들**(all and any)을 구원하실 수 있으며 만족시킬 수 있다. 이러한 예배의 다양성 가운데 다양한 색깔의 융단은 하나님의 영광을 위해 직조된다.

종족적 다양성이라는 완벽한 오케스트라는 하나님의 명예를 찬양하는 심포니를 연주한다. 그리고 그러한 일들은 우리가 살고 있는 이 시대에 일어나고 있다. 따라서 선교적 비전의 범위와 연관하여 선교의 목적은 **모든** 열방을 포함해야 한다.

## 6. 선교의 열매인 화해

모든 차원에서, 즉 개인, 가족, 계층, 종족집단, 그리고 국가들 가운데서 깨어진 인간관계들은 아마도 가장 쓰디쓰고 피비린내 나는 죄에 대한 이 땅의 저주일 것이다. 불의와 증오로 인한 깊은 상처들은 세상의 많은 민족들 간에 존재한다. 인종 청소, 대량 학살, 내전, 종교적 적개심, 계층 분리, 인종 간 긴장, 가정 폭력은 뉴스의 서두를 장식하는 일상적 주제이다. 만일 교회가 하나님 나라의 표징이라면, 개인과 집단 간의 화해인 **수평적 화해**(horizontal reconciliation)는 교회의 친교 가운데 명백하게 나타나야만 한다.

20세기 후반까지 수평적 화해가 선교 목적의 중심으로 거의 언급되지 않았을지라도, 화해는 점점 더 선교학의 깊은 관심을 일깨우는 주제가 되었다. 전 세계적으로 공산주의의 붕괴 이후 수년 동안 일어난 최근의 내전들, 인종차별주의, 종교적 박해, 그리고 발칸반도, 중앙아시아, 아프리카와 같은 지역에서의 종족 간 분쟁은 문제의 깊이와 긴박성에 대한 인식의 증대를 초래했다. 국제적인 다인종 교회 개척 또한 여러 북미 교단들의 주된 우선순위가 되었다.

2004년 태국 파타야(Pattaya)에서 모인, 세계복음화를 위한 로잔 세계복음화위원회포럼(LCWE Forum for World Evangelization)은 화해에 관한 이슈 그룹을 포함시켰고, 이 그룹은 "하나님의 선교로서의 화해"(Reconciliation as the Mission of God)라는 제목의 로잔 문서 51번(Lausanne Occasional Paper [LOP] no. 51)을 내놓았다. 이 문서는 이렇게 주장한다.

> 그리스도인들이 화해의 사신들(ambassadors)로 변화되어 하나님의 선교에 참여한다.

2005년 그리스 아테네(Athens)에서 열린 세계교회협의회(WCC) 세계선교와 전도위원회(CWME: Commission on World Mission and Evangelism)의 주제는 "오소서 성령이시여, 치유하고 화해케 하소서"(Come Holy Spirit, Heal and Reconcile)였다. 지도적인 로마가톨릭 선교학자인 로버트 J. 슈라이터(Robert J. Schreiter)는 이 회의의 준비를 위한 한 논문에서, 화해와 치유는 선교를 위한 새로운 패러다임을 제공한다고 제안했다(Schreiter 2005).

적대적 집단들 간에 선교의 열매로서 진정한 화해가 일어날 때, 그곳에 복음의 능력은 분명하게 드러나며 하나님은 큰 영광을 받으신다. 예수께서 사랑은 우리가 예수의 제자들이라는 표지를 부여하며, 하나됨은 예수께서 하나님께로부터 오신 분임을 세상으로 하여금 확신하게 만들 것이라고 말씀하셨다(요 13:35; 17:20-23). 그러나 화해가 깨지고 증오나 적개심이 만연한 곳에서는 그리스도의 이름이 더럽혀진다.

그러나 수평적 화해를 말하기 전에 우리는 하나님과의 화해인 **수직적 화해**(vertical reconciliation)를 언급해야 한다. 이것은 신학적이고 경험적인 측면 모두에 반드시 필요한 것이다. 사람들이 그리스도 안에서 제공된 하나님의 용서를 경험하고 그들을 만드신 분과 화해를 할 때만, 그들은 인간 관계에 관한 용서와 화해의 능력을 가장 깊은 차원에서 발견하고, 그리스도께서 그들을 용서하신 것처럼 서로 용서한다(엡 4:32).

우리는 구속이 선교의 기초임을 주장했다. 또한 구속은 화해로 들어가는 문이다. 사람들 간의 다툼과 갈등의 뿌리는 타락과 갈등, 그리고 하나님으로부터의 분리이다. 인간 갈등의 궁극적 해결책은 그리스도를 통한 하나님과의 화해를 통해 인간과 하나님과의 갈등 해소를 통해 발견될 것이다.

바울은 자신의 선교를 화해의 사역으로 보면서, 고린도후서 5:18-20에서 이렇게 말한다.

> 모든 것이 하나님께로서 났으며 그가 그리스도로 말미암아 우리를 자기와 화목하게 하시고 또 우리에게 화목하게 하는 직분을 주셨으니 곧 하나님께서 그리스도 안에 계시사 세상을 자기와 화목하게 하시며 그들의 죄를 그들에게 돌리지 아니하시고 화목하게 하는 말씀을 우리에게 부탁하셨느니라. 그러므로 우리가 그리스도를 대신하여 사신이 되어 하나님이 우리를 통하여 너희를 권면하시는 것 같이 그리스도를 대신하여 간청하노니 너희는 하나님과 화목하라(고후 5:18-20).

복음이 선포되고 메시지가 수용될 때 나타나는 선교의 첫 열매는 하나님과의 화해이다. 다양한 종교들이 기울이는 최상의 노력 가운데 하나는 하나님, 신들, 혹은 보이지 않는 권세들과의 평화를 발견하는 것이다. 희생 제도(sacrificial systems), 정결케하는 의식, 순례(pilgrimages), 금욕적 실천, 그리고 제의(祭儀, cultic rites)들 모두 그러한 목적을 달성하려는 시도로 사용된다. 모든 의미의 근원이 되시는 살아 계신 하나님과의 의미 있는 관계가 없다면, 삶은 의미를 잃는다.

우리가 자신을 위해 할 수 없는 것을 하나님께서 우리를 위해 행하신 놀라운 은혜와 자유의 메시지가 바로 복음이다. 한때 적개심, 두려움, 혹은 무관심으로 묘사된 인간과 하나님과의 관계는 그리스도의 사역을 통하여 조화와 평화와 사랑 가운데 하나됨으로 변형된다. 수치와 죄책감 혹은 목적 상실의 상태는 명예, 용서, 삶의 의미로 변화된다. 그것은 그리스도를 통해 아버지를 기쁘게 하므로 가능하게 된다.

> 그[그리스도]의 십자가의 피로 화평을 이루사 만물 곧 땅에 있는 것들이나 하늘에 있는 것들이 그로 말미암아 자기와 화목하게 되기를 기뻐하심이라. 전에 악한 행실로 멀리 떠나 마음으로 원수가 되었던 너희를 이제는 그의 육체의 죽음으로 말미암아 화목하게 하사 너희를 거룩하고 흠 없고 책망할 것이 없는 자로 그 앞에 세우고자 하셨으니(골 1:20-22).

우리는 십자가 위에서 그리스도의 사역이 선교의 중심임을 다시 한 번 발견하게 된다. 하나님의 친구가 되고, 하나님 앞에서 수치를 경험하지 않으며, 하나님과 화합 가운데 살아가며, 우리의 창조자이신 하나님과 영원한 친교를 기대하는 것보다 더 큰 선물이 어디에 있겠는가!

이것이 바로 그리스도 안에서 주어진 하나님의 위대한 선물이며, 선교는 이 선물을 세상에 전달한다. 수직적 화해의 우선성을 간과하며 수평적 화해를 강조하는 화해에 관한 현대의 논의들은 근본과 분리된 열매에 초점을 둔다(Engelsviken 2005; Matthey 2005; N. E. Thomas 2005, 456 을 보라).

수직적 화해에 기초한 수평적 화해는 가장 심오한 방식으로 가능하게 된다. 그리스도의 화해 사역의 수직석이고 수평적인 차원들은 불가분의 관계에 있다(Willmer 2007). 바울은 이 점에서 유대인과 이방인의 화해를 묘사한다.

> 이제는 전에 멀리 있던 너희가 그리스도 예수 안에서 그리스도의 피로 가까워졌느니라 그는 우리의 화평이신지라 둘로 하나를 만드사 원수 된 것 곧 중간에 막힌 담을 자기 육체로 허시고 법조문으로 된 계명의 율법을 폐하셨으니 이는 이 둘로 자기 안에서 한 새 사람을 지어 화평하게 하시고 또 십자가로 이 둘을 한 몸으로 하나님과 화목하게 하려 하심이라. 원수 된 것을 십자가로 소멸하시고 또 오셔서 먼 데 있는 너희에게 평안을 전하시고 가까운 데 있는 자들에게 평안을 전하셨으니 이는 그로 말미암아 우리 둘이 한 성령 안에서 아버지께 나아감을 얻게 하려하심 이라(엡 2:13-18).

또한 그리스도의 피로 이루어진 하나님과의 화평은 새로운 인류를 창조하여 사람들 간의 평화를 이룬다. 새로운 인류는 더 이상 인종, 종족, 사회적 지위나 성별에 의해 분열되지 않는다(갈 3:28). 이 새로운 인류는 자신의 정체성을 혈통이나 종족, 가문, 국적, 혹은 사회적 지위에서 찾지 않고 그리스도와의 관계에서 찾는다. 우리는 하나님의 새로운 가족으로 입양되었기에(엡 1:5), 우리 본래의 시민권은 이제 하늘에 있다(빌 3:20).

하나님의 가족은 추상적으로 존재하지 않는다. 하나님의 가족은 하나님 나라의 공동체인 실질적인 백성들로 구성된 지역 교회 안에 존재한다. 그리스도의 재림을 고려할 때, 우리의 성화는 완전하지 않기에 수평적 화해는 과정 중에 있고 종종 긴 시간을 요하며 값을 치러야 하고 불완전하다.

수직적 화해는 수평적 화해, 복음전도, 교회 개척, 긍휼 사역, 정의에 대한 근거이기 때문에, 우리는 화해가 단순히 선교사역의 과업 이상이라는 사실을 옹호한다. 화해는 선교의 우선적 목적이자 선교의 특성에서 중심을 차지한다. 하나님과의 회복된 관계와 그에 수반하는 회복된 인간관계는 복음 메시지의 중심이다. 하나님 나라의 특징은 단순히 악과 불의, 소외의 부재가 아니라, 긍정적인 것으로서의 인간 경험의 수직적이고 수평적 차원에 있어서 화합과 온전함의 회복이다.

## 7. 선교의 특성인 성육신

그리스도의 성육신은 선교를 개념화하는 데 가장 널리 사용되는 주제들 가운데 하나가 되었다. 요한복음 1:14은 말씀이 육신이 되어 우리 가운데 거하시는 사건을 이야기한다. 하나님의 아들은 온전한 사람이 되셨는데, 그분은 신적 지위를 포기하시고 유대 문화와 삶의 방식과 언어를 채택하셨고 궁극적으로는 자신을 비워 십자가 위에서 돌아가셨다(빌 2:6-8). 어떤 선교학자들은 **성육신이 선교**이고, 선교의 **유일한** 모델 또는 정의라고 주장한다. 예를 들면,

- 성육신은 … 선교**이다.** … 따라서 그리스도의 성육신적 선교는 선교의 유일한 모델이다(세계교회협의회[WCC] preparation paper for San Antonio 1989, Guder 1994, 419에서 재인용).
- 참된 선교는 항상 성육신적이어야 한다(Manila Manifesto[MM], section A.4).
- 실로 모든 진정한 선교는 성육신적 선교이다(Stott 1992, 358).

선교사의 동일화, 총체적 사역, 해방, 상황화, 교회의 문화화, 그리스

도의 삶의 구현은 모두 성육신이라는 근거 위에서 주장되었다. 복음주의자들, 에큐메니칼 교회들, 로마가톨릭교회, 그리고 정교회 신학자들은 공히 성육신적 선교학을 정교하게 발전시켰다(이에 대한 자세한 개관에 대해서는 Langmead 2004를 보라).

### 1) 그리스도의 삶을 중재하는 모델로서의 성육신

이러한 의미에서 복음을 성육신화하는 것의 의미는, 우리가 섬기는 사람들에게 그리스도가 된다는 것이다. 비록 성육신이 19세기 영국신학에서 사회 윤리를 설명하기 위해 사용되었지만(Ramsey 1960, 30-43), 프린스턴신학교 총장을 지냈고 세계교회협의회(WCC) 초대의장이었던 존 맥케이(John Mackay)는 1964년 처음으로 선교와 연관하여 성육신 개념을 발전시킨 것으로 인정되었다.

그리스도의 삶이 말씀과 행위 가운데 하나님의 모습을 보여준 것처럼, 삶에 대한 기독교 증거의 형태 역시 하나님의 모습을 드러내야 하며 복음에 상응해야 한다. 이것은 듣는 자의 환경에 부합하는 것과 사람들의 필요에 민감한 것을 포함한다. 증인들은

> 말씀, 행위, 성향에 의해서 사랑, 즉 기독교적 사랑(*agape*, 아가페)을 구체적으로 표현하면서, 이것으로 말미암아 그리스도 예수 안에서 하나님의 사랑을 중재한다(Mackay, Guder 1994, 422에서 재인용).

그리스도인들이 그리스도께서 하셨던 것처럼 신성을 구체적으로 표현할 수는 없을지라도, 성경은 신자들이 다른 사람에 대한 그리스도의 사랑과 생명의 중재자가 될 수 있음을 분명하게 제시한다. 그래서 사도

바울은 다음과 같이 말할 수 있었다.

> 내가 그리스도와 함께 십자가에 못 박혔나니 그런즉 이제는 내가 사는 것이 아니요, 오직 내 안에 그리스도께서 사시는 것이라(갈 2:20a).

> 내가 그리스도를 본받는 자가 된 것 같이 너희는 나를 본받는 자가 되라(고전 11:1).

> 우리가 항상 예수의 죽음을 몸에 짊어짐은 예수의 생명이 또한 우리 몸에 나타나게 하려 함이라(고후 4:10).

이 구절들은 성육신하신 그리스도께서 아버지를 나타내심(요 14:9)과 그리스도를 드러내는 신자의 삶 간의 유사성을 예증한다. 베드로전서 2:21은 다음과 같이 말한다.

> 이를 위하여 너희가 부르심을 받았으니 그리스도도 너희를 위하여 고난을 받으사 너희에게 본을 끼쳐 그 자취를 따라오게 하려 하셨느니라(벧전 2:21).

앨런 닐리(Alan Neely)는 "그러므로 이것은 본질적으로 예수의 발자취를 따라 걸어가는 예수를 따르는 자들의 선교이다"(Neely 2000, 474)라고 말하면서, 성육신을 선교의 핵심으로 삼는다. 이것은 개인적으로 일어날 뿐 아니라 교회 공동체로서 일어난다. 교회는 그리스도의 몸이며 교회의 집합적인 삶 가운데 그리스도를 가시적으로 구현한다(예, 고전 14:25b).

## 2) 전인적 사역을 위한 모델로서의 성육신

다릴 구더(Daryl Guder)는 성육신이 선교신학에 있어서 존재와 행위와 증거를 하나로 묶는 통합적 기능을 감당한다고 주장한다(Gyder 1994). 그리스도께서 말씀하시고 행하신 모든 것들 가운데 복음을 삶으로 실천하신 것처럼, 그리스도께서 보내심을 받으신 것과 같이 보내심을 받은 교회는 말씀과 행위 가운데 복음을 살아내야 한다. 구더에게 이것이 의미하는 바는, 정의를 위한 노력은 구원 메시지의 선포와 분리될 수 없다는 것이다.

해방신학자들은 한 걸음 더 나아가 성육신의 함의들을 받아들였다. 그리스도의 성육신은 단지 일반적으로 인간성에 있어서 동일시되는 것만이 아니라, 특히 가난한 자들, 억압받는 자들, 사회의 소외받는 자들과의 동일시로 이해된다. 존 소브리노(Jon Sobrino)는 복음 전도자들에게 가난한 자들의 고통을 나누고 그들과 동일시함으로써 "예수 자신의 성육신을 되풀이하여 실천"하라고 요청한다(Sobrino 1985, 136).

올란도 코스타스(Orlando E. Costas)의 저서 『영문 밖의 그리스도』(*Christ Outside the Gate*)의 첫 장 제목은 "상황화와 성육신: 억압받는 자들 가운데서 그리스도를 전하기"이다. 그는 다음과 같이 주장한다.

> 우리가 사는 세상에서 그리스도가 성육신한 것은 죄와 악의 희생자들 가운데 하나님 나라의 변혁적 임재를 나타내는 것이다. 그것은 개인적이고 집단적인 악에서 개인적이고 집합적인 자유와 정의와 복지로의 변혁 과정을 가능하게 만든다(Costas 1982, 16).

마닐라 선언문(Manila Manifesto)은 이러한 접근을 반영한다.

참된 선교는 언제나 성육신적이어야 한다. 참된 선교를 위해서는 겸허하게 그 사람들의 세계에 들어가서 그들의 사회적 현실, 비애와 고통, 압제 세력에 항거하며 정의를 위하여 투쟁하는 그들의 노력에 동참할 필요가 있다. 개인적 희생 없이는 선교가 이루어질 수 없다(MM A.4).

우리는 이후의 장들에서 총체적 사역과 해방신학에 대한 평가를 내릴 것이다. 그러나 우리는 그리스도께서 사역하셨던 것처럼 사역한다는 것은, 전인적인 인간으로서 사람들을 돌보며 말씀과 행위 가운데 복음에 따라 살아내는 것을 의미한다는 사실에 대해 충분히 동의할 수 있다. 하나님은 단지 메시지를 보내신 것이 아니라 그의 독생자를 보내셨다. 듣는 자들의 필요를 무시한 채 고립되거나, 그들과 무관한 방식으로 메시지를 단순히 전달하는 것은 전혀 적절하지 않을 것이다. 바울은 데살로니가 신자들에게 다음과 같이 편지를 보냈다.

하나님의 복음뿐 아니라 우리의 목숨까지도 너희에게 주기를 기뻐함은 너희가 우리의 사랑하는 자 됨이라(살전 2:8b).

### 3) 문화적 동일시의 모델로서의 성육신

유대인들의 문화를 온전히 수용하셔서 예수께서 인간이 되셨다는 것과 동일한 방식으로, 선교사가 자신이 섬기는 사람들의 문화를 온전히 수용해야 한다는 주장은 논란이 되어왔다. 1978년에 작성된, 복음과 문화에 관한 로잔협의의 윌로우뱅크보고서(The 1978 Lausanne Consultation on Gospel and Culture Willowbank Report, 로잔 문서 2번[LOP no.2], 1978)는 "기독교 증거를 위한 모델로서의 성육신"이라는 제목을 포함한다. 그리고 성육신을 "인간 역사에서 문화적 동일시(identification)에 대한 가장 놀라운 실례"라고 부른다.

월로우뱅크보고서는 선교사에게 있어 동일시란 "선교 현지 언어를 완전히 습득하고 [자신들을] 현지 문화에 침잠시켜 현지인들이 생각하는 것처럼 생각하고 그들이 느끼는 것처럼 느끼며, 그들이 행하는 것처럼 행하고" 더 나아가 그들의 삶의 기준에 적응하는 것으로 이해한다.

다렐 화이트맨(Darrell Whiteman)은 이와 유사한 접근 방식을 취하는데, "현지인화"(going native) 되는 극단적인 방법을 거부하고 다음의 접근 방식을 옹호한다.

> 하나님께서 예수의 인성 가운데 유대 문화에 들어오신 것과 같은 동일시의 방식으로 우리는 기꺼이 우리가 섬기는 사람들의 문화로 들어가서 그들의 언어를 말하며, 우리의 삶의 방식을 그들에게 맞추고 그들의 세계관과 종교적 신념들을 이해하며 그들과 함께 웃고 울어야 한다. … 인간이 되신 하나님의 성육신이라는 동일시 과정은 언제나 복음이 전파되는 새로운 문화적, 언어적, 혹은 종교적 영역에서 일어난다(Whiteman 2003, 408).

조나단 봉크(Jonathan Bonk 1991) 및 톰과 베티 수 브루스터(Tom and Betty Sue Brewster 1982) 같이 보다 급진적 접근들은, 선교사가 현지인의 삶의 방식에 적응하고, 만일 필요하다면 가난하게 살고 현지 음식, 집, 그리고 의복을 채택하며, 외국인의 특권을 포기하고 문화의 내부자로서 완전히 수용되려고 노력하므로 **완전히** 동일시할 것을 요청했다.

선교사들이 현지 문화와 동일시되는 것이 확실히 칭찬할 만한 것일지라도 성육신적 동일시에 대한 이러한 급진적 접근들은 여러 가지 이유로 의문의 여지가 제기될 수 있다.

- 예수께서 하셨던 것처럼 결코 완전하게 어떤 문화에 "성육신"할 수 있는 선교사는 없다. 왜냐하면 외국인 선교사와는 달리 예수는 내부자로서 새로운 환경에서 **태어나셨기** 때문이다.
- 실제적으로 **완전한** 동일시는 불가능하며 비현실적이다. 선교사가 얼마나 열심히 노력하는가와는 무관하게 동일시는 결코 완전할 수 없다. 급진적 동일시의 접근은 불가능한 것을 해야 한다는 의무감을 느끼는 선교사에게 불필요한 무거운 죄책감과 스트레스를 줄 수 있다(D. M. Howard 2004).
- 완전한 동일시를 향한 선교사의 시도는 항상 유용한 것이거나 인정받는 것이 아니며, 현지인들에 의해 어리석은 것, 믿지못할 것, 정직성이 결여된 것, 혹은 매우 순진한 것으로 이해되거나 간주될 수도 있다. 또한 그러한 시도를 통해 선교사는 자신의 건강을 해치거나 가족의 행복을 희생시킬 수도 있다(Hill 1990, 1993; Baker 2002의 예들을 보라).
- 현지 의복이나 음식 같은 피상적인 동일시에 몰두하는 것은 현지인들에 대한 감정 이입이나 내부자의 세계관 같은 보다 깊은 차원의 동일시를 손상하거나 대체하는 것이 될 수 있다(McElhanon 1991, 391; Hiebert 1982b).
- 변화의 대행자(change agent)와 같은 선교사의 특정 역할들은 종종 외부인들에 의해 더 잘 수행된다.

보다 근본적인 차원에서 우리가 물어야 할 질문은, 그리스도의 성육신이 실제로 문화적 동일시의 모델이 되는가 하는 것이다. 선교사의 동일시와 예수의 인간되심 사이의 비교는 너무 많은 점에서 문제를 야기하므로, **성육신적**이라는 용어를 사용하는 것이 성육신을 하찮게 만들 수 있다. 예수는 인간이 되신 영원하신 하나님으로서 삼위일체의 제2위격이시다. 그가 놓은 가교는 하늘과 땅, 시간과 영원, 초월과 내재의 가교였다. 그러한 것은 선교사가 미국에서 앙골라로 가거나 한국에서 카자흐스탄으로 가는 것과 비교할 수 없다. 선교사는 한 인간으로서 다른 동료 인간들에게 갈 뿐이다. 성육신을 통해 드러난 인류에 대한 예수의 동일시는 질적으로 다르다.

그럼에도 불구하고, 예수께서 **하셨던** 성육신은 인류와의 동일시이다(빌 2:5-8; 히 2:14-15; 4:15). 이러한 정신은 실로 그리스도의 종 되심의 특성이다. **완전한** 동일시는 선교사들에게는 불필요하거나 불가능할 수 있다. 하지만 그것은 동일시가 필요 **없다**거나 가능하지 **않다**는 것을 의미하지는 않는다.

현지인들의 언어와 문화를 배우고, 자민족중심주의를 버리고 연대성을 보여주며, 사람들의 삶의 방식을 가치 있게 여기고, 사심 없이 섬기며, 그들의 삶의 기준에 적응하며 그들의 세계를 이해하고 그들의 상처, 두려움, 기쁨, 소망을 마음 깊이 공감하려는 노력은 사랑의 증거이며, 그리스도를 닮으려는 마음의 증거이다. 그러한 것들은 선교사에게 별로 가르쳐지지 않았고 또 선교사들에 의해 잘 나타나지도 않았던 특성들이다. 성경에서 우리는 바울의 실례를 본다.

> 내가 모든 사람에게 자유로우나 스스로 모든 사람에게 종이 된 것은 더 많은 사람을 얻고자 함이라 유대인들에게 내가 유대인과 같이 된 것은 유대인들을 얻고자 함이요 율법 아래에 있는 자들에게는 내가 율법 아래에 있지 아니하나 율법 아래에 있는 자 같이 된 것은 율법 아래에 있는 자들을 얻고자 함이요 율법 없는 자에게는 내가 하나님께는 율법 없는 자가 아

니요 도리어 그리스도의 율법 아래에 있는 자이나 율법 없는
자와 같이 된 것은 율법 없는 자들을 얻고자 함이라 약한 자들
에게 내가 약한 자와 같이 된 것은 약한 자들을 얻고자 함이요
내가 여러 사람에게 여러 모습이 된 것은 아무쪼록 몇 사람이
라도 구원하고자 함이니 내가 복음을 위하여 모든 것을 행함
은 복음에 참여하고자 함이라(고전 9:19-23).

바울은 그가 사역하는 사람들을 위하여 자신의 삶의 방식을 바꾸려고 노력했다. 의심의 여지없이 이것은 개인적으로 그가 받은 엄격한 유대적 가정 교육에 반한 관습들을 채택하는 것을 의미했다. 그는 어떤 값을 치르고서라도 다른 사람들을 그리스도께로 인도하기 위해 그렇게 했다. 바울은 자신이 섬기려고 애쓰는 대상들을 위해 반복하여 고통을 받았다(고후 4:1; 엡 3:13; 딤후 2:10).

### 4) 상황화 또는 문화화의 모델로서의 성육신

성육신은 복음의 메시지와 특정 문화 안에서 교회의 삶을 상황화(contextualization)하기 위한 모델로서 도움을 준다. 칼 뮐러(Karl Müller)는 다음과 같이 요약한다.

로고스가 확고한 인간 본성을 띠었고, 인간존재가 하나님의
계시인 것처럼, 메시지는 모든 문화 안에 "육화"되어야 한다
(1997b, 199).

화이트맨은 성육신을 상황화의 모델로 본다(Whiteman 1977, 6). 딘 길리랜드(Dean Gilliland)는 "적합한 신학을 위한 모체(matrix)"로서의 성육

신에 대해 말한다(Gilliland 2005, 493). 이러한 접근은 로마가톨릭교회에 의해 가장 분명하게 제기되었다. 제2차 바티칸 공의회 교령인 『만민에게』(*Ad Gentes*)는 다음과 같이 교회의 문화화(inculturation)를 위한 모델로서 성육신에 관해 말한다.

> 교회는 하나님에 의해 주어진 구원의 신비와 생명을 모든 [사람들]에게 제공할 수 있기 위해서 그리스도의 성육신에 의거하여, 그리스도께서 더불어 사셨던 그 사람들의 특정 사회 문화적 상황에 스스로를 매이게 만들었던 것과 동일한 동기를 갖고 이들 사람들 집단에게로 들어가야 한다(*AG* 10).

하나님의 말씀이 "성육신의 경륜과의 조화 가운데"(*AG* 22) 문화 안에 뿌리를 내린 것처럼 교회는 문화화되어야 한다. 교황 요한 바오로 2세는 『구속자의 선교』(*Redemptoris Missio*, 교황 요한 바오로 2세의 선교에 관한 칙서-역주)에서 "사람들의 문화에 대한 복음의 육화"(*RM* 52)에 대해 한 부분을 완전히 할애하여 이 접근을 발전시켰다. 테레사 오쿠레(Theresa Okure)는 이 개념을 아프리카 교회에 다음과 같이 적용한다.

> 성육신의 신비에 관한 우리의 이해는 문화화를 이해하기 위한 확고한 기초로서 공헌해야만 한다. … 문화화는 그리스도께서 특정한 아프리카 문화에 "태어나시거나 성육신하신" 과정으로 작용한다. 그러한 과정 없이 그리스도는 문화의 외부인이나 외국인으로 남아있게 되고, 그 문화에 속한 내부인이 되지 못하며, 따라서 그 문화 자체는 그에 의해 구속될 수 없다 (Bate 1994, 95-96에서 재인용).

## 5) 선교의 성육신적 이해에 대한 평가

성육신적 선교에 대한 이처럼 다양한 이해들을 어떻게 평가할 수 있는가?

우리는, 그리스도의 삶을 중재하기, 말씀과 행위로 사역하기, 사람들과 동일시하기, 복음의 메시지와 교회의 삶을 상황화하기의 중요성을 성경적으로 확증할 수 있다.

그러나 그리스도의 성육신이 이러한 가치들을 정당화하고 표현하는 적합한 모델인가?

로스 랭미드(Ross Langmead) 같은 학자는 가장 포괄적인 의미에서 성육신을, 선교를 이해하는 데 있어서 본질적인 것으로 본다.

> 예수 그리스도의 성육신 안에 나타난 하나님의 성육신적 본성과 그 표현은 선교를 위한 기초와 선교를 위한 동기와 권위, 그리고 선교를 위한 모델을 제공한다(Langmead 2004, 34).

랭미드는 덧붙여 말한다.

> 역사를 통해서 그리고 예수 그리스도 안에서 나타난 하나님의 성육신적 활동에 대한 우리의 이해는 (1) 선교의 형태, (2) 선교에 참여하는 능력, (3) 선교를 위한 전체적인 틀로 우리를 인도한다(Langmead 2004, 58).

다른 학자들은 성육신적 모델이 모두 신학적으로나 주석적으로나 부적합하다고 거부한다(예, Köstenberger 1998a, 212-17; Schnabel 2004, 1574-75; Hesselgrave 2005, 141-63). 그들은 요한복음 17:18과 20:21에

나오는 예수의 파송과 교회의 파송 간의 유사점은 성육신이나 동일시가 아니라 오히려 보냄을 받는 자와 보내는 자의 관계라고 주장한다. 예수의 성육신은 완전히 유일한 사건이며, 무엇으로도 반복될 수 없으며, 그리스도인들에 의해 모방될 수 없다.

요한복음에 나타나는 예수의 사역의 초점은 (몇몇 성육신적 선교 모델들이 주장하는 것처럼) "인간에 대한 섬김"이 아니라, 구속과 용서의 사역이다. 쾨스텐버거는 다음과 같은 결론을 내린다.

> 예수께서 이 세상에 오신 방식(예. 성육신)이 아니라, **예수와 예수를 보내신 분과의 관계의 본질**(예. 복종과 전적인 의지)가 제4복음서에서 제자들의 선교를 위한 모델로 제시된다(Köstenberger 1998a, 217).

에르하르트 번버그(Erhard Berneburg)는 선교의 성육신적 모델은 성육신에 대한 성경적 교리를 "기능화"(functionalization)한 것이라고 주장한다(Berneburg 1997, 354). 따라서 성육신은 복음 전도와 윤리를 위한 방법론적 모델이 되므로 그 유일한 구속적 의미를 상실할 수 있다. 데이비드 헤셀그레이브(David Hesselgrave 2005, 141-63)와 크리스토퍼 리틀(Christopher Little 2005)은 우리가 분명히 예수의 본으로부터 배울 수 있지만, 바울의 사역이 오늘날의 선교사역을 위해 보다 적합한 모델이라고 주장한다.

### 6) 겸손하고 헌신적인 섬김으로서의 성육신적 선교

성육신적 선교와 연관하여 요한복음 20:21의 해석에 관심이 모아질 것이다. 그러나 성경의 다른 구절들은 성육신이 (선교사들만 아니라) 모든 신자들에게 인격과 섬김을 위한 모델로서 **분명하게** 제시된다.

> 아무 일에든지 다툼이나 허영으로 하지 말고 오직 겸손한 마음으로 각각 자기보다 남을 낫게 여기고 각각 자기 일을 돌볼 뿐더러 또한 각각 다른 사람들의 일을 돌보아 나의 기쁨을 충만하게 하라
> 너희 안에 이 마음을 품으라. 곧 그리스도 예수의 마음이니
> 그는 근본 하나님의 본체시나
> 하나님과 동등됨을 취할 것으로 여기지 아니하시고
> 오히려 자기를 비워 종의 형체를 가지사
> 사람들과 같이 되셨고 사람의 모양으로 나타나사
> 자기를 낮추시고 죽기까지 복종하셨으니
> 곧 십자가에 죽으심이라(빌 2:3-8).

여기서 그리스도의 성육신과 그리스도인의 삶 및 사역의 유사점은 **겸손, 헌신, 그리고 다른 이들을 위하여 자신의 권리를 포기하는 것**이다. 이러한 태도는 일반적인 신자들을 가장 확실하게 특징지워야 하며 특별히 모든 선교사들에게 적용되어야 한다. 이러한 태도는 위에서 묘사한 선교의 성육신적 이해와 연관될 것이다. 이것은 신자들이 그리스도의 삶과 죽음을 희생적 섬김과 사랑의 본으로 여기고 따라야 한다고 제시하는 다른 구절들과 일치한다(예, 벧전 2:21).

고린도전서 9장에 나오는 동일시에 대한 바울의 진술의 더 광범위한 맥락은 자신의 권리 포기에 대한 주장이다. 바울은 자신의 사역을 통해 한 생명을 얻기 위해 자신의 권리를 포기했으며(고전 9:1-18), 다른 이들을 그리스도께로 인도하기 위해 그가 좋아하던 삶의 방식도 포기했다(고전 9:19-23). 존 스토트(John R. Stott)는 다음과 같이 성육신적 선교의

함의를 설명한다.

> 성육신적 선교는 선교가 그리스도의 권위 아래 있어야 함을 우리에게 말한다(우리는 보냄을 받은 것이지 자발적으로 하지 않았다). 실제로 우리는 다른 사람들의 세계에 들어갈 때, 우리의 특권, 안전, 위안, 초연함을 포기하며, 그분이 우리에게 오셨던 것처럼 종이 되기 위해 겸손해야 한다(Stott 1992, 265).

요약하면 우리는, 선교의 성육신적 모델이란 그리스도의 생명과 사랑이 다른 이들에게 분명히 드러나도록 그들을 위해 겸손히 자기 포기를 하는 것임을 이해하고 확언한다. 선교는 그리스도의 영 안에서 복음을 위해 다른 이들을 섬기고 그들과 동일시하기 위해 헌신적으로 사랑하며 자신의 권리와 특권을 포기하는 것이다. 성육신적 선교는 선교의 **특성**을 깊게 정의함으로써 선교에 대한 우리의 이해와 우리의 방법, 그리고 우리의 헌신에 충격을 준다.

선교에 대한 이러한 이해는 신속한 결과와 천박한 헌신을 강조하는 것처럼 보이는 오늘날 선교의 통속적 성장을 고려할 때, 우리의 걸음을 멈추게 한다(보조 자료 4.4을 보라). 교회는, 그리스도의 태도에 의해 형성되고 "여러 사람에게 여러 모양이 된 것은 아무쪼록 몇 사람이라도 구원하고자 함이니"라는 바울서신의 원리에 의해 안내를 받는 사역의 가치를 쉬지 않고 배워나가야 한다.

> **보조 자료 4.4**
> **실제적 적용**
>
> 요한복음 20:21; 빌립보서 2:3-8; 고린도전서 9:1-23을 읽고 다음의 질문들에 비추어 성육신적 선교에 대한 정의를 내려보라.
>
> - 선교에 대한 성육신적 이해가 선교와 선교사에 관한 당신의 생각에 어떤 도전을 주는가?
> - 선교에 대한 성육신적 이해가 단기 선교에 어떻게 영향을 줄 수 있으며, 주어야만 하는가?
> - 세계화와 전 세계적인 영어 사용이 선교에 있어서 성육신적 태도에 어떻게 부정적인 영향을 미치는가?
> - 선교사의 완전한 동일시가 불가능하다는 사실을 깨달을 때, 복음과 그리스도의 사랑을 드러내기 위해 선교사가 포기해야만 할 권리와 특권들에는 어떤 것이 있는가?

## 8. 결론

이 장에서 우리는 **송영이 선교의 최상의 목적임**을 주장했다. 하나님께서는 자신의 영광을 선포하고 자기를 예배하는 사람들을 모든 열방으로부터 자신에게로 이끄신다. 이 예배는 영원토록 계속될 것이다. **구속은 선교의 기초이다.** 즉 하나님께서 독생자 예수 그리스도를 보내심으로 은혜 가운데 타락한 인간에게 찾아오신 것이다.

예수 그리스도의 죽으심과 부활을 통한 구속 사역은 그리스도의 오심의 핵심이다. 그는 죄를 용서받는 방법과 하나님과 인간 관계의 회복을 제공하셨다. 이것이 복음 메시지의 중심이며 사도적 가르침의 핵심이다.

**하나님 나라는 선교의 중심이다.** 즉 구속 사역은 개인 구원뿐 아니라 하나님의 구속된 백성에 대해, 그리고 구속된 공동체를 통해 하나님의 통치가 회복되는 결과를 초래한다. 새로운 하나님 나라의 백성들인 교회가 그리스도의 주권 아래 살아가며 모든 관계 가운데서 이 세상에서 거룩함과 의와 정의를 위해 일할 때 하나님 나라의 살아있는 표지가 된다.

**종말론은 선교의 소망이다.** 왜냐하면 우리는 그리스도께서 다시 오실 때 하나님 나라가 언젠가 완전하게 임할 것임을 알기 때문이다. 이 세대의 교회는 열방에 하나님 나라의 복음을 전하므로 그 나라에 대한 기대 안에서 살아간다. 선교는 복음이 열방에 전파될 뿐 아니라 구세주를 영접하고 하나님 나라에 들어가는 자들이 열방으로부터 나올 것이라는 주님의 약속이 성취될 것을 확신 가운데 이루어진다.

이러한 이유로 **열방은 선교의 범위이다.** 성경에 나타난 것처럼, 하나님은 열방을 자신에게 이끄시려는 계획을 갖으신다. 선교는 하나님 나라의 복음이 모든 열방과 종족 집단과 언어와 사회적 계층에 속한 사람들에게 전해질 때까지 멈출 수 없다.

**화해는 선교의 열매이다.** 왜냐하면 선교는 소외된 세상에 화해의 메시지를 전하기 때문이다. 화해는 하나님과의 관계 회복에서 시작되고 인간 관계의 회복으로 확장하면서, 하나님 나라의 가장 근본적인 표지들 가운데 하나가 되고 참된 샬롬(shalom)의 증거를 제시한다. 이 역시 그리스도의 재림으로 만물이 온전한 회복에 이를 것에 대한 기대이다.

마지막으로 **성육신은 선교의 특성이다.** 선교로 인해 교회가 행하는 모든 것은 겸손과 헌신과 희생의 정신으로 나타나야 한다. 왜냐하면 이러한 특성들은 그리스도의 보내심(Christ's sending)을 특징적으로 나타내기 때문이다. 이것은 선교에 능력을 주며 변혁을 주는 성령의 열매이다.

우리는 다음과 같이 선교를 정의하며 결론을 내린다. 선교는 하나님께서 모든 족속과 열방에 속한 타락한 인간들을 자신의 영광을 위해 자신과 화해시키시고 자신의 나라로 인도하시려는 목적을 갖고 행하시는 보내심의 활동(sending activity)이다. 선교는 하나님 나라의 표징이며, 열방이 그 나라에 들어오도록, 그리고 그리스도의 재림 가운데 약속된 그 나라에 대한 소망을 나누도록 초청하는 것이다.

# 제5장
# 선교사역의 과업

## -확신과 논쟁-

선교의 목적과 성격에 대한 정의를 내렸기 때문에, 이제 우리는 선교사역의 과업(task)에 대해 보다 명확하게 묘사할 수 있다. 선교(mission[단수])의 목적과 대비되는 선교사역(missions[복수])의 과업은 세상 속에서 그 사명을 완수하기 위한 교회의 특수한 사업을 말한다. 여기에는 특정한 노력과 프로젝트, 그리고 선교사가 교회로부터 위임받은 과업이 포함된다.

우리는 그리스도인들이 어떻게 역사적으로 선교사역의 과업을 규정하였는가를 살펴보고 이를 성경적으로 평가할 것이다. 제한된 지면 때문에 우리의 논의는 주로 종교개혁 시대로부터의 발전에 한정하고자 한다. 이러한 견해들의 역사적 발전은, 우리 시대만의 독특한 문제라고 생각했던 질문들에 대해 다른 시대의 사람들이 유사한 질문들을 가지고 어떻게 씨름하여 왔는지를 보여준다.

또한 다양한 접근들이 가진 잠재적 결과들을 보다 명확하게 볼 수 있다. 결과적으로 우리는 성경을 해석하는 방법과 나아가 우리가 던지는 질문들조차 우리가 물려받은 전통과 쟁점들에 의해 영향을 받는다는 사실을 겸손히 인식하게 될 것이다.

아래의 주제들은 가장 극단적인 형태로는 거의 나타나지 않을 것이다. 이러한 과업들은 상호 배타적으로 이해되어서는 안되지만 논쟁의 열기 속에서 종종 상호 배타적으로 제시된다. 다양한 접근 방식을 통해 이론과 실천은 보통 상당 부분 겹치게 된다.

## 1. 선교사역의 과업으로서 선포와 회심

### 1) 역사적 발전

초기 개신교의 선교 노력은 서로 긴밀하게 얽혀있던 청교도와 경건주의 전통에 의해 영감을 받았으며 영국과 독일의 교회 내에서의 개혁 운동으로 시작되었다. 최초의 선교회인 "뉴잉글랜드와 북미 근접 지역 안에서의 복음 전파를 위한 모임"(the Company for Propagating the Gospel in New England and Parts Adjacent in North America)은 1649년 영국에서 시작되었는데 미국 원주민들 사이에서 사역했던 청교도인 존 엘리엇(John Eliot, 1604-90)을 지원했다. 경건주의자 바톨로뮤 지겐발크(Bartholomew Ziegenbalg, 1687-1719)와 헨리 플뤼차우(Henry Plütschau, 1676-1747) 또한 최초의 개신교 선교사들로 간주되고 있다.

기독교지식촉진협회(SPCK: Society for Promoting Christian Knowledge)와 복음반포회(SPG: Society for the Propagation of the Gospel)의 설립을 도왔던 토마스 브레이(Thomas Bray) 같은 초기 영국선교회 개척자들은 영국 식민지 내에 있는 토착민의 구원과 회심에 관심을 가졌다(Van den Berg 1956).

엘리엇 같은 17세기 미국 원주민을 위한 청교도 선교사는 문명의 확산을 선교 과업 안에 포함시켰음에도 불구하고, 복음 전파가 선교를 하는 최우선 방법이었다(Knapp 1998). 시드니 루이(Siney Rooy)는 청교도 선교신학에 관한 자신의 연구에서 다음과 같이 결론을 내렸다.

> 사람들이 개인적으로 회심해야만 한다는 구원론적 관심이 청교도의 메시지를 지배하고 있다(Rooy 1965, 310).

이것은 하나님의 은혜로부터 분리된 인간성의 철저한 상실에 대한 확신으로부터 유추된 것이다. 더 나아가 그는 다음과 같이 말했다.

> 크게 보아서 선교의 목표는 단순히 영혼의 회심이었다. 그 어떤 다른 것도 하나님께서 그의 아들의 보내심을 통해 보여주셨던 영혼에 대한 관심보다 중요한 것은 없다(Rooy 1965, 316).

청교도들은 다양한 인도주의적 노력과 특히 미국 원주민들을 위한 정의 증진에 참여하였다.

> 그러나 인도주의적 동기가 구원론적 동기를 능가하도록 허용하지 않았다(Rooy 1965, 317).

> 그들은 열방에 구속을 가져다주는 하나님의 도구가 됨으로써 하나님께 영광 돌리기를 추구했다. 세상의 회심이야말로 청교도들의 목표였다(Chaney 1976, 241-51).

진정한 의미에서의 역동적인 개신교 선교사 운동은 18세기 중반 모라비안 형제들(Moravian Brethren)로부터 나타났는데, 이들은 독일경건주의에 깊이 뿌리를 내리고 있었다. 19세기에 펼쳐진 독일 개신교 선교는

"경건주의 자녀"라고 일컬어졌다(Oehler 1949, 110). 또한 모라비안 경건주의는 존 웨슬리(John Wesley)와 영국 감리교에 깊은 영향을 주었다. 요하네스 반 덴 베르크(Johannes Van den Berg)의 말에 따르면 "진젠도르프(Zinzendorf)는 감리교 운동이 태동하도록 만들었다"(Van den Berg 1956, 75).

본국에서 독일 경건주의자들은 개개인 그리스도인들의 삶에 있어서 개인 회심과 제자도의 필요성을 강조하였는데 이것은 그들이 독일 정통주의 안에서 느꼈던 차가운 형식주의와 영적 헌신의 부족에 대한 일종의 반응이었다. 교회 개혁(교회 개척이 아니라)이 이들의 목표였고, 이 개혁은 개인의 영적 갱신을 통하여 오는 것이었다.

이와 같은 모임들은 개인 회심에 최우선의 관심을 두는 선교사들을 파송하기 시작했다. 첫 번째 경건주의 선교사인 지겐발크(Ziegenbalg)와 플뤼차우(Plütschau)는 선교 과업을 확장시켜 교육, 의료, 사회사업을 포함시켰지만 유럽의 선교 지도자들은 그들에게 단순히 복음을 선포할 것을 충고했다(Verkuyl 1978, 177).

모라비안 형제단의 지도자 니콜라스 루드비히 폰 진젠도르프(Nicolas Ludwig von Zinzendorf, 1700-1760) 백작은 선교를 "다가올 하나님 나라를 위해 영혼을 모으는 일"이라고 말했다. 그는 조직된 교회 구조에 대해 근본적인 혐오감을 가지고 있었는데, 그는 교회를 "당나귀, 병원, 불안한 영혼들의 피난처," 일종의 "본향의 분점"(branch of the mother city) 또는 주님의 재림을 기다리는 일시적인 "주님의 마을"(village of the Lord)이라고 불렀다(Hoekendijk 1967, 48-49에서 재인용). 그는 심지어 모라비안 선교사들이 공식적으로 조직된 교회를 세우는 것을 금지시켰다. 집단 회심은 기대하지 않았다. 진젠도르프는 다음과 같이 말했다.

> 우리는 열방의 첫 열매를 찾으며, 우리가 두 명 내지 네 명을 얻게 될 때 그들을 구세주께 위탁하여 그들을 통해 주님이 원

하시고자 하는 바를 하도록 할 것이다(Schomerus 1935, 291에서 재인용).

더 많은 숫자의 영혼들을 수확하는 일은 나중에서야 일어날 것이며, 그때라야 교회 개척이 필요할 것이다. 그러나 진젠도르프에게 있어 현재 선교의 목표는, 주님의 재림 때 일어날, 도래할 나라 추수의 첫 번째 열매들로서 구원받은 개인이 작은 교제 모임(ecclesiolae, 에클레시올라에)으로 모이게 하는 것이었다(Hoekendijk 1967, 54-59에서 재인용). 데이비드 J. 보쉬는 다음과 같이 말한다.

> 경건주의자와 모라비안 양자 모두에게 첫 번째 관심은 이방인들의 회심(convertio gentilium, 콘베르티오 겐틸리움)으로서, 일단 회심한 뒤에는 무슨 일이 일어날 것인가에 대한 분명한 생각이 없었다. "교회 개척"은 선교의 목표가 아니었다. … 전체 강조는 회심에 있었다. 모든 선교사 활동들은 이러한 지배적인 첫 번째 목표를 단순히 돕는 것이었다(D. J. Bosch 1980, 131).

경건주의와 청교도주의뿐만 아니라 후에 두 번의 영적 대각성 운동(18세기 중엽과 19세기 초) 안에서 나타난 부흥 운동도 개신교 선교 운동이 부각됨에 따라 선교 이해 형성에 중요한 역할을 하였다(Van den Berg 1956, 91). 개인의 회심에 분명한 강조점이 있었고, 선교는 주로 선포와 관련된 것이었다(Forman 1977, 77).

이것은 존 웨슬리, 조지 휫필드(George Whitefield), 그리고 좀 더 후세대인 찰스 피니(Charles G. Finney), 드와이트 무디(Dwight L. Moody)와 빌리 그래함(Billy Graham)의 설교에서 전형적으로 나타났다. 회심은 일반적으로 어떤 형태의 공개적인 고백을 동반하는 개인적 믿음의 결단으로 이해되게 되었다.

오로지 선포를 강조하도록 기여한 한 가지 요소는 그리스도인 연합(Christian unity)에 대한 관심이었다. 예를 들어, 초교파적인 런던선교회(LMS: London Missionary Society)는 놀랄 만한 에큐메니즘적인(ecumenical) 정신을 표명했다. 1795년에 창립 회원인 데이비드 보그(David Bogue)는 "우리는 이 저녁 **편협함의 장례식**(funeral of bigotry)"에 함께 초청을 받았다고 주장했다(Van den Berg 1956, 129에서 재인용). 1776년에는 "우리의 계획은 장로교, 독립교회, 성공회 또는 다른 형태의 교회 직제나 정치 체제가 아니라 … 복되신 하나님의 영광스러운 복음을 이교도들에게 전달하고자 하는 것이다"라는 근본적인 원리를 주장했다(Van den Berg 1956, 130).

세계복음화는 오직 그리스도인들이 자신들의 신조나 교단적 충성심을 한쪽으로 밀어놓고 복음을 위해 서로서로가 협력할 때 성취될 수 있다는 것이다. 초교파적 선교회들은 단지 교회적, 교리적 논쟁거리들을 일으킬 뿐인 교회 개척을 경시하였다. 하지만 단순한 전도는 사실상 모두가 동의할 수 있는 과업이었다.

그러나 이러한 선교 이해의 근본적 바탕에는, 각각의 죄인은 하나님의 심판을 받을 운명이고 오직 그리스도 안에 있는 회개와 믿음으로만 영원한 저주에서 구원받을 수 있다는 확신이 있었다. 따라서 복음을 듣는 일은 모든 인류의 가장 중대한 필요이고, 복음을 선포하는 일은 가장 시급한 선교적 과업이다.

수많은 사람들이 그리스도 없이 멸망에 이르고 있다는 바로 그 생각이 긴급성에 대한 커다란 인식을 불러 일으켰다. 중국내지선교회(CIM: China Inland Mission)의 허드슨 테일러(Hudson Taylor) 같은 지도자들은 마치 나이아가라 폭포로 물이 떨어지듯 복음을 듣지 못한 채 매일 죽어가는 수많은 영혼들에 대한 이야기를 열정적으로 할 수 있었다. 그 어떤 것도 복음을 가능한 한 빨리 보다 많은 사람들에게 전달하는 일로부터 선교사의 관심을 돌려놓아서는 안되었다. 학생자원운동(SVM: Student Volunteer Movement)과 뒤이은 학생 선교 운동들은 "이 세대 안에 세계 복음화"를 추진하였다. 아더 T. 피어슨(Arthur T. Pierson)과 존 R. 모트(John R. Mott) 같은 지도자들은 피상적이거나 성급한 복음화라는 비난을 피하고자 주의하였다(Forman 1977, 88). 그러나 일반적 흐름은 극단적 긴급성을 강조하는 쪽이었다.

일반적으로 말해 대부분의 개신교 선교단체들은 19세기 전체를 통해 전도를 선교의 중심 과업으로 이해하였다. 역사가 스티븐 닐(Stephen Neill)은 다음과 같이 말했다.

> 개신교 선교사들은 그리스도를 위해 영혼을 얻고자 하는 진정한 소원을 가지고 나갔지만, 구원받은 영혼들에게 무슨 일이 일어날 지에 대해서는 거의 생각하지 않았다(W. R. Shenk 2001, 151에서 재인용).

19세기 말까지 대부분의 선교사들은 구원을 위해 복음을 들어야할 필요성에 대한 기본적인 확신을 공유했다. 현대 선교학의 아버지인 구스타프 바르넥(Gustav Warneck)은 선교의 과업으로서 교회 개척과 기독교화(Christianization)를 지지하는 사람이었지만, 그도 선포의 중심성과 선교의 필수적인 시작점으로서 회심을 강력하게 주창했다. 그는 1891년에 다음과 같은 글을 썼다.

> 예수를 보내심은 영혼의 구원을 위함이었다. 영혼 구원은 어디서나 그리스도의 사자(messenger)의 필수적인 핵심 사역으로 남을 것이다. 이 핵심 사역이 그 중심적 위치로부터 옮겨지

게 될 때 보냄의 과업에 먹구름이 끼기 시작할 것이다. … 한 민족의 회심은 개인의 회심과 함께 시작되어야 하고, 이러한 개인의 회심은 선교 기간의 긴 **국면**을 이루어야만 한다(Hoekendijk 1967, 90에서 재인용).

하지만, 구원에 대한 대안적 이해, 타종교에 대한 존중, 그리고 성경의 권위에 대한 문제 제기는 선교에 있어 선포의 중심성의 토대를 침식시키기 시작했다. 20세기 초 미국에서 일어난 근본주의자와 현대주의자 간의 논쟁(fundamentalist-modernist debate)은 선교 지지자들 간에 선교를 선포로 보는 사람들과 선교를 사회적 행동으로 지지하는 사람 간의 양분화를 가져왔다.

비록 전도가 세계교회협의회(WCC)의 과업으로부터 사라진 적은 결코 없었지만, 아래에서 보게 되듯이 협의회 운동(conciliar movement)은 전도를 재정의했고, 말로 복음을 선포하는 것은 그 우선성을 상실했다. 요하네스 베르카일(Johannes Verkuyl)은 "개인 영혼의 구원에 대한 진정한 관심은 선교사역에서 결코 사라져서는 안 될 것"이라고 경고하였고 (Verkuyl 1978, 180), 세계교회협의회(WCC)는 최근에 전도와 개인 회심의 요청의 중요성을 재확인하였다(Werner 2008). 그러나 여전히 복음의 보편적 진리성과 선포의 성격에 관해 명확하지 못한 면이 남아있다 (예, WCC 1985; 2000, §17, 63-67).

로잔세계복음화대회(Lausanne Congress on World Evangelization, 1974)는 협의회 운동이 선교와 복음 전도에 대해 재정의하는 것에 대한 복음주의 진영의 응답에 있어 최고의 수위표(watermark)였다. 로잔세계복음화위원회(Lausanne Committee for World Evangelization)는 아래의 정의 아래 효과적인 세계복음화에 초점을 맞추었다.

복음화한다는 것은, 성경대로 예수 그리스도께서 우리 죄를 위해 죽으시고 죽음으로부터 다시 살아나셨다는 것과, 주권을 가지신 주님이 이제 회개하고 믿는 모든 자에게 죄 사함을 제공하시고 성령의 선물을 주신다는 좋은 소식을 전파하는 것이다(로잔 언약 §4).

로잔세계복음화위원회(Lausanne Committee for World Evangelization)의 관심은 단순한 선포를 넘어 확장되었지만 세계복음화와 관련된 사역 단체와 집회를 계속 지원하고 있다.

### 2) 평가

**첫째 선포는 신약성경의 선교 이해에 있어 분명한 중심을 이루고 있다.**
누가복음과 마가복음의 지상명령(Great Commission) 진술들은 양자 모두 선포를 강조한다. 사도와 초기 선교사들은 어디를 가든지 복음을 선포하였고 사람들에게 예수 그리스도께 헌신하는 추종자가 될 것을 요청했다(보조 자료 5.1을 보라).

메시지는 듣는 자들에게 맞추어 선포되었지만, 십자가의 거치는 것들은 그것이 전하는 자에게 얼마나 위험하고 또한 듣는 이들에게 얼마나 어리석게 보일 것인지와 상관없이 결코 타협되지 않았다. 초기 그리스도인들은 그리스도에 대해 다음과 같이 확신했다.

> 다른 이로써는 구원을 받을 수 없나니 천하 사람 중에 구원을 받을 만한 다른 이름을 우리에게 주신 일이 없음이라(행 4:12).

### 보조 자료 5.1.
### 사도 바울의 복음 선포

비록 바울은 자신의 메시지를 청중에 적응시켰지만, 사도행전과 데살로니가 전서에 나타난 그의 복음 설교를 검토해보면, 지속적인 주제들이 있다는 것을 확인할 수 있다(또한 Schnabel 2008, 126-30, 155-208을 보라).

1. 천지를 창조하신 유일하고 참되시며 살아 계신 하나님이 계신다 (행 14:15-17; 17:24-28).
2. 하나님은 거룩하시고 의로우시며 모든 악을 심판하실 것이다(행 17:30-31:1; 살전 4:6b).
3. 사람들은 하나님 앞에서 책임이 있으며 우상과 거짓 신들을 섬기는 것에서 유일하고 참되신 하나님을 섬기는 데로 돌이켜야만 한다(행 14:15; 17:29-31; 살전 1:9).
4. 예수 그리스도는 성경에 약속된 구속자, 하나님의 아들로서 자신의 삶과 죽음, 그리고 부활을 통해 우리를 죄와 하나님의 진노로부터 구원하신다 (행 13:26-38; 17:2-3; 살전 1:10).
5. 죄 사함과 영원한 생명을 얻기 위해서는 회개와 그리스도에 대한 믿음이 필요하다(행 13:39-41; 16:30-31; 20:21; 26:20; 살전 2:13).
6. 우리를 하나님 나라로 초청하시는 하나님 앞에 합당하게 살 것을 격려함 (행 14:22; 19:8; 20:25; 28:23, 31; 살전 4:1, 7).

♦ 성찰과 토의 ♦

① 바울의 전도 메시지의 요소들 중 오늘날 전도에서 강조되고 있는 것들은 무엇인가?
   어떤 요소들이 빠지거나 덜 강조되고 있는가?
② 위의 모든 점들이 불신자가 복음을 올바로 이해하는데 동일하게 본질적인 것들인가?
③ 오늘날 청중에게 더욱 강조되고 주의 깊게 설명되어야할 복음의 측면들이 있는가?
   당신의 답변을 설명해보라.

선포에 대한 강조는 바울의 선포와 구원론 사이의 연결에 뿌리를 두고 있다.

누구든지 주의 이름을 부르는 자는 구원을 받으리라
그런즉 그들이 믿지 아니하는 이를 어찌 부르리요?
듣지도 못한 이를 어찌 믿으리요?
전파하는 자가 없이 어찌 들으리요?(롬 10:13-14)

그리스도 안에서의 하나님의 구원 행위에 대한 명백한 전달을 선교로부터 제거한다는 것은 구원 역사의 핵심과 절정 자체를 제거하는 것이며, 심판으로부터의 영원한 구원과 죄악에 빠진 인간에게 하나님과의 화해를 가져다 줄 수 있는 유일한 메시지를 없애버리는 것이다. 선교사역의 과업에 무엇이 추가될지라도 선교에서 선포를 삭제할 수는 없다.

선포와 개인 회심의 중심성을 유지하는 한편, 선교 과업의 다른 측면들을 배제하거나 무시하고 전도만을 일방적으로 강조하는 것은 피해야 한다. 여기에는 몇 가지 위험 요소가 있다.

**둘째, 신속한 복음의 전달에 대한 강조는 복음에 대한 피상적 이해와 얕은 회심으로 이끌 수 있다.**

"모든 이가 복음을 한 번 듣기까지 누구도 복음을 두 번 들어서는 안 된다"는 식의 대중적 표어들은 설득력을 가지고 있다. 예를 들어, 19세기 학생자원운동과 연관되어 있던 아더 피어슨은 전도에 대해 이렇게 강조했다.

> 복음의 메시지를 결코 들어본 적이 없는 영혼들이 존재하는 한 어느 곳에든지 멈추거나 미적대지 말고, 심지어 거절당한 메시지를 반복하지 않는 것은, 적어도 완전한 어둠 가운데 여전히 머물고 있는 사람들에게는 불공평하기 때문이다(Robert 2003, 200에서 재인용).

그러나 "복음을 듣는다"는 것이 의미하는 바는 무엇일까?

복음을 문화를 넘어 분명하게 전달하는 과업은 복잡한 것이다. 듣는 이가 진정으로 복음 메시지를 이해하려면 세계관, 느끼는 필요, 잠재적 오해, 사람들의 의사 결정과정 모두가 고려되어야 한다. 심지어 바울과 바나바도 청중으로부터 오해받는 도전에 직면했었다(행 14:8-18).

신속한 세계복음화 전략은 복음을 들은 사람들과 "결신"한 숫자들에 대한 인상적인 보고서와 통계를 만들어 낼 수 있을 것이다. 그러나 장기적 관점에서 이러한 노력의 열매들은 종종 의문시된다. 명목적 신앙 (Nominalism)은 모든 지역 교회에 광범위하게 퍼져있는 문제이다. 혼합주의, 부도덕, 성경의 기본 가르침에 대한 포괄적 이해 부족, 또는 "일요일"만의 기독교는 종종 성급하고 피상적인 선포의 결과이다. 이것은 하나님을 영화롭게하지 못하거나 하나님 나라의 진전을 이루지 못한다.

**셋째, 제자 훈련, 교회 개척, 하나님 나라에 대한 관심과 분리된 선포는 지상명령을 온전하게 이루지 못한다.**

마가복음과 누가복음의 지상명령은 선포와 증거를 강조한다. 그러나 마태는 선교를 예수께서 우리에게 가르치신 모든 것을 순종하는 제자들을 만드는 것이라고 분명하게 정의내리고 있다(마 28:19-20). 요한은 예수께서 보내심을 받은 것같이 보냄을 받는 것에 관하여 이야기하는데, 그것은 단순한 선포보다 훨씬 많은 것을 수반한다(요 20:21). 바울은 복음을 선포하였을 뿐 아니라 믿는 자들의 계속적인 발전과 그들의 교회를 위해 상당한 노력을 기울였다. 단지 선포하는 것만으로는 지상명령을 완수했다고 볼 수 없다.

**넷째, 그리스도의 주권(Lordship)과 분리된 "결신"을 강조하는 선포는 성경적 회심을 잘못 해석하는 것이다.**

분명히 사도들은 청중들에게 회개하고 그리스도께 대한 믿음을 가지라고 촉구했다. 선포는 시급한 결단을 요청하는 것이었다. 그러나 그것은 하나님과의 교제와 그의 주권 아래 있는 삶에 대한 결단이다. 진정한 회심은 분명 영원한 구원의 선물을 받아들임으로써 출발하지만, 단지 그것만은 아니다.

> 회심은 … 그리스도를 주님과 자신의 삶의 중심으로 영접하는 충성서약에 있어서의 변화이다(D. J. Bosch 1991, 488).

진정한 전도는 사람들에게 그리스도 안에 있는 용서를 받아들이라고 요청하는 것뿐 아니라, 그리스도를 따르는 철저한 제자의 삶을 촉구하는 것이다. 그러한 전도는 필연적으로 삶 전체와 공동체에 영향을 주게 된다.

**다섯째, 인적 결단을 일방적으로 강조하는 것은 공동체를 적절하게 고려하는 것이 아니다.**

윌버트 쉥크(Wilbert Shenk)는 19세기를 다음과 같이 평가했다.

> 교회론은 대영제국 안에서 옥스퍼드 운동(Tractarian)의 제한된 영향을 제외하고는 선교신학 발전에 의미있는 어떤 역할도 하지 못했다(Shenk 2001, 150).

바르넥은 그의 책 『개신교 선교학』(*Evangelische Missionslehre*, 1897-1905)을 통해 과도하게 개인주의화된 선교 이해에 대해 신학적으로 반대한 최초의 사람이었다. 선교신학과 실천에 있어 구원론과 교회론과의 관계는 반드시 정립되어야만 한다. 서구 문화는 개인적 자유와 개개인의 선택의 가치에 의해 심대한 영향을 받아왔다. 다른 많은 문화들은 보다 집단 지향적이고, 따라서 정체성과 의사 결정은 집단에 의해 영향을 받는다. 선포와 회심에 있어 과도하게 개인주의화된 접근 방식들은 이러한 요소들을 무시하고 있다.

예수는 한 사람이 그의 제자가 되기 위해서는 가족을 버릴 수 있어야만 한다고 가르치셨다(마 10:37; 눅 14:26). **하지만** 그를 따르는 사람은 새로운 가족을 얻게 된다(마 19:29; 막 10:29-30). 신약성경은 개인적 회심뿐만 아니라 많은 숫자의 사람들과 가족 구성원 전체의 회심에 관하여도 보고하고 있다(행 2:41; 16:33-34).

이러한 사람들이 그리스도인이 되었을 때 교회가 형성되었고, 그 공동체 안에서 사람들은 신앙으로 양육받고 신앙적 삶을 실천하게 되었다. 이것이 성경적 규범이다. 건강한 교회의 형성은 단순히 복음을 설교한다고 자동적으로 일어나지는 않을 것이다.

선포만으로 선교적 과업의 적절한 정의를 내릴 수 없지만, 선포는 확실히 선교에 있어 필요한 출발점이다. 지상명령이라는 명확한 주장들(특히 마가복음과 누가복음의 지상명령 진술들-역주)과 사도들의 모본, 그리고 복음의 논리는 선포를 필수적인 것으로 만든다. 예수 그리스도 안에 있는 하나님의 구원에 관한 좋은 소식을 명백하게 세상에 가져다주지 않는 선교는 성경적 선교라고 간주될 수 없다.

## 2. 선교사역의 과업으로서의 교회 개척과 성장

### 1) 역사적 발전

로마가톨릭교회는 오랜 세월 교회 개척(*plantatio ecclsiae*, 플란타티오 에클레시아에)을 선교의 중심적 과업으로 삼았다(보조 자료 5.2를 보라). 이것은 부분적으로는 교부 키프리안(Cyprian)에 의해 3세기 전반에 형성된 "교회 밖에는 구원이 없다"(*extra ecclesiam nulla salus*, 엑스트라 에클레시암

눌라 살루스)라는 교리에서 기인하였다. 종교개혁가들은 이러한 견해에 일반적으로 동의하였지만, 화란 식민지에서의 선교를 제외하고는 개신교인들은 교회를 선교의 중심에 놓은 것에 대해 조심스러워했다(Karkkainen 2003, 71-77; Gensichen 1971, 130).

---

**보조 자료 5.2**
**로마가톨릭 선교신학에 있어서 교회 개척**

교회가 아직 존재하지 않는 곳에 교회를 개척하는 것은 로마가톨릭의 선교 이해에 있어 오랫동안 중요한 위치를 차지했다. 3세기 초반 교부 키프리안의 유명한 "교회 밖에는 구원이 없다"(*extra ecclesiam nulla salus*)는 선언이 있은 이래로, 교회는 구원과 선교의 핵심으로 이해되었다. 이러한 교리는 1215년 제4차 라테란 공의회에서 공식적인 가르침이 되었다(Canon I; Ohm 1962를 보라). 19세기 말에 가톨릭 신학자들은 교회 밖의 사람이 "암묵적 신앙"(implicit faith)을 통해 구원받을 가능성이 있는지를 토론했고(Shorter 1988, 93-94), 그러한 관점은 후에 제2차 바티칸 공의회에서 승인되었다(*LG* 16; *AG* 7).

20세기에 교회 개척과 관련하여 두 개의 가톨릭교회 학파가 발전되었다(Brechter 1969, 118; Ferguson 1984; Oborji 2006). 로마가톨릭교회 선교학의 아버지라고 간주되는 조셉 슈미들린(Joseph Schmidlin, 1876-1944)은 더 오랜 뮌스터 학파(Münster School)를 대표한다. 그는 영혼 구원에 우선성을 부여하면서 선교사역의 단계를 다음과 같이 서술하였다.

1단계. 복음과 기독교 신앙을 이교도들 가운데 선포하는 것.
2단계. 내면적 회심, 마음의 변화, 외면적 회심, 교회에 가입하고 영세를 받는 것.
3단계 단순한 형태의 공동체로부터 시작하여 완전한 교직체제(hierarchy)를 갖춘 교회를 조직하는 것.

피에르 찰스(Pierre Charles, 1883-1954)에 의해 대표되는 루뱅 학파(Louvain School)는 개인 구원보다 교회 개척에 우선성을 부여했고, 선교의 목적은 "가시적 교회를 아직 교회가 없는 곳에 개척함으로 교회를 통해 선한 의지를 가진 모든 영혼들에게 구원(신앙과 예전들)을 가져다주는 것"이었다(K. Müller 1987, 76-77에서 재인용). 교회는 단지 구원의 방편이 아니라 "창조자의 모든 사역이 그 구세주에게로 돌아가는 유일한 접촉점(point of contact)"으로 간주되어야 한다(ibid.).

제2차 바티칸 공의회는 교회를 하나님의 백성으로 보는 새롭고 넓은 개념을 적용함으로 루뱅 학파와 뮌스터 학파를 통합하는 길을 모색했다. 위에서 언급했듯이, 구원에 대한 폭넓은 견해가 승인되었고, "교회 밖"(*extra ecclesiam*)과 같은 용어는 사용되지 않았다. 그러나 "이러한 선교사 활동의 올바른 목적은 복음화와 교회가 아직 뿌리를 내리지 못한 곳에 교회를 개척하는 것"이라는 것을 또한 확언했다(*AG* 6). 한편, 선포와 회심은 교직 제도와 성례전을 갖춘 교회 개척으로 귀결되어야만 하고, 다른 한편으로 교회의 공식적 설립과 분리된 신앙과 회심은 비현실적인 것이 될 것이다(Brechter 1969, 118-19).

뮐러(Karl Müller, 1918-2001)는 오늘날 "소위 루뱅 학파의 일방적인 주장은 실제적으로 모든 곳에서 폐기되었다"라고 주장하고 있다. 그러나 그는 계속해서 "하나님의 백성의 새로운 공동체(교회)를 설립하는 것은 선교의 개념을 쉽게 설명하기 위한 신학적으로 정확한 길이다"라고 확언했다(Müller 1987, 34).

뷜만(Walbert Bühlmann 1982, 248) 같은 이들은 교회가 이미 가능한 모든 곳에 개척되었기 때문에 이제 선교는 (매우 넓은 의미에서) 그러한 교회들의 지속적인 전도 활동으로 이루어진다고 주장한다. 그럼에도 불구하고, 1990년에 교황 요한 바오로 2세는 다음과 같이 썼다.

> 『만민에게』(*Ad Gentes*)에서 말하는 선교의 목적은, 기독교 공동체를 세우는 것과 교회가 온전히 성숙하도록 발전시키는 것이다. 이것은 선교사 활동의 핵심적이고 결정적인 목표로서 새로운 특정 교회가 그 지역 환경 안에서 정상적으로 기능을 하는 데까지 세워지기 전에는 선교는 완수된 것이 아니다(*RM* 48).

◆ **성찰과 토의** ◆

① 루뱅 학파와 뮌스터 학파의 생각 사이의 긴장에 대해 당신의 평가는 무엇인가? 어떻게 그 긴장을 해소시킬 수 있는지 논의해보라.
② 개신교 신학과 교회론의 어떤 측면들이, 개신교 선교신학이 선교에 있어서 교회 개척의 위치를 바라봐야 하는 방식에 영향을 주는가?
③ 당신은 개신교의 구원 이해가 교회로의 귀속의 중요성을 무시하여 과도하게 개인주의적이라는 점을 어느 정도 인정하는가?

교회 개척은 17세기 화란의 제2차 종교개혁 기간 동안 선교의 동기 중 하나로 강조되었다.

> 선교 활동은 멸망해가는 영혼들이 구원받게 하기 위해서 또는 다가오는 하나님 나라를 준비하기 위해서 필요할 뿐 아니라, 하나님 나라가 부분적으로나마 나타나도록 하는 교회가 땅 끝까지 확장되도록 하기 위해서도 필요하다(Van den Berg 1956, 184).

기스베르투스 보에티우스(Gisbertus Voetius)는 선포, 교회 개척, 그리고 하나님께 영광 돌리는 것을 선교의 목적이라고 주장하였다. 그러나 선포를 강조하는 견해가 초기 개신교 선교의 실천을 지배하였다.

청교도주의, 경건주의, 부흥 운동을 통해 성장한 초기 개신교 선교는 처음에 교회 개척이 아니라 회심을 통한 교회 갱신을 강조하였다. 비록 북미에서 초기 청교도들은 교회 개척을 선교의 일부로 보았지만, 미국 원주민들을 위한 실제적인 교회 개척은 대부분 성공적이지 못했다(Rooy 1965, 321-22). 많은 초기 북미 선교회 지도자들은 교회를 하나님 나라와 동일시하였다. 따라서 진정으로 회심한 영혼들의 교제모임(fellowship)인 교회를 모든 대륙에 개척하는 것은, 모든 피조물을 그리스도의 통치 아래로 가져오는 위대한 목표에 필수적인 것이었다(Chaney 1976, 246-48).

위에서 언급했듯이 경건주의 운동은 명확한 교회론을 가지고 있지 못했다. 지역 사람들이 그리스도인이 되면 필요에 의해 그들은 교회로 모였다.

> 그러나 교회 개척에 대한 생각은 확실히 선교적 각성의 주요한 자극은 아니었다. 복음주의자들은 "영혼 구원"을 위해 나갔으며, 선교지에서 교회의 형성은 그들의 노력에 따른 자연스

러운 결과였지만 그것 자체가 그들의 주요한 목표는 아니었다 (Van den Berg 1956, 159).

단지 교회에 더 많은 기반을 둔, 신조를 중시하는 선교단체들(confessional mission agencies)이 생겨나면서 교회 개척이 개신교 선교의 보다 명백한 과업이 되었다.

교회 개척의 경험, 특히 다른 문화권 안에서 종종 글을 못 읽는 신자들과 함께 교회를 개척하는 것은 새로운 일이었고, 언제나 사려 깊게 이루어지지는 않았다.

윌리엄 캐리(William Carey)는 주목할 만한 예외에 속한다. 그는 1806년에 동료들과 함께 "선교협약"(Form of Agreement)을 발표했는데, 거기에는 "개별적인 영혼을 얻는 것"과 더불어 "교회를 개척하고 학교를 조직하는 것"을 선교의 중심 목적으로 명시하고 있다(Verkuyl 1978, 179). 선교협약은 또한 교회가 현지 목사에게 이양되어야 한다는 것을 명백하게 기술하고 있다. 그 후 선교사는 이러한 교회들을 감독하여야만 하고 "계속해서 다른 지역에 새로운 교회들을 개척하기 위해 노력을 기울여야 하며, 능력이 닿는 데까지 관할 구역 안에 복음을 확산해야 한다"(Stanley 1992, 381에서 재인용).

개신교 선교 지도자들 가운데 토착 교회 개척 관점에서 선교사역의 과업을 정립한 사람은 미국해외선교위원회(American Board of Commissioners for Foreign Missions)의 해외사역 총무였던 미국인 루퍼스 앤더슨(Rufus Anderson)과 영국인 헨리 벤(Henry Venn, 1796-1873)이었다. 벤은 성공회선교협회(CMS: Church Missionary Society)의 총무였다.

그들은 각각 서로 독립적으로, 그 유명한 토착 교회의 정의로서 **자전**(self-propagating), **자치**(self-governing), **자립**(self-supporting)이라는 "삼자"(three-self) 원칙을 만들었다고 알려져 있다. 그들은 선교사들이 종종

한 지역에 무한정 머물러 있는데 이는 개척된 교회들이 외국 지도력과 자금에 너무 의존하고 있기 때문이라는 것을 관찰했다.

벤과 앤더슨은, 선교사들이 삼자(자전, 자치, 자립) 교회를 개척함으로써 새로운 지역을 개척할 수 있도록 자유로워질 것이며, 현지 신자들이 자신들과 이웃 사람들을 복음화하는 책임을 맡게 될 것이라고 주장했다. 앤더슨 역시 진정한 토착 교회들을 발전시키는 것을 무시한 채 개인의 회심만을 주장하는 경건주의적 강조에 반대했다. 그는 다음과 같이 말했다.

> 선교는, 성경적이고 자전하는 기독교의 확산을 위해 수행된다
> (Verkuyl 1978, 65).

여기에는 항상 네 가지 측면이 고려되어야 했다.

(1) 회심.
(2) 회심한 사람들을 교회로 조직함.
(3) 교회사역을 현지인들에게 넘겨줌.
(4) 독립적이고 스스로 전파하는 교회들이 되도록 이끌어 줌.

19세기 동안에 삼자 원칙은 일반적으로 받아들여지는 선교 전략이 되었지만, 지속성을 가지고 실천되는 일은 드물었다(Beaver 1968a, 116). 개척된 교회들은 일반적으로 선교사들의 파송 교회 형태를 따랐고, 선교사들은 보통은 지역 신자들에게 교회의 지도력을 위임하는 것을 내켜하지 않았다.

바르넥은 여러 권으로 집필한 그의 『개신교 선교학』(*Evangelische Missionslehre*) 바로 첫 문장에서 다음과 같이 주장했다.

우리가 의미하는 기독교 선교란 비기독교 백성들 사이에서 기독교 교회들을 개척하고 조직하기 위한 기독교의 총체적인 노력이다(Warneck 1897, 1:1).

그에게 있어 선교사역의 과업은 개인적 회심 위에 근거하지만 반드시 교회들을 세우는 것으로 나가야 하는 것이었다.

기독교 선교의 과업은 기독교의 확산, 즉 기독교 교회를 온 세계에 개척하는 것이다. 이러한 개척은 개인 영혼들에게 구원에 관한 기독교 메시지를 임의적이고 산발적으로 선포하는 것을 통하여 일어나지 않는다. 그것은 현지 그리스도인 공동체인 교회를 개척하고, 양육하며, 조직하는 데로 나가는 순차적인 일(ordered undertaking)을 요구한다(Warneck 1897, 1:4).

교회는 단순히 개인 회심자들의 집합체가 되어서는 안되고 현지 지도력 아래 형성된 토착적인 공동체로서 전체 사회에 영향을 줄 수 있어야 한다. 그는 이것을 기독교화(christianization)라고 불렀으며, 선교의 최종적인 목적으로 보았다.

다른 많은 선교 지도자들과 신학자들도 교회 개척을 선교의 중심 과업으로서 주장하였다. 이러한 사람들 중에는 로버트 스피어(Robert Speer 1902, 39-40), 로랜드 알렌(Roland Allen [1912] 1962a, 81), H.W. 쇼메로스(H.W. Schomerus 1935), 핸드릭 크래머(Hendrik Kraemer 1938, 287), 발터 프라이탁(Walter Freytag 1961, 2:184)과 데이비드 헤셀그레이브(David Hesselgrave 1980, 29, 33)가 있다. 게오르그 비세덤(Georg Vicedom)은 "선교의 목표는 메시지를 모든 인류에게 선포하고 그들을 교회로 모으는 것이다"라고 결론을 내렸다(Vicedom 1965, 103).

요한네스 크리스티얀 호켄다이크(Johannes Christiaan Hoekendijk)의 영향 아래 1960년대와 1970년대의 협의회의 선교(conciliar mission) 이해는 어떤 형태의 교회 중심적 선교든지 과격하게 거부하는 방향으로 이동했다. 그러나 그 이후에는 보다 온건한 입장을 취하게 되었다. 예를 들어, WCC 문서인 "선교와 전도: 에큐메니즘적 확언"(Mission and Evangelism: An Ecumenical Affirmation)은 다음과 같이 주장한다.

> 기독교 선교의 핵심은 모든 인간 공동체에 지역 회중의 증식을 촉진하는 것이다(WCC 1982, §25).

1960년대에 도날드 A. 맥가브란(Donald A. McGavran)과 교회 성장 운동(Church Growth Movement)은 선교적 사고에 광범위한 영향을 미치기 시작했다. 맥가브란은 진정한 선교는 성장하는 교회라는 결과를 나타내야 한다고 확고히 믿었다. 그는 선교를 다음과 같이 정의했다.

> 예수 그리스도의 좋은 소식을 선포하고, 사람들을 그의 제자가 되도록 설득하여 그의 교회의 신뢰할 수 있는 회원이 되도록 하는 헌신된 노력이다(McGavran [1970] 1980, 26).

> 오늘날의 최상의 과업은 지구상에 있는 (복음에) 수용적인 사회들 안에 교회들을 효과적으로 증식시키는 것이다(McGavran [1970] 1980, 41).

맥가브란에게 있어 교회 성장은 흔히 생각하듯 단지 숫자를 증가시키는 문제라기보다는, 오히려 교회의 회원이 되는 것이 제자로 만들어지고 있음을 겉으로 나타내는 최상의 표징이라고 보았던 것이다. 그는 인도에서 선교하면서 광범위한 사회사업, 교육, 고아원과 같은 사역들이 사람들로 하여금 그리스도인이 되게 하고 책임있는 교회 회원이 되도록 하는 데 거의 영향을 주지 못하고 있음을 보았다. 이러한 사람들의 영원한 구원이 맥가브란의 최고의 관심이었다. 더 나아가 맥가브란은 교회 개척을 통해서만 사회 개선이 궁극적으로 성취될 수 있다고 주장하였다.

> 교회가 성공적으로 개척되었을 때는 보건, 교육, 농업, 사회 정의, 자유의 모든 영역에서의 개선이 따라온다. 교회는 사회적 병폐를 경감시키는 데 있어 가장 최상의 도구로 알려져 왔다(Glasser and McGavran 1983, 28-29).

그는 자신의 매우 독창적인 저서인 『교회 성장 이해』(*Understanding Church Growth*)에서 교회 개척의 중요성에 대해 다음과 같이 요약했다.

> 교회 지도자들과 선교사들이 여러 종류의 좋은 사역의 관점에서 생각하는 것을 완전히 중단하고, 책임 있는 회심자들을 성장하고 있는 회중 속에 포함시키고 그러한 회중을 자연적 사회 단위들 가운데 증식시키는 **핵심적 과업**(the central task)의 관점에서 생각하기 시작하는 것보다 세계복음화의 대의를 진전시키는 일은 없을 것이다(McGavran [1970] 1980, 455-56).

교회 성장 운동의 다른 대변자들은 지상명령의 성취에 있어 교회 개척의 실제적 중요성을 강조하였다. 예를 들어 C. 피터 와그너(C. Peter Wagner)의 "가장 효과적인 유일한 전도 방법은 새로운 교회를 개척하는 것이다"라는 말은 자주 인용되고 있다(Wagner 1990a, 11). 랄프 윈터(Ralph Winter)는 다음과 같이 말했다.

의료 사역이나 고아원 사역, 혹은 라디오 사역을 비롯한 어떤 사역에 전문성을 가진 단체라고 할지라도, 반드시 그러한 활동과 교회 개척 기능간의 연관성에 대해 인식하거나 관심을 가져야만 한다(Winter 1974, 135).

1966년 휘튼(Wheaton)에서 열렸던 복음주의자들의 교회세계선교대회(Congress on the Church's Worldwide Mission)는 교회 성장 운동에 영향을 받았고, 휘튼 선언문(Wheaton Declaration)는 다음과 같이 선언한다.

> 다른 모든 선교적 행동들이 필요하고 유익하다고 할지라도 교회 개척은 그 가운데 최우선순위를 가지고 있다(Wheaton Declaration 1966, 17).

비록 로잔 언약(Lausanne Covenant) 제4항은 "전도의 결과는 그리스도께 순종과 그분의 교회에 일원이 되는 것, 그리고 이 세계에 책임 있는 봉사를 하는 것을 포함한다"고 주장하고 있으나, 제1차 로잔 대회에서는 교회 개척이 탁월한 위치를 나타내지 않았다. 그러나 랄프 윈터나 하워드 A. 스나이더(Howard A. Snyder) 같은 지도자들의 강연을 통해서 선교에 있어서 교회 개척의 중요성이 강력하게 제안되었다. 예를 들어 스나이더는 다음과 같이 주장했다.

> 전도에 대한 성경적 이해를 충분히 가진다면, 우리는 한 걸음 더 나아가 전도의 목적은 그리스도인 공동체를 형성하는 것이라고 말해야만 할 것이다. 그것은 제자를 삼고 나아가 이러한 제자들을 그리스도 몸의 살아있는 세포들, 즉 하나님 백성의 공동체의 새로운 표현들로 만드는 것이다(Snyder 1975, 331).

제2차 로잔 대회에서 나온 마닐라 선언문(Manila Manifesto)에서는 교회 개척에 관하여 단 한번 언급되는데 교회가 복음을 확산할 때 "복음은 교회를 만들어 내고, 그 교회는 복음을 확산하여 더 많은 교회들을 만들어 내는 지속적 연쇄 반응을 만들어낸다"라고 말하고 있다(MM II, B, §8).

선교사역의 과업으로서 교회 개척과 성장은 선교신학에 있어 20세기 중반에 누렸던 탁월성을 결코 다시 획득하지 못하고 있다. 그러나 선교 **실천**(practice)에 있어서는 몇몇 복음주의 운동이 교회 개척에 신선한 자극을 주었다. 윈터의 "미전도 종족"(unreached peoples) 전략과 "전방 개척 선교"(frontier missions)는 모든 사회 조직과 종족 집단을 위한 토착 교회의 중요성을 강조하였다(예를 들어, Winter 1975와 Wood 1995). 이러한 교회들이 개척되었을 때라야만 한 종족은 "전도된"(reached) 것으로 간주될 수 있다.

이러한 철학은 A.D. 2000년 운동(the AD 2000 and Beyond Movement)의 배경이 되었고, 세계복음화를 위한 전략회의(GCOWE: Global Consultation on World Evangelization)가 한국의 서울(1995)과 남아프리카 프리토리아(1997)에서 개최되도록 지원하였다(Bush 2000 and 2003을 보라). 온 국가 제자화 운동(Discipling a Whole Nation; Montgomery 1980, and www.dawnministries.org)과 심층 교회 개척을 위한 동맹(Alliance for Saturation Church Planting; www.alliancecp.org) 역시 전도된 모든 사람들 가운데 교회를 개척함으로써 세계복음화가 최상의 성취를 이룬다는 전략을 발전시켰다.

존 파이퍼(John Piper)는 그의 인기 저서 『열방들이 기뻐하게 하라!』(*Let the Nations Be Glad!*, 1993, 2003)에서 미전도 종족에 대한 선교적 이해와 관련하여 가장 분명하고 성경적인 이유를 제시하고 있다. 그는 아래와 같이 명백하게 주장하였다.

> 선교는 세상의 모든 민족들 가운데 그리스도께서 값 주고 사신, 하나님을 높이고 예배하는 구속받은 공동체를 개척하기 위해 존재한다.
> 선교사의 열정(전도자의 그것과 구별되는)은 언어나 문화적 장벽으로 인해 복음에 접근할 수 있는 길을 갖고 있지 못한 종족 집단 안에 예배하는 그리스도인의 공동체를 개척하는 것이다 (Piper 2003, 208).

근래에 두 사람이 복음주의적 관점에서 선교 안에서 교회 개척의 위치에 관해 특별히 논하였다. 스튜어트 머레이(Stuart Murray)는 교회 개척의 과업이 하나님의 선교(missio Dei)와 하나님 나라의 전진을 포괄한다고 말했다(Murray 2001). 리차드 히버트(Richard Hibbert)는 다음과 같이 강력하게 주장하였다.

> 새로운 교회의 개척은 하나님의 선교가 성취되는 가장 중요한 방법이며, 그것이 없이는 선교의 다른 목표들도 성취될 수 없다(Hibbert 2009, 331).

## 2) 평가

교회 개척, 설립, 성장은 구원 역사의 흐름에 있어 핵심이며 예수 그리스도께서 표명하신 의지이다. 구원 역사를 통해 하나님은 한 백성을 통하여 일하시기로 선택하셨다. 구약성경에서 그 백성은 일차적으로 이스라엘이었고, 신약에서는 교회이다. 교회 개척과 성장은 그리스도 자신의 사역이었는데, 그 이유는 그분이 "내 교회를 세울 것이다"(마 16:18b)라고 말씀하셨기 때문이다.

예수의 구속 사역은 단지 개인들을 구원하기 위한 것이 아니라, 그가 "우리를 대신하여 자신을 주심은 모든 불법에서 우리를 깨끗하게 하사 선한 일을 열심히 하는 자기 백성이 되게 하려 하심"이었다(딛 2:14).

**첫째, 신약성경은 그리스도인 공동체와 분리된, 개인화된 신앙에 대하여 거의 말하고 있지 않다.**

만일 우리가 전도에 대해 말한다면 또한 교회에 대해 말해야만 한다. 사도행전에서 우리는 하나님께서 친히 교회에 새로운 믿는 자들을 "더하셨음"을 본다(행 2:41, 47; 5:14). 사도행전에서 복음이 선포되었던 거의 모든 곳에서 믿는 자들의 공동체가 형성되었다는 것을 우리는 볼 수 있다. 전도는 그 지역의 영적 지도력과 다른 교회들과의 상호 관련 가운데 교회 설립으로 이어졌다. 그리스도께 속한다는 것은 또한 그리스도의 백성에게 속하는 것이다(고전 12:13). 회심은 "사람들로 하여금 이 세상에서 하나님의 뜻을 실행하게 할 목적으로 가시적인 교제 안으로 불러 모으는 것"이다(Newbigin 1969, 97). 이것이 중요한 이유는 "신약성경은 어떠한 인간 관계 구조에 있어서, 그리스도와의 순전히 정신적이고 영적인 관계에 대해서는 전혀 알지 못하기 때문"(Newbigin 1969, 106)이다.

**둘째, 교회는 이 시대 속에서 하나님의 목적을 성취하는 하나님의 가장 중요한 대행자(God's primary agent)로 남아있다.**

그리스도 중심적이며, 성경을 믿는 성령 충만한 교회들을 개척하고 성장시키는 일은 이 땅에 하나님 나라 증인을 증식시키기 위해 하나님이 택하신 방법이다. 하나님은 분명히 개인들, 심지어는 하나님을 모르는 왕들과 권력자들을 목적의 성취를 위해 사용하셨다. 그러나 교회는 하나님 나라의 가치를 살아내라고 독특하게 부름 받은 유일한 공동체로 남아 있다(벧전 2:9). 교회 성장 운동과 대립각을 세운 레슬리 뉴비긴(Lesslie Newbigin)조차도 다음과 같이 쓰고 있다.

어느 곳에 있는 교회든, 교회가 어떻게 탄생하여 성장하는지에 관심을 기울이지 않는다면, 해방의 도구로서 교회가 맡은 과업 (우리가 그 과업을 어떻게 이해하든지 상관없이)에 관해 얘기하는 것은 아무 소용이 없을 것이다. … 그런즉 사람들에게 회심하고 예수를 좇고 그분의 공동체의 일원이 되라고 초대하는 일이 언제나 선교의 핵심이어야 한다(Newbigin [1978] 1995, 121).

**셋째, 세례(침례)를 주라는 명령은 공동체를 설립하는 것에 대한 일종의 간접적 명령이다.**

성경에는 교회를 개척하라는 명령이 없지만, 세례를 주라는 명령이 있다(마 28:19-20). 세례는 회개, 용서, 새로운 삶의 징표(롬 6:3-4)일 뿐 아니라 그리스도의 몸에 들어가 신앙의 새로운 공동체와 자신을 동일시한다는 징표(고전 12:13)이기도 하다.

**넷째, 교회를 개척하고 건강하게 발전시키는 것은 바울 선교의 핵심이었다.**

그는 단지 전도에만 관심을 가지지 않았다. 근래 신약 연구는 바울의 사역에 있어 교회 개척과 양육의 중요성에 대해 강조하고 있다(예, O'Brien 1995, 43; Haas 1971, 69; Wedderburn 1988, 97). 이것은 로마서 15:18-25의 본문을 이해하는 열쇠이다. 바울은, 한 지역에서 재생산하는 교회가 개척되고 지역 지도자들에게 위임될 때 비로소 자신의 사역이 완성되었다고 간주하였다.

안드레아스 J. 쾨스텐버거(Andreas J. Köstenberger)와 피터 T. 오브라이언(Peter T. O'Brien)은 다음과 같이 결론을 내린다.

바울이 자신의 선교사 명령을 완수하기 위해 추구하는 가운데 참여했던 활동은, 일차적으로 전도를 통한 사람들의 회심

뿐 아니라 교회를 설립하여 신자들이 그리스도 안에서 장성한 자들로 온전한 분량에 이르도록 하는 것을 포함하였다(Köstenberger and O'Brien 2001, 184).

교회 개척을 전도를 위한 효과적인 방법들 중 하나로서 단순히 실용주의적 입장에서 이해해서는 안 된다. 교회는 그리스도의 신부이다. 그리스도는 교회를 위해 자신을 주셨고 자기 앞에 순결하고, 아름답고 영광스럽게 드려질 수 있도록 교회를 거룩하게 만들고 계신다(엡 5:25-27). 따라서 교회를 개척하고 사랑과 거룩함으로 세우는 것은 그리스도의 신부를 아름답게 만드는 것이다.

이것으로부터 우리는 교회 개척과 발전은 참으로 선교사역의 핵심으로 간주되어야만 한다고 결론 내린다. 그러나 우리는 단지 교회 개척의 활동뿐 아니라 **어떤 종류의** 교회 개척인가에도 관심을 가져야만 한다. 또한 여기에 우리의 정당한 관심이 기울여져야만 한다.

**다섯째, 교회 개척은 특정한 종교적 기관, 교단 또는 조직의 성장으로 이해될 수 없다.**

불행하게도 교회 개척은 교단적 명예를 높이거나, 교인 빼앗기(sheep stealing), 숫자 세기, 혹은 교권적 왕국 건설로 쉽게 변질되어 버리곤 한다. 이것은 성경적 교회와 선교의 이해와는 아무런 상관이 없다. "교회 중심적"(ecclesiocentric) 선교에 대한 가장 신랄한 비평가인 호켄다이크는 종종 과도하게 비판적이었다. 하지만 그가, 교회는 자신을 섬기기 위해서 존재하는 것이 아니며, 어떠한 자기중심적 교회의 선교 목표도 그리스도와 복음의 정신에 맞지 않다고 지적한 것은 정당한 것이었다. 선교가 교회 중심적이 되고, 교회 내부적인 문제에 몰입됨으로써 "교회를 중심으로 빙빙 도는 회전목마"가 되는 것을 과감히 벗어나야 한다.

**여섯째, 신약성경에서 교회 개척은 전도와 제자 훈련의 결과였다.**

새로운 교회들은 예수 그리스도 안에 있는 신앙으로 나아온 사람들로 형성되었다. 이러한 교회는 고립되지 않았고, 다른 교회들과 서로 긴밀하게 연결되어 있었다. 바울이 자신의 서신에서 보여준 교회를 향한 지속적인 관심은 단지 교회들이 어떻게 존재하고, 모임을 가지고, 어떤 종교적 기능을 수행하는가에 관한 것이 아니었다.

오히려 바울의 관심은 교회가 그리스도와 거룩함, 그리고 사랑 안에서 자라나고 있는가에 대한 것이었다. 만일 교회 개척이 삶의 모든 영역에서 하나님께 영광을 돌리기를 추구하는 하나님 나라의 공동체적 표징인 신자들의 공동체로 나타는 것이 아니라면, 교회 개척은 의심스러운 사업이 될 수 있다.

## 3. 선교사역의 과업으로서의 문명화와 도덕적 개선

### 1) 역사적 발전

문명화(civilization)는 대부분의 선교 역사를 통하여 핵심은 아니더라도 중요한 선교사역으로 간주되었다. "문명화"란, 선교사들이 복음뿐 아니라 자신들을 파송한 교회의 문화를 비기독교 백성들에게 가져다주려는 의도적인 시도라고 정의한다. 그것은 실제적 필요가 아니라도, 문명화를 통해 "이교도 야만인"들을 그들의 곤경으로부터 끌어올려야 하는 도덕적 의무로 간주되었다.

기독교가 로마 제국의 국가 종교가 된 이래 천 년 동안의 기독교 선교 기간 중, 서구교회에서 일반적으로 그리스도인이 된다는 것은 로마인이 된다는 것과 동일시되었다. 지역 문화와 표현에의 적응은 상대적으로 거의 없었다. 서구교회에 있어서는 예수의 십자가의 죄패에 기록되었던 언어들(히브리어, 헬라어, 라틴어)만이 유일하게 예전에 사용될 수 있는 언어들이었다.

초기 로마가톨릭 선교의 공통적 실천과 마찬가지로 개신교 선교사들도 새로운 신자들을 기독교 공동체 안에 모았고, 때로는 마을들을 형성하여 서구 관습과 삶의 방식, 도덕과 태도들을 가르치기 시작했다. 물론 예외도 있었지만, 서구 문화는 기독교 문화라는 전제가 일반적이었다.

21세기의 관점에서 볼 때, 서구 문화와 복음을 섞는 것은 식민주의와 자문화중심주의(ethnocentrism)의 병폐와 함께 쉽게 비난의 대상이 된다. 그러나 앞선 시대의 사람들에게 있어서, 문화적 표현으로부터 종교적 신념을 분리해낸다는 생각 자체는 상상하기 어려운 것이었다. 토착민들을 "문명화"하는데 실패한다는 것은 도덕적 태만 내지 그들을 동등한 인간으로 간주하지 않는 것으로 여겨졌다.

선교와 문명화의 명백한 연결은 탁월한 인문주의자인 에라스무스 (Desiderius Erasmus, 1466-1536)에 의해 명료하게 표현되었는데, 그는 선교사역을 사나운 백성들을 길들이는 것으로 보았다. 고프리드 W. 라이프니츠(Gofftried Wilhelm Leibniz, 1646-1716)는 영원한 심판을 믿지 않았는데, 선교의 동기를 구원론적 관점이 아니라 기독교의 문화적 확장으로 보았다. 그에게 있어 하나님 나라는 이성적-도덕적 질서였고, 은혜는 구원이 아니라 도덕적 진화의 문제였다.

1697년 라이프니츠는 개신교인들이 세계를 문명화시키기 위해 선교에 나설 것을 요청했다. 전형적인 계몽주의의 이상에 따라 인간 이성을, 미신을 극복하고 인간 문제들을 해결하는 열쇠로 보았다. 이러한 관점들은 선교를 회심보다는 교육의 문제로 더 간주하였다(Van den Berg 1956, 13-17; Zangger 1973; Merkel 1920).

하지만 라이프니츠의 문화에 대한 관점은 다른 이들과 미묘한 차이가 있었다. 예를 들어 라이프니츠는 유럽이 기독교와 과학을 중국에 가져다

주어야만 하는 것처럼, 중국 또한 유럽에 자연 종교와 윤리를 가르쳐주어야만 한다고 주장했다(Collani 2006, 219). 초기 경건주의 지도자 아우구스트 헤르만 프랑케(August Herman Franke)는 라이프니츠의 글을 읽고 그와 편지를 주고받았다. 이성을 통한 필연적인 진보를 이룩한다는 계몽주의 이상과 서구 형태의 교육은 선교에 강력한 영향력을 행사하였다.

전도와 문명화의 결합에 대한 청교도의 비전은 인류의 하나임(unity)에 대한 확신에 뿌리를 두었다.

> 그들은 선교에 있어 모든 문화의 모든 부분이 천국의 그것과 같이 변혁되어야만 한다고 믿을 만큼 총체적이었다(J. B. Carpenter 2002, 525).

불행하게도, 천국에 대한 비전은 성경적 도덕과 유럽 상류사회의 문화를 거의 동일시하였다. 20세기에 이르기까지 대부분의 선교사들은 영적으로뿐만 아니라 사회적으로 "미개인"들을 그들의 어두움으로부터 이끌어내고 그들과 서구 문명과 문화를 나누는 것을 일종의 자선 행위로 간주하였다.

초기 북미 선교회들의 사고에 있어서 사회적, 도덕적 개혁은 전도 및 교회 개척과 함께 모든 것을 그리스도의 통치 아래로 가져오는 전체적인 목표의 일부였는데, 이것은 청교도의 신정정치 비전이었다.

> 이 모든 것 뒤에는 세상 끝까지 확장되는 일종의 기독교 제국(Christian empire)의 꿈이 놓여있었다(Van den Berg 1956, 22).

따라서 사회 변혁은 오직 복음의 설교와 회심의 결과로 성취될 수 있는 것이지만, 부수적인 목표는 아니었다(Chaney 1976, 248).

많은 사람들은 문명화시키는 것이 "미개한 원시적" 백성들의 회심의 전제 조건이라고 믿었다. 예를 들어, 존 엘리엇은 주로 미국 원주민의 회심을 위해 일했지만, 그는 지속되는 회심은 오로지 미국 원주민들이 그들의 유목생활을 포기하고 문명화될 때에만 성취될 수 있을 것이라고 확신했다.

이런 의미에서 식민화는 일종의 복음화와 성화의 도구였다. 이러한 목적으로 그는 회심한 사람들을 성경적 기준과 영국식 생활방식에 의해 지배되는 "기도하는 마을"(praying towns) 안에 고립시켰다.

그러나 헨리 냅(Henry Knapp)은 엘리엇이 "정치적이거나 경제적 이유에서 인디안 문화를 파괴하기를 추구하지 않았고" 그들의 자유를 향상시키는 것을 추구했으며, 기도하는 마을에 영국 통치 모델을 강요하지 않았다고 주장했다(Knapp 1998, 123).

1674년 엘리엇은 4천명의 회심자들과 함께 14개의 마을을 설립했다. 이것은 여러 지역의 선교사역에 있어 전형적 형태가 되었다. 청교도인 코튼 마더(Cotton Mather)는 다음과 같은 확신을 표명했다.

> 뉴잉글랜드 사람들이 그 주변의 야만인들을 우선적으로 **문명화**(civilizing)하고 그 다음에 **기독교화**(Christianizing)하는 일을 실행하도록 여전히 격려할 필요가 있다. 또 뉴잉글랜드인들이 서부의 강력한 인디안 부족들에게 복음의 **선교**를 할 수 있기를 바란다(Rooy 1965, 284에서 재인용).

18세기 중엽까지 문명화 동기는 영적 동기에 포함되어 있었다. 그 이유는, "종교적 상황이 충분히 강력하여 선교사역 발전에 있어 문화적 동기가 독립적이 되는 것을 막을 수 있었기 때문이었다"(Van den Berg 1956, 61). 하지만 그 세기 후반에 문화적 동기가 계몽주의적 이상으로서 탁월한 위치를 차지하기 시작했고 "종교적 광신"(religious enthusiasm)을 거부하는 것이 점점 강해졌다. 이러한 이상은 후에 "명백한 운명"(manifest destiny)¹이라는 개념들과 결합되어 강력한 동기로 작동하게 되었다.

정부는 식민지 시대와 미국의 형성 기간에 선교사들을 미국 원주민들을 문명화시키는 가장 현명하고 효과적인 방법으로 간주하였다(Beaver 1968a, 118-19, 133). 이것은 1819년 미국 의회에 의하여 제정된 문명화기금법령(Civilization Fund Act) 안에 명백하게 드러난다. 선교사들은 그러한 계획의 최상의 실행자로 입증이 되었는데, 다양한 선교회들은 학교를 설립하여 대략 239,000명의 미국 원주민들을 교육시켰다(Noel 2002, 21).

교육으로서 선교의 이상은 특별히 기독교지식촉진협회(SPCK)에 의해 진지하게 수행되었는데, 그 단체는 선교의 도구로서 도서관과 학교들을 세우고, 문서들을 보급했다(Van den Berg 1956, 45).

경건주의적 덴마크-할레선교회(Danish-Halle Mission)는 인도 트랑크바르(Tranquebar)에서 SPCK의 지도 아래 있었고, 점차적으로 이성주의(rationalism)의 영향을 받아 선교사역은 거의 전적으로 문명화하는 것의 부차적인 것이 되었다. 다음과 같은 의견이 특별히 독일대학교 안에서 목소리가 높았다. 즉 선교의 유일한 현실적 접근은, 먼저 사람들을 문명화시키게 되면 자연스럽고도 논리적인 귀결로서 사람들이 대대적으로 기독교로 인도받게 되리라는 것이었다. 이러한 생각은 결국 할레의 경건주의 선교사 운동을 소멸시켰다(Richter 1928, 138; Wellenreuther 2004).

분명히 회심을 강조했던 윌리엄 캐리(William Carey)도 자신의 책『이교도들의 회심을 위해 수단을 사용해야 할 그리스도인의 책임에 대한 연구』를 집필했을 때, 그 시대의 정서를 반영했다.

---

1 미국이 대서양 연안에서부터 태평양 연안까지 영토를 확장해나가는 것은 하나님의 섭리이며 운명이라는 믿음을 말한다-역주.

우리는 그들이 복음을 듣지 못하고, 정부 조직이나 법률도 갖지 못하고, 인문과학과 자연과학도 배우지 못했다는 것을 알고 있지 않은가?
우리는 인간의 정서와 기독교인의 마음을 가지고 있으면서도 그들을 위해 아무런 노력도 기울이고 있지 않는 것은 아닌가?
복음 전파가 이교도들을 문명화하는 가장 효과적인 수단이 아니겠는가?
복음을 통해 문명화된 이교도들이 사회의 유익한 구성원으로 바뀌지 않겠는가?(Carey 1961, 70).

현재 우리의 관점에서 보면 매우 이상해 보이지만, 당시의 분명한 가정(assumption)은 복음과 서구 문명을 가지지 않은 사람들은 존중받아야 할 어떠한 형태의 문화나 법률과 정부를 갖지 못했고, 따라서 "인간의 정서"(sentiments of men)도 없고 사회의 유익한 구성원도 아니라는 것이다.

19세기 초에 많은 선교단체들이 설립되었는데, 선교의 목표들 안에 문명화를 명백하게 포함시키는 것은 희귀한 일이 아니었다. 예를 들어, 1816년 설립된 바젤선교회(Basel Mission)의 명시된 목표 안에는 영국과 화란의 선교회들과 협력하기 위하여 "자비로운 문명의 전파자와 복음의 설교자들"로서 선교사들을 일으키는 것을 포함하고 있다(Schlatter 1916, 28에서 재인용).

라인선교회(Rhine Mission Society) 창립자들은 선교사역은 토착민들이 먼저 식민화되어야(colonized)만 성공할 수 있다고 믿었다. 이것은 선교 노력의 일환으로서 주목할 만한 상업적 사업의 발전으로 이끌었다(Braun 1992, 41). 19세기 말에 노이키르헨선교회(Neukirchen Mission)는 그러한 정신을 다음과 같은 구호로 집약하여 나타냈다.

식민화가 선교이다(*Kolonisieren heißt Missionieren*, Brandl 1998, 283을 보라).

이러한 확신들은 "선교의 위대한 세기(19세기-역주)" 내내 지속되었다. 20세기 초까지도 인도 선교사 C.F. 앤드류스(C.F. Andrews)는 델리(Delhi)의 세인트앤드류스대학(St. Andrews College)에서 다음과 같이 쓸 수 있었다.

> 기독교 문명은 어떤 의미에서 기독교 신앙이 구체화된 것이기에, 기독교 메시지가 명료해지려면 기독교 문명이 기독교 메시지와 함께 인도에 주어져야만 한다(M. M. Thomas [1972] 2002, 93에서 재인용).

선교사 과업으로서의 문명화는 종종 식민주의와 결탁하여 진행되었다. 식민주의는 때로 문명화로 이르는 길로 간주되었는데, 그러한 문명화는 또한 복음을 위한 길을 예비하는 것으로 간주되었다. 기독교 선교와 식민주의는 그 모든 부수적인 죄악들과 더불어 불가피한 것이었다.

하지만 널리 퍼져있는 비판들과는 달리, 선교사들은 토착민들의 권리를 옹호하기 위해 빈번히 식민 정책에 반대하여 앞장서서 싸웠다. 물론 그들이 현지의 관습들 중 아주 극단적으로 보이는 것을 제거하기 위해서는 식민 권력만이 유일한 방법이라고 간주하여 식민 당국과 자주 협력하였던 것도 사실이다.

선교사들이 식민주의와 협력한 것에 대한 대중적 비난은 아주 미묘하고도 복잡한 관계를 파악하는 데 실패하고 있다(Neill 1966; Robert 2008을 보라). 선교사들은 종종 큰 희생을 지불하면서도 노예제도 같은 식민주의의 죄악과 싸웠다. 19세기 초부터 20세기 중반까지의 광범위하고도 역사적인 기록은, "선교사들이 국가의 통제에서 독립적이었을 때, 그들은 식민주의의 부정적 효과를 가중하기보다는 완화했다"라는 것을 보여주고 있다(Woodberry 2006, 3; 2004).

선교사들뿐 아니라 유력한 신학자들도 선교를 문화적 확장과 연결시켰다. 종종 근대 개신교 선교의 아버지라 불리는 프리드리히 슐라이어마허(Friedrich Schleiermacher, 1768-1834)는 다음과 같이 주장했다.

> 선교는 주로 문화적 사업이며 문화의 총체적 전달을 동반한다. 선교는 문화적 확장을 포함한다(Verkuyl 1978, 171).

에른스트 트뢸치(Ernst Troeltsch)는 기독교와 선교를 한층 더 높은 세계 종교와 문명으로 가는 단계 중 하나로 보았다. 1890년부터 1910년 사이에 선교사들에 의해 성취된 사회적 개선에 대해 찬양하는 많은 책들이 출간됨으로, 대중들 사이에 문명화 동기에 대한 신념을 고취시켰다. 가장 유명한 것은 제임스 S. 데니스(James S. Dennis)의 세 권으로 된 『기독교 선교와 사회적 진보』(Christian Mission and Social Progress, 1897-1906)였다. 챨스 W. 포만(Charles W. Forman)은 다음과 같이 말한다.

> 미국인들에게 문명화는 단지 이차적이고 부수적인 방법이었다. 그러나 19세기 말에 이르러는 선교의 광범위한 문화적 영향력이 크게 인정되면서 그때로부터는 문명화는 독립적이고 병행적 방법으로 간주되기 시작했다(Forman 1977, 113).

거기에는 또한 비판적인 목소리들도 있었다. 벤과 앤더슨은 선교의 한 방법으로 문명화를 노골적으로 거부했다(W. R. Shenk 2001, 39-41; C. P. Williams 1990, 4). 바르넥은 문명화가 기독교화의 방법으로 사용되어서는 안 된다고 항변했다(Warneck 1874, 285). 20세기 초의 어떤 선교학자들은 지역 문화의 가치와 보호를 아주 강하게 주장했다.

그 중에는 문화 심리학의 창시자인 빌헬름 분트(Wilhelm Wundt) 밑에서 공부했던 브루노 구트만(Bruno Guttmann)과 같은 사람이 있다. 로랜드 알렌(Rolland Allen)은 자신의 시대에 훨씬 앞서 1912년에 문명화와 사회 개혁을 정당한 선교 수행으로 보기를 거부했다(Allen [1912] 1962a; 또한 Sanneh 2008, 218-34을 보라).

라민 사네(Lamin Sanneh)가 지적하듯이, 심지어 극도로 자문화중심적 선교사들조차도 복음을 각 지역의 고유한 언어로 번역함으로써 진정한 토착 교회의 씨를 심은 것인데, 그러한 교회는 성장하여 선교사들이 상상하지도 못한 모습을 취하게 된다. 하나님은 선교의 문화적 맹점을 뛰어넘으신다. 20세기 후반에 이르러 대다수 세계 교회(the majority world church)는 숫자에 있어, 사네가 "후기 서구 기독교"(post-Western Christianity)라고 부르는 서구교회를 능가하게 되었다(1989 and 2008).

하지만 자문화중심적 태도와 문화의 이상은 20세기 중반에 이를 때까지 완강하게 지속되었고, 어떤 경우에는 오늘날까지 유지되고 있다. 윌리엄 호킹(William Hocking)의 글과 해외 선교에 대한 평신도 연구의 요약 보고서인 "선교재고"(Rethinking Mission, 1932)는 전통적 선교 과업을 대체하고, 다가오는 세계 문명을 위한 길을 준비하는 것에 관해 계속해서 언급하고 있다. 포만(Forman)은 다음과 같이 말한다.

> [제1차 세계 대전] 이후 수 년 동안은 여전히 전쟁 중에 설교되던 높은 이상주의가 지탱되고 있었고, 선교의 해석자들도 선교사역을 세계적 민주주의와 새로운 국제 질서의 희망과 연결시켰다(Forman 1977, 95).

한 예로 "선교가 전쟁의 더 높은 목적들을 앞으로 전진시키기 위해 필요한 수단"이라고 제시된 경우도 있었다(Forman 1977, 95). 제2차 세계 대전의 잔혹함을 통해 드러난 서구 문명과 문화의 결정적인 실패는 마침 내 선교사역의 과업으로서 어떤 문명을 진지하게 지지하는 것에 종지부를 찍게 만들었다.

인류학과 민족지학(ethnography)에 대한 점증하는 인식 또한 이러한 변화에 기여하였다. 그러나 더욱 교묘한 형태의 문명화 동기는 오늘날 선교에도 계속 동반되고 있는데, 그것은 문화적 천진난만함, 자문화중심주의, 그리고 자유시장 자본주의와 제퍼슨식 민주주의를 기독교와 동일시한 결과이다.

### 2) 평가

**첫째, 우리는 문명화 모델에 대한 독선적인 비판을 주의해야만 한다.**

21세기의 관점에서 선교에 대한 문명화적 접근 방식을 순전히 자문화 중심주의, 오만함, 문화적 지배라고 초연한 태도로 거부하기는 쉽다. 그러나 우리가 가진 과거 사람들에 대한 당연한 우월감은 그들로부터 진정 배울 수 있는 것을 차단시킬 수 있다. 우리는 그 시대와 당시 선교사들이 직면했던 현실들을 고려해야 한다. 특별히 19세기 서구 산업 혁명과 과학적 발견들은 서구 문명으로 하여금 다른 비산업화된 문화들보다 커다란 우월감을 갖도록 만들었다.

선교사들은 미개한 삶의 방식으로 보이는 것뿐 아니라 과부 화장(火葬), 식인, 쌍둥이 살인, 전족(纏足), 종족 전쟁, 상해를 입히는 성인 예식을 포함하여 잔인한 전통 및 관습들과 자주 부딪혔다. 선교를 동원하는 과정에서 극단적 풍습들로 묘사된 것들은 종종 과장되게 표현되었을 것이 틀림없다.

그럼에도 불구하고 이러한 조건들은 행동을 요청했다. 분별없는 문화적 강요와 정의 및 인간 개선에 대한 진정한 관심 사이에 구분하는 선을 긋기란 언제나 쉽지 않다. 따라서 문화를 파괴하는 선교사들이란 고정관념은 세심하게 구분해야만 하는데, 리안 던치(Ryan Dunch)는 다음과 같이 썼다.

> 선교사란 선교현지 문화 전체를 비난하며 통째로 그것을 바꾸려고 시도하는 사람이라는 통속적 이미지는 백번 양보해도 있을 법한 유형이 아니다. 그런 사람은 선교사로 있을 필요가 없다는 것이 곧 입증될 것이고 본국으로 소환될 것이다(Dunch 2002, 322).

무역 회사들은 자신들의 교역에 지장을 주지 않는 한, 현지인들이 곤궁한 채로 비인간적 관습들 속에 살아가고 있다고 할지라도 별 문제를 느끼지 않았을 것이다. 그러나 선교사들은 팔짱끼고 그대로 있을 수 없었다. 그들은 자신들이 베풀 수 있는 최고의 동정에서 우러나오는 일과 서구 문명의 열매들을 나누려고 노력했다.

하지만 그것은 불행하게도 극단적인 관습들을 철폐시키는 것을 넘어 자주 빅토리아시대의 관습의 엄격함을 현지인들에게 부과하는 데까지 나아갔다. 그들은 다른 대안들을 거의 알지 못했다. 선교사들은 자신들이 사랑하고 섬기는 사람들의 개선을 위한 것이라고 믿는 것을 위해 종종 커다란 개인적 희생을 지불하면서까지 자신들의 생애를 바쳤다. 역사는 이러한 노력들이 헛되지 않았음을 보여주었다(Woodberry 2006을 보라).

선교사들은 자신들의 시대정신의 영향을 받았고 다른 문화들을 깔보았다. 그러나 로버트 우드베리(Robert Woodberry)는 주장하기를, 그 선교사들은 당시 널리 퍼져있던 주장, 즉 검은 피부의 사람들이 근본적으로 백인들에 비해 열등하며 문명화될 수 없다고 하는 "과학적 인종주의"의 견해에 저항했다고 한다(Woodberry 2006). 선교사들은 동시대 사람들에 의해 토착민들을 너무 높이 평가한다고 비난받았다. 하버드대학교의 역사학자 윌리엄 허친슨(William Hutchinson)은 말한다.

> 외국 문화에 대해 민감성을 가진 현대적 관점에서 본다면 부족하다고 하겠지만, 그들은 국내외를 막론하고 대부분의 동시대인들에 비해 그런 면에 있어 훨씬 우월했다(Woodberry 2006, 5에서 재인용).

지역 문화들을 일반적으로 낮게 취급하였음에도 불구하고, 선교 운동은 식민지 국가들 안에서 독립 운동과 그들의 문화적 정체성 확립에 중요하게 공헌했다. 식민주의의 권력 남용에 반대하고 토착민들의 권리를 위해 투쟁하던 선교사들은 모범이 되었다(Warren 1967; Goodall 1964; Woodberry 2006). 사네는 성경 번역을 통해서 선교사들은 (종종 의도하지 않았음에도) 지역민들의 문화를 보존하고 힘을 실어주는 데 기여했다고 주장하고 있다(Sanneh 1989). 문명화 원리 아래 설립된 많은 병원, 학교, 대학들은 오늘날도 소중한 기관들로 남아있다.

**둘째, 선교에 있어 자문화 중심주의와 "문명화"의 부정적인 효과들이 과소평가 되어서는 안된다.**

그것이 실제적으로 만들어낸 결과는 선교 운동 역사를 통해 나타난 몇 가지 가장 씁쓸한 열매들의 근원이 되고 있다. 선교와 제국주의의 연합은 중국으로부터 라틴 아메리카까지 복음의 인식에 결정적인 악영향을 남겼다. 조금 과장해서 표현했다고는 하지만 라이베리아의 기독교 지도자인 버지스 카(Burgess Carr)는 1970년대에 서구 사람들이 아닌 많은 사람들이 느꼈던 깊은 모욕감을 다음과 같이 표현했다.

선교위원회와 선교단체들은 소위 어린 교회들에 속한 우리 인간성에 가장 깊은 차원의 구조적 폭력을 가하였다(Escobar and Driver 1978, 11에서 재인용).

자문화 중심주의와 문화적 우월감은 오늘날의 선교에서도 다양하고 새로운 방법으로 성행하고 있다. 선교 과업은 서구 기준에서 볼 때 아주 낙후된 것으로 보이는 "불쌍한 원주민"을 생색내며 돕는 일 중 하나로 쉽게 전락할 수 있다. 이런 자세와, 진정으로 동등한 입장에서 긍휼한 마음을 가지고 봉사하며 나누는 것 사이에는 아주 희미한 경계선이 그어져 있을 뿐이다.

단기 선교 운동은 어떤 방식으로 문화를 진지하게 고려하고 있는가?

매년 백오십만 명이 넘는 미국인들이 그리스도의 이름으로 국제 여행을 하기 위해 쓰나미 같이 몰려나가는 것은 곤혹스러운 측면들을 내포하고 있다. 오늘날 선호되고 있는 선교 모델들, 즉 비지니스를 개발하고, 자유시장 자본주의(free-market capitalism)를 선교 도우미로 삼거나, 심지어 그것을 선교 전략의 중심으로 간주하도록 만드는 것들에 대해서 우리는 심각하게 재고해야만 한다.

사업적 감각 또는 기술적 장치에서의 서구의 우월성이 선교의 과업과 타협되고 있지는 않은가?

어떻게 이러한 전략들이 문명화 모델과 근본적으로 다를 수 있는가?

미국적 방식, 민주주의, 그리고 개인 자유를 전혀 의심 없이 기독교적 가치와 동일시하는 문화로서의 종교(civil religion)가 미국 복음주의 안에 아직 힘을 발휘하며 굳게 자리잡고 있다.

만일 이러한 발전들이 우리 선교사역에 전혀 영향을 미치지 않고 있다고 가정한다면 우리는 천진난만한 것이다. 그리스도와 성경을 존중하던 앞선 세대의 선교사들이 좋은 의도를 가졌지만 종종 불행을 초래하는 문명화 과제와 연루되었던 것처럼 우리 또한 비슷한 함정의 위험에 빠질 수 있다.

문명화와 사회 개선의 관점에서 선교 과업을 이해하는 것은 복음의 충실한 전달에 훼방을 놓는다. 분명 복음은 영적 측면들뿐 아니라 사회 속의 인간 필요에 부응하지만, 그것이 특정 문화 또는 사회적 이데올로기와 혼동되거나 종속되어서는 안된다.

복음의 고유한 성질 그 자체는 특정한 문화적 표현과 민족적 경계들을 초월하는 능력을 가지고 있고, 복음은 가장 다양한 환경들 안에서 새롭게 뿌리를 내린다. 복음을 문명화 또는 사회적 상승(누구의 관점에서 인지는 몰라도)과 연결시키는 것은 복음을 문화적으로 감금하고, 위장시키는 것일 뿐 아니라 선교적 노력을 분산시킨다. 사네는 로랜드 알렌(Roland Allen)이 인식한 문제를 다음과 같이 요약하였다.

> 알렌은 문명화 명령이 선교로 하여금 흐트러진 메시지와 무거운 짐을 실은 멍에를 지게 만들었다는 것에 주목했다. … 선교는 복음을 전하는 형태로서 의료, 교육, 그리고 사회사업을 지원하기 위해 그 자원을 확장시켰다. 사회적 향상은 복음의 목적과 근거가 되었다. 그리스도의 사역이 사람들을 가난과 뒤쳐짐에서 끌어올려주는 것이 되었다(Sanneh 2008, 226).

**셋째, 문화에 대한 성경적 이해는 필요한 교정책이다.**

신약성경을 제대로 읽는다면, 복음이 유대교의 종교적, 문화적 제한으로부터 벗어나 밖으로 확산되는데 있어 초대 교회 안의 지역 문화들에 대한 상당한 정도의 문화적 민감성, 창의성, 그리고 존중심이 존재했음을 알 수 있다(Flemming 2005를 보라). 신약성경에 나타난 선교신학, 태도, 그리고 실천에서의 이러한 비약적 발전들(breakthroughs)은 아무런 갈

등이나 고통 없이 이루어지지 않았고, 오늘날도 그럴 것이다. 성경은 또한 모든 문화 속에서 선과 악 모두가 발견되리라는 것을 보여준다. 복음이 사람들 가운데 뿌리를 내리게 될 때 문화적 변화는 불가피할 것이다. 복음은 어떤 특정한 단일 문화를 어떤 백성에게 강요하지 않지만, 복음을 수용하는 모든 백성들의 문화를 변혁시키게 될 것이다.

**넷째, 우리는 문화의 복잡성과 변화하는 특성을 기억해야만 한다.**

어떤 문화도 정체되어 있지 않다. 오히려 모든 문화들은 좋거나 나쁜 쪽으로 변화하는 과정에 있다. 이것은 세계화되고 있는 오늘날에 있어 특별히 그렇다. 문화는 어떤 댓가를 치르고서라도 보존해야 할 박물관의 전시물이 아니다. 문화는 인간 삶이 구체화되는 것이다. 인간의 삶이란 그러한 변화를 활기차게 주도하는 사람들로부터 영향을 받는 한, 변화하기 마련이다. 선교사들에 의해 소개된 많은 문화적 변화들은 환영받아 왔다.

세나가 서구 문화를 "비난하는 것"(blasting)과 대나수 세계 문화에 대한 천진난만한 이상화는 식민주의의 죄악들이나 그 희생자들에 대한 적절한 대응이 아니다. 서구 문화는 선한 것 또는 악한 것 중의 하나로만 된 실재가 아니다. 대다수 세계 문화들이라고 해서 저절로 더욱 존경할 만한 것은 아니다. 아직 유지되고 있는 "고귀한 야만인"(noble savage)[2]에 대한 개념은 종식되어야만 한다. 반대로, 전체 선교사역을 무차별적으로 비난하기 위해 "문화적 제국주의"라는 딱지를 붙이는 것은 역사적 실재와도 부합하지 않을 뿐더러 문화 변화의 복잡한 성격과 현지 문화에 미친 선교사들의 영향을 제대로 설명하는 것과도 거리가 멀다(Dunch 2002를 보라).

---

2 "문명의 영향을 받지 않은 사람들"을 뜻하는 17세기 드리덴(Dryden)의 극작품에서 등장한 용어-역주.

**다섯째, 복음은 모든 문화를 도전하며 변화시킨다.**

복음은 인간 문화를 변혁시키며, 악을 뿌리 뽑고 정의를 진전시킨다. 이러한 변혁은 서구화나 근대화와 동일시될 수 없다. 우리는 여성 교육 향상이나 노예무역 반대를 위해 애쓴 선교사들에 대하여 해명할 필요가 없다. 복음에 의한 변혁과 외국 문화 강요 사이의 차이를 분별하기 위해서는 많은 지혜가 필요하다.

가장 안전한 방식은 지역 신자들이 스스로 성경을 읽고 자신들의 상황에 적용할 수 있도록 하는 것이다. 그리스도는 삶을 변화시키고, 변화된 삶은 변화된 문화를 창출한다. 긍휼한 마음을 가진 사람으로서 선교사들과 지역 그리스도인들은 함께 사회 변화에 어떤 역할을 할 수 있으며, 서로의 지혜, 지식, 자원, 그리고 기술들을 책임 있는 방식으로 공유할 수 있다.

긍휼(compassion)은 고통과 불의를 경감시키기 위한 변화를 유도하기 위해 일하는 것을 의미할 것인데, 때때로 그것은 "문명화"와 유사해 보일 것이다. 이것은 우리로 하여금 선교사역의 과업에 있어 또 다른 방법으로 인도한다.

## 4. 선교사역의 과업으로서의 박애사업, 인간화, 해방

### 1) 역사적 발전

초기 개신교 선교에 있어 박애사업(philanthropy)은 선교적 과업의 공통된 특징이었다. 그것이 때때로 문명화와 유사해 보이고, 시혜(施惠)적 태도로부터 자유롭지 못했지만 박애사업은 일반적 취지에 있어 완전히 달랐다. 그것의 목적은 사람들의 고통을 덜어주고, 긍휼을 나타내며,

사람들이 잠재력을 온전히 발휘할 수 있도록 그들을 도와주는 것이다. 앞에서 언급한 마지막 측면을 인간화(humanization)라고 부른다. 해방(liberation)으로서의 선교는 인간화의 특수한 형태인데, 그것은 일반적으로 조직적인 정치, 사회, 경제적 변화를 통해 사회적 불의를 경감시키고 가난의 굴레를 분쇄하는데 보다 더 초점을 두고 있다.

가장 초기의 개신교 선교사들에 의해서 병원, 학교, 고아원, 문맹 퇴치 프로그램, 나병환자 센터, 그리고 다른 긍휼 기관들이 설립되었다. 나이지리아 신학자인 유수푸 투라키(Yusufu Turaki)는 아프리카에 대해 다음과 같이 썼다.

> 기독교 선교는 사하라 사막 아래 있는 아프리카 지역에 그 어느 다른 단체보다 사회적, 종교적, 인간적 발전과 변화를 가져오는 일을 하였다. … 그들은 국가 건설과 아프리카 사회의 근대화에 상당한 공헌을 하였다(Turaki 2000, 275).

실제로 선교사들은 많은 나라들에 있어 박애사업이나 개발 봉사를 제공할 경우에 한해서만 입국 비자를 받을 수 있다.

선교사역에 있어서 박애사업이 전도의 조력자라는 인식은 19세기가 끝나갈 무렵에 변화하기 시작했다. 1890년 즈음에 그리스도에 대해 듣지 못한 사람들은 영원히 멸망하게 될 것이라는 확신이 많은 집단에서 약화되기 시작했다. 이러한 그룹들에 있어 선교적 관심은 이생에서 인간적 곤경을 경감시키는 데 초점을 맞추기 시작했다(Forman 1977, 112).

19세기 말에, 월터 라우센부쉬(Walter Rauschenbusch, 1861-1918), 헨리 에머슨 포즈딕(Henry Emerson Fosdick, 1878-1970)과 다른 이들은 사회복음을 촉진시키기 시작했는데, 그것은 죄를 사회적 용어로 규정하고 사회적 행동과 변화, 사회 질서의 기독교화를 통해 하나님 나라를 이 땅 위에 실현시키는 것을 지지하는 것이었다. 라우센부쉬가 전도와 개인적 회심의 필요성을 믿었지만, 사회적 진보를 위한 사역을 위태롭게 하는 일방적인 전천년설(premillennial) 시각을 거부했다는 사실은 분명히 인지되어야 한다(Fishburn 2004, 235).

그러나 기독교화는 부지중에 미국식 삶의 방식을 따르는 것이라고 가정되고 있었다(Verkuyl 1978, 196). 1912년에 라우센부쉬는 미국이 거의 기독교화되었다고 믿었다(Fishburn 2004, 236). 비록 제1차 세계 대전이 이러한 낙관주의에 후퇴를 가져왔지만, 미국에 있어 근본주의자와 현대주의자 간의 논쟁은 사회복음의 축 늘어진 돛에 신선한 바람을 불어넣었다. 세상을 민주주의를 위해 안전한 곳으로 만들 수 있다는 희망 또한 높았다.

제1차 세계 대전 이후 몇 년 동안, 보다 자유주의적인 미국 선교기관들은 성인 교육, 문화 교육, 농업과 같은 사회적 행동에 대해 강조했다(Forman 1977, 96). 사회악은 미시 구조적(micro-structural) 차원, 즉 개인적 도움, 교육, 고용면에서 공격받았다. 후일에 이르러서야 해방신학이 거시 구조적(macro-structural) 차원, 즉 경제와 정치 조직에서 사회를 바꾸는 것을 추구했다.

복음주의자들은 사회복음을 거부했고, 따라서 교회와 선교를 막론하고 어떠한 사회적 과제에서도 뒷걸음질쳤다. 근본주의자와 현대주의자 간의 논쟁은 그 입장을 더욱 양분시켜 선교사역과 신학에 영향을 주었다.

현대주의자들은 선교를 민주화와 삶의 수준을 향상시키는 것과 연관하여 점점 더 강조하는 쪽으로 기울어졌다. 병원과 학교들은 더 이상 전도의 **수단**(means)이나 혹은 **동반자**(partners)로 간주되지 않고, 그것들 자체가 **목적**(ends)으로 여겨졌다. 1928년 예루살렘 IMC(국제선교협의회)대회에서 그러한 협의회의 사고의 변화는 명백했다. 뉴비긴은 그 모임을 다음과 같이 요약했다.

복음의 선포와 사람들의 필요에 대한 봉사는 동등하게 진정한 선교이며, 교회 책임의 본질적인 부분이다(Bassham 1979, 342에서 재인용).

선교사들은 점점 더 박애사업가, 탐험가, 또는 개발 사역자로 보이게 되었다. 비기독교(타) 종교들은 더 이상 본래적으로 거짓되거나 악하다고 여겨지지 않았다. 해외 선교에 대한 평신도연구보고서인 "선교 재고"(Rethinking Missions, 1932)에서는 사회 봉사가 선포와 종속되거나 또는 연결될 필요는 없어야 하며 그 자체로 수행되어야 한다고 주장했다.

1930년대 중반에 국가사회주의와 파시즘의 검은 구름이 유럽을 덮기 시작했다. 독일 선교학자들은 선교의 세속화를 반대했다. 프라이탁(Freytag)은 기본적으로 선교를 위한 모든 정치적 또는 세속적 과제에 저항하기 시작한 독일인 중에 전형적인 사람이었다.

[선교는] 새로운 환경을 가져오거나 정치적, 문화적, 사회적 심지어 교리적 성격의 프로그램들을 만들거나 발전시키는 것이 아니다. 그것은 단지 이 하나의 명령을 가지고 있는데, 그것은 하나님의 메시지를 믿도록 하는 것이다(Freytag 1940, 306).

1940년대에 사무엘 M. 즈위머(Samuel M. Zwemer), 로버트 H. 글로버(Robert H. Glover), 해럴드 린드셀(Harold Lindsell) 같은 미국 복음주의자들은 보다 성경에 근거한 선교학으로 회귀시킬 목적으로 성경에 대한 높은 견해와 선교에 대한 성경적 명령을 강조하는 반응신학들(reactive theologies)을 집필했다.

그러나 협의회의 선교사역 안에서는 더욱 사회적으로 방향을 잡은 목소리들이 지배하였다. 전도는 선행의 형태 안에서의 좋은 소식으로 재정의(redefine)되고 있었다. IMC에서 일하고 있던 미국인 메를 데이비스(J. Merle Davis)는 1947년에 다음과 같이 썼다.

> 전도는 병들고 망가진 몸, 비능률, 파괴된 농장, 문맹, 불충분하고 불균형적인 식사, 비위생적 주거, 더러운 물을 먹는 것을 치료하는 것이다(Forman 1977, 97에서 재인용).

20세기 중반에 부상한 가장 중요한 목소리들 중 하나는 화란선교사협의회(Netherlands Missionary Council) 총무였던 요한네스 크리스티얀 호켄다이크(Johannes Christiaan Hoekendijk, 1912-75)의 것이었다. 위에서 언급했듯이, 그는 교회 개척이나 성장과 같은 선교의 "교회 중심적" 목적들에 대해 격렬하게 반대했다.

> 교회 중심적인 선교적 사고는 길을 잃기 마련인데, 왜냐하면 비합법적인(illegitimate) 중심의 주변을 맴돌기 때문이다(Hoekendijk 1952, 332).

교회가 보냄을 받은 것은 세상을 섬기기 위한 보냄이었다. 그는 하나님 나라를 대부분 가난한 자와 억눌린 자를 위한 정의의 용어로 규정했고, 이것이 선교의 중심이 되어야 한다고 주장했다. 이러한 관점에서 "세상이 교회에게 과제를 정해준다(The world sets the agenda for the church)"라는 논쟁을 불러일으키는 표어가 나왔다. 호켄다이크에 따르면 교회는 하나님이 자신의 나라를 세우기 위해 사용하시는 많은 도구들 중 하나일 뿐이다.

전도의 목적을 교회 개척(심지어는 교회 확장)으로 해석하는 완강한 전통이 우리 중에 있다. … [그러나] 교회는 이 세상 안에 평화(샬롬)를 이룩하시려는 하나님의 손에 있는 하나의 도구일 뿐 그 이상도 그 이하도 아니다!(Hoekendijk 1966, 23-25)

따라서 교회는 명백하게 기독교적이거나 아니거나 상관없이 이 세상 안에 정의를 위하여 일하는 정치적 혹은 그 밖의 다른 운동들에 참여해야만 하는데, 이러한 것들이 이 세상 안에서 그분의 나라를 위하여 일하시는 하나님의 사역의 표징들이기 때문이다. 협의회 운동 안에 있는 다수의 선교학자들이 호켄다이크의 급진적인 견해를 거부했지만, 그의 접근 방식의 기조는 널리 영향력을 미치고 있다. 로마가톨릭 안에서는 스위스 선교학자 루드비히 뢰티(Ludwig Rütti)가 호켄다이크와 짝을 이루는데, 그도 비슷하게 선교의 세속화를 주장하였다.

토마스 크램(Thomas Kramm, 1979)은 이러한 발전을 그 시대의 종말론적 사고의 근본적인 분열로 묘사하고 있다.

한 쪽에는 독일학자들과 복음주의자들에 의해 주장되고 있는 교회와 세상을 구별하는 구속사적(salvation-historical), 교회적 모델이 있다.

다른 쪽에는 구원 역사를 인간 역사와 동일시하는 역사적-종말론적(historical-eschatological) 모델이 있는데 이 모델은 교회의 역할이 모호하다.

후자가 협의회의 선교신학 가운데 지배적인 관점이 되었다. 1961년 뉴델리(New Delhi)에서 개최되었던 제3차 세계교회협의회(WCC) 총회에서는, 구원 역사가 인간 역사의 과정 안에서 점차적으로 실현되는 것으로 보았다. 1968년, 웁살라(Uppsala)에서 개최된 WCC 총회에서는 선교가 세속 세계 안에서 하나님의 사역에 참여하는 것이며, 세상이 선교의 과제를 설정한다는 생각이 지배하였다.

웁살라에서는 모든 것이 선교가 되었다. 보건과 복지 서비스, 청소년 프로젝트, 정치적 이해 집단들과의 사역, 폭력의 건설적 사용, 인권 보호가 선교로 간주되었다(D. J. Bosch 1980, 190).

유럽인들은 선교의 목적으로서 **샬롬**(shalom)이라는 용어를 선호한 반면, 미국인들은 **인간화**(humanization)라는 용어를 선호했다. 웁살라에서 나온 보고서는 다음과 같이 주장했다.

우리는 인간화를 선교의 목적으로 높이 들어 올린다. 그 이유는 그것이 우리 시대의 역사에 있어 메시아적 목적의 의미를 다른 것들보다 더 잘 전달한다고 믿기 때문이다.

그 보고서는 이전 세대가 영적 구속(spiritual redemption)을 선교라고 보던 것에 대하여 다음과 같이 말했다.

선교의 목적이 기독교화, 즉 사람들을 그리스도와 그의 교회를 통해 하나님께로 데려오는 것이라고 가정되었다. 오늘날 근본적인 질문은 **진정한**(true) 사람에 관한 것이 더욱 많기에 선교사들의 지배적인 관심은 선교의 목적으로서 그리스도 안에 있는 인간성을 지적하는 것이 되어야만 한다(D. J. Bosch 1991, 383에서 재인용).

이러한 경향은, 1972-73년에 "오늘날의 구원"(Salvation Today)이라는 주제로 방콕(Bangkok)에서 열렸던 CWME(세계 선교와 전도위원회) 대회에서 절정에 이르렀는데, 거기에서 구원은 주로 사회정치적 용어로 이해되었다. 인도의 평신도 신학자로 그 당시 WCC 의장(1968-1975)이었던

M. M. 토마스(M. M. Thomas)는 인간화 관점의 대변자였다. 방콕에서의 연설을 통해 그는 다음과 같이 주장했다.

> 여기에 교회의 선교가 놓여있다. 즉 우리 시대의 인간 해방 운동들에 동참하는 것인데, 그 동참하는 방식은 예수 그리스도를 인간 영성(human spirituality)과 그 운동들 가운데서 작동하는 영성의 지향의 근원, 심판자와 구세주, 그리고 오늘날 사람의 구원자로서 증언하는 것이다(Thomas [1972] 2002, 87).

> 구원 그 자체가 전적으로 종말론적 의미에서의 인간화라고 정의될 수 있다. 그리고 사람들의 인간성의 단편적인 실현을 위해 이 땅에서 벌이는 우리의 모든 투쟁들은, 그것들의 판단기준이 되고 성취되는 종말론적 인간화를 가리키는 것이다(Thomas [1972] 2002, 95).

이것은, 이와 비슷하고 연관이 깊은 신학적인 발전, 즉 협의회의 선교 사상에 깊은 영향을 준 해방신학으로 우리의 관심을 이끌어간다. 해방신학은 애초에 위르겐 몰트만(Jürgen Moltmann)과 요한 밥티스트 메츠(Johann Baptist Metz)의 정치신학에서 영향을 받았다. 구스타보 구티에레스(Gustavo Gutiérrez) 같은 라틴 아메리카 해방신학자들은 가난을 경감하고 억눌린 자들에게 힘을 실어줄 대규모 차원의 사회 변화에 특별한 관심을 가졌다.

사회 분석은 신학의 필수적인 것이 되었고 이러한 신학들 중 많은 부분이 그 성향에 있어 마르크스주의 영향을 강하게 받았다. 실천(praxis) 및 억눌린 자들과의 동일시는 신학적 성찰에 선행하고 그것을 형성하는 것이 되어야 했다. 구티에레스는 다음과 같이 말한다. 신학자는,

특정한 시간과 장소의 역사적 현실에 개인적으로 깊이 참여하는 누군가가 되어야 한다. … 결국은 신학에 의해 밝혀지는 계시의 진정한 해석은 오로지 역사적 실천에 의해서만 성취된다 (Gutiérrez 1973, 13).

"시대의 징조들"을 분별함으로써 교회는 역사 속에서 정의를 위한 하나님의 선교 운동을 분별할 수 있다. 아시아, 아프리카, 미국 흑인들 안에서 불의를 겨냥한 다양한 형태의 다른 해방신학들이 발전되었다.

이러한 신학들은 하나님 나라는 정의를 위한 투쟁과 억눌린 자들의 해방을 통해 역사 안에서 실현된다는 확신을 일반적으로 공유하고 있다. 선교는 이러한 투쟁과 연관을 맺게 되었다. 심지어 중국의 모택동 혁명까지도 구원 역사의 새로운 시대를 알리는 하나님 나라의 도구로 간주되었다(Sanneh 2008, 251-255을 보라). 기대되었던 많은 개혁 운동들의 실패와 1990년대 공산주의의 세계적 몰락은 해방신학을 재평가하도록 만들었다. 그럼에도 불구하고 그 신학들은 협의회의 선교사역 안에서 강력한 목소리로 남아있다.

이러한 신학적 발전은 복음주의적 선교사역과 협의회의 선교사역 사이에 균열을 더 깊게 만들었다. 도날드 맥가브란, 피터 바이어하우스(Peter Beyerhaus), 아더 존스턴(Arthur Johnstone), 그리고 데이비드 헤셀그레이브(David Hesselgrave)와 같은 복음주의 선교학자들은 전도와 교회 개척을 통한 선교의 영적 과업을 주장했는데, 종종 어떠한 형태의 사회적 과제도 배제시켰다.

사회 변화는 열매이지 기독교 선교의 뿌리는 분명 아니라는 것이다. 한편, 이 책의 다음 장에서는 다른 복음주의자들이 선교를 위한 사회적 과제를 거부하는 것에 대해 재평가하기 시작한 것을 보게 될 것이다.

방콕 대회에 이어 1975년에 나이로비(Nairobi)에서 열린 WCC 총회는 과격한 정치화로부터 거리를 두기 시작했고 사회적 과제를 포기하지 않으면서도 전도를 위한 자리를 회복시키기 시작했다. 나이로비에서 나온 보고서의 첫 부분인 "오늘날 그리스도를 고백하기"(Confessing Christ Today)에서는 다음과 같이 말하고 있다.

> 복음은 다음과 같은 것들, 즉 하나님 나라와 예수 그리스도를 통한 사랑을 공표하는 것, 은혜의 제공과 죄의 사함, 회개의 요청과 그분께 대한 믿음, 하나님의 교회 안에서의 교제를 위한 부르심, 하나님의 구원하는 말씀과 행동을 증언하라는 명령, 정의와 인간 존엄성을 위한 투쟁에 참여할 책임, 인간이 온전해지는 것을 가로막는 모든 것들을 규탄하는 의무와 그것을 위해 목숨을 거는 헌신을 포함한다(Paton 1975, 52).

1980년에 멜버른(Melbourne)에서 열린 CWME에서는 "총체적 선교"(holistic mission)에 대해 더 많이 말하였고 교회를 선교에 있어 하나님의 가장 중요한 도구로 보아야 한다는 쪽으로 회귀했다. 로잔 대회(1974)에 이어 많은 복음주의자들은 사회적 행동을 선교의 일부로 주장하기 시작했다(다음 장에서 계속 논의할 것이다). 1989년에 샌안토니오(San Antonio)에서 개최된 CWME에서 WCC와 복음주의자들 간의 간격에 다리를 놓고자 하는 시도가 있었지만 그 결과는 빈약했다.

협의회의 선교 사상은 사회적 행동과 관련된 것뿐만 아니라 비기독교 종교들의 가치와 그리스도의 유일성에 관한 문제들을 너무 모호하게 남겨두고 있다. 이것은 복음주의와 협의회 선교 사이에 진정한 친교의 확립을 어렵게 만들고 있다. 바이어하우스는 그 차이점들이 근본적으로 신학적 성격을 가진 것들로서 긴장에 대한 실용주의적 해결책들로 슬쩍 넘어가서는 안 된다고 올바르게 말했다(Beyerhaus 1996, 14).

## 2) 평가

우리는 선교 사상의 긴 여정을 추적해왔다. 그것은 사람들의 실제적 필요를 채우기 위해서 기본적으로 긍휼에 관심을 가지긴 하지만, 영적이고 영원한 필요에 종속시키는 입장으로부터, 회심이나 영적 필요들을 배제시키고 사회적이고 경제적인 필요들을 선교의 중심에 놓는 견해까지 다양하다.

협의회(conciliar) 운동 안의 대다수가 보다 극단적인 입장에서 이동하여 온건해졌지만, 역사 안에서 정의와 인간화의 형태로 실현된 하나님 나라에 대한 근본적인 관심은 협의회 선교학의 핵심적인 부분으로 남아 있다. 우리는 여기서 협의회의 접근 방식을 평가하고자 한다. 사회적 행동과 총체적 선교에 대한 복음주의적 접근 방식은 다음 장에서 다루게 될 것이다.

**첫째, 인간화와 해방적 이해는 가난한 자, 억눌린 자, 소외된 자들의 곤경을 심각하게 여기고 있다.**

모든 인간 문제들의 사회정치적 뿌리에 대해서는 함구한 채 단순히 영적 해답들을 선포하는 선교의 접근 방식은 신뢰할 수 없을 뿐더러 복음의 정신도 아니다. 가난한 자들과 권리를 박탈당한 사람들의 곤경에 대한 하나님의 관심은 구약성경, 예수의 생애, 그리고 초대 교회 안에서 잘 입증되고 있다.

> 의인은 가난한 자의 사정을 알아주나 악인은 알아 줄 지식이
> 없느니라(잠 29:7).

문제는, 교회가 가난한 자들과 그러한 가난과 압제를 만들어 내고 있는 경제적 체제에 관해 관심을 **가져야** 하는가에 대한 것이 아니라, 오히

려 **어떻게** 이러한 것들이 다루어져야 하며 어떻게 이러한 관심들이 선교의 전체 과업과 연관을 맺어야 하는가에 대한 것이다.

**둘째, 인간화와 해방으로서의 선교는 선교의 세속화된 이해에 기초를 두고 있다.**

전도는 종종 신체적, 사회적, 경제적 곤경을 경감시키는 것으로 재정의되고 있다. 종말론은 기본적으로 사회 변화의 힘에 근거하여 역사 안에서 성취될 소망(inner-historical hope)이 되었다. 보쉬는 이러한 발전에 대해 다음과 같이 논평했다.

> 선교는 보건과 복지 서비스, 청소년 프로젝트, 정치적 이해 집단들의 행동, 경제적 사회적 발전을 위한 프로젝트, 폭력의 건설적 사용 등을 포괄하는 용어가 되어버렸다(D. J. Bosch 1991, 383).

진실로 **선교**와 **선교사**(missionary)는 사회적 책임을 이행하기 위한 손쉬운 방편이 되었고, 복음은 단지 사회 윤리로 변하였다(D. J. Bosch 1991, 507). 이러한 극단적 견해는 교회를 소모품으로 만들고, 천진난만한 낙관주의에 빠지게 하였으나, 필연적으로 실망에 이르게 만들었다. W. A. 비세르 후푸트(W. A. Visser't Hooft)는 WCC 웁살라 총회에서 균형을 잡는 것에 대해 이런 목소리를 내었다.

> 수직적 차원을 잃어버린 기독교는 그것의 짠맛을 상실하게 되어 그 자체가 맛이 없게 되고 이 세상에 쓸모없게 된다. 그러나 그 수직적 차원을, 인간의 일상적인 삶에 대한 책임을 회피하기 위한 방편으로 사용하는 기독교라면, 그것은 그리스도 안에서 나타난 세상을 위한 하나님의 생명의 성육신을 부정하는 것이다(Hoffman 1975, 698에서 재인용).

**셋째, 인간화와 해방은 사람들의 영적 필요를 얕보고 있다.**

인간 죄성의 깊이와 그리스도 안에서 삶을 변혁시키는 영적 갱신은 과소평가되고 있다.

사람들의 영적 상태와 관련된 것을 부수적인 것으로 생각하는 선교가 **기독교적**(Christian)이라고 간주될 수 있을까?

예수께서 친히 다음과 같이 말씀하셨다.

> 몸은 죽여도 영혼은 능히 죽이지 못하는 자들을 두려워하지 말고 오직 몸과 영혼을 능히 지옥에 멸하실 수 있는 이를 두려워하라(마 10:28).

또 다음과 같이 말씀하셨다.

> 사람이 만일 온 천하를 얻고도 자기 목숨을 잃으면 무엇이 유익하리요(막 8:36).

선교는 일시적인 필요뿐 아니라 특별히 잃어버린 바 된 사람들의 영원한 필요를 진지하게 취급해야만 한다.

선교를 오직 하나님 나라의 역사 내적 실현으로만 보고 해방과 정의의 용어로만 엄격하게 규정하는 것은 확실히 비성경적인 것으로 거부되어야만 한다. 뉴비긴은 사회적 변화를 선교의 한 부분이라고 인정하면서도(Newbigin [1978] 1995, 109) 이것이 선교사 과업의 더 큰 전망 속에 자리를 잡아야만 한다는 것을 상기시켰다.

> 교회들 간에 일치의 요구와 국가들 간의 정의와 평화의 요구가 예수 그리스도 안에서 하나님이 세상을 위해 행하신 것에

뿌리를 내리지 않는다면, 그것들 자체가 새로운 형태의 지배가 된다. 예수 그리스도 안에서 하나님이 우리를 위해 하신 것을 세상에 말함으로써 다른 이들이 예수를 주님과 구세주로 알고, 사랑하며, 섬기게 하는 것보다 더 중요한 어떤 과업이나 더 깊은 기쁨은 있을 수 없다(Newbigin 1997, 52).

**넷째, 인간화와 정의로서의 선교는 균형을 잃어버린 십자가의 신학이다.**

이러한 많은 신학들 안에서 예수는 단지 사회 개혁자, 죄 없는 희생자, 또는 억눌린 자의 친구로서의 모범에 불과하다. 구속은 이 세상적 용어들로 이해되고, 그리스도의 사역은 단순히 영감을 불러일으키고 동일시 하도록 만드는 것 중 하나일 뿐이다. 십자가는 그 구속하는 능력을 잃어버리게 되었다. 이러한 선교의 이해는 분명 다음과 같이 말할 수 있었던 사도 바울의 그것과 매우 거리가 있다.

> 내가 너희 중에서 예수 그리스도와 그가 십자가에 못 박히신 것 외에는 아무 것도 알지 아니하기로 작정하였음이라(고전 2:2).

예수, 십자가, 그리고 사람들을 그리스도 안에서 새로운 피조물로서 하나님 나라로 이끌어 들이는 회개의 행위와 믿음이 없이는 하나님 나라는 존재할 수 없다(요 3:3; 고후 5:17). 뉴비긴은 다음과 같이 묻고 있다.

> 우리는 예수 당시 정치적 해방을 원했던 (아주 정당한) 유대인의 열망과 관련하여 십자가를 어떻게 해석할 것인가?(Newbigin [1978] 1995, 101)

예수는 일반적인 용어가 의미하는 식의 정치적 혁명가가 아니었으며, 그분은 분명히 그러한 기대들을 실망시키셨다.

**다섯째, 인간화와 해방은 모든 족속을 제자 삼으라는 명령에 거의 주의를 기울지 않는다.**

마태복음의 지상명령은 교회로 하여금 모든 족속을 제자로 삼을 것을 요구한다(마 28:19-20). 마태복음의 명령은 단순히 부수적 위치로 좌천시킬 수 없는 것임에도 불구하고, 인간화를 선교로 보는 대부분의 입장에서는 그것이 전적으로 결여되어 있다. 맥가브란이 웁살라에서 "복음화되지 않은 20억을 어떻게 할 것인가?"라고 던졌던 질문은 협의회 선교학에서 신중하게 받아들여져야만 한다.

일단 전도가 보다 사회적이고 물질적인 용어로 재정의되고, 또한 비기독교 종교들의 구원론적 유효성을 높이게 되면, 이 세상의 아직 전도되지 않은 사람들에게 영원한 구원의 메시지로서 복음을 전달해야 할 필요성은 실제적으로 부적절한 것이 되고 만다. 이러한 하나님 나라의 비전에는 **모든** 나라로부터 온 백성들이 하나님의 어린 양을 예배하는 비전(계 5:9; 7:9)이 결여되어 있다.

정치적 혹은 경제적 의제들(agendas)을 선교의 중심으로 만드는 것은 선교를 인간적 의제들과 정치적 이데올로기로 만드는 위험에 빠뜨린다. 현실의 정치, 경제적 이데올로기(그것이 어떤 마르크스주의, 민주주의, 혹은 자유시장 자본주의이든지 간에)가 자칫 하나님 나라나 하나님의 운동으로 쉽게 동일시된다.

보쉬는 교회가 시대의 표징들을 잘못 분별하여 국가사회주의, 인종분리주의(apartheid), 마르크스주의를 역사 안에서의 하나님의 일로 찬양하는 것과 같은 실수를 저질러왔다는 것에 주목했다(D. J. Bosch 1991, 492). 그리스도인들은 역사의 지배적인 사회학적 세력을 신성하게 만드는 경향이 있다.

바이어하우스는 사회 개혁을 위한 보편적으로 인정된 기준이 없다는 점을 경고하였다(Beyerhaus 1996, 267). 실제로 이러한 기준들이 최근의 사회 이론과 정치적 수정에 따른 정의(定義)와 더불어 빨리 변하고 있다. 선교 역사는 십자군, 라틴아메리카 정복, 식민주의적 제국주의 같은 인간적 의제들과 타협해 온 예들로 가득 차 있다. 선교의 의제는 성경에 계시된 거룩한 명령을 굳게 붙잡아야만 한다. 교회는 하나님 나라의 가치들을 전파하고 살아내야 하는데, 이러한 가치들은 특정한 인간 기구나 운동들과 너무 밀접하게 얽힐 수 없다는 것을 기억해야만 한다.

**여섯째, 협의회의 선교 이해는 해외 선교 노력에 있어 급속한 쇠퇴를 가져왔다.**

예를 들어, WCC와 관련된 주류 교단들이 파송한 선교사들의 숫자는 1900년에 북미 전체 선교사의 80퍼센트를 차지하던 것에서 그 세기말에는 불과 6퍼센트로 급감했다. 1952년에서 1996년 동안에만 협의회 교회들의 선교사 숫자는 8,800명에서 2,900명으로 줄었다. 많은 주류 교단들은 자신들의 해외 선교부 전체를 없애버리거나 다른 국내 사역에 예속시켰다.

폴 E. 피어슨(Paul E. Pieson)이 요약한대로 거기에는 많은 요인들이 있지만, 가장 근본적인 요인은 선교를 이 세상에서 교회가 하는 모든 일로 재정의한 것이다(Pieson 2003). 그리스도로부터 멀리 떨어져 있는 사람들의 영적 필요는 더 이상 중심이 아니었다. 피어슨은 협의회 선교 안에서 전개된 일들을 통해 다음과 같은 교훈을 이끌어 내었다.

> 첫째, 선교는 충분한 성경적, 신학적 기초를 가지고 있을 때라야 앞으로 나아갈 수 있다. … 나는 선교의 전체는 아니더라도 선교의 중심은 언제나 예수 그리스도 안에 있는 믿음으로 사람들을 초청하고, 그들로 하여금 예배하고 증언하는 공동체 안으

로 모으는 것과 연결되어야 한다고 확신한다(Pieson 2003, 81).

비록 선교가 정치적 운동, 인간화, 사회 윤리로 세속화되는 것은 복음의 가장 핵심에 대한 배신으로서 거부되어야 마땅하지만, 그러한 것들에 대한 관심들은 정당하다고 보아야 한다. 하나님은 가난한 자들, 억눌린 자들, 소외된 자들의 곤경에 관심을 가지신다. 이것이 예언서들과 누가복음 안에서 되풀이되는 주제이다. 비록 이러한 관심들만으로는 선교의 중심 과업들을 형성할 수 없지만, 그것들은 복음이 겨냥하고 있는 진정한 필요들을 나타내고 있다(보조 자료 5.3을 보라).

## 5. 결론

선교사역의 과업에 대한 개신교적 이해는 전도에 주요한 초점을 맞추고 긍휼과 개발 사역을 동반하는 것으로 보는 광범위한 합의로부터 시작하여, 선교의 기반 자체에 대하여 반대하는 확신들에 의해 생성된 아주 다양한 강조들까지 전개되었다. 이러한 질문들에 대해 20세기 후반기 동안 개신교 안에서 협의회 진영과 복음주의 진영 간의 긴장과 양분화는 상당히 커져갔다. 다음 장에서 계속되는 논의에서는 성경적으로 평가해 보았을 때 그러한 다양한 접근들과 강조점들이 가진 강점과 약점들을 보여주게 될 것이다.

그렇다면 선교사역의 과업에 대한 성경적 이해 안에서 박애사업과 인간화의 위치는 무엇인가?

선교에 있어 교회와 교회 개척의 역할은 무엇인가?

선교사의 노력 안에서 전도는 사회적 행동과 어떻게 관련을 맺는가?

이러한 질문들로 나가보도록 하자.

**보조 자료 5.3**
**"가난한 자들을 위한 하나님의 차별적 선택"**

1970년대 이래 선교신학 안에서 가장 논쟁을 불러일으키는 어구 중 하나는 "가난한 자들을 위한 하나님의 차별적 선택"이다. 이 표현은 협의회와 로마가톨릭 신학자들 사이에서 보다 광범위하게 사용되어 왔지만, 많은 복음주의자들, 특히 대다수 세계의 사람들도 이 언어를 사용하였다(Walker 1992를 보라). 하나님은 가난한 자들과 불우한 환경에 놓인 자들의 보호자가 되심으로써 그들을 "선택하신다(opts)." 하나님께서는 다른 사람들보다 그들을 더 사랑하셔서 그들 편에 서시는 것이 아니라, 그들을 대신하여 공의를 베푸시기 위해서 그렇게 하신다. 그들을 위한 하나님의 사랑은 모든 이를 위한 그분의 사랑의 증거이다. 따라서 교회는 단순히 그들의 가난을 경감시킬 뿐 아니라 또한 억압적인 사회적·경제적 구조들을 변혁시키는 일을 함으로써 가난한 자의 옹호자와 보호자가 되어야 할 의무가 있다는 것이다. 더 나아가,

가난한 자들을 자비의 대상들로 보아서는 안되고, 세상의 나머지 사람들에게 하나님의 정의를 보여주기 위해 하나님에 의해 특별한 은사를 받은 대표자들로 보아야 한다(Moreau 2000c, 711).

◆ **성찰과 토의** ◆

아래의 성경 구절들을 읽고 가난의 문제와 가난한 자들의 필요를 위한 기독교 선교의 적절한 대응은 무엇이 되어야 한다고 생각하는지를 토론해보라.

① 출애굽기 23:3, 6; 레위기 19:15
② 시편 35:10; 82:3-4; 140:12
③ 잠언 10:4; 19:17; 20:13; 21:13
④ 이사야 10:1-2; 25:4; 58:6-8
⑤ 마태복음 19:21; 누가복음 4:18-19

# 제6장
# 선교사역의 과업

-수렴과 결론-

앞장에서 묘사했듯이, 선교신학의 이야기는 1970년대의 커다란 논쟁과 분열을 동반한 격동 속에서도 크게 발전하였다. 20세기 말에 이르러서야 복음주의 선교학자들과 협의회 측 선교학자들 사이에 입장 완화와 접근이 이루어졌다. 한편, 복음주의 선교신학 내에서 선교의 일부로서 사회적 행동에 더 큰 관심을 부여하는 입장들이 부상하기 시작했다.

다양한 복음주의 신학들은 자신들을 총체적(holistic 혹은 wholistic)이라고 정의하고 있는데, 이는 전인(whole person)을 대상으로 사역하는 선교 이해를 추구하기 때문이다. 비슷한 입장을 위한 다른 용어에는 **통합적 선교**(integral mission) 혹은 **변혁적 선교**(transformative mission)가 있다. 이러한 접근들은 선포와 교회 개척에 대한 복음주의의 전통적 관심에 사회적 행동 및 긍휼 사역과 같은 것을 포함한, 선교에 대한 보다 포괄적인 관점을 수렴하기 위한 시도를 보여준다.

어떤 면에서 전도와 사회적 행동 간의 관계에 대한 복음주의 논쟁은 소득이 없었다. 찰스 링마(Charles Ringma)는 이에 대해 다음과 같은 두 가지 이유를 들었다.

첫째, 성경 이야기는 전인, 공동체, 창조된 질서에 대한 하나님의 관심을 반영하고 있다. …
둘째, 기독교회의 오랜 역사 안에서 하나님 사랑이 이웃 사랑을 포함한다는 것을 인정하지 않거나 교회가 세상 안에서 선교적, 예언자적, 변혁적 역할을 가지고 있다는 것을 가르치지 않는 주류(major) 전통은 존재하지 않았다(Ringma 2004, 434).

그럼에도 불구하고, 다양하고도 정당한 신학적, 역사적, 실제적 관심으로부터 논쟁이 일어났다. 이러한 관심들을 통합하기 위한 접근을 제시하기 전에, 우리는 훨씬 더 진전된 복음주의적 논의를 간략하게나마 검토하고자 한다.

## 1. 복음주의자, 사회적 행동, 총체적 선교

그리스도의 진정한 추종자들은 항상 가난한 자들과 혜택 받지 못한 사람들의 곤경에 대해 긍휼과 관심을 가져왔다. 이러한 관심은 예수와 초대 교회, 그리고 전 역사를 통해 교회와 선교사들의 특징이었다. 그러나 19세기 말엽에는 다양한 신학적 발전들이 선교에 대한 양극화된 접근을 부추겼다. 한쪽으로는 자유주의적 그룹들이 성경의 메시지를 상대화시키고 전도의 필요성에 의문을 제기했다. 후천년설(postmillennial)적 사회복음은 하나님 나라를 도래케 하기 위해 세상 안에서의 개선을 강조했다(Fishburn 2004).

다른 한쪽에서는 전천년설(premillennialism)이 복음주의자들 안에서 더욱 뚜렷해졌고, 전도의 시급성은 그리스도의 임박한 재림과 뒤따르는 심판에 대한 믿음과 더불어 더욱 강조되었다. 사회 프로그램이 아닌 세계복음화가 그리스도의 재림을 앞당길 것이었다. 그리스도의 재림에 앞선 이 세상의 개선은 어떤 이들의 관점에서는 쓸데없는 것이었다.

20세기 초 북미의 근본주의자와 현대주의자 간의 논쟁은 그 분리를 심화시켰다. 협의회 집단들은 사회 봉사 쪽으로 더 기울어져 갔고 근본주의자들과 복음주의자들은 전도를 더 강조하게 되었다(Patterson 1990을 보라).

이런 논쟁의 와중에서 복음주의 선교는 종종 풍자되기는 했어도 긍휼을 베푸는 것을 중단하지 않았고, 계속해서 병원, 학교, 고아원들을 운영했다. 그러나 이러한 사역들은 전도와 교회 개척에 부수적인 것으로 간주되었다. 1902년에 로버트 E. 스피어(Robert E. Speer)는 해외 선교가 사회 구조를 재형성해야 한다는 주장에 대해 "해로운 교리"라고 이름을 붙였다. 선교는 모든 사람들의 마음에 그리스도의 생명을 심고, 그 결과는 하나님께 맡겨야 한다고 그는

> 사회적 행동이란 구제, 발전, 사회 구조 변화를 통해서 사람들의 신체적, 사회경제적, 정치적 복지를 개선시키는 것을 최우선의 목적으로 하는 일련의 행동들이다.
> —Ron Sider 1993, 165

주장했다(Peters 1972, 171에서 재인용). 사회적, 정치적, 경제적 구조들을 바꾸려는 노력은 사회복음과의 타협이라는 의혹을 상당히 받았다.

칼 F. H. 헨리(Carl F. H. Henry)가 1947년에 쓴 『현대 근본주의의 불편한 양심』(Uneasy conscience of Modern Fundamentalism)의 등장은 복음주의적 사회 윤리의 초기 변화를 예고하는 신호탄으로서, 사회적 행동을 정당한 성경적 관심으로서 다시 주장하였다. 선교를 인간화와 해방으로 보는 과격한 협의회 측 견해가 1960년대와 1970년대에 부상했을 때, 선교계에서 양극화는 심화되었다.

그러나 복음주의적 사고의 점진적 변화가 이미 1966년 베를린에서 개최된 세계복음전도대회(World Congress on Evangelism)에서 나타났는데, 거기서는 몇 개의 보고서들 가운데 복음의 사회적 차원이 탐구되었다. 또한 1966년 휘튼에서는 교회세계선교대회(Congress on the Church's Worldwide Mission)가 개최되었다. 그 결과 나타난 휘튼 선언(Wheaton Declaration)은 다양한 사회적 문제들에 대해 성경적으로 대응하지 못한 복음주의의 실패를 인정하였고, 복음주의적인 사회적 행동과 정의를 위한 관심을 요청하였다. 이러한 행동은, 어디서든지 가능한대로, 복음에 대해 말로 증언(verbal witness)하는 것을 동반해야 한다(Wheaton Declaration 1966, 13, 24).

1973년 시카고에서 개최된 "복음주의자와 사회적 관심에 관한 워크샵"(Workshop on Evangelicals and Social Concern)은 복음주의저인 사회적 관심에 대한 시카고 선언(Chicago Declaration of Evangelical Social Concern)을 산출해내었고, "사회적 행동을 위한 복음주의자들"(ESA: Evangelicals for Social Action)이라는 조직을 탄생시켰다. "사회적 행동을 위한 복음주의자들"(ESA)의 핵심가치들 중 하나는 다음과 같다.

> 교회는 예수 그리스도의 인격을 가리키고, 정의로운 사회를 위한 하나님의 비전을 향하여 일함으로 하나님 나라의 모델이 되라고 부름을 받았다. 하나님 나라의 사역 안에서 전도와 사회 변혁은 분리될 수 없다(ESA n.d.).

대다수 세계로부터 온 많은 복음주의 신학자들은 사람들의 영적인 필요와 물질적 필요를 둘로 나누는 것으로 인식되는 선교학에 대해 조바심을 내기 시작했다. 1974년 로잔세계복음화대회에서 사회적 책임과 선교를 다룬 몇 개 보고서들이 제출되었다(Douglas 1975). 선교에 있어 사회적 행동의 중요성을 더 과감히 주장할 것을 지지하는 "급진적 제자도의 신학과 함의"(Theology and Implications of Radical Discipleship)라는 문서(1975)를 만들기 위한 특별한 집단이 형성되었다. 로잔 언약은 이러한 관심을 제5항 "그리스도인의 사회적 책임"(Christian Social Responsibility)에 표현하였는데 그 일부를 인용하자면 다음과 같다.

> 비록 다른 사람과의 화해가 하나님과의 화해가 아니고, 사회적 행동이 전도는 아니며, 정치적 해방이 구원이 아니지만, 그럼에도 불구하고 우리는 전도와 사회정치적 참여는 둘 다 우리 그리스도인의 의무임을 천명한다. … 사람들이 그리스도를 영접함으로 그의 나라 안으로 거듭나게 될 때 그들은 의(righteousness)를 나타낼 뿐 아니라 불의한 세상 속에서 그 의를 펼치는 것을 추구해야만 한다(Lausanne Covenant §5).

선교를 사회적 행동으로, 구원을 정치적 해방으로 정의하려는 협의회 측 노력은 명백하게 거절되었고, 전도와 사회적 행동 간의 구별은 유지되었다. 그러나 양자 모두를 그리스도인의 의무로 간주하였다.

1975년에 존 스토트는 『현대 기독교 선교』(Christian Mission in the Modern World)를 출간함으로 자신의 생각의 변화를 나타냈다. 그는 요한복음 17:18과 20:21에 나타난 지상명령의 요한식 표현, 즉 예수께서 보냄을 받은 것같이 보냄을 받는 것을 마태적 진술(제자를 삼으라)에 우선하는 가장 중요한 진술로 보기에 이르렀다. 그는 사회적 행동을 전도의 독립적인 동반자로서 전도와 동등하다고 보는 한편, 정당하게 선교라고 불릴 수 있는 다른 사회적 행동들보다 전도가 우선성을 가지는 것을 유지하였다. 이러한 발전은 로잔 운동 안에서 스토트의 지도력과 그가 대중에 의해 가장 존경받는 복음주의 선교 주창자 중 한 사람으로 인정받는다는 사실 때문에 특별한 의미를 가졌다. 이후 1992년에 나온 그의 저서 『현대 그리스도인』(*The Contemporary Christian*)에서 스토트는 한 장 전체(337-55)를 "총체적 선교"에 할애했다.

많은 다른 복음주의자들 역시 예수께서 보냄 받은 것은 문자 그대로 가난한 자들에게 복음을 전하고, 포로된 자들을 자유케 하기 위함이라고 주장하며, 요한복음 20:21을 누가복음 4:18-19과 연결시키기 시작했다. 따라서 선교는 사회적, 윤리적 의무를 갖는 것으로 여겨지고, 모든 족속을 제자로 삼는 것은 단지 선교의 한 측면으로 간주되었다. 예수의 사역은 사도행전에 나타난 초기 사도적 선교의 예를 대체하는 선교의 패러다임이 되었다. 사무엘 에스코바르(Samuel Escobar)는 다음과 같이 말했다.

> 예수는 하나님 아버지께로부터 보냄을 받았고, 하나님의 최고의 선교사이며, 기독교 선교의 진정한 모델이다(Escobar 2003, 99).

1980년대에 복음주의 선교학의 논의는 선교에 있어 사회적 행동, 그리고 전도와의 관계에 대한 복음주의적 입장을 명확히 하고자 몰두했으며, 많은 출판물들을 내고 회의를 개최하였다. 아마도 가장 중요했던 것은 1982년 미시간 주의 그랜드래피즈에서 열렸던 로잔세계복음화위원회(LCWE)가 후원하는 "전도와 사회적 책임 간의 관계에 대한 국제자문회의"(CRESR: Consultation on the Relationship between Evangelism and Social Responsibility)였을 것이다. 참석자들은 지리적 분포, 교단적 배경, 복음주의적 견해들의 균형을 안배한 대표들이었다. 그 결과로 나온 보고서인 로잔문서 21번(LOP 21)은 사회적 행동을 **전도의 결과**(consequence)**이며, 전도를 향한 가교**(bridge)**이며, 동반자**(partner)라고 결론을 내렸다(LCWE 1982).

전도는 그것이 일차적으로 사회적 의도를 가지고 있지는 않음에도 불구하고 사회적 차원을 가지고 있으며, 사회적 책임은 그것이 일차적으로 전도적 의도를 가지고 있지 않음에도 불구하고 전도적 차원을 가진다.

따라서 전도와 사회적 책임은 서로 구분되지만, 우리의 선포와 복음에 대한 순종 안에서 밀접하게 관계되어 있다. 그러한 동반관계는, 실제로는, 일종의 결혼과 같다(LOP 21, C).

거기에서 전도는 일종의 "특정한 우선순위"(certain priority)을 유지하고 있다.

우리 이웃을 향한 진정한 사랑은 우리로 하여금 그 전인(whole person)을 섬기도록 이끌 것이기에, 우리가 신체적 배고픔을 만족시켜주는 것과 영적 배고픔을 만족시켜주는 것 사이에서, 또는 육체를 치유하는 것과 영혼을 구원하는 것 사이에서 선택해야만 하는 경우는 거의 드물 것이다. 그럼에도 불구하고, 만일 우리가 선택해야만 한다면, 우리는 모든 인류의 최우선적이고 궁극적인 필요는 예수 그리스도의 구원하시는 은혜이며, 그러므로 한 사람의 영원한, 영적 구원은 그 사람의 일시적이고 물질적인 복지보다 훨씬 중요하다고 말해야만 할 것이다(참조. 고후 4:16-18, LOP 21, D).

하나님 나라의 성격과 표징(sign)에 상당한 관심을 받았다. 종말론이 다루어졌는데, 인간의 성취에 대한 이상향적 전망들은 거부되어야만 한다는 것과 궁극적인 소망은 하나님의 역사하심 속에 머물러 있어야 한다는 결론을 내렸다. 사회 봉사(인간의 필요를 채워주는 것, 박애사업

[philanthropy] 등)와 사회적 행동(인간 고통의 원인을 제거하는 것, 정치적 행동, 구조적 사회 변화 등) 간의 유익한 구별이 만들어졌다. 전체적으로 그 보고서는 치우치지 않고 중도적(irenic)인 것으로서 복음주의적 합의를 위한 유익한 기초를 제공하였다. 어떤 이들은 그 선언이 충분히 멀리 가지 않았다고 느꼈다.

그러나 사회적 행동에 대한 매우 열렬한 지지자 중 한 명인 레네 빠딜랴(René Padilla)조차도 나중에 "전도와 사회적 책임 간의 관계에 대한 국제자문회의"(CRESR)의 선언이 더 이상 개선할 점을 찾기 어려울 정도라고 말했다(Padilla 2002, 55).

1983년 세계복음주의협회(World Evangelical Fellowship)가 후원한 "인간 필요에 응답하는 교회에 대한 자문회의"(Consultation on the Church in Response to Human Need)가 휘튼에서 개최되었다. 이 회의의 트랙에서 복음주의자들은 사회적 책임을 포용할 뿐 아니라, 총체적 선교에 대해 더 큰 담대함을 가지고 말하기 시작했다. 예를 들어, 세계선명회(World Vision)의 부회장인 에드워드 R. 데이톤(Edward R. Dayton)은 발표문에서 다음과 같이 말했다.

> 하나님 나라를 드러내는데 있어 선포와 행동(demonstration)을 볼 때 우리는 그것들이 하나의 전체를 형성하고 있다고 볼 필요가 있다. … 단지 부분들이 합쳐져 있는 것도 아니고, 심지어 우선순위가 있는 것도 아니다. 하나님 나라의 대리자들로서 우리의 최고의 관심은 그분의 뜻이 그 백성의 순종을 통해 성취되도록 하기 위해 하나님께 복종하는가에 있다. 선교는 하나님 나라의 전체적 전망에서 보지 않는 한 불완전할 것이다.
>
> ―Ken Gnanakan(1989, 206)

> 그리스도인들에게 사회 변혁은 무엇일까?
> 그것은 하나님이 하시는 일 전부, 즉 세계의 구속(redemption)
> 이 아닌가?
> 그리고 모든 차원에 있어 사회 변혁은 교회의 **사명**(mission)이
> 아닌가?(Dayton 1987, 54).

그 회의는 교회가 단지 "개발"만이 아닌 사회 구조와 경제적 변화를 겨냥한 "변혁"을 증진시켜야 할 것을 요청했다(Samuel and Sugden 1987, 256-58).

그 수 년 동안 복음주의자들은 총체적 선교를 주장하며 사회적 행동을 요청하는 상당한 양의 문서들을 생산해 내었다(예, Costas 1974, 1979, 1982; Escobar and Driver 1978; Dyrness 1983; Padilla 1985).

총체적 선교의 옹호자들은 몇 가지 방법으로 성경에 근거를 둔 자신들의 입장을 추구하였다. 위에서 언급했듯이 몇 사람들은 전인(whole person)을 향하여 사역을 하신 예수께 초점을 맞추어 그것을 선교 모델로 삼았다. 다른 이들은 전도나 특정한 사회적 프로젝트와 같은 과업들로 좁게 정의를 내리는 것에서 떠나 하나님 나라의 확장을 강조함으로써 선교를 가장 광범위하게 정의하였다.

> 하나님 나라의 요구는 단지 개인적이고 교회적인 관심사만을 포함하지 않고 사회적이고 제도적인 문제들 또한 포함한다. 이 새로운(하나님 나라의) 질서는 신앙의 공동체로 제한되지 않는다. 대신에 그것은 모든 역사와 우주를 포괄하며, 그러한 모든 것을 포함하는 실재를 증언하는 것이 교회적 공동체의 과업이다(Costas 1982, 93; 또한 Kirk 1983, 16, 55; Gnanakan 1989도 보라).

다른 접근은 구원을 단지 죄 시험과 영생으로만이 아니라 전인에 관계된 것으로 정의하는 것이다. 데이비드 J. 보쉬는 다음과 같이 말했다.

> 한 사람의 선교신학은 언제나 그 사람이 가진 구원 신학에 밀접하게 의존되어 있다. 그러므로 구원의 범위(우리가 구원을 어떻게 정의하든지)가 선교 사업의 범위를 결정짓는다고 말하는 것은 옳은 것이다(D. J. Bosch 1991, 393).

예를 들어, 로잔 대회에서 빠딜랴는 "전인을 포괄하고, 단순히 죄 사함과 천국에서의 하나님과의 끝없는 삶에 대한 확신으로 축소될 수 없는 구원의 개념"을 주장했다.

> 포괄적인 선교는 구원에 대한 포괄적인 견해와 연결된다. 구원은 총괄적인 것이다. 구원은 총체적 인간화(total humanization)이다(Padilla 1975, 130).

로날드 J. 사이더(Ronald J. Sider)는 총체적 사역을 총체적 인간론(holistic anthropology)과 구원에 대한 총체적 이해와 연관시켰다(Sider 1993, 29). 켄 R. 그나나칸(Ken R. Gnanakan)과 같은 지지자들은 전도나 사회적 행동에 우선순위를 부여하고자 하는 어떤 시도도 거부한다(Gnanakan 1989).

코스타스(Costas)는 선교사 명령의 포괄성을 다음과 같이 묘사했다.

> 어떠한 이분법도 여기에는 없다. 선교의 수직적 대 수평적 차원의 이분법도 없고, 구속 대 인간화의 이분법도 없고, 오직 세상과 그 속에서 교회의 역할을 향한 하나님의 선교의 총체적 비전만이 있을 뿐이다(Costas 1974, 309).

### 1) 복음주의 총체적 선교에 대한 반응

총체적 선교에 대한 복음주의 옹호자들에 대한 비판이 없는 것은 아니다. 일찍이 해럴드 린드셀(Harold Lindsell)은 사회적 사역은 오직 전도와 선교의 더 높은 목적들에 "실제적으로" 기여하는 한 수행되어야 한다고 주장했다(Lindsell 1955, 189).

우리가 보았듯이 도날드 A. 맥가브란(Donald A. McGavran)은 선교에 있어 교회가 수행하는 다른 모든 것들보다 전도와 교회 개척의 최우선성을 주장했다. 진실로 교회의 다른 모든 활동들은 "예수 그리스도의 교회 안에서 인간이 하나님과 최상의 화해를 이루는 데 방해하지 않고 기여하여야 한다"(McGavran [1970] 1980, 43). 그가 그렇게 주장하는 첫 번째 이유는 오직 개인 회심과 교회 개척만이 개인적이고 사회적인 변화를 이끌어 낼 수 있을 것이기 때문이다.

맥가브란은 나병요양소를 운영했었지만, "예수 그리스도를 믿는 자에게 주어지는 구원이 여전히 인간에 있어 최고의 필요이며, 다른 모든 인간적 선은 하나님과 화해가 선행될 때 흘러나오는 것"이라고 확신했다(ibid.). "사회적 상승"은 사람들이 성경적 우선순위들을 그들의 삶 속에서 채택하게 될 때 시간을 두고 일어나게 될 것이다(McGavran [1970] 1980, 297-98).

그는 사회적 행동주의를 조장하는 것은 **선교사역**에서 논할 것이 아니라고 보았는데, 이는 선교사들은 그 땅에 손님들이기 때문이라고 주장했다. 오히려 사회 변혁을 위해 일하는 것은 **교회**의 책임인데, 왜냐하면 교회는 그 지역 시민들로 구성되어 있기 때문이다(McGavran [1970] 1980, 292).

**교회들이 비기독교 대중 가운데 증식되게 될 때, 교회들은 자신**

들이 영향을 줄 수 있는 사회적 질서의 특정한 분야에 하나님의 목적을 수행하게 될 것이다(McGavran [1970] 1980, 293).

따라서 그는 계속 주장하기를, 선교의 옹호자들과 사회적 행동의 옹호자들 사이에는 긴장이 있어서는 안 된다고 말했다. 둘 다 필요하지만, 그러나 양자 모두가 선교사역의 책임은 아니라는 것이다. 이런 주장은 지역 교회의 사역과, 미전도된 사람들 사이에 복음을 확산시켜야 하는 선교사들의 선교사역 간의 전통적인 구분을 보여준다.

맥가브란과 교회 성장 운동은 총체적 선교 옹호자들로부터 상당한 비난을 받았다(예, Costas 1974). 교회 성장 운동의 인기있는 대변인인 피터 와그너는 그의 저서 『교회 성장과 총체적 복음』(*Church Growth and the Whole Gospel*)에서 그 자신을 총체적 선교의 신봉자라 칭하면서도 전도의 우선성은 유지한다고 밝혔다(Wagner 1981, 91). 독일 선교학자 피터 바이어하우스와 에르하르트 번버그(Erhard Berneburg 1997, 360-64)도 비슷한 입장을 취하고 있다.

헤셀그레이브는 선교의 총체적 정의에 대한 가장 신랄한 비판자 중 한 사람이다. 그는 안드레아스 쾨스텐버거의 요한복음 20:21의 해석(Köstenberger 1998a)에 부분적으로 근거하여, 총체적 선교는 부적절한 성경적 기반을 가지고 있다고 주장했다. 헤셀그레이브는 지상명령의 마태적 형태가 "이 주제에 대한 최종적이고 가장 완성된 선언"이라고 주장한다(Hesselgrave 1999, 281; 또한 1990).

헤셀그레이브는 리틀(Little 2005)과 함께 사도 바울이야말로 선교의 최고 모델이라고 말한다(Hesselgrave 2005, 141-65). 헤셀그레이브는 (총체주의와 대비하여) 전통적인 "우선주의"(prioritism)을 주장하고 있는데, 그것은 선교에 있어 사회적 행동의 위치를 배제시키지는 않으나 전도와 교회 개척에 분명한 우선순위를 두는 것이다(Hesselgrave 2005, 117-39).

## 2) 총체적 선교 논쟁에 있어 복잡한 요소들

1982년의 "전도와 사회적 책임 간의 관계에 대한 국제자문회의"(CRESR) 보고서가 논의를 진전시키기 위한 복음주의적 합의에 있어 최소한의 기초를 제공하였지만, 복음주의 운동 안에 전도와 사회적 행동의 관계에 대한 긴장은 현재까지 남아있다. 이러한 논쟁은 최소한 두 가지 방향에서 복잡해지고 문제가 되고 있다.

첫째, 복음주의 안에서의 많은 논의는 다른 역사적, 상황적 배경을 가진 논의 상대자들로부터 나타나는 양극화(polarization)를 반영하고 있다. 총체적 선교를 반대하는 많은 사람들은 복음주의 선교학이 협의회 선교학(conciliar missiology)의 방향으로 발전하여 선교를 재정의하고 어떤 경우에는 전도와 교회 개척을 통째로 내던져버릴 것이라고 두려워한다.

이들은 선교가 특정한 사회적 의제에 의해 장악당할(hijacked) 수도 있다는 두려움을 가지고 있다. 예를 들어, 헤셀그레이브는 20세기 말에 이르러 북미 모든 선교사들의 6퍼센트만이 주류교단 출신이고, 나머지 70퍼센트는 복음주의적 단체 출신이라는 점을 주목한다(Hesselgrave 2005, 317).

> 선교사의 노력이 어떤 면에서 주변으로 밀려났었는데, 이는 선교에 대한 에큐메니칼 비전이 세계교회협의회(WCC)에 의해 점차적으로 넓어지면서 교회가 세상 안에서 하는 모든 것, 심지어 교회 밖에서 하나님이 행하시는 것을 포함하게 되었기 때문이었다. 하나님의 선교(*missio Dei*)를 수행하려는 노력은 지상명령을 순종하는 것과 분리되었다(Hesselgrave 2005, 323).

한편, 총체적 선교의 옹호자들은 종종 가난과 불의가 심각한 관심의 현안이 되어있는 상황들 출신이다(Champan 2009를 보라). 이들은 영적인 해결책만을 엄격하게 주장하는 것을 부적절하다고 본다. 이들은 긍휼과 사회적 행동이 선포와 의도적으로 결합되지 않는 곳에서 복음은 신빙성이 떨어지며 타협되었다고 주장한다.

이들은 구조적 불의를 현상 유지하려는 사고방식을 견디기 힘들어 하는데 그것은 종종 교회와 선교사역의 특징이 되어왔었다.

논쟁 양측으로부터의 많은 주장들이 현실적 입장들 또는 극단적으로 인식된 입장들에 대한 교정책을 제기하였다. 스리랑카 신학자인 아지드 페르난도(Ajith Fernando)가 말했듯이 "교회는 궤도 수정으로 악명 높다"(Fernando 2007, 40). 상대방 입장을 극단적 형태로 상정하고 교정을 요구하는 것은 때때로 다시 균형을 잃어버리도록 만든다.

둘째, 양측에서 제기되는 입장들은 실제로는 말로 주장되는 것만큼 분리되어 있지 않다. 사실상 총체적 접근에 대한 모든 복음주의적 비평들도 그리스도인들이 긍휼을 베풀어야 하며, 불의한 사회 구조에 대항하여 어느 정도 사역을 해야 한다고 **강력히** 옹호하고 있다. 단지 이들은 이러한 활동들이 전도에 종속되어야 한다고 믿는다. 한편, 총체적 선교를 주창하는 모든 복음주의 옹호자들은 선포의 중요성을 강조하고 있고, 심지어 많은 이들은 선포를 최우선에 놓고 있다. 따라서 논쟁은 본질보다는 용어를 둘러싸고 벌어지고 있는 듯 보인다.

### 3) 간략한 평가

의심할 여지없이 복음은 모든 사람들이 삶의 모든 부분을 그리스도의 주권 아래로 가져 오는 회개로 초청한다. 영적 생활, 죄 사함, 하나님과의 화목된 관계, 의롭게 살 수 있는 능력은 회개와 예수 그리스도 안에 있는 믿음과 함께 시작된다. 이것을 대체할 수 있는 것은 없으며, 영원까

> 복음을 설교하는 것과 사람들의 필요를 섬기는 것은 교회의 책임에 있어서 동등하게 진정한 그리고 본질적인 부분이다. 그러나 그 중 하나가 다른 하나를 대체할 수는 없다. 많은 봉사도, 그것이 얼마나 전문적이고 후한 것이었는지에 상관없이, 예수 그리스도를 명백하게 증거하는 것의 대체물이 될 수 없다. 어떤 인간의 행위 그 자체도 세계를 구속하고 우리가 사람들의 눈에 제시해야만 하는 그 한 가지 행위를 대체할 수 없다. 예수의 이름과 동등한 가치를 가진 것은 아무 것도 없다. 이와 같이 만일 청중이 직면하고 있는 문제들에 대해 정직하게, 또 실질적으로 다루고자 하는 의지가 없이 그 이름을 설교하는 것은 공허한 것이 될 것이다. 이러한 연관성을 거부하는 도피적 설교는 하나님 나라에 대한 진정한 증언이 아니다. 우리는 단지 보고자(reporter)가 되어서는 안 될 뿐만 아니라 부활의 표지(sign)가 되어야하는데, 그것은 악의 능력에 대한 승리의 경험을 우리 육체 안에서 살아내는 것을 의미한다. … 말과 행위 간의 진정한 관계는 둘 다 동일한 실재, 즉 성령에 의해 창조되고 그분이 거하시는 새로운 공동체 안에 가시적으로 뿌리 내려야만 한다는 것이다.
>
> —Lesslie Newbigin(1965, 422)

지 이어지는 이 결정보다 더 심오한 결정은 없다.

그러나 복음을 올바로 이해하고 영접하는 것은 이생에서의 개인적, 사회적 차원 둘 다 모두를 변혁으로 이끈다. 우리는 표면적인 회심이나 명목적인 교인이 되는 것으로 만족할 수 없다. 타이트 티에누(Tite Tiénou)는 다음과 같이 주장했다.

전도는 개인화되거나 내면화될 수 없다. 그것은 사회적 효과
를 가진다(Tiénou 1987, 178).

성령에 의해 변화된 삶들은 다른 이들에게 말로써 복음을 나눌 뿐만
아니라, 행동으로도 하나님의 사랑과 가난하고 억눌린 자에 대한 하나님
의 관심을 보여줄 것이다. 죄는 개인적 삶뿐 아니라 공동의 삶에도 영향
을 미쳤고, 그리스도인들은 어떤 형태든지 죄에 대해 저항하도록 부름을
받았다.

**첫째, 복음을 말로 증거하는 것은 사랑의 실제적 표현과 인간의 필요
를 채우는 행동으로부터 분리될 수 없다.**

그렇게 하는 것은 복음의 신뢰성을 격하시키는 것이고 우리가 선포
하는 바로 그 메시지를 삶으로 부인하는 것이 된다. 성경은 이 점에 있어
매우 분명하다. 우리 주님께서는 "이같이 너희 빛이 사람 앞에 비치게 하
여 그들로 너희 착한 행실을 보고 하늘에 계신 너희 아버지께 영광을 돌
리게 하라"(마 5:16)고 우리에게 권고하셨다. 바울은 데살로니가 사람들
과 복음뿐 아니라 그 자신의 삶을 나누었다고 말한다(살전 2:8). 행함이
없는 믿음은 죽은 것이다(약 2:14-26). 하나님의 사랑을 실천하지 않고
사랑에 대해 말하는 것은 위선일 뿐이다(요일 3:17-18).

뉴비긴은 복음 설교와 하나님의 정의를 위한 행동은 거의 분리될 수
없도록 연결되어 있다고 말하고 있다. 왜냐하면,

> 복음의 단순한 논리 그 자체가 거듭해서 [선포를 강조하려는
> 사람들로 하여금] 어쩔 수 없이 교육사업, 환자의 치료, 굶주
> 린 자와 무력한 자를 위한 구제 사업에 참여하게 만들었기 때
> 문이다(Newbigin [1978] 1995, 91-92).

**둘째, 성경은 분명하게 가난한 자들과 억눌린 자들에 대한 하나님의 관심에 대하여 가르치고 있고, 하나님은 자신의 백성이 그러한 관심을 나누기를 기대하신다.**

우리는 여기서 예증적인 구절들을 몇 개만 인용한다. 주님은 공의와 정의를 사랑하신다(예, 시 11:7; 33:5; 36:6; 89:14; 103:6). 모세의 율법의 법령들은 가난한 자, 과부, 고아와 나그네를 보호하고 있다(예, 출 23:1-9; 레 19:9-15). 정의에 어긋나게 행하는 자들은 하나님의 복을 상실할 것이다(예, 신 27:19). 정의의 실행, 억눌린 자를 자유케 하는 것, 굶주린 자를 먹이고 헐벗은 자를 입히는 것은 기도의 응답과 주 안에서 기쁨의 조건이다(사 58:1-14). 선지자들은 반복해서 불의와 가난한 자를 압제하는 것을 규탄했다(예, 암 5:11-12). 성경은 하나님의 백성에게 정의와 긍휼을 위해서 일할 것을 요청하고 있다.

> 가난한 자와 고아를 위하여 판단하며
> 곤란한 자와 빈궁한 자에게 공의를 베풀지며
> 가난한 자와 궁핍한 자를 구원하여
> 악인들의 손에서 건질지니라 하시는도다(시 82:3-4).

> 선행을 배우며
> 정의를 구하며
> 학대받는 자를 도와주며
> 고아를 위하여 신원하며
> 과부를 위하여 변호하라 하셨느니라(사 1:17).

> 사람아 주께서 선한 것이 무엇임을 네게 보이셨나니
> 여호와께서 네게 구하시는 것은

오직 정의를 행하며 인자를 사랑하며
겸손히 네 하나님과 함께 행하는 것이 아니냐(미 6:8).

하나님 아버지 앞에서 정결하고 더러움이 없는 경건은 곧 고아와 과부를 그 환난 중에 돌보고 또 자기를 지켜 세속에 물들지 아니하는 그것이니라(약 1:27).

우리가 이러한 관심을 선교의 과제라 부르든 아니면 단순히 윤리적 명령이라고 부르든, 그리스도인들은 하나님 나라의 표징과 하나님의 성품의 반영으로서 모든 사람을 향한 정의를 위해 일할 뿐만 아니라 사랑과 긍휼을 보여줄 의무가 있다.

**셋째, 비록 영적, 신체적, 심리적, 사회적 필요를 채우는 것은 실제적으로 거의 분리되지 않지만, 영적 필요는 더 큰 무게를 가질 필요가 있다.**

우리는 이에 대한 "전도와 사회적 책임 간의 관계에 대한 국제자문회의"(CRESR)의 선언을 승인한다. 위에서 보여주었듯이, 하나님은 진실로 사람의 전인적 필요에 관심을 가지신다. 그러나 "수직적" 필요와 "수평적" 필요 사이의 구분을 완전히 없애버리려는 시도는 비성경적이며 잘못된 것이다. 예수는 다음과 같이 말씀하셨다.

> 일부 복음주의자들이 말로 선포하는 것(그리스도의 구원을 받아들이라고 사람들을 설득하는 것을 포함하여)을 얕보는 경향은 복음주의자들로 하여금 적극적인 전도(proactive evangelism)의 시급성을 강조하는 데 있어 새로운 도전을 요구하고 있다. 그리고 우선순위를 언급하는 것이 교회로 하여금 새롭게 헌신하는 것을 돕게 될 것이라면, 마땅히 그렇게 해야 할 것이다.
> —Ajith Fernando(2007, 44)

몸은 죽여도 영혼은 능히 죽이지 못하는 자들을 두려워하지 말고 오직 몸과 영혼을 능히 지옥에 멸하실 수 있는 이를 두려워하라(마 10:28).

사람이 만일 온 천하를 얻고도 자기 목숨을 잃으면 무엇이 유익하리요(막 8:36).

로버트슨 맥퀼킨은 다음과 같이 말했다.

만일 지구 상의 모든 사람들이 부유하고 대학 교육을 받으며, 모두 직장을 가지게 되고, 모든 불의와 전쟁이 그치며 완벽한 건강을 누리지만, 하나님으로부터 분리된 채로 있다면, 하나님 아버지 마음은 여전히 깨어진 채로 있을 것이다. 멀리 떨어져 있는 인류에 대한 하나님의 우선순위는 그분 자신과의 화해이다(McQuilkin 1993, 177).

한 사람의 영적 상태(용서와 영원한 삶, 이것과 대비되는 심판과 영원한 정죄)에 대한 성경의 명백하고 반복되는 가르침을 볼 때, 우리는 사람들의 영적 필요와 일시적 필요를 동일한 국면에 놓을 수 없다는 점을 견지해야만 한다.

페르난도는 총체적 선교를 진심으로 지지하지만 총체적 선교를 선호하는 일부 사람들에 의해 선포가 경시당하는 것을 주목한다. 우선순위라는 말을 사용하는 것이 불편함에도 불구하고, 그는 "적극적인 전도에 대한 새로운 헌신"을 요청하고 있다(Fernando 2007, 41).

라민 사네(Lamin Sanneh 2008, 217-42)는 로랜드 알렌(Roland Allen [1912] 1962a)과 빈센트 도노반(Vincent Donovan 1978)의 정신으로 선교

에 대한 사도적 접근으로 돌아갈 것을 설득력 있게 주장하였다. 복음 메시지의 번역하는 것과 그 메시지를 현지 사람들 안에서 역사하시는 성령께 위탁하는 것보다 더 큰 변화를 일으키는 능력은 없다.

사회 개발과 관련하여 최선의 의도를 가진 선교사의 노력이라 할지라도 식민주의의 맛을 약간 날 수 있고 복음에 문화적 얼룩을 물들게 하거나 심지어 복음을 약화시킬 수 있다. 그러나 복음이라는 사자(lion)를 사람들 사이에 풀어놓게 되면 그때는 개인적, 교회적, 공동체적 변화가 극적이고 기대치 않았던 방법으로 일어나게 될 것이다.

**우선순위**(priority)라는 말을 사용하기보다는(보조 자료 6.1에서 보듯이 잠재적인 혼란과 함께), 오히려 궁극성(ultimacy)에 대해 말하는 것이 더욱 유익할 것이다. 그것은 신약성경이 이 세대에 있어서 선교사 과업의 영적 차원에 대해 더 중요성을 두거나, 무게중심을 두고 있음을 표현하는 것이다. 선교의 과제는 인간 필요의 다양성에 호응해야 하겠지만, 영적인 구속과 변혁의 사역은 그 방법과 정신에 있어 독특하게 중심으로 남아있어야 한다.

이러한 이해는 북미 선교단체들의 실천과 통계 숫자에 반영되어 있다. 선교단체의 61.2퍼센트와 선교인력 87.6퍼센트, 예산의 45.1퍼센트가 일차적으로 전도와 제자 훈련에 사용되고 있는 반면, 12.2퍼센트의 선교단체와 4.9퍼센트의 일꾼들, 49.1퍼센트의의 예산이 일차적으로 구호와 개발에 사용되고 있다(Moreau 2007; Jaffarian 2008, 37).

**넷째, 예수와 바울의 사역은 선교를 위한 보완적 패러다임을 제공하고 있다.**

이 두 가지 모델을(만일 **모델**이라는 용어가 적절하다면) 둘로 나누려는 시도는 불필요하다. 예수는 자신의 인격, 긍휼, 겸손한 섬김과 고난에 있어 우리에게 모델이 되신다(요 13:15; 고전 11:1; 엡 5:1-2; 빌 2:5-8; 살전 1:4; 딤전 1:16; 벧전 2:21을 보라). 예수의 선교의 구속적 목표는 교회의 선교의 기초가 되었고, 그리스도의 성육신은 기독교 선교의 특성이 되었다(제4장을 보라).

---

**보조 자료 6.1**
**전도의 우선성에 대해 이해하는 다섯 가지 방법**
(Ronald Sider 1993, 167-68에서 수정)

1. 논리적 질문: 먼저 그리스도인이 되지 않고 그리스도인의 사회적 책임을 가질 수 있는가?
2. 존재론적 질문: 영생으로 인도하는 살아 계신 하나님과의 관계를 갖는 삶만큼 중요한 또 다른 것이 이 세상에 있는가?
3. 소명적 질문: 다양한 은사와 소명을 받은 그리스도인들이 있기에 그들이 자신들의 시간을 매우 다양한 방법으로 적절하게 분배하는 것이 아닌가?
4. 시간적 질문: 당면한 사건(예, 큰 홍수)은 한 사람이 특정한 상황에서 무엇을 먼저 해야 하는 것에 영향을 주지 않겠는가?
5. 자원과 관련한 질문: 부족한 시간, 인력, 그리고 재정적 자원을 어떻게 분배해야 하는가?

---

◆ **성찰과 토의** ◆
① 위에 언급된 다양한 점들을 뒷받침할 성경적 가르침이나 예증에는 무엇이 있는가?
② 전도가 사회적 책임보다 우선순위를 차지하여야 할 상황을 설명해보라.
③ 사회적 책임이 전도보다 우선순위를 차지하여야 할 상황을 설명해보라.

---

그러나 예수의 사역은 그것의 구원사적 상황 속에서 이해되어야만 하는데, 여기에는 의도적인 이방인 선교가 포함되지 않았다(제2장을 보라). 이방인 선교는 오순절 성령 강림 이후 사도들에 의해 실현되는데, 특별히 사도 바울의 사역을 통해 예증되었다. 따라서 우리는 두 가지 패러다임을 보완적으로 보아야만 하는데, 즉 예수는 선교의 특성을 보여주셨고, 바울은 성령의 시대에 있어서의 열방 선교를 보여준 것이다.

누가복음 4:18-19은 예수의 선교의 이해에 대한 중심 구절임에 틀림없다. 그분이 오심으로 하나님 나라가 역사 속으로 뚫고 들어왔고, 하나님 나라는 궁극적으로 인생의 모든 측면에 해방을 가져다준다. 이것은 예수께서 말 그대로 갇힌 자를 자유케 하지 않았고, 그를 정치적 해방자로 만들려는 시도들을 거절했음(예, 요 6:15)에도 불구하고 예수의 지상 사역 표징들을 통해 나타났다. 많은 신약신학자들은 누가복음 4:18의 "가난한 자"는 은유적으로 "경건한 가난한 자" 혹은 "마음이 가난한 자"로 보아야 가장 잘 이해한 것이라 주장한다(Köstenberger and O'Brien 2001, 115-18과 J. B. Green 1994를 보라). 그러나 만일 교회가 하나님 나라의 표징으로 살아야 한다면, 인간 고통과 죄의 모든 측면으로부터의 해방에 주의를 기울이는 것을 소홀히 할 수 없다.

요한복음 20:21을 교회 선교의 보다 핵심적 표현이 되도록 선택할 수 있지만 그것을 누가복음 4:18-19과만 배타적으로 연결시키는 것은 불완전하다. 우리의 요한복음 20:21에 대한 이해는 또한 예수의 다른 말씀들과 사도행전에 나오는 사도들을 보내는 예에 의해서도 해석되어야만 한다. 바울이 보여준 것처럼 개척 전도사역과 교회 설립사역은 가장 두드러진 선교사역이었다. 그러나 우리는 바울의 자신의 사역에 대해서 말하기를, "하나님의 복음으로만 아니라 우리 목숨까지" 나누었다고 한 사실을 간과해서는 안 된다(살전 2:8). 바울의 "심는 사역"은 아볼로와 같은 동역자들의 "물을 주는 사역들"로 보충되었다(예, 고전 3:6).

**다섯째, 교회는 하나님 나라의 표징이 되어야만 하지만, 하나님 나라를 이 세상에서의 어떤 좋은 일들과 동일시하는 것은 잘못된 것이다.**

하나님 나라는 하나님의 평화, 정의, 긍휼의 다스림과 죄의 모든 결과로부터의 구속으로 특징지어진다.

정치적 행동을 위한 위원회들, 적십자사, 그 밖의 다른 비신앙적 구호단체, 박애주의적 개발단체들은 가치가 있고 좋은 동기를 가지고 있다. 인간 정부는 정의를 세우기 위해 의도된 하나님의 선물이다(롬 13:1-7).

이러한 모든 노력들은 세상을 더 좋은 곳으로 만드는 데 기여할 것이며, 그리스도인들은 이를 지지해야 할 것이다.

그러나 이들을 하나님 나라와 혼동해서는 안된다. 분명히 하나님은 바벨론과 같이 악한 국가들도 자신의 목적을 위해 사용하실 수 있고 또 사용하셨다(합 1:5-11). 그러나 불신자나 세속기관들이 심지어 그들이 좋은 일을 했을 때조차도 하나님 나라에 어떤 기여를 했다거나 참여했다고 말한 곳은 성경 어디에도 없다. 고통을 경감시키고 정의를 세우는 것은 중요하지만, 하나님 나라의 본질은 그것을 훨씬 초월하는 것이다.

> 하나님 나라는 먹는 것과 마시는 것이 아니요 오직 성령 안에서 의와 평강과 희락이라(롬 14:17).

하나님 나라의 삶과 그 공동체는 단지 가난한 자들과 억눌린 자들에 대한 관심만으로 특징지어지지는 않는다. 그것은 많은 방법을 통해 개인적 의로움으로도 나타난다.

> 불의한 자가 하나님 나라를 유업으로 받지 못할 줄을 알지 못하느냐 미혹을 받지 말라 음행하는 자나 우상숭배하는 자나 간음하는 자나 탐색하는 자나 술 취하는 자나 후욕하는 자나 토색하는 자들은 하나님 나라를 유업으로 받지 못하리라 (고전 6:9-10).

예수는 다음과 같이 말씀하셨다.

> 그러나 내가 하나님의 성령을 힘입어 귀신을 쫓아내는 것이면 하나님 나라가 이미 너희에게 임하였느니라(마12:28).

이러한 구절들은 하나님 나라와 선교를 토론하는데 있어 자주 간과되는 것들이다.

하나님 나라의 사회적 차원은 인간정부나 단체를 통하여 이 세대 안에서는 덜 실현되고, 하나님께서 그의 백성을 변화시키는 교회의 삶 속에서 더 잘 나타난다. 교회가 하나님 나라 자체는 아니지만, 다가올 하나님 나라의 표징이 되어야 한다. 교회가 하나님의 통치 아래 살게 될 때, 이 세상에서 사랑, 소금, 빛의 공동체가 되어 좋은 소식을 전하며, 긍휼을 나타내고, 정의를 옹호하며, 선한 일을 하게 된다. 그러나 하나님 나라가 완전히 실현되는 것은 그리스도의 재림 때 완성될 것이다.

성경 자체가 **선교**라는 용어를 정확하게 정의내리고 있지 않기 때문에, 계속되는 토론 속에서 우리는 겸손하고 아량을 베풀어야만 한다. 성경은 전도, 구원, 의와 같은 용어들은 정의를 내리지만, 선교와 같은 용어는 성경에서 발견되지 않는다. 문제는 다음과 같은 것이다.

선교사역의 과업은 교회가 모든 민족들에게 복음을 전달해야 한다는 명령의 입장에서 일차적으로 정의되는가?

아니면 선교사역의 과업은 교회가 세상과의 관계 속에서 행하여야만 하는 모든 것이라는 관점에서 보다 폭넓게 정의되어야만 하는가?

로잔 언약이 주장하듯이 전도와 사회적 행동은 둘 다 그리스도인의 의무이다. 계속되는 논의는 복음을 위하여 은혜, 겸손, 일치의 정신으로 두 가지 책무와 관련한 성경적 가르침에 초점을 맞추어야 할 것이다.

## 2. 두 가지 명령과 선교사역의 과업

세상에서의 교회의 책임에 대한 이해에 접근하는 한 가지 방식은 두 가지 명령의 관점, 즉 창조명령(creation mandate)과 복음명령(gospel mandate)

의 관점에서 보는 것이다(표 6.1을 보라). 이러한 접근의 근원은 칼빈과 루터와 같은 종교개혁가들에게까지 올라간다. 조나단 에드워즈(Jonathan Edwards, 1703-58)는 구속에는 두 가지 측면이 있다고 주장했다.

"첫째, 개인 회심, 성화, 그리고 영화의 측면이다.

둘째, 창조, 역사(history), 섭리의 측면이다(Chaney 1976, 217을 보라)."

조지 W. 피터스(George W. Peters 1972, 166-71), 에드워드 C. 펜티코스트(Edward C. Pentecost 1982, 37-51), 피터 와그너(Peter Wagner 1981, 12-14), 에르하르트 베르네부르크(Erhard Berneburg 1997, 261-67) 같은 다양한 선교학자들은 두 개의 명령의 개념을 사회적 행동과 전도의 두 가지 책무 간의 관계를 묘사하는 데 사용하였다. 그 개념은 또한 문화신학(Hegeman 2004)과 정치신학(Marshall 1985)에 적용되었다.

이 세상에서의 교회의 책임을 두 가지 명령의 관점에서 틀을 잡는 것은, 인간의 삶과 창조의 총체성에 대한 하나님의 관심을 표현하는 포괄적인 방법이다. 앞에서 언급된 논쟁은 영혼을 구원하는 전도와, 가난과 압제를 경감시키는 사회적 행동과 같은 특별한 행동들에 초점을 맞추는 경향이 있다.

### 1) 창조명령

창조명령은 문화명령(cultural mandate) 혹은 사회명령(social mandate)이라고도 일컬어진다. 창조명령은 모든 사람들에게 적용되는 것으로서 인간의 삶과 문화를 향한 신적 의도를 묘사하고 있다. 그것은 창세기 1:26-31에 묘사되어 있는 창조 질서에 근거를 두고 있다. 아서 글라서의 말은 다음과 같이 말했다.

인간 실존의 총체성과 물질적 세상은 문화명령의 관심 안에 있다(Glasser et al. 2003, 39).

모든 사람은 하나님의 형상을 따라 창조되었고, 따라서 얼마나 타락했는지 아니면 손상을 입었는지와 관계없이 존엄성과 가치를 지니고 있다. 생명은 신성한 것이다. 노동은 선한 것이다. 인류는 창조 세계를 다스리고 환경의 청지기가 될 권위를 부여받았다. 가족의 삶은 자녀 생산과 인간관계를 위한 가장 근본적인 사회 구조이다.

창조명령의 가장 본질적인 요소들은 타락 이전에 세워졌다. 그러나 타락한 세상에서 인간정부는, 그 중에서도 사회적 삶의 질서, 인간 기본 권리 보호, 인간 죄성의 파괴적인 결과를 제어하기 위해 필요하게 되었다(롬 13:1-7; 벧전 2:13-14). 모든 사회들은 자녀를 양육하고, 약자를 돌보고, 노인들을 공경하며, 자신들의 일을 통제하고, 위기를 대처하는 방법들을 가지고 있다. 또한 모든 사회들은 어떤 형태의 창조적 표현을 가지고 있는데, 거기에는 미술, 음악, 춤, 예식, 구전, 문학과 같은 것들이 있다.

표 6.1 인간 삶의 총체성에 대한 하나님의 관심

| | 창조명령 | 복음명령 |
|---|---|---|
| 명령의 대상 | 모든 인류(그리스도인과 비그리스도인) | 그리스도인과 교회 |
| 명령의 목적 | 질서 있고 정의로운 사회 속에서의 인간 복지 제공 | 하나님과 회복된 관계와 인생 모든 분야에 있는 죄의 영향들로부터의 자유 제공 |
| 적용 범위 | 인간 존엄성, 가족, 정부, 환경의 청지기, 가난한 자와 약자를 돌보는 것, 창조적 표현 | 영적 생활, 수직적 및 수평적 화해, 인생의 모든 측면들을 왕의 주권 아래로 가져오는 것 |
| 주된 성경적 근거 | 창 1–2장; 출 20:1–17; 렘 29:7; 미 6:8; 롬 13장; 갈 6:10; 벧전 2:13–14 | 마 28:19–20; 행 1:8; 엡 2장 |
| 실행 조직 | 국가, 기관들, 활동집단들, 박애주의 및 개발기구들, 소금과 빛으로서의 교회 | 교회, 선교단체들 |
| 전형적 행동 | 사회적 행동, 병원, 학교, 구제 노력, 경제개발, 가정 옹호, 환경보호 등 | 전도, 제자도, 교회 개척, 모든 족속을 위한 타문화 선교 |
| 하나님의 공급 | 일반은총, 일반계시 | 특별은총, 특별계시, 성령의 능력 |
| 이 세대에서의 완수 | 부분적, 불완전 | 도래할 나라의 표징으로서 부분적 |

두 가지 명령은 하나님께서 자신의 나라를 땅 위에 완성하실 때 완전하게 성취될 것이다(계 21장).

하나님의 창조 질서는 이러한 다양한 관계들이 구성되는 방법에 있어 획일성을 요구하지 않는다. 그러나 창조 질서는 인간의 존엄성 보호, 환경의 청지기 직분, 정의와 긍휼과 같이 근본이 되는 윤리적 가치들을 유지할 것을 요구하고 있다. 십계명은 모든 사람들의 복지에 있어 필수적인 창조윤리의 가장 근본적인 선언으로 간주될 수 있다(Berneburg 1997, 268).

모든 인류의 죄된 상태로 인해, 모든 사회들은 타락했고 인간의 성취, 문화, 정부를 위한 하나님의 의도에 미치지 못한다. 그리스도인들은 언젠가 하나님의 통치가 모든 창조 세계를 회복시킬 것이라는 소망을 가지고 살아간다. 그때에는 이러한 모든 가치들과 관계들이 창조명령과 완벽하게 맞아들어가게 될 것이다. 그러나 이 세대에 있어 그리스도인들은 하나님의 은혜가 기회를 제공하는 대로 그러한 소망을 실현하기 위하여 일하고 있다.

창조명령은 모든 사람들에게 주어졌지만, 특별히 하나님의 백성은 창조명령의 완성을 향하여 나가도록 이끄는 책임을 가지고 있다.

> 문화명령은 그리스도인들이 인류 복지를 도모하기 위한 사회정의와 치유, 긍휼 사역을 포함한 인간사회 안에서의 책임있는 참여를 요청하고 있다(Bassham 1979, 343).

크리스토퍼 라이트(Wright, 2006)가 철저하게 보여주었듯이, 구약의 하나님의 백성인 이스라엘은 세상 나라들 가운데 정의와 하나님의 통치를 영적, 사회, 경제적으로 나타내야 했다.

오늘날 교회는 창조명령을 성취하고, 인간 존엄성, 가족, 정의로운 정부, 환경의 청지기, 창조적 표현과 같은 가치들을 구현하고 지지하는 하나님 나라의 살아있는 표징으로 부름 받았다. 이 명령에는 국내 혹은 국외를 막론하고, 선교사 혹은 지역 신자로서, 이주자든 혹은 시민이든 상관없이 모든 인류를 위해 이러한 가치들을 옹호하는 것을 포함한다(Kirk 2000, 164-83; Langmead 2002; C. J. H. Wright 2006, 397-420; Walls and Ross 2008, xiv and 84-104; 개관을 위해서는 Effa 2008을 보라).

간단히 말하면, 창조명령은 그리스도인과 비그리스도인 모두에 있어 삶의 전 영역, 즉 개인적, 가족적, 사회적, 시민적 삶 안에서의 윤리적 책무를 나타내고 있다. 그것은 생의 전 영역을 향한 하나님의 관심을 반영한다. 그것은 구약성경의 사회 윤리에서 표명되며, 대 계명(Great Commandment)의 두 번째 절반인 "네 이웃을 네 몸과 같이 사랑하라"(마 23:39b)는 말씀으로 요약된다.

이 계명은 선한 사마리아인의 비유(눅 10:29-37)에서 예시되듯이, 이웃의 종교, 사회적 위치, 또는 민족적 배경에 개의치 말고 실행하라고 주어진 것이다. 그러나 창조명령의 성취를 하나님 나라의 실현과 혼동하여서 하나님 나라를 하나님과의 화목 및 그리스도의 주권을 포함하지 않을 정도로까지 확장시켜서는 안 된다(Berneburg 1997, 275-78).

### 2) 복음명령

한편 복음명령은 그리스도인들에게만 주어졌다. 복음명령은 종종 영적 명령, 새로운 창조명령, 혹은 구속명령(redemptive mandate)이라고도 일컬어진다. 이 명령은 지상명령에 의해 가장 잘 요약된다.

> 그러므로 너희는 가서 모든 족속으로 제자를 삼아 아버지와 아들과 성령의 이름으로 세례를 주고 내가 너희에게 분부한 모든 것을 가르쳐 지키게 하라(마 28:19-20a).

복음명령은 인간 고통과 창조명령 실패의 궁극적 근원인 하나님과의 깨어진 관계를 다루고 있다.

복음명령은 단순한 전도나 교회 개척보다 더 포괄적이다. 그것은 그리스도 안에서 성취된 하나님의 구속하시는 사역의 충만을 대표한다. 구원의 메시지를 가져옴으로써, 복음명령은 하나님과의 회복된 관계를 제공한다. 죄와 죽음, 사탄의 능력은 분쇄되었다. 중생을 통해 하나님의 형상이 우리 안에 새롭게 됨에 따라 우리의 진정한 인간성은 회복된다. 이것이 대 계명(Great Commandment)의 첫 번째 절반을 가능하게 만든다.

> 네 마음을 다하고 목숨을 다하고 뜻을 다하여 주 너의 하나님을 사랑하라(마 22:37).

복음명령을 수행하는 행동들은 전도, 제자도, 교회 개척, 타문화 선교, 교회 안에서와 신자들의 삶 속에서 하나님 나라의 가치를 실현하는 것을 포함한다. 이러한 것들은 인간 관계 전 차원에 영향을 미친다. 인도주의적 또는 박애주의적 일은 그것이 앞에 언급된 행동들과 명백하게 연결될 때 복음명령 아래 놓일 수 있다. 나아가 복음명령은 교회로 하여금 이 메시지를 모든 나라 안에 있는 모든 계급의 모든 사람들에게 가져다 줄 것을 요청한다. 우리는 초대 교회와 사도들의 예를 볼 수 있는데, 그들은 위대한 열정에 사로잡혀 이 명령을 수행하기 위해 커다란 희생을 지불하면서 땅 끝까지 복음을 가져갔고 그 메시지를 받아들이는 곳마다 하나님 나라의 공동체들을 개척했다.

## 3. 창조와 복음명령 사이의 관계

해럴드 매어(Harold Mare)같은 사람들은 복음명령이 창조명령보다 우선순위를 가지고 있다고 본다(Mare 1973). 글라서는 두 가지 명령이 구별되지만, 예수께서 하나님 나라를 시작하심에 따라 하나의 근본적 과업으로 융합된다고 보고 있다(Glasser et al. 2003, 39). 썬데이 아익베(Sunday Aigbe)는 세 번째 "예언적 명령"을 추가시키는데 그것은 "사회와 국가의 모든 차원에 비판적으로 도전하고," 또한 "활기찬 힘을 만들어내며 문화적 그리고 복음적 명령을 위한 특징적 요소(parameter)를 제공하는"(Aigbe 1991, 38, 40) 것이다. 그러나 다른 이들은 교회의 책무를 두 가지(혹은 더 많은) 명령으로 묘사하는 것에 대해 전적으로 반대한다. 보쉬는 다음과 같이 말했다.

> 선교를 두 개의 분리된 요소들로 구성된 것으로 보는 순간, 원칙적으로 두 가지가 각각 독자성을 가지고 있다는 것을 인정하는 것이다. 또한 그것은 사회적인 차원이 없는 복음을 갖는 것이 가능하며, 복음적인 차원 없는 그리스도인의 사회적 행동을 갖는 것이 가능하다고 암시하고 있다. 더 나아가서 한 요소가 주된 것이며, 또 다른 하나는 이차적인 것이라고 제안한다면 그것은 하나는 본질적인 것이며, 또 다른 하나는 선택적인 것이라는 사실을 내포한다(D. J. Bosch 1991, 405).

실제로 그리스도인의 삶과 책무를 이분화시킬 수 없다는 정서가 존재한다. 복음 메시지는 단지 개인 구원만이 아니라 사회적 책임을 수반하는 변화된 관계와 가치에 대한 소망을 포함하고 있다. 두 가지 명령은 서로에게 귀속되어있다. 어떤 것도 선택 사항이 아니다. 그러나 몇 가지 이유에서 명령들 사이의 구분을 두는 것이 효율적이다.

첫째, 두 가지 명령은 매우 다른 종류의 행동과 관심들을 대표한다. 그것들은 인간 경험과 필요의 두 가지 차원을 대표하고 있다. 두 가지를 구분하는 것은 교회로 하여금 각각의 구별되는 목적을 모호하게 만들지 않으면서 양쪽 모두에 참여하도록 한다. 사이더가 다음과 같이 올바로 관찰했다.

> 사실 많은 전도적 프로그램들(예를 들어, 학생 전도나 빌리 그래함 집회)이 매우 적은 직접적인 사회적 행동을 포함하고 있다. 비슷하게, 매우 좋은 많은 사회적 행동프로그램(예를 들어, 가난한 자들을 위한 "세상을 위한 빵"(Bread for the World)이 벌이는 뛰어난 정치적 활동)은 매우 적은 직접 전도 의도를 가지고 있다. 이러한 프로그램들이 둘 다를 하고 있지 않다고 해서 잘못된 것은 아니다(Sider 1993, 170).

창조명령이 그리스도의 이름으로 그리스도인들에 의해 삶 속에서 수행되지만, 긍휼을 베푸는 것은 전도를 위한 "미끼"가 아니다. 사이더는 다음과 같이 주장했다.

> 사회에 대한 관심은 정당성을 갖기 위한 선행 전도(pre-evangelism)가 될 필요가 없다. 우리가 가진 창조 교리는 모든 사람들이 이 땅에서 사는 동안 창조자의 혜택을 누리는 것이 좋은 것이라고 말한다. … 하나님이 사람들의 신앙이나 불신앙과 상관없이 창조의 선한 선물을 계속 쏟아 부어주고 계시다면, 그리스도인들 또한 모든 사람들의 신체적, 사회적, 경제적, 정치적 복지를 위해 일해야만 한다. 이러한 과업들은 단순히 창조의 기반 위에서 타당하고 중요하다(Sider 1993, 142-3).

둘째, 두 명령의 구분을 유지하는 것은 어떤 측면도 교회의 전체적인 책임 안에서 무시되어서는 안된다는 것을 확실하게 만든다.

협의회 선교 안에서는 사회적 책임이 전도를 약화시키거나 재정의하도록 만드는 경향이 있어왔고, 복음주의 진영에서는 창조명령이 빈번히 복음명령의 도구로 잘못 축소되어 왔다.

우리는 초대 교회가 대체적으로 두 가지 명령에 호응하는 두 개의 분리된 구조를 창출했다는 것을 발견한다. "기도와 말씀의 사역"의 책임을 지는 사도들과 장로들, 그리고 과부들에게 제공하는 "식탁 봉사"를 하는 집사들이 있었다(행 6:1-6). 구분을 유지하는 것은 양쪽의 순전성을 보존하고, 책임의 위임을 허용하며, 각각의 명령을 수행하기 위해 필요한 다른 도전, 자원, 은사들을 분별하도록 돕는다.

셋째, 복음명령의 수행은 창조명령의 올바른 수행에 있어 논리적이고 실질적인 조건이다.

하나님과 화목되고 성령의 능력을 부여받고, 하나님 나라의 가치를 살아내는 사람들만이 사회 속에서 소금과 빛이 될 것이며 창조명령을 올바로 구현할 수 있을 것이다.

넷째, 명령들 사이에 구분을 유지하는 것은 또한 우리로 하여금 인류의 모든 구성원들에게 주어진 책무(창조명령)와 교회의 독특한 책무(복음명령)를 구분하도록 도움을 준다.

그리스도인들은 인류의 구성원이며 교회의 구성원으로서 양쪽 모두의 책무를 지닌다. 비그리스도인과 그리스도인들은 정의롭고 공정한 법률 체계를 위해 투쟁하거나 재난 구조 노력을 하는 데 있어 똑같이 협력할 수 있다.

그러나 오로지 그리스도인들만이 예수 그리스도 안에 있는 하나님의 은혜를 알고 있다. 오로지 그들만이 이 메시지를 세상에 가져다 줄 것이다. 복음명령은 우리가 단지 빵으로만 사는 것이 아니라 하나님의 입으로 나오는 모든 말씀으로 산다는 것(마 4:4)과 우리의 궁극적인 소망은 이 세상에 있지 않음(고전 15:19; 골 1:5; 딛 3:7)을 우리에게 상기시킨다.

우리가 비록 두 가지 명령들 사이의 구분을 유지하지만, 그 두 개는 서로 얽혀있으며 실제적인 행위 안에서 거의 분리되어서는 안된다. 그것들은 공생하며 상호 의존하고 있다(도형 6.1을 보라).

도형 6.1  두 가지 명령의 상호 의존적 관계

복음명령을 수행하는 것은 하나님의 사랑과 가치에 따른 더 깊은 차원의 창조명령을 수행하도록 이끈다.

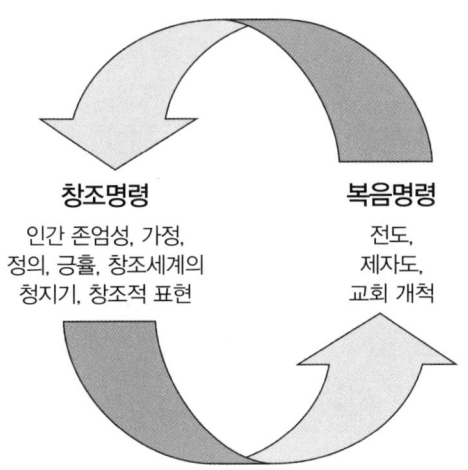

창조명령
인간 존엄성, 가정, 정의, 긍휼, 창조세계의 청지기, 창조적 표현

복음명령
전도, 제자도, 교회 개척

창조명령을 수행하는 것은 하나님 사랑의 표현으로서 의 복음명령을 신빙성 있게 수행하도록 이끈다.

창조명령의 수행은 하나님의 사랑을 진정으로 표현하기 위해 필요하다. 그것은 복음명령의 수행에 신뢰성을 제공한다. "전도와 사회적 책임 간의 관계에 대한 국제자문회의"(CRESR) 선언에서 묘사되고 있듯이, 창조명령은 복음명령의 준비, 동반자, 열매가 될 수 있다.

한편 복음명령의 수행은 창조명령을 수행할 수 있는 힘을 불러일으킨다. 사람들은 그리스도 안에서 하나님의 사랑의 능력과 성령의 변화를 경험한다. 하나님의 사랑은 창조명령을 수행하기 위한 동기가 되며 하나님의 계시는 그것을 위한 가치들을 제공한다.

창조명령은 하나님과의 관계가 회복될 때라야만 올바로 수행될 수 있다. 복음명령은 그리스도인들이 회복된 창조 질서, 즉 사랑, 긍휼, 정의에 근거한 질서가 어떤 것인지를 삶으로 보여주게 될 때라야만 올바로 수행될 수 있다. 양쪽 모두는 책무이며, 양쪽 모두가 필요하다. 하나는 보다 일반적인 윤리적 특성을 가졌고, 다른 하나는 보다 명백하게 영적인 특성을 가졌다.

## 4. 두 가지 명령과 선교

어떻게 두 가지 명령이 선교사역의 과업과 연관을 맺는가?

4장의 선교의 목적에 대한 정의로 돌아가면, 선교는 모든 민족과 나라들로부터 타락한 사람들을 하나님의 영광을 위하여 그분 자신과 화해시키고 그분의 나라로 이끌어 들일 목적으로 보내시는 하나님의 행위이다.

따라서 두 가지 명령을 수행하는 것이 모두 다 선교사역의 과업에 포함되지만 복음명령이 몇 가지 이유에서 더욱 근본적이다.

첫째, 위에서 언급했듯이, 창조명령은 하나님과의 화해를 통해서만이 가장 깊은 차원에서 성취된다. 그리스도의 구속 사역은 개인 구원과 교회를 넘어 사회질서에 영향을 준다.

둘째, 오로지 교회만이 복음명령을 받았다.

셋째, 그리스도는 자신을 따르는 사람들을 단지 선한 일을 하라고 세상에 보내신 것이 아니라 명백하게 그분의 증인이 되고 제자들을 삼으라고 보내셨다. 따라서 좋은 시민이 되고 굶주린 자들을 먹이는 것과 같은 윤리적 책무들은 그 자체만으로는 선교사역의 과업이라고 정당하게 간주될 수 없다.

창조명령은 교회의 삶과 증언에 필수적이지만 그 자체가 선교사역의 과업은 아니다(Peters 1972, 170-71을 보라).

예수는 병든 자를 치유하시고, 주린 자를 먹이시고, 사람들의 일시적인 필요들을 돌아보셨다(창조명령의 측면들). 이러한 행동들은 다가오는 하나님 나라의 표징들이었다. 그러나 십자가 위에서 구속 사역은 다가오는 하나님 나라에 있어 근본적인 것이었고, 그것 없이는 하나님 나라는 이루어지지 않을 것이었다.

마찬가지로, 교회의 가장 핵심 소명은 세상이 할 수 없는 것을 하라는 명령인데, 그것은 구원과 하나님과의 화목의 메시지를 선포하고, 인생을 변화시키고, 만물을 새롭게 만드는 부활하신 그리스도의 능력의 증인이 되고, 이 세상에 속하지 않은 하나님 나라의 표징이 되는 것이다.

라이트는 그리스도의 십자가가 "우리 선교의 불가피한 중심"(C. J. H. Wright 2006, 314)이라고 올바로 말했는데, 왜냐하면 우리가 직면하는 어떤 형태의 악, 즉 영적, 사회적, 경제적, 신체적, 정신적 악이라도 무장해제시키고, 사탄을 패배시키며, 죄악된 인간을 변화시키는 것이 바로 십자가의 능력이며, 십자가는 다가오는 의와 영광의 나라의 기초이기 때문이다. 따라서 십자가는 두 가지 명령 모두의 중심이다. 하지만 십자가의 메시지는 복음명령의 수행을 통해서만 명백해지고 그 능력이 드러나게 된다.

## 5. 선교의 과업에 대한 정의 내리기

앞선 토론에서 선교사역의 과업을 정당하게 묘사할 수 있는 다양한 주제들이 부상하였는데, 거기에는 선포와 회심, 교회 개척과 성장, 인간화와 해방 같은 것들이 있었다. 우리는 그런 모든 것들이 그리스도인의 책무이지만 영적 차원, 즉 복음명령이 교회의 선교의 가장 근본적이고 중심적인 것이라고 결론을 맺었다.

우리는 이러한 다양한 주제들을 통합하는 선교사역의 과업에 대한 다음의 정의를 제안하고자 한다.

> 선교사역의 과업은 지상의 모든 민족들 가운데 하나님 나라 공동체들(kingdom communities)을 창설하고 확장시키는 것이다.

이러한 정의는 첫 눈에 보기에 교회 개척 및 성장과 차이가 없어 보일 것이다.

그러나 교회를 "하나님 나라 공동체"로 묘사함으로 이 정의는 조금 더 멀리 나가는데 왜냐하면 하나님 나라 공동체는 복음명령과 창조명령 둘 다를 수행하기 때문이다. 이러한 정의는 복음주의적 확신을 반영할 뿐 아니라 "선교와 전도: 에큐메니즘적 확언"(Mission and Evangelism: An Ecumenical Affirmation)이라는 세계교회협의회(WCC) 문서 안에 나타난 정서와도 조화가 되는데, 이 문서는 다음과 같이 말하고 있다.

> 씨를 뿌리는 이러한 과업은 모든 인간 공동체 안에 하나님 나라의 세포, 즉 예수 그리스도를 고백하며 그분의 이름으로 그분의 백성을 섬기는 교회가 존재할 때까지 계속될 필요가 있다 (WCC 1982, §25).

하나님 나라 공동체들은 공식적인 종교기관이라기보다는 온전한 성경적 의미에서 자신들의 신앙을 구현해내기를 추구하는 예수 그리스도의 제자들의 헌신된 교제권이다. 그들은 십자가 위에서의 그리스도의 구원하시는 사역에 의해 구속받은 사람들의 공동체들로서, 그리스도가 중심인 하나의 복음에 대한 믿음을 가지고 있다. 그들은 개인과 공동체 삶 모든 영역에서 왕이신 예수의 주권을 점점 더 많이 경험하고 있다.

하나님 나라 공동체들로서 그들은 그 나라의 표징들로 살며, 다가오는 하나님 나라를 소망하고, 진리, 의로움, 정의, 화해의 목소리로서 그들이 영향을 미칠 수 있는 어디서든지 하나님 나라의 가치를 옹호한다. 하나님 나라 공동체들은 건물, 안수 받은 성직자, 세세한 행정체제 및 교리적 선언과 같은 조직된 교회로서의 공적인 요소들을 갖추거나 갖추지 않을 수 있다.

그러나 그들은 하나님의 말씀을 따라 성령의 능력 안에서 왕을 기쁘게 섬기는 데 헌신한 교제권이다. 그들은 다음과 같은 세 개의 차원을 가진 회중이다(도형 6.2를 보라).

도형 6.2 하나님 나라 공동체의 세 가지 차원들

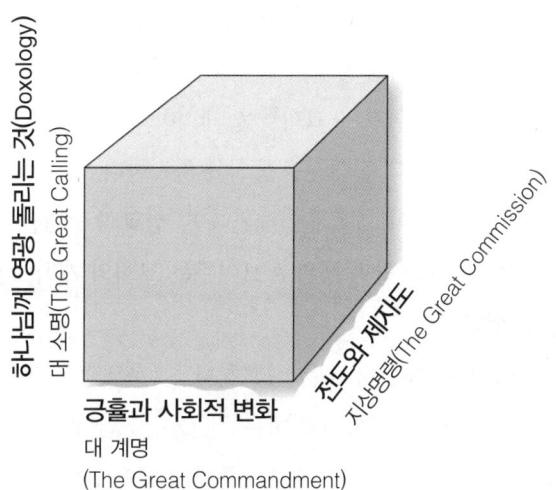

- 하나님께 영광 돌리는 것(Doxology)-대 소명(Great Calling)

- 전도와 제자도—지상명령(Great Commission)
- 긍휼과 사회적 변화—대 계명(Great Commandment)

일차원적 입방체가 없는 것처럼, 하나님 나라의 참된 공동체들 역시 다른 두 개의 차원이 없이 한 차원만을 가질 수 없다. 동시에 세 개의 차원들이 각각 특색을 가지며 그 자체로 중요하다. 그러나 입방체는 전체로 하나를 형성하는데, 각 차원은 분리될 수 없이 다른 것들에 영향을 준다.

단순히 이러한 공동체가 **존재하는 것**이 교회의 선교(mission, 단수)로 간주될 수는 있겠지만, 선교사역의 과업은 아니다. 오히려 선교사역(missions, 복수)의 과업은 이 세상의 **모든** 민족들 가운데 이러한 공동체들을 **생성**하고 **확장**시키는 것이다. 열방들은 이러한 선교사역의 과업의 전망에 포함되는데, 왜냐하면 하나님 나라 공동체들은 이 땅의 모든 민족들 가운데 심겨져야 하기 때문이다. 그것들이 하나님 나라의 공동체이기에, 하나님 나라는 선교의 중심으로 남아있다. 교회는 이 세대에 하나님 나라를 진전시키는 가장 중요한 도구로 남아있기에 모든 민족들 가운데 하나님 나라 공동체들로서 교회들을 개척하고 확장하는 것은 선교사역의 과업을 정의하는 데 절대적인 중심을 차지한다.

선교사역의 과업이 그렇게 이해된다면, **선교의 방법들은 전도와 제자도, 하나님의 통치를 말과 행위로 보여주는 교회의 개척, 성장, 증식으로 정의될 수 있다.**

"말과 행위"에 대한 강조는 중요하다. 복음명령은 "말로 하는 것"을 강조한다. 창조명령은 "행위로 하는 것"을 강조한다. 둘 다 하나님 나라의 핵심인 하나님의 통치에 대한 복종과 회복을 보여준다. 삼차원적 하나님 나라 공동체를 창설하는 것은 선교 과업이 지속적으로 **세 개의 모든 차원들**을 나타내보이도록 의도적으로 이루어져야 한다는 것을 의미한다. 상황과 필요에 따라 강조점들은 달라질 수 있지만, 어떤 차원도 이러한 공동체를 창설하는 과정에서 무시될 수 없다.

하나님 나라 공동체의 이러한 세 개의 차원들을 간략하게 점검하고 복음명령의 중심성을 유지하는 동시에 어떻게 그것들이 총체적 방법으로 선교의 다양한 성경적 관심과 통합되는지를 찾아보도록 하자.

### 1) 전도와 제자도-지상명령

여기서 복음명령은 선교사 과업의 근본을 이룬다. 복음을 선포하고, 제자를 삼으며, 이러한 신자들을 공동체로 모아서 그 회원들이 서로에게와 하나님께 헌신하도록 하는 것은 다른 것들보다 근본적인 것이다. 이것은 마태복음에 나타난 지상명령을 반영한다.

> 그러므로 너희는 가서 모든 족속으로 제자를 삼아 아버지와 아들과 성령의 이름으로 세례를 주고 내가 너희에게 분부한 모든 것을 가르쳐 지키게 하라(마 28:19-20a).

이것은 복음명령이다. 선교사역은 여기서 시작되어야만 하고, 그렇지 않으면 시작된 것이 아니다.

전도와 제자 훈련, 교회 개척, 즉 지상명령을 통해서만 진실로 대 계명을 살아낼 수 있다. 대 계명은 하나님을 마음과 목숨과 뜻을 다하여 사랑하라는 요청으로 시작하고, 거기로부터 이웃을 향한 사랑이 흘러나온다(마 22:37-39). 오직 우리가 먼저 하나님의 사랑을 경험할 때 하나님과 다른 이들을 사랑할 수 있다(요일 4:19). 오직 회개와 어린 아이 같은 믿음을 통하여 하나님 나라에 들어갈 때라야만 신자들은 새롭게 태어날 수 있고, 하나님 나라 백성의 삶을 살 수 있다. 창조자와 화해를 통해서만 신자 공동체 안에서 창조명령이 실현될 수 있고 더 큰 사회 속에서 올바로 옹호될 수 있다. 왕이신 하나님의 주권에 헌신한 공동체들만이 이 세대 속에서 하나님 나라의 표징이 될 수 있다.

여기에 선교의 핵심이 존재한다. 잃어버린 자들을 찾아 구원하시고 죄와 사탄으로부터 자유케 하시는 하나님의 깊은 긍휼. 오직 여기에 죄악된 사람들이 죄 사함을 경험하고, 하나님과의 평화를 누리며 영생의 소망을 가질 수 있는 희망이 있다. 여기에 모든 민족, 언어, 사회적·경제적 위치에 있는 사람들에게 다가가는 선교의 범위가 존재한다. 오직 복음만이 구원과 구속하는 능력을 가지고 있다. 오직 십자가의 메시지만이 하나님과 인간, 그리고 소외된 자들 간에 진정한 화해의 능력을 가지고 있다.

선교사역의 과업은 섬김을 받고, 세움을 받고, 안전한 것에 만족하지 않는 그러한 공동체들을 창설하는 것이다. 하나님 나라 공동체들의 세 가지 차원들 중에서 지상명령의 차원 안에서 선교의 구속하고 화해시키는 목적이 다루어진다. 진정한 제자도와 성령 안에 있는 진정한 공동체는 다른 사람들과 그 메시지를 나누고, 하나님 나라 공동체의 두 번째 차원인 대 계명을 살아내도록 이끌것이다.

### 2) 긍휼과 사회적 변화—대 계명

창조명령은 모든 사람들, 특별히 하나님의 백성들에게 다른 사람들에 대해 공의롭고 긍휼한 마음을 가질 것을 요청한다. 또한 환경에 대한 청지기의 삶, 인간의 존엄성을 지키고 사람들 안에 하나님의 형상을 회복하는 삶을 살기를 요청한다. 대 계명은 교회로 하여금 하나님을 사랑하고 이것의 결과로 이웃을 사랑하기를 요청하는데 이 둘은 분리될 수 없다 (마 22:37-39; 요일 4:20). 사랑은 제자됨의 표지이다(요 13:35). 사랑은 하나님의 율법의 완성이다(롬 13:10; 갈 5:14). 사랑은 하나님의 본성을 반영한다(요일 4:8).

하나님 나라 공동체들은 구체적인 방법으로 사랑하는 관계로 특징지어지는데, 그 사랑은 하나님의 가족으로부터 시작하여 다른 사람들로 넓혀가며 원수까지 포함한다(마 5:43-48; 롬 12:9-21; 갈 6:10).

하나님 나라 공동체들은 가난한 자, 고통 받는 자, 소외된 자들을 위한 하나님의 자비와 긍휼의 도구가 된다. 그들은 즉각적인 필요를 경감시키는 일만이 아니라 개발, 교육, 기회 제공을 통해 사람들이 스스로 돕도록 도와준다. 그리스도의 지상 사역이 영적 죄악으로부터 구속하셨을 뿐 아니라, 그것의 모든 표현들(죄, 병, 불의, 사탄)을 대적하셨던 것 같이, 하나님 나라 공동체들도 각가지 다양한 형태로 나타나는 죄악들(개인적, 가족적, 사회적, 경제적)을 대적한다. 이것은 빈곤, 소수자들을 억압하거나 인간의 잠재력을 온전히 실현하는 것을 방해하는 경제적 시스템 또는 사회질서 안에 있는 구조적 악을 변화시키기 위해 사역하는 것을 포함할 것이다. 선교사역의 과업은 이 모든 일들을 하는 것이 아니라 사람들 가운데 이러한 일을 할 수 있는 지역 공동체들을 창설하는 것이다.

### 3) 하나님께 영광을 돌리는 것-대 소명

하나님의 자녀가 되어 자신의 모든 존재로 영원토록 하나님을 예배하고, 높이며, 하나님께 영광을 돌리라는 요청보다 더 높은 소명은 없다. 하나님은 자신의 백성, 즉 교회가 "그의 은혜의 영광을 찬송하도록"(엡 1:6) 예정하셨다. 성령의 살아있는 성전으로, 그리스도의 피 값으로 사신 바 된 백성으로서 우리는 우리 몸으로 하나님께 영광을 돌려야 한다(고전 6:20). 지상명령이 실행되고 대 계명을 살아내게 될 때, 하나님의 영광은 온 땅 위에 크게 드러날 것이다. 예수는 산상수훈에서 다음과 같이 말씀하셨다.

> 이같이 너희 빛이 사람 앞에 비치게 하여 그들로 너희 착한
> 행실을 보고 하늘에 계신 너희 아버지께 영광을 돌리게 하라
> (마 5:16)

이러한 공동체들은 다가오는 하나님 나라의 살아있는 표징들이 될 것이다. 그들은 하나님의 은혜, 자비, 정의의 살아있는 증거가 될 것이며, 다른 사람들을 유일하고 참되신 하나님의 예배자로 초대하는 공동체가 될 것이다.

하나님 나라 공동체들은 자신의 전 존재와 거룩한 제사(롬 12:1)로서의 삶으로 하나님의 뜻에 순종하는 것에 관해 열정적이다. 하나님과의 화해와 순종이 하나님 나라의 본질이라면, 의로움은 그 나라의 특징이고, 변화된 삶과 공동체들은 그 나라의 열매이며, 예배는 그 나라의 **기쁨**이다.

> 기쁨으로 여호와를 섬기며 노래하면서
> 그의 앞에 나아갈지어다(시 100:2).

> 하늘은 기뻐하고 땅은 즐거워하며 모든 나라들 중에서는
> 이르기를 여호와께서 통치하신다 할지로다(대상 16:31).

하나님 나라 백성들은 하나님 한 분만이 예배 받으시기에 합당하며, 우리가 아니라 그분이 역사의 중심이라는 것을 알고 있다. 존 파이퍼는 다음과 같이 말했다.

"선교가 아니라 예배가 궁극점이다. 왜냐하면 인간이 아니라 하나님께서 궁극점이시기 때문이다"(Piper 1993, 11).

바울의 말은 다음과 같이 말했다.

이는 만물이 주에게서 나오고 주로 말미암고 주에게로 돌아감이라. 그에게 영광이 세세에 있을지어다 아멘(롬 11:36).

하나님 나라 백성은 하나님의 영광을 위하여 노동, 연극, 예술, 그리고 인간 표현과 관계의 모든 문화적 측면을 회복하고 되찾는 것을 추구한다(고전 10:31; 골 3:17, 23).

데이비드 자크 니링기에(D. Zac Niringiye)의 말로 요약하자면 다음과 같다.

"하나님 나라 공동체는 그 나라의 좋은 소식을 선포하는 방법인 동시에 목표이다"(Niringiye 2008, 18).

선교는 하늘의 비전과 하나님의 선교가 성취될 때까지 이러한 공동체들을 창설하는 과업을 갖는다.

주여 누가 주의 이름을 두려워하지 아니하며 영화롭게 하지 아니하오리이까?
오직 주만 거룩하시니이다. 주의 의로우신 일이 나타났으매 만국이 와서 주께 경배하리이다(계 15:4; 참조, 시 86:9).

## 6. 결론

결론적으로 우리는 선교를 하나님께서 모든 나라의 사람들을 하나님 나라로 이끌어 들이기 위해 이 세상에 화해와 갱신의 메신저로 그리스도인들을 보내시는 것(God's sending of Christians)이라고 말할 수 있다. 그리스도인들은 하나님의 통치 아래 만물이 회복될 때까지 다가올 하나님 나라의 표징으로서 자신들의 지역에서 소금과 빛으로 살아가야 한다.

그러나 교회는 자신을 발견되는 곳에서 단지 그러한 공동체로 **존재함**(being)으로 그 선교를 수행하는 것이 아니다. 그런 존재 자체가 큰 도전이기는 하지만 말이다. 오히려 이러한 공동체들은 세계의 다양한 민족들 사이에서 증식되어야만 한다. 이것이 선교사역의 과업이다.

따라서 **선교사역의 과업**은 이러한 공동체들을 땅 위의 모든 민족들 가운데 창립하고 확장하는 것을 위한 교회의 보내는 행위(the sending activity of the church)이다. 이것은 전도와 교회 개척을 통하여 이루어지는데, 그것은 표면적 회심이나 기관적 발전으로 만족될 수 없다.

오히려 이러한 새로운 공동체들은 말과 행위 안에서 하나님의 통치를 드러내도록 양육되고 도전받음으로 삶의 모든 영역, 즉 영적, 사회적, 정신적, 신체적인 면에 영향을 주고, 따라서 이 세상 안에서 하나님의 선교가 진전을 이루도록 해야 한다. 이러한 모든 영역들은 도형 6.3에 제시되어 있다.

도형 6.3 선교(Mission)와 선교사역(Missions)의 과업

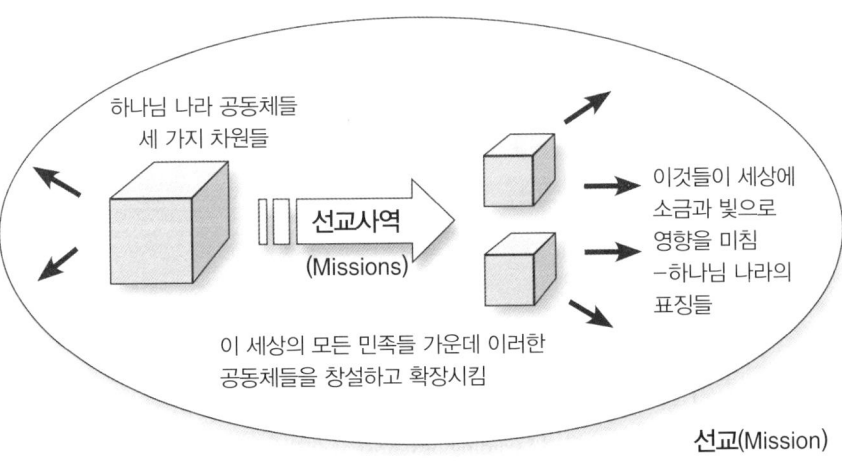

## 사례 연구
## 후원할 것인가 말 것인가?

(선교사 및 국가 이름은 실제가 아님)

페이스(Faith) 교회는 선교에 깊이 헌신되어 있고 수많은 선교사와 선교 프로젝트를 후원하고 있다. 선교위원회 회장인 필은 기대를 가지고 저녁 모임에 참석하였다. 모임의 안건은 간단했기 때문에, 필은 몇몇 선교사들의 기도 편지를 읽고 다양한 기도 제목을 놓고 기도하는 시간을 가지고자 했다.

먼저 이슬라마스탄에서 의료 선교사로 있는 질 헌팅턴의 편지를 읽었다. 질은 자신이 일하고 있는 농촌지역 클리닉에 대하여 열렬히 보고했다. 질은 그 지역에 있는 5만 명의 사람들 중 하루 동안 걸어서 클리닉까지 올 수 있는 거리에 살고 있는 사람들에게만 의료 서비스를 줄 수 있다고 썼다. 수많은 사람들이 의료 서비스를 통해 목숨을 건졌고, 지역 위생 개선을 위한 질의 노력은 발병률을 낮추는 등 긍정적인 결실을 맺게 되었다. 지역 사람들은 질에게 언제나 고마워하며 질에게 매우 깊은 존경심을 가지고 있다.

그러나 강경 이슬람 정권인 정부에서 질을 주시해서 보기 시작했다. 정부 관료들은 점차 미국인들을 의심스럽게 보았다. 질의 비자가 개발 인력 신분이었기 때문에 정부에서는 질이 사람들을 기독교인이 되도록 강요하는 수단으로 의료를 사용하려고 하는 선교사라는 확신을 가졌다. 정부에서는 이러한 행동이 교묘하고 기만적이며 이슬람 법에 위배된다고 생각했다. 따라서 정부에서는 질에게 엄격하게 주의를 주었고, 질은 자신이 사람들을 개종시키려 하거나, 예수에 대해 어떤 방식으로든 말한다면 국가에서 24시간 내에 추방된다고 편지에 썼다.

"제가 복음을 전하거나 저의 일을 예수의 이름으로 하지 못할지라도, 사역을 계속하며 이슬라마스탄 사람들을 돕기로 결정하였습니다. 다른 방법을 쓴다면 사역을 위험에 빠뜨릴 뿐만 아니라 기만적 행위이며 기독교인에게 적절하지 않는 행동입니다."

필이 편지 읽기를 마치자 방 안에는 여느 때와 다른 침묵이 흘렀다.
찰스가 마침내 침묵을 깨고 입을 열었다.
찰스: "복음전도는 선교에 있어 가장 핵심적인 일입니다. 선교사가 어떤 사역을 하든 간에 정기적으로 복음을 전해야 할 필요가 있습니다. 사실 저는 한동안 질 선교사의 사역에 대해 걱정하고 있었습니다.

질 선교사를 계속 지원할 것인지 재고해 보아야 할 때인 것 같습니다. 솔직하게 말씀드리면 이 사역은 인도주의적 활동은 될 수 있지만 선교 사역으로서의 충분조건을 만족시킬 수는 없습니다."

파멜라: "찰스씨, 선교는 예수께서 하신 일을 하는 것입니다. 예수는 복음 전도만 하시지 않았고 배고픈 사람을 먹이시고 아픈 사람을 고쳐주셨죠. 예수는 전인적 인간을 돌보셨습니다. 저는 질과 같은 선교사들이 어디서든 가능하면 사람의 몸과 영혼 모두 돌봐야 한다는 생각에 동의합니다. 그러나 제 생각으로는 질 선교사가 복음을 전하거나 예수의 이름으로 일을 하지 못할지라도 그 사역은 선교 지원을 받기에 충분한 가치가 있는 것 같습니다."

베스: "하지만 저에게 지상명령은 분명한 의미가 있습니다. 바로 모든 사람에게 복음을 전하고 모든 족속으로 제자를 삼는 것입니다. 사역을 예수의 이름으로 할 수 없다면 어떻게 그 일을 선교사역이라고 부를 수 있을까요?"

방 안에는 긴장이 감돌았다.

필(토론 열기를 식히고 사람들을 진정시키고자 노력하며): "잠시만 질 선교사의 특정 상황에서 눈을 돌려 더 근본적으로 우리 선교 프로그램에서 구제 사역의 역할이 무엇인지 생각해 보는 게 어떨까요?"

마크: "저는 구제는 구제고, 전도는 전도라고 생각합니다. 이 둘은 분리해야 합니다. 우리가 배고픈 사람을 돕는 것은 그것이 예수의 이름으로 하든, 하지 않든 옳은 일이기 때문에 하는 것입니다. 게다가 우리는 단지 사람들이 보상을 받고자 예수를 받아들이는 라이스 크리스천(rice christian)을 만들어서는 안 됩니다."

베스: "그렇지만 몸만 위하고 영혼을 돕지 않으면 정말 사람을 돕고 있다고 할 수 있을까요?"

찰스: "맞습니다. 파멜라 씨의 논리를 극단적으로 본다면 선한 일은 모두 선교라고 부를 수도 있을 것입니다. 그렇다면 우리는 평화봉사단도 지원해 주어야겠죠."

필(약간 애매하고 유머스런 태도로): "자, 우리는 극단적으로 가길 원치는 않아요, 그렇죠?(잠깐 쉰다) 저는 우리가 이 문제를 오늘 밤에 풀 수 있을 것이라고 생각하지 않습니다. 결정을 내리기 전에 우리가 이 문제에 대하여 기도하고 더 연구해보기를 제안합니다.

그리고 한 가지 제안을 더 하고자 합니다. 샘, 이 문제에 대하여 연구 조사를 해 주실 의향이 있으십니까? 그리고 다음 번 모임에 올 때는 질 선교사의 이슬라마스탄 사역 지원에 대한 성경적 지침과 제안을 가지고 와 주시기 바랍니다."

◆ 성찰과 토의 ◆

만약 우리가 샘이라면 …

① 이 문제를 연구하기 위하여 어떤 성경 구절을 제안할 것인가?
② 선교위원회가 고려해야 할 다른 문제나 원칙으로 어떤 것을 제안하겠는가?
③ 질 선교사의 이슬라마스탄 사역 지원에 대한 당신의 제안은 무엇인가?

# Encountering Theology of Mission

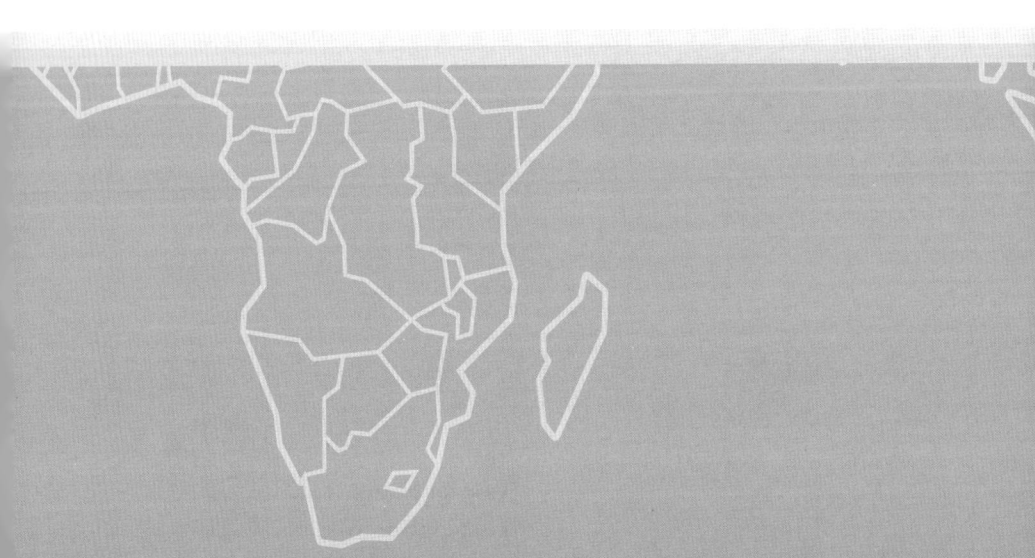

# 제2부
# 선교의 동기와 수단

제7장 선교사역의 동기
제8장 교회와 선교
제9장 선교사의 소명
제10장 영적 역동성과 선교

# 제7장
# 선교사역의 동기

선교사역의 동기는 선교의 목적, 본질, 그리고 과업에 대한 이해로부터 나와야 한다. 그러나 우리가 **무엇**을 해야 하는지를 아는 것은 우리가 **왜** 그 일을 해야 하는지를 이해하는 것과는 다를 수 있다. 우리가 선교를 해야 하는 **이유**를 명확하게 알고 있다고 하더라도 이것만으로는 선교의 과업을 수행하고자 하는 **의지**를 이끌어가기에는 충분하지 않다. 동기는 선교사역을 수행하는 데 필요한 **정신**과 **헌신**에 깊은 영향을 끼친다. 동기는 태도와 관련이 있는데 그 태도는 결과적으로 관계와 방법 등에 영향을 주게 된다.

따라서 여기에서는 선교의 신적인 의도와 주도권보다는 인간적 요소를 중점적으로 다루고자 한다. 선교의 동기는 선교의 필요성에 대한 홍보, 선교사 모집, 선교 후원금 모금, 기도 제목, 그리고 각종 선교 프로젝트 등의 방법들과 더 많은 연관성을 갖고 있다. 선교의 동기는 성경 공부, 설교, 회의, 책, 홍보지, 영화, 개인적 만남, 잡지, 인터넷 광고, 그리고 꿈 등 다양한 경로를 통해 형성될 수 있다. 최근에는 단기 선교 여행에 참여한 경험을 통해 선교사역에 대한 동기를 부여 받기도 하는 것을 볼 수 있다.

선교의 동기는 일반적으로 어느 한 가지 요소만 작용하는 것이 아닙니다. 요하네스 반 덴 베르크(Johannes Van den Berg)는 17세기와 18세기 선교의 동기를 연구한 『예수의 사랑이 강권하심』(*Constrained by Jesus' Love*) 에서 다음과 같이 자신의 연구를 요약했다.

> 우리는 어느 한 가지의 독특한 동기나 특정한 요소만으로는 선교사의 이상(ideal)이 성장하는 것을 설명하기 어렵다는 결론을 내렸다. 선교는 온 세상에 그리스도의 복음을 선포하는 가장 중요한 과업을 실천하는 교회에서 그 동기의 완전함을 찾을 수 있다(Van den Berg 1956, 187).

선교의 동기를 역사적으로 살펴봐도 다양한 시대적 사건들로부터 시작하여 영적인 동기에 이르기까지 모든 종류의 동기들에 의해 영향을 받아 온 것을 알 수 있다. 선교사 후보자들을 대상으로 실시한 비교적 최근의 "질적 연구 방법론"(Qualitative empirical Research Method)을 통한 조사에서도 다양한 동기들이 겹치거나 혼합된 결과를 보이고 있다(K. McQuilkyn 1990).

완벽하게 순수한 선교의 동기를 갖는 것은 매우 드문 일이다.

> 기독교 선교 역사를 통해 볼 때 순수한 동기와 불순한 동기가 마치 깨끗한 동물들과 불결한 동물들이 함께 노아의 방주 안에 있었던 것과 마찬가지로 서로 혼합되어있다(Verkuyl 1978, 163).

과거의 역사를 돌이켜보면 선교의 동기에 있어서 사각지대나 문제점들을 어렵지 않게 발견할 수 있다. 그러나 우리 자신이 갖고 있는 선교의 동기들이 서로 어떻게 혼합되어 있는지를 찾아내는 것이 더 어려울 뿐 아니라 아예 인기도 없다. 명백하게 잘못된 동기도 있고, 다소 모호하거나 무의식적인 동기도 있다. 현재의 선교에 대한 동기들이 과거에 비해 문제가 훨씬 적을 것이라고 단정하는 것은 바람직하지 않다.

우리는 기독교의 전 역사에 걸쳐 수없이 많은 선교사들이 하나님을 섬기겠다는 일념으로 기꺼이 그들의 목숨을 바쳤다는 사실을 간과해서는 안 된다. 19세기에 서부 아프리카의 열대지방에 파송된 선교사들의 사망률은 상상을 초월할 정도로 높았다. 그럼에도 불구하고 새로 모집된 선교사 후보자들은 과거 어느 때보다도 적극적이었다. 당시의 선교사 후보자들은, 선교지에서 언어를 배우기도 전에 질병에 의해 죽은 선교사들이 많다는 사실을 알고 있었다. 따라서 우리는 그들의 희생정신을 간과한 채 성급하게 그들의 선교 동기에 대해 비판하려고 하는 것에 대해서는 신중해야 한다.

다행히도 하나님은 우리가 다소 의심스러운 동기를 갖고 있다고 할지라도 우리의 미약한 노력을 사용하셔서 통치하시고 역사하신다. 자신의 사명을 좋아하지도 않았고, 고집도 강했던 요나 선지자만큼 이 사실을 잘 보여주는 인물도 없을 것이다. 그럼에도 불구하고 반 덴 베르크가 "사실상 현재의 모습과 거의 다를 바가 없는 과거의 동기들을 살펴보는 것은 우리 자신의 동기의 본질을 이해하는 데 도움을 준다"라고 말한 바와 같이, 다른 사람들의 동기를 비판하기보다는 자신의 동기를 스스로 점검해 볼 필요가 있다(Van den Berg 1956, 214).

## 1. 선교의 불순한 동기들

우리가 "불순한 동기들"이라고 부르는 것은 선교에 대한 성경적 가르침과 일치하지 않거나 어떤 방식으로든 선교의 목적에 부합하지 않는 요소들을 말한다. 여기에서 언급하는 불순한 동기들이 모두 본질적으로 잘못된 것은 아니다. 그러나 아주 쉽게 잘못된 방향으로 갈 수 있는 위험이 있다. 더 나아가서 이 가운데 많은 동기들이 당시에는 잘못된 것이라고 생각하지 않았을 뿐만 아니라 오히려 당시의 역사적 상황 가운데서 볼 때는 이해할 수 있는 것들이었다.

선교에 대한 불순한 동기나 순수하지 못한 동기는 이미 교회 역사가 시작될 때부터 존재해 왔다. 바울은 당시의 잘못된 선교의 동기들에 대해 이렇게 해석했다.

> 어떤 이들은 투기와 분쟁으로, 어떤 이들은 착한 뜻으로 그리스도를 전파하나니 … 그들은 나의 매임에 괴로움을 더하게 할 줄로 생각하여 순수하지 못하게 다툼으로 그리스도를 전파하느니라 그러면 무엇이냐 겉치레로 하나 참으로 하나 무슨 방도로 하든지 전파되는 것은 그리스도니 이로써 나는 기뻐하고 또한 기뻐하리라(빌 1:15, 17-18).

따라서 우리가 다른 사람들이 갖고 있는 불순한 동기들을 발견하게 될 때, 어떤 동기를 통해서라도 그리스도가 전파된다면 그것으로 기뻐했던 사도 바울과 같은 태도를 취해야 할 것이다.

### 1) 문명화, 식민주의, 그리고 문화적 우월성

우리는 제5장에서 기독교가 오랜 역사에 걸쳐 문명화와 서구 문화를 전파하는 것을 선교의 과업으로 간주해 왔다는 사실을 살펴보았다. 이러한 현상은 19세기와 20세기 초반에 더욱더 강하게 나타났다. 심지어 문명화의 과업은 하나의 도덕적 의무로 인식되기도 했다. 4세기부터 18세기에 이르기까지 소위 "기독교 국가"(Christendom)라고 불렸던 시대에는 "서구교회"를 "서구 문화"와 동일시하였다. "제국의 팽창"은 곧 국가의 공식 종교로서 "기독교의 팽창"을 의미했다. 때로는 강압적인 권력이 기독교화를 위한 정당한 도구로 인식되기도 했다.

탐험과 식민지 확장의 시대에는 식민주의적 권력이 과거에 선교사가 존재하지 않았던 지역에서 선교사역을 개척하는 계기가 되기도 했다. 로마가톨릭교회가 국왕 임명권을 행사하던 시대에는 교회가 식민지의 원주민들과 통치자들의 영적 필요를 돌본다는 명분으로 식민지 통치자들을 임명했다. 개신교 제국주의 국가들과 선교활동의 관계는 다소 양면성이 있으나 서구의 우월성에 대한 전제는 여전히 남아 있었다.

개신교 초기 선교는 영국과 네덜란드의 제국주의적 야심과 긴밀한 연관을 갖고 있었다. 반 덴 베르크는 다음과 같이 말했다. 치안 행정관과 항해사들은,

> 로마 권력의 쇠퇴와 더불어 지구 상의 가장 먼 곳까지 교회의 깃발을 꽂는 개신교의 선망의 대상이었다. 이 과정에서 그들은 본국에서 반(反) 스페인 정책을 펼치고 있는 공격적인 청교도 성직자들의 지원을 받고 있었다(Van den Berg 1956, 22).

식민지 시대의 미국 원주민들에 대한 성공회(잉글랜드 국교회-역주)의 선교는 이 지역에 대한 로마가톨릭과 프랑스의 영향력에 대한 저항 활동으로 인식되기도 했다(Rooy 1965, 284). 정부는 미국 원주민들을 통제하는 데 있어서 선교활동이 군사력을 동원하는 것보다 상대적으로 수지 타산이 맞는 경제적인 방법이라고 간주했다(Beaver 1968a, 118-19). 독립 전쟁 이후에 미국 정부의 전쟁 분과는 원주민들을 문명화하기 위해 선교 단체들의 목록을 작성하기도 했다(Beaver 1968a, 133). 1819년에 제정된

문명화 기금법령(Civilization Fund Act)을 통해 선교사가 설립한 수많은 학교들이 재정을 지원받았다(Noel 2002).

그러나 문명화 그 자체가 선교사의 주된 활동 목표인 경우는 많지 않았다. 문명화의 동기는 종종 영적 필요뿐만 아니라 사람들의 실제적인 필요도 채워주는, 진정한 의미의 총체적 선교와 뒤섞여 있기도 했다. 제5장에서 언급한 바와 같이 문명화는 때때로 개종(회심)을 위한 필수 조건으로 인식되기도 했다. 더 나아가서 문명화는 "미개인들"에게 서구 문화의 산물을 공유하여 삶의 수준을 높여 주어야 한다는 도덕적 책무로 작용한 것이다.

청교도들은 하나님의 통치가 모든 피조물에게 확대되어야 한다는 신정(theocratic) 국가의 꿈을 공유하고 있었다. 이러한 동기는 문명화 그 자체 보다는 **신정** 국가 비전의 실현에 더 많은 관심을 갖고 있었다.

> 사회의 기독교화는 탐욕스러운 성직자들의 권력에 대한 욕망에서 비롯되었다기보다는 그리스도의 보편적인 주재권(Lord-ship)에 대한 복종에 그 의도가 있었다(Rooy 1965, 325).

신정 국가에 대한 꿈은 1658년 크롬웰의 죽음과 함께 죽어버렸다. 그 이후로는 유럽에 있어서 교회와 국가는 점점 더 분리되어 갔다.

문명화의 동기는 청교도의 사례에서 보여지듯이 종종 오만한 태도와 높은 이상, 이 두 가지가 서로 기묘하게 뒤섞여 있었다. 청교도들은 미국 원주민을 "비참한 원주민들"이라고 불렀고, 그들의 고유한 관습을 바꾸기 위해 필요한 법령들을 제정하여 "기도하는 마을"(Praying Towns)에서 문명을 가르쳤다. 이러한 태도는 미국 원주민들도 동등한 인간이며 "문명화될 수 있는" 능력을 갖고 있는 존재라는 확신에 기반을 두고 있었는데, 이는 그들을 인간 이하의 존재로 인식했던 대다수 유럽인들의 관점과는 다른 것이었다.

　인디언 개종자들 사이에 "부지런함"(성화에 대한 청교도적 이상)과 같은 미덕을 함양시키는 데 소홀히 하는 것은 그들의 인간으로서의 동등성을 부인하는 것으로 보았다. 청교도들은 유럽 문화에 대한 비판적인 시각을 갖고 있었다(J. B. Carpenter 2002, 521-24). 존 엘리엇, 조나단 에드워즈, 그리고 데이비드 브레이너드(David Brainerd) 등은 미국 원주민들을 착취로부터 보호했다. 선교 역사를 통해 이와 유사한 사례들을 찾아 볼 수 있다(Woodberry 2006을 보라).

　남태평양에서 활동한 유명한 런던선교회(LMS) 선교사인 존 윌리엄스(John Williams)는 선교를 장려하기 위해 식민지의 상업적 이익에 대해 호소하기를 주저하지 않았다. 그는 1817년에 출국을 앞두고 다음과 같이 말한 바 있다.

> 이와 같이 우리가 아는 것은, 대부분의 국가들이 선교에 대해서 관심을 갖고 있다는 것과 자기 국가의 상업적 번영을 증진하는 데 관심이 있는 모든 사람들은 반드시 선교를 위하여 노력해야 한다는 것입니다(Van den Berg 1956, 145에서 재인용).

　미국인들은 "명백한 운명"(manifest destiny)이라는 개념이 주된 관심사 중의 하나였는데, 이 강력한 동기는 19세기 중반부터 20세기 초반까지 지속되었다. 명백한 운명이라는 용어는 존 오설리번(John O'Sullivan)에 의해 처음 소개되었는데, 그는 그것을 이렇게 설명했다.

> 원대하고 무한한 미래가 보장된 위대한 미국의 시대가 펼쳐질 것이다. 광활한 공간과 시간을 다스리는 이 나라는 전 인류를 향한 하나님의 뜻을 실현하고, 지극히 높고 거룩하시며 진실

하신 분을 예배하기 위해 지구상에서 가장 고귀한 성전을 건설해야 하는 명백한 운명을 부여받았다(O'Sullivan 1839).

미국을 향한 하나님의 복은 전 세계를 향한 미국의 위대한 책무로 인식되었다(Beaver 1968a, 133-39). 조쉬아 스트롱(Josiah Strong)은 1891년에 출간된 자신의 베스트셀러 『나의 조국』(*Our Country*) 서문에 다음과 같이 썼다.

> 미국이 번영하는 만큼 세계도 번영한다. 도덕적 번영에 이르기까지 모든 영역에서 … 기독교의 미래는 이 나라의 미래에 달려 있다. 미합중국은 전 세계를 개종시키고자 하는 계획을 위해 최초로 그리고 최고로 선택된 자리에 있다(Edwards 2004, 164에서 재인용).

문명화를 통한 진보의 개념은 세 권으로 구성된 제임스 S. 데니스(James S. Dennis)의 『기독교 선교와 사회적 진보』(*Christian Mission and Social Progress* 1897-1906)에서 찾아 볼 수 있는데, 그는 선교를 비기독교 세계에 대한 문명화의 위대한 진보와 동일시했다. 20세기가 시작되면서 일부 선교 지도자들은 제국주의와 국가적 권력의 확장에 대해 자성의 태도를 보이기도 했다. 그러나 포먼(Forman)은 다음과 같이 말했다.

> 제국주의적 확장 **그 자체**는 정죄 받아야 할 잘못된 것이지만, 그 문은 이타적인 의도를 가진 제국주의적 통치를 위해 열려 있었다(Forman 1977, 85).

많은 선교사들이 종종 심각한 가난, 문맹, 노예, 남편이 사망할 때 과

부 불태우기 혹은 쌍둥이 살해 등과 같은 전통적 관습들을 등한시할 수 없는 문제들과 직면하게 되었다. 교육, 법, 인권, 정부, 도덕성, 직업윤리, 생활방식 등의 서구 문명이 유일한 인도적인 대안으로 보였다. 선교사들이 문화적 손상을 입혔다는 획일적인 인식은 역사적 기록이 보여주는 진실에 의해 재평가되어야 할 필요가 있다. 문명화의 노력을 통해 수많은 긍정적인 변화를 가져 온 것도 사실이다.

> 우리는 인종 차별주의적 태도, 교육, 문명사회, 식민주의적 개혁 등의 영역에서 선교의 긍정적 유산을 볼 수 있어야 한다 (Woodberry 2006, 4).

많은 선교사들이 제국주의에 저항했고, 탄압을 폭로했고, 원주민들의 인권을 위해 싸웠다.

문화적 우월성의 동기와 태도는 오늘날의 문화적 그리고/혹은 경제적 신식민주의(neocolonialism)의 형태로 선교 현장으로 퍼져가고 있다. 제2차 세계 대전 이후 더글라스 맥아더(Douglas MacArthur) 장군은 공산주의에 대항하기 위한 하나의 대안으로 일본에 천 명의 선교사를 보내줄 것을 요청한 바 있다. 최근에는 선교활동을 민주화 운동이나 급진적 이슬람의 위협에 대한 하나의 대응책으로 보는 시각도 있다.

많은 장·단기 선교사들이 오만한 태도로 선교지 문화를 바라보았다. 그들은 서구 문화와 기독교의 가치를 혼동하는가 하면 물질주의적 세계관, 개인주의, 경쟁심 등을 (의식적으로 또는 무의식적으로) 초래해 왔고, 그들의 본국 정책에 고집스러울 정도로 의존해 왔다. 이러한 태도에 있어서 서구 선교사들만 문제가 있는 것은 아니었다. 다음과 같이 고백한 바울의 자세는 계속되어야 할 것이다.

내가 너희 중에서 예수 그리스도와 그가 십자가에 못 박히신 것 외에는 아무 것도 알지 아니하기로 작정하였음이라 내가 너희 가운데 거할 때에 약하고 두려워하고 심히 떨었노라 (고전 2:2-3).

### 2) 교회 권력과 교단주의

초대 교회 시대에는 교회가 최소한의 교회 구조만을 갖추고 있었고, 공적인 영향력이 크지 않았던 하나의 작은 운동에 불과했다. 그러나 기독교가 로마 제국의 종교로 공인되고 교회의 조직이 체계화되며 정치적인 영향력이 강화됨에 따라 교회의 본질에 대한 이해와 교회의 선교 사명도 달라졌다. 교회는 국가와 연관된 강력한 조직이 되기 시작했다.

중세의 대부분의 선교활동은 교회의 세속적 권력과 영향력을 확대하는 일이었다. 그리고 교회론적 선교 동기의 이러한 형태는 제국주의적 교회와 하나님 나라를 동등한 실체로 보는 관점에 의해 합리화되었다(Van den Berg 1956, 181).

개신교 선교에 있어서 교회의 권력과 영향력은 다른 모습으로 나타났다. 개신교는 로마가톨릭과 같은 단일체의 성격이나 국가와의 연관성도 갖고 있지 않았다. 독일인과 스칸디나비아인은 루터교, 네덜란드인은 개혁교회, 영국인은 성공회, 스코틀랜드인은 장로교에 속해 있었다. 여기에 메노나이트(형제단), 침례교, 퀘이커교, 급진적 경건주의 등 다양한 소수 분파들이 존재했다. 점차적으로 교단이 등장하게 되었다.

교단은 초기에는 한 인종적 혹은 민족적 뿌리에 근원을 두고 있었으나 결국 서로 경쟁적으로 세력을 확대하고 서로 다른 민족에 영향을 끼치게 되었다. 18세기의 복음반포회(SPG)는 성공회의 한 축으로 식민지에서 퀘이커교와 장로교와 경쟁하고 로마가톨릭과는 대결하는 역할을 담당했다(Van den Berg 1956, 64). 그럼에도 불구하고 초기의 많은 개신교 선교단체들은 초교파적 혹은 느슨한 형태의 교단적 연계성을 유지했다. 심지어 교단 소속 선교단체들도 상당히 개방적이었고, 연합적 성격을 갖고 있었다. 그러나 1840년경에 이들 교단과 선교단 사이에 갈등이 일어나기 시작했다(D. J. Bosch 1991, 330-32).

그동안에 선교 현지의 교회들은 상대적으로 자기표현과 상황의 자유에 대해 많은 제약을 갖고 있었다. 선교지 교회들 가운데 대다수가 선교사 파송 교단의 복제품이 되어갔다. 때로는 파송 국가의 교단 선교조직체를 엄격하게 거부했던 초교파 선교단체들도 선교지에서는 극심할 정도로 교단 교회를 조직하기도 했다. 스티븐 닐(Stephen Neill)은 이렇게 혹평했다.

> 개신교 초기 선교는 어떠한 계획도 자문도 없이 엉망진창으로 진행되었고, 그 결과로 초래된 혼란은 끝이 없었다(Neill 1964, 541).

결국 경쟁과 혼란을 방지하기 위해 선교단체들 사이에 우호 협정(comity agreement)을 맺기에 이르렀다. 그들은 한 국가를 여러 개의 지역으로 분할하여 하나의 선교단체나 교단이 할당된 지역을 책임지기로 약속했다. 이 우호 협정이 대체로 잘 지켜졌지만, 비현실적인 부분도 많이 있었다. 관할 지역의 경계를 임의로 설정하기도 했고, 그 결과로 교단 분열을 초래하기도 했다.

다행히도 최근 수십 년간 선교단체들은 선교지의 교회들 그리고 선교단체들 사이에 보다 큰 동반자적 관계와 협력 방안을 모색하고 있다. 그럼에도 불구하고 교단적 자만, 깃발 꽂기, 신자 훔치기(양 도적질) 등의 현상이 일어나고 있어 선교의 동기에 문제가 제기되고 있다. 때때로 "선교사의 돈"에 대한 경쟁이 전도와 교회 개척에 있어서 성공적인 실적을 보고해야 하는 부담을 야기하였다. 유능한 현지인 사역자들을 선교단체들이 경쟁적으로 끌어들이는 이른바 "목자 훔치기" 현상도 나타났다. 갱신을 추구하는 집단들은 기성 교단 교회들은 이미 죽었거나 결함이 있다고 주장했다. 따라서 기성 교단 교회들과 선교단체들은 위협감을 느끼고 방어적인 태도를 취하기도 했다.

우리는 여기서 교단주의의 복잡한 문제들을 모두 파헤치기보다는 하나님 나라를 세워가는데 있어서 서로 과도한 경쟁을 하는 것이 적절한 선교의 동기라고 보기 어려울 것이라는 점에 주안점을 둔다. 선교회나 교단들과 관련된 몇 가지의 단순한 질문으로 교회의 가치를 평가할 수 없을 뿐만 아니라 분란을 초래할 수 있다고 해서 갱신 운동을 비난하는 것도 잘못된 것이다. 그러나 교단 교회들이나 선교단체들 사이에 서로 경쟁하는 것은 예수의 기도와 완전히 대조를 이루는 것이다.

> 아버지여, 아버지께서 내 안에, 내가 아버지 안에 있는 것 같이 그들도 다 하나가 되어 우리 안에 있게 하사 세상으로 아버지께서 나를 보내신 것을 믿게 하옵소서(요 17:21).

이러한 경쟁적 상황은 교회에 대한 바울의 이해로는 상상할 수도 없는 현상이었다(고전 1:10-13).

### 3) 가식적인 연민

진정한 의미에서 긍휼히 여기는 마음(compassion)과 가식적인 연민(condescending pity)을 구분하기란 쉽지 않다. 반 덴 베르크는 18세기 말의 어느 기독교 지도자의 말을 다음과 같이 인용한 바 있다.

> 우리의 자선 사업이 맺은 가장 큰 열매는 차갑고 무익한 동정심이었다(1956, 99).

동정심의 동기에 대해서는 다음에 논의하겠지만, 데이비드 J. 보쉬의 진술을 보면 이렇다.

> 긍휼히 여기는 마음과 연대 의식은 동정심과 가식적인 연민으로 대체되어 버렸다. 19세기 초의 대부분의 찬송가와 책에는 이교도의 삶을 가장 어둡게 묘사했다. 즉 영원히 불안하고 불행한 삶 그리고 처참한 죄악의 쇠사슬에 매여 있는 모습 말이다. … 그들이 그리스도의 사랑의 대상이라는 확신으로부터가 아니라 이교도의 불쌍한 상태가 선교를 위한 가장 주된 동기가 되었다(D. J. Bosch 1991, 290).

유아 살해, 과부의 순장, 식인 풍습, 그리고 다른 무서운 관습들에 대한 소문들은 엄연한 사실이었고 기독교의 대응이 요구되었다. 그럼에도 불구하고 이러한 소문들은 균형을 상실한 채 선정적이고 비인간적인 방법으로 다루어져 왔다.

가식적인 연민과 더불어 또 다른 동기 가운데 하나는 서구 선교사들만이 비참한 영혼들의 유일한 희망이라는 암묵적인 전제이다. 사도행전 16:9에서 마게도냐 사람들이 바울에게 "건너와서 우리를 도우라"고 간청했던 환상을 소망이 없고 비참한 삶을 사는 이교도들이 (서구) 교회에게 와서 구조해 달라고 간청하는 것으로 해석하고 자주 인용해 왔다(도형 7.1을 보라).

도형 7.1 선교에 대한 불순한 동기를 보여주는 문장들

| 외국에서 복음을 전파하는 선교회의 문장 (자료: http://anglicansonline.org/special/spg.html; 2009년 3월 4일 검색) | 메사츄세츠 베이 식민지 문장 (자료: http://www.lehigh.edu/~ejg1/natmain.html; 2009년 3월 4일 검색) |
|---|---|
|  |  |
| 항해 중인 배 한 척이 육지를 향해 가고 있다. 한 성직자가 손에 성경을 들고 뱃머리에 서 있다. 사람들은 해변에서 "와서 우리를 도우라"(Translens Adiuva Nos)고 외치며 기다리는 모습을 그렸다. | 미국 원주민이 사도행전 16:9의 "와서 우리를 도우라"는 성경 구절을 사용하여 선교사를 요청하고 있는 것으로 묘사했다. |

◆ 성찰과 토의 ◆
① 이 그림들에는 선교에 대한 어떤 인식이 반영되어 있는가?
② 현재의 선교단체들이 사용하고 있는 로고와 문양들을 인터넷을 통해 검색해 보라. 그 로고와 문양들을 통해 선교를 어떻게 이해하고 있는가를 찾아보라.
③ 어떤 로고나 문양이 선교에 대한 성경적 이해를 가장 잘 반영하고 있다고 생각하는가?

### 4) 금욕주의

선교에 대한 금욕주의적(ascetic) 동기는 "선교활동이 자기를 부인하고 속죄와 희생의 길을 통해 하나님께 가까이 나아갈 수 있는 방법으로서 추구될 때" 등장한다(Van den Berg 1956, 178). 따라서 선교는 자기 자신의 개인적 구원 혹은 영성을 위한 수단이 될 수 있다는 것이다. 선교활동에는 많은 희생과 고난이 따르기 때문에, 금욕주의적 동기가 때때로 선교사역의 배후에 존재하는 것도 놀라운 일은 아닐 것이다.

수도원 운동 만큼 금욕주의를 잘 보여주는 것도 없을 것이다. 중세 초기의 켈트 선교사들은 많은 사람들이 추앙하는 대중적인 선교사 모델이 되었다(Hunter 2000, Warner 2000의 예를 보라). 이러한 문화친화적 순례자들은 유럽 전역에 걸쳐 봉사, 긍휼, 영성의 공동체를 설립했다. 그들의 모범적 생활 방식은 많은 사람들을 그리스도께 인도했다.

그러나 켈트 선교회가 금욕주의적 동기에 기초를 두고 있다는 사실은 잘 알려져 있지 않다. 심지어 다른 수도회들과 비교해도 아일랜드의 수도회의 금욕주의는 극단적이었다. 켈트 수도사들의 여행은 선교의 목적보다는 오히려 다음과 같았다.

> 금욕주의적 방랑 생활의 표현이었다. 수도사들은 참회의 연단과 그들 자신의 구원을 위해 먼 곳까지 여행했다. … 그들에게 있어서 순례(*peregrinatio*, 페레그리나티오)는 자신을 극단적인 한계에 이르기까지 금욕을 실천하도록 밀어내는 하나의 방법이 되었다. 그러나 순례와 선교가 모두 수도사의 영적 완전함의 목표에 속해 있는 개념이라고 하더라도 순례의 과정에서 만나는 다른 사람들을 반드시 도와주어야 되었기 때문에 순례가 점차적으로 선교의 개념으로 이해되었다(Bosch 1991, 233).

녹색 혹은 백색 순교로 알려진 이러한 순례는 가장 고귀한 방식의 금욕주의로 인식되었다. 녹색 순교(green martyrdom)는 참회적 동기를 갖고 있었고, 백색 순교는 보다 더 봉사 지향적인 성격을 띠고 있었다. 성 콜럼바(St. Columba)는 금욕적 순례선교사의 모델이라고 할 수 있다(Beavans and Schroeder 2004, 121을 보라).

그 결과로 "순례와 선교는 하나이고 같은 활동이 되었다"(M. Robinson 2004, 179). 켈트 기독교의 이상적인 대중화는 사실상 "정통, 비정통, 희망 사항(wishful thinking)이 뒤범벅되어 버린 것이다"(Meek 2000, 230). 그 이후 앵글로색슨 수도원 전통과 더불어 선교의 동기가 금욕에서 선교 그 자체로 바뀌게 되었고, 독일의 사도 보니페이스(Boniface)와 같은 선교사가 배출되었다(D. J. Bosch 1991, 235).

다소 미묘한 차이는 있지만 개신교 선교사들에게서도 금욕주의적 동기를 찾아 볼 수 있다. 예를 들면, 네덜란드의 종교개혁가 호르니우스(Heurnius)는 봉사를 통해 자신에 대한 하나님의 택하심을 확증할 수 있다고 말했다(Van den Berg 1991, 235). 금욕주의적 동기의 흔적은 데이비드 브레이너드에게서도 찾아 볼 수 있는데, 그는 자신의 일기에서 다음과 같이 썼다.

> 나는 선교사로의 나의 일에 대해 크게 기뻐한다. 자기를 부인하는 삶의 필요성에 대해 즐거워하고 여전히 하나님께 나 자신을 계속해서 드리고 있다(Van den Berg 1956, 96에서 재인용).

반 덴 베르크는 다음과 같이 지적했다.

> 브레이너드와 [헨리] 마틴은 선교사의 사역에서 요구되는 자기 부인의 험난한 길에서 참된 기독교의 순례적 본질을 실현

하고자 했다. … 그러나 금욕주의의 이러한 모습은 그들 수고의 위대한 목적인 죄인들의 구원을 통해 하나님에게 영광을 돌려드리기 위한 것이었다(Van den Berg 1956, 180).

조나단 에드워즈의 제자 사무얼 홉킨스(Samuel Hopkins)는 미국 선교 운동에 큰 영향을 끼쳤다. 그의 "사욕이 없는 보편적 자비"(universal disinterested benevolence)라는 개념은 필연적으로 현세에서는 물론이고 내세에서 조차도 자신의 유익을 전혀 구하지 않는 완전한 이타적 헌신을 수반하는 것이었다(Forman 1977, 71; Beaver 1968a, 121). 홉킨스는 다음과 같이 썼다.

> 하나님을 영화롭게 하고 순종하는 최고의 방법은 자신의 명예와 이익은 최소화하고 최상의 선을 실천함으로써 그를 섬기는 것이다(Beaver 1968a, 121에서 재인용).

존 웨슬리(John Wesley)는 1735년에 식민지(조지아)에 갔던 그의 동기를 다음과 같이 썼다.

> 우리가 조국을 떠나는 것은 욕심을 내려놓기 위해서가 아니다. … 오직 한 가지 이유는 우리의 영혼을 구원하고 전적으로 하나님의 영광을 위해 살기 위함이었다(Beaver 1968a, 95에서 재인용).

웨슬리는 인디언 원주민을 전도하는 것으로 육신적인 욕망을 억제할 수 있기를 바랐다. 그러나 그의 후기 사역에서는 이 동기가 사라져 버렸다. 우리는 단지 19세기 선교사들이 자신들의 관(coffin)을 짊어지고 언제 죽을지 모르는 서부 아프리카의 열대 지방으로 떠났던 것을 통해 그 뒤에 숨겨진 금욕주의적 동기를 미루어 짐작해 볼 수 있을 뿐이다.

### 5) 모험과 낭만적 이상

초기 종교개혁가들은 지상명령이 사도들에 의해 이미 완수되었다고 주장하는 유세비우스(Eusebius)의 관점에 근거를 둔 선교의 필요성에 대한 일상적인 논쟁을 벌여 왔다. 그러나 대 항해 시대(the age of discovery) 당시에, 세계를 다녀 온 여행자들의 보고가 이 논쟁에 종지부를 찍게 만들었다. 그들은 보고하기를 복음이 땅 끝까지 전해진 적이 없었고, 세계 대다수의 지역에 복음이 전해진 어떤 흔적도 없다는 것이다. 이 사실이 바로 서구의 식민지 개척과 무역의 확대와 더불어 그리스도가 없는 세상의 현실에 대한 기독교인들의 관심을 이끌어 냈다.

18세기에는 당시 널리 회자되었던 제임스 쿡(James Cook) 제독의 보고가 많은 기독교인들의 마음을 사로잡았고, 이국적이고 아득히 먼 곳에서의 "고귀한 야만인들"(noble savages)들과의 낭만적인 만남에 대한 호기심을 자극하기에 충분했다.

> 다른 어떤 사람들보다 기독교 신자들이 수많은 미지의 세계의 발견을 통해 넓혀진 안목을 공유하기 시작했다(Neill 1964, 247).

이러한 정보가 윌리엄 캐리(William Carey)와 같은 핵심 인물들의 관심을 불러 일으켰다. 타히티(Tahiti)로부터 들려 온 소식은 그 지역에서의 런던선교회(LMS) 선교활동에 이루 헤아릴 수 없이 많은 적용 방안을 도출할 수 있게 했다(Van den Berg 1956, 154). 그 후 데이비드 리빙스턴 (David Livingstone)을 비롯하여 잘 알려진 인물들의 다양한 보고가 계속해서 모험심과 더불어 심지어 부와 명예를 얻기 위해 기회를 엿보고 있던 많은 사람들의 입맛을 자극했다.

제2차 세계 대전 이후, 해외에 참전했던 수천 명의 미국 군인들에 의해서 복음주의 선교의 물결이 일어났다. 동 아시아와 유럽 사람들의 영적 및 물질적 필요를 알게 된 많은 군인들이 선교사로 지원했다. 새부족선교회(New Tribes Mission), 유럽선교회(Greater Europe Mission), 항공선교회(Missionary Aviation Fellowship) 등과 같은 선교단체들이 설립되었다(J. A. Carpenter 1997, 178-81). 1980년대 이후 각종 매체들을 통해 알려진 이슬람 혁명과 테러 등에 대한 정보가 기독교 신자들의 이슬람권 선교에 대한 관심을 갖게 했다. 철의 장막의 흥망에 대한 드라마가 과거의 공산권 국가들에 대한 선교 관심을 불러 일으켰다.

이러한 현상들이 단순히 만군의 주께서 선교사를 동원하기 위해 사용하신 수단에 불과한가?

아니면 더 자극적일수록 더 큰 관심을 불러일으키는 최신 뉴스의 머리기사에 선교의 동기가 영향을 받고 있는 것은 아닌가?

냉전 시대에 자라난 북미주 출신의 어느 한 목사의 꿈은 언젠가 러시아나 중국에서 성경을 가르치겠다는 것이었다. 그것은 거의 숨이 막힐 정도로 가슴 벅찬 일이었고, 많은 사람들에게 그 꿈이 실현되는 기회가 주어졌다. 이러한 사람들의 동기들은 의심의 여지없이 진심에서 우러난 것이었다. 그러나 가르치는 사람은 다른 곳에서 훨씬 더 필요로 했다. 사실상, 이러한 교사들의 효율성은 의문의 여지가 있었다(Livermore 2004). 이와 같이 개인적 성취나 모험에 대한 욕구가 선교의 필요가 절실한 지역에서의 봉사에 대한 관심보다 더 크게 작용하는 것도 사실이다.

심지어 대중매체와 여행의 시대인 오늘날에도 모험과 외국에 대한 갈망이 사라지지 않고 있다. "선교 모험"(mission adventure)을 인터넷에서 검색해 보면 수없이 많은 단체들이 각종 프로그램을 제공하는 광고들을 찾아 볼 수 있다. 물론 타문화 사역으로 하나님을 섬기는 것보다 더 위대한 모험은 없을 것이다. 그러나 모험을 추구하거나 개인 경험 그 자체는 여전히 선교의 동기로서 의문스럽다.

### 6) 자아실현과 교화

불과 몇 세대 전까지만 해도 상상도 할 수 없었지만, 최근에는 가장 일반적이고 강력한 선교 동기가 된 것이 바로 자아실현이다. 선교사역에 관심이 있는 사람들은 종종 그들에게 최상의 개인적 성취감을 충족시켜 줄 수 있는 기회를 찾는다. 이러한 현상은 일부분 영적 은사의 개발을 강조한 결과일 수도 있겠지만, 다분히 서구 문화의 일부인 개인주의와 소비자 사고방식과 더 깊은 연관성을 갖고 있다.

물론 하나님의 영광을 위해 우리의 은사와 재능을 사용할 때 개인적인 성취감을 경험할 수 있다. 그러나 이 본질적인 목적이 너무도 쉽게 개인적인 성취 욕심에 의해 부차적인 것으로 밀려나 버릴 수 있다는 것이다.

전통적인 선교사들은 대부분 그들 스스로 선교사로서의 정체성이 가장 중요하고, 교사, 전도자, 전문가 등으로서의 역할이나 신분은 부차적인 것으로 간주했다. 때로는 그들이 추구하는 고유의 정체성이나 사명과는 일치하지 않아도 필요에 따라 다양한 과업들을 수행해 왔다. 오늘날에는 자신의 기술이나 관심 분야의 특정 역할에만 충실하고 이러한 여건이 조성되지 않을 때는 선교활동을 포기해 버리는 선교사들도 적지 않다.

세계복음주의연맹(WEA: World Evangelical Alliance) 선교위원회의 선교사 탈락에 대한 연구 조사에 따르면, "직업적 만족감의 결여"라는 항목이 전체 25개의 선교사 탈락의 원인들 가운데 13번째의 순위를 기록했는데, 이는 전통적인 파송 국가들이 보낸 모든 선교사들 가운데서 2.9%

의 선교사 탈락률을 차지했다(W. D. Taylor 1997, 92).

교회와 개인이 선교지의 필요만을 채우기 위해 가는 것이 아니라 선교 참여자나 파송 교회도 유익을 얻을 수 있는 기회를 찾고 있다. 종종 단기 선교 여행을 통해 이 목표를 성취하고자 하는 것을 볼 수 있다. 단기 선교 여행에 대한 광고를 살펴보면 참여자의 삶의 변화나 어떤 형태로든 유익을 보장해 준다는 문구가 들어가 있지 않은 것을 찾아보기 힘들 정도이다.

이러한 호소를 완전히 거부할 필요는 전혀 없다. 이 프로그램들은 대부분 잘 짜여 있다. 그러나 선교의 동기, 특히 청소년들의 선교의 동기가 상당 부분 혼합되어 버릴 수 있다. 바울은 우리가 복음에 참여함으로 "상급"과 "영원한 면류관"을 받을 것에 대해 말하고 있다(고전 9:23-24). "자신의 유익"은 이와 같이 선교의 동기에서 완전히 배제될 수 없다.

그러나 바울은 희생 제물로서의 자신의 사역에 대해서도 말하고 있다(빌 2:17; 딤후 4:6). 그는 복음을 위해 고난을 당했고(고전 2:24), 복음과 함께 고난을 당하는 일에 디모데가 참여해 줄 것을 요청하기도 했다(딤후 1:8)는 사실을 주목해야 한다. 사심이 없는 희생, 고난, 그리고 고린도전서 6:1-10에 기록된 자신의 사역과 관련한 박해 등에 대한 바울의 권면은 우리가 반드시 추구해야 할 것은 아니지만 선교의 동기가 배타적으로 자신의 유익에 한정되어서는 안 된다는 것을 잘 보여주고 있다.

### 7) 성별(gender)과 관련된 동기들

대부분의 서구교회들이 최근에서야 비로소 여성들에게 본격적인 영적 지도력과 목회적 돌봄을 위한 사역의 기회를 제공하기 시작했다.

빅토리아 시대의 영국(미국도 마찬가지로)에서 중산층 여성들은
훌륭한 전문직에 종사할 기회들이 제한되어 있었다. 결혼, 육
아 혹은 고상한 척하지만 가난으로 고통 받는 삶, 그리고 나태
한 독신 생활 등이 대다수 여성들의 일상적인 삶의 방식이었
다(Bowie 1993, 5).

선교사역은 여성들이 봉사활동과 지도력을 발휘할 수 있는 전례 없는 열린 문이었다. 이 동기는 그 자체만으로는 부적절한 것이기 때문에 의문의 여지가 있다. 루스 A. 터커(Ruth A. Tucker)는 선교가 왜 여성들의 주된 관심이 되었는지에 대한 두 가지 이유를 제시하고 있다.

여성들을 위한 기회들이 본국의 제도화된 교회 내에서는 제한
되어 있었는 데 비해 선교단체 지도자들은 잃어버린 세상을
향한 열정으로 인해 이러한 부분에서 기성 교단 교회 지도자
들보다 상대적으로 덜 제한적이었다(Tucker 1988, 9).

성결 운동(Holiness movement)은 한나 휘트올 스미스(Hannah Whitall Smith)와 푀비 팔머(Phoebe Palmer) 등과 같은 인물들과 함께 여성의 사역 참여의 길을 열어 준 계기가 되었다. 그러나 실제적으로는 해외 선교활동이 모든 교단과 교파의 전통을 초월하여 여성의 사역 통로가 되어 주었다. 개신교 선교 운동은 처음부터 여성들이 중보 기도자, 동원가, 모금 담당자 등의 핵심적인 역할을 담당했다(Beaver 1968b, 35). 개신교 선교 초기에는 선교사 부인들만 실제적인 선교활동에 참여할 수 있었다. 그러나 점차적으로 많은 독신 선교사들이 그들의 독자적인 결정으로 선교지에 가서 사역에 참여할 수 있도록 변화되었다.

독신 여성 선교사들의 가치와 잠재력이 입증되자 그 수가 폭발적으로

증가했다. 사실상 독신 여성 선교사에 대한 수요가 공급을 초과했고, 독신 여성 선교사를 모집하는 것은 쉬운 일이 아니었다(Swaisland 1993, 70). 이러한 사역의 기회는 여성 선교사들이 열악한 생활환경 가운데서 건강 악화, 유산, 자녀의 죽음, 심지어 조기 사망 등의 혹독한 대가를 요구하기도 했다(Bowie 1993, 7-8). 따라서 선교활동에 있어서 성별의 동기를 개인적인 자아실현의 관점에서 보아서는 안된다.

중국의 로티 문(Lottie Moon), 인도의 에이미 카마이클(Amy Carmichael), 나이지리아 칼라바(Calabar)의 메리 슬레서(Mary Slessor) 등 수많은 여성들이 선교활동에 참여하도록 영감을 불어넣어 주었다. 1900년경에 미국에는 41개, 캐나다에는 7개의 여성 선교사 파송단체가 있었다(Beaver 1968a 88). 1907년에는 4,710명의 여성 선교사가 해외 선교사로 활동하고 있었다(M. Douglas, 2000). 20세기 초반에 여성 선교사의 수가 남성 선교사보다 두 배로 많아졌다(Tucker 1988, 10; P. Williams 1993, 43).

오늘날에는 많은 교회와 교단에서 여성들이 지도력을 발휘할 수 있는 기회가 많아지고 있다. 이러한 현상이 여성 독신 선교사 수의 감소 추세의 원인으로 작용할 수 있으며, 현재는 독신 여성 선교사가 전체 선교사의 11% 정도를 차지하고 있다(M. Douglas 2000, 880). 여전히 여성의 선교활동은 사역에 있어서 매우 중요한 역할을 담당하고 있다.

여기서 우리는 성경적이며 효과적인 선교사역에 도움이 되는 선교의 동기들을 살펴보고자 한다.

## 2. 적절한 선교의 동기들

앞서 논의한 내용을 고려해 볼 때 무엇이 적절한 선교의 동기인가? 다음 6가지의 동기들을 간략하게 검토해 보기로 하자.

### 1) 긍휼과 인간의 필요

긍휼은 "세상을 이처럼 사랑하사 독생자를 주신"(요 3:16) 우리의 선교사 하나님의 성품이다. 우리는 마태복음의 다음의 말씀에서 예수의 긍휼을 읽을 수 있다.

> 예수께서 모든 도시와 마을에 두루 다니사 그들의 회당에서 가르치시며 천국 복음을 전파하시며 모든 병과 모든 약한 것을 고치시니라. 무리를 보시고 불쌍히 여기시니 이는 그들이 목자 없는 양과 같이 고생하며 기진함이라(마 9:35-36).

예수는 사람들의 육신적인 필요와 영적인 필요 모두에 대해 긍휼히 여기는 마음을 갖고 계셨다. 바울은 자신이 복음을 위하여 받은 고난과 박해가 "성령의 감화와 거짓이 없는 사랑"(고후 6:6)에서 비롯되었다고 고백했다. 그는 사람들에게 "사랑으로"(빌 1:16) 그리스도를 전파할 것을 간청했다. 요나 선지자는 불순종 때문이 아니라 하나님의 심판이 임박한 백성들을 향한 긍휼이 없는 것 때문에 책망을 받았다(욘 4장).

신자들의 삶 속에 베푸시는 성령의 사역 가운데 하나가 사랑이다(롬 5:5; 갈 5:22). 따라서 그리스도인

> 그러나 일단 사람의 마음 속에서 쌓여있던 죄책의 침전물이 떠오르게 되어 성령의 흐름이 자유롭게 다시 역사할 수 있게 되면, 그 사람은 사랑, 자비, 그리고 동정심의 샘에 대해 다시 마음을 열게 되며, 그 샘으로부터 선교에 대한 진정한 관심이 항상 생긴다.
>
> —Johannes Uerkuyl(1978, 165)

들은 그리스도와 사도들의 동기가 되었던 긍휼을 선교의 동기로 품어야 할 것이다. 이 긍휼에는 신체적, 사회적, 혹은 감정적 곤경에 처한 상태에 대한 일시적인 긍휼과 하나님의 영원한 심판에 직면해 있는, 그리스도로부터 멀어져 있는 사람들의 영적 상실에 대한 영원한 긍휼 모두가 포함되어 있다.

이 동기는 선교 역사 전체를 통해 찾아볼 수 있다. 에라스무스(Erasmus)는 선교의 과업이 문명화라고 주장한 바 있지만, 나중에는 "사탄의 횡포로부터 자유롭게 된 영혼과 구속자의 승리를 바라는 순수한 갈망"이라고 썼다(Van den Berg 1956, 13). 17세기의 네덜란드 종교개혁가들은 이교도들이 처한 일시적이고 영원한 운명에 대한 긍휼을 선교의 동기들 가운데 하나로 간주했다(ibid., 19-20). 18세기 제2의 종교개혁 당시 루터파와 칼빈파는 구원론보다는 오히려 "연민과 긍휼이 선교사역을 추진하는 강력한 원동력"이었다(ibid., 29).

존 엘리엇와 같은 초창기 청교도 선교사들과 17세기와 18세기의 경건주의자들에게는 기본적으로 긍휼과 죄를 멸하는 은혜의 능력을 나누는 기쁨이 가장 큰 동기가 되었다(Beyreuther 1961, 39). 존 웨슬리는 조지 휫필드(Geroge Whitefield)와는 달리 지옥과 심판에 대해 크게 주의를 기울이지 않았다. 그러나 이들은 모두 하나님의 보편적인 사랑을 강조했다. 영혼 구원은 절대적 핵심이었다(Van den Berg 1956, 100).

그리스도로부터 영원히 멀어진 불신자의 종말에 대해 설교하는 것은 드문 일이 아니었다. 예를 들면, 1803년에 개최된 미국의 장로교 총회에서 다음과 같은 설교가 전해졌다.

> 어느 끔찍한 사형 선고를 받은 이교도들이 영원한 불구덩이에 던져지기 직전에 절망의 눈으로 당신을 바라보며 "왜 이 날을 나에게 경고해 주지 않았는가?"라고 물을 때 당신의 마음은

찢어질 것이다(Van den Berg 1956, 101에서 재인용).

많은 설교들과 동원용 전단지들은 그리스도가 없이 죽어가는 수많은 사람들에게 복음을 전해야 할 긴박성에 대해 강조했다(보조 자료 7.1을 보라).

---

**보조 자료 7.1**
**"저 죽어가는 자 다 구원하고"(Rescue the Perishing)**

패니 크로스비(Fanny Crosby, 1869), 새찬송가 498장(통 275장)

저 죽어가는 자 다 구원하고 죽음과 죄에서 건져내며
죄인을 위하여 늘 애통하며 예수의 공로로 구원하네

(후렴) 저 죽어가는 자 예수를 믿어 그 은혜 힘입어 다 살겠네

주 믿지 않는 자 불쌍히 여겨 참 회개할 때를 기다리네
열심을 다하여 인도해 보세 예수를 믿으면 다 살겠네

(후렴) 저 죽어가는 자 예수를 믿어 그 은혜 힘입어 다 살겠네

저 죽어가는 자 구원해 내야 우리의 본분을 다 하리니
예수의 구원을 전파할 때에 그 크신 능력을 다 주시네

(후렴) 저 죽어가는 자 예수를 믿어 그 은혜 힘입어 다 살겠네 아멘.

---

◆ **성찰과 토의** ◆
① 이 유명한 찬송가에서 찾아볼 수 있는 선교의 동기는 무엇인가?
② 이 찬송가는 선교와 전도에 대해 무엇을 말하고 있는가?
③ 이 찬송가가 선교의 동기에 대해 당신에게 주는 새로운 교훈은 무엇인가?

---

해마다, 달마다, 날마다, 시간마다, 분마다 얼마나 많은 사람들이 죽어가고 있는지에 대한 통계를 제시하기도 했다(Beaver 1968a, 127-129).

빚진 자로서의 동기도 긍휼과 어느 정도 관련이 있다. 반 덴 베르크는 다음과 같이 말했다.

> 복음주의 진영에서는(여기에만 해당되는 것은 아니지만) 그리스도인의 양심의 소리가 들려 왔고, 이 소리는 다른 인종들에게 고통을 가하는 잘못에 대해 보상하고자 하는 마음 속에서 마아리쳤다(Van den Berg 1956, 150).

반 덴 베르크는 영국 제국주의 권력을 통해 인도와 아프리카에 행했던 악들에 대해 고발했던 수많은 복음주의자들을 인용했다.

> 빚진 자의 갈급한 심정에서 우러나오는 "연민의 비통함"이 그리스도인의 사역의 동기가 되었고, 복음주의자들은 이를 위한 가장 중요한 행동이 복음을 선포하는 것이라고 여겼다(ibid., 151).

19세기 말에 이르자, 그리스도에 대한 의식적인 믿음이 없이는 사람들은 영원히 잃어버리게 된다는 확신이 흔들리기 시작했다. 많은 선교단체들에 있어서 긍휼(compassion)이 삶의 질, 무지, 그리고 또 다른 일시적인 필요들에 대한 관심으로 옮겨 갔다. 반면에, 복음주의자들은 계속해서 잃어버린 사람들의 운명과 그들이 처하게 될 영원한 결말에 대한 긍휼을 강조했다. 존 파이퍼(John Piper)는 이 관점을 다음과 같이 간단명료하게 요약했다.

> 만약 사람들이 영원한 삶으로부터 단절되어 있다면(엡 2:2-3, 12; 4:17; 5:6), 그리고 만약 예수를 부르는 것이 영원하고도 즐거운 하나님과의 교제를 위한 그들의 유일한 희망이라면 …

그러면 사랑은 선교를 요구한다(Piper 2003, 155).

그는 계속해서 다음과 같이 말했다.

> 모든 인간의 가장 심각한 문제는 가장 가난한 자로부터 가장 부자에 이르기까지, 가장 아픈 사람으로부터 가장 건강한 사람에 이르기까지 모두 동일하다.
> 우리의 죄로 인해 모든 인간 위에 놓여있는 하나님의 진노로부터 어떻게 벗어날 것인가?
> 사랑은 우리가 사람들을 하나님의 진노로부터 구해내기 위해 일하도록 요청한다(ibid., 211).

긍휼의 동기가 어떤 사람들에게는 하나님의 명령, 계획, 혹은 사랑보다는 인간의 필요를 강조하여 지나치게 인간 중심적 동기로 보일 수도 있을 것이다. 선교의 동기가 너무 배타적으로 긍휼에만 집중되어 있다면 선교가 지나치게 감정에 호소하는 오류를 범할 수 있을 것이다. 다음의 동기는 긍휼의 동기를 보완하고 균형을 잡게 해 준다.

### 2) 그리스도의 사랑

바울은 고린도후서 5:14에 다음과 같이 기록했다.

> 그리스도의 사랑이 우리를 강권하시는도다(고후 5:14).

"그리스도의 사랑"(Christ's love)이라는 이 어구를 이해하는 몇 가지 방법이 있는데, 그 어구는 "그리스도께 대한 사랑"(the love of Christ)이라고도 번역될 수 있다.

- 불신자에 대한 그리스도의 사랑: 나는 그리스도의 사랑에 대한 지식을 불신자에게 전해야 한다.
- 신자들을 통해 다른 사람들에게 전달되는 그리스도의 사랑: 그리스도께서는 다른 사람들을 향한 자신의 사랑을 내 마음에 부어 주신다. 그러므로 나는 그들을 섬긴다.
- 신자들에 대한 그리스도의 사랑: 그리스도께서 나를 사랑하시기 때문에 감사함으로 나는 그들을 섬긴다.
- 그리스도에 대한 신자의 사랑: 내가 그리스도를 사랑하기 때문에 나는 그분을 섬긴다.

한편, 이 본문의 문맥은 그리스도의 구속과 화해의 사역을 말하고 있다(고후 5:14b, 18-19). 이는 처음 두 가지의 해석이 가장 적절하다는 것을 보여 준다. 다른 한편, 바울이 그리스도의 죽음 때문에 우리가 더 이상 우리 자신을 위해 살지 않고(15절), 그리스도에 대한 감사와 사랑을 표현해야 한다는 점을 강조한 것을 주목해 볼 때 마지막 두 개의 해석이 가능해진다. 이와 같이 바울은 이 모든 해석을 염두에 두고 있었던 것으로 보인다(Haris 1976, 351-54). 11a절에서 바울은 그의 사역에 있어서 책무성(accountability)을 언급하고 있다.

> 우리는 주의 두려우심을 알므로 사람들을 권면하거니와 …
> (고후 5:11a).

그러나 사랑이 선교의 최우선의 동기이다.

존 웨슬리는 죄인들을 향한 그리스도의 깊은 사랑으로부터 오는 "자비로운 사랑"에 뿌리를 두고 있다.

> 여기서 말하고 있는 것은 이 사랑이 그를 강권하여 이 사랑으로 모든 사람들을 사랑한다는 것이다(Van den Berg 1956, 99).

선교의 동기로서의 그리스도의 사랑에 대한 감사에 관하여, 미국해외선교위원회(American Board)의 S. L. 포머로이(S. L. Pomeroy)가 표현한 바 있는데, 그는 1853년에 이렇게 말했다.

> 십자가로부터 발산되는 빛나는 그리스도의 사랑이 그리스도인의 마음 속에 응답하는 사랑의 불이 타오르게 했다. 그리고 영혼이 회심했을 때 느끼는 첫 감정은 다른 사람들에게 그리스도를 전하고자 하는 열정인데, 이는 종종 그 자신의 해방으로부터 오는 감사의 마음과 함께 나타나기도 한다. 이 단순한 열정이 복음을 로마를 거쳐 마침내 온 세상에 이르기까지 전파하는 역동적인 사람이 되게 하는 것이다. … 열정은 결코 어떤 다른 동기들을 무력화하거나 약화시키지 않고 오히려 강화시킬 뿐 아니라 현세의 필요를 위해서든, 영혼을 위해서든 연민의 모든 화음을 조율하는 역할을 한다(Beaver 1968a, 142에서 재인용).

다른 사람들을 섬기는 동기로서의 하나님에 의한, 하나님을 위한 이 사랑은 대다수 다른 종교들과 완전히 다른 것이다. 인도의 작가 및 선교사인 비샬 망갈와디(Vishal Mangalwadi)는 힌두교인들의 자발적 봉사 정신과 희생적 섬김의 부족함을 지적하고, 기독교 선교사들의 그것과 비교하면서 다음과 같이 말했다.

초월적이며 인격적인 하나님을 알고, 사랑하고, 섬기는 것은 모든 서구 자발적 봉사 정신의 뿌리가 되었다. 선교사들은 자신들의 전 생애를 이것을 위해 바치는 사람들이기 때문에 이 자발적 봉사 정신의 가장 영웅적인 표현이라고 할 수 있다 (Escobar 2003, 99에서 재인용).

### 3) 그리스도의 명령에 대한 순종

"가라 …!"라는 지상명령에 대한 순종은, 선교의 가장 강력한 동기는 아닐지라도, 아마도 가장 명확한 동기일 것이다. 예수는 제자들에게, 그리고 교회들에게 가서 모든 피조물들에게 복음을 전하고 모든 민족들을 제자 삼으라는 명백한 선교 명령을 내리셨다. 이 명령을 내린 분으로부터 "하늘과 땅의 모든 권세"가 주어졌고, 이 명령은 "세상 끝날까지" 유효한 명령이다(마 28:18-20).

17세기에는 지상명령이 사도들에 의해 이미 완료되었다는 인식이 거의 사라졌다(Van den Berg 1956, 105). 그러나 이상하게도 그리스도의 명령은 오랫동안 선교의 우선적인 동기가 되지 못했다. 17세기의 청교도 종교개혁가들에게는 "점차적으로 그리스도의 확고한 명령이 선교에 대한 관심을 불러일으키는 역할을 하기 시작했다"(Van den Berg 1956, 29). 선교에서 신정 통치의 동기가 더 우세했다.

조나단 에드워즈는, 하나님께서 자신이 선택한 백성들이 아무리 반항하거나 싫어해도 그들을 구원하실 것이라는 "선택 교리"가 선교사들에게 담대함과 확신을 심어 주었다고 믿었다. 선교활동은 예정론의 신적인 계획에 참여하는 것이었다(Rooy 1965, 294-309).

반면에, 감리교는 칼빈주의를 거부했는데 예정론은 선교의 동기를 약화시킨다고 보았다. 웨슬리는 다음과 같이 주장했다. 예정론은,

굶주린 자에게 먹을 것을 주고, 헐벗은 자에게 옷을 주는 등의 현실적인 필요를 채워주는 모든 자비로운 활동에 가장 강력한 동기, 즉 죽음으로부터 그들의 영혼을 구원하려는 희망을 제거해 버린다(Van den Berg 1956, 86 재인용).

긍휼은 감리교의 가장 중요한 동기였다. 양쪽 모두 가서 복음을 전하라고 하는 하나님의 명령에 대한 순종을 전제로 하고 있었다.

지상명령에 대한 순종은 윌리엄 캐리(William Carey)와 아도니람 저드슨(Adoniram Judson) 등과 같은 선교사들에게 중요한 동기로 작용했다. 캐리는 그가 발행한 『이교도들의 회심을 위해 수단을 사용해야 할 그리스도인의 책임에 대한 연구』에서 그리스도인들은 복음을 전해야 할 **의무를 갖고** 있다고 강조했다. 그리고 지상명령이 더 이상 그리스도인들을 속박할 수 없다는 주장을 거부했다. 많은 사람들이 캐리의 가장 우선적인 동기는 "지상명령에 대한 순종"이었다고 믿고 있다.

그러나 "캐리의 이 책이 발행된 이후 첫 20년 동안은 선교 명령이 극히 제한적으로만 영향을 주었으며 결코 유일하거나 핵심적인 동기는 아니었다"(Van den Berg 1956, 165). 반 덴 베르크는 계속해서 다음과 같이 말한다.

단순히 초대 교회 당시뿐만 아니라 오랜 시간이 흐른 후에도 명백한 신적인 명령이 선교 과업의 동기로 작용하지 못했다는 사실에 주목해야 한다(ibid., 176).

피어스 비버(Pierce Beaver)의 설교와 홍보 책자들에 대한 연구에 따르면 19세기에 이르러서야 비로소 순종이 강력한 동기로 작용하기 시작했다(Beaver 1966, 125). 미국 선교에 큰 영향을 미친 루퍼스 앤더슨(Rufus

Anderson)이 1830년에 순종이 최우선적 동기가 되어야 한다고 주장한 바 있다(Beaver 1968a, 141). 하나님으로부터 가지 **말라**고 하는 명령을 받지 않은 한 **모든** 그리스도인들은 선교활동에 자발적으로 순종해야 하는 하나님의 명령을 받았다는 메시지가 보편화되기 시작했다(보조 자료 7.2를 보라).

이러한 순종의 동기는 율법주의라고 비판을 받았다. 이것에 대해서 로버트 E. 스피어(Robert E. Speer)가 1902년에 다음과 같이 답변했다.

> 이 문제에 대한 우리의 의무는 그분의 명령에 의해서가 아니라 이러한 상태에 처한 사람들의 삶의 현실과 상황에 의해 결정되어야 한다. 심지어 그리스도께서 교회에 "지상명령"을 부여하지 않았다고 할지라도 기독교 그 자체의 본질적 속성과 세상에 대한 사명 때문에 우리는 여전히 세계복음화의 책임을 가져야 한다(Beaver 1968a, 144에서 재인용).

사복음서의 마지막 부분에 기록된 지상명령이 어떤 서신서에서도 언급되어 있지 않을 뿐 아니라, 모든 열방에 가서 복음을 전파하라는 명확한 명령이 신약성경의 다른 어느 곳에도 기록되어 있지 않다는 단순한 사실은, 순전한 순종이 선교를 위한 최우선적인 성경적 동기가 아니라는 것을 가리킬 수도 있다. 그럼에도 불구하고 우리는 사도 바울이 자신을 복음에 빚진 사람이며 복음 전하는 일을 맡은 자라고 선포한 사실도 알고 있다(롬 1:14; 갈 2:7). 이것은 아마도 바울 자신의 이방인을 위한 사도로서의 특정한 부르심과 관련되어 있을 것이다.

그러나 오늘날의 교회에서는 선교가 하나의 자발성의 문제로 간주되기도 한다. 어떤 교회들은 "선교에 대한 관심"(그들 스스로 가진 관심)이 있고, 어떤 교회들은 관심이 없다. 선교는 교회 예산 항목 가운데 하나에 불과하고 단기선교는 교회 행사 일정들 가운데 하나일 뿐이다.

### 보조 자료 7.2
### 허드슨 테일러(J. Hudson Taylor)의 설교

중국내지선교회의 설립자인 허드슨 테일러는 1865년에 스코틀랜드의 퍼스(Perth)에서 많은 청중들 앞에서 중국에 선교사를 보내 줄 것을 호소하며 다음과 같이 설교했다.

세상 모든 사람들이 불멸의 영혼을 갖고 있다는 것과 거룩하신 주의 이름 외에 천하 인간 중에 구원을 받을 만한 다른 이름을 우리에게 주신 일이 없다는 사실을 믿습니까?
오직 그분 한 분만이 "길이요, 진리요, 생명"이며, 오직 그분으로 말미암지 않고는 아버지께로 올 자가 없다는 것을 믿습니까?
만약 그렇다면, 구원받지 못한 영혼들이 처한 상황을 생각해 보십시오. 그리고 그들에게 하나님을 알게 하기 위해 최선을 다하고 있는지에 대해 하나님의 관점으로 자기 자신을 살펴보십시오.
중국으로 가라는 특별한 부르심이 없다고 말할 수 없습니다. 당신 앞에 놓인 이러한 사실을 두고 오히려 당신이 집에 머물러 있어야 할 특별한 부르심을 확인해 봐야 필요가 있습니다.
만약 당신이 하나님의 관점으로 자신을 바라볼 때 집에 머물러 있어야 할 특별한 부르심을 받지 않았다면, 왜 당신은 "가라"는 구세주의 보편적인 명령에 불순종하십니까?
왜 전능하신 주님의 도우심 앞에 나아오기를 거부하십니까?
다음 퍼스(Perth) 대회가 열리기 전에 이미 1천2백만 명의 중국 영혼들이 우리의 손길이 닿기도 전에 죽어갈 것입니다.
그들에게 구원의 사랑을 전해주기 위해 우리는 무엇을 하고 있습니까?(Taylor 1965, 167)

◆ 성찰과 토의 ◆
① 테일러의 호소에 대한 성경적 근거는 무엇입니까?
② 선교사로서의 부르심에 대한 테일러의 견해에 동의하거나 하지 않는 이유는 무엇입니까?
③ 테일러의 주장이 오늘날에도 설득력이 있다고 생각하십니까?
   당신의 견해를 설명해 보십시오.

선교활동은 선교에 특별한 관심을 가진 사람들의 선택 사항 정도로 간주되기도 한다. 이러한 생각은 예수께서 제자들과 작별하실 때 직접 말씀하신 명백한 하나님의 명령과는 전혀 다른 것이다. 순종이 최고의 숭고한 동기는 아니겠지만, 복음을 맡은 자로서의 순종에 대한 책무는 모든 교회가 주님으로부터 받은 확고한 명령이다.

### 4) 하나님의 부르심 또는 내적 강권

하나님의 부르심, 초자연적인 인도, 혹은 단순한 내적 강권 등은 오랜 동안 선교의 강력한 동기가 되어 왔다. 이러한 동기들은 초자연적인 환상, 연민의 감정, 그리스도의 사랑, 혹은 다른 여러 가지 형태로 나타나기도 한다. 우리는 흔히 무거운 부담감이나 인간의 이성으로는 설명할 수 없는, 견딜 수 없거나 저항할 수 없는 부르심 등을 개인적인 간증을 통해 접할 수 있다. 이 동기는 단순히 선교의 필요나 의무에 대한 일반적인 인식뿐만 아니라 각 개인을 향한 하나님의 명확한 뜻과 직접 연관되어 강력한 요소로 작용한다.

사도 바울이 성경의 모델로 자주 인용된다. 바울이 다메섹 도상에서 개종했을 때 이방인을 위한 사도로 부르심을 받았다. 이 부르심은 후에 성령께서 안디옥의 선지자들과 교사들을 통해 확증해 주셨다(행 13:1-3). 바울의 "마게도냐로 건너와서 우리를 도우라"(행 16:9)는 환상도 또 다른 예가 될 수 있다. 바울의 선교 사명은 단순한 순종이 아닌 그를 강력하게 사로잡은 분으로부터 온 것이었다. 바울은 다음과 같이 고백했다.

> 내가 복음을 전할지라도 자랑할 것이 없음은 내가 부득불 할 일임이라 만일 복음을 전하지 아니하면 내게 화가 있을 것이로다(고전 9:16b).

그리고 바울은 동료 유대인들이 그리스도를 거부했을 때 다음과 같이 말했다.

> 내 자신이 저주를 받아 그리스도에게서 끊어질지라도 원하는 바로라(롬 9:2).

우리는 제9장에서 선교사로서의 부르심의 문제에 대해 보다 더 자세하게 살펴볼 것이다.

선교 역사상 대부분의 위대한 인물들에게 있어서도 부르심 혹은 내적 강권은 그들의 선교에 대한 동기에 있어서 적어도 한 부분을 차지하고 있다는 것을 알 수 있다. 예를 들어, 5세기 초 아일랜드에서 사역한 패트릭(Patrick) 선교사는 다음과 같이 말했다.

> 나는 서해 인근의 포클럿(Foclut) 숲 근처에서 살고 있는 사람들이 "거룩한 소년이여, 간청하오니, 다시 한 번 우리에게 와서 살아주시오"라고 간청하는 소리를 들었다(Neill 1964, 56에서 재인용).

또는 인도 서부지역을 여행하고 1814년에 인도에서 사망한 "감리교 선교의 아버지" 토마스 콕(Thomas Coke, 1747-1814)은 다음과 같이 주장했다.

> 하나님께서 나에게 "실론(지금의 스리랑카-역주)으로 가라"고 말씀하셨다(Van den Berg 1956, 193에서 재인용).

개인적인 부와 명예를 포기하고 선교사로 중국에 갔던 찰스 T. 스터드(Charles T. Studd)의 예를 인용한 후에 오스왈드 J. 스미스(Oswald J. Smith)는 다음과 같은 도전적인 질문을 던졌다.

> 당신도 이와 같은 마음을 갖고 있습니까?
> 당신도 이와 같은 긴박성을 느끼고 있습니까?
> 하나님의 말씀이 당신의 마음 속에서 불처럼 타오르고 있습니까?
> 당신이 가지 않고 있기 때문에 밤이든 낮이든 불안해하고 있지 않습니까?(Studd 2002)

이러한 확신과 내적 충동은 종종 선교활동에 대한 부르심을 가리킨다고 인식되었다.

선교사로서의 부르심에 대한 이 같은 이해는 최근까지도 복음주의 진영에서 선교의 핵심 동기로 간주해 왔다. 전통적으로, 선교단체들은 선교사 지원자들에게 자신의 선교사로의 "부르심"에 대해 진술할 것을 요청해 왔다. 선교단체가 어느 특정한 형태의 부르심을 기대하는 것은 아니지만, 선교사 지원자가 부르심이 있다는 확신을 심어주지 못하면 선교사로 거의 허입되지 못하였다(Eskilt 2005).

선교사로의 부르심에 대한 극단적이고 낭만적인 이해는 적어도 두 가지 방식으로 해로울 수 있다.

첫째, 선교사로서의 부르심에 대한 적절한 동기를 갖고 있고, 하나님의 인도하심을 받은 많은 사람들이 하늘로부터 번개가 치는 등의 극적인 부르심의 경험이 없거나 부족하다는 이유로 망설이고 있는 경우도 있다.

둘째, 이미 선교사가 되었던 사람들은, 죽음이나 은퇴가 아닌 다른 이유로 선교지를 떠나 본국에 돌아온 경우에 실패에 대한 과도한 부담감이나 부르심에 대한 기대를 저버렸다는 죄책감 등으로 인해 고통을 당하기도 한다.

오늘날에는 대다수의 선교단체들이 선교사 지원자의 부르심에 대한 확신뿐만 아니라 영적 은사, 봉사 경력, 인격적 특성, 감정적 안정성, 팀 사역 정신 등 다양한 영역들을 검증하고 있다. 이러한 검증 절차들은 적절하게 사용될 때 매우 유용한 도구가 될 수 있다.

많은 교회 신자들이 선교사로의 부르심에 대한 신비로운 이야기들을 현대적 형태의 성인전(聖人傳, hagiography)이나 감상적인 영성으로 간주하고 있다.

그러나 우리는, 선교활동을 단순한 자원 봉사 정신 정도로 그 의미를 축소하고 있는 오늘날의 경향에 대해 질문해야 하지 않겠는가?

지금도 여전히 선교사로서의 유효한 부르심에 대한 하나님의 분명한 인도하심은 어떤 것인가?

하나님의 인도하심이 아닌 다른 수많은 동기로 단기 선교 여행과 심지어 장기 선교에 참여하는 교회가 많지는 않은가?

선교와 관련하여 신실하게 하나님의 인도하심을 간구하거나 깊은 헌신으로 나아가지 못하는 경우가 얼마나 많은가?

하나님께서는 가장 바람직하지 않은 상황조차도 사용하셔서 자신의 종들을 선교를 위해 인도하시기도 하지만, 실업, 자아실현, 지루함, 혹은 모험 등의 동기를 성령의 역사에 의한 하나님의 강권하심이나 하나님의 부르심보다 더 나은 대체물로 볼 수 있겠는가?

제9장에서 다루겠지만, 하나님은 특정한 사람들을 특별한 방법으로 복음을 위한 타문화 사역자로 선택하시고, 준비시키신다. 선교사로서의 하나님의 부르심에 있어서 낭만적 동기와 이상주의와 극적인 체험 등을 경계할 필요가 있겠지만, 우리는 결코 성령의 초자연적인 인도를 배제해서는 안된다.

## 5) 송영: 하나님의 영광을 위하여

우리는 선교의 궁극적 목적이 하나님의 영광에 있다는 사실을 알고 있다. 복음이 모든 열방 가운데 증거되어 그들이 기쁨으로 왕께 경배하는 자들이 되기를 바란다. 이 목적은 결과적으로 선교의 가장 궁극적인 목적이 될 수 있다. 존 스토트(John R. W. Stott)는 다음과 같이 말했다.

> 예수 그리스도의 하나님 우편, 즉 최고의 존귀한 위치로 높아지심이 모든 선교의 동기들 가운데 가장 강력한 동기가 되어야 한다(Stott 1922, 366).

그리스도께서 이 땅에 몸소 종으로 오셔서 "이방인들도 그 긍휼하심으로 말미암아 하나님께 영광을 돌리게 하려 하셨다"(롬 15:9). 바울은 바로 몇 절 뒤에 이방을 위하여 자신을 하나님께 드린다고 기록했다(롬 15:16). 바울은 모든 그리스도인들에게 무엇을 하든지 하나님의 영광을 위해 하라고 당부했다(고전 10:31). 그는 자신의 사역에 대해 다음과 같이 기록했다.

> 이는 모든 것이 너희를 위함이니 많은 사람의 감사로 말미암아 은혜가 더하여 넘쳐서 하나님께 영광을 돌리게 하려 함이라(고후 4:15).

그는 자신의 동료 사역자들을 "그리스도의 영광"이라고 묘사했다(고후 8:23).

하나님의 영광은 중세 시대의 초기부터 베네딕트 수도원의 생활, 봉사, 그리스도 선교 등을 이끌었던 『성 베네딕트 규칙서』(Rule of St. Benedict)의 핵심 원리였다. 신본주의적 동기와 함께 하나님의 영광의 동기가 청교도들과 초기 미국 선교 지도자들 가운데서 두드러지게 나타났다(Rooy 1965, 282, 323-28; Van den Berg 1956, 155-56; Beaver 1966, 17-19).

> [미국] 국가 초기에 하나님의 영광은 첫 번째 그리고 가장 큰 선교 동기였다. 구속 사역을 공유하는 교회의 기회라는 인식이 지배적이었는데, 이는 일찍이 선교사역을 지지하는 사람들의 생각에서 나온 흥미로운 개념이었다(Chaney 1976, 225).

이 동기는 1810년경부터 뚜렷하게 약화되기 시작했는데, 공교롭게도 이때는 개신교 선교 운동의 확장이 시작되는 시기였다(Beaver 1968a, 139-40).

보다 최근에는 존 파이퍼의 잘 알려진 글이 송영적(doxological) 동기를 재점화한 바 있는데, 그는 "예배가 없기 때문에 선교가 존재한다"라고 말했다. 그래서 예배는 "선교의 원동력이며 목적"이라고 주장했다(Piper 2003, 17). 그는 계속해서 다음과 같이 말했다.

> 하나님의 위엄과 아름다움에 대한 경배를 중심에 두지 않는 교회들은 "모든 민족들에게 하나님의 영광을 선포"하는 강렬한 소망의 불꽃을 점화시키기가 어려울 것이다(시 96:3)(ibid., 18).

### 보조 자료 7.3
### 아도니람 저드슨의 동기

최초의 미국 선교사인 아도니람 저드슨(Adoniram Judson, 1788-1850)은 존 해셀타인(John Hasseltine)에게 다음과 같이 그의 딸인 앤(Ann)과의 결혼을 승낙해 줄 것을 요청하는 편지를 썼다.

저는 오는 초봄에 당신의 딸을 내어주실 것을 요청하는 바입니다. 그러면 이 세상에서 더 이상 당신의 딸을 볼 수 없으실 것입니다. 당신의 딸이 이 교도의 땅으로 떠나 고난과 역경의 선교사의 삶을 살아야 하는 것을 승낙해 주실 것을 요청합니다. 대양의 위험과 인도 남부의 치명적인 기후 환경, 온갖 종류의 결핍과 고통, 천대, 모욕, 박해, 그리고 아마도 폭력적인 죽음에 처해질 수 있는 상황을 승낙해 주실 것을 요청합니다. 천국의 집을 떠나 당신과 당신의 딸을 위하여, 영원히 고통당하는 영혼을 위하여, 시온을 위하여, 그리고 하나님의 영광을 위하여 죽임을 당하신 그분, 바로 그분을 위하여 이 모든 것을 승낙해 주시기를 요청합니다. 이교도들이 당신의 딸을 통해 영원한 고통과 절망으로부터 구원을 받음으로써 당신의 딸의 구세주에게 돌리게 될 찬양의 환호에 의해 밝게 빛날 의의 면류관과 함께, 영광의 세계에서 당신의 딸을 곧 다시 만날 소망 가운데, 이 모든 것을 승낙해 주실 것을 요청합니다(Anderson [1956] 1972, 83).

그들은 1812년에 결혼했고 12일 후에 인도로, 그리고 버마로 항해하던 중에 뜻하지 않은 유산을 경험한 앤은 8개월 된 태아를 그곳에 묻어야만 했다. 선교사로서의 고된 생활과 아도니람이 옥고를 치렀던 17개월 동안 그를 돌보느라 앤은 건강을 잃어 버렸다.

1826년, 36세가 되었을 때 그녀와 생후 6개월 된 딸이 죽었다. 그녀는 버마(미얀마)어와 태국어로 성경의 일부를 번역하였고, 그녀의 남편과 함께 훗날 수천의 교회와 수만의 그리스도인들로 성장하게 된 교회의 씨앗을 심었다.

♦ **성찰과 토의** ♦
① 앤의 아버지에게 쓴 아도니람의 편지에 반영된 선교활동의 우선적인 동기는 무엇인가?
② 당신은 저드슨이 어리석은 행동을 했다고 생각하는가?
③ 저드슨의 동기와 오늘날의 선교의 동기 사이에서 발견할 수 있는 가장 큰 차이는 무엇인가?
④ 오늘날 선교사역의 시대와 환경이 저드슨 당시와는 많이 달라졌다.
시대가 변함에 따라 오늘날의 선교 동기가 갖고 있는 본질도 변화해야 한다고 생각하는가?
당신의 견해를 진술해 보라.

## 6) 종말론적 동기: 종말을 기대하며

마지막 일들과 그리스도의 재림에 대한 성경적 가르침인 종말론은 교회의 전 역사를 통해 강력한 선교의 동기가 되어 왔다. 종말론적 동기는 이 세대는 지나가고, 장래에 그리스도의 재림과 함께 완전한 하나님 나라가 도래할 것을 강조하는 것이다. 종말론은 오늘날 역사의 중요성을 일깨워주고, 선교가 구원의 역사와 연관이 있다는 것을 보여준다. 선교의 결과는 우연이나 인간의 성공과 실패에 달려 있는 것이 아니다. 선교는 하나님의 선교이고, 실패하지 않을 것이다.

교회는 모든 민족들에게 천국의 도래를 선포하고, "이 천국 복음이 모든 민족에게 증언되기 위하여 온 세상에 전파되리니 그제야 끝이 오리라"(마 24:14)는 예수 그리스도의 말씀을 성취해야 한다(참조, 마 13:10). 칼 하르텐슈타인(Karl Hartenstein)은 종말론은 "세상을 향한 교회의 희생적인 사랑과 담대한 증거"를 위한 가장 강력한 동기라고 주장한 바 있다(Spohn 2000, 101에서 재인용).

### (1) 종말론적 동기의 다양성

종말론은 다양한 방법으로 선교에 동기를 부여할 수 있다. 선교를 위한 종말론적 동기의 다양한 표현들은 각각 타당성과 함께 극단적 형태의 위험한 요소들도 포함하고 있다.

첫째, 복음이 모든 민족들에게 편만하게 전파되기 전까지는 종말이 오지 않을 것(마 24:14; 막 13:10)이라는 표현은 **선교의 과업이 헛되지 않고 널리 퍼지게 될 것이라는 소망과 확신**으로 이해될 수도 있다.

그리스도께서 영광 중에 다시 오실 때, 교회는 이 과업이 성취되었다고 확신할 수 있을 것이다. 종말론은 선교의 결과에 있어서 소망과 확신을 가져다 준다. 하워드 페스켓(Howard Peskett)은 다음과 같이 썼다.

> 당신 속에 불타오르는 소망이 없다면 특히 말로 설명하기 어려울 정도로 어려운 지역에서 매일 매년 지속적으로 전도하고 교회를 개척하는 것은 쉬운 일이 아니다(Peskett 1997, 303).

우리가 하나님의 선교에 참여함에 따라, 우리는 자기 자신보다 비교할 수 없이 위대하고 의미 있는 어떤 것의 일부가 되는 것이다. 우리는 창조에서부터 완성에 이르기까지 모든 열방을 향한 하나님의 계획을 성취하는 하나님의 도구가 되는 것이다.

둘째, 종말론적 소망 그 자체는 동기이다.

**그것은 소망이라고는 거의 찾아볼 수 없는 세상을 향한 특별한 기쁜 소식**이 아닐 수 없다는 점에서 그렇다.

생명이 죽음을 정복할 것이다. 구속받은 피조물은 새 하늘과 새 땅, 평화와 의의 나라, 그리고 고통이나 시련, 혹은 불의가 없는 세상을 누리게 될 것이다. 세상은 이제 이러한 후자의 것들로 채워질 것이며, 인간의 노력이 궁극적으로 그것을 멸절시킬 수 있을 것이라는 희망은 사라질 것이다. 우리의 노력은 고작해야 임시방편적인 미봉책에 불과하다.

선교는 장차 도래할 천국을 선포하는 것뿐만 아니라, 그리스도의 초림과 함께 이미 시작된 천국에 대한 선포이다. 이 유일한 소망은 반드시 다른 사람들에게도 전해져야 한다. 이것은 세상이 반드시 들어야 할 기쁜 소식이다.

셋째, 종말론이 제기하는 선교의 또 하나의 동기는 **구원의 메시지가 더 늦기 전에 전파되어야 한다는 긴박성**의 동기이다.

이 관점은 그리스도께서 다시 오실 때, 모든 사람들이 하나님의 심판에 직면할 것이라는 사실을 강조하고 있다. 모든 사람들이 죄를 범했기 때문에 누구든지 복음을 듣고 그리스도를 통해 용서를 받지 못했다면, 영원한 죽음의 형벌에 처해질 수 밖에 없다. 선교사의 복음 선포는 글자 그대로 생명과 사망이 달려 있는 문제이다. 그리스도께서 언제 오실지 모르기 때문에 구원의 소식을 가능한 한 많은 사람들에게 최대한 신속하게 전하기 위해 우리는 어떤 노력도 아끼지 말아야 한다.

넷째, 종말론적 동기의 네 번째 형태는 선교의 선포가 **그리스도의 재림을 앞당길 수 있는 수단**이 된다는 것이다.

마태복음 24:14과 마가복음 13:10은 그리스도의 재림이 교회가 세계 복음화의 과업을 성취하는 것과 연관되어 있는 것으로 해석한다. 이 관점에 따르면 선교사의 선포는 그리스도의 재림을 완수하는 조건이 되는 것이다. 교회는 이 조건을 성취해야 할 책임을 갖고 있고, 이를 단순하게 표현하면 인간의 노력이 관건이라는 것이다.

### (2) 종말론적 동기들: 그때와 지금

선교의 종말론적 동기는, 선교사들에게 활발한 선교활동을 통해 세상의 마지막이 앞당겨질 수 있다는 종말적 기대를 불어 넣었던 최초의 진정한 선교사 교황이었던 대 그레고리(Pope Gregory the Great, 540-604)

시대에서도 찾아볼 수 있다(Padberg 1995, 350). 17세기의 화란 종교개혁가들은 유대인의 회심에 뒤이어 이방인들의 회심을 그리스도의 재림을 위한 필수 조건으로 보았다(Van den Berg 1956, 20). 모라비안 교도들을 비롯한 독일 경건주의자들은 종말론적 동기가 핵심은 아니었지만, 하나님 나라의 도래에 대한 사상이 동기가 되었다(Beyerhaus 1961, 39).

> 미국 선교회들은 청교도의 산물이었고, 뉴잉글랜드 건국 초기의 헌법 제정자들은 자신들의 모든 식민지 개척을 위한 모험의 근거로 종말론적 관점에 주목했다(Beaver 1959, 61).

조나단 에드워즈는 스가랴서 8:20-22의 종말론적 환상을 기도와 선교의 동기로 보았다(Edwards, 1748). 영적 부흥 운동을 이끌었던 설교자들이나 감리교 신자들의 영국 선교를 위한 노력의 동기에 있어서 종말론은 큰 역할을 하지 못했다. 그러나 이러한 부흥이 천국의 도래에 대한 예표가 될 수 있다는 흥분에 사로잡혀 있었던 것은 사실이다(Van den Berg 1956, 65 and 104).

19세기 초에 종말론은 선교에 있어서 중요한 역할을 담당하기 시작했다.

> 선교활동의 시작을 천년왕국의 서막을 알리는 가장 중요한 신호로 간주했던 대영제국의 많은 사람들이 이 새로운 열정에 사로잡혀 있었다(Van den Berg 1956, 161).

1830년경에는 천년왕국의 도래를 위하여 죽어가는 사람들을 구원하는 것이 가장 중요한 동기가 되었다(Beaver 1968a, 126-127). 천년왕국설은 19세기 선교에 있어서도 계속해서 핵심적인 동기로 작용했는데, 미국 남북 전쟁 이후에는 점차적으로 감소했지만 여전히 죽어가는 이교도들의 구원의 긴박성은 지속되었다(Beaver 1959, 69-70).

소위 "믿음 선교"(faith missions)를 추구했던 초기의 많은 선교 지도자들이 그리스도의 임박한 재림의 수단으로서의 선교를 강력하게 주장했다. 칼 귀츨라프(Karl Gützlav, "중국의 사도"), 허드슨 테일러(중국내지선교회의 창립자), A. B. 심슨(A. B. Simpson, C&MA[Christian and Missionary Alliance] 교단 창립자), 프레드릭 프랜슨(Fredrik Franson, 미국 TEAM[the Evangelical Alliance Mission] 선교회 창립자), A. T. 피어슨(A. T. Pierson, 학생자원운동), 그리고 오순절 선교 지도자들을 포함하는 많은 위대한 지도자들이 여기에 포함된다(D. J. Bosch 1991, 316; Robert 2003, 135; McGee 1986, 95 and 169; 1991, 207-8).

보다 최근에는 아더 P. 존스턴(Arthur P. Johnston)이 천년왕국의 정신에 대해 이렇게 말했다.

> 성경은 이 시대의 어떤 개인이나 사회가 완벽하게 될 것이라고 약속하지 않는다. 그러나 세상의 궁극적인 필요를 채우는 데 있어서 전도보다 더 기여할 수 있는 것은 아무 것도 없다. 그럼에도 불구하고 성경적 전도의 목적은 **기독교화된 세상이 아니라 왕을 다시 오시게 하는 세계복음화에 있다**(Johnston 1978, 52, 강조는 필자의 것).

독일 루터교의 피터 바이어하우스(Peter Beyerhaus)는 이 견해에 다음과 같이 동의하고 있다.

> 전도는 이 땅에 그리스도의 나라가 가시적으로 세워지는 것을 앞당길 수 있는 교회의 가장 핵심적인 활동이다. 이 과업이 완수되었을 때에만 그리스도께서 신음하는 피조물들을 현세의

속박으로부터 구원하시기 위해 이 땅에 오실 것이다(Beyerhaus 1975, 294; 참조, 1990, 369).

복음주의 로마가톨릭과의 대화(Evangelical-Roman Catholic Dialogue)에서 서로 동의한 선교의 동기들 가운데 하나가 "주님의 재림을 앞당기는 것"이었다("Evangelical-Roman Catholic Dialogue" 1986, 8).

(3) 종말론적 동기에 대한 평가

성경은 의심할 여지없이 하나님의 어린 양의 구속 사역을 통해 각 족속과 방언과 백성과 나라의 모든 사람들이 값을 지불하고 사신 바 되었다는 것을 증거하고 있다(계 5:9; 7:9). 복음을 받아들이는 사람들의 수가 적다고 할지라도(마 7:13), 그들은 반응할 것이다. 교회가 머뭇거리고 있다고 할지라도, 선교사가 연약하고 결함이 있다고 할지라도, 교회는 하나님께서 열방을 향한 자신의 목적을 이 세대에 성취하실 것이라는 확신을 가져야 한다.

이 종말론적 소망은 인간의 불완전함에도 불구하고, 많은 반대에 직면할 때에도 굴하지 않고 지속할 수 있게 하는 큰 격려가 될 것이다. 그리스도께서도 더 이상 일을 할 수 없는 밤이 오기 전에 일할 것에 대해 권면하고 있다(요 9:4).

예수 그리스도께서 언제 재림하실 지 아무도 알 수 없지만(마 24:36), 우리는 그가 오시는 날은 심판의 날이 될 것이라는 사실을 알고 있다(살전 1:7-9). 바울이 디모데에게 때를 얻든지 못 얻든지 하나님의 말씀을 전파하고, 복음 전도자로서의 사명을 감당하라고 명령한 것은 긴박성을 전제로 한 것이다.

하나님 앞과 살아 있는 자와 죽은 자를 심판하실 그리스도 예수 앞에서 그가 나타나실 것과 그의 나라를 두고 엄히 명하노니(딤후 4:1).

바울은 자신의 사역에 대해 다음과 같이 말한 바 있다.

우리는 주의 두려우심을 알므로 사람들을 권면하거니와 (고후 5:11a).

"오직 주께서는 너희를 대하여 오래 참으사 아무도 멸망하지 아니하고 다 회개하기에 이르기를 원하시느니라"(벧후 3:9)는 말씀은 하나님께서 그리스도의 재림에 대하여 인내하신다는 것을 보여주고 있다. 우리의 종말론적 확신은 이와 같이 매우 긴박하게 예수 그리스도의 메시지를 전파할 것을 촉구한다. 그러나 이러한 태도가 신중하지 못한 채 서둘러 일을 끝내려는 피상적인 선교의 결과를 초래하지 않도록 주의해야 한다.

오늘날에는 교회가 여러 가지 이유로 그리스도의 재림과 선교의 긴박성에 대한 인식을 잃어가고 있다. 로잔 언약에 다음과 같이 언급되어 있다.

이 재림의 약속은 우리의 전도를 가속화시킨다. … 그리스도의 승천과 재림 사이의 중간 기간은 하나님의 백성의 선교사역으로 채워져야 한다고 우리는 믿는다. 그러므로 종말이 오기 전에는 우리에게 이 일을 멈출 자유가 없다(Lausanne Covenant §15).

우리의 선교적 노력이 그리스도의 재림을 앞당길 수 있는가? 이 질문에 대해서는 보다 신중하게 평가할 필요가 있다.
첫째, 그리스도의 재림을 앞당기는 일을 위해 교회에 참여할 것을 요청하는 내용들이 자칫 잘못하면 그리스도의 재림이 인간의 노력 여하에 달려 있을 수 있다는 인상을 줄 수 있다.

에버렛 W. 후파드(Everett W. Huffard)가 다음과 같이 주장한 것은 의심의 여지없이 옳다.

> 성공지향적인 미국의 문화적 가치와 자신의 목적지를 스스로 결정하려고 하는 성향이 그리스도의 재림을 앞당기기 위해 우리가 무엇인가를 할 수 있다는 결론을 섣불리 내릴 수 있게 만들었다(Huffard 1991, 10).

교회는 복음을 전파하고 이 세대에 모든 민족들을 향한 하나님의 목적이 성취되도록 돕는 최우선의 도구이지만, 만일 우리가 이 일에 실패하면 그리스도가 재림할 수 없고 하나님의 계획이나 시간이 방해를 받을 수 있다는 잘못된 인상을 준다면, 그것은 잘못된 주장이다. 하나님은 주권자이시다. 그리고 만약 어느 한 교회가 실패를 하더라도 그는 다른 교회들을 일으켜서 자신의 목적을 성취하실 것이다.

둘째, 마태복음 24:14과 마가복음 10:13은 명령이 아니라 선지자적인 진술이다.

베드로후서 3:12은 신자들에게 다음과 같이 말하고 있다.

> 하나님의 날이 임하기를 바라보고 간절히 사모하라(벧후 3:12).

그러나 우리는 이 본문이 의도하는 바를 과장해서 강조하는 오류를 범하지 않도록 조심해야 한다. 리차드 J. 보컴(Richard J. Bauckham)은 이 본문에서 그리스도의 재림이 지연되는 것은 아무도 멸망에 이르기를 원하지 않는(9절) 주님의 열망 때문이라고 주장했다. 그리스도인들의 전도와 삶의 방식은 많은 사람들이 구원을 받게 하는 데 기여하고 있다. 그러나 그는 다음과 같은 결론을 내린다.

> 이 사실이 종말의 시기를 결정하는 하나님의 주권을 약화시킬 수 없다. … 그러나 이 사실이 오직 의미하는 바는, 그의 주권적 결정은 인간의 문제를 너그럽게 고려하신다는 것이다 (Bauckham 1983, 325).

그러나 어떤 사람은 이 본문에서 인간의 책임을 약화시키고, 신적인 계획을 강조하기도 한다. 마태복음 24:14과 마가복음10:13에서 선교는, 특히 선포와 관련하여, 그리스도의 재림을 기대하는 교회의 핵심적인 과업이다. 세계복음화는 이 세대를 위한 하나님의 목적의 중심이 된다. 선교사역은 그리스도의 재림을 향하여 진행되고 있는 역사에 의미를 부여하는 것이다.

> 선교학은 물론이고 기독교 신학은 결코 시간(특히 그 중에서도 그리스도의 부활과 재림 사이의 모든 시간)에 대하여 하나님께서 부여하신 의미에서 벗어나도록 허용해서는 안된다(Scherer 1990, 403).

사도 바울은 이 묵시적 비전과 그리스도의 재림에 대한 열망으로부터 동기를 부여 받았다(Aus 1979; Carriker 1993). 이것이 우리의 동기가 되어야 한다. 왜냐하면 하나님이 우리에게 의존하기 때문이 아니라 오히려 그의 목적을 우리를 통해 성취하도록 우리가 하나님을 의존해야 하기 때문이다.

## 4. 결론

사랑과 긍휼은 분명히 선교의 핵심에 자리하고 있다. 그러나 그것만으로는 우월성에서 나오는 베푸는 자로서의 동정심 정도로 그 의미가 쉽게 퇴색할 수 있다. 심지어 인간이 처한 영원히 벗어날 수 없는 곤경의 상태에 대한 가장 강한 연민조차도 그 자체로는 적절하지 않다. 이것은 인간 중심적이고, 타락의 대상이기 때문이다.

지상명령에 대한 순종은 명백한 성경적 동기이지만, 그 자체로는 충분하지 않다. 사랑과 기쁨이 없는 맹목적 순종은 이 사역의 원래 의도를 훼손할 수 있다. 순종하고자 하는 의지의 힘은 명령을 듣는 것에서보다 더 큰 근원에서 찾아야 한다. 지상명령은 그리스도 자신의 권위, 임재(마 28:19-20), 그리고 성령의 은사(눅 24:49)에 대한 약속과 함께 주어진다. 반 덴 베르크는 때때로 순종을 강조해야 할 필요성을 인정하면서도 다음과 같이 덧붙인다.

> 그러나 이러한 필요가 생겨날 때는 교회의 생명에 어떤 문제가 있는 것이다. 그것은 마치 결혼생활에 있어서 서로간의 사랑의 의무를 강조할 때는 무엇인가 문제가 있기 때문인 것과 마찬가지다(Van den Berg 1956, 199).

(내적 강권을 포함하여) 부르심은 사도 바울의 서신에서 여러 차례 언급하고 있는 동기이다. 이 동기는 하나님의 주도권, 하나님의 계획, 하나님의 은사에 그 뿌리를 두고 있다. 부르심은 언제나 다른 영적 지도자들의 확인이 필요하며, 가시적이고 공적으로 손을 얹어 안수하는 것도 중요한 부분을 차지한다(행 13:3).

그리고 이러한 공적 행동이 결과적으로 마음이나 동기를 잃어버린 종에게 격려가 될 수 있다(딤전 4:14; 딤후 1:6). 성경과 선교의 전 역사를 통해서 섭리적 인도, 부르심, 은사 등이 선교의 중요한 동기가 되어 왔다는 것을 부인할 수 없을 것이다.

극단적인 금욕주의와 자아실현 등의 동기들은 자기의 이익을 도모하기 위한 동기가 아니다. 그리스도께서는 자신을 부인하고 진정한 제자가 될 것을 요청하셨다(눅 14:26-27). 바울은 골로

> 그는 세상을 그의 발 밑에, 천국을 그의 눈 속에, 복음을 그의 손에, 그리고 그의 마음에는 그리스도를 모시고서, 하나님을 위한 대사로서 예수 그리스도 외에는 아무 것도 알지 않으며, 죄인들의 회심 외에는 아무 것도 기뻐하지 않으며, 그리스도의 나라의 확장 외에는 아무 것도 바라지 않으며, 예수 그리스도의 십자가 외에는 아무 것도 높이지 않기를 간구한다. 그는 예수 그리스도의 십자가에 의해서 세상에 대해 못박히고 세상은 그에 대해 못박혔다.
>
> —Henry Venn, 1803
> (Stott 1992, 374에서 재인용)

새서 1:24에서 "나는 이제 너희를 위하여 받는 괴로움을 기뻐하고 그리스도의 남은 고난을 그의 몸된 교회를 위하여 내 육체에 채우노라"라고 고백했고, 빌립보서 3:10에서는 "내가 그리스도와 그 부활의 권능과 그 고난에 참여함을 알고자 하여 그의 죽으심을 본받아"라고 말했다.

이러한 말씀들은 깊이 묵상할 가치가 있다. 이 말씀들은 선교사역 가운데서 경험하는 고난이 구원이나 성화를 얻게 하지는 못하지만, 고난 받을 준비를 하는 것과 고난 가운데서도 기뻐하는 것은 그리스도와의 관계를 더욱더 깊게 할 수 있다.

개인적인 변화와 성숙, 만족과 성취, 교회부흥, 그리고 또 다른 실용적인 유익들은 얼마든지 환영할 만한 선교의 부산물과 축복들이다. 그러

나 이러한 것들이 우선적인 동기가 될 때, 선교는 마지막에 언급한 바대로 자기의 이익을 도모하는 또 다른 목적을 위한 수단이 되고 말 것이다. 이것은 완전히 희생적으로 자신의 아들을 보내신 아버지의 영, 곧 선교의 정신과는 완전히 반대되는 영이다.

    선교의 가장 궁극적인 동기는 반드시 하나님 자신의 인격, 즉 세상을 향한 그의 사랑과 그리스도를 통한 구속 사역, 그리고 모든 민족이 복음을 듣게 되고, 이 땅에 그의 영광이 충만하게 되리라는 그의 약속에 그 뿌리를 두어야 한다.

## 제8장
# 교회와 선교

하나님은 자신의 목적을 역사 가운데, 즉 자신의 선교 가운데 주로 한 백성을 통하여 실현하기로 결정하셨다. 우리가 앞 장들에서 살펴보았듯이, 그 백성은 오늘날 교회이다. 이 장에서 우리는 교회와 선교의 관계를 다음의 것들과 연관하여 고찰할 것이다.

① 교회의 선교사적(missionary) 성격
② 선교적 교회에 관한 대화
③ 선교의 파송 구조들

## 1. 교회의 선교사적 성격

공정하게 제기되어야 할 질문은 다음과 같다.
교회가 선교를 소유하는가?
아니면 하나님의 선교가 교회를 소유하는가?
교회가 선교를 소유한다는 주장은 교회가 선교와 분리되어 존재하거나 적어도 교회가 선교 위에 있거나 선교를 결정한다고 단정하는 것이다. 물론 제도적 의미에서 이 주장은 사실이다. 제도적 기관들은 부름 받은 교회로 존재하며 그 기관들은 자신의 임무가 무엇인지를 결정해야 한다. 그러나 교회는 하나님에 의해 존재하게 되었으며 그분에게서 그 목적을 도출하기 때문에 우리의 이해는 단순한 제도적 개념들을 넘어서야 한다.

### 1) 선교와 교회의 정체성

하나님은 자신의 선교를 섬기게 하려는 목적으로 교회를 불러 세우셨다. 예수는 친히 교회를 세우신 분이시며 교회는 **주님의 것**이다(마 16:18). 예수는 자신이 보내심을 받은 것처럼(요 20:21), 그의 선교를 계속 수행하도록 제자들을 세상으로 보내신다. 이에 대해서 사도행전보다 더 분명한 것은 없다. 교회는 성령의 능력으로 그리스도의 구속 사역과 도래하는 하나님 나라에 대해 증거하는 하나님의 도구가 된다. 로버트 플루머(Robert Plummer)의 신중한 바울서신 연구는 이렇게 결론을 내린다.

> 바울은 일반적인 사도적 선교 책무를 각 지역 교회에 양도할 것을 고려했다. 즉 (단순히 교회 안의 개인들이 아니라) 전체로서 각 지역 교회는 복음을 전파하기 위한 사도들의 책무를 물려받았다(Plummer 2006, 48).

> 이 땅의 교회는 본질상 선교사적(missionary)이다. 왜냐하면 아버지의 계획에 따라 교회는 아들과 성령의 선교에 그 기원을 갖고 있기 때문이다(AG 2).

이러한 의미에서 교회에 대한 우리의 이해에서 삼위일체 하나님의 선교는 우선순위를 가져야 하며 교회의 존재와 당위성은 이 세상에서 교회의 선교와 연결되어야 한다. 따라서 교회와 선교는 본질적으로 연결된다. 우리는 성경적으로 교회를 제외하고 선교에 대해 말할 수 없으며, 역으로 선교를 제외하고 교회에 대해 말할 수 없다. 선교 없는 교회와 교회 없는 선교는 신학적 모순이다(보조 자료 8.1을 보라). 레슬리 뉴비긴(Lesslie Newbigin)은 이렇게 주장했다.

> 선교하기를 멈춘 교회는 교회의 본질적 성격을 상실했다. … 교회 없는 선교는 선교 없는 교회만큼 기형적이다. … 기본적으로 교회의 선교사적 성격을 회복하지 않고 교회의 본성의 참된 통전성(wholeness)을 회복하는 것은 불가능하다(Newbigin 1954, 169).

### 보조 자료 8.1
### 선교사적 교회

교회가 선교사적이기를 포기한다면 단지 자신의 과업들 가운데 하나를 성취하는 데 실패한 것이 아니라 교회로 존재하기를 포기하는 것이기 때문에, 교회는 본질상 선교사적이다. 따라서 교회의 자기 이해와 정체성(교회론)은 본래 세상 끝날까지 예수 그리스도의 복음을 전하고 실천하라는 부르심과 긴밀하게 연결되어 있다(Kirk 2000, 31).

◆ 성찰과 토의 ◆
① 선교 없는 교회는 교회됨을 포기한 것이라는 견해에 동의하는가? 설명해 보라.
② 선교와 연관하여 당신의 교회의 자기 이해를 어떻게 설명할 수 있는가?
③ 당신은 왜 아주 소수의 교회들만이 선교를 그들의 정체성의 중심으로 본다고 생각하는가?

요하네스 블라우(Johannes Blauw)는 세계교회협의회(WCC)에 의해 성경적 선교신학을 구축하라는 부탁받았다. 그 결과물이『교회의 선교사적 성격』(The Missionary Nature of the Church)이란 책이다. 그는 이 책에서 이렇게 주장한다.

> 선교사역(Missionary work)은 독특한 방식, 특히 공간과 정신의 경계를 넘어섬에 의해서 교회로서의 교회의 바로 그 본질을 반영한다. 말하자면, 그것은 그 기원으로 회귀하고 그것의 선교사적 부름에 직면한다. 교회가 그 자체이고 그 자체가 되는 것은 정확히 밖으로 나감에 의해서이다(Blauw 1962, 122).

많은 교회들이 기본적으로 자신의 필요를 위해 존재하며, 선교를 프로젝트나 재정 항목의 하나로 분류한다는 사실은, 선교가 교회의 참된 정체성의 중심이며, 교회의 존재 이유라는 것을 이해하지 못한다는 것을 가장 잘 입증하는 것이다.

### 2) 세상 밖으로 부름 받고, 세상 안에 있으며, 세상으로 보냄 받은 교회

블라우는 다음과 같이 주장하며, 교회론과 선교학의 연계성을 지적한다.

> "선교신학"은 세상 밖으로 부름 받고, 세상 안에 있으며, 세상으로 보냄 받은 하나님의 백성으로서의 '교회의 신학' 이상의 것이 될 수 없다(Blauw 1962, 126).

하나님께서 자신의 백성들을 부르시고 세상으로 보내신다는 생각은 구원사를 통해 살펴볼 수 있다.

- 아브라함은 복을 받기 위해 부름 받는다. 따라서 그는 열방에 대한 복이 되었다(창 12:3).

- 이스라엘이 애굽에서 구출된 후에 주님은 다음과 같이 그들에게 상기시켰다.

  > 내가 어떻게 독수리 날개로 너희를 업어 내게로 인도하였음을 너희가 보았느니라. 세계가 다 내게 속하였나니 너희가 내 말을 잘 듣고 내 언약을 지키면 너희는 모든 민족 중에서 내 소유가 되겠고 너희가 내게 대하여 제사장 나라가 되며 거룩한 백성이 되리라(출 19:4a-6b).

- 예수는 다음과 같이 말씀하시며 제자들을 세우신다.

  > 이는 자기와 함께 있게 하시고 또 보내사 전도도 하며 귀신을 내쫓는 권능도 가지게 하려 하심이러라(막 3:14b-15).

- 베드로는 하나님의 새로운 백성으로서 교회의 부르심을 묘사하기 위해 출애굽기 19장을 인용한다.

  > 그러나 너희는 택하신 족속이요 왕 같은 제사장들이요 거룩한 나라요 그의 소유가 된 백성이니 이는 너희를 어두운 데서 불러내어 그의 기이한 빛에 들어가게 하신 이의 아름다운 덕을 선포하게 하려 하심이라 너희가 전에는 백성이 아니더니 이제

는 하나님의 백성이요 전에는 긍휼을 얻지 못하였더니 이제
는 긍휼을 얻은 자니라. 너희가 이방인 중에서 행실은 선하게
가져 너희를 악행 한다고 비방하는 자들로 하여금 너희 선한
일을 보고 오시는 날에 하나님께 영광을 돌리게 하려 함이라
(벧전 2:9-10, 12).

하나님께서는 자신의 백성들을 "자신에게" 이끄셔서 그들을 자신의 소유로서 세상에 보내신다. 하나님의 백성들은 오직 하나님과의 관계를 통해서만 능력을 얻으며 빛이 된다. 그들이 하나님의 영광에 의해 인도될 때, 하나님의 영광을 위해 살 수 있으며, 다른 이들을 하나님의 영광으로 이끌어 들일 수 있다. 하나님의 백성들은 오직 하나님에 의해 성별되고 거룩하게 될 때에만 열방 가운데서 자신들의 제사장 직분을 성취할 수 있다.

열두 제자들처럼 교회는 세상을 떠나서 예수와 함께 친밀한 교제를 나누기 위해, 그리하여 예수의 증인으로서 예수의 이름으로 다시 세상에 보냄을 받고 하나님 나라가 인간의 역사를 뚫고 들어왔다는 사실을 보여주기 위해 부름을 받았다. 예수께서 "나는 포도나무요 너희는 가지라 그라 내 안에, 내가 그 안에 거하면 사람이 열매를 많이 맺나니 나를 떠나서는 너희가 아무 것도 할 수 없음이라"(요 15:5)고 말씀하셨듯이, 이러한 관계를 벗어나서 선교는 불가능하다.

교회에 대한 하나님의 주권적 부르심인 선택(election)은, 마치 하나님의 선택된 자들이 특히 다른 이들보다 더 사랑을 받은 것처럼 하나님 앞에서 특별한 지위와 특권을 위한 선택으로 종종 잘못 해석되었다. 이것은 선택에 대한 성경적 이해의 왜곡으로서, 때때로 이스라엘과 오늘날 교회에 의해 더 촉진되었다.

하나님의 아들 예수는 구속의 사명을 위해 "섬김을 받으려는 것이 아니라 섬기려고" 이 세상에 보내심을 받았다(막 10:45). 이처럼 교회 역시

교회 자체를 섬기기 위해서가 아니라 모든 열방에 하나님 나라의 복음을 선포하는 구속적 선교에 근거하여 세상을 섬기기 위해 세상으로 보냄을 받는다. 우리는 자신의 특권적 지위를 포기하시고 종의 형체를 취하신 그리스도 안에 분명히 나타난 섬김과 겸손의 태도를 가져야 한다는 교훈을 받는다(빌 2:5-8).

동시에 교회는 단순히 하나님 나라의 도구로서 부름받거나 기능적 의미에서 부름받은 것이 아니다. 하나님의 새 백성인 교회는 그의 소유된 백성으로서 하나님과 특별한 관계를 갖는다. 교회는 그리스도께서 사랑하시고 자신을 내어 주셨으며 놀라운 혼인예식을 위해 단장시키시는 그의 신부이다(고후 11:2; 엡 5:25-27; 계 19:7). 영원을 바라보는 그리스도인들이 가장 먼저 해야 할 것은 영원한 나라에서 왕을 예배하고 섬기며 왕의 백성들로 살아가는 것이다.

### 3) 하나님의 선교의 우선적 대리인으로서의 교회

교회는 이 시대에 하나님의 선교의 우선적 대리인이라는 것은 앞선 논의에서 충분히 증명되었다. 그러나 1960년대와 1970년대 초, 세계교회협의회(WCC)의 선교에 대한 이해는 주로 세속주의와 호켄다이크(J. C. Hoekendijk)와 A. T. 밴 루웬(A. T. Van Leeuwen)과 같은 신학자들에 의해 영향을 받았다. 그들은 선교가 이 세상에서 평화, 정의, 인간화를 확립하기 위한 하나님의 일이며, 하나님께서는 이를 성취하기 위해 여러 가지 세속적이고 정치적인 수단들을 사용하신다고 주장했다. 교회의 선교는 이 세상에서 하나님께서 직접 행하시는 일을 분별하고 그와 같은 움직임에 발맞추는 것이다. 이러한 견해는 선교에서 교회의 역할을 소외시켰으며 역사 안에서 하나님의 초자연적인 역사의 역할을 무시했다.

하나님께서는 전능하시며 자신이 선택하는 어떤 방법을 통해서라도 일하실 수 있지만, 성경은 교회가 복음을 전파하고 이 시대에 하나님의 목적을 실현하시기 위한 주요 도구임을 분명히 보여주고 있다. 분명히 교회는 자신과 직접적으로 관련되지 않는 정의와 긍휼 사역을 위한 다양한 시도들에 협력할 수 있다.

그러나 하나님 나라는 그 핵심이 영적인 것으로서 하나님의 통치를 말하며, 이 영적 중심으로부터 바깥으로 신자의 삶과 교회 공동체, 그리고 사회 전반으로 퍼져나간다. 하나님께서는 복음을 위임받고 성령에 의해 능력을 받은 사람들로 구성된 하나님 나라 공동체들을 통해 일하시기로 작정하셨다. 그들은 성령의 능력으로 이 세상이 보여**줄 수도, 행할 수도 없는** 것을 보여주고 행한다.

복음이 열방 가운데 선포될 때, 사람들은 회개하고 믿으며, 하나님 나라의 백성으로 거듭난다(막 1:15; 요 3:3-5). 새로운 공동체들은 부활하신 그리스도의 능력으로 변화된(transformed) 증인들로 구성된다(행 1:8). 그들은 이 세상에서 아버지께 영광을 돌리는 소금과 빛으로서 살아간다(마 5:13-16). 그들은 거룩함 가운데 하나님을 찬양하고 영광을 돌리며(엡 1:4-6), 사람들을 분열시키는 장벽들을 허물며(엡 2:11-22), 그리스도 안에서 하나님의 영원하신 목적에 따라 하나님의 지혜의 증거(엡 3:10)하며 살아간다.

하나님 나라를 드러내는 이런 공동체들은 오직 성령의 초자연적인 사역의 결과이다. 성경은 이 시대의 어떤 사람들이나 메시지, 그리고 어떤 권세와 운동도 하나님의 목적을 성취하기 위해 선택된 교회와 같은 도구가 될 수는 없다는 사실을 우리에게 말해준다.

### 4) 하나님 나라의 표징으로서의 교회

세례 요한은 "회개하라 천국이 가까이 왔느니라"(마 3:2)라는 선포로 메시아의 오심을 예비했다. 구약성경의 하나님 나라에 대한 소망은 역사 속으로 침투하고 있었다. 예수 자신도 친히 동일한 메시지로 자신의 공생애의 사역을 시작하셨다(마 4:17). 하나님 나라의 메시지는 미래의 소망뿐 아니라 현재의 실재(reality)로서 예수의 가르침의 중심이었다. 하나님 나라에 대한 직접적 언급이 복음서보다 서신서에서 덜 나타난다고 할지라도, 동일한 천국 개념이 신약성경에 스며들어 있다. 하나님 나라는 그리스도가 주님으로 고백되는 장소로서 그 성격이 규정되고, 하나님의 통치는 삶의 모든 양상들을 변혁시키며 악의 세력들을 격퇴시킨다.

따라서 복음 선포는 열방 가운데서 그리스도의 주권을 선포하는 것이다.

그러므로,

선교는 그리스도의 주권의 출두 명령이다(Blauw 1962, 84).

제2장에서 교회가 이 시대에 하나님 나라의 백성이라는 것을, 그리고 제4장에서는 하나님 나라가 선교의 중심임을 확증했다. 이러한 의미에서 하나님 나라는 교회와 선교의 중추이다. 선교는 그리스도의 구속적이고 변혁적 사역을 통한 하나님의 통치의 확립에 관한 것이며, 교회는 그 나라에 대한 살아있는 표지이며 증거이다. 하나님 나라의 백성으로서 교회는 일상생활 가운데서 이 세상의 소금과 빛으로서, 공적인 삶에서 구속적인 사랑의 공동체로서 하나님 나라의 특성을 드러낸다.

그러나 교회는 단지 하나님 나라의 하나의 표지(sign)일 뿐이다. 교회는 이 세대에서 그 나라를 완전히 구현하지 못하며 구현할 수도 없다. 오히려 교회는 그리스도의 재림 때에 그 하나님 나라가 온전히 이루어질

> 그러므로 교회는 부름 받은 회중인 에클레시아(ecclesia)이다. 하나님께서 예수 그리스도 안에서 초대하시는 모든 피조물들에게 교회의 공적 삶은 표지(sign)이며, 증거(wirness)이고, 미리 맛봄(foretaste)이며, 도구(instrument)이다.
> —Alan J. Roxburgh(2004, 3)

것을 소망하는 가운데 살아간다. 종말론적 공동체로서 교회는 그 나라를 기대한다. 교회의 본질적인 삶은 교회를 바라보는 세상 앞에서 하나님 나라의 영광에 대한 간증이 되어야 한다. 교회의 메시지는 예수 그리스도 안에서 하나님의 은혜로운 선물을 받고, 모든 만물이 새롭게 되는 것을 미리 맛보는 경험을 통해 회개하고 그 나라에 들어가라는 초대이다.

뉴비긴은 교회, 하나님 나라, 하나님 나라 백성의 삼중적 관계를 강조하면서 그것이 하나님 나라의 **표징**이며, **도구**이고 **첫 열매**라고 말한다.

> 이 세 단어는 중요하다. 하나님 나라의 백성들은 그들의 현재 지평을 넘어서지만 안내와 소망을 줄 수 있는 무언가를 지금 사람들에게 보여주는 하나의 **표지**이며, 하나님께서 치유와 해방과 축복의 사역을 위해 사용하실 수 있는 하나의(유일한 것은 아니다) **도구**이고, 하나님께서 우리 모두를 위해 의도하신 기쁨과 자유의 참된 맛을 지금 맛볼 수 있는 장소로서의 **첫 열매**이다(Newbigin 1994, 33).

제6장에서는 선교사역의 과업이 모든 사람들 가운데서 하나님 나라의 공동체를 만드는 것임을 확증했다. 하나님 나라의 공동체들은 세 가지의 차원으로 묘사된다. 그 세 가지의 차원은 대 소명(송영), 지상명령

(복음전도와 제자도), 대 계명(긍휼과 정의)이다. 교회의 선교(mission, 단수)는 말씀과 행위 가운데 세 가지 차원의 **존재**로 정의될 수 있다. 선교사역(missions, 복수)은 모든 사람들 가운데 그런 공동체들을 창조하고 확장하는 것이다. 교회는, 진정으로 교회가 **세상에서 성취하려고 시도**하는 바로 그것으로 **존재**해야 한다.

## 2. 선교적 교회에 관한 대화

"복음과 우리 문화 네트워크"(GOCN: the Gospel and Our Culture Network)는 다른 수준에서 교회와 선교의 일치 개념을 발전시켰다.[1] 교회의 활동들을 묘사하는 의미를 갖고 있는 **선교적**(missional)이라는 용어에 대한 최초의 사용은 남침례신학교의 프랜시스 두보스(Francis Dubose 1983)와 찰스 밴 엥겐(Charles Van Engen 1991)으로 거슬러 올라갈 수 있다.

1990년대 초 "복음과 우리 문화 네트워크"(GOCN)은 **선교적 교회**라는 용어를 사용하기 시작했다. 그러나 1998년에 나온 『**선교적 교회: 북아메리카의 교회 파송에 대한 비전**』(*Missional Church: A Vision for the Sending of the Church in North America*)라는 책은 이 용어를 사용하는 첫 번째 주요 공적(public) 논의의 장이 되었다.

앨런 록스버그(Alan Roxburgh)의 주장에 따르면, **선교적 혹은 선교적 교회**라는 용어는 "8년이라는 짧은 기간에 모호한 용어에서 진부한

---

1 "선교적 교회"에 대한 간략한 요약에 대해서는, 록스버그(Roxburgh 2004), 밴 갤더(Van Gelder 2004)의 책을 보라. 선교적 교회에 대한 보다 충분한 설명에 대해서는 헌스버거와 밴 갤더(Hunsberger and Van Gelder 1996), 구더(Guder 1998), 깁스(Gibbs 2000), 프로스트와 허쉬(Frost and Hirsch 2003), 미나트리아(Minatrea 2004)와 고힌(Goheen 2004)의 비평을 보라.

용어로 바뀌게 되었으며, 사람들은 여전히 그 의미가 무엇인지 알지 못한다"(A. J. Roxburgh 2004, 2). 그 의미를 둘러싼 혼란에도 불구하고, 선교적 교회에 관한 논의는 교회의 본질과 교회의 선교에 대한 참신한 사고를 자극했다.

선교적 교회 개념의 최초 옹호자들에 따르면, 교회는 선교를 하는 하나의 조직으로 이해되는 것이 아니라, 오히려 교회의 **참된 정체성**이 선교이다. 선교와 교회는 하나로 통합된다. 교회는 최초의 파송자가 아니며, 오히려 교회 그 자체는 보냄을 받은 자이고 교회보다 더 큰 선교를 위해 보내진다. 하나님의 선교는 특정 사역들의 선교 또는 교회의 특사들(emissaries)의 선교가 아니라, 총체적인 의미에서 교회의 선교가 된다.

> 이러한 대화 가운데, 선교는 더 이상 교회가 행하는 어떤 것을 나타내는 기능적 용어들로 이해되지 않는다. … 오히려 선교는 교회가 존재하는 방식, 즉 교회의 본질과 연관된 것으로 이해된다(Van Gelder 2004, 437).

1) 뿌리

다양한 선교적 발전들로 인해 선교와 교회에 대한 재고가 불가피하게 되었다. 이미 1938년 국제선교협의회(IMC)의 탐바람(Tambaram) 대회는 "세상으로 보냄을 받은 선교사로서 교회의 개념"(Goheen 2003, 481에서 인용)이라는 보고서에서 교회의 선교적 특성을 재고하기 시작했다. 뉴비긴의 『하나님의 가족』(*Household of God*, 1954)과 블라우의 『교회의 선교사적 성격』(1962)과 같은 저술들에서 교회의 선교사 파송과 연관하여 교회에 대한 이해를 더욱 충분히 발전시켰다.

20세기 이후, 선교는 교회가 성취해야 할 과제라기보다는 교회를 존재하게 하는 하나님의 선교(missio Dei)와의 연관성에서 이해되었다. 이러한 흐름들은 교회가 하나님의 선교의 대리인으로 존재한다는 확신으로 통합되었다. 교회는 단순히 선교사들을 파송하는 것이 아니라, 오히려 교회가 하나님의 선교에 근거하여 파송된다. 교회는 하나님의 선교와 하나님 나라를 위해 존재하기에 교회론은 선교학에 종속되어야 한다.

1960년대에 뉴비긴과 다른 학자들은 서구 문화가 탈 기독교가 되어 "선교 현장"으로 변했다고 지적했다. 선교학자들은 선교가 더 이상 전적으로 외국에서 하는 어떤 활동이 아니며, 지리적이나 문화적으로 정의될 수 없다고 지속적으로 인정했다. "보내는 교회"와 "받는 교회" 혹은 "선교하는 교회"(mission church)와 같은 전통적 구분들은 시대착오적이고 해롭기까지 했다. 모든 곳에서 모든 교회는 자신을 선교적 교회로 이해해야 하고 모든 그리스도인은 자신들을 선교사로 이해해야 한다.

협의회 진영에서 이러한 생각은 전통적인 선교사 파송단체들에 대해 의문을 제기할 필요성을 제공했다. 인도에서 수십 년 동안 선교사역을 마치고 영국으로 돌아온 뉴비긴은 기독교 왕국(Christendom)의 실패와 서구 문화의 세속화, 그리고 종교 다원주의에 주목했다. 하나님께서는 자신의 나라를 모든 곳에 세우기 원하시기 때문에 선교는 모든 곳에서 이루어질 뿐 아니라, 서구교회는 서구의 상황 속에서 하나님 나라를 위한 증인이 되기 위해 선교사를 파송해야 한다는 새로운 의식이 일어났다. 이러한 의식은 북미에서 "복음과 우리 문화 네트워크"(GOCN)와 선교적 교회에 관한 대화를 낳았다.

### 2) 주장들

본서를 통해 보여주고 있는 것처럼, 교회는 선교를 위해 부름받고 하나님의 선교에 참여하는 가운데 참된 정체성을 발견한다는 것을 분명히 확증해야 한다. 우리는 선교를 교회론의 중심으로 돌려놓은 선교적 교회의 옹호자들에게 감사한다. 모든 지역 교회는 자신의 정체성을, 교파적 꼬리표, 프로그램들, 혹은 선교를 교회가 행하는 많은 것들 가운데 하나로 격하시키는 어떤 것 속에서가 아니라, 지역적이고 전 세계적인 그들의 선교 가운데 재발견해야 한다. 교회가 교회의 선교를 결정하는 것이 아니라, 오히려 하나님의 선교가 교회를 결정한다. 궁극적인 의미에서 교회는 선교를 **행하는** 것이 아니라, 오히려 교회가 하나님의 선교에 **의해** 지탱되고 하나님의 선교**에** 참여하는 것이다.

선교적 교회에 관한 대화는, 교회를 지나치게 제도적으로 이해하면 교회가 자기중심적이 되고 선교사적 부르심을 약화시킬 수 있는 위험성이 있다는 것을 또한 제대로 인식하고 있다. 이 대화는 교회에 대해 이해할 때 기능적, 경영적, 그리고 프로그램 중심으로 파헤치는데, 이는 성경의 산물이라기보다는 서구 문화의 산물이다(Van Gelder 2000 and 2004를 보라). 교회의 정체성은 선교적 백성인 교회를 창조하신 삼위일체 하나님과의 관계에서 발견되어야 한다.

더욱이 교회는 자기 자신을 위해 존재하지 않는다는 사실을 분명히 깨달아야 한다. 위에서 언급했듯이, 교회의 선택은 특권이 아니라 섬김을 위한 것이다. 불행히도 교회는 너무 자주 신자들의 필요를 채우는 소비 지향적인 제도가 되어갔다. 그러나 앨런 록스버그는 다음과 같이 말한다.

> 교회는 예수 안에서 자신들의 필요가 채워지는 것을 발견하는 사람들의 모임이 아니다. 그런 주장은 하나님의 통치의 선포에 대한 무서운 변질이다(A. J. Roxburgh 2004, 4).

마지막으로 서구 문화는 점차적으로 탈 기독적(post-Christian)인 것으로 여겨져야만 한다는 것은 중대한 사실이다. 서구 문화적인 상황 가운데 대부분의 사람들은 더 이상 기독교 세계관이나 기독교적 가치들을 공유하지 않으며, 교회는 점차적으로 지배 사회에 대조적인 대항문화(counterculture)로서 존재한다. 따라서 그런 상황에서 교회가 현대인들에게 기독교 메시지를 전하려 한다면, 교회는 기본적으로 복음전도의 관점이 아니라 타문화 선교라는 관점에서 접근해야 한다. 서구교회는 탈 기독교 상황에서 선교적으로 살아가기 위한 긴박감을 필요로 한다. 우리는 교회들이 기독교 하부 문화로 후퇴하여 하나님에 대한 예배의 일부로서 세상을 섬기라는 주된 부르심을 보지 못하고 자신의 필요들을 채우는 것에 몰두하는 경향을 자백해야 한다.

### 3) 주의해야 할 것들

동시에, 선교적 교회에 관한 많은 대화에 관해서 몇 가지 주의해야 할 점들이 제기되어야 한다.

첫째, 우리가 제3장에서 주목했듯이, 하나님의 선교 개념은 아주 다양하며, 그 용어는 거의 어떤 방식으로도 선교를 정의하는 데 사용될 수 있다.

대다수의 선교적 교회 옹호자들은 하나님의 선교를 세상에 대한 하나님 나라의 목적들이라는 측면에서 매우 넓게 정의했다. 우리는 제4장에서 하나님의 파송 행위를 성경적으로 정의될 수 있다고 주장했다. 즉 그 목적은 송영, 그 기초는 구속, 그 중심은 하나님 나라, 그 소망은 종말론, 그 범위로서 열방, 그 열매는 화해, 그리고 하나님의 선교의 특성은 성육신이다. 하나님의 선교에 대한 정의는 성경적 명료성을 유지해야만 하며 지나치게 광범위하고 모호한 해석은 피해야 한다.

둘째, 선교적 교회 개념의 배후에 있는 논거는 1960년대 WCC의 논리에서 나온 것이다.

WCC 웁살라 총회는 "선교사역"(missions)의 시대는 과거이고 "선교"(mission)의 시대가 도래했다고 담대히 선언했다. 선교는 더 이상 교회가 선교사를 파송하는 것으로 이해되지 않고, 교회가 하는 모든 것이 선교라고 이해되었다. 그 결과, 우리가 살펴보게 될 것이지만, 협의회 진영의 교파들 안에서 해외 선교단체들과 같은 파송 구조들은 교파 구조들에 흡수되었고, 해외 선교는 이러한 사고의 결과로 인해 사실상 유기되고 말았다. 글로벌 선교의 측면에서 그 교회들이 보다 더 선교적이 되었다고는 거의 말할 수 없다. 실로 그와는 정반대 현상이 나타났다.

교회가 행하는 모든 것들은 어떤 면에서든 교회의 선교사적 특성으로부터 흘러나오고 그 특성을 반영**해야 한다**. 그러나 이 원리는 실제적으로는 교회가 그 머리를 돌려 교회가 행하는 어떤 것이든 모든 것이 "선교"라고 정의하게 만들었다. 그것은 스티븐 닐(Stephen Neill)이 확인했던 "만일 모든 것이 선교라면, 아무 것도 선교가 아니다"(Neill 1959, 81)라는 오래 된 문제점을 우리에게 제기한다. 이러한 문제가 생길 때, 선교는 사라진다.

셋째, 선교적 교회의 옹호자들은 교회가 선교를 **하는** 것이 아니라, 본질상 선교적임을 반복하여 강조한다.

선교를 착수하기 위한 교회 프로그램들과 계획들은 교회를 하나의 "집합"으로 혹은 "조직적인" 것으로 이해하도록 촉진할지도 모른다(하나님을 대신하여 무언가를 행한다)는 두려움 때문에 경시된다. 비록 교회의 부르심이 행동주의의 한 형태로 축소될 위험성이 항상 있기만, 단순히 교회가 본질상 선교적이라고 선포하는 것이 교회를 자동적으로 선교적으로 만들지는 않는다는 것도 또한 사실이다.

분명히 신약성경에 나오는 모든 교회들이 "교회"(the church)로 부름받기는 했지만, 그 모든 교회들이 하나님께서 의도하신 선교를 성취했던 것은 아니다. 모든 교회는 의식적으로 선교를 분별해야 하며, 하나님의 부르심의 연장선상에서 의도적으로 성경에 계시된 선교를 성취해 나가야 한다. 하나님의 선교를 성취하는데 실패한 교회들은 그리스도의 교회로서의 당위성을 상실하고 지속적으로 존재하는 데 있어서 위험성을 안고 있다(예, 계 2:5; 3:1-2, 15-17). 교회가 본질상 선교적이라는 것은 맞는 말이다. 하지만 교회가 자동적으로 그 선교와 일치를 이루며 살아가고 행동하는 것은 아니다. 실제로 교회는 의도적으로 선교적으로 살아가고 선교적 우선순위들을 세워야 한다.

선교적 교회에 관한 대화에서 나온 초기 비판은, 그런 대화가 "교회에 대하여 상대적으로 볼 때, 이론적이고 추상적인 학문적 대화로 남았다"는 것이었다(Roxburgh 2004, 5). 선교적 교회에 관한 대화는 교회가 예언자적이며 선교적 과업을 위해 부르심을 받았다고 주장하면서도, "문화적 발전 가운데 교회의 긍정적 참여를 위한 지침을 거의 제공하지 않았으며," "평신도에게 소명을 준비시키는 교회론적 구조에 대한 언급이 없었다"(Goheen 2002, 488). 다행스럽게도 점차적으로 이러한 부족한 부분이 교회들로 하여금 선교적 변혁을 깨닫도록 돕는 실질적 제안들과 사례 연구들을 포함한 작업들이 제시되고 있다(예, Minatrea 2004; Hirsch 2006; Stetzer and Putman 2006; and Van Gelder 2007a, 2007b, 2008).

넷째, 일반적으로 선교적 교회의 옹호자들은 교회와 선교의 어떠한 분리도 강하게 반대한다(예, Van Gelder 2000, 64-65).

교회는 단순히 일련의 선교사역이 아니라 하나님의 선교에 관한 것이기 때문에, 이러한 태도는 전적으로 수용될 수 없다. 지역 교회와 분리된 (선교단체들과 같은) 선교 구조들은 이러한 분리를 강화할 수 있을 뿐더러 "교회의 본질에 대한 이해에 있어 내재된 결핍들을 반영하는 것"으로 간주된다(Guder 1998, 74-75).

그러나 나중에 논의할 것이지만, 열방에 복음을 전하려는 특별한 과업은 복합적이며, 그것은 그와 같은 선교단체들을 통해 더욱더 촉진될 수 있다. 선교단체들이 교회의 더 큰 선교를 섬기는 한, 교회의 선교적 특성과 모순되는 것으로 이해될 필요는 없다. 반면에, 글로벌 선교나 지역선교를 위한 어떤 분리된 구조를 허용하지 않으므로 선교는 어려움에 처하게 된다. 세상에 대한 의도적인 외적 참여라는 선교 동기는 교회의 일상적 일과 목회적 돌봄 사업, 행정, 그리고 다른 수많은 중요 관심사들 속에서 잃어버리게 된다.

다섯째, 미전도 종족들에게 복음을 전하는 것은 선교적 교회 논의에서 거의 배제된다.

탈 기독교 사회에서 지역 교회의 증거에 관한 강조가 환영받는다 할지라도, 선교적 교회와 연관된 문헌들에는 열방에 복음을 전하기 위한 자료를 거의 발견할 수 없다. 그러나 제1장과 제2장에서 살펴보았듯이, 열방에 복음을 전하는 것은 성경에 나오는 선교의 중심 주제들 가운데 하나이다. 대다수 그리스도인들은 **선교**(mission)와 **선교사역**(missions) 간의 분명한 차이를 인식하지 못한다. 의도적인 선교사역들, 특히 미전도 종족에 대한 선교사역들은 교회가 현재 행하고 있으며 "선교"라고 부르고 있는 모든 훌륭한 것들 속에서 잃어버리게 될 수도 있다.

모든 지역이 실로 "선교 현장"이라고는 하나, 우리는 복음이 전해지지 않았거나 토착 교회가 없는 대략 수 천 개의 종족언어 집단들이 남아있다는 사실을 간과하지 말아야 한다. 교회가 할 수 있고 해야 하는 모든 다른 선하고 중요한 것들을 떠나서 선교사역의 과업, 즉 지구 상의 모든 종족들 가운데 하나님 나라의 공동체를 세우고 확장하는 과업이 무엇인지 긴급하게 파악해야 할 여지가 남아있다.

## 3. 선교의 파송 구조들

　선교에 대한 성경적 명령은 미전도 종족과 나라들에게 복음을 전하는 것을 포함한다. 궁극적으로 하나님께서는 그런 사도적 사신들을 부르시고, 보내시고, 돌보신다.
　그러나 하나님이 사용하신다는 의미는 무엇이고, 지역 개교회의 역할은 무엇이며, 지역 교회와는 구별된 독립적 조직의 형태를 띤 선교단체의 역할을 무엇인가?
　예를 들어, 선교적 교회의 관점에서 교회에 대한 이해는 이론적 또는 실제적으로 교회와 선교의 어떤 분리도 거부하며, 교회와 선교를 하나의 실체로 통합하려 한다.
　지역 교회와 분리되어 특별하게 형성된 선교사 파송단체들을 위한 어떤 합법적 여지가 남아 있는가?
　그렇다면 실제적으로 어떤 선교회나 초교파 단체의 형태가 신학적으로 또는 실천적으로 정당화되는가?
　지역 교회들이 전 세계적인 선교사역에 직접적으로 참여했던 적은 결코 없다. 국제적 단기팀들은 많다. 대륙에 걸쳐 확장되는 교회들 간의 선교 동반자협력은 평범한 현상이다. 교회들은 점차적으로 전통적인 선교단체들과 분리되어 선교사들을 모집하고 훈련하며 파송하는 데 있어서 주도권을 행사하고 있다. 한 연구에 따르면 2,000명 이상의 신자들을 갖고 있는 전 미국 교회들 가운데 거의 절반이 선교사 파송단체이며, 하나님의 선교의 도구는 선교단체들이 아니라 지역 교회라는 데 강하게 동의한다는 사실을 보여주었다(Priest 2008).
　다양한 모습과 형태의 선교단체들이 역사적으로 교회를 위해 선교사들을 파송하고 후원하는 주요 수단이었을지라도, 지속적으로 그렇게 되어야 하는가?

선교단체의 존재는 지역 교회와의 평행 구조로서 어떤 성경적 정당성을 갖고 있는가?

### 1) 다양한 선교사 파송 방법들: 역사적 개관

교회는 기독교의 전 세계적인 확장의 역사를 통해 해외 선교사들을 파송하고 후원을 촉진하는 다양한 수단들을 채택해왔다. 신약성경의 교회에서 복음은 처음에 박해(행 8:1-4; 11:19-21)와 순례자들(행 8:26-40)과 같은 다양한 의도하지 않은 수단들을 통해 퍼져나갔음 보게 된다.

첫 번째 의도적인 선교사 파송은 오순절 이후 여러 해가 지난 후에 안디옥교회에서 바울과 바나바의 파송으로 시작되었다(행 13:1-3). 그런데 바울은 그가 개척한 교회들에서 추가적으로 선교 동역자들을 모집했다. 그는 빌립보 교회와 같은 교회들로부터 부분적으로 재정적 후원을 받았고(빌 4:15-16), 부분적으로는 장막을 짓는 세속적 직업을 통해 자비량했다(행 18:3; 고전 9:6). 우리는 다른 사도들과 그들의 선교활동에 관해서 상대적으로 거의 신뢰할 만한 정보를 갖고 있지 못하다.

기독교 첫 세기 동안 이레니우스(Irenaeus)와 그레고리 타우마투르구스(Gregory Thaumaturgus)와 같은 몇몇 선교사 주교(bishop)들이 있었으나, 복음은 대개 그리스도인 상인들, 노예들, 군인들, 여행자들, 전쟁 포로들을 통해 지속적으로 전파되었다. 우리는 당시에 특정 선교사 파송 조직들이 없었다는 것을 알고 있다. 제임스 쉐러(James Scherer)는 기독교가 로마 제국의 국가 종교가 되었다는 것과 함께 다음의 사실들에 주목한다.

> 선교는 더 이상 모든 지역 교회들이 하는 것이 아니었다. 선교는 외진 곳에서 특수한 대리인들에 의해 수행된 분리된 활동으로 발전되었다. … 4세기 이래 선교는 주류 교회의 삶과는

매우 다른 것으로 생각되었다(Scherer 1964, 46).

수도원 운동은 헌신된 수도사들이 여행을 하면서 복음전파의 가장 주요한 도구가 되었는데, 수도사들은 먼저 주로 금욕적 순례자들이었고 나중에는 복음전도와 교회 개척을 위해 의도적인 여행을 했다. 역사가인 마크 A. 놀(Mark A. Noll)은 다음의 사실에 주목한다.

기독교의 선교적 확장은 수도사들의 활동과 별개로는 생각할 수 없었다(Noll 1997, 99).

불행하게도 당시에 교회는 기독교의 확장을 촉진하기 위해 군사 정복과 강압적인 방법을 사용하는 것을 넘어서지 못했다.

대 항해 시대와 유럽의 제국주의적 확장 시대에 이르러 로마가톨릭 교회는 자신들의 식민지 토착민들을 기독교화하기 위해 정치권력의 책임자이었던 국왕의 성직 수여권(patronage) 제도를 확립했다. 다양한 종교적 수도회 소속의 선교사들은 왕이나 행정 책임자의 권위에 복종했다. 이 제도는 실패했을 뿐 아니라 남용되었고, 따라서 1622년 교황은 포교성성(布敎聖省, the Congregation for the Propagation of the Faith, 로마 교황청 산하 선교부서-역주)을 만들었는데, 이것은 직접적으로 교회의 권위 아래서 선교활동에 대한 관리 감독과 지도를 담당했다.

개신교 종교개혁의 선교 운동은 느리게 진행되었다. 그 이유는 여러 가지 있으나, 한 가지 중요한 요소는 개신교인들이 해외 선교의 과업을 수행하는 매개체로서 수도원 운동과 유사한 조직을 갖고 있지 않았다는 것이었다. 초기 경건주의자들과 갱신 운동들은 기존교회 안에서 선교사역을 추진할 희망을 보지 못했다. 기존 교회들은 해외 선교에 대해 무관심하거나 적대적으로 여겨졌다.

따라서 그 집단들은 공식적인 교회의 재가 없이 해외 선교사역을 촉진하기 위한 "갱신된" 자의 작은 모임들(small societies of the "revived")을 만들었다(Zimmerling 1985; 그러나 주목해야 할 것은, 독일 할레의 첫 번째 경건주의 선교사들인 지겐발크[Ziegenbalg]와 플뤼차우[Plütschau]는 덴마크 왕 프리드리히[Friedrich] IV세와 덴마크–할레선교회[Danish-Halle Mission]의 허가와 재정적 후원 아래 파송되었다는 점이다). 브라이언 스탠리(Brian Stanley)는 이러한 선교 모델을 "신앙공동체적 및 제도적"(communitarian-institutional) 모델이라 부른다(2003, 40).

17세기 런던에서 교회들은 경건을 촉진하고 다양한 사회적 악들과 싸우기 위해 자발적 모임들(societies)을 만들기 시작했다. SPCK(기독교지식촉진협회)와 같은 해외 선교회들은 이 모델을 본받아 형성되었으며, 복음반포회(SPG: Society for the Propagation of the Gospel)는 기존 교회와 연결되어 있었으나 대개 미전도 종족들에게 선교사를 파송하는 데에는 비효과적이었다(A. F. Walls 1996, 243). 개신교 선교 운동의 출발에 있어서 매우 유효한 매개체를 형성한 것은 1792년 윌리엄 캐리(William Carey)가 받은 소명이다. 그 매개체(침례교선교회–역주)는 그 구조에 있어 무역 회사의 구조와 유사하며 기존 교회의 구조들보다 더 독립적이었다.

> 단순한 사실은 감독제도, 장로제도, 회중교회 제도를 불문하고 조직된 교회는 해외 선교를 하는 데 효과적으로 활동할 수 없었다는 것이었다. 따라서 그리스도인들은 선교사역을 위해 모종의 "수단들을 사용"해야 했다(ibid., 246).

이런 모임들은 종종 성격상 초교파적이었고 대개 평신도들에 의해 주도되었다. 예를 들어, SPCK는 1698년에 5명이 설립했고, 그들 가운데 4명은 잉글랜드 국교회 소속의 평신도들이었다. SPCK는 성직자들에 의해 의구심의 대상으로 간주되었고 잉글랜드 국교회의 공식적인 후원을 받지 못했다. 이러한 관심에 대한 반응으로서 토마스 브레이(Thomas Bray)의 리더십 아래, 교회의 공식적인 재가와 왕의 허가로 1701년 영국 교회 외방복음반포회(SPGFP: Propagation of the Gospel in Foreign Parts)가 설립되었다(Van den Berg 1956, 40-44; A. F. Walls 1996, 160-72; 2002, 215-35을 보라).

구조적으로는 지역 교회나 교단과는 다르게 분리되었을지라도, 선교회들의 성공은 지역 교회들과 개개 교인들과 연결하는 그들의 능력에 달려있었다. 이것은 활기찬 소그룹들과 권한이 분산된 보조단체들에 의해 수행되었다. 이러한 의미에서 회중의 삶과 동떨어진 기성 교파단체들과는 달리, 선교회들은 전통적 교회 구조들이 제공할 수 없었던 선교에 참여할 기회를 회중들에게 부여하므로 대중적인 차원에서 연결되었다.

이러한 구조는 선교사 지원자의 증가를 초래했다(A. F. Walls 1996, 250-51). 동시에 선교회들의 독립성 때문에 그들은 교회의 유지나 다른 사역들로 관심이 분산되거나 방해를 받지않고, 해외 선교라는 단일 과업에 전적으로 집중할 수 있게 됐다.

따라서 자발적 선교단체는 앤드류 월스(Andrew Walls)가 개신교 선교 운동의 "조직적 엔진"이라 부르듯이(Walls 2002, 232), 19세기 개신교 선교 운동의 폭발적 성장을 위한 가장 중요하고도 실제적인 단일 매개체가 되었다. 두 개의 광범위한 형태를 띤 선교단체들이 발전되었다.

한편, 그러한 선교단체들은 기존 교단들보다 더 독립적으로 형성되고 운영되었는데, 나중에는 소위 믿음 선교(faith missions)단체들이 거기에 포함되었다. 그 단체들에 소속된 선교사들은 종종 교육을 많이 받지 못했고, 안수를 받지 못했으며, 비전문가였고, 때때로 자비량 선교사들이었다.

다른 한편, 제도적 교회와 보다 밀접하게 연결된 교단 선교단체들이 있었다. 교단 선교단체에 소속된 선교사들은 종종 대학교육을 받았고, 신앙고백적이었으며(confessional, 교단의 신앙고백을 따른다는 의미-역주), 전문적이었고, 안수를 받은 선교사들이었다(Wellenreuther 2004). 그럼에도 불구하고 개신교 선교의 "위대한 세기"(Great Century)에서조차 선교의 촉진자들은 대부분 소수의 평신도들이었으며, 선교사들은 대개 안수를 받지 않았다(A. F. Walls 2003, 215-35).

선교회와 선교단체들은 점점 자라서 홍보, 모집, 훈련, 파송, 소통, 선교사들을 위한 재정적 도움과 다른 후원들 등 선교사업을 위한 거의 모든 영역을 포함하는 책임을 지게 되었다. 지역 교회들은 교인들이 선교사 후보생이 되도록 허락했지만, 주로 기도와 재정 후원을 책임졌다. 19세기 중반까지 이런 파송단체들의 수는 기하급수적으로 증가했다. 그런 선교회들은 지역 교회들의 신뢰를 획득하여 복잡한 선교사역에 대한 전문 지식과 경험을 쌓았다.

한 지역 교회가 선교단체들과는 별개로 선교사역 비용, 여행, 건강, 언어, 소통의 어려움에 대해 제대로 통달하여 선교사들을 파송하고 후원한다는 것은 거의 불가능해 보였다. 새롭게 태동된 선교단체와 기존 선교단체들 모두 주로 전도와 순회 교회 개척사역에서 의료, 교육, 사회사업 등 다양한 사역들로 사역의 범위를 넓혔다.

스탠리의 선교사 파송 구조의 발전에 대한 탁월한 논의(2003)는 지적하기를, 선교회들이 처음에는 선교사들의 파송과 재정을 촉진하려는 의도로 만든 이사회를 가진 단순한 구조들이었다고 한다. 그러나 시간이 지날수록 선교 이사회는 점점 일상적인 선교사역과 교회들과 연관된 다양한 결정에 대해 책임을 지게 되었다.

> 1920년대까지 특히 미국의 교파 선교단체들은 노골적으로 기업의 세속적 운영방식들에 의존하는 거대한 비즈니스가 되었

다(Stanley 2003, 42).

초교파 믿음 선교(faith missions) 단체들의 형성은 부분적으로는 경영과 모금을 위한 비즈니스 성향을 띤 접근들에 대한 반동이었다. 더욱이 교파 선교단체들이 국내 선교기관들로 자리잡는 경향을 띠었던 반면, 중국내지선교회(China Inland Mission)와 같은 많은 믿음 선교단체들은 다양한 여러 나라에 베이스를 갖고 있는 진정한 국제 선교단체들의 선두주자가 되었다.

20세기에는 보다 특화된 수많은 선교단체들이 나타났다. 그런 종류의 선교회들은 성경 번역, 라디오 방송, 항공선교와 같은 전문 사역을 발전시켰다. 전 세계적으로 선교사를 파송한 단체들이 많이 늘어났는데, 1900년에는 약 600개였던 것이 1970년에는 2,200개, 그리고 2006년에는 4,410개로 늘어났다(Barrett 2006, 28). 이러한 많은 신생 선교단체들은 대다수 세계(the majority world)에 형성되었는데, 그곳의 교회들은 강력한 국제적인 선교사 파송 세력이 되었다.

20세기 말까지 협의회 진영과 복음주의 진영에 속한 선교단체들의 상황은 급격히 변화되었다. 협의회 진영에 속한 교회들은 점점 복음화되지 않은 사람들의 절망적 상태와 그리스도에 대한 개인적인 믿음의 필요성에 의문을 제기했다. 점차적으로 박애주의적 사역이 전통적 복음 전도보다 우위를 차지했다. 협의회 진영의 교회들은 선교대상국들이 대개 복음화되었고, 현지 교회들이 자국의 나머지 복음화에 책임을 져야 한다고 믿었다. 예를 들어, 1966년 세계교회협의회 웁살라 대회의 공식 보고서는 다음과 같이 주장한다.

> 선교회들은 과거 세대에 대한 응답으로서 땅끝까지 복음을 전하라는 부르심에서 시작되었다. 변화하는 정치적, 경제적 교

회적 환경들은 새로운 응답과 새로운 관계를 요구한다(Goodall 1968, 35).

결국 이러한 변화는 많은 선교단체들의 와해와 선교사들의 역할에 대한 재정의를 의미했다. 이미 1950년대 초에 뉴비긴은 교회가 그 본질상 선교적이라고 주장했으며, 따라서 선교회의 존재 가운데 명백하게 드러나는 것처럼 교회와 선교의 이분법적 구분을 반대했다(Newbigin 1954, 특히 164). 이러한 견해는 선교적 교회론의 옹호자들에게 반영되었다(예, Van Gelder 2000, 64-65).

동시에 대다수 세계, 특히 아프리카 교회들은 선교 철수(moratorium)를 요청했다. 협의회에 속한 교단과 연관된 적지 않은 선교 이사회들이 에큐메니칼 운동과 관계된 위원회 또는 교회 간 협력위원회가 되거나 교파 구조들에 흡수되었다. 1961년 세계교회협의회 뉴델리 총회에서 국제선교협의회(IMC)와 세계교회협의회(WCC) 간의 통합은 이러한 상황을 반영했다. 두 단체의 통합은 모든 곳이 선교현장이며(국내나 국외나) 교회의 모든 사역들이 "선교"로 간주되어야 한다는 확신에 근거한 것이었다. 예를 들어, 쉐러는 선교회의 존재는 "선교적이지 않은 교회와 교회적이지 않은 선교"로 귀결되는 교회와 선교의 "합법적 분리"라는 결과로서 생겨났다(Scherer 1964, 41-52, 특히 49)고 주장한다.

피어스 비버(Pierce Beaver)는 어떻게 미국장로교해외선교이사회(Presbyterian Church [USA] Board of Foreign Missions)가 "에큐메니칼 선교와 관계위원회"(Commission of Ecumenical Mission and Relations)로 대체되었는지에 주목했다. 그 결과 그는 이미 1968년에 이렇게 말할 수 있었다.

기독교와 타종교들 간의 직접적인 대면과는 비교적 거의 상관이 없어야 한다. "파송" 계획은 "도움을 제공하는" 업무(lending operation)로 바뀌었다. 현재 남아 있는 것은 대개 현지 교회에 대한 원조 시스템이다(Beaver 1968c, 80).

스탠리는 다음과 같이 말했다.

> 선교의 책임을 교회에게 바로 부과하는 것은 과도한 선교회의 통제를 피하는 유일한 방법처럼 보였으며, "파송" 교회와 현지의 "받는" 교회들의 관계를 종속관계가 아니라 협력관계로 발전시킬 수 있는 유일한 방법인 것처럼 보였다(Stanley 2003, 42).

그 결과,

> 몇몇 [선교단체들]은 재빨리 자신들을 국제화시키고 구조를 개혁해서 전통적인 의미에서 "선교"단체로 인식되는 것을 효과적으로 중단시켰고, 주로 현지 교회에 대한 원조, 장학금, 훈련과 개발 프로그램 등에 대한 경영과 전달을 위한 촉매적인 구조가 되었다(ibid., 45).

스탠리는 한때 영국에서 두 번째로 큰 파송단체였던 런던선교회가 어떻게 세계선교협의회(Council for world Mission)가 되었는지를 설명한다. 1999년 세계선교협의회에는 겨우 45명의 선교사 밖에 없었지만, 엄청난 재정 자원에 대한 책임을 지고 있었다(ibid.).

이러한 발전의 결과로 인해 에큐메니칼 운동과 연관된 선교단체들에 의해 파송된 선교사의 수는 급격히 감소되었다. 근본주의자와 현대주의자 간의 논쟁의 결과, 신학적 보수주의자들과 근본주의자들이 교단적으로 연관된 선교단체들을 불신하면서 에큐메니칼 운동과 연관된 선교사들의 수는 줄어들기 시작했다.

　1935년 주류 교단 선교단체 소속 선교사들은 북미 선교사 가운데 60%를 차지했으나, 1952년에는 그 비율은 절반으로 감소되었고, 1980년에는 겨우 10%로 추락했다(J. A. Carpenter 1997, 184-85; Coote 1982). 1900년에서 2000년까지 주요 교단(장로교, 감리교, 루터교, 그리스도의 교회, 성공회, 형제단교회, 북침례교 등-역주) 선교단체들에 의해 파송된 북미 선교사들의 비율은 80%에서 6%로 떨어졌다(Pierson 2003, 67; 또한 W. R. Shenk 1999, 180-81을 보라).

　한편 복음주의자들은 선교사를 파송해야 할 필요성을 지속적으로 주장하여, 선교사 파송 비율은 급격히 증가했다(남침례교, 하나님의교회, 하나님의성회, 기독교선교연합교회, 나사렛성결교회, 웨슬리안교회, 자유복음교회, 자유감리교회, 구세군 등-역주) 보수적인 선교사의 수는 1935년에 5,000명 이하에서 1980년에는 32,000명 이상으로 증가했다(J. A. Carpenter 1990; 1997, 184).

　그러나 20세기 후반에 이르러 점차적으로 지역 교회들이 해외 선교에 보다 직접적으로 참여하기를 원했다. 이것은 특히 북미의 경우에 해당되었다. 기술의 진보는 해외여행과 소통의 어려움과 비용 문제를 해결하며 지역 교회들로 하여금 현장 선교사들과 현지 교회 신자들과의 직접적인 접촉을 보다 가능하게 만들었다. 단기 선교 여행을 통해 지역 교회의 많은 신자들이 선교사역에 대한 개인적인 경험을 얻었다.

　국제적 협력은 종종 선교단체들을 통하지 않고 직접 여러 대륙들의 지역 교회들 간에 맺어졌다. 지역 교회들은 선교 역사, 선교 전략, 타문화 사역에 관한 광범위한 정보를 얻을 수 있게 되었다. 이러한 상황은 효과적인 선교사역에 관한 그들 자신의 의견을 점차적으로 형성했다.

　20세기 말에는 지역 교회들과 선교단체들 간에 긴장이 고조되었다. 이에 대한 초기의 조짐은 1971년 위스콘신 주의 그린 레이크(Green Lake)

에서 열린 선교 지도자 회의에서 분명히 나타났다(Linhart 1971; Shepherd 1971; 그리고 특히 Gordon MacDonald 1971). 지역 교회와 분리된 초교파 선교단체들의 정당성은 20세기 초에 이미 스트롱(A. H. Strong, 1909, 890)과 같은 신학자들과 로랜드 알렌(Roland Allen [1912] 1962a, 83; [1927] 1962b, 96)과 같은 선교학자들에 의해 의문시되었다. 그러나 20세기 말에 이르러서 선교단체의 정당성과 필요성은 특히 선교사역에 직접적으로 참여한 지역 교회들에 의해 강하게 도전받고 있었다(예, W. Phillips 1985; Camp 1995; Rowell 1988).

선교단체들과 분리되어 선교사들을 파송했던 초기 모라비안 형제단(Moravian Brethren), 그리스도의 교회(Churches of Christ), 플리머스 형제단(Plymouth Brethren)과 같은 지역 교회들이 항상 존재했다. 그러나 이들은 최근까지 상대적으로 고립된 경우들이었다. 그러나 1980년대 중반에 이르러 이런 실제적 상황은 확산되고 있었고, 크고 작은 교회들에게서 과감하게 지지를 받고 있었다. 예를 들어, 1985년에 「복음주의 선교 계간지」(*Evangelical Missions Quarterly*)에 "당신의 교회는 선교사들을 훈련시켜 파송할 수 있다"(Your Church can Train and Send Missionaries)라는 제목의 글이 실렸는데, 기고자는 그 글에서 이렇게 주장하고 있다.

> 지역 교회가 선교사 훈련가와 파송자로서 지위를 얻기 시작하고 있다. 어떤 교회라도 타문화 사역자들이 비행기를 타기 전에 필요로 하는 적절한 도움을 제공할 수 있다(W. Phillips 1985, 196-97; 또한 Siewert 1997의 실례를 보라).

"**회중 주도 선교사역**"(congregational-direct missions)라는 용어는 이 운동을 묘사하기 위해 만들어졌다(M. Phillips 1998). 이 운동의 지지자들은 선교회 이사회를 지나치게 관료적이고, 너무 비용이 많이 들고, 너무 경직되어 있고, 빠르게 변화하는 세상의 상황에 대응할 수 없으며, 지역 교회들의 욕구와는 상관없거나 혹은 심지어 무시하기까지 하는 것으로 인식한다. 폴 피어슨(Paul Pierson 1998)도 이러한 발전을 미국인들의 기관에 대한 일반적인 불신, 신속한 결과의 기대, 개교회주의의 탓으로 돌린다. 더군다나 어떤 이들은 개신교가 항상 그런 구조들의 합법성에 관해 다소간 확신이 없었다는 랄프 윈터(Ralph Winter)의 설명을 들어, 선교회 이사회는 비성경적이라고 주장했다(Winter 1974, 133).

대부분의 지역 교회들은 선교단체들을 통해 계속하여 선교사들을 파송하고 후원한다. 그러나 그들은 더 이상 단순히 "선교비를 후원하고 기도하는" 것에만 만족하지 않는다. 그들은 모든 선교사역 분야에 보다 직접적이고도 보다 진정한 동반자로서 참여하기 원한다. 전통적 선교단체들을 통해 선교사들을 파송하는 데 드는 고비용에 대한 더 큰 책무와 정당성의 문제는 예정된 것이다(Borthwick 1999). 대부분의 선교단체들은 비록 어려움이 있지만, 이러한 관심사들에 대응하려고 시도한다. 지역 교회와 선교단체의 관계를 위한 새로운 패러다임이 발전 중에 있다(Guthrie 2002).

### 2) 신약성경의 선례(Precedent) 문제

바울과 바나바는 안디옥교회에 의해 파송되었는데, 그들은 자신들의 첫 번째 선교 여행을 마치고 안디옥교회에 선교사역을 보고했다(행 13:1-3; 14:26-28). 우리는 신약성경에서 바울의 선교를 촉진하기 위한 독립적이고 형식화된 구조나 조직에 관한 어떤 것도 발견하지 못한다. 따라서 로랜드 알렌은 신약성경에는 현대 선교단체를 위한 어떤 근거도 없다고 주장했다. 그는 초대 교회는 그 자체가 선교를 위한 조직이었다는 입장을 고수했다.

결과적으로 초대 교회에는 선교사역을 위한 특별한 조직이 없었으며, 교회로서 충분했다. … 새로운 현대적 선교 조직은 부가물이다. … 우리에게 선교사역은 특별한 조직의 일이지만, 초대 교회에 있어서 선교사역은 특별한 일이 아니었으며, 특별한 조직도 없었다(Allen [1927] 1962b, 96).

실로 알렌은 선교단체의 진정한 존재 이유를 하나님의 겸비(divine condescension)로 보았다(ibid., 117). 보다 최근에 해리 보어(Harry Boer)는 다음과 같이 말했다.

성경적으로 말하자면, 선교회는 비정상적인 것이다. 그러나 그것은 복된 비정상이다(Boer 1964, 214).

물론 현대적 의미의 선교단체에 대한 선례가 신약성경에는 없다. 그러나 오늘날 통용되고 하나님에 의해 크게 사용되는 교회건물, 법인, 주일학교, 청년 집단들, 기독교 출판과 미디어, 기독교 대학들, 신학교들, 기독교 캠프들, 그리고 교회의 삶과 사역에 대해서도 성경적 선례들은 없다.

혹자는 단일 지역 교회가 선교사의 파송과 후원, 관리 감독, 혹은 선교활동에 연관된 모든 측면에 대해 단독적이고 독립적으로 책임을 져야 한다는 근거가 신약성경에는 없다고 설득력 있게 주장할 수 있다. 예루살렘에서 주변 지역으로 나아가는 교회의 최초의 확장은 자발적이고 계획되지 않았던 것이었고, 부분적으로는 박해의 결과였다(예, 행 8:1-8).

이러한 신자들의 확장 운동들은 예루살렘교회에 의해 계획된 것도 아니었고 통제된 것도 아니었다(Severn 2000, 322).

첫 번째 기록된 의도적인 선교사 파송은 전술한 안디옥교회의 바울과 바나바의 파송으로 이루어졌다. 그러나 바울의 선교적 소명은 안디옥교회를 통해 이루어진 것이 아니라, 오히려 다메섹 도상에서 일어난 회심으로 이루어졌다(행 9:15; 22:21). 사실 바울은 그 이전에 예루살렘교회와 논의조차 하지 않고 아라비아, 길리기아, 수리아에서 선교사로 사역했다(갈 1:17-24; 참조, 행 15:23). 사도행전 13:1-4의 어법은 교회의 성령에 의한 파송을 강조한다. 따라서 안디옥교회가 단순히 바울의 선교사역의 새로운 국면에서 그를 승인하고 동역자가 되었다고 볼 수 있다(Schnabel 2008, 392).

바울은 다른 교회들에서 동역자들을 모집했다(예, 행 16:1-3). 그러나 이 동역자들이 자신들의 본국 교회들에게 보고했다는 사실은 보지 못한다. 선교의 방향과 연관된 중대한 결정들은 안디옥교회와의 상의와는 상관없이 성령의 직접적인 인도 아래 바울과 그의 팀에 의해 이루어졌다(예, 행 16:6-10). 바울의 선교에 중대한 영향을 미친 이방인들 및 율법과 연관된 획기적인 결정은 안디옥이 아니라 예루살렘에서 이루어졌다(행 15:1-34).

바울과 바나바가 명백히 안디옥교회를 통해 주님에게 "의탁"되었거나 "파송 명령"을 받았을지라도, 그들 사이의 갈등이나 바울의 새로운 선교 협력자로 실라를 선택한 것 등에서 안디옥교회의 간섭이 나타나지는 않는다(행 15:35-41). 바울은 빌립보 교회와 같은, 안디옥교회 이외의 다른 교회들에게서 재정 후원을 받았다(빌 4:10-19). 바울은 개척한 교회들 안에 갈등이나 거짓 가르침이 일어났을 때, 그 교회들에게 자신의 사도적 권위를 행사했지 어떤 방식으로도 안디옥교회나 예루살렘교회를 연관시키지 않았다.

사실 사도행전에 나오는 누가의 진술에 따라 판단하자면, 바울의 선교와 그가 개척한 교회들에 대한 안디옥교회의 관여는 매우 제한적이었다. 물론 누가는 모든 것을 상세하게 기술하지 않으며, 또한 의심의 여지없이 1세기의 여행과 소통의 어려움으로 인해 제한된 관여를 할 수밖에 없었던 여러 가지 실제 이유들이 있었다. 윈터가 바울의 선교연대(band)에 대해서 말한 것은 매우 옳다.

> 우리가 생각하기에 그 구조가 어떤 것이었든 우리는 그것이 선교본부에서 멀리 떨어져 있는 안디옥교회가 관리하는 것이 아니었다는 것을 알고 있다. 그것은 어떤 다른 무엇이었다 (Winter 1974, 123).

따라서 어떤 이들은 선교단체에 반하는 논의와는 아주 다른 주장을 했다.

> 안디옥 모델은 자신들의 지역을 벗어난 곳에 복음을 전하기 위한 선교 구조를 구축하는 것에 대한 가장 강력한 성경적 선례이다(Severn 2000, 324; 또한 E. F. Murphy 1974; Glasser 1976, 26-27; White 1983; Blincoe 2002; Plueddemann 2006을 보라).

또한 다른 이들은 실제적 관점에서 선교 구조들(sodalities)과 지역 회중 구조들(modalities) 양자 모두 동등하게 합법적일 뿐 아니라 똑같이 교회에 대한 성경적 표현들이라고 주장했다. 회중적(congregational, 지역 교회적-역주) 구조들과 구별되는 선교 구조들은 신학적이고 실제적으로 정당한 것으로 이해된다.

그러나 선교단체들에 대해 반대하는 많은 주장들과 같이, 엄격하게 신약성경의 선례들에 근거해서 선교단체들을 **위한** 사례를 제시할 수 없다. 현대 선교단체들과의 유사성은 우연한 것이다. 아무도 역사적 선례들에 근거하여 선교단체들에 대한(혹은 그에 반하는) 신학적 사례를 제시할 수 없다(Camp 1995, 200).

사도행전에 나오는 보고에 대한 분석이 안디옥교회와 바울 선교의 관계를 명백하게 설명할 수 있다고 할지라도 그 이야기가 단순히 모든 시대에 모든 교회들에게 적용되는 실제적 계획에 대한 **설명적**(descriptive) 보고이거나 **규범적**(normative) 형태인가라는 점에서 문제는 남아있다. 선교 여행, 소통, 자원, 교회 구조 등에 있어서 1세기와 오늘날 간의 매우 큰 차이들을 고려할 때, 파송단체를 위한 또는 파송단체에 반하는 성경적 전례들에 대한 논쟁은 역사적으로 시대착오적이며 해석학적으로도 문제가 있다. 사도행전을 기록하면서 누가는 후원, 책무, 행정 기구들보다 복음의 진보에 대한 영적 역동성에 더욱 초점을 두었다.

스티븐 닐은 "과거에 우리가 했던 것과 현재 우리가 하려고 하는 것에 대한 신학적 정당성"으로서 선교회들에 대한 신학을 만들려는 시도하는 것에 대해 경고한다(Neill 1959, 82). 그는 선교단체들이 교회의 존재에 필수적인 것이 아니기 때문에 그러한 시도가 이루어질 수 없다고 주장한다. 선교단체들은 교회의 기능을 수행한다. 선교단체들에 대해 신학적으로 논의하는 것은 세례단(baptismal font)의 형태에 대해 신학적으로 논하는 것이나 다름없다. 즉 당신은 세례에 대한 신학을 갖고 있다. 하지만 세례단에 대한 신학을 갖고 있지는 않다!

앤드류 월스는 다음과 같이 신랄하게 비평한다.

> 자발적 선교회에 대한 **신학**은 전혀 없었다. 자발적 선교회는 하나님의 백성들이 자신들을 너무 진지하게 생각할 때, 하나님이 그들을 부드럽게 놀리시는 신학적 농담들 가운데 하나이다. 신학적이고 교회론적 원리들을 강하게 주장하는 사람들은 종종 선교 운동을 반대하는 자들이었다(Walls 1996, 146).

그럼에도 불구하고 신약성경은 분명한 교회론과 복음전파에 대한 서술적 이야기를 담고 있다. 이러한 가르침과 이야기들이 파송 구조들에 관한 오늘날의 논의에 대한 교리적 대답을 제공하지 못한다고 할지라도, 그 이야기들로부터 어떤 광범위한 원리들이 추론될 수 있다(Schnabel 2008, 444). 바꾸어 말하자면, 이 논의는 엄격하게 실용적인 것은 아니다. 그것은 선교단체 그 자체에 대한 신학을 형성하려는 시도에 나쁜 충고가 될 수도 있다.

그러나 웰스가 계속하여 주장하는 것은, 선교회가 훌륭한 신학적 **함의들**을 갖고 있다는 것이다(Walls 1996, 147). 이러한 질문들은 어떤 성경적인 선례들이나 정확하게 필적할 만한 어떤 것을 찾는 시도를 통해 해결되지 않는다. 오히려 우리는 그러한 선교 구조들이나 체계들이 과연 성경적 목적과 원리들에 대한 성취를 촉진하는가를 물어야 한다.

그러한 구조들은 **태생적으로** 신약성경과 선교의 진보와 하나님 나라의 가치들에 대한 관심들과 일치하는가?

### 3) 성경적 원리들과 신학적 고려사항들

(1) 성경적 목적들

우리는 선교사역의 과제들을 지구 상의 모든 종족들 가운데 하나님 나라 공동체를 확장하는 것으로 규명했다. 또한 우리는 정의내리기를, 선교의 최상의 목표는 송영(doxology), 선교의 기초는 구속, 선교의 중심은 하나님 나라, 선교의 소망은 종말론, 선교의 범위는 열방, 선교의 열매는 화해, 그리고 선교의 특성은 성육신이라고 하였다. 이것들은 안내지침이며 원리들이다.

선교사 파송을 위한 구조들이 무엇이든 그것은 이러한 목적을 위한 것이다. 분명히 매우 다양한 선교 구조들과 수단들이 이러한 목적들을 성취할 수 있을 것이다. 그러나 부적절한 선교 구조들은 이러한 목표들을 타협하게 만들거나 방해할 수 있다. 그러나 성경은 방법들보다는 이러한 목적들과 일치하는 선교의 수단(means)들을 채택하는 것에 더 관심을 갖고 있다.

(2) 교회의 우선순위

신약성경은 지역 교회가 이 시대에 하나님의 목적들을 구현하기 위한 가장 주요한 하나님의 대리인임을 매우 분명하게 보여준다. 선교사 파송에 있어서 어떤 구조들이 사용되든지 지역 교회들이 그 일에 아주 밀접하게 연관되어야 한다는 것은 바로 이러한 이해와 일치한다. 신약성경에서 선교사들의 소명은 교회에 의해 확증된다(예, 행 13:1-3; 16:1-3; 딤전 4:14).

여행, 소통, 자원의 개발 때문에 오늘날 지역 교회들은 신약 시대의 교회에서 가능했던 것보다 더 많은 방법들을 사용하게 되었으며, 그런 가능성들은 분명히 활용되어야 한다. 지역 교회들은 모든 것을 선교단체에 맡기는 것을 거부하고 직접적인 선교참여를 기대하며 보다 강한 주도권을 정당하게 행사하고 있다.

대부분의 세속 기관들처럼 선교단체들은 자기를 정당화하는 위험성을 안고 있다(Allen [1927] 1962b, 99-101). 그러나 선교단체들은 오로지 보다 높은 목적을 위한 일시적인 도구들이다. 교회는 그리스도께서 교회를 자신의 신부로 받아들이실 때까지 참고 견뎌야 할 것이다. 교회 이외의 다른 모든 단체들은 그리스도의 재림 훨씬 이전에 사라질 것이다. 선교단체들이 교회와 혼돈되어서는 안 되며 지역 교회와 동등한 방식으로 교회를 드러내는 표시로 간주되어서도 안 된다(Camp 1995; Schnabel 2004, 1578-79; 2008, 393).

선교단체들은 교회의 선교적 부르심의 성취를 통해 교회를 **섬긴다**는 점에서만 자신의 신학적 정당성을 유지한다. 조지 피터스(George Peters)가 "위임된 권위의 원리"라 부르는(Peters 1972, 226) 원리에 근거해서 교회들은 교회의 선교 성취를 촉진하기 위해 기관이나 단체를 만들어야 할 것이다.

폴 빌스(Paul Beals)는 다음과 같이 적절하게 기술한다. 지역 교회는,

> 선교라는 바퀴의 중심축인 반면, 선교단체들은 교회가 세계 선교사역을 확장하는 것을 돕는 바퀴의 살이다. … 선교단체는 선교 과업에 있어서 파송단체로 지역 교회를 돕는 조력 단체이다(1995, 133).

선교단체가 교회의 선교 의도를 대표하고 촉진하지만, 선교를 지역 교회의 부속물로 만듦으로 교회의 선교를 대체하는 기관이 될 수는 없다. 선교단체는 지역 교회가 선교적 책임에 대해 수동적으로 남아있게 만드는 변명거리가 될 수는 없다(Gensichen 1971, 174-77). 또한 피터스는 다음과 같이 진술한다.

> 선교단체는 교회의 과업을 효율적으로 촉진하기 위한 조력자와 도구와 무기가 되어야 한다. 선교단체는 교회의 자리에서 행동하도록 부름을 받았을지라도 교회를 배제하거나 대체할 수 없다 (Peters 1972, 229).

### (3) 역사적 선례

역사적 선례는 권위적인 것은 아닐지라도 교훈적이다. 우리가 역사로부터 교훈을 얻지 못한다면 어리석은 것이다. 대부분의 세속 기관들처럼 교회는 자신의 자양분과 필요와 관심을 추구하는 경향이 있다. 위에서

살펴보았듯이, 기독교의 확장에 대한 고찰이 가르쳐 주는 것은, 그 처음 시작을 제외하고는 지역 교회나 교단 구조가 단독적인 주도과 유지를 통해 전 세계적인 전파를 촉진한 경우는 매우 드물다는 것이다. 윈터(1974)는 지적하기를, 지역 교회로부터 분리되어 구조화되고 특별하게 형성된 선교 공동체들이나 단체들은 거의 항상 기독교 신앙 전파에 있어서 결정적인 역할 혹은 중요한 역할을 했다고 한다.

중세에 그런 선교 공동체들은 수도회였다. 개신교 교파들 가운데 그러한 공동체들은 선교회였다. 피터스는 그것을 "선택적 지명 원리"(the principle of selective appointment)라고 부른다(Peters 1972, 226-28). 성경과 역사를 보면, 그 원리에 의해 하나님께서는 종종 선교를 위한 열정과 비전을 갱신하는 촉매제인 개인들을 지속적으로 일으키시는 것을 발견하는데, 이들은 종종 교회의 본래적인 의도와는 별개로 형성되고, 또한 교회의 실패 때문에 생겨난 자들이다.

월스는 선교사를 파송하는 전제 조건들 가운데 하나가 "선교사들을 후원할 수 있고 그들과 그들의 사역, 그리고 그들과 보다 광범위한 교회 사이의 연결을 이룰 수 있는 조직의 형태"였다고 주장한다(A. F. Walls 2002, 221). 선교단체는 200년 동안 그런 조직을 제공했다. 윌버트 쉥크(Wilbert Shenk)의 다음과 같은 주장은 과장이 아니다.

> 현대 선교 운동은 선교회를 떠나서는 상상조차 할 수 없다 (Shenk 1999, 178).

반대로 그런 선교 구조들이 존재하지 않거나 선교회들이 일반적인 교회나 교단의 사역에 흡수되는 곳에서는 전 세계적인 복음전파의 쇠퇴 현상이 관찰된다. 오늘날 전 세계적인 교회의 확장에 대해 제임스 플루드만(James Plueddemann)은 다음과 같이 주장한다.

선교단체들이 그 초점을 전도와 교회 개척에서부터 선교단체 개척으로 확장할 필요가 있을 것이다(Plueddemann 2006, 264-65).

그리고 차세대(emerging) 교회들이 선교사 파송을 할 수 있는 수단을 만들 필요가 있다는 것이다.

초기 가톨릭교회의 선교에서 수도원 모델, 19세기 개신교 선교의 자발적 선교회와 무역 회사, 그리고 때때로 다국적 기업과 닮은 20세기의 비즈니스 모델들과 같이 기독교 역사를 통해 파송 구조들은 종종 그 시대의 사회 구조를 반영하여 매우 다양하게 나타났다. 그러나 각각의 경우에 이러한 선교 구조들은 지역 교회들과 다르며 지역 교회들이 할 수 있는 것보다 지상명령의 성취에 대해 더 고도로 집중적이고 단일 목적을 갖고 있으며 의도적이다.

구조나 조직(예, 선교단체들)은 선교적 효과의 열쇠가 아니다. 그것은 오직 자신의 백성들을 통해 일하시는 하나님 자신에게서 나올 수 있다. 한 세기 전에 로랜드 알렌은 선교단체들은 복음전파의 진보를 위해 도움이 되기도 하지만, 너무 지나치게 복잡해지고, 자기를 정당화하며, 과도하게 전문화될 때는 너무나 자주 복음전파를 방해할 수도 있다고 말했다 (Allen [1927] 1962b, 106-7).

그러나 거의 2,000년의 교회 역사를 통해 분명하게 나타나는 것은, 일반적으로 말해서 교회들이 그런 선교 구조들이 없이는 복음전파의 진보에 실패하는 까닭에, 하나님께서는 타문화 선교에만 초점을 두는 선교 구조들을 통하여 주로 일하는 것이 적합하다고 간주하셨다는 것이다. 선교학의 선구자인 구스타프 바르넥(Gustav warneck)과 같은 교회의 우선성을 가장 강력히 옹호하는 자들 가운데 일부 학자들조차 교회의 선교 의무에 있어서 제도적 교회의 실패를 인정하면서 선교단체가 실제적으로 필요하다고 주장한다(Wellenreuther 2004, 179-80).

그래서 어떤 사람은 선교단체가 **필요**하다고 하거나 혹은 선교단체가 **계속 남아**있어야 한다고 논쟁할 수도 있을 것이다. 변화하는 시대는 변화된 파송 구조들을 요청할 것이지만, 기존 선교 구조들은 그 과정에서 가볍게 포기되어서는 안된다.

### (4) 선교의 연합

선교회의 주목할 만한 열매들 가운데 하나는, 선교회가 그리스도의 몸인 지역(local)교회와 세계(global)교회 양자의 연합에 새롭고도 독특한 표현을 제공했다는 것이었다. 다양한 교파에 속한 그리스도인들은 선교단체들을 통해 세계 선교라는 공동의 목적을 위해 연합했다(A. F. Walls 1996, 247-49). 사실 국내의 교파 간 연합과 노회의 형성은 부분적으로는 국내 선교회들을 통해 해외 선교를 촉진하려는 통일된 노력의 부산물이었다. 예를 들어, 스탠리는 다음과 같이 말했다.

> 1903년까지 침례교연합회(Baptist Union)는 침례교선교회(Baptist Missionary Society) 본부에 몇 개의 임대사무실 밖에 갖고 있지 않았다(Stanley 2003, 41).

다른 점에서, 매우 독립적인 교회들은 혼자서는 할 수 없었던 선교사 파송과 돌봄을 위해 함께했다.

오늘날 많은 지역 교회들이, 더 큰 선교단체들과는 별도로 파송과 후원 사역을 책임질 때 지나치게 독립적이 되려는 위험이 있는데, 이것은 피해야 한다. 한 교회가 "혼자서" 선교를 다 할 수 있다. 따라서 더 큰 하나님의 일과 다른 사람들과의 협력의 필요에 대해서는 의식하지 못하는 것 같은 인상을 풍길 수 있다.

선교에 있어 파트너십의 중요성은 널리 인식되어 왔지만, 그러한 인식은 대개는 국제적 협력에 적용되어 왔다. 파송 교회들 가운데 협력의 중요성은 재발견되어야 한다. 교회들은 지속적으로 서로 협력하고 배우는 방법들을 발견해야 한다. 한 교회가 모든 지혜와 필요한 자원들을 독점할 수 없다. 선교단체들은 한 교회 혼자 할 수 없는 것을 함으로써 과거에 이러한 파트너십을 촉진했다. 아마 다른 구조들도 미래에 선교 목적을 위해 공헌할 수 있을 것이다.

그러나 한 가지 분명한 것은, 모든 교회는 글로벌 선교의 과업을 실천하기 위해 다른 교회들을 필요로 한다. 예수는 세상이 그를 믿게 하는 열쇠로서 그리스도인의 연합을 위해 친히 기도하셨다(요 17:18-23). 하나님의 선교에 참여하는 것은 교회론적 개인주의를 위한 여지를 남겨놓지 않는다.

(5) 실제적 정보

위에서 논의한 것들을 주목하고 고려한다면, 이 주제를 실제적인(practical) 근거 위에서 솔직하게 다룰 때 이를 지나친 실용적(pragmatic) 접근으로 간주하지 말아야 한다.

즉 무엇이 실제적인가?

무엇이 시간의 검증을 받았는가?

다른 사람들이 경험했던 것들은 무엇인가?

실제로 무엇이 작동되는가?

세계 선교는 재정적이고 인간적인 관점에서 복잡하고 값진 일이다. 선한 청지기직은 지혜와 효율성으로 나아갈 것을 요구한다. 하나님께서는 우리가 성령의 초자연적 예비하심에 의지하기를 기대하실 뿐 아니라, 또한 지혜롭게 분별하고 행동하는 능력을 우리에게 주셨다.

실제적으로 지역 교회들과 교단들의 힘은 교회 유지와 목회적 돌봄 사역에 치중하는 경향이 있다. 보통 이런 교회들은 장기적인 타문화 선교사역을 유지하는 데 필요한 헌신, 희생, 집중력이 부족하다. 선교 구조들이 회중적 구조들에 완전히 예속될 때, 대개 선교는 고통을 겪는다. "선교적 교회론"의 옹호자들은 교회가 모든 일들에 선교적이 될 것을 요청하므로 이런 경향들(선교가 교회의 필요에 잠식당하고 마는 경향—역주)을 뒤집으려고 애쓴다. 그러나 그것이 이루어질 수 있는지에 관한 판단은 여전히 유보적이며, 역사는 그것에 대한 낙관적 견해의 근거를 거의 제공하지 않는다.

대부분의 지역 교회들(local congregations)은 해외 선교사들을 훈련하고 파송하며 관리하는 데 필요한 자원, 인력, 경험, 사역 기반을 갖고 있지 않다. 중요한 사역 기반, 연대망, 신뢰 구축, 특화된 자원들은 선교사들을 양육하고 전 세계에 산재한 지역 교회들과의 사려 깊고 효과적인 관계를 발전시키는 데 있어서 필수적이다.

의도는 선하지만 지혜와 선교학적 통찰이 부족한 경우 종종 가부장주의(paternalism)와 문화적 둔감성과 같은 역사의 실수들을 반복하는 결과로 나타난다. 잠언 19:2은 다음과 같이 교훈한다.

> 지식 없는 소원은 선하지 못하고 발이 급한 사람은 잘못 가느니라(잠 19:2).

사무엘 멧카프(Samuel Metcalf)는 선교단체처럼 기능하고자 하는 지역 교회의 선교위원회에 관한 관심을 이렇게 표현한다.

> 일반적인 선교위원회는, 교회의 변덕스러운 선임 과정에 의해서 들어왔다 나갔다 하는, 경험이 없는 사람들이 아니라 경건하고 선한 의도를 갖고 있는 사람들을 포함한다. 지역 교회 선교위원회가 선교 현장의 전략과 관리를 위한 책임을 행사하기

에는 타문화 선교는 너무나 복잡하고, 후원교회들과도 지리적으로 멀리 떨어져 있다(Metcalf 1993, 145).

주일 출석 교인수가 2,000명이 넘는 교회에서도 선교 담당 목사들의 28%만이 2년 이상 선교 경험을 갖고 있으며, 62%는 전혀 선교 경험을 갖고 있지 않다(Priest 2008). 작은 교회들은 그런 자원들조차 더욱 빈약하다. 가장 경험이 풍부한 선교 담당 목사들조차도 단독으로 중대한 선교사 파송 프로그램을 운영하기 위한 모든 은사와 전문 지식이나 시간 여력을 갖고 있지 않을 것이다.

보다 경험이 풍부한 선교단체들의 도움을 받지 않고 "자신들만의" 프로그램을 시도했던 적지 않은 교회들이 문제가 발생했을 때, 결국은 선교단체에 도움을 요청하는 것으로 끝나게 되었다. 어떤 교회들은 선교사들을 파송하기 위해 다른 지역 교회들과 협력했지만, 그런 식으로 하는 것은 많은 부분에 있어서 전통적인 선교단체들의 모습으로 비추어지기 시작한다.

제임스 엥겔(James Engel)과 윌리엄 더니스(William Dyrness)는 비록 역사적 선교단체들에 대해 비판적인 견해를 갖고 있지만, 그들은 지역 교회들이 또 다른 선교 이사회들이 되지 말 것을 충고한다.

> 거기에 대해 실수하지 말라. 얼마나 좋은 뜻에서 동기부여가 되었는지와 상관없이 선교단체와 교회 간의 지속적인 협력을 중단하는 것(지역 교회가 자체적으로 선교사를 파송하고 후원하는 것-역주)은 동일한 도전들에 직면하게 될 것과, 선교단체들이 얻었던 경험의 유익도 없이 동일한 실수들을 반복하게 될 것을 보증하는 것이 된다(Engel and Dyrness 2000, 128).

더욱이 많은 창의적 접근 지역들(restricted-access regions)에서 지역 교회의 직접적 참여는 전혀 가능하지 않다(Borthwick 1998). 단기적인 선교와 계획들이, 선교사역에 진정한 기여를 하는 것보다, 그것 자체를 목적되도록 허용되거나 파송 교회의 필요들을 채우기 위해 조정되어서는 안된다.

개교회가 독립적이고 직접적으로 선교에 참여하는 것은 현지의 선교사역을 지나치게 침해하거나 심지어 불건강한 조작과 가부장주의로 이끌 수 있다. 국제적 선교 협력을 위한 열망은 많은 교회들로 하여금 정직성이 결여된 먼 곳의 사역을 순진하게 후원하는 방향으로 인도했다. 왜냐하면 그 교회들은 매력적인 호소에 응답했으나 분별을 위해 필요한 문화적 통찰이 부족했기 때문이다.

모든 선교사역에 더욱 적극적이고 직접적으로 참여하려는 교회의 열망은 소수의 위원들이나 특별 기도회, 매년 열리는 선교대회로 제한되어서는 안된다. 오늘날 많은 신자들이 범세계적 선교사역에 직접적으로 참여하고 개인적으로 동참하는 것은 가능하며 바람직하다. 선교단체들이 미래에 교회를 잘 섬기려 한다면, 이러한 새로운 상황에 적응할 필요가 있을 것이다. 선교단체들이 기꺼이 그러한 상황에 적응할 수 있다는 점에서 우리는 에크하르트 J. 슈나벨(Eckhard J. Schnabel)의 견해에 동의한다.

> 선교단체는 실용적인 이유에서 볼 때, 특정 선교지 국가, 문화, 언어, 정치에 관한 전문적인 지식 때문에 먼 곳에 있는 선교사역을 시작하고 후원하는 가장 효과적인 수단이다(Schnabel 2004, 1579).

## 4. 결론

대답은 "이것이냐? 저것이냐?"라는 접근 방식이 아니라, 지상명령을 성취하기 위해 지역 교회와 선교단체 간의 보다 적극적인 협력과 상호인식이다. 이러한 접근은 지역 교회들이 선교단체들과 긴밀하게 함께 일하여 하나님 나라의 도래를 위해 공동의 노력을 기울이는 시너지를 낳는다. 다렐 L. 구더(Darrell L. Guder)는 다음과 같이 말한다. 이러한 두 종류의 구조들은,

> 지역 교회들과 교단 구조들과의 공생관계 가운데 존재해야 한다. 사도적 교회는 교회의 선교가 실행되는 다양한 방식들을 함축하며, 따라서 선교적 교회론이 제기해야 하는 다양한 구조들을 함축한다(Guder 1998, 75).

우리는 브루스 캠프(Bruce Camp)의 다음과 같은 주장에 진심으로 동의한다.

> 실용적으로 말하자면, 선교단체들(독립선교회나 교단 소속 선교회)은 하나님의 선물이며 교회들에 의해 활용되어야 한다. 그러나 신학적으로 말하자면, 선교단체들은 유동적(mobile) 형태라는 점에서 결코 교회로 간주어서는 안된다. 선교단체들에게 주어진 정당성은 지역 교회의 성경적 명령을 침해하는 것이 아니라 지역 교회들과 함께하는 섬김에서 나온다(1995, 207).

교회와 선교단체 간의 관계를 위한 다양한 모델들이 제시되었는데, 즉 "합력적(집중하는) 교회"(Camp 2003, 239-40)와, 선교단체들과 협력을

추구하는 한편 지역 교회에 우선순위를 부여하는 "종—동반자"(Hammett 2000) 모델과 같은 것들이 있다(또한 Beals 1995를 보라).

현대의 도전들과 연관된 매우 다양한 질문들에 대해 성경은 우리에게 단순하고 쉬운 대답을 제공하지 않는다. 오히려 우리는 성경적 원리들을 적용하려고 노력하고 이성적인 통찰과 이해를 선용하고 기도하는 마음으로 최상의 지혜를 가지고 행동하려고 노력해야 한다.

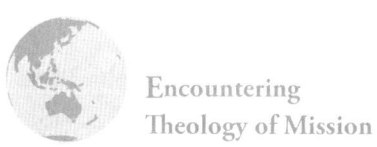

## 제9장
# 선교사의 소명

햇빛 가리개를 쓴 채 정글에 살면서 "불쌍한 현지인들"을 가르치는 선교사에 대한 고정된 이미지는 쉽게 사라지지 않겠지만 이것은 현재가 아닌 과거의 그림이다. 수세대에 걸쳐 선교사는 교회의 영웅이었고, 신비한 "선교사의 소명"에 따라 희생과 모험을 두려워하지 않고 섬기는 사람들이었다.

오늘날의 선교사는 더 이상 무비판적 존경의 성역이 아니다. 그리고 전통적인 선교사들을 보낼 필요는 인정하면서도 "선교사의 소명" 개념에 대해서는 의문을 제기하고 있다. 최근에는 **선교**라는 용어가 새롭게 정의되고 있을 뿐만 아니라 **선교사**(missionary)라는 용어 역시 재검토가 이루어지고 있다. 북미에서 장기 선교 후보자들의 숫자는 줄어들고 있다(Moreau 2004; 2007). 한 기독교대학에서 250명의 학생들을 대상으로 한 설문조사에 의하면, 이러한 추세의 한 가지 이유는 선교사의 소명에 대한 성격과 필요성에 대한 분명한 이해가 부족하기 때문이라고 보고한 바 있다(Thornton and Thornton 2008).

**선교**라는 단어처럼, **선교사**라는 용어도 대부분의 영어 성경에는 나타나지 않는다. 또한 "선교사"의 개념은 교회사에서도 일관성 있게 규정되지 않다(Beyerhaus 1969). 대부분의 단어들처럼 그 의미는 시대적인 상황을 반영하고 있으며, 따라서 시대에 따라서 변화될 수 있는 것으로 이해되어야 한다. 그럼에도 불구하고, 하나님의 사명을 띠고 하나님에 의해 보냄 받은 사람으로 보는, 선교사에 대한 우리의 이해는 임의로 변경할 수 없는데, 왜냐하면 성경, 특히 영어 성경에는 정확한 용어가 등장하지 않지만, 그러한 개념에 대해 많은 것을 증거하고 있기 때문이다.

이 장에서 우리는 선교사와 선교사의 소명에 관련된 네 가지 기본적 질문들에 대해 다룰 것이다.

① 지금도 타문화 선교사가 필요한가?
② 모든 그리스도인이 선교사인가?
③ 선교사의 소명에 대한 개념은 성경적인가?
④ 신약성경의 용어인 **사도**는 **선교사**와 동의어인가?

## 1. 지금도 타문화 선교사가 필요한가?

### 1) 발전

20세기의 복음의 진전은 너무나 놀라운 일이었다. 19세기가 개신교 선교 운동의 시작으로 인해 "위대한 세기"라면, 20세기는 전 세계적으로 교회가 폭발적으로 성장한 세기였으며, 그 결과 기독교가 진정으로 범세계적 종교가 되었다. 1980년대 중반에 이르러 세계의 그리스도인들의 다수는 아프리카, 아시아, 라틴아메리카, 즉 전통적으로 선교지였던 지역에 살고 있다.

1960년대에 에큐메니칼 운동은 "선교사역"(missions)의 시대는 지나갔다고 선언했다. 대신 "선교"(mission)의 시대가 도래했고, 이제 교회의 큰 과업은 해외 선교사들을 미전도 종족들에게 보내는 것이 아니고, 모든 교회가 자신의 지역에서 선교적 교회가 되어야 한다고 주장했다.

이러한 주장의 논거는, 앞선 세대에서는 해외, 타문화 선교사들이 복음의 진전을 위해 개척적인 사역을 하고, 현지 교회를 설립하는 것이 필수였지만, 이제는 교회들이 세계의 거의 모든 나라에서 어느 정도 세워졌다는 것이다. 이 현지인 교회들은 해외 선교사 인력의 지원 없이도 자국 내 복음화를 완수할 수 있어야 한다는 것이다. 전통적인 선교사는 퇴색했으며, 심지어 해롭기까지 하며, 선교사보다는 단지 "우호적인 동역자들"(fraternal coworkers)이 필요할 뿐이라는 것이다.

1970년대 초에 선교사 철수(moratorium) 선언이 있었다(Underwood 1974; Gatu 1974; Castro 1975; Wakatama 1976). 이것의 우선적인 관심은 선교의 과업이 성취되었다는 것이 아니라, 현지 교회가 선교사의 주도권으로부터 자유롭게 되어 발전할 자유가 있다는 것이었다. 선교사가 존재하고 현지 사역이 해외 자금에 의존하는 한 현지 지도자는 자유롭게 지도력을 발휘할 수 없고, 교회는 정상적으로 발전하고 성숙할 수 없다는 것이다.

선교사 철수 선언이 급진적인 양상으로 이행되지는 않았지만, 에큐메니칼 진영의 선교회들은 재조직되어 에큐메니칼 사역의 부서들로 편입되었다. 이 단체들에 의해 보내진 선교사들의 숫자는 극적으로 감소하기 시작했다. 오늘날 대부분의 선교 관련 단체들은 국제적인 교회 관계의 본질이 선교사 철수가 아니라 동반자이며 상호존중이 되어야 한다는 데 동의한다. 그럼에도 불구하고, 많은 사람들에게 있어서 선교사의 역할은 매우 절실하게 남아있다.

더군다나, 가속화되고 있는 서구 문화의 세속화는 이 전통적인 선교사 파송 국가들의 재복음화의 필요성에 대한 인식을 고조시켰다. 이미

1938년, 탐바람(Tambaram)에서 열린 IMC(국제선교협의회)에서 유럽과 북미가 선교지로 간주되었다. 1963년, 멕시코시티(Mexico City)에서의 처음 열린 CWME(세계 선교와 전도위원회)의 주제는 "육 대륙에서의 선교"(mission on six continents)였다. 따라서 선교는 더 이상 영적으로 "부유한 나라"에서 영적으로 "가난한 나라"로 선교사들을 일방적으로 보내는 것을 의미하지 않게 되었다. 모든 나라가 선교지이며, 모든 교회가 선교적 교회이며, 모든 그리스도인이 선교사인 것이다.

다른 한편으로, 또한 대다수 세계 선교 세력이 급속도로 성장하기 시작했다(Jaffarian 2004; Wan and Pocock 2009). 어떤 이들은 서구 해외 선교사들을 계속 보내는 것은 비효과적이고 비효율적이라고 주장했다. 자금을 현지인 전도자들이나 비용이 저렴한 대다수 세계 선교사들을 지원하기 위해 보내야 한다는 것이다(Yohannen 1986; Finley 2005). 이러한 형태의 협력은 서구 선교사들을 파송하는 것을 불필요하고 심지어 낭비로 만들었다.

이러한 흐름에 비추어 많은 복음주의 교회들은 전통적인 선교사들에 대한 지원을 줄이기 시작했다. 어떤 이들은 우선순위를 바꿔 협력, 단기 선교 여행, 현지인 전도자와 선교사 지원으로 옮겨갔다. 북미 선교회들은 이제 장기 및 중기적 차원에서, 북미 선교사들을 지원하는 것보다 거의 두 배 정도로 비서구 기독교 사역자들을 후원하고 있다. 그런가 하면, 단기 선교의 급속한 발전에도 불구하고(아마도 그 때문에) 장기 및 중기 북미 선교사들의 숫자는 지난 10년 넘게 더 이상 증가하지 않았다(Moreau 2007; Jaffarian 2008).

## 2) 평가

글로벌 기독교의 얼굴이 변형되었기 때문에 선교사의 역할도 재고되어야 한다. 아프리카, 아시아, 라틴아메리카의 교회들은 이제 자리를 잡았고, 전통적으로 기독교 지역이었던 곳은 선교지가 되었다. 오늘날 선교는 진정으로 모든 곳에서 모든 곳으로 가는 것이다. 비록 많은 곳에서 가부장주의(paternalism)와 의존성(dependency)가 교회-선교회 관계에 영향을 주고 있지만, 그야말로 모두가 그 해답은 독립성(independence)이 아니라 상호 의존성(interdependence)에 있다는 것을 인정한다.

교회들은 하나님의 선교에 있어서 대등한 동역자로 서로 협력해야 하며, 각각 장점을 발휘하여 그 과업에 기여해야 한다. 이러한 입장은 비록 많은 경우에 해외 선교사의 역할을 재고하기는 하지만, 완전히 없애지는 않는다.

오늘날 선교사의 이미지는 다양한 것이다. 많은 서구 선교사들은 지도력 개발에 더 많이 참여하고 있으며, 개척적인 전도에 대한 참여도는 낮아지고 있다. 라틴아메리카 출신의 선교사들은 유럽을 재복음화할 비전을 가지고 있다. 중국의 교회는 중앙아시아를 거쳐 예루살렘으로 복음을 전하려는 시도를 한다. 전형적인 선교팀은 점점 더 국제적으로 구성되며, 많은 대형 선교단체들이 다국적 기업 모델을 도입하여 지역 사무실과 훈련원들을 세계 곳곳에 두고 있다.

오늘날 교회가 진짜 전 세계에 존재하고 있고 모든 지역이 선교지로 간주될 수 있지만, (서구와 대다수 세계 교회들로부터) 타문화권 선교사들을 보내는 것이 계속적으로 성경적인 명령임을 뒷받침하는 몇 가지 이유들이 있다.

첫째, 교회가 세계의 대부분의 지역이나 나라에 세워졌다.

그러나 심지어 숫자적으로 많은 교회라 할지라도 여전히 약해서 해외 선교사의 지원을 필요로 한다. 그런 곳으로 파견된 선교사들이 흔히 제자 훈련, 지도력 개발, 신학 교육, 문서 사역, 인적 자원 개발 등의 사역에 참여하고 있다. 서구의 오래된 교회들은 대다수 세계의 선교사들이 역방향으로 도움을 줌으로써 부요케 될 수 있다. 우리가 선교의 과제를 단순한 교회 성장을 넘어서는 것으로 이해해서 하나님 나라의 공동체를 포함한다면, 그러한 곳에서는 파견된 선교사들에게 상당한 기회가 남아 있을 것이다.

둘째, 다른 많은 나라들에서 교회는 아직 너무 작아서 그 나라를 복음화하기에는 충분하지 않다.

예를 들어, 터키는 7,100만 명의 인구를 가졌지만, 대부분이 무슬림이고, 단지 0.56%만이 명목상의 그리스도인이며(Barrett, Kurian, and Johnson 2001, 2:220), 백만 명의 비그리스도인당 단지 일곱 명의 파견된 선교사들이 있을 뿐이다(Barrett, Johnson, and Crossing 2007). 그러한 지역에서 파견된 선교사들은 종종 현지인 사역자들과 함께 하여 전도와 교회 개척 사역을 돕기도 한다.

셋째, 많은 종족 집단들이 자생적인 교회나 문화적으로 적합한 그리스도의 증인이 없는 상황에 처해있다.

동역할 현지 교회가 없어서 개척적인 타문화 선교사들이 필요하다. 세계에는 44억 명의 비그리스도인들과 18.7억 명의 미복음화 인구가 있으며, "200개의 주요 민족 언어(ethnolinguistic) 당 10만 명 이상의 미복음화된 토속종교인들(ethnoreligionists)을 갖고 있다." 그리고 "다른 기독교 기관들이 여태 사역의 목표로 삼지 않은 1,192개의 미복음화 종족언어학적 종족들"이 있다(Barrett, Johnson, and Crossing 2008).

다른 연구에 의하면, 세계 인구의 1/4가량, 즉 5,837개의 종족집단들을 구성하고 있는 16억 이상의 사람들 가운데 복음주의 신자가 2% 이하이고, 그들 대다수는 지난 2년간 활발한 교회 개척사역이 일어나지 않았던 지역에서 살고 있다(Holste and Haney 2006). 그러한 통계에 이의를 제기할 수 있겠지만, 국외로 파견되는 타문화 개척 선교사들은 계속 필요할 것이다.

종종 같은 지역 내에서 어느 하나의 종족집단이 복음에 반응을 보이지만, 이웃한 다른 종족 집단은 반응하지 않을 수 있다. 인도, 인도네시아, 나이지리아와 같은 나라들은 수백 개의 민족 언어 집단들로 구성되어 있으며, 그 중 다수는 자생적 교회나 복음의 증인이 없다. 역사적인 종족 대결 관계로 인해 하나의 종족집단은 다른 이웃 종족 집단으로부터의 복음 증거를 거부할 수 있다. 문화적으로 거리가 있는 개척 선교사들은 그러한 상황에서 더 효과적일 수 있을 것이다.

넷째, 선교지에 기술적인 전문성이 없을 때 이러한 전문성을 가진 선교사들이 필요하다.

이 선교사들은 컴퓨터 프로그래밍, 글자 교육, 성경 번역, 농업 개발, 공동체 의료(community medicine) 등의 일을 할 수 있다. 이러한 기술들은 자생적인 사역을 발전시키고, 긍휼 사역을 할 수 있고, 공동체를 섬기고, 지역 경제를 강화하는 데 도움을 줄 수 있을 것이다. 이상적으로는, 지역민들이 그러한 기술들을 훈련받아서 외부 지원을 줄여갈 수 있을 것이다. 그러나 외부 선교인력들은 여전히 필요하다.

다섯째, 불행하게도 세계는 고통과 위기가 빈번해서 긴급한 외부 지원과 구호를 필요로 한다.

전쟁, 기근, 전염병, 자연재해는 세계 곳곳의 그리스도인들의 긍휼 사역을 필요로 한다. 지역 언어와 문화를 이해하고 있는 장기 타문화 선교사들은 직접적으로 구호 사역자로 뿐만 아니라, 문화적으로 적합한 방식으로 소통을 하고 구호를 하도록 섬길 수 있다.

여섯째, 타문화권 선교사를 계속해서 보내야 하는 가장 중요한 이유는 지상명령 자체에 있다.

이는 곧 교회가 땅 끝까지 가서 증인이 되어야 하며(행 1:8), 모든 민족을 제자화해야 한다는 것이다(마 28:19). 복음이 없는 종족집단들이 있는 한, 그리고 천국 공동체들이 그 가운데 세워지지 않은 한, 그 어떤 교회도 그리스도의 이름으로 오지에까지 선교사를 보내는 사명에서 면제될 수 없는 것이다. 때로는 외부 선교사를 보내는 것보다 자생 사역자를 후원하는 것이 유리한 점이 있겠지만, 이것만을 세계복음화를 위한 유일한 전략으로 만드는 데는 많은 실질적인 어려움들이 있다(Ott 1993).

더욱 중요한 것은, 서구교회가 (혹은 다른 어떤 교회라도) 개척 전도, 교회 개척, 선교의 고된 일을 다른 교회에 **전적으로** 맡겨버린다는 것은 교만한 태도가 될 것이라는 것이다. 선교와 하나님 사랑의 성육신적 본질은, 돈이나 구호물자를 보내는 것으로 구현될 뿐만 아니라, 우리의 아들과 딸(혹은 심지어 부모나 조부모)을 보내서 그리스도가 없는 사람들과 동화되어 살게 하는 비싼 대가를 치러야 할 만큼 가치가 있는 것이다.

지상명령은 "세상 끝날까지" 함께 하시겠다는 그리스도의 약속과 함께 주어졌다(마 28:20). 이 천국 복음이 "모든 민족에게 증거되기 위하여 온 세상에 전파될 때"에만 그리스도께서 다시 오실 것이다(마 24:14). "각 족속과 방언과 백성과 나라 가운데에서"(계 5:9; 7:9) 온 예배자들이 모이는 천국의 비전이 성취될 때까지 교회는 타문화권 복음 전파자들을 보내는 것을 중단할 수 없을 것이다.

이것은, 자신의 지역에서 증인과 천국의 표지로서 존재하는 모든 교회의 선교에 대한 중요성을 약화시키는 것이 아니다. 또한 국제적인 경계를 넘는 것이 미전도 종족을 복음화를 하는 데 항상 필수적인 것은 아니다. 대부분 기독교 공동체들이 둘러싸고 있는 곳에는 타문화권 복음 증거를 필요로 하는 많은 미전도 종족집단들이 섬처럼 고립된 집단으로 살아가고 있다. 우리는 다만 주장하는 것은, 타문화권 선교사의 시대가 지나간 것이 아니라, 그리스도께서 다시 오실 때까지 계속될 것이라는 것이다.

## 2. 모든 그리스도인이 선교사인가?

### 1) 발전

역사적으로, 개신교 신자들과 로마가톨릭 신자들은 공히 선교사의 소명을 한 개인이 하나님으로부터 전임 선교사역으로 특정한 부르심을 받는다고 믿어왔다. 그 사람은 흔히 한 교회에 의해 파송받거나 안수를 받아서, 보통 영적 필요가 본국보다 더 많은 해외에서 선교사역을 하도록 보냄을 받는다.

선교사의 사역의 방법에 대해서는 변화가 있어서, (세속 직업을 통해 스스로 재정 확보를 하는) "텐트메이커" 혹은 (자신의 나라에서 일하는) "본국 선교사"의 개념들이 있다. 선교사의 "소명"은 종종 잘 정의되지 않았다. 어떤 이들은 전도자로 사역했고, 다른 이들은 의사나 기능인으로 사역했다. 그러나 선교사를 구별하는 그러한 소명이 있다는 것에 대해서는 일반적으로 별 의문이 없었다.

앞서 언급한 WCC(세계교회협의회) 진영에서의 논의의 발전은 선교사 소명의 성격에 대한 재고로 연결되었다. 이미 1950년에 찰스 롱(Charles Long)은 이렇게 물었다.

> 만약 모든 그리스도인이 어떤 의미에서 선교사로 부름 받았다면, 전임 선교사로 부름 받은 사람들의 소명은 어떻게 설명할 수 있는가? … 선교사의 소명은 여전히 자신의 집단이 아닌 다른 집단으로 "보냄 받은" 사람들에게만 한정되는 것인가?(Long 1950, 410).

1968년 웁살라에서 개최된 WCC 총회의 보고서는 다음과 같이 선언했다.

> 남녀 평신도들은 교회 구조 안에서 그들이 하는 봉사를 통해 서라기보다, 그들의 일상 생활과 공적 봉사에서 그들의 전문적인 기술과 역량을 사용하는 것을 통해서 선교에 대한 그들의 헌신을 표현한다(Goodall 1968, 33).

고수케 고야마(Kosuke Koyama)는 일본인으로서 태국에 선교사로 간 사람이었는데, 선교사를 다음과 같이 정의한다.

> 광의의 개념에서 선교사는 역사 속에서 하나님의 사랑을 구체화하는 것을 증진하는 데 참여하는 사람이다(Koyama 1974, 128).

더 나아가 고야마는 말라리아 모기를 퇴치하기 위해 북부 태국에서 살충제를 살포하는 정부 보건 관리들에 대해 말한다. 이것은 하나님의 사랑을 구체화하는 것이었기 때문에 "이런 점에서 그 관리들은 선교사들이다"(ibid.).

북미에서 "복음과 우리 문화 네트워크"(GOCN)은 서구 문화가 선교지가 되었다는 것을 확인해준다. 이 조직은 전 교회로 하여금 문화에 더 적극적으로 선지자적으로, 그리고 선교사적으로 개입하도록 요청한다. 선교적 교회는 교회 그 자체를 본국에서와 해외에서 수행하는 **모든** 것에서 하나님의 선교의 대리자로 보는 것이다. 이 관점에서 모든 그리스도인은 선교사로 여겨진다.

오늘날 복음주의 진영에서 "모든 그리스도인은 선교사이다!"라는 슬로건을 점점 더 많이 듣는다. 이머징교회(Emerging Church)의 창의적이고 대중적인 이론가인 브라이언 매크라렌(Brian McLaren)은 다음과 같이 말한다.

> 모든 교회가 선교단체이다. 모든 그리스도인은 선교사이다.
> … 모든 이웃이 선교지이다(McLaren 1998, 142).

어떤 이들은 선교사에 대한 전통적인 관점이 그리스도인들 사이에 잘못된 구별을 초래한다고 주장하기도 한다. 모든 그리스도인이 하나님에 의해서 세상으로 보냄 받았기 때문에 모든 그리스도인은 선교사로 간주되어야 한다는 것이다. 선교란 교회가 세상 속에서 하나님 나라를 이루기 위해 하는 모든 것으로 재규정된다면, 선교사는 이 목적을 향해 일하는 모든 사람을 말한다. 밀프레드 미나트리아(Milfred Minatrea)는 이러한 입장을 다음과 같이 요약한다.

> 모든 신자가 복음 메시지를 증거하고, 복음 메시지의 진실성을 입증하기 위해 보내졌기에 모든 신자는 선교지에 있는 것이다. 선교사라는 용어가 바다나 다른 지리적 경계를 건너 선교지로 가는 전문적 또는 직업적인(vocational) 사람들만을 위해 사용된다면, 그 용어를 부당하게 취급하는 것이다. 선교사들은 보냄 받은 사람들이고, 신약 시대 교회로서는 모든 신자를 포함한다(Minatrea 2004, 80-81).

선교로서의 사업(business as mission)을 옹호자들은 지역민들을 위해 산업, 직업, 이윤을 창출하는 국제적인 남녀 사업가들을 때때로 선교사로 묘사한다. 보통 국제적으로 몇 주 동안 자원 봉사하는 수백만의 미국인들은 단기 선교사들(short-term missionaries)로 불린다. 이 짧은 개관은 그 용어(선교사의 소명-역주)의 의미와 용례가 폭넓게 사용되고 있음을 명백히 한다.

### 2) 평가

모든 그리스도인들은 어디에 있든지, 어떤 은사를 가졌든지, 전임 사역의 유무와 상관없이, 하나님 나라의 확장과 지상명령의 성취에 기여할 의무를 가지고 있다. 모든 그리스도인은 그리스도의 증인으로 부름 받았으며(행 1:8), 묻는 자들에게 대답할 것을 항상 준비하며(벧전 3:15), 세상에서 소금과 빛으로 살도록 부름 받았다(마 5:13-14).

단지 전통적인 선교사들만이 하나님의 선교에 있어서 중요한 역할을 할 수 있다는 생각이나 보통 그리스도인들은 "단지" 헌금하고 기도만 해야 한다는 생각은 잘못된 것이다. 종종 듣는 바이지만, 헌금하고 기도하는 것은 하나님의 선교를 진전시키는 데 다소 소극적인 방법이라고 폄하하는 것은 하나님의 선교를 위한 기도의 가치와 청지기 자세의 중요성을 간과하는 것이다.

선교적 교회론의 옹호자들은 선교가 교회의 본성에 속하는 것이며, 선교가 교회의 여러 활동 중 하나이거나 개별 그리스도인들에게 해당되는 것으로 여겨져서는 안 된다는 것을 상기시켜준다. 교회는 선교사를 보낼 뿐 아니라 교회 자체가 보냄을 받았으며, 모든 그리스도인은 세상에 하나님의 대표자로 하나님에 의해 보냄 받았다. 각 그리스도인을 선교사로 부르는 것은 극적으로 이러한 진리를 강조하는 것이다.

그러나 "모든 그리스도인은 선교사이다"라는 슬로건에는 세 가지 문제점이 있다.

첫째, 제8장에 기록되었듯이, 선교적 교회론은 열방을 향한 의도적인 선교의 필요성을 간과하는 건강하지 못한 극단으로 치우칠 수 있다.

열방 전체가 선교의 범위이기 때문에 교회는 타문화권 사역을 선교 사역의 필수적인 부분으로 인식하고 사람들을 보내야 한다. 불행하게도, 열방을 향한 타문화권 사역의 중요성은 많은 미국의 대형교회들에서 사라지고 있다(Priest 2008).

둘째, 모든 그리스도인이 선교사라는 관점은 너무나 자주 남용되어서, 장기 타문화권 선교사의 고유하고 전략적인 역할을 평가절하하거나 심지어 폐지하는, 반대편의 건강하지 못한 극단으로 가고 있다.

예를 들어, 매크라렌은 전통적인 선교 노력에 환멸을 느끼고, "옛날 개념의 전임 선교사는 필요 없고, 각자가 특정한 프로젝트에 따라 일하는" 프로젝트 중심의 선교 접근법을 제시한다(McLaren 1998, 137).

선교의 본질적인 과업이 이러한 일련의 프로젝트로 그 의미가 축소될 수 있는가?

천국 공동체들이 모든 사람들 가운데서 이런 프로젝트 방식으로 설립되고 확장될 수 있는가?

진정한 대가가 필요한 성육신적 선교는 그러한 접근법으로 실현될 수 있는가?

어떤 지역 교회들은 단기 팀들을 보내고 현지인 사역자들을 후원하는 것을 선호해서 전임 선교사들을 보내고 후원하는 것을 중단했다. 랄프 윈터(Ralph Winter)는 이를 희화화해서 말했다.

> [선교]는 어떠한 그리스도인이라도, 세계의 어느 곳에나 자발적으로 보냄 받아서, 어떠한 대가를 치루든, 어떠한 기간에, 무엇이든 하는 것이 되었다(Hesselgrave 2005, 205에 재인용).

선교 과업을 그렇게 희석시켜서 어떠한 그리스도인이라도 같은 자격을 갖추었다고 하는 주장으로 그 의미를 동일시하는 것은, 실제적으로 비현실적이며 신학적으로 무책임한 것이다. 그러한 과정은 선교에 있어서 진정한 협력이나 열방의 제자화를 촉진시키지 않는다.

셋째, "모든 그리스도인은 선교사이다"라는 주장의 문제점은 하나님께서 각각의 신자들에게 은사를 부여하고 소명을 주시는 것이라는 중요한 구분을 흐리게 한다.

모든 그리스도인은 지역적으로, 그리고 범세계적으로 천국 공동체들을 만들고 확장하는 데 열정적으로 헌신해야 하며, 자신의 은사를 그 목적을 위해 사용해야 한다. 그러나 모든 그리스도인이 그러한 공동체들이 아직 존재하지 않는 곳에서 그것을 만들기 위해 안수를 받고 **보냄** 받아야 하는 것은 아니다(행 13:1-3; 롬 10:15). 모든 그리스도인은 영적인 은사를 받았다. 그러나 우리가 나중에 보게 되겠지만, 모든 사람이 다 사도가 아니며, 모든 사람이 문화를 넘어 복음을 전하는 데 있어서 동일한 은사를 받은 것이 아니다(고전 12:28-29; 엡 4:11).

목회 사역의 일부 측면을 수행하는 모든 사람을 목사로 부르는 것이 유용하지도 않고 성경적이지도 않듯이, 선교적으로 살고 어떤 종류의 기독교 사역을 하는 모든 사람을 선교사로 부르는 것은 도움이 되지 않는다. 하나님께서는 사역의 다양한 과제에 상응하는 다른 은사들과 다른 부르심을 주셨다. 문화와 언어의 장벽을 넘어 복음을 전하고, 낯선 상황에서 제자를 삼고 건강한 천국 공동체들을 세우고, 기독교의 메시지와 표현들을 적절하게 상황화하는 것은 장기적인 헌신과 예외적인 은사들을 요구하는데, 그러한 것들은 모든 그리스도인이 다 소유하고 있는 것은 아니다.

우리는 초대 교회가 선교사역을 포함하여 특정한 사역들을 위하여 안수함으로 사람들을 "따로 세우는" 것을 본다(행 13:3; 딤전 4:14; 딤후 1:6). 이 "따로 세움"이 의미하는 바는, 하나님께서 특정한 그리스도인들에게 역할을 맡기신 것에 대하여, 교회가 공적으로 확증해주는 것이다.

선교사들을 파송함에 있어서 안수하는 것은, 하나님의 보내시는 활동의 중개과 교회에 의해 하나님의 부르심을 공인하는 것 둘 다로 이해될 수 있다(Peters 1972, 221). 이러한 의미에서 분명한 것은 모든 그리스도인이 선교사가 아니라는 것이다.

우리가 모든 그리스도인을 선교사로 부르기로 선택한다면, 우리는 타문화권 선교를 위해 특별히 부름받고, 은사를 받고, 파송된 사람들을 위한 새로운 용어를 만들 필요가 있을 것이다. 그렇지 않으면, 이 고유하고, 필수적이고, 신성하게 임명된 역할은 함께 잃어버릴 위험성을 안고 있다.

## 3. 선교사의 소명은 성경적인가?

제7장에서 언급한 바와 같이, 특별한 소명에 대한 깊은 사명 의식이 지난 2세기 동안 다수의 선교사들이 가졌던 중요한 동기의 근원이 되었다. 최근의 거의 모든 선교 "영웅"들이 선교사의 소명에 대해 증언했다(Sills 2008, 179-95을 보라). 수많은 간증들이 말하는 바는 어렵고 낙심되는 시기에 포기하고 싶고 그 모든 일이 수포로 돌아가는 듯한 느낌을 가졌을 때 많은 선교사들을 지탱한 것은 그들의 분명한 소명 의식이었다는 것이다. 이 소명은 보통 초자연적이고 전 생애에 걸쳐 지속되는 것으로 간주된다.

그 부르심의 성격은 명확하게 규정되지 않은 채로 남아있지만, 대부분은 아니라 할지라도, 많은 복음주의 선교회들은 선교사 후보자들이 어떻게 하나님께서 그들을 선교사역으로 부르셨는지를 구체적으로 진술하도록 요구해왔다. 예를 들어, 루이스 R. 콥스(Louis R. Cobbs)는 다음과 같이 말했다.

역사상 남침례교 신자들은 선교사들이 하나님의 부으심을 받은 사람들이라는 기대가 있었다. 그 용어를 정의하려는 노력은 많지 않았지만, 대부분의 남침례교 신자들은 하나님의 부르심이 의미하는 바에 대해서 일반적인 이해를 해왔다(Cobbs 1994, 29).

세계복음주의연맹 선교위원회(WEA Mission Commission)는 선교사 중도 탈락에 대해서 대규모의 국제적 연구를 시행해서 선교 지도자들에게 선교사 중도 탈락을 방지할 수 있는 가장 중요한 요소들이 무엇이라고 믿는지를 물었다. "하나님으로부터 선교사역에로 분명히 부름 받는 것"이 가장 중요한 것으로 꼽혔는데, 신생 선교사 파송 국가들에서는 응답자의 61%가 그렇게 답변했고, 오래된 선교사 파송 국가들에서는 응답자의 36%가 그렇게 응답했다.

그러나 선교사 중도 탈락에 작용하는 피할 수 있는 원인들과 피할 수 없는 원인들에 대한 자료에서는 "소명감의 부족"이 25개 이유들 중에서, 오래된 선교사 파송 국가들에서는 19번째 이유였고(모든 중도 탈락의 1.8%), 신생 선교사 파송 국가들 가운데서는 두 번째 이유(혹은 모든 중도 탈락의 8%)였다(W. D. Taylor 1997, 92). 선교사로의 부르심이 어느 정도 있어야 한다는 것은 대부분의 복음주 선교단체들에서 선교사역에 핵심적인 중요성을 가지는 것으로 분명히 인식하고 있다.

제임스 스태물리스(James Stamoolis)는 다음과 같이 주장했다.

> 선교사역(missions)의 개념은 대중적인 지지에 있어서 변동을 거듭할 수 있지만, 하나님의 선교에 참여하라는 하나님의 부르심은 사라지지 않는다(Stamoolis 2002, 12).

그러나 많은 사람들은 선교사의 소명이라는 생각은 **사라져야 한다**고 주장한다. J. 허버트 케인(J. Herbert Kane)은 그리스도인의 사역에 관한 일반적인 부르심을 믿었지만, 한 세대 전에 그는 동시대의 비평에서 간결하게 다음과 같이 표현했다.

> 선교사의 소명이라는 용어는 만들어지지 않았어야 했다. 그것은 성경적이지 않으며 따라서 해로울 수 있다(1974, 41; 보다 최근에는 K. L. Howard 2003; Moreau, Corwin, and McGee 2004; W. McConnell 2007).

### 3) 성경적 선례

예수의 열두 제자들과 같은 성경 속의 인물들은 그리스도의 사역을 감당하기 위해 그들의 이전 직업을 떠나도록 분명한 "부르심"을 받았다(마 4:19-20; 10:1-2). 다메섹 도상에서의 바울의 부르심은 아주 초자연적이고 극적인 것이었다. 회심 당시에 그는 이방인들에게 보내질 것이라는 신적 계시를 받았다(행 22:21). 나중에 안디옥에서 성령께서는 "내가 불러 시키는 일을 위하여 바나바와 사울을 따로 세우라"고 하셨다(행 13:2).

바울은 회심 당시에 이방인 선교를 위해 부름 받았고(행 9:15-16; 22:14-15), 아라비아, 길리기아, 시리아에서 이미 선교사로 활동하고 있었기 때문에(갈 1:15-24), 슈나벨(Schnabel 2008, 386-87)은 사도행전 13:1-4이 바울의 선교적 부르심에 대해서가 아니라 새로운 사역적 임명(assignment)이라고 주장한다(Moreau, Corwin, and McGee 2004, 167-68).

구약성경의 선지자들의 부르심과 같이, 그러한 예들은 구속 역사에서 예외적이고 고유한 직책에로의 부르심으로 보일 수 있다. 그것들은 신약성경에서 드물게 발생하는 것들이다. 바울에게 환상 속에서 일어난 소위 마게도냐 부르심도 선교사역에로의 소명적 부르심이 아니라(바울은 이미 선교사였기에) 사도적 선교팀에 대한 신적 인도의 단일 사건의 예이다 (Moreau, Corwin, and McGee 2004, 168).

성경은 바울의 수많은 다른 선교 동역자들이 선교사역에로 구체적인 부르심을 받았는지에 대해 침묵한다. 디모데는 루스드라의 그의 모교회에서 사역자로 추천되었으며(행 16:1-3), 예언과 안수함으로 사역에 대한 은사를 부여(혹은 확인)받았다(딤전 4:14; 딤후 1:6). 그러나 주관적인 부르심의 경험에 대해서는 보고하지 않고 있다. 우리는 바울의 다른 동역자들에 대해서는 이보다도 더 잘 모른다.

### 4) 선교사 부르심에 대한 질문

교회사의 초기 몇 세기 동안 상대적으로 소수의 파견된 선교사들이 있었지만, 복음은 평범한 그리스도인들이 여행을 하면서 그들의 믿음을 증거할 때 그들을 통해서 극적으로 전파되었다. 교회 구조들이 더 안정되면서, 시간이 지남에 따라 전문적인 사역의 형식화된 체제와 안수 제도가 개발되었고, 성직자와 평신도의 구분이 분명하게 되었다. 종교개혁 이전에 대부분의 로마가톨릭 선교사들은 종교적인 수도회들의 구성원들이었다.

종교개혁 시기 동안에 만인제사장설이 재발견되었지만, 소규모의 경건주의자들과 자유교회(free church) 운동 등 예외적인 경우를 제외하고는 실제적으로는 성직자/평신도 구분은 유지되었다. 진실로, 루터교 정통주의는 선교사역의 선행조건으로서 비범한 부르심이 필요하다고 강조했는데 이는 "진정한 선교를 불가능하게 만들었다"(Aagaard 1987, 16).

비록 개신교 선교사들이 전부 다 안수를 받은 것은 아니지만, 그들의 소명은 성직자의 소명과 비슷한 것으로 보여서 파송 교회나 단체에 의해 공적으로 파송되고 인정받는 것뿐만 아니라 선교사역으로 평생 부름받는 것과 유사한 것으로 여겨졌다.

이미 19세기에 특별한 선교사 부르심의 필요성에 대해서는 흥미로운 방식으로 의문이 제기되었다. 어떤 이들은 지상명령 그 자체의 우주적 명령은 모든 그리스도인에 대한 해외 선교사의 부르심을 구성한다고 주장했다. 허드슨 테일러와 같은 영향력 있는 지도자들은 본국에 남으라는 부르심을 받은 사람이 아니라면, 모든 그리스도인은 나갈 것을 명령받았고, 그럴 자격을 부여받았다고 주장했다(Taylor and Taylor 1965, 167).

비슷한 주장들이 남침례교, 학생자원운동(Student Volunteer Movement), 그리고 다른 진영에 의해 제기되었다(Cobbs 1994, 29; Beaver 1968a, 149; Sillis 2008, 63-64). 몽골 선교사였던 제임스 길모어(James Gilmore 1843-91)는 다음과 같이 말했다.

> 나는 내가 해외로 가야 하는 이유보다도, 내가 왜 본국에 머물러야 하는지 이유를 찾지를 못했기 때문이라고 말하고 싶다 (Gannett 1960, 33에서 재인용).

1970년대 대중적인 기독교 작곡가이자 예술가인 키쓰 그린(Keith Green)은 이 관점에 동의하면서 다음과 같이 썼다.

> 사실, 당신이 가지 않으면, 당신은 본국에 머물도록 하나님의 구체적인 부르심을 받아야 한다(Green 1982, 3).

20세기 중반까지 선교사 자격은 점점 더 교육적이고 심리적인 요소들에 초점을 맞추었고, 이 영역들은 광범위한 인터뷰와 검사 절차에 따라

평가되어서, 주관적인 부르심만으로는 충분하지 않게 되었다. 1960년대에 선교단체들은 전문인들, 단기 사역자들, 전임 사역이 아닌 은퇴 후 봉사자들을 위한 보조적 선교사 역할들을 또한 다양하게 만들기도 했다. "전임" 선교사의 평균 사역 기간은 20세기 초반 23년에서 20세기 후반 약 10년으로 꾸준히 줄어들었다(Cobbs 1994). 선교사 사역은 점점 더 평생의 부르심이라기보다는 직업적 선택으로 보이게 되었다(Donovan and Myors 1997). 이러한 변화는 특별한 선교사 부르심의 본질과 필요성을 약화시켰다.

분명하고, 초자연적인 선교사의 부르심에 대한 강조는 남다른 자질을 갖춘 사람이라는 인식과 함께 선교사역에 관심을 가진 사람들에게 불필요한 장애를 만든다는 비판을 받게 되었다. 케인(Kane)은 앞선 세대에서의 이 문제를 설명한다.

> 수천 명의 젊은이들이 주님을 섬기기를 원하지만, 결코 오지 않는 어떤 신비한 "선교사의 부르심"을 기다리고 또 기다리다 시간이 지난 다음 그들은 기다림에 지쳐 선교지로 나갈 생각을 포기했다(Kane 1974, 41).

최근에는 많이 달라졌지만, 선교사의 부르심의 신비는 여전히 어렵고 선교사역을 고려하는 사람들에게는 혼란스러운 것으로 남아있다. 과거에 선교사의 부르심은 일반적으로 평생의 부르심으로 여겨졌고, 종종 단일 국가에 대한 것으로 간주되었다. 이러한 것은 어떤 경우에는 선교사들로 하여금 그들의 부르심에 충실하도록 하는 큰 압력으로 작용했다. 지혜롭게 생각하거나 명백한 환경적인 이해로 볼 때는 본국으로 돌아가게 하는 환경적인 신호로 보일지라도 말이다.

## 5) 평가

성경적 증거는 사람들이 어떻게 선교사역에 인도되는지에 대해 다양한 그림을 제시한다. 어떤 이들은 초자연적인 부르심으로, 다른 이들은 명백하게 보다 더 일상적인 인도를 통해, 어떤 이들은 평생에 걸쳐, 다른 이들은 잠시 동안 등 다양하게 인도된다. 바울은 "이방인의 (혹은 열방의) 사도"로 초자연적으로 부름 받았는데(행 9:15; 롬 11:13; 갈 2:8), 그것은 특정한 타문화 혹은 적어도 타종족을 대상으로 한 사역으로 나타난다. 그의 전체 삶은 한 지역적 위치나 종족이 아니라, 그리스도가 아직 알려지지 않은 곳 어디에나 개척적으로 복음을 전하는 데 드려졌다(롬 15:20).

다른 한편으로, 디모데는 한동안 바울의 동역자로 순회 개척 선교사역을 위해 동역했으며, 그 후 한동안 에베소에서는 목회적인 사역에 가담했으며, 나중에 로마에서 바울과 함께 동역하도록 요청을 받았다(딤후 4:21). 바울의 동역자들 다수는 그의 일시적 조력자들이거나 파견자들이었던 것으로 보인다(Ollrog 1979).

오늘날 어떤 이들은, 영적 은사와 관계되며 영구적인 부르심에 해당하는 소명적 사역과, 일시적이고 가변적이며 구체적인 사역적 임무 사이를 구분하기도 한다. 이 관점에서 소명은 무엇을 하느냐의 문제이지 어디서 하느냐의 문제는 아니다(Bemis 1981; Moreau, Corwin, and McGee 2004, 170). 다른 이들은 타문화 사역을 위한 특별한 은사 부여, 즉 사도적 부르심 혹은 소명이 있으며, 따라서 사역의 다문화적 본질이 소명에 통합되는 것이라고 보기도 한다.

성경 역사를 통해서 우리는 하나님께서 특별한 방식으로 자신의 사역을 위하여 사람들을 따로 세우시는 것을 읽을 수 있다. 비록 선지자들, 바울, 열두 사도들이 확실히 구속사에서 고유한 역할들을 했지만, 하나님께서 초자연적인 부르심으로 그 사역을 위해 사람들을 선교사 혹은 다른 직분으로 계속해서 따로 세우신다는 것을 의심할 이유는 없다. 에크하르트 슈나벨(Eckhard J. Schnabel)은 모든 그리스도인들이 세상에서 소금과 빛으로 일반적인 부르심을 받는 것(마 5:13-16)과 열두 사도 및 바울의 모델과 같은 직업적 전임 기독교 사역에로의 부르심 사이를 구분한다(Schnabel 2008, 385-86).

나중에 토의하겠지만, ("선교사"로 이해될 수도 있는) "사도"의 은사는 "인물 은사"(person-gift)이어서 하나님께서 특정한 사람들에게 위임한 보다 더 종합적인 역할이나 직분을 말하는 것으로 이해될 수 있다. "따로 세움"과 안수한다는 것과 같은 성경적 언어는 디모데의 경우에서와 같이 그러한 역할이 특정한 사람들의 특별한 은사부여 혹은 부르심으로 확인되고 공적으로 인정된다는 것을 나타낸다.

예수는 친히 추수의 주인이 그 일꾼들을 추수 들판으로 **보내주시도록** 기도할 것을 그 제자들에게 명령하셨다(마 9:38). 그는 오늘날에도 여전히 이 기도에 응답하신다. 그는 보내는 분이시고, 그래서 선교사역에로 "부름받는 것"(calling)이 아니라, "보냄을 받는 것"(sending)이라고 하는 것이 더 정확한 표현이 될 것이다(롬 10:14-15).

선교사역의 엄청난 도전들을 고려할 때, 우리는 하나님께서 예외적인 방식으로 보내시는 자들을 부르시고, 따로 세우시고, 준비하게 하시고, 지탱하셔야 한다는 것에 놀라서는 안 되겠다. 우리는 하나님의 영이 사람들을 하나님의 사역으로 인도하시는 방식을 제한할 수 없고, 깊은 확신으로 그러한 신적 부르심을 느낀 사람들의 간증을 부인할 수도 없다. 동시에 우리는 하나님께서 사람들을 그 사역에로 인도하시고 부르시는 방식에 대해 설명하면서 지나치게 낭만화되고(romanticized), 공식화하고(formulaic), 극화된(dramatized) 구도를 주장하는 것을 삼가야 할 것이다(보조 자료 9.1을 보라).

> **보조 자료 9.1**
> **하나님께서 선교사역에로 인도하시는 방법들**
>
> 월터 맥코넬(Walter McConnell)은 특별한 선교사의 부르심에 대한 전통적인 관점을 거절하면서 "특별한 경험으로서의 "부르심"이 아니라, 하나님께서 그의 뜻을 한 사람에게 나타내실 일상적인 방식, 혹은 교회에 의해 인정되고 지지될 방식으로서의 부르심"에 대해 주장한다(McConnell 2007, 213). 그는 하나님께서 한 사람을 선교사역에로 인도하실 수단들을 다음과 같이 제안한다.
>
> 1. 기대하지 않은 혹은 위기의 경험
> 2. 성경 읽기, 묵상, 기도
> 3. 다른 책들을 가지고 공부
> 4. 경건한 사람들의 영향
> 5. 다른 사람들의 영적인 필요들에 대한 깊은 개인적 관심
> 6. 다른 어떤 일을 할 수 없다는 느낌
> 7. 그 과제를 수행하기 위해서 필요한 은사들에 대해 개인적 인정
> 8. 그 은사에 대한 교회의 인정
> 9. 개인적 건강
> 10. 재정적 후원
>
> ◆ **성찰과 토의** ◆
> ① 당신은 선교사역에로의 하나님의 인도를 이해하는 맥코넬의 일반적 방식과 그의 특별한 초자연적 "부르심"을 거부하는 그의 입장에 대해 동의하는가? 당신의 대답에 대한 이유를 설명하라.
> ② 하나님께서 한 사람을 선교사역에로 인도하실 수단들로서 맥코넬이 열거한 개별 항목들에 대해서 성경적 혹은 신학적 뒷받침이 있다면 어떤 것들이 있는가?
> ③ 당신이 생각하기에 맥코넬이 간과했다고 느끼는 선교사역에로의 하나님의 인도의 중요한 수단들에는 어떤 것들이 있는지 설명해 보라.

그러나 바울과 디모데를 선교사역에로 인도하시는 하나님의 인도에 대해서는 몇 가지 공통적인 요소들을 관찰할 수 있다.

첫째, 우리는 궁극적으로 선교사역에로 무장시키고, 지휘하고, 보내

시는 분은 하나님이시라는 것을 인정한다.

바울은 자신에 대해서 다음과 같이 말할 수 있었다.

> 사람들에게서 난 것도 아니요 사람으로 말미암은 것도 아니요 오직 예수 그리스도와 그를 죽은 자 가운데서 살리신 하나님 아버지로 말미암아 사도가 되었다(갈 1:1).

디모데의 사역은 예언에 의해 지도되었다(딤전 1:18). 그것은 인간의 결정이 아니며, 인간적 분별의 문제만도 아니다. 하나님은 영적 은사들을 부여하시고, 사도들, 선지자들, 교사들, 그리고 개별적인 것들을 향한 다양한 사역자들을 임명하신다(고전 12:7-11, 28).

둘째, 지역 교회는, 명시적으로 규정하는 것은 아니더라도, 한 사람이 선교사역을 시작하는 것에 대한 하나님의 뜻을 확증하는 데 역할을 했다.

비록 바울은 회심 당시에 그의 부르심을 받았지만(행 22:21), 이 부르심은 아나니아(행 9:15)와 안디옥교회에 의해 확인되었다(행 13:1-2). 디모데는 루스드라의 교회에 의해 추천되었다(행 16:1-3).

셋째, 선교사들은 안수 기도를 통해 교회에 의해 보냄을 받았다(행 13:3; 딤전 4:14; 딤후 1:6).

이것은 성령의 특별한 기름부으심으로서 그 사람의 은사와 영적 역할에 대한 공적 인정 외에도 사역을 위해 따로 구별됨을 나타내었다. M. 데이비드 실스(M. David Sills)는 선교사역에 대한 하나님의 부르심의 정의와 그것을 분별하는 데 기여하는 다양한 요소들을 이렇게 요약한다.

> 선교사의 부르심은 잃어버린 세계의 필요들에 대한 인식, 그리스도의 명령, 잃어버린 영혼들에 대한 관심, 하나님에 대한

과감한 헌신, 자신의 교회의 확인, 축복, 파송, 열정적 바램, 성령의 은사 부여, 모든 이해 위에 뛰어난 동기를 부여하는, 말로 다할 수 없는 갈망 등을 포함한다(Sills 2008, 30).

## 4. 신약성경의 사도라는 용어는 현대의 선교사라는 용어와 일치하는가?

대부분의 신약성경 영어 번역본들은 **선교사**라는 단어를 사용하지 않기 때문에 성경의 사도직(혹은 은사)은 다소간 선교사 직분과 일치한다. 예를 들어, 마이클 C. 그리피스(Michael C. Griffiths)는 다음과 같이 말한다.

> 사도의 은사는 오늘날 우리가 개척 선교사로 생각하는 것에 더 일반적으로 적용될 수 있을 것인데, 왜냐하면 그 단어는 보냄 받은 사람, 어떤 일을 시작하거나, 교회를 세우려고 하는 사람을 일컫기 때문이다(Griffiths 1985, 164, 또한 E. F. Murphy 1974, W. D. Taylor 2000b, 그리고 Hesselgrave 2005, 215-17을 보라).

J. C. 램버트(J. C. Lambert)는 성경적 용어인 사도에 대해 다음과 같이 말했다.

> 특정한 제한적 직무를 말하는 것이 아니고, 열두 사도가 특별히 부름받은 범세계적인 선교사역의 한 기능을 말한다(Lambert 1955, 203).

열한 사도들은 지상명령을 받으며 선교사들이 되었다고 램버트는 주장하였다.

다른 이들은 그러한 용어들의 동일시를 거부했다(Vicedom 1965, 60-88; Blauw 1962, 77-78; W. McConnell 2007). 신약성경이 바나바와 다른 이들을 일컬어서 사도라는 단어를 사용하지만, 그 용어는 일반적으로 열두 사도들과 바울의 고유한 권위를 일컫는 것으로 주장된다. 이것은 바울이 자신의 사도적 권위가 열두 사도들에 비해 결코 열등한 것이 아님을 자신의 사도적 권위를 변호하는 방식에서 명백히 드러낸다(고전 9:1-2; 15:7-10; 갈 1:11-24).

신약성경에서 **사도**라고 불린 다른 사람들의 경우에는(행 14:14의 바나바와 같은 경우), 어떤 직책이라기보다 단지 메신저를 가리키는, 어떤 일반적이고 비신학적인 용어에 불과하다. 선교사라는 용어를 성경적 용어인 사도와 동일시하는 것은 선교사의 권위에 대한 잘못된 이해로 연결될 수 있을 뿐만 아니라 열두 사도와 바울의 고유한 사도적 권위를 손상시킬 수 있다.

요하네스 아가르드(Johannes Aagaard)는 신약성경에 사실상 두 가지 사도직이 있었다고 주장해왔다(Aagaard 1987).

첫째, 베드로의 사도직, 즉 "기둥 사도직"으로 기존 교회들의 성장의 표시로서 선교와 관련된 직분이다.

둘째, 바울의 사도직으로서, 즉 "여행하는 사도직"으로서 교회가 아직 존재하지 않는 개척 선교(pioneer mission)와 관련된 것이다.

이 두 사도직은 두 적합한 선교의 유형을 나타낸다. 그러나 그러한 구분이 얼마나 유용할지 몰라도 성경 본문은 그 용어의 사용과 관련해서 그러한 구별의 증거를 제시하지 않는다.

## 1) 신약성경에서 사도로 묘사된 사람들

고대 세속 문헌에서 헬라어 "아포스톨로스"(*apostolos*)는 단순히 "메신저, 보냄 받은 사람, 파견원" 등을 의미했다. 그러한 경우는 파견원이 왕이나 주인을 대표하는 권위를 가지고 갔다는 것을 나타냈다. 종종 그것은 "해외로 파송받았다," "보냄 받았다"라는 의미를 전달했다(Eicken and Lindner 1975). 그 용어의 형태들은 70인 역에서 칠백 번 정도 발견되며, 그 의미는 구체적인 과제를 위해서 한 사람을 보내거나 파송하는 것을 나타낸다. 그 용어는 신약성경에서 빈번하게 또 다양하게 사용된다.

아포스톨로스가 그리스도 또는 일반적인 메신저를 가리킬 때를 제외하고, 신약성경이 사도라고 부르는 사람들에는 세 부류가 있다(또한 표 9.1을 보라).

표 9.1 신약성경의 사도들(Hesselgrave 2005, 218)

| 인물 | 파송자 | 특징 | 과업 |
|---|---|---|---|
| 예수 그리스도 | 성부 하나님 | "우리가 믿는 도리의 사도이시며 대제사장"(히 3:1) | 구원과 중보 |
| 열두 사도 (맛디아와 바울 포함) | 성자 하나님 | "사도들"(고전 15:9), "열두 사도"(마 10:5), "그의 크신 위엄을 본 자"(벧후 1:16) | 그리스도의 증인, 복음 선포, 열방의 제자화, 교회 설립, 신약성경 일부 기록 |
| 바울, 바나바, 실라, 마가라 하는 요한, 디모데, 디도, 에바브로디도, | 성령에 의해 인도받는 교회들과 지도자들 | "여러 교회의 사도들" (고후 8:23 난외주) | 그리스도의 증인, 복음 선포, 열방 제자화, 교회 설립, 이 과업들에 가담한 자들 돕기 |

첫째, 예수의 원래 열두 제자들과 바울은 초대 교회에서 고유한 권위를 가졌다.

그들은 주님의 부활의 증인들이었다(행 1:21-22; 고전 15:3-8). 열두 사도들은 사람을 낚는 어부들로 부름받았으며(마 4:19-20), 하나님 나라가 가까이 왔음을 선포하도록 보냄을 받았다(마 10:1-5). 바울은 이방인들을 위한 사도로 부름을 받았으며(행 22:21; 롬 11:13; 딤전 2:7), "사도의 표"로서 기적을 행하였다(고후 12:12). 각 경우에 사도적 부르심은 선교사 파송과 관련되어 있다.

복음서들에서 사도 혹은 사도들이라는 용어가 사용되는 대부분의 경우는 예수의 열두 제자들을 언급한다. 그러나 사도행전에서 누가의 용례는 하나의 전환을 보여준다. 맛디아는 유다를 대체해서 열두 사도에 더해졌다(행 1:26). 누가는 그 용어를 우선적으로 예루살렘 사도들(열둘)에 대해 사용하는데, 여기에는 바나바가 포함되지 않는다(행 9:27). 그러나 나중에 바나바와 바울이 첫 선교 여행으로 보냄 받은 후에 누가는 그 두 사람을 사도들이라고 부른다(행 14:4, 14).

그러나 그들은 예루살렘 사도들과는 구별되었다(행 15:2, 4). 열두 사도들은 교회의 형성에(엡 2:20; 3:5), 그리고 구속사에서 고유한 위치를 차지했다(계 21:14). 그들을 통해서 주님의 말씀은 교회에 전달되었다(유 17; 벧후 3:2). 열둘이라는 중요한 숫자는 그들이 상징적으로 하나님의 새로운 백성, 즉 교회를 형성함에 있어서 이스라엘의 열두 부족들을 대신한다(마 19:28; 계 21:14).

둘째, **사도**라는 용어는 신약성경에서 열두 사도나 바울이 아닌 대여섯 명의 사람들에게 적용된다.

비록 어떤 영어 성경들은 "메신저" 혹은 "대변자"라고 번역하지만, 그 단어들은 원래 헬라어로는 아포스톨로스의 번역어이다. 그렇게 언급된 사람들은 바나바(행 14:14), 아볼로(고전 4:6, 9), 에바브로디도(빌 2:25),

디도와 다른 형제들(고후 8:23), 실바누스(실라)와 디모데(살전 2:6), 안드로니고와 유니아(롬 16:7, 비록 "사도들에게 존중히 여겨지고"로 번역될 수 있지만, "사도들 가운데 뛰어나고"라고도 번역됨), 그리고 주님의 형제인 야고보가 해당될 것이다(갈 1:19).

이러한 언급들의 대부분은 바울의 서신들에서 나온 것이다. 이 모든 사람들은 (야고보의 예를 제외하면) 바울의 동역자들이며 아마도 바울과 함께 선교 여행에 동행하면서 사역했을 것이다. 그러한 선교사 파송은 전형적으로 문화적인 장벽을 넘는 것을 포함한다. 바울이 그가 사역한 헬라 문화와 히브리 문화에 모두 능숙했기 때문에 슈나벨(Schnabel 2008, 438)은 선교사의 소명은 문화를 넘는 것과는 별 상관없으며, 선교사를 지리적으로 보내는 것과 더 관련이 있다고 주장한다.

그러나 루스드라에서 루가니오 방언을 사용하던 사람들(행 14:8-18)과 같은 이교도들에 대한 바울의 복음 전도와 라틴 문화권인 로마와 스페인에서의 바울의 후기 사역은, 의심의 여지없이 적어도 어떤 문화적 장벽들을 넘는 것을 포함했을 것이다.

이 사도적 사역자들은 어느 정도의 권위를 행사했다. 예를 들어, 디도와 아마도 디모데는 바울과 바나바가 한 대로(행 14:23), 교회들에 지도자들을 임명하는 권위를 행사했다(딤전 3:1-13; 딛 1:5). 살전 2:6에서 바울은 자신과 자신의 동역자들이 그리스도의 사도들이지만, 사도로서의 권위를 주장하지는 않았다. 이것은 (바울뿐만 아니라) 그들이 권위를 가졌지만, 의도적으로 적극 행사하지는 않았다는 것을 나타낸다.

다른 곳에서 바울은 또한 자신과 자신의 동역자들이 "다른 사도들처럼" 부인을 동반할 권리가 있었음을 주장한다(고전 9:5). 이러한 본문에서 원래 열두 사도들이 없는 가운데서 복수로서 "사도들"을 언급한 것은 바울의 선교단의 구성원들이 다른 사도들의 권한과 권위를 적어도 어느 정도 가진 사도들이었다고 간주한다는 표시이다.

볼프-헤닝 올로그(Wolf-Henning Ollrog 1979, 79-84)는 성경적 용어인 "사도"와 "교회들의 사도"를 구분한다(고후 8:23; 빌 2:25). 그는 후자를 교회들에 의해 보냄 받은 파견인 혹은 메신저로 본다. 그러나 그는 교회의 사도들의 사역이 융통성이 있었고, 그들이 대체로 선교 관련 임무를 띠었다고 결론을 내린다(Ollrog 1979, 84).

그러나 바울의 동역자들은 바울과 열두 사도들이 가졌던 것과 같은 종류의 사도적 권위나 구속사적 중요성을 가지지 않았다. 그들은 그리스도의 부활을 목격하지도 않았으며, 어떠한 사도성을 나타내지 않았다. 그들은 비록 사도로 불리었지만, 그들은 분명히 열두 사도들과 바울과는 다른 등급에 속했다.

셋째, 그리스도의 사도로 가장한 거짓 사도들이 있었다.

바울은 그들을 "속이는 일꾼"으로 사탄의 속임수의 도구들로 정죄한다(고후 11:13-14). 그러한 사람들은 분명히 자신들의 해로운 주장을 위해서 사도적 권위를 주장했다. 에베소 교회에서도 사도성을 주장한 사람들이 있었지만, 그들은 사도가 아니었다(계 2:2).

이 간략한 조사는 아포스톨로스라는 용어가 신약성경에서 열두 사도와 바울 외의 사람들에게도 융통성 있게 사용되었음을 나타낸다. 그들 모두는 아니더라도 대부분은 그들이 설립한 교회들에서 제한된 권위를 가진 바울의 선교 동역자들이었지만, 그들 중 누구도(아마도 거짓 사도들을 제외하고는) 열두 사도나 바울과 비슷한 권위를 주장하지는 않았다.

성경이 그런 본문에서 아포스톨로스라는 용어를 사용할 때 순회 전도자들, 교회 설립자들, 열방에 복음을 전하는 조력자들을 일컫는다고 이해하는 것은 정당한 것이다. 이것은 **선교사**라는 용어의 전통적 용례와 비슷한 것이다. 램버트는 그의 분석으로부터 다음과 같이 결론을 내렸다.

우리가 이르게 되는 결론은, 신약성경에서의 사도직의 진정한 차이점은 그 단어에 암시된 선교사적 부르심에 놓여 있다는 점이다. 그리고 이 소명에 자신의 삶을 바친 모든 사람들과, 자신의 수고들로써 하나님의 성령께서 자신을 통해 유대인 또는 이방인들의 회심을 위해 역사하고 계시다는 것을 증명할 수 있는 모든 사람들은 사도들로 간주되고 묘사되었다 (Lambert 1955, 203).

### 2) 사도직과 그 은사

에베소서 4:11의 말씀은 개인들에게 은사가 주어질 뿐만 아니라, 그 사람들 자체가 하나님께서 교회에 주신 선물이라는 사실을 나타내준다. 이 직책들은 사도, 선지자, 전도자, 목회자, 교사를 포함한다.[1] 모든 그리스도인은 교회의 교화(edification)를 위해 영적 은사들을 받았으며, 모두가 같은 가치를 가지고 있다(고전 12:7, 15-25; 벧전 4:10).

그러나 에베소서 4:11의 말씀은 이들 특정한 인물들은 단순히 선물로 주어졌을 뿐 아니라, 교회에서 더 큰 역할 혹은 "직책"을 갖는 사람들을 표시한다. 그들은 다른 사람들과는 다른 특별한 부르심 혹은 소명을 가지고 있다.

바울은 확실히 자신을 "예수 그리스도의 종으로서 사도로 부르심을 받아 하나님의 복음을 위하여 택정함을 입었다"고 고백했다(롬 1:1; 고전 1:1; 15:9), 그 어머니의 태 속에서 택정되었다고 할 때 이러한 의미로 그 용어를 사용했다(갈 1:15). "택정되었다" 혹은 "임명되었다"(헬, *aphorizo*,

---

[1] 헬라어 원문에 있는 공통 항목 때문에, 목사와 교사의 직책들은 때때로 하나의 직책, 즉 목사-교사로 여겨졌다.

아포리조)라는 단어는 적어도 바울에게 있어서 사도가 된다는 것이 단순히 영적 은사를 받는 것 이상임을 의미했다. 바울의 개인적 경험과 사도적 권위가 의심의 여지없이 여러 모로 독특했지만, 에베소서 4장은 교회에서 특정한 역할을 위해 따로 세움받은 **사람들**에 대해 기술한다.

에베소서 4:11에서 사도들이라는 용어는 열두 사도들과 바울의 고유한 사도직을 일컫는 것이지, 교회에 있는 지속적인 직책을 말하지는 않는다. 나중에 에베소서 2:20에서, 바울은 교회가 "사도들과 선지자들"의 터 위에 세워졌다고 말한다. 에베소서 3:5에서 그는 그리스도의 신비는 사도들과 선지자들을 통해 계시되었다고 말한다. 이 본문들은 열두 사도들과 바울의 고유한 역할에 대해 말하며, 에베소서 4:11에서의 언급도 그들에게만 해당되는 것으로 나타내는 것으로 보인다.

그러나 에베소서 4:11에서 바울은 분명히 연이어서 지속적인 직위(enduring status)인 전도자들, 목회자들, 교사들 등 다른 은사를 부여받은 역할들을 포함한다. 비슷하게도, 바울은 고린도전서 12:28-29에서 사도직의 은사에 대해 언급한다. 거기서 사도직은 가르침과 다스림 등과 같은 다른 지속적 은사들의 목록에 포함되어 있다. 그는 고린도 교인들에게 "더욱 큰 은사를 사모하라"고 권고하는데, 그 가운데 가장 으뜸은 사도직이다(고전 12:31a; 참조, 12:28). 교회에서 사도의 역할이 중지되었다면, 혹은 열두 사도들과 바울에게만 국한되었다면, 이 권고는 별 의미가 없을 것이다. 이 언급은 바울의 선교사 동역자들을 의미하는 사도들을 향한 것이다. 따라서 에베소서 4:11과 고린도전서 12장의 사도들에 대한 이 언급들은 교회에서 사도의 지속적 역할에 대한 말씀으로 이해될 때 가장 적합할 것이다.

교회들에서 때때로 용납되었던 거짓 사도들의 존재(고후 11:13; 계 2:2)는 교회들이 사도의 역할을 열두 사도들과 바울에게만 국한하지 않았다는 증거가 되기도 한다. 그랬다면, 거짓 사도들의 주장들은 즉각적으로 거부되었을 것이다. 주후 1세기 후반이나 2세기 초반에 쓰여진 『디다케』(Didache) 11:3-6은 사도들의 지속적 존재에 대해 기술하는데, 이는 초대 교회에서 순회 사역자들을 의미했다. 물론 그러한 사도들의 진정성(authenticity)은 검증되어야 할 것이다.

우리가 논의한대로, 사도들이 복음의 선교사적 메신저라는 의미에서 계속해서 교회에 대한 하나님의 "인물 은사" 가운데 든다면, 교회는 오늘날 그 부르심의 지속적 역할과 중요성을 인정해야 할 것이다. 이 용어를 원래 열두 사도들과 바울의 고유한 권위와 혼동하는 것을 피하기 위해, 현대의 사도들이란 말보다 **사도적 선교사들**(apostolic missionaries)이라고 말하는 것이 가장 적합할 것이다. 한 교회가 사람들을 격려하고, 검증하고, 구비시켜 교회 사역을 위해 집사, 장로, 혹은 목회자로 세우는 것과 마찬가지 방식으로, 사도적 사역을 위해 교회는 사람들을 격려하고, 검증하고, 구비시켜야 할 것이다.

### 3) 사도적 사역의 본성

최근에 사도직은 다양하게 갈등을 일으키는 방식으로 해석되어 왔다. 예를 들어, 오순절과 은사주의 운동들 내에서 어떤 이들은 오늘날 교회에서 에베소서 4:11의 "오중"(fivefold) 사역의 회복을 요청하고 있다. 여기서 사도직은 지역적 영향력과 영적 권위의 사역으로 규정되어야 하며, 선교사의 은사와 혼동되어서는 **안된**다고 한다(Wagner 2000 and 1999, 105; Cannistraci 1996).

마이클 프로스트(Michael Frost)와 앨런 헐쉬(Alen Hirsch)는 오늘날 교회에서 사도적 리더십을 요청했다.

> 우리는 사도를, 교회를 확장하고, 교회를 설립하고, 국경을 건
> 너고, 교회를 넘어서는 차원의 중요한 운동들을 포용하는 사
> 람으로 볼 수 있을 것이다(Frost and Hirsch 2003, 170).

이것을 넘어 프로스트와 헐쉬는 교회가 전반적으로 사도적 기능을 행사하는 것으로 이해한다.

> 어떤 이들은 사도가 되도록 부름받을 것이지만, 전체 공동체
> 는 사도적이 될 것이다(ibid.).

그런 다음 프로스트와 헐쉬는 에베소서 4:7-11을 교회 직분들(사도들, 선지자들 등으로 부름 받은 선택된 사람들)을 말하는 것이 아니라, 교회의 각 구성원이 위의 다섯 영역 중 한 영역에서 은사를 부여받은 것으로 해석한다. 이것은 석의적으로 문제가 있을 뿐 아니라, 위에서 토의한 중요한 구분들을 흐리게 하는 위험을 안고 있다.

성경 본문들에 대한 위의 토론으로부터, 열두 사도들과 바울이 아닌 사람들과 관련해서 사도라는 단어가 사용된 곳마다 그것은 바울의 선교 여행 중에 동행한 바울의 동역자들을 일컫는다는 것이 명백하다. 이 여행들의 우선적인 목표는 개척 전도와 교회 설립 등이었지만, 교회들을 강화하기 위한 "물주기" 사역들(watering ministries)은 분명히 보다 큰 당면한 과제의 일부이기도 했다(고전 3:5-9).

짧게 말해서, **사도적 사역은 지구의 모든 종족들 가운데서 하나님 나라 공동체들을 설립하고 확장하는 데 초점을 맞추었다.** 그러한 사역을 수행하는 사람들은 일반적으로 순회 사역자들이었고, 그들은 교회들에서 제한적인 권위만을 행사했다. 에베소의 디모데는 예외가 되지만, 바울의 사도적 팀은 그들이 설립한 교회들의 목회자 역할을 장기적으로 담

당하지 않았다. 교회들에서의 지속적 리더십은 그 지역에 거주하는 장로들 혹은 목회자들에게 맡겨질 것이었다(행 14:23; 딛 1:5).

모든 그리스도인과 교회가 전체적으로 이 지역적 및 글로벌 선교에 열정적으로 헌신해야 하지만, 분명하게도 신약성경이 사도들로 부르는 어떤 개인들은 특별히 은사를 부여받고 파송되어 이 과제를 수행한다.

에베소서 4:11과 고린도전서 12:28-29에서, 우리는 교회에서 사도들과 다른 역할들 사이에서 구분을 발견한다. 사도들은 선지자들과 똑같지 않다. 바울이 주님의 말씀을 전하는 선지자였지만, 우리가 아는 한에 있어서는 바울의 동역자들 가운데 선지자였던 사람은 별로 없다. 실라만이 선지자로 명백하게 거론된다(행 15:32). 사도들은 전도자들과 같지 않다. 전도자(행 21:8의 빌립과 같이)는 복음을 전했지만, 사도들처럼 교회들을 설립하지는 않았다.

목회자들과 교사들은 한 지역 회중의 지속적 돌봄과 학습의 필요를 섬겼다. 사도들은 어떤 우선적 돌봄과 가르침을 제공했었지만, 그러한 지속적 사역은 사도들에 의해 지역 교회의 장로들에게 재빨리 위임되었다(행 14:23). 사도들은 젊은 교회들을 강화하기 위해 추가적인 방문이 종종 필수적이었지만, 새로운 사역지를 개척하기 위해 계속 옮겨갔다.

바울은 로마서 11:13에서 자신을 "이방인의 사도"로 말하고, 갈라디아서 2:7에서 "무할례자에게 복음 전함을 맡은 것이 베드로가 할례자에게 맡음과 같은 것을 보았고"라고 말한다. 그는 고린도 교인들에게 편지를 쓰면서 다음과 같이 강조한다.

> 다른 사람들에게는 내가 사도가 아닐지라도 너희에게는 사도이니 나의 사도 됨을 주 안에서 인친 것이 너희라(고전 9:2).

이것은 특정한 민족에게 보냄 받은 사도로 간주되는 사상을 보증하는

데, 예를 들면, 게르만족에게 보니페이스(Boniface)가 사도였으며, 패트릭은 켈트족의 사도였다(Griffiths 1985, 156-57). 사람들은 특정한 민족이나 다양한 종족들에게 보냄 받은 사도적 사역자들(apostolic ministers)로 부름 받을 수 있을 것이다. 성경은 사도를 보통 자신의 종족이 아닌 한 종족을 대상으로 사역하는 사람으로 묘사한다. 그들은 그들의 본국 교회에서 다른 종족들에게로 **보냄**을 받는다.

### 4) 오늘날 선교사 용어의 사용

우리는 사도의 성경적 직분은 오늘날 타문화 교회 설립(the cross-cultural church-planting) 선교사의 직분과 비슷한 의미를 가질 수 있다고 주장해왔다. 따라서 그러한 선교사의 소명은 특정한 부르심으로서 성경적 보증이 있다.

그러나 우리의 사도적 사역의 정의와는 다른 긍휼과 개발 사역 혹은 신학 교육과 같은 다른 선교사역들을 어떻게 말할 것인가?

평화봉사단과 같은 단체 소속으로 국제적으로 봉사하는 그리스도인들에 대해서는 어떤가?

교회에 의해 공식적으로 보내지거나 파송된 정도만큼 그러한 사람들은 선교사들로 고려되기에 합당할 것이다.

교회에 의해 공식적으로 파송되지 않았지만, 외국에서 세속 직업을 가지면서 그리스도의 증인이 되려는 그리스도인들은 어떤가?

여기서 다시 우리는 그러한 용어에 대해 너무 완고해서는 안될 것이다. 사도의 개념의 뒤에 있는 중심 사상은 메신저로 혹은 파견인으로 보냄을 받는다는 개념이다. 그러한 사람들은 교회에 의해, 그리스도의 이름으로, 성령의 인도 아래 그들의 사역을 감당하기 위해 보내지거나 파송된 정도만큼, 선교사로 간주되기에 합당하다. 제6장에서 우리는 선교 과업의 무게 중심이 전도와 제자도인 반면, 하나님 나라 공동체들을 설립하고 확장하는 과제는 다른 많은 역할들 역시 포함할 것임을 주목하였다.

## 5. 결론

우리의 토론으로부터 우리는 선교사의 소명과 관련된 질문들은 복잡하다는 결론을 내린다. 많은 목소리들과 상당한 혼란이 있다. 성경은 다양한 해석들의 여지를 남겨두고 있으며, 우리는 지나치게 독선적인 입장들을 피해야 한다. 그러나 우리는 아래의 논지들에 대해 강한 성경적 근거가 마련될 수 있다고 믿는다.

**첫째, 세계 기독교의 성격은 지난 세기 동안 극적으로 변화되었으며, 선교사들의 역할에 대한 재평가를 필수적으로 만들었다.**

파송국과 피선교지 나라들의 구분이 무너져서 더 큰 협력을 필요로 한다. 선교에 있어서 국제적인 파트너십은 더 이상 대안이 아니라, 하나의 명령이다. 그럼에도 불구하고, 지상명령은 취소되지도 않았고, 성취되지도 않았다. 예수 그리스도의 복음이 전해지지 않은 많은 종족들이 남아 있다. 주님에게 충성스러운 그 어떤 교회도 그리스도의 글로벌 선교의 대의명분을 위해 헌금하고, 기도하고, 아들 딸들을 보내는 것을 멈출 수 없다.

**둘째, 모든 그리스도인은 그리스도의 증인으로, 세상의 소금과 빛으로, 하나님의 선교에 열정적으로 헌신하도록 부름 받았다.**

모든 그리스도인을 선교사라고 부르는 것은 이 점을 강조하는 데 도움이 될 것이다. 그러나 성경은 그리스도인들에게 주어진 다른 부르심들과 다른 은사들을 분명히 묘사한다. 어떤 이들은 지리적 혹은 인종적 경계들을 넘는 선교사역 속에서 그리스도를 섬기도록 특별한 부르심을 받고 은사를 부여받는다. 하나님께서 교회로 하여금 그 선교를 글로벌하게 진행할 목적을 위해 부여하신 사도적 은사들의 성경적 구분과 중요성을 유지하는 방법들이 발견되어야 할 것이다.

우리는 타문화 사역에 관련된 도전들을 축소시켜서는 안 될 것이다. 그것은 하나님의 권능을 부여한 보내심에 의존할 뿐만 아니라, 전문화된 훈련과 하나님의 백성들의 지원 기도를 필요로 할 것이다.

**셋째, 선교사의 부르심에 관한 문제는 성경에서 분명하게 답변되지 않는다.**

사람들의 삶에 대한 하나님의 부르심의 가장 분명한 성경적 예들은 예외적이고, 구속사적인 상황들에서 발생한다. 그러한 경험들을 다른 이들에게도 해당하는 규범적인 것(normative)으로 만드는 것은 위험하다. 동시에 우리는 성경에서 보통 개인들이 하나님에 의해 임명되어, 특정한 사역들을 위해 교회에 의해 따로 세움 받는 것을 본다. 성령께서 선교와 같은 특별한 사역적 과제들을 위해 남녀 신자들을 명시적으로 따로 세우기를 계속하신다는 것을 믿는 것은 합리적이다.

그러나 우리는 성령의 인도를 특정한 방법이나 경험에 국한시키는 것을 피해야 한다. 교회의 집단적 생각은 그러한 사역을 위해 개인들의 부르심을 확증할 것이다.

**넷째, 사도를 일컫는 성경적 용어는 열두 사도들과 바울의 고유한 위치를 일컬을 뿐만 아니라, 바울의 선교단 동역자들을 일컫기도 한다.**

이러한 의미에서 사도라는 용어는 현대의 선교사라는 용어에 대강 일치되는 것이다. 그러한 사람들은 은사를 부여받은 것이 아니라, 그 사람들 자체가 교회에 대한 하나님의 은사(gift)이다. 이 역할 혹은 직분은 초대 교회에 국한된 것이 아니고 지속적이다. 오늘날 교회에서도 그것을 인정하고 가치를 부여해야 할 것이다.

선교사라는 용어의 대중적인 용례는 그토록 폭넓고 다양하기 때문에, 지구 상의 모든 종족들 가운데서 하나님 나라 공동체들을 설립하고 확장하도록 하나님에 의해 명시적으로 임명되었고 교회에 의해 파송받은 사람들을 일컫기 위해서 우리는 **사도적 사역들**(apostolic ministries)과 **사도적 선교사들**(apostolic missionaries)이라는 보다 더 성경적으로 정의된 용어들을 재도입할 수도 있을 것이다.

교회의 선교사 파송은 그리스도 안에서 하나님의 선교사 파송에 뿌리내리고 있다. 더 나아가 하나님께서는 모든 종족들 가운데서 복음을 다문화적으로 확산하고 교회를 설립하기 위해 특정한 사람들을 부르시고 무장시키신다. 우리는 이제 성령의 사역 안에서 하나님의 선교적 목적들을 위해서 더 큰 하나님의 공급에 눈을 돌리고, 선교에 있어서 영적 동력을 검토해보기로 한다.

# 제10장
# 영적 역동성과 선교

선교활동은 영적 영역에서 일어나며, 영적 능력과 관련된 복잡한 문제들과 관련되어 있다. 모든 선교사들은 영적 역동성(spiritual dynamics)에 대한 성경적 이해를 포함한 선교신학과 사탄의 세력과의 전쟁에서 어떻게 하나님의 능력을 사용하는지에 대해 알아야 한다.

## 1. 왜 영적 역동성을 선교신학의 주제로 다루는가?

성경은 영적 능력이 선교를 위한 기본적인 전제 조건이라고 분명히 밝힌다. 예수는 자신의 죽음과 부활을 온 세상에 전파하는 증인의 사명을 제자들에게 위임하시면서 그들에게 특별한 영적 능력이 임할 때까지 기다리라고 명령하셨다(눅 24:46-49). 사도행전은 성령의 사역을 통해 영적 능력이 실제적으로 작용한 것에 대한 이야기이다(행 1:4-8; 3:12; 4:7, 33; 6:8; 19:20). 사도 바울은 복음 전파와 교회 개척사역의 핵심이 지혜나 뛰어난 언변이 아니라 자신을 통해 일하시는 하나님의 능력이었다고 고백했다(롬 15:19; 고전 2:4-5; 4:20; 고후 10:4; 살전 1:5). 신약 시대의 교회도 영적 능력이 선교에 필수적이었다는 것을 알았다.

교회사를 통해 선교사들이 자신의 사역에 활력을 불어넣기 위해 영적 능력의 필요성을 끊임없이 인식하고 있었음을 알 수 있다. 4세기 "이적을 행하는 자"로 알려진 그레고리 타우마투르구스(Gregory Thaumaturgus)로부터 시작해서 오늘날 선교사들이 전해주는 놀라운 기도 응답에 대한 일화에 이르기까지 선교 역사를 통해 선교사들이 영적 역동성의 역할에 특별히 민감했다는 것을 알 수 있다. 선교사들은 언제나 자신이 영적 전쟁 중에 있으며, 영적 능력을 부여받지 않는 한 성공에 대한 소망이 없다는 성경의 진리를 인정해 왔다.

그러나 최근 수십 년간 악하고 강한 대적들을 대면하게 되면서 영적 능력의 필요성에 대한 인식이 더욱 증대되었다. 최근에는 몇 가지 요인들이 이러한 영적 능력의 필요성을 더욱 부각시키고 있다.

첫째, 교회는 급격하게 성장하고 있을 뿐 아니라 지구의 남반구에서 가장 크게 성장하였다.

이 지역에서는 영적 차원의 삶에 대한 인식이 높을 뿐 아니라 영적 능력에 대한 주제를 당연시 여긴다. 이러한 문화권에 있는 사람들은 종교적 역동성과 관련된 질문들을 많이 던진다.

만약 선교사들이 성경적인 해답을 제공하지 못한다면, 이들은 타종교와 같은 다른 곳에서 답을 얻으려 할 것이다. 마가렛 크래프트(Marguerite Kraft)는 다음과 같이 말한다.

> 세계관과 인간의 필요는 상호 밀접한 관계를 맺고 있다. 세계관은 인간의 필요를 형성하고, 인간의 필요는 세계관을 형성한다. 대부분의 세계에서는 영적 능력이 활발하게 나타나고 있기 때문에 이러한 지역에 복음을 전하기 위해서는 우선적으로 영적 능력 문제를 다루어야만 한다(Kraft 2002, 280-281).

> 우리 인류가 마귀에 대해 생각할 때 빠지기 쉬운 두 가지 오류가 있다. 그 내용은 서로 정반대이지만 심각하기는 마찬가지인 오류들이다. 하나는 마귀의 존재를 믿지 않는 것이다. 또 다른 하나는 마귀를 믿되 불건전한 관심을 지나치게 많이 쏟는 것이다. 마귀들은 이 두 가지 오류를 동일하게 기뻐하며, 유물론자와 마술사를 가리지 않고 열렬히 환영한다.
>
> —C. S. Lewis (1961, 3)

여러 문화권에서 영적 능력을 강조하는 (오순절주의 교회와 은사주의 교회들과 같은) 교회 교제권들이 급속히 성장함에 따라 자연히 선교에서도 점차 영적 능력이 강조되고 있다.

둘째, 서구의 세계관이 변하고 있다.

근대성(modernity)이 쇠퇴하고 포스트모더니즘이 서구 사상을 지배하면서, 뉴에이지, 동양 철학 및 정령 숭배 사상이 서구를 침투하고 있다. 이로 인해 서구인들 스스로 합리적 객관성을 신뢰하기보다는 "영적인 측면"에서 답을 찾으려는 경향이 나타나고 있다. 서구 선교사들은 자신들이 자연주의 세계관의 영향을 받았으며, 자신들의 사역 대상자들이 가진 영적 역동성에 대한 관심에 응답할 만큼 훈련을 받지 못했다는 사실을 알고 있다. 따라서 사실 서구 선교사들은 영적 능력을 강조하는 입장에 대해 보다 개방적인 자세를 취하고 있다.

셋째, 몇몇 선교학자들은 과거의 선교전략이나 방법에 대해 불만을 표출한다.

동시에 세계복음화를 완성하기 위한 핵심으로 하나님의 능력을 이용하는 새로운 시도가 포함되어야 할 것을 제안한다. 많은 선교사들과 선교학자들은 능력 대결을 강조하는 복음 전도자들로부터 보고를 듣고, 자신들 스스로 땅 밟기 기도, 동일시하는 회개(identificational repentance),

지역 악령(territorial spirits)들과의 전략적 차원에서의 영적 전쟁을 직접 경험하게 됨에 따라, 영적 능력을 더 많이 강조하는 것이 지상명령을 완수하는 데 매우 중요하다는 확신을 가지게 되었다.

그러나, 많은 신학자들과 선교학자들은 이와 같은 최근의 몇몇 시도들에 대해 우려를 표명한다. 이들은 몇 가지 전략과 방법들은 비성경적이며 심지어 정령 숭배적이라는 점을 주시한다. 영적 역동성의 문제에 대한 우리의 접근방법은 반드시 성경에 근거를 두어야 하며 영적 능력 지향적인 문화권에서는 이 문제에 대해 조심스럽게 반응해야 한다.

우리가 사람들이 느끼는 필요와 그들의 세계관에 대해 다룰 때, 영적 능력에 대해 한 가지 문화적 관점만을 받아들이는 오류에 빠져서는 안된다. 반면, 대부분 서구인들의 사고방식을 지배하는 물질주의 세계관이 영적 역동성의 중요성을 경시하는 결과를 낳게 만들어도 안된다. 선교에서 영적 역동성에 대한 적절한 강조는 현대 세속 사회에 만연한 실천적 무신론에 도전을 가하며, 전 세계를 영적인 장소로 볼 수 있도록 하고, 인류의 문제가 심리적, 사회적, 생리적, 또는 상황적 요인에 불과하다는 견해에 이의를 제기하며, 진지한 기도가 중요하다는 것을 보여준다(Powlison 1995, 36-37).

한편, 영적 세계의 중요성을 강조하는 세계관은 정령 숭배적 신앙과 함께 성경과는 무관한 신앙행위를 조장할 수 있다. 이 둘 중 어느 경우에서든, 우리는 비성경적인 세계관에 많은 영향을 받을 수 있으며, 사탄이 선교적 노력을 방해하기 위해 사용할 수 있는 혼합주의에 빠질 수 있다. 비록 복음을 제시할 때 현지인들의 문화적 관점에서 그들과 만나는 것이 중요하지만, 우리는 그들의 세계관이 성경적 세계관으로 변화될 수 있도록 해야만 한다(Hiebert 2008). 무엇보다, 하나님의 능력의 필요성에 대한 인식은 우리가 행하는 모든 선교활동에서 성령만을 의지하도록 우리 자신을 변화시킬 것이다.

## 2. 성령과 선교

선교의 영적 역동성을 다루는 출발점은 성령의 역할을 인정하는 것이어야 한다. 이미 3장에 삼위일체적 선교에서 성령의 역할을 언급했다. 사도행전은 신약성경 중에서 선교를 핵심으로 다룬 주해서이며, 성령의 사역에 크게 주목하고 있는 것은 결코 우연이 아니다. 앞에서 살펴본 바와 같이, 제자들이 성령의 능력으로 덧입기 전까지 선교는 시작될 수 없었다(행 1:8). 선교는 성령의 역사 없이는 불가능하며, 성령의 역사는 선교로 이어질 것이다.

J. 로버트슨 맥퀼킨(J. Robertson McQuilkin)은 비록 선교에서 성령의 역할이 절대적이라는 이론에는 이견이 없다 할지라도, "성령이 어떻게 역사하시는지 그리고 우리와 성령과의 관계에 대한 문제는 오늘날 논쟁의 중심에 있다"라는 점을 지적한다(McQuilkin 1997, 22). 그러나 비록 그의 견해를 인정한다 할지라도 성령의 역사하심에 대한 몇 가지 내용은 분명히 알 수 있다.

첫째, 성령은 진리의 영이시다(요 14:7; 15:26; 16:13).

제자들이 신약성경을 저술할 때, 진리의 영이신 성령께서 제자들로 하여금 예수께서 가르치신 내용을 생각나게 하셨으며, 성령께서 제자들을 진리 가운데로 인도하셔서 신약성경을 저술하도록 했다. 오늘날, 성령은 교회로 하여금 예수의 말씀을 생각나게 하시며 예수의 말씀을 정확하게 이해하고 적용할 수 있도록 인도하신다(요 14:26; 16:13). 이와 같이 성령은 선교를 위한 말씀의 공급자이시다.

둘째, 성령은 초자연적으로 역사하셔서 믿지 않는 자들로 하여금 자신들의 죄를 깨닫게 하시고 그들을 예수께로 인도하신다.

예수는 성령께서 "죄와 의와 심판"에 대하여 세상을 책망하실 것이라고 하셨다(요16:7-11). 성령은 사람들로 하여금 자신들의 실패에 대한 죄를 자각하게 하심으로 자신들이 하나님 앞에서 의롭게 될 수 있는 유일한 길은 오직 예수뿐이시며, 예수께서 십자가에서 사탄을 멸하시고 사탄에 대한 최종 심판을 선언하셨음을 믿게 하신다. 이러한 성령의 깨닫게 하시는 역사가 없다면 어느 누구도 선교사들이 전하는 복음에 반응할 수 없을 것이다.

셋째, 성령은 믿지 않는 자들을 거듭나게 하신다(요 3:5-8; 딛 3:5).

사람들로 하여금 그리스도를 믿게 하고 새로운 생명으로 인도하는 것이 선교의 전부는 아니지만 선교의 핵심인 것만큼은 분명하다. 개개인의 중생은 교회 개척 및 영적 성숙을 위한 제자 양육과 사회 변혁을 가져오는데 필수적이다. 성령은 영적으로 죽어 있던 자들에게 새 생명을 주신다.

넷째, 성령은 선교의 뿌리이자 열매인 교회를 세우셨다(고전 12:13; 참조, 행 2:4; 11:15).

사람들이 예수 그리스도를 믿게 됨에 따라 그들이 반드시 성숙한 교회의 일원이 되기 위해서는 제자가 되어야 한다. 성숙한 교회는 선교 운동을 위한 발판이 되며, 선교 운동의 궁극적인 목표는 새로운 교회를 개척하는 데 있다(행 13:1-4; 19-10). 교회는 선교를 위한 하나님의 주요 자원이자 수단이며, 새로운 교회를 개척하는 것은 선교의 핵심 목표이다.

다섯째, 성령은 특히 박해를 당하는 교회에게 능력과 담대함을 부어 주시며(행 4:8, 31; 7:55), 박해 받는 자들에게 기쁨을 주신다(행 13:52).

사도행전이 분명하게 보여주는 것은, 성령의 부으심을 통해 믿는 자들이 고난 가운데서도 담대하게 증인으로 살아갈 능력을 주시며, 그 결과 하나님께서는 고난 가운데서도 담대하고 기쁘게 증인의 삶을 살아가는 이들을 통해 복음을 전파하신다는 것이다(행 5:42; 6:7; 8:1, 12; 16:16-40).

여섯째, 성령은 믿는 자들 중에서 일부를 부르셔서 타문화권 선교사로의 소명을 주시고, 부르신 이들을 인도하신다(행 13:3-4; 16:6-10; 26:16-18).

모든 신자들은 지상명령에 참여하도록 부르심을 받았다. 그러나 하나님께서는 모든 신자들 중에서 일부를 부르셔서 타문화권에서 사역하게 하신다(제9장을 보라). 그들이 선교지로 갈 때, 성령은 기회의 문을 여시거나 닫으시는 방식을 통해 구체적인 선교사역에 참여하도록 그들을 인도하신다.

일곱째, 복음이 전방 개척 지역에 전해질 때, 성령은 때로 놀라운 표적을 통해 복음을 확증하신다.

제2장에서 제안한 바와 같이, 마가복음 16:9-20은 마가가 저술한 원문에 포함되어 있는 본문이 아니었을 것이다. 그러나 이 본문은 신약성경의 나머지 부분과 일관되게 신빙성 있는 고대 전통을 분명히 반영하고 있다. 마가복음에 나타난 지상명령은 표적(signs)을 동반한 복음의 확증을 강조한다.

이 본문에서 표적의 나타남은, 성령의 임재를 확증한다거나 모든 신자들에게 이러한 표적이 따르게 될 것을 약속하는 내용이 아니다. 마가는 복음이 전파되지 않는 곳에 복음이 전해질 때, 하나님께서 때로 자신의 능력을 나타내시고 복음 전도자들을 보호하기 위해 기적을 사용하신다는 예수의 약속을 기록했다.

사도행전(예, 3:8; 5:12; 6:8; 8:6; 9:33-43; 14:10; 16:18; 20:12; 28:5-6), 서신서(예, 히 2:4), 그리고 수 세기를 통해 전해 오는 개척 선교사들의 수많은 이야기는 기적을 통해 말씀을 확증하시는 성령의 일하심을 증거한다. 이 주제에 대해서는 아래 "표적, 기사와 선교"라는 제목 하에 보다 자세히 살펴볼 것이다.

물론, 영적 은사를 주시며(고전 12장; 엡 4:7-16) 양육을 통해 믿는 자들로 하여금 점점 그리스도를 닮아가도록(행 6:3, 5; 갈 5:22-23) 하시는 성령은 교회를 성숙하게 하심으로써 세계 선교에 영향을 주신다.

사도 바울은 자주 자신의 성공적인 교회 개척사역에 성령께서 핵심 역할을 수행했다고 언급한다(롬 15:18-19; 고전 2:4; 살전 1:5). 성령께서 능력을 부어주시지 않는다면 선교사역은 불가능하다. 우리는 감히 성령의 사역을 하나님께서 초자연적으로 드러내시는 역사로만 제한하지는 않지만, 성령의 능력이 선교활동의 모든 면에 있어서 필수적인 것만큼은 부인할 수 없다. 성령의 도우심 없이, 설교와 가르치는 사역은 생명력을 잃게 될 것이다.

인간의 필요를 채우는 사역은 사랑과 긍휼을 나타내기 보다 하나의 성가신 의무로 전락할 것이다. 왜냐하면 하나님의 사랑은 성령에 의해 우리 마음에 부어지기 때문이다(롬 5:5). 선교사가 당하는 궁핍과 어려움은 하나님의 일하심을 목격하는 기회가 아니라 짊어져야 할 부담이 되고 말 것이다. 모든 선교활동은 성령을 의지해야 하며, 성령의 능력을 공급받아 행해져야만 한다.

사도 바울 또한 성령께서 자신이 개척한 교회를 책임져 주실 것을 신뢰했다. 바울은 예수 그리스도에 대한 확실한 믿음의 증거가 있을 때에만 세례를 베풀었고 장로들을 세워 새롭게 개척한 교회를 지도하도록 했다. 그리고 난 후 세워진 리더들로 하여금 그들의 양떼를 돌보는 책임을 맡겼다. 로랜드 알렌(Roland Allen)은 이렇게 말한다.

> 선교사들과 선교단체들에게 성령께서 교회를 각성시키시고, 바르게 하시고, 인도하시고, 강화시키시기 위해 교회 가운데 임재하신다는 사도들의 근본적인 확신을 회복할 것을 요청한다(Howell 1997, 39, Roland Allen [1927] 1962a).

예수께서 말씀하시기를, 선교에서 성령의 사역이 매우 중요하기 때문에 자신이 아버지께로 돌아가는 것이 제자들에게 유익한데 이는 새 시대에는 성령께서 믿는 자들 안에 내주하시고 임재하시게 될 것이기 때문이라고 하셨다. 성령의 역사가 없이는 새 시대에 사탄의 나라를 대적하여 복음의 진전이 일어나는 것은 불가능하다(눅 24:46-49). 선교활동을 위한 토대는 바로 성령을 의지하는 것이다.

## 3. 하나님 나라와 영적 역동성

성령의 역할을 인정하는 것이 선교의 출발점이라면, 현 시대의 특징을 이해하는 것은 성령의 능력을 의지하는 데 있어서 중요한 배경이 된다. 하나님의 사람들은 예수께서 십자가에서 사탄을 물리치시고 왕으로 통치하시는 시대를 살아가고 있지만, 사탄은 여전히 죄악된 세상의 강력한 지배자로 활동하고 있다. 이 대결의 시대는 현재 진행 중인 치열한 영적 전쟁의 무대를 제공하고 선교는 이러한 대결의 중심에 서 있다.

### 1) 선교 그리고 "이미 그러나 아직 아닌" 하나님 나라

제2장과 제4장에서 예수의 초림으로 하나님 나라의 통치가 시작되었음을 살펴보았다. 예수는 자신이 직접 "하나님 나라는 너희 안에 있다"라고 선포하시고(눅 17:20-21), 귀신을 쫓아내시면서 "하나님 나라가 이미 너희에게 임하였느니라"고 말씀하신다(마 12:28). 바울도 하나님 나라는 이미 신자들 가운데 현존하는 실재라고 말한다(롬 14:17-18; 골 1:12-13).
그러나 예수는 자신이 이 땅에 다시 올 때까지는 하나님 나라가 온전히 그리고 최종적으로 완성되지 않을 것이라는 점도 분명히 밝히셨다

(마 16:28; 26:29; 눅 13:28; 21:31). 제자들이 기대감을 가지고 예수께서 이스라엘 나라를 곧 회복시키려 하실지 질문하자, 예수는 성령의 능력으로 땅 끝까지 이르러 증인이 되어야 할 제자들의 사명에 재차 초점을 맞추시면서도 때가 되면 하나님 나라가 충만하게 임하게 될 것을 부인하지 않으신다(행 1:7-8). 하나님 나라는 "이미" 시작되었지만, 예수의 재림 때까지는 "아직" 온전히 완성되지는 않을 것이다.

하나님 나라의 "이미 그러나 아직 아닌"(already-but-not-yet)의 본질은 하나님의 백성들이 사탄과 격렬하게 대결하는 시기를 산다는 것을 의미한다(도형 10.1). 하나님 나라가 아직 충만하게 도래하지 않았기 때문에, 우리는 사탄이 여전히 제한된 능력을 가지고 이 세상을 다스리고 있는 시기를 살게 된다. 비록 이 땅에서 사탄의 통치는 하나님의 주권적인 허용과 능력에 종속되지만, 성경은 지금도 사탄이 "하나님께 반역한 인간 사회"(Yung 2002a, 21)를 다스리고 있다고 분명히 말한다.

**도형 10.1 현 시대: 대결의 시대(Age of Conflict)**

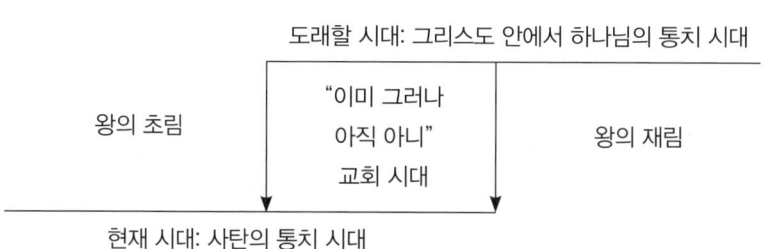

사탄은 "세상의 임금"(요 12:31; 14:30; 16:11), "공중의 권세 잡은 자"(엡 2:2), "이 세상의 신"(고후 4:4)이다. 게다가 사탄은 "흑암의 권세"(골 1:13)를 다스리고, 온 세상은 사탄 아래에 있다(요일 5:19). "인류는

타락을 통해서 사탄에서 우리의 삶과 공동체에 대한 권세를 주었다는 것이 나타날 것이다"(Yung 2002a, 21) 그리고 사탄은 땅 위의 인간 공동체에 대한 모종의 통치 수단을 가지고 있다.

그러나 예수께서 이 땅에 계실 때 사탄의 권세에 도전하셨고 그 권세를 깨뜨리셨다. 예수는 자신이 행하신 기적과 귀신을 쫓아내시는 것이 사탄을 결박하고 사탄의 집을 강탈하는 것으로 묘사하신다(마 12:29). 예수께서 "귀신을 쫓아내신 것은 하나님 나라의 현존의 표지였다"(Arnold 1997, 20). 예수의 삶과 죽음 그리고 부활로 말미암아, 사탄이 쫓겨나고(눅 10:17-18), 심판받고(요 16:11, 33), 그의 일은 멸하여지고(요일 3:8), 패망하였다(눅 10:17-18).

예수의 승리는,

> 십자가에서의 대속적인 속죄에 근거한다. 왜냐하면 예수께서 십자가에서 우리가 지은 죄에 대한 형벌을 대신 받으시고 우리를 심판에서 면하게 하심으로써 죄와 사탄 그리고 죽음이 구속 받은 인류를 더 이상 속박할 수 없게 되었기 때문이다 (Yung 2002a, 18).

예수 그리스도는 십자가에서 우리의 죄값을 치르시고 우리에게 새 생명을 주심으로, 사탄과 마귀를 물리치시고 무력하게 하셨을 뿐 아니라 그들의 능력 없음을 만방에 드러내셨다(골 2:13-15; 히 2:14-15).

> 하나님 나라가 의미하는 바는 귀신에게 포로 된 자, 억눌린 자, 가난한 자, 그리고 육체적, 영적으로 눈먼 자들의 나라는 예수 그리스도로 말미암아 종말을 고하게 될 것이라는 것이다. 예수는 하나님 나라가 임하게 하는 분이신데, 이는 그가 사탄의 나

라를 멸하는 분이시기 때문이다(Boyd 1999, 84).

　예수 그리스도께서 십자가에서 이루신 승리는 하나님께서 온전히 통치하고 계시며 하나님 나라가 온전히 도래할 때 사탄이 완전히 멸하여질 것이 확실하다는 것을 확증한다. 선교활동은 그리스도의 나라의 진전이며, 사탄의 나라를 공격하는 최전방에서 싸우는 것이다. 하나님의 백성들이 하나님 나라의 복음을 선포하며 긍휼 사역을 통해 하나님 나라의 가치를 드러낼 때, 그리스도께서는 자신의 교회를 세우시며 음부의 권세를 무너뜨리신다(마 16:18-19, Strauss 2005을 보라).
　선교는 사탄의 패배, 그리스도의 궁극적 승리, 그리고 이 땅 가운데 온전히 임할 하나님 나라의 도래를 확신하는 가운데 진전될 수 있다. 그러나 사탄은 비록 패했음에도 불구하고 여전히 살아서 권세를 가지고 활동하면서 그리스도의 초림과 재림 사이의 현 시대를 잔인하며 위험한 대결의 시대로 만들고 있다(보조 자료 10.1을 보라).
　선교활동은 사탄의 세력을 공격하는 최전방에서 벌어지는 전투이기 때문에 영적 전쟁은 선교의 핵심적인 특징이다.

### 2) 영적 전쟁

　　영적 전쟁에 대한 성경의 은유는 … 사탄과 그의 악한 영적 권
　　세들과의 싸움을 표현하는 데 자주 사용된다(Arnold 1997, 26).

　이 전쟁을 성공적으로 이끌기 위해서 사탄의 제한적인 능력과 공격 방식 그리고 신자들의 전투 자원은 모두 하나님의 지배 아래 있다는 온전한 인식을 가지고 선교사역을 수행해야 한다.

> **보조 자료 10.1**
> **공격개시일(D-Day)과 전승일(V-E Day)**
> (Ken Blue 1999, 72에서 수정)

예수께서 십자가에서 사탄을 멸하시고 승리하신 사건의 중요성은 제2차 세계 대전 당시 연합군이 노르망디 해안을 성공적으로 침투한 사건에 비유되곤 한다. 연합군이 노르망디 해안에 성공적으로 상륙해서 안전한 교두보를 확보하자, 양측의 군사 전문가들은 독일의 궁극적인 패배가 확실하다는 사실을 알았다. 독일 고위 지휘관들 중 다수는 이미 패배를 인정했을 뿐 아니라 서구 연합군과의 협상을 위해 새로운 리더십이 세워지기 원했기 때문에, 실제로 독일군 리더들 중에서 공격개시일 6주 후 히틀러를 암살하려는 시도가 몇 차례 있었다.

그러나 비록 노르망디에서의 승리가 연합국의 궁극적인 승리를 가져다 주었음에도 불구하고, 독일은 여전히 강력한 군대를 소유하고 있었다. 노르망디 상륙 이후에도 1년 동안 힘겨운 전투가 벌어졌으며, 어린이를 포함한 수천 명의 사람들이 전쟁이 끝나기 전에 목숨을 잃거나 부상당했다.

이와 같이, 그리스도의 죽음과 부활은 사탄에 대한 최종 승리를 보장해 주지만, 사탄은 여전히 강하고, 악하며, 지독한 적이다. 사탄은 지속적으로 열방을 속이고 파괴하며 신자들에게 해악을 끼치는 큰 피해를 초래할 것이다. 이 전쟁은 그리스도께서 재림하셔서 사탄의 일을 완전히 멸하실 때까지 끝나지 않을 것이다. 반면 복음의 진전과 변혁적인 하나님 나라의 가치를 증명함으로써 사탄의 세력이 공격당하고 패하는 것처럼, 선교사역은 진행 중인 최전방 전투의 선봉장 역할을 감당한다.

---

◆ **성찰과 토의** ◆

① 선교사역은 어떻게 사탄의 통치를 공격하는가?
② 그리스도께서 십자가에서 사탄을 패배시킨 사건과 사탄에 대한 궁극적인 승리의 확실성이 어떻게 당신으로 하여금 선교에 참여하도록 독려하고 동기부여 하는가?
③ 사탄이 아직도 활동하며 능력을 가지고 있다는 사실이 당신으로 하여금 어떻게 선교를 위해 깨어있게 하며 준비하게 하는가?

### (1) 사탄에 대한 하나님의 통치

비록 신자들이 치열한 영적 전쟁의 시대를 살면서 강력한 적을 대면하게 되지만, 우리는 사탄과 마귀는 피조물이며 능력에 한계가 있다는 사실을 결코 잊어서는 안된다. 사탄은 신이 아니다. 사탄은 전지전능하거나 무소부재한 존재가 아니다. 비록 우리가 사탄의 능력과 지식(벧후 2:10-12; 유 8-10)을 과소평가해서는 안 되지만, 그리스도 안에 있는 우리는 사탄을 두려워해야 할 이유가 없다.

제한적인 능력을 지닌 유한한 피조물인 사탄은 하나님의 주권적 통치 아래 있다. 마틴 루터는 언젠가 "마귀는 하나님의 마귀"라고 했는데, 이는 하나님께서 사탄과 마귀의 세력을 지배하고 계시다는 것을 강조하기 위해서 한 말이다. 성경은 이 세상이 동등한 힘을 지닌 선과 악의 세력이 대결하는 무대라는 이원론적 세계관을 가르치지 않는다.

사탄과 그의 모든 악한 권세들은 하나님께 종속되어 있을 뿐 아니라 하나님께서는 자신의 목적을 성취하시기 위해 마귀의 일을 사용하기도 하신다(삿 9:23-24; 삼상 16:14; 삼하 24:1; 대상 21:1; 왕상 22:19-23; Powlison 1995, 54-58을 보라). 심지어 사탄의 가장 무자비한 공격도 하나님의 주권적인 통치와 허용하시는 뜻 안에서만 일어나기 때문에 우리의 목숨을 해할 수 없다(욥 1:12; 2:6; 고후 12:7-10). 하나님께서 허용하시지 않는 한 사탄은 어떤 신자도 공격할 수 없다(요일 5:18-19).

하나님의 뜻에 순종하면서 살아가는 신자들은 저주나 사탄에게 바쳐진 물건이나 장소 혹은 마귀의 지배를 받는 사람들을 두려워해야 할 필요가 없다. 아프리카선교회(African Enterprise)의 스데반 룬구(Stephen Lungu)는 전도 집회에 참가한 사람들에게 다음과 같이 확신 있게 고백했다.

> 여러분이 주술을 행할 수 있지만 나는 예수께 속해 있기 때문에 그 일은 효과가 없을 것입니다. … 내가 하나님의 뜻을 따

라 살아갈 때 나는 저주 때문에 해를 당할 수 없습니다(Johnstone 1995, 151).

(2) 사탄의 공격

사탄과 그의 악한 세력들은 몇 가지 무기를 가지고 이 전쟁에 임한다. 사탄은 믿지 않는 자들의 눈을 멀게 하고(고후 4:4), 그들의 마음에 복음이 심겨질 때 그 마음에서 말씀을 빼앗아간다(눅 8:12). 사탄은 사람들을 압제할 뿐 아니라 억압하며("귀신 들림"), 사람들의 신체에 해를 가한다(눅 8:26-39; 9:37-43). 사탄은 신자들을 미혹하고(행5:3; 고전 7:5; 살전 3:5), 고소하며, 참소하고(계 12:10), 낙심케 하며(벧전 5:6-8), 핍박한다(계 2:10).

때로 하나님께서는 사탄이 신자들의 육체를 공격하는 것을 허용하신다(욥 2:6-7; 고전 12:7). 물론 이는 모든 병이 사탄에 의해서 발생한다거나 이러한 병이 하나님의 허용적 의지의 범위 너머에 있다는 의미는 아니다. 성경은 하나님께서 신자들에게 병을 허용하시는 다양한 이유에 대해 말해주고 있다.

영적 전쟁은 개인적이며 동시에 공동체적이다. 사탄은 교회, 선교단체, 교회 개척 운동을 공격한다. 사탄은 의심, 불신, 질투, 분노, 적의, 자랑 그리고 시기의 씨앗을 심는다. 그리고 마음 속에서 불평과 낙담이 자라게 한다. 사탄은 개인과 단체들, 사회 조직들 그리고 정부들의 반대를 자극한다. 사탄은 신체적 박해와 핍박을 가한다.

사탄의 공격은 우리 자신의 죄악된 성향(육체)과 우리가 사는 세상의 문화와 밀접하게 관련되어 있기 때문에 우리의 모든 삶은 영적 전쟁이다.

영적 전쟁은 그리스도인들이 일상에서 겪는 영적 싸움이다 (Arnold 1997, 27).

영적 전쟁은 모든 관계, 모든 사회적·문화적 정황, 그리고 사적이며 공적인 삶의 모든 영역에 영향을 준다. 현대의 세속주의, 즉 서구 세계관은 신자들로 하여금 현재 진행 중이지만 보이지 않는 영적 전쟁에 둔감케 하여 "실천적 무신론"을 낳을 뿐 아니라 모든 문제가 "심리적, 사회적, 생리적 또는 상황적인 것"이라는 의식을 갖게 한다(Powlison 1995, 21, 36, 37).

그러나 "현대 이성주의에 환멸을 느끼고 전근대적 심령주의(spiritism)를 신봉하는 것은 모두 잘못된 것이다"(Powlison 1995, 25). 선교적 수고를 감당할 때 부, 교육, 최신 선교전략, 정치력 영향력 또는 기술을 무의식적으로 의지하려는 경향을 대항해야 한다. 선교는 궁극적으로 영적인 일이므로 영적 자원으로 능력을 덧입어야 한다.

(3) 신자의 자원들

이 시대의 그리스도인들이 선교활동을 통해 하나님 나라를 확장해 갈 때 어떻게 사탄의 악한 세력들과 싸워야 하는가?

> 좋은 소식은, 우리는 우리가 살고 있는 현 시대에서 다가올 축복의 일부를 경험할 수 있다는 것이다(Arnold 1997, 21).

이러한 축복들은 성령의 임재, 능력, 선물, "죄의 속박에서 벗어날 수 있는 능력," "악한 영에 대한 권세"(ibid.)를 포함한다. 예수는 자신의 "희생적 죽음과 승리의 부활을 통해 사탄을 멸하셨다. 결과적으로 영적 전쟁은 우선적으로 "그리스도의 전능하신 능력 가운데 서 있는 것이다"(Van Rheenen 2005, 37-38).

때로는 마귀와의 직접적인 대면이 필요할 때도 있지만, 우리의 우선적인 관심은 그리스도 안에서 우리가 누구인지를 알고 이러한 정체성을 근거로 살아가며, 우리의 모든 삶을 하나님께 드리며, 주님과 같은 모습으로 점점 변화되어가는 것이다(롬 12:1-2; 고후 3:18). 회개와 죄의 고백, 성경 공부와 같은 영성훈련, 기도, 금식, 순종, 감사, 성결한 삶으로의 헌신, 영적인 삶, 서로 사랑하라는 성경의 말씀처럼 다른 신자들을 사랑하는 것이 바로 영적 승리의 열쇠이다(Moreau 1997; 롬 12:10, 16; 15:7; 갈 5:13; 엡 4:3, 32; 골 3:13; 살전 5:11; 히 10:24-25; 벧전 1:14-16; 5:5; 요일 1:8-10; 4:7, 11-12).

선교는 훌륭한 선교전략이나 기술, 충분한 재정이나 고등교육을 통해서가 아니라, 성령의 능력을 덧입어 변화된 하나님 나라의 백성으로 살아가는 삶을 통해 임하는 영적 능력을 통해 진전된다.

바울은 에베소서에서 신자들이 악한 대적들을 대항해 어떻게 싸워야 하는지에 대해 특별한 관심을 보인다. 승리에 대한 확신의 근거는 모든 사탄의 세력들에 대한 그리스도의 승리(엡 1:19-22, 아마도 4:8)와 그리스도의 승리를 함께 공유하는 신자들이 누리는 특권적 지위에 있다.

바울은 잘 알려진 에베소서 6:10-20에서 이러한 진리들을 어떻게 적용할 것인지 가르친다. 그는 귀신에 대한 정보를 얻거나 귀신을 물리치는 법, 또는 지역 악령들(territorial spirits)을 다루는 법에 대해 전혀 언급하지 않는다. 오히려 "이 본문들은 그리스도인들이 매일 경험하는 악과의 일상적인 싸움을 묘사한다"(Arnold 1997, 37). 이 본문의 요점은 우리의 싸움은 하나님께서 구원 안에서 우리에게 주시는 영적인 자원으로만 이길 수 있는 영적 전쟁이라는 것이다.

바울은 이사야를 인용하여 신자들이 지녀야 할 영적 무기들을 나열한다(사 11:5; 49:2; 52:7; 59:16-17). 이사야서에서 하나님께서는 구원의 속성을 입고 계신 분으로 나타나신다. 전신갑주의 각 무기는 하나님께서 자신의 백성들을 위해 이미 성취하신 것이다. 전신갑주의 각 무기들은 신자들이 특히 선교 현장에서 복음을 전파하며 살아갈 때 반드시 행해야 할 실현된 복음의 실상이다. 신자들이 사탄과 싸우기 위해서는 반드시 다음의 것들이 필요하다.

① 다른 사람들과 우리를 둘러싼 세상을 판단할 때 신실하고 진실해야 하며
② 죄악 된 세상 가운데서 의롭고, 마땅히 해야 할 일을 행하며
③ 하나님과의 평화가 보장되었다는 사실로 인해 안식하면서 다른 이들에게 평화의 소식을 전할 준비를 하고
④ 하나님의 능력과 그분의 말씀, 그리고 그분의 방법으로 사탄의 모든 개인적인 유혹이나 사회적인 박해를 물리칠 것을 신뢰하며
⑤ 하나님의 구원 사역이 사탄의 고소에도 불구하고 우리를 죄에서 구원하게 하실 것에 대한 확신을 가지고 살아가며
⑥ 열방을 주께로 돌아오게 하실 것이라는 하나님의 말씀을 선포해야 한다(사 49:1-6).

영적 전쟁에 대한 바울의 설명은 자신의 선교사역을 위해 기도를 요청하는 장면에서 절정에 이른다(엡 6:19-20). 선교 운동은 하나님의 능력과 자원에 겸손히 의지하지 않는 한 결코 성공할 수 없다.

> 영적 전쟁에서의 성공은 자랑이나 자기만족감으로 귀착되지 않는다(Moreau 1997, 155).

이 전쟁은 연약한 가운데 치르는 싸움이다.

> 역설적으로, 가장 적극적이며 강력한 영적 전쟁은 개인적인 커다란 깨어짐과 연약함 가운데 치러져야 한다(Robb 199, 148).

## 4. 기도와 선교

선교의 토대가 성령의 능력이라면, 대결의 시대에 영적 전쟁은 선교의 배경이며, 기도는 이러한 다양한 전투 중에 성령의 능력을 의지한다는 표현방식이다.

> 기도는 신적 에너지를 사람에게 공급하는 통로이다(J. R. Mc-Quilkin 1997, 31).

> 영적 전쟁에 대한 바른 이해는 기도가 어둠의 세력들을 공격하며 물리친다는 것이다. 우리는, 예수께서 재림하셔야 비로소 완전한 승리를 누리게 되겠지만, 그럼에도 불구하고 지금 이곳에서도 악에 대한 중요한 승리의 증거들이 있음을 알 수 있다(Yung 2002a, 24).

신약성경에는 선교를 위한 기도 명령과 기도의 증거들로 가득하다. 예수는 자신의 제자들에게 하나님께서 추수할 밭에 일꾼들을 보내주시도록 기도하라고 명령하셨다(마 9:38). 바울은 기도가 성공적인 복음전도 여행에 매우 중요하다는 것을 자주 강조한다. 그는 골로새 성도들에게 복음 전도의 문이 열리고 복음 선포가 명확해지도록 기도를 요청한다(골 4:3-4). 바울은 자신의 동료 선교사인 에바브로디도를 기도의 사람으로 칭찬한다. 그는 로마의 성도들에게 자신의 안전과 예루살렘으로 가져가는 구제 헌금을 그곳 성도들이 기쁘게 받도록 기도해 줄 것을 부탁한다(롬 15:31-32).

그는 데살로니가 성도들에게 하나님의 말씀이 하루 빨리 전해지며, 주님의 말씀이 높아지고 자신과 동료 사역자들이 악한 자들로부터 구출받기를 위해 기도해 달라고 요청한다(살후 3:1-2). 그는 에베소 교인들에게는 복음에 합당한 말과 담대함을 가지고 복음을 전할 수 있도록 기도해 줄 것을 부탁한다(엡 6:18-20).

그리스도께 사람들이 나아오고, 복음이 진전되며, 하나님의 뜻이 하늘에서와 같이 이 땅 가운데 이루어지기 위해 기도하는 일에 실패하는 것은 이 시대에 사탄의 부분적인 통치를 용납하는 것이다. 기도하지 않는 것은 수동적으로 사탄을 돕는 일이다. 때로 **전투 기도**(warfare prayer)는 사람들로부터 귀신을 쫓아내고 장소나 기관을 장악하고 있는 마귀의 세력을 속박하기 위해 드리는 기도로 국한되기도 한다. 하지만, 전투 기도의 개념은 사탄의 왕국 파괴와 복음을 통한 그리스도 통치의 확장을 위한 기도를 포함하는 데까지 확대되어야 한다.

패트릭 존스턴(Patrick Johnstone)은 신자들로 하여금 복음주의 진영에서 논란이 되고 있는 영적 능력에 대한 쟁점을 넘어서서, 교회사와 오늘날 선교활동을 통해 알 수 있듯이 영적 전쟁에서 최우선적인 수단인 중보 기도에 힘쓸 것을 권고한다. 우리는 사탄의 책략에 무지해서는 안

> 인생은 전쟁이다. 인생의 전부가 전쟁은 아니지만 인생은 언제나 전쟁이다. 우리가 기도를 하지 않는 이유는 대부분 이 진리를 소홀히 여기기 때문이다. 기도는 우선적으로 교회의 선교를 통해 어둠과 불신 세력의 저항을 뚫고 전진하는 전쟁에서 사용하는 무기다. 마치 서재에서 좀 더 편안함을 위해 위층과 연락하려고 설치한 인터폰처럼 사용하려고 시도할 때 기도가 제대로 작동하지 않는 것은 놀라운 일이 아니다.…기도는 영적 전쟁의 중요한 최전방 무기일 뿐 아니라 기도를 통해 우리는 무한한 공급자이신 하나님께 영광을 돌린다.
>
> —John Piper(1993, 41)

된다(고후 2:11). 그러나 우리는 귀신론, 주술, 영적 세계의 위계(the hierarchies)에 대해 모든 것을 알지 못해도 기도를 통해 강한 자를 결박하고 그의 세간을 탈취(마 12:29)할 수 있다(Johnstone 1995, 139).

기도는 영적 전쟁에서 우리가 지닌 가장 강력한 무기이지만, 기도가 "능력의 도구"로 변질되지 않도록 해야 한다(Rheenen 2005, 37). 기도의 우선적인 목적은 하나님과 관계를 맺으며 하나님의 뜻에 순종하는 것이지, 하나님을 조작해서 우리의 유익을 얻는 데 있지 않다.

> 기도는 폭력의 수단으로 사용하려고 의도된 것이 아니다. 기도는 교제, 성장 그리고 강건함을 위한 수단이다(Moreau 2002, 267).

기도는 신약성경을 본보기로 삼아 하나님을 알고 그의 능력으로 복음을 확장시켜 하나님께 영광을 돌리는 데 중점을 두어야 한다. 신자들은 자신들이 복음을 전하고 있는 자들을 **위해** 기도하거나 그들과 **함께** 기도함으로써 기도를 통해 영적 전쟁에 참여할 수 있다. 다른 이들과 함께 기도하는 것은 하나님에 대한 믿음을 증거할 뿐 아니라 그들에게 그리스도의 사랑과 관심을 확증하는 도구가 된다. 복음에 저항하는 누구라도 자신을 위해 기도하는 것은 환영하는데, 이를 통해 복음 전도의 문이 열리는 기회가 되기도 한다.

오늘날 선교에서 가장 인기 있는 방법 중의 하나가 땅 밟기 기도(prayer walk)다. 땅 밟기 기도는 특별히 영적인 저항이 있는 현장을 직접 방문하여 하나님의 개입하심으로 사탄의 세력을 깨뜨리며, 사람들로 하여금 그리스도를 믿게 하고, 교회로 하여금 능력과 순결함을 나타낼 수 있도록 기도하는 일단의 신자들을 통해 행해진다. 땅 밟기 기도는 몇 가지 분명한 가치를 지니고 있다.

첫째, 땅 밟기 기도에 참여하는 신자들은 현장을 직접 방문해서 특정 지역의 필요에 대한 통찰을 얻을 수 있을 뿐 아니라 보다 구체적으로 기도할 수 있다.

둘째, 땅 밟기 기도는 큰 헌신을 요구하며, 기도하는 자들 편에 초점을 맞추고, 기도에 참여하는 모든 사람들이 한 마음과 한 뜻으로 기도할 수 있게 한다.

셋째, 땅 밟기 기도는 현장을 방문하기 위해 시간과 에너지를 투자하고 기도 대상을 직접 대면하게 함으로써 신자들이 지속적으로 기도하게 할 수 있다.

그러나 존스턴은 땅 밟기 기도에 대한 세심한 검토를 요구한다(Johnstone 1995). 만약 우리가 진정으로 기도의 능력을 믿는다면, 기도 응답을 받기 위해 우리가 반드시 어떤 현장에 가 있어야 할 필요는 없다. 예수께서 백부장 하인의 병을 낫게 하신 사건을 통해(눅 7:1-10) 큰 믿음은 우리가 직접 관심 지역에 가 있지 않는다 하더라도 하나님의 임재와 능력이 개입할 수 있음을 신뢰할 때 발휘된다는 것을 알 수 있다.

땅 밟기 기도는 또한 "선교 최전방에 있는 사역자들의 모금에 손상이 가는 엄청난 비용"을 요구하고 "현장으로 가는 그 동기는 복합적이다." 그것은 "땅 밟기 기도에 매력적인 지역에 있는 사역자로 하여금 많은 시간과 에너지를 쏟게" 만들며, 자칫 민감한 지역에서의 사역을 위험에 빠뜨리게 할 수 있다(Johnstone 1995, 149).

줄리엣 토마스(Juliet Thomas 2002a)도 서구 기독교인들의 문화적 둔감성으로 인해 땅 밟기 기도는 복음에 긍정적이기보다는 방해가 되는 경우가 더 많다고 경고한다. 이는 몇몇 서구 기독교인들이 땅 밟기 기도를 통해 현지 신자들이 수년간의 수고를 통해 얻은 결과를 자신들의 것으로 돌리는 승리주의의 형태를 자주 보이기 때문이다. 그들은 자신들의 땅 밟기 기도의 결과로 얻게 된 회심에 대해 보고하는데, 그들이 말하는 회심은 진정한 회심으로 이어지지 않는 일시적인 현상에 불과한 경우가 대부분이며, 이 보고서에는 순진하다고 할 정도의 문화적 둔감성과 서구 우월주의가 반영되어 있다.

　서구의 신자들은 아프리카, 아시아, 그리고 남미의 신자들로부터 기도에 대해서 배워야 할 것이 많이 있다. 교회가 재정, 교육, 정치적 영향력과 같은 인간이 지닌 자원을 활용할 수 있을 때, 선교의 성공을 위해 하나님보다는 무의식적으로 이러한 자원을 의존하게 되기 쉽다. 그러나 사역에 필요한 물리적인 자원이 없는 환경에 살고 있는 신자들은 자신들의 안전과 복음 선포를 위해 하나님만을 의지할 수밖에 없다(보조 자료 10.2을 보라).

　하나님에 대한 의존은 자주 풍성한 기도의 삶으로 나타난다. 물론, 하나님께서 공급해주시는 자원을 사용하는 것이 잘못된 것은 아니다. 그러나 신자 개인이나 교회가 하나님을 신뢰한다는 것을 가장 잘 보여주는 명백한 지표는 바로 기도이다. 만약 우리가 무엇을 위해 기도하고 있다면, 우리는 그것을 위해 하나님을 궁극적으로 의지하고 있는 것이다. 만약 우리가 무엇을 위해 기도하고 있지 않다면, 우리는 궁극적으로 하나님 외에 다른 자원에 의지하고 있는 것이다.

## 5. 표적과 기사와 선교

　초대 교회 역사를 통해 복음의 확장에는 성령이 행하신 많은 기적이 동반되었음을 알 수 있다. 앞에서 살펴본 바와 같이 사도행전은 예수의 초기 제자들이 행한 많은 기적들로 가득하다. 사도 바울은 "표적과 기사"가 성령의 능력으로 이루어졌으며, 지중해 동부지역 교회 개척을 위해 복음을 선포할 때 표적과 기사가 함께 나타났다고 증거한다(롬 15:18-20). 다른 신약의 본문들도 초대 교회 설립에 기적이 일정 부분 기여했음을 보여준다(고후 12:12; 갈 3:5; 히 2:4).

> **보조 자료 10.2**
> **기도의 능력**
> (Mikael Denbo가 Steve Strauss에게 전해 준 이야기; 또한 Cumbers 1995, 214-215을 보라.)
>
> 공산주의 정부가 에티오피아를 통치하고 있던 1978년, 한 공산주의 청년 선동가 집단이 아디스 아바바(Addis Ababa)의 복음주의 교회 건물 주변에 반 기독교 포스터 붙였다. 교회 지도자 중 한 명이 이에 대해 항의하자, 그들은 다음 날 그 지역 정부 관계자가 와서 교회 재산을 몰수할 것이라고 밝혔다. 그 교회 지도자들은 자신들이 할 수 있는 한 많은 교인들에게 연락을 해서 자신들과 교회 건물을 하나님께서 보호해주실 것을 위해 철야 기도를 하도록 요청했다. 많은 교인들이 철야 기도에 동참했다. 다음 날 아침, 교인들이 여전히 기도하고 있고 교회 지도자들은 교인들을 격려하기 위해 성경을 읽고 있을 때, 정부 관계자들이 교회 건물을 압수하기 위해 왔다.
>
> 그런데 그들은 교회 건물에 들어서는 대신에, 밖에 서서 횡령죄로 고소당한 일에 대해 서로 다투기 시작했다. 공무원들은 두 집단으로 나뉘어 서로 논쟁에 사로잡혀 있었기 때문에 교회 건물 몰수는 안중에도 없었으며 서로 다투다가 결국에는 모두 흩어졌다. 기도를 통해 그들은 교회를 안전하게 지킬 수 있었다. 또한 이 사건의 직접적인 결과로 15명의 사람들이 예수를 영접하게 되었다.
>
> ◆ **성찰과 토의** ◆
> ① 에티오피아 신자들이 하나님만을 전적으로 의지했다는 것을 어떻게 보여주고 있는가?
> ② 이와 비슷한 상황에서 다른 지역에 있는 신자들은 어떤 자원들을 의지하겠는가?
> 그들은 에티오피아 신자들로부터 무엇을 배울 수 있는가?

초대 교회사에는 복음 전도 사역의 일환으로 귀신을 대적하며 기적을 행한 복음 전도자와 선교사들의 이야기가 많이 있다. "이적을 행하는 자"로 알려진 그레고리 타우마투르구스의 수많은 일화들 중에서 어느 정도까지가 사실인지 파악하기 어렵지만, 최소한 두 가지 일화는 역사적 사실에 근거하고 있다고 볼 수 있다.

첫째, 타우마투르구스가 폰투스(Pontus) 주교가 되었을 때, 그 도시에는 17명의 그리스도인만이 있었다고 한다.

그러나 그의 사역이 절정에 달했을 때는, 17명을 제외하고는 그 지역의 모든 이들이 그리스도인이 되었다고 한다.

둘째, 그는 복음을 전할 때 기적을 행함으로 사람들이 즉각 복음에 반응을 하여 명성을 얻었다고 한다(ChristianHistory.net, 2008).

교회사에 나타난 표적과 기사와 능력 대결에 대한 사례들 중에는 투르의 마틴(Martin of Tours; Sulpitius 1894)과 독일의 보니페이스(Boniface; Willibald, n.d.), 그리고 14세기와 15세기 에티오피아에 복음을 전파한 에티오피아 수도승들의 일화가 있다(Kaplan 1984; Tamrat 1972, 168). 20세기 초 오순절 운동은 복음 전도의 진전과 능력 있는 복음 전도를 위해 천상의 능력을 나타내는 표적과 기사, 치유, 죄의 습관과 사탄의 속박에서의 해방을 강조했다(McGee 1997, 89).

20세기 말 존 윔버(John Wimber)와 빈야드 운동(Vineyard Movement)은 성령의 기적적인 역사를 강조하는 제3의 물결을 주류 복음주의 진영에 도입했다(Wimber and Springer 1986). 윔버는 표적과 기사는 개척 선교 사역뿐 아니라 철저히 교회화된 지역에서의 복음 전도에도 필요하다고 보았다. 윔버의 성공에 매료되었을 뿐 아니라 전 세계 사람들을 복음으로 이끄는 전략을 수립하려는 열정에 사로잡힌 풀러신학교의 찰스 크래프트(Charles Kraft 1989, 1995)와 피터 와그너(Peter Wagner 1988, 1996)는 자신들의 수업과 사역에서 표적과 기사의 중요성을 강조했다.

많은 사람들이 **일부** 기적적인 역사가 복음의 확장으로 이어진다는 점에 동의한다. 마가복음에 나타난 지상명령에서 기적적인 표적이 새로운 지역에서 복음의 확장으로 이어질 것을 약속한다.

이러한 약속은 사도 시대에만 해당되는 것일까?

개척 전도 지역에서 풍성한 치유 사역, 공격으로부터 하나님의 보호하심과 배우지 않은 현지어를 할 수 능력을 주시는 하나님의 역사에 대한 사례들이 많이 있다(예, McGee 1997; Davis 1980, 163-67; Cumbers 1995, 78-82, 128-29). 화 융(Hwa Yung 2002b)은 교회사 중에서 특히 지난 백 년간 동아시아 지역에서 가장 효과적인 복음 전도에는 표적과 기사가 동반되었다고 전한다.

기독교 역사와 오늘날 선교사들의 간증을 통해 복음이 종족 집단이나 어떤 지역에 처음 들어갈 때, 기적이 자주 나타난다는 것을 알 수 있다. 그러나 이미 교회가 존재하고 있는 지역에서의 전도와 선교에 이러한 표적과 기사가 얼마나 일반적으로 나타나는지 그리고 성공적인 교회 개척 운동을 위해 표적과 기사가 **필요**한지에 대한 질문은 복음주의자들 사이에서 여전히 논쟁거리가 되고 있다.

사탄도 표적과 거짓 이적을 행할 수 있다는 점을 기억해야 한다(살전 2:9). 더 나아가서, 예수는 당신이 하나님의 아들이라는 증거 제시와 예수 자신을 믿기 위한 전제 조건으로 표적을 **요구**한 자들을 가장 엄하게 비난하셨다(마 12:39). 아마도 가장 합리적인 결론은 어떤 선교신학이라 할지라도 효과적인 선교의 핵심은 하나님의 능력이며, 기도와 하나님을 의지하는 것이 선교사역의 근간이 되어야 한다는 것일 것이다.

하나님께서 당신의 때와 뜻 가운데 기적적으로 개입해 주실 것을 위해 기도하는 것은 결코 잘못된 것이 아니다. 그러나 항상 하나님께 기적적인 개입을 **요구**하거나 표적과 기사가 없이는 효과적인 교회 개척을 할 수 없다고 믿는 것은 잘못된 것이다.

## 6. 보이지 않는 세력들과 선교

영적 역동성과 선교에 대해 논할 때, 오늘날 대결의 시대에서 현저한 역할을 하고 있는 영적 세계(spirit world)를 다루어야만 한다. 이러한 보이지 않는 세력들의 현존과 능력은 성경신학과 대부분의 세상 사람들의 세계관의 실제적인 일부를 구성하고 있다.

### 1) 배제된 중간 영역

폴 히버트(Paul Hiebert)는 대부분의 사람들이 실재(reality)를 세 가지 층으로 인식하고 있다 본다(Hiebert 1982a).

첫째, 맨 아래층은 경험적, 현세적, 물질적이며, 식물과 동물, 물질 세계 및 인류가 포함된다.

이 층에서 실재는 과학을 통해 알려진다. 모든 사람들은 물질 세계를 이해하고 통제하기 위해 과학을 발전시킨다. 여기에는 동물을 추적하는 방법, 농작물 재배 방법, 집 짓는 방법과 같은 민간 과학과 화학이나 물리와 같은 학문적인 과학이 포함된다.

둘째, 두 번째 층은 물질 세계에 살고 있는 영적 존재를 인정하는데, 이러한 영적 존재는 이 세상에 존재하지만 보이지 않을 뿐 아니라 초자연적이다.

대부분의 민속종교 신봉자들의 세계관에 의하면, 두 번째 층에는 "살아있는-죽은"(living-dead) 조상들, 유령들, 지역 신들, 여신들, 귀신들, 악령, 천사들이 존재한다. 대부분의 서구인들은 근대 초기까지는 요정들, 유령들, 도깨비들, 요정 그리고 각양 난쟁이 귀신들을 믿었으며, 자신들의 유익을 위해 이들을 지배할 수 있는 방법을 찾았다. 오늘날 서구인들 중에는 이러한 존재들을 믿는 민간신앙을 가지고 있는 자들도 있지만, 대부분은 이러한 믿음을 미신으로 여긴다.

셋째, 맨 위층에서 실재는 다른 세계들, 초자연적 세계이다.

이 층에는 고등하고, 우주적이며, 인격적인 신들과 카르마(karma)와 같은 비인격적인 우주적 힘들이 있다.

히버트는 계몽주의의 등장과 함께, 대부분 서구인들이 두 개의 층으로 된 실재에 대한 관점을 점차 받아들이게 되면서 주로 중간층을 거부하게 되었다는 점을 지적한다.

> 과학은 기계적 비유를 사용하여 경험 가능한 현실을 다룬 반면 종교는 다른 세계들의 문제를 다루는 역할을 맡았다
> (Hiebert 1982a, 43).

도형 10.2 배제된 중간 영역

| | 고등종교<br>우주적 고차원 신들과 세력들<br>또는 창조자 하나님<br>(보이지 않고 초월적) | 제사장들, 신전들, 성경 |

배제된 중간 영역
| 민속종교<br>영들, 귀신들, 천사들,<br>조상들, 혼령들<br>(보이는 존재, 보이지 않는 존재) | 무당들, 의식들, 주술, 금기들 |

| 물질 세계<br>사람들, 동물들, 식물들,<br>생기가 없는 대상들<br>(보이고 편재함) | 과학자들, 자연법 |

서구 선교사들이 전 세계로 복음을 전하러 갈 때, 그들은 이러한 두 개의 층으로 된 관점도 가지도 함께 가지고 갔다. 그들은 구원의 완성과 하나님의 관계(상층부)에 대해서는 선포했지만, 중간층(middle level)은 자주 무시하곤 했다. 이로 인해 뉴비긴(Newbigin 1966, 18)이 지적한 바와 같이, 서구 선교단체들은 세계 역사에서 가장 강력한 세속화 세력들 중의 하나가 되었다.

그러나 중간층의 존재는 분명 성경적 세계관의 일부이며, 전 세계 대부분의 사람들의 삶에 매우 중요하게 자리 잡고 있다. 대부분의 사람들은 중간층에 속한 세력들이 자신들에게 큰 유익이나 피해를 가져다준다고 믿는다. 이러한 세력들은 질병과 건강, 사랑과 미움, 출산과 불임, 번영과 가난, 승리와 패배 같은 대부분의 일상 생활에 영향을 준다. 중간층에 있는 존재들과 세력들은 반드시 인식해야 할 대상일 뿐 아니라 적절하게 다루어져야 하는 대상이기도 하다.

선교사들이 중간층을 무시했을 때, 많은 종족 집단들이 그리스도를 믿는 믿음으로 변화되지 않고 과거 방식대로 이 영역에 있는 세력들과 지속적인 관계를 유지했다. 경우에 따라 사람들은 하나님과 그리스도를 경배하는 공식 종교와 영적 세계를 다루는 민간 종교를 함께 믿었으며, 어떤 경우에는 이 두 종교가 섞인 혼합주의 형태로 발전되기도 했다.

중간 영역은 전 세계 대부분의 사회가 지닌 세계관과 모순되지 않을 뿐 아니라 현대 과학과도 공존한다.

예를 들어, 세 개의 층으로 된 세계관을 지닌 대부분의 사람들은 세균의 개념을 이해한다. 그들은 세균이 질병을 일으킨다는 것을 안다. 그러나 그들은 또한 자주 이러한 자연적인 원인 너머에 영적 세력이 배후로 작용하고 있다고 가정한다. 현대 과학은 질병이나 불행이 **어떻게** 일어나게 되었는지는 설명해 줄 수 있지만, 보이지 않는 영적 세력은 악이 일어나는 궁극적인 **원인**으로 간주된다. 따라서 이러한 영적 세력들에 대해 다루지 않고 외적인 증상만을 치유하는 것(예, 현대 의학을 통해)으로는 더 깊은 문제를 해결할 수 없을 것이다.

화 융(Hwa Yung)은 서구의 계몽주의 세계관이 지닌 이원론적 관점을 주목한다(Yung, 2002a, 6-8). 이 관점에 의하면 영적 세계와 자연주의 세계는 상호 아무런 연관이 없는 차원에서 서로 작동하고 있다고 본다. 따라서 서구 선교사들은 서구를 제외한 다른 나라들의 세계관을 이해할 준비가 되어 있지 않으며, 비서구권의 새 신자들은 자신들의 가장 중요하다고 생각하는 질문에 대한 답을 서구 선교사들로부터 얻지 못한다.

성경에 근거한 배제된 중간 영역을 신학적으로 다루지 않는 선교신학은 미완성적일 수밖에 없다. 선교신학은 반드시 영적 세계의 존재와 활동을 인정하는 것에서 출발해야만 하지만, 하나님께서는 주권적으로 영적 세계의 가장 강력한 존재조차도 통치하고 계시다는 사실을 강조해야만 한다. 또한 선교신학은 배제된 중간 영역, 영적 존재의 역할, 영적 세력들에 대한 신자들의 대응 방식과 같은 주제들도 다루어야 한다.

### 2) 능력 대결과 진리 대결

오늘날 대결의 시대에 하나님께서 배제된 중간 영역에서 자신의 권위로 사탄을 통치하고 계시다는 것을 증명하기 위해 강조되고 있는 전략 중 하나가 바로 **능력 대결**(power encounter)이다. 대부분의 민간 종교와 중간 영역은 질병과 건강, 부, 사회적 지위, 성공, 출산, 사람과 자연의 통제와 같은 능력과 관련된 문제에 관심을 보인다. 능력 중심주의 문화에 속한 사람들은 예수를 믿기 전에, 자신들의 이전 종교적 체계보다 예수의 능력이 이러한 문제들을 보다 효과적으로 해결할 수 있다는 것에 대한 확신을 요구한다.

> 능력 중심주의의 사람들은 신앙의 확신을 위해 단순히 논리가
> 아닌 능력의 입증을 원한다(C. H. Kraft 2000, 775).

능력 대결은 예수의 능력이 그들이 이전에 믿었던 신들보다 뛰어나다는 것을 증명하는 대결이다.

선교전략적 차원에서 능력 대결을 지지하는 자들은 성경과 교회사를 그 근거로 삼는다. 모세는 열 가지 재앙을 통해 애굽의 신들과 주술사들을 물리쳤다. 엘리야는 갈멜산에서 바알의 예언자들에 맞서서 야훼만이 하나님이심을 증명했다. 복음서는 예수가 귀신의 세력에 맞서 그가 능력 가운데 하나님 나라를 오게 했다는 내용들로 가득 차 있다. 사도 바울이 구브로에서 마술사 엘루마를 눈멀게 한 사건을 통해 총독 서기오 바울이 회심했다.

보니페이스도 독일 토르 신에 도전하여 이 신의 거주지인 큰 참나무를 베어버리고 그 나무로 성당을 지었다. 1930년대 에티오피아 복음 전도자자들이 귀신의 세력들을 직접 물리친 것으로 인해 수천 명의 사람들이 회심했다(Davis 1980, 150-56). 앨런 티펫(Alan Tippet)은, 19세기와 20세기에 걸쳐 남태평양 사람들의 경우 하나님께서 자신들의 조상신들보다 더 뛰어난 능력을 지니고 계심을 경험한 이후 예수를 믿게 되었음을 알았다(Tippet 1967). 능력 대결은 분명히 사람들을 그리스도께로 인도한 장구한 역사를 가지고 있다.

찰스 크래프트는 극적인 능력 대결의 결과로 인해 회심했다고 해서 "이러한 회심이 안정적이고 지속될 것이라는 확신을 주는 것은 아니"라

> 진리와 능력. 능력과 진리. 이 둘은 언제나 함께 하며 결코 헤어질 수 없는 관계다.
> —David Hesselgrave 1990

고 지적한다(C. H. Kraft 2000, 775). 예수가 지닌 강한 능력 때문에 예수를 믿게 된 자들은 자신들의 유익을 위해 이전에 믿었던 신들을 조작하려고 시도했던 것처럼 예수 그리스도도 조작하려고 할 수 있다. 다른 신의 능력에 보다 쉽게 접근할 수 있게 되는 순간, 그들은 그리스도를 쉽게 버릴 수 있다. 이스라엘 백성이 갈멜 산에서 바알이 패하는 것을 목도한 이후에도 다시 우상을 숭배한 것처럼, 성경을 통해 사람들이 능력 대결의 결과로 인해 처음에는 하나님을 믿었다가 종종 자신들이 이전에 믿던 신에게로 돌아가는 것을 볼 수 있다.

그리스도의 탁월한 능력이 교회 개척 운동을 촉진시킬 수 있지만, 능력 대결을 기초로 세워진 교회는 기독교 신앙을 능력과 물질적 유익을 위해 하나님을 조작하려는 새로운 형태의 정령 숭배로 여기게 될 가능성이 있다. 단순히 능력의 원천을 자신들이 이전에 믿던 신에서 하나님으로 바꾼 새로운 개종자들은 혼합주의에 빠질 가능성이 있다(Rheenen 2005, 37).

능력 대결은 언제나 진리 대결(truth encounter)과 균형을 이루어야만 한다. 그리스도가 그들이 믿던 신들보다 더 많은 능력을 가지고 계시다는 것에 설득되는 것만으로는 충분하지 않다. 그들의 신념 체계와 세계관이 완전히 변화되어야만 한다.

> 혼합주의는 때로 능력 대결은 지나치게 강조하면서 상대적으로 진리 대결은 충분히 강조하지 않을 때 발생한다(Hesselgrave 2006, 86).

바울은 교회를 개척할 때 능력과 진리의 조화를 위해 항상 노력했다(롬 15:19; 고전 2:1-5; 살전 1:4-5). 모로우(Moreau)는 사탄을 대적하기 위한 전략의 핵심은 성경적 진리라고 본다(Moreau 2007). 그리스도께 나아오는 자들은 반드시 자신들이 죄인이며 이전의 삶은 하나님으로부터 분리되어 있었다는 성경의 진리를 인정해야 한다.

그들은, 그들 자신을 하나님 앞에 의롭게 하시고, 하나님과의 관계를 회복시키고, 자신들이 믿던 거짓 신들의 권세로부터 구원한 그리스도와 그리스도의 십자가를 의지해야만 한다. 따라서 하나님께서 나타내신 능력은 하나님이 누구이시며, 그가 그들을 위해 무엇을 행하셨는가에 대한 진리에 기초를 두어야 할 것이다.

> 하나님이 누구이시며 그리스도 안에서 우리가 누구인가에 대한 진리는 단순히 교리가 아니다. 이 진리는 우리로 하여금 적들과 싸울 수 있는 힘을 제공한다(Moreau 1997, 11).

비록 그리스도의 능력이 나타나는 것을 통해 종종 사람들이 그리스도께 나아오게 될 것이지만, 능력 대결이 언제나 귀신들과의 초자연적 대결만을 의미하지는 않는다. 이러한 방식의 능력 대결은 신약성경이나 초대 교회 당시 교회 개척이 이루어진 어느 곳에서도 일어나지 않았다. 하나님의 능력은 초자연적으로 나타나는 것처럼 흔히 철저하게 변화된 삶과 문화를 통해서도 드러난다.

능력 대결을 하나님을 조작하거나 선정주의(sensationalism)를 불러오는 정도로 축소시켜서는 결코 안된다. 오히려 능력 대결은 하나님의 진리를 드러내며, 그에게 영광을 돌리고, 개인과 사회의 변화를 위해 지금 이 곳에 하나님께서 하나님 나라의 능력을 펼치시도록 겸손하게 구하고 의지하는 가운데 일어나야 한다.

### 3) 귀신을 다룸

비록 능력 대결이 항상 귀신과의 대결에 관한 것은 아니지만, 능력 대결의 한 가지 특별한 유형은 귀신으로 인해 고통을 당하고 있는 자들을 다루는 것과 관련이 있다. 복음이 새로운 지역에 전해질 때, 귀신을 직접 대면하게 되는 것은 흔한 일이다.

예수께서도 자신이 새로운 지역에서 복음을 전하실 때, 사탄의 세력들을 대면하셨다(눅 8:26-39). 예수께서 사역의 확장을 위해 자신의 제자들을 보내실 때, 자신의 공생애 초기와 그 이후의 기간에 제자들이 귀신의 저항에 직면할 수 있도록 그들을 준비시키셨다(막 16:17; 눅 9:1-2; 10:1-24).

사도행전에서 새로운 지역으로 전도여행을 할 때, 귀신을 쫓아내는 일이 있었음을 볼 수 있다(행 8:7; 16:16-18; 19:12). 사실, 신약성경에 나오는 악한 귀신을 쫓아내는 일은 많은 경우 개척 전도와 선교 지역에서 일어났다.

> 귀신을 쫓아내는 일은 우선적으로 교회와 이교도 간의 경계에서 일어나는 일차적인 선교적 현상이다(Skarsaune and Engelsviken 2002, 71; 또한 Arnold 1997, 108-12을 보라).

현대 선교 운동에는 새로운 지역에 복음이 처음 전해질 때 전도자들이 귀신을 쫓아내는 일과 새로운 신자들이 자신의 회심을 증명하기 위해 공개적으로 사탄과 그에 속한 귀신들을 책망하고 내어 쫓는 비슷한 패턴이 나타난다(Davis 1980, 179; 보조 자료 10.3을 보라).

> **보조 자료 10.3**
> **아토 키다모의 간증**
>
> 2008년 중반쯤 노련한 에티오피아 복음전도자 아토 키다모 마차토(Ato Kidamo Machato)는 정령 숭배 지역에서의 개척 활동 등 지난 60년간의 전도 및 선교사역의 경험을 말해주었다. 그가 회상하기로 자신은 귀신들린 수백 명의 사람들에게서 귀신을 쫓아냈고, 다양한 형태의 무당(medium)과 주술사를 만났다고 한다. 귀신들린 자들이 예수를 영접할 때, 귀신은 언제나 항상 그 즉시 그 사람에게서 떠나갔다. 새 신자들은 공개 석상에서 사탄과 그의 모든 활동을 책망하고 예수께 충성을 선언했다. 아토 키다모의 간증은 많은 에티오피아 전도사와 선교사들의 전형적인 사례 중 하나이다.
>
> ◆ 성찰과 토의 ◆
> ① 귀신과의 대결에 관한 아토 키다모의 경험이 어떤 측면에서 성경 이야기를 확증하는가?

흔히 귀신을 쫓아내는 것이 개척 선교사역의 일부로 여겨지는데, 어떤 이들은 신자들도 귀신들릴 수 있기 때문에 새로운 교회를 세울 때, 귀신들린 신자들에게서 귀신을 쫓아내는 사역이 포함되어야 한다고 제안한다. 찰스 크래프트(1992, 1995), 피터 와그너(1996) 잭 디어(Jack Deere 1993), 에드 머피(Ed Murphy 1992), 그리고 그 외 몇몇은 귀신의 지배 아래 있는 징후가 명백해 보이는 여러 신자들을 만난 경험이 있다고 주장한다.

비록 성경은 분명히 사탄도 신자들의 삶에 큰 영향력을 행사할 수 있다고 경고하고 있지만(행 5:3; 19:18; 엡 4:27; 벧전 5:8), 귀신들린 신자가 있다거나 참된 신자에게서 귀신을 쫓아내는 단 하나의 사례도 성경에서 찾아 볼 수 없다(찰스 크래프트는 이러한 주장에 동의하지 않는다. C. H. Kraft 2002a, 196). 신약성경에는 신자들의 삶에서 죄, 유혹, 사탄을 다룰 때 귀신을 쫓아내는 것에 대한 언급은 없다. 심지어 새롭게 개척된 교회에서 마술(occult)을 행한다고 고백한 신자들 가운데서 귀신을 쫓아냈다는 내용은 없다(행 8:9-24; 19:17-20).

비록 초대 교회는 귀신을 쫓아내는 일과 사탄을 대적하는 일을 회심의 중요한 요소로 보았지만, 예수를 믿은 후에 귀신들린 자가 있다는 증거는 거의 없다(Arnold 1997, 108-12).

> 신약성경을 통해 교회 안에서 귀신을 쫓아내는 일이 일어났다는 증거를 찾아 볼 수 없다. 오히려 이러한 일은 교회 외부에서 전도하는 상황 가운데 발생한 것으로 보이는데 이를 통해 최소한 오늘날 몇몇 교회 안에서 귀신을 쫓아내는 일을 행하는 것은 잘못되었음을 시사한다(J. C. Thomas 2002, 54).

### 4) 지역 악령과 전략적 차원의 영적 전쟁

"전략적 차원의 영적 전쟁"(SLSW: strategic-level spiritual warfare)은 사탄의 능력을 물리치기 위한 최신 선교전략이다. 크린톤 E. 아놀드(Clinton E. Arnold 1997, 146)는 "전략적 차원의 영적 전쟁"(SLSW)을 다음과 같이 요약한다.

① 지역 악령(territorial spirits)에 대한 정보 분별하기.
② 해당 지역의 공동체 죄 다루기.
③ 지역 악령들에 대한 대적 기도에 참여하기로 요약한다.

크래프트는 지역 악령들을 언급할 때, "우리는 지역보다는 사람들에 대해 더 말하고 있다"는 점을 지적한다"(C. H. Kraft 1995, 131). SLSW 지지자들은 인간의 죄와 사탄에 대한 충성이 사탄에게 종족 집단과 인간 제도에 대한 장악력을 제공한다고 본다. "전략적 차원의 영적 전

> 사탄이 다른 지역보다 특정 지역에서 더 분명하게 자신을 드러낼 가능성이 있지만, 지역 악령들과의 영적 전쟁에 관련된 성경적 근거는 거의 없다.
> —John C. Thomas(2002, 59)

쟁"(SLSW)의 목적은 하나님의 능력으로 사탄의 권세를 깨뜨리며 이 세상의 신들로 인해 어두워진 마음을 밝게 하여 의미 있는 복음 전도의 문을 여는 데 있다(고후 4:4; C. H. Kraft 2002a, 194).

수많은 "전략적 차원의 영적 전쟁"(SLSW) 지지자들은 이러한 악령들의 이름을 알게 되면 그들에 대해 더 많은 권위를 가지게 된다고 주장한다. 그들은 "영적 도해"(spiritual mapping)와 "지역 조사를 통해 그 지역을 지배하고 있는 악령들을 파악해서 "유도탄"(smart bomb) 기도를 통해 어둠의 세력을 파괴하고 그 지역 사람들을 어둠에서 벗어나게 함으로써 사람들이 자유롭게 그리스도께로 나아올 수 있도록" 격려한다(C. H. Kraft 2002b, 260). "전략적 차원의 영적 전쟁"(SLSW)은 흔히 땅 밟기 기도(prayer walk)와 **동일시하는 회개**(identificaltional repentance)를 동반하는데, 동일시하는 회개는 사탄의 지배 하에 있었던 공동체와 사회 제도의 과거의 공동의 죄(corporate sins), 특별히 다른 사람들에게 해를 입힌 죄에 대해 멀리하고 회개하는 것을 말한다.

"전략적 차원의 영적 전쟁"(SLSW) 지지자들은 지역 악령의 존재에 대해 성경적 근거를 제시한다. 구약에서는 이스라엘을 둘러싼 많은 민족들이 자신들이 믿는 신들이 특정한 땅이나 종족 집단과 연관되어 있다고 인식했다(왕상 20:23; 왕하 5:17; 17:24-31; "산당"의 신들이 63회 언급되어 있다). 그리고 신명기 32:17은 이러한 거짓 신들을 귀신들과 연관시킨다.

지역 악령에 대해서 가장 강력하며 자주 제시되는 본문은 다니엘 10장이다. 가브리엘 천사가 다니엘의 기도에 대한 응답으로 그에게 왔을 때, 가브리엘 천사는 다니엘에게 "바사 왕"으로 인해 21일 동안 지체되었다고 말했다. 성경신학자들은 바사 왕이 인간 통치자가 아니라 영적인 존재를 의미한다고 대부분 동의한다(Arnold 2000). 신약에서 귀신은 거짓 신들 및 우상과 관련이 있다(고전 10:20).

"전략적 차원의 영적 전쟁"(SLSW) 지지자들은 전 세계 수많은 사람들의 신념 체계에서 지역 악령에 대한 증거를 찾을 수 있을 뿐 아니라 "전략적 차원의 영적 전쟁"(SLSW) 실천가들은 지역 악령들과의 대결에서 승리한 결과 많은 사람들을 그리스도께로 인도한 영적 전쟁의 사례들을 제시한다(Wagner 1990b, 1991, 1996).

성경을 통해 분명히 알 수 있는 것은 귀신은 적극적으로 활동하고 있으며 강한 힘을 가지고 있다는 것과 신자들은 선교에 참여할 때 귀신들에 대항하는 영적 전쟁을 치러야 한다는 것이다. 다니엘 10장에서 악한 영들과 특정 종족집단 사이에 어떤 관련이 있는 것처럼 보이지만, 이 본문은 악한 영들 간의 계급이나 그들에 대항해서 어떻게 싸워야 하는지에 대해 전혀 관심을 보이고 있지 않다. 다니엘이 악한 세력에 대항해서 기도하거나 악한 영들을 책망하거나 하는 내용도 없다. 무엇보다 다니엘은 가브리엘이 자신에게 알려줄 때까지 천상에서 전투가 벌어졌다는 것조차도 인식하지 못했다(Lowe 1998, 34).

성경이 명백히 가르치는 바는 악한 세력은 하나님의 백성들을 반대하는 자들의 배후에 있는 세력이며 열방의 거짓 신들과 종교의 배후에 있다는 것이다(신 32:17; 시 106:37-38; 고전 10:20; 계 18:2). 그러나 성경은 귀신의 위계질서나 그들의 영향력에 관한 "지도를 만드는 것"에 대해 가르치고 있지 않다.

과거나 오늘날 종족집단들은 자신들이 믿는 신들이 능력을 지니고 있으며 지역을 지배하고 있다고 **믿는다**. 그러나 성경은 그러한 신들은 진짜 신이 아니라고 일관성 있게 증거한다. 유일한 참 하나님만이 주권적으로 종족 집단과 그들이 살고 있는 지역을 다스리신다(신 4:28; 왕상 18:27; 시 115:4-8; 사 37:18-19; 44:14-20; 45:20; 46:1-2, 6-7; 렘 16:19-20; 고전 8:4; Priest, Campbell, and Mullen 1995, 35).

사람이나 영적인 존재의 이름을 알거나 정보를 얻는 것으로 인해 이들에 대한 지배력을 얻을 수 있다는 개념은 정령 숭배를 믿는 문화권에서는 흔한 일이며, 영적 세력의 주둔지를 알아내고자 한다는 점에서 "심각할 정도로 기독교 마술에 가깝다"(Moreau 1997, 174).

> 악령들을 대적하여 기도하는 것보다는 하나님의 영이 인간의 마음속에 있는 반역적인 의지를 깨뜨려서 사람들로 하여금 하나님 앞에 나와 회개하도록 기도하는 것이 더 나은 것이다 (Moreau 1997, 177).

초대 교회 당시 복음 전파 사역을 기록하고 있고 선교에서 영적인 차원을 강조하는 사도행전은 지역 악령을 공격하는 것에 대해 언급하고 있지 않다. 우리가 알고 있는 한, 사도 바울은 귀신의 수많은 반대와 공격을 당했음에 불구하고 지역 악령이나 귀신을 권좌에서 쫓아내려고 시도한 적이 없다.

와그너는 베드로와 바울이 사도행전과 서신서에서 지역 악령들을 대적했다는 증거를 제시한다. 비록 그가 제시하는 본문들은 사도들이 귀신을 대적한 것에 관한 것이지만, 그 어떤 증거 구절도 그들이 대적한 귀신들이 지역 악령이라는 증거는 없다. 또한 사도들이 악령들을 물리치기 위해 귀신들이나 지역 악령들의 요새에 대한 정보를 얻으려 했다는 증거도 없다.

"전략적 차원의 영적 전쟁"(SLSW) 지지자들은 악한 영들이 인간문화에 영향을 미치며 전 세계 거짓 종교 제도를 지지하고 있다는 내용을 복음주의 선교계에 제공했다. 하나님의 사람들이 자신의 조상들의 죄를 인정하고 고백하며, 그들의 죄로 인해 피해를 입은 다른 이들의 상처를 회복하는 방법을 찾는 것은 언제나 바람직한 일이다.

그러나 지역 악령들을 파악하고 책망하는 것이나 "전략적 차원의 영적 전쟁"(SLSW)을 복음전도나 선교 전략의 토대로 삼아야 한다고 강조하는 것은 "성경의 권위를 떨어뜨린다. 만약 이러한 전략이 그만큼 중요하다면, 성경이 왜 이에 대해서 말하고 있지 않겠는가?"(Moreau 2002, 268).

마지막으로, 종종 "전략적 차원의 영적 전쟁"(SLSW)으로 인한 결과들은 다르게 설명한다.

> 만약 일단의 기도하는 그리스도인들이 그리스도를 위해 한 도시를 변화시키기 위해 기도하며 악한 세력을 물리치고자 할 때, 그 도시는 이미 부흥과 성공적인 복음 선포를 위한 준비가 되는 것이다.

즉 잃어버린 자들을 위한 기도, 연합과 일치를 위한 기도, 개인적 죄의 고백, 복음 전파와 같은 요소들이 이미 진행되고 있다는 것이다(Arnold 1997, 173-174). 복음의 부흥을 위한 이러한 요소들은 성경에서 강조하고 있을 뿐 아니라 영적 전쟁을 위한 적진 침투 작전의 핵심이 되어야 한다.

### 5) 저주와 조상의 영들

영적 능력이 어떤 장소나 사물 또는 가족과 연관되어 있다는 믿음은 지역 악령들의 개념과 어느 정도 관련이 있다. 많은 종족들은 영들이 특정한 바다나 호수, 큰 나무 또는 산들에 나타난다고 믿으며, 부적들, 점괘, 또는 신령하거나 신성한 사물에 영적 능력이 깃들여 있다고 믿는다. 그들은 특정 신들을 섬기기 위해 아이들을 바칠 수 있으며, 영적인 존재와 영적인 능력이 가계(家系)를 따라 흘러간다고 믿는다.

많은 복음주의자들은 이러한 관점의 변형된 형태를 채택한다. 그들은 사물이나 장소 그리고 주술에 참여했던 조상들이 있는 사람들에게서 귀신을 쫓아낸다. 크래프트는 이러한 행위와 정령 숭배적 행위를 구분한다. 정령 숭배자들은 사물이나 가족 연계에 본질적으로 영적 능력이 **깃들여 있다**고 믿는다. 그러나 크래프트는 그들의 과거 행동 때문에 사탄의 능력이 가계를 따라 **흘러간다**고 주장한다. 가족 귀신(Family demons)은 반드시 쫓아내야 하며 하나님의 능력을 통해 사물, 장소 그리고 의식(rituals)에서 사탄의 능력을 깨뜨려야 한다(2002b, 296-307).

선교사들은 때로 만약 사람들이 거짓 신들을 섬기던 장소에서 귀신을 꾸짖어야 하는지, 주술에 관여한 가족들이 있는 새로운 개종자에게서 귀신을 쫓아내야 하는지, 그들 자신과 자녀들이 귀신을 섬기는 장소에서 살아가고 있기 때문에 사탄의 영향을 받기 쉬운지 등에 대해서 궁금해한다. 새로운 회심자는 가끔 신성한 부적이나 그들이 과거에 섬겼던 사물에 여전히 귀신의 영향력이 작용하고 있는지 그리고 이러한 것들을 없애버려야 하는지 궁금해 한다.

데이비드 폴리슨(David Powlison 1995)과 로버트 프리스트(Robert Priest, Campbell, and Mullen 1995)는 사탄의 영향력이 도덕과는 무관한 방법을 통해 사물이나 장소 또는 가족에 미칠 수 있다는 개념을 거부한다.

> 위험은 물리적 사물과의 신체적 접촉에 있는 것이 아니라 주술적 의미를 지닌 사물을 개인이 어떻게 다루느냐에 있다 (Priest et al. 1995, 45).

사물 그 자체에는 특별한 능력이 없다. 그러나 사물에 대한 거짓 숭배로 인해 사탄의 능력에 쉽게 굴복될 수 있다. 신자들의 안전은 그리스도 안에 있는 것이지 사탄에게 바쳐진 사물이나 장소로부터 분리되는 것에 있지 않다. 희생 제물을 먹는 것에 대해(고전 9–10장) 사도 바울은 이러한 견해를 밝힌다. 바울은 고기 자체가 "귀신으로 인해 오염"되었기 때문이 아니라 우상에게 바쳐진 고기를 먹는 상황이 핵심이라고 분명히 말한다.

사원의 제사나 축제와 같은 경우에 그런 고기를 먹는 것은 "귀신과 사귀는" 것이다(고전 10:18–22). 반면 신자들이 믿지 않는 가정에 초대를 받아 식사할 때, 믿지 않는 자가 우상에게 바쳐진 것이라고 말하지 않는 한 고기를 먹을 수 있다(고전 10:25–30; Fee 1987, 475–91을 보라).

그러나 우리가 특정한 장소, 사물 또는 저주에 귀신의 영이 깃들어 있다고 지나치게 의식하는 것은 경계해야 하지만, 사탄의 존재가 어떤 지역에서 특별히 활동적이라든가 특정한 사물과 관련되어 있다는 개념을 완전히 없앨 수는 없다(보조 자료 10.4를 보라).

때로 귀신의 영이 깃든 사물에 영향을 받는 사람이 그 사물이 사탄에게 바쳐졌다는 것을 인식하지 못하기도 한다. 말하자면 그 사람 자신은 그러한 의미를 그 사물에 돌리지 않는다(C. H. Kraft 1995, 126).

마가복음 9:17–28에는 어렸을 때부터 귀신들린 소년 이야기가 나온다. 그 소년이 귀신들린 것은 분명히 자신의 죄나 주술적 행동 때문이 아니다. 하나님께서는 때로는 경건하고 의로운 자녀들에게도 사탄이 가하는 고난을 허용하시곤 한다(욥기; 고후 12:7; 살전 2:18).

구약성경에 보면 거짓 신들과 관련된 사물을 파괴하는 것이 부흥의 핵심이었다(왕하 18:4; 23:4–15). 그리고 에베소에서 마술을 부리기 위해 사용되는 도구들을 파괴하는 것이 부흥의 일부였다는 것을 사도행전 19:19에서 볼 수 있다. 이 두 사례에서 보듯이 이러한 사물들을 소유하는 것 자체가 해로운 것은 아니지만 하나님의 사람들에게는 위험하다는 것을 알 수 있다.

> **보조 자료 10.4**
> **동아프리카에서의 제자 훈련**
>
> 동아프리카 여러 지역의 사람들은 큰 나무들에 사는 영들을 숭배한다. 이러한 영들은 자비롭다고 여겨지며, 그들에게 제물을 바치는 것은 그들에게서 호의를 얻어 풍성한 수확, 더 많은 자녀 출산, 적들로부터 보호, 그 밖에 다른 유익을 얻을 수 있는 것으로 여겨진다. 당신이 이렇게 큰 나무가 있는 지역의 새 신자 그룹을 제자 훈련하고 있다고 상상해 보라.
>
> ◆ 성찰과 토의 ◆
> ① 당신은 그 나무와 그 나무에 깃든 영과의 관련성에 대해 어떤 질문을 할 것인가?
> ② 새로운 신자들의 세계관 형성을 위해 성경에서 무엇을 가르칠 것이며 과거 이 나무의 영과 관련되었을 수 있는 과거 이들의 삶에 대해 성경적 시각에서 어떻게 가르칠 것인가?
> ③ 과거 이 나무의 영을 통해 얻었던 이들의 실제적 필요에 대해 어떻게 가르칠 것인가?
> ④ 만약 할 수 있다면, 그 나무와 관련해서 당신은 어떻게 할 것인가?

비록 우리는 사물 자체에 귀신의 능력이 깃들여 있다는 정령 숭배적 개념은 의식적으로 피하려고 주의해야만 하지만, 귀신이 스스로 영향력을 행사하기 위해 특정한 사물이나 장소 또는 가족들을 선택한 것처럼 보이는 성경의 증거와 오늘날의 증거를 부인할 수 없다(Bubeck 1975, 147-50). 귀신의 영향력으로부터 벗어남은 사탄에 대한 그리스도의 권세를 신자들에게 가르침과 하나님의 능력을 의지하는 "고귀하며 헌신된 중보 기도"를 통해서 온다. 그 중보 기도는 하나님의 능력을 의지하는 것이지, 귀신을 쫓아내는 기술이나 공식을 습득하는 것을 의지하지 않는다(Johnstone 1995, 161).

그리스도에 대한 충성의 표지로 선교사들은 새로운 신자들이 주술과의 관계를 끊고, 사탄에게 바친 사물을 파괴하고 과거 귀신과 연관된 장소에 가서 하나님의 임재를 선포하도록 인도할 준비가 되어 있어야 한다. 이것은 정령 숭배적 능력 대결보다 사탄에 대한 십자가의 승리를 통해 하나님께서 모든 신자들을 지금 보호하고 계심을 의지한다는 표현이다.

## 7. 결론

우리는 예수의 지상명령을 따르는 자들로서 성령의 능력을 온전히 의지하는 가운데 선교에 참여해야 한다. 우리는 치열한 영적 전쟁에 참여하고 있다. 그리스도의 십자가와 부활을 통해 이미 궁극적 승리는 보장되어 있지만, 사탄의 파괴적인 폭력은 그리스도께서 재림하실 때까지 지속될 것이다.

우리가 온 세상에 복음을 전할 때, 속이고 파괴하는 보이지 않는 세력들을 무시하지 말아야 하지만, 그렇다고 그들을 두려워할 필요는 없다. 예수는 이러한 사탄의 저항에도 불구하고 자신의 교회를 세우실 것을 약속하셨으며(마 16:18) 전쟁을 치르는 데 필요한 모든 자원을 우리에게 공급해 주신다.

우리의 책임은 기도와 성령에 대한 의존을 통해 이러한 자원들을 적절하게 사용하는 것이다. 그레이스와 안나의 사례에서 보게 되겠지만, 우리와 우리가 섬기는 자들은 하나님의 주권에 대한 신뢰, 그리스도 안에서 새로운 피조물(하나님의 자녀)이라는 진리를 따라 사는 삶을 통해 회개, 순종, 마귀를 대항하는 훈련을 연습해야만 한다.

무엇보다 선교의 가장 중요한 영적 활동으로서 우리는 담대하고, 열정적이며, 의존적인 중보 기도에 참여해야 한다. 이러한 기도는 선교에 필수불가결한 연료로서 하나님의 초자연적인 능력에 대한 전적인 의존을 보여주는 것이다.

## 사례 연구
## 안나의 고백

그레이스(Grace)는 남미의 한 도시에서 사역했던 선교사로서 그리스도를 주로 고백하는 여성들을 대상으로 정기적인 성경 공부 모임을 가졌다. 그녀의 남미 친구 중 한 명인 안나(Anna)는 결혼 생활에 어려움을 겪고 있었으며, 그녀의 딸은 거식증으로 고생하고 있었다. 어느 날 성경 공부 모임 중에 안나는 자신의 어머니와 할머니가 무당(medium)이었으며, 그녀 자신도 때로 타로 카드 점을 보는 곳에 갔었다고 고백했다. 그레이스는 안나에게 그녀의 죄를 하나님께 고백하고 하나님과의 교제를 가로막는 세력으로부터 자유케 되기 위해 기도하라고 권면했다. 안나는 이에 동의하고 회개 기도를 드렸다.

기도를 마칠 무렵, 성경 공부 모임에 참석한 몇몇 여성들이 안나가 회개의 기도를 드리는 동안 이웃에 살고 있는 개들이 두려움에 울부짖는 소리를 들었다고 말했다. 그레이스와의 사적인 만남에서 안나는 자신이 남성 댄스 강사와 사랑에 빠졌으며, 그 강사는 주술에 깊이 빠져 있다고 고백했다. 물론 이 두 사람은 아직 간음 죄를 짓지는 않았지만, 그녀는 남편을 버리고 이 남자와의 동거를 계획하고 있었다.

그러나 지금 안나는 회개하는 마음을 가지고 자신의 결혼이 유지될 수 있기를 원했다. 그녀는 자신의 죄를 하나님께 고백했다. 그레이스의 도움으로 그녀는 남성 댄스 강사와는 모든 연락을 끊고 자신의 남편과 결혼생활에 재헌신했다. 일 년 후에 안나의 결혼은 굳건해졌지만, 그녀의 딸은 여전히 거식증으로 고통받고 있으며, 다른 딸은 엄마의 점치는 능력과 관심을 물려받아 점에 관심을 가지게 되었다.

그레이스는 선교의 영적 역동성의 도전에 직면해 있다.

*그레이스와 안나의 이야기는 실화이며, 가명을 사용했다.

◆ 성찰과 토의 ◆
① 안나의 가족들이 그들 조상의 행위로 인해 어느 정도 사탄에 속박되어 있다고 생각하는가?
② 안나가 귀신들렸다고 보는가?
그레이스는 그녀에게서 악한 영을 쫓아내기 위해 영적 권위를 행사했어야 했는가?
③ 안나가 자신의 죄를 고백하는 것으로 충분한가?
아니면 유혹과 싸우거나 외부의 영적 세력으로부터 자유케 되기 위해 더 나은 영적 능력을 부여 받을 필요가 있었는가?
④ 그레이스는 안나의 자녀가 거식증에서 벗어나기 위해 "거식증 귀신"을 쫓아내야만 하는가?
⑤ 안나의 감정적 불륜과 주술에 관여한 일 이 둘은 상호 어떻게 연관되어 있는가?

Encountering
Theology of Mission

# Encountering Theology
# of Mission

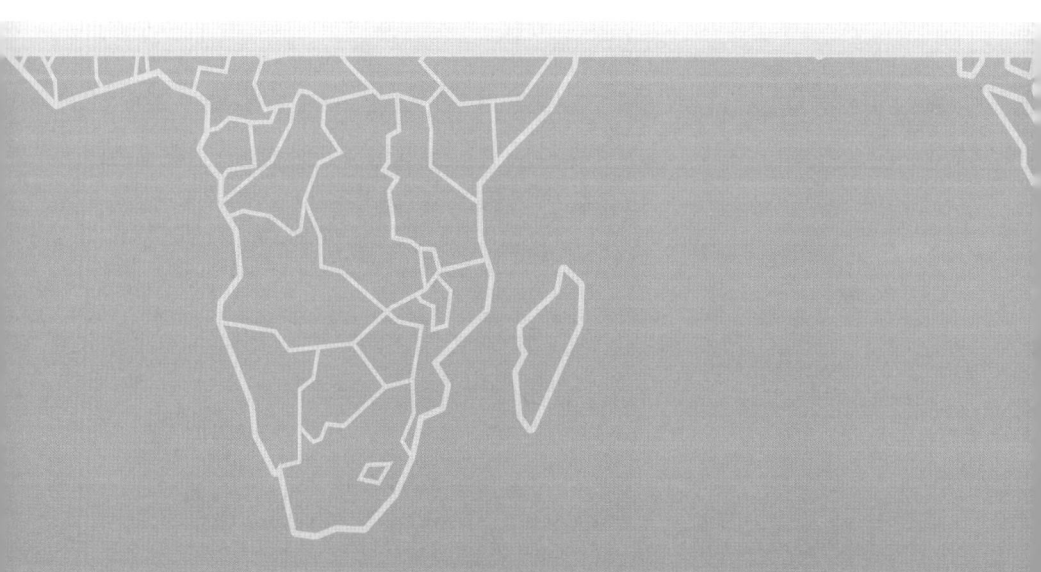

제3부

# 지역적, 세계적 상황에서의 선교

제11장 상황화와 선교

제12장 기독교와 타종교의 만남
   (복음주의 종교신학을 위하여)

제13장 선교의 필요성
   (세 가지 불편한 질문)

## 제11장
# 상황화와 선교

선교사역(missions)은 사람들이 복음을 단지 지식적으로 받아들이도록 하는 것만은 아니다. 선교신학은 사람들의 삶과 세계관의 모든 면에 복음이 속속들이 침투되기까지는 미완성이다. 예수의 복음이 어떤 사회 속에 들어갈 때, 그 복음에 반응을 보이는 사람들은 기존 자기 문화의 많은 부분을 어떻게 처리해야 할 것인지를 결정해야만 한다.

예전처럼 똑같이 전통 명절(holidays)을 지키고 의식(rituals)에 참여해야 할 것인가?

직업을 구하고, 풍성한 수확과 자녀를 잉태하기 위해 어떻게 신적 도움을 보장받을 것인가?

예수께 예배하기 위해 이전 종교의 예배 형식이나 의식들을 사용할 수 있는가?

선교사들이 복음을 어떤 새로운 문화 속에서 설명하고자 할 때는 유일하신 참된 하나님을 그 새로운 언어 속에서 묘사하기 위해 가장 적합한 단어가 무엇인지를 결정해야만 한다.

선교사들은 희생, 구속(redemption), 거룩함, 믿음 같은 핵심 신학 용어들을 어떻게 설명할 것인가?

이런 성경적 개념들을 설명하기 위해 현지 언어로부터 차용하게 될 모든 단어들은 이미 그 지역 사람들의 문화와 전통 종교가 부여한 의미를 지니고 있다.

성경적 진리를 설명하기 위해 선교사들은 어느 정도까지 현지 관습과 속담들 및 전설들을 사용할 수 있을까?

어떻게 선교사들은 복음 및 그리스도인 삶의 방식을 **선교사 자신의 문화와 뒤섞지 않으면서** 설명할 수 있을까?

어떻게 그들은 성경의 변하지 않는 진리들을 인간 존재를 둘러싼 다양하고도 끊임없이 변하고 있는 상황들 속에 분명하고도 설득력있게 전달할 수 있겠는가?

이러한 모든 질문들은 우리가 어떻게 복음을 상황화시킬 것인가와 연관되어 있다.

## 1. 상황화의 성격과 필요성

상황화(contextualization)는 변함없는 성경의 진리들이 끊임없이 변하고 있는 인간 상황 속에 연관을 맺도록 함으로 그 진리들이 분명하고 설득력을 가지도록 하는 것이다. 그것은 문화의 모든 다양한 측면들이 성경적 진리와 관련을 맺도록 하는 과정이다. 적실한 상황화는 복음을 드러낸다. 또한 (적실한 상황화는) 복음의 변혁적 힘이 복음주의, 삶의 양식, 교회의 삶과 사회 변화에 영향을 주게 한다.

따라서 선교신학은 상황화의 과정을 성찰해야만 한다. 그것은 교회로 하여금 성경적 진리에 충실하면서도 특정한 문화적 상황에 적절한 기독교 신앙을 살아내도록 이끌어야 한다.

**상황화**라는 단어는 1976년 대만 신학자 쇼키 코(Shoki Coe)에 의해 처음으로 사용되었던 것으로 보이는데, 복음과 문화를 연결시킴에 있어 기존의 **토착화**(indigenization)나 **적응**(adaptation)의 방법을 넘어설 것을 요구하기 위한 것이었다. 어떤 신학자와 선교학자들은 **상황화**를 기존에 더 오래 사용되던 단어들보다 선호했는데, 그 이유는 그것이 복음에 의한 경제적, 정치적 구조의 변혁을 내포하기 때문이다.

복음주의자들이 일반적으로 다른 용어들보다 **상황화**라는 용어를 선호하는 이유는 그것이 서구의 신학적 형식을 비서구 상황 속에 단순히 적용하는 것의 부적절성을 강조하기 때문이다. 단지 기독교 신앙의 서구적 형식에 의해 영향을 받는 것 대신에, 모든 문화는 하나님 말씀 그 자체에 의해 변혁되어야만 한다. 하지만 어떤 사람들은 복음을 "상황화"하는 것이 복음을 희석시키고 문화와 타협하는 문을 열어놓게 될 것이라고 두려워한다.

그렇다면 상황화는 왜 필요한 것인가?

상황화가 필요한 몇 가지 이유가 있다.

첫째, 복음이 제시될 경우에 **언제나** 그것은 문화적 옷을 입고 제시된다.

복음주의자들이 하나님의 불변하고 영원한 말씀인 성경 안에 자신들의 신학이 뿌리를 내리도록 한 것은 옳다. 하지만 성경 그 자체만 보더라도 그것은 하나님의 진리가 인류에게 실제로 계시된 것이다. 성경의 모든 설명은 그것을 공유하는 사람의 경험을 통하여 전달되며, 복음에 대한 그러한 이해는 그 사람 자신의 문화와 개인적 배경에 의해 불가피하게 채색되기 마련이다.

따라서 기독교의 **모든** 진리와 실천은 상황적(contextual)이라고 말할 수 있다. 문제는 우리가 복음을 상황화할 것인지 말 것인지가 아니다. 문제는 우리가 올바른 상황화를 할 것인가, 아니면 잘못된 상황화를 할 것인가이다.

둘째, 복음이 현지 상황을 무시하는 방식으로 제시될 때, 문화와 삶의 많은 부분이 성경적 진리에 의해 다루어지지 않고 그대로 남게 될 것이다.

기존의 문화와 종교로부터 온 많은 관습과 사고방식들은 구석구석에 잔존하거나 수면 아래 감추어진다. 복음에 명목적으로 반응한 사람들은 기독교를 표면적 수준에서 받아들여서 그들의 핵심적 세계관은 변하지 않고 그대로 남는다. 그래서 많은 기존의 비성경적인 관습들은 비밀리에 지속될 것이다(Hiebert 1987).

예를 들어, 물활론적(animistic) 배경에서 온 새 신자들은 주일에 교회에 출석하겠지만, 만일 기독교 신앙이 어떻게 그들의 풍작이나 임신을 보장할 것인지에 관해 답변을 주지 않는다면, 그들은 현지 무당을 찾아가서 이러한 필요들을 채울 것이다. 이러한 경우에 혼합주의가 생기게 되는데, 그것은 상황화 때문이 아니라 상황화하지 않았기 때문이다.

> 우리가 (상황화의 위험 때문에) 상황화를 하지 않는다면, 연약한 교회를 세우는 훨씬 더 큰 위험을 안게 되는 것이다. 그 구성원들은 비기독교적인 혼합주의적 설명에 귀를 기울이게 될 것이고, 비성경적 삶의 방식을 따르며 주술적 의식에 참여하게 될 것이다(Whiteman 1997, 5).

만일 기독교 신앙이 어떤 문화에 깊이 뿌리내리려면 성경에 기반을 둔 상황화는 필수적이다.

## 2. 상황화를 위한 출발점: 상황과 성경

상황화를 위한 출발점은 그것의 핵심요소들인 상황과 성경을 분명히 이해하는 것이다.

상황화가 필요하도록 만드는, 계속 변하고 있는 인간의 "상황"이란 무엇인가?

우리는 정확하게 무엇을 상황화하고 있는가?

### 1) 문화와 상황

우리가 "상황"이라고 할 때 무엇을 의미하는가?

상황의 중심에는 문화가 있다. 문화는 "어떤 집단의 사람들에 의해 공유된 개념, 감정, 가치의 통합된 체계 및 그것과 관련된 행동 양식 및 생산물"이다(Hiebert 1985, 30). 문화에서 가장 잘 드러나 보이는 측면은 사람들의 행동방식과 그들이 생산해 낸 산물들이다(도형 11.1을 보라). 우리가 다른 나라에 갈 때, 그곳 사람들이 다른 방식으로 먹고, 일하며, 예배한다는 것을 즉시 알아차린다. 그들의 다른 음식, 복장, 건물, 제도 및 전통을 보고 우리는 그 문화의 기본적 요소들을 파악했다고 가정한다. 그러나 이러한 행동과 생산물들은 모두는 보다 근본적인 개념, 가치, 감정이 하나의 핵심적인 세계관에 의해 신중히 통합된 결과로 나타난 것들이다.

도형 11.1 문화의 측면(Hiebert 1999, 376)

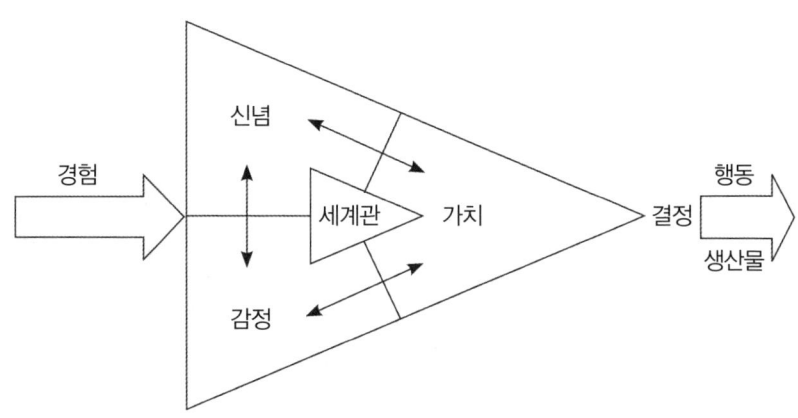

때때로 선교사들은 그들과 함께 일하는 사람들의 겉으로 나타난 행동이나 예배 형식의 변화에 초점을 맞춘다. 만일 사람들이 교회에 출석하기 시작하고, 기독교적인 노래를 부르며, 교단의 신앙고백을 암송하고, 어떤 도덕적 행동에 변화가 생기면(예, 일부다처제를 포기하는 것), 선교사들은 그 문화가 더욱 "기독교적"으로 바뀌었다고 느낀다.

그러나 복음을 위해서는 사람들의 외형적 행동의 변화나 심지어 외형적 신앙고백을 바꾸는 것으로 결코 충분하지 않다. 복음이 한 문화의 내적 신념, 가치, 감정, 그리고 세계관을 변혁시키기 전까지는 그 문화에 뿌리를 내린 것이 아니다. 문화는 한 사람의 상황에 있어 가장 뚜렷하고 어쩌면 가장 중요한 부분이다.

복음은 언제나 문화 **안에서** 이해되고 실천된다. 하지만 그것은 또한 모든 문화들로부터 분리되고 구별되는 것이다. 복음은 모든 문화 내면으로부터 이해되고 적용될 수 있다. 하지만 모든 문화는 인간적이기 때문에, 그것들은 모두 죄로 인해 오염되었다. 따라서 복음은 또한 모든 문화가 변혁되고 하나님의 뜻에 더욱 깊이 부합되도록 **도전**해야만 한다.

그러나 상황은 문화 이상의 것이다. 상황은 한 사회와 각 개인을 형성하는 모든 것을 포함하고 있다(보조 자료 11.1을 보라). 상황은 또한 다음과 같은 요소들을 포함한다.

- **종교적 혹은 신학적 유산**. 무슬림, 힌두교인, 불교인, 그리고 민간 종교(folk religions)의 추종자들은 각각 세상을 다르게 보고, 선교사의 설교를 다르게 듣는다. 이러한 종교적 체계들로부터 회심한 사람들은 자신들의 종교적 배경으로부터 나온 질문과 논점들을 가지고 있으며 그것들에 대한 성경적 해답을 필요로 한다. 또한 다양한 교단 배경을 가진 그리스도인들은 성경을 자신들의 신학적 체계의 틀을 통하여 읽는다. 우리 모두는 종교적 또는 신학적 렌즈를 통하여 실재를 보고, 이것이 상황에 대한 우리의 관점을 조성한다.
- **역사적 시대나 현재 일어난 사건들**. 사람들은 자신들이 살고 있는 시대 조건 아래서 세상을 보고 성경을 읽는다. 마틴 루터는 로마가톨릭교회와의 투쟁 속에 몰입되었기에 교황을 성경이 언급한 적그리스도라고 보았다. 9/11 사건은 그리스도인들로 하여금 무슬림들을 보는 방식에 변화를 가져왔고, 이슬람과 기독교 신앙 사이의 차이점에 관하여 말하는 어떤 성경 본문들을 읽는 방식에 변화를 일으켰다.
- **사회적, 경제적, 교육적 계층**. 잘 교육받은 서구의 중산층은 자신들의 교육과 사회경제적 조건이 세상과 하나님 말씀을 보는 데 영향을 미친다는 것을 인식하지 못하곤 한다. 잘 먹고, 가득 찬 냉장고와 은행 계좌를 가지고 있는 사람은 다음 식사가 어디서 공급될지 모르는 사람들과는 다르게 세상과 성경을 보고 읽는다. 대학교육을 받은 사람은, 문맹이지만 삶을 결정하는 데 있어서는 "세상물정에 밝은" 사람들과는 다르게 삶과 성경을 본다.

### 보조 자료 11.1
### 상황은 얼마나 광범위한가?

상황은 광범위하거나 혹은 점차 좁혀질 수 있다. 예를 들어, 우리는 아프리카 상황에 대해 정당하게 말할 수 있다. 사하라 사막 이남의 아프리카는 수십 개의 나라들과 수천 개의 다른 언어 및 종족 그룹들이 존재하는 거대한 장소이다. 그럼에도 불구하고 대부분의 사하라 사막 이남을 특징짓는 공통된 세계관에 근거한 많은 요소들이 존재하는데, 그것은 서구나 아시아 사람들의 세계관과 대비되는 특징들이다.

그러나 아프리카 상황은 아프리카 안의 수십 개의 거시 상황 중 하나를 말하는 것으로 좁힐 수 있다. 예를 들어, 혹자는 에티오피아 상황에 대해 말할 수 있다. 에티오피아는 이천 년의 기록된 역사와 4세기에 세워진 고대 교회를 가지고 있다. 에티오피아 사람들은 공통의 역사와 셈족화된 문화에 의해 연합되어 왔다. 에티오피아는 아프리카 상황에서 매우 특이하다.

그러나 에티오피아 상황조차도 좁혀서 볼 수 있다. 예를 들어, 혹자는 에티오피아 무슬림에 대해 이야기 할 수 있는데, 그들은 다른 에티오피아 사람들과 많은 부분에 있어 언어적, 문화적, 세계관적 요소들을 공유하지만 또한 매우 특이한 하위 문화(sub-culture)를 가지고 있다.

그러나 에티오피아 무슬림들이라고 해도 하나의 상황을 형성하지는 않는다. 더욱 구체화시키면 에티오피아의 유목 생활하는 소말리족 여인의 상황에 대해 말할 수 있다. 소말리족 사람들은 다른 에티오피아 무슬림과는 언어, 역사, 그리고 종족성에 있어 다르다. 유목 생활하는 소말리족 사람들은 도시 거주 소말리족 사람들과 조금 다른 문화와 세계관을 가지고 있다. 그리고 소말리족 여성들은 소말리족 남성들이 보는 것과는 다르게 세상을 보는 자신들의 방식을 가지고 있다. 세계 어느 나라나 지역에 관심을 갖든지 상황은 매우 광범위하거나 매우 좁은 관점에서 고려될 수 있다.

◆ 성찰과 토의 ◆
① 당신 자신의 상황을 생각해보라.
  어떻게 그것이 매우 광범위한 방법으로 묘사될 수 있겠는가?
② 당신의 보다 구체적인 상황이 당신과 광범위한 상황을 공유하고 있는 다른 사람들의 그것과 어떻게 다른가?

- **나이**: 21세기의 젊은이들 사이에서는 다른 문화권에서 왔다 하더라도 서로 공통점이 많다는 것을 흔히 발견하는 동시에, 그들의 부모 세대와는 많은 면에 있어서 세계관에 차이가 있다는 것을 공감한다. 물활론적 배경으로부터 구원받았던 교회 지도자들은 자신들의 세계관을 변화시켰던 성경의 진리들이 위성 TV를 통해 MTV(Music Television-역주)를 시청하고 있는 자신들의 손자, 손녀들에게는 거의 영향을 주지 못하고 있음을 발견한다.
- **성별**: 남자와 여자에 대한 개념은 그들이 사는 사회에 의해 다르게 규정되며, 남자와 여자는 흔히 서로 다른 우선순위, 가치, 질문, 관심사를 지니고 있다. 그들은 성경 본문을 읽을 때 성별에 따라 다른 강조점들을 인식하곤 한다.
- **개인적 환경들**: 실직이나 자녀의 탈선, 사랑하는 사람의 죽음이나 질병, 혹은 적대자의 압박과 같은 개인적 환경들은 모두 성경으로 하여금 개인의 삶에 주는 충격에 영향을 미친다. 사회나 한 개인을 형성하는 모든 것들은 실로 상황의 한 부분이다.

### 2) 복음과 성경

만일 상황이 문화 이상의 것을 내포하는 것이라면, 상황화되고 있는 것도 "복음" 그 이상의 것이다. 우리가 "복음"을 상황화하는 것에 관해 이야기할 때, 우리는 흔히 복음의 본질을 형성하고 있는 성경적 진리의 "핵심" 혹은 "알맹이"를 구별하여 내는 것이라든지, 혹은 이러한 핵심으로부터 초문화적 진리를 추출하여내고 그것을 다른 상황 속에 적용시키는 것에 대해 생각한다.

그러나 성경의 모든 진리는 성경 자체의 전체 상황(full context) 안에 깊이 배어들어 있다(Carson 1987). 그것은 가나안 유목민들의 것이든 일세기 고린도 사람들의 것이든, 성경 저자들과 독자들이 살았던 그 문화적 상황을 포함한다.

성경적 진리의 어떤 것들이 문화를 넘어 전달되고 적응되어야 할 것인지, 어떤 것들이 단지 문화적 혹은 상황적 껍질로 버려져야할 것인지를 누가 결정할 수 있는가?

한 사람이 "타협할 수 없는"(nonnegotiable) 초문화적인 진리라고 작성한 목록은 다른 사람의 그것과 필연적으로 다를 것이다. 더 나아가 하나님의 전체 의도는 모든 상황 속에서 교회를 개척하고 양육하는 것과 연관이 있다. 따라서 복음의 주요한 요소들을 따로 떼어 그것들을 상황화하는 것을 추구하는 것보다는, 윌리엄 더니스(William Dyrness)가 제안한 것처럼(Dyrness 1991,28), **성경**을 상황화한다는 더 포괄적인 목표에 초점을 맞추는 것이 더 바람직해 보인다. 선교사의 목표는 성경의 메시지를 상황화하여 그것이 상황 안에서 삶의 모든 부분과 세계관에 대해서 분명하고도 힘있게 말할 수 있도록 하는 것이다.

> 성경의 어떤 한 가지 해석이 아니라 성경 그 자체가 초문화적 권위의 궁극적인 중심이다(Vanhoozer 2006, 112).

상황화는 성경의 메시지를 안락하게 느껴지도록 만드는 것이 아니다. 오히려 그것은 상황의 모든 분야, 즉 신념, 가치, 감정에 명백하게 도전하도록 만드는 것을 내포한다. 앤드류 월스(Andrew Walls 1996)가 관찰했듯이 예수 그리스도를 믿는 사람들에게 복음은 그들의 문화 속에서 자신의 것으로 **편안하게** 여겨지도록 제시(**토착화** 원리)되어야만 동시에 그들의 상황에 대해 **예언자적으로** 말하도록(**순례자** 원리) 제시되어야만 한다.

좋은 상황화는 그 두 가지를 잘 해낼 것이다. 그것은 성경의 메시지를 상황의 가장 깊은 필요와 열망들을 향하여 말하도록 할 것이다. 그것은 감정을 불러일으키고 사고를 자극하는 방식으로 말할 것이다. 동시에 그것은 가치에 도전하고 오랫동안 고수해온 가정들을 흔들어놓게 될 것이다.

> 좋은 상황화는 올바른 이유들로 인해 사람들의 기분을 상하게 할 것이다. … 복음이 말과 행위로 제시되고 우리가 교회라고 부르는 신자들의 교제가 적절한 문화적 형태로 조직될 때, 사람들은 자신들의 죄성과 악으로 기울어지는 경향, 그리고 자신들 문화 내의 억압적 구조와 행동 패턴을 노출시키는 등 복음의 더욱 강력한 도전에 직면하게 될 것이다(Whiteman 1997, 3).

모든 문화는 하나님의 진리와 부합되는 요소들과 그것을 거스르는 요소들을 가지고 있다. 좋은 상황화는 모든 문화 속에서 이러한 선과 악을 인식한다. 그것은 성경과 문화의 좋은 요소들 사이에 다리를 놓음으로써 그 문화의 선한 것을 긍정하는데, 좋은 상황화로 말미암아 복음은 분명하고 마음에 닿게 전해짐으로 해당 문화 안에서 진리이며 믿을만한 것으로 들리게 될 것이다. 그것은 하나님의 진리를 거스르는 문화의 요소들을 뒤흔들어 놓으면서, 성경으로부터 예언적으로 말함으로써 그 문화 안에 있는 악에 도전한다.

## 3. 성경 및 역사적 모델들

성경 자체가 우리에게 상황화의 기반을 제공한다. 구약과 신약성경 모두가 하나님과 그의 메신저들이 상황에 맞는 메시지를 어떻게 만들었는지에 대한 예들을 포함하고 있다.

## 1) 구약성경

구약성경에는 하나님의 백성들이 주변 문화에 하나님의 메시지를 적응시켜 더 분명하고 힘있게 전달하기 위한 예들이 거의 없다. 하지만 구약성경은 **하나님**께서 자기 백성들이 이미 잘 알고 있는 언어적, 문화적, 종교적 형태로 자기 자신을 계시한 예들로 충만하다. 구약성경은 "하나님께서 자기 백성에게 자신을 스스로 드러내기 위해 지속적으로 상황화 과정을 사용하셨다는 증거로 충만하다"(Glasser 1989, 33). 구약성경 안에서 하나님은 최고의 상황화 실행가(the primary contextualizer)이시다.

분명히 구약성경은 하나님의 백성이 주변 민족들의 우상숭배를 피하여만 하고 하나님의 백성의 삶에 침투한 어떠한 이교적 행위든지 뿌리 뽑아야 함을 강조하고 있다. 그러나 하나님께서는 이스라엘의 삶과 예배를 촉진하기 위해 그들이 주변 민족들이 사용하던 문화적, 언어적, 심지어는 다른 종교적 형태들을 사용하는 것을 금지하지 않으셨다. 하지만 잘 알려진 문화적 형태들을 사용하실 때, 하나님께서는 신적 진리를 전달하기 위해 풍부하고도 새로운 의미를 그것들에 담으셨다.

예를 들어, 히브리어의 하나님을 표현하는 주요한 이름인 엘(El)은 가나안 신들 중 최고신의 이름이었다. 하나님께서는 비록 가나안 사람들의 엘이 그분 자신의 특성들과 일치되지 않는 특

> 족장들의 이야기는 한편으로는 우상배, 성적 부도덕, 부패한 정치, 경제적 관행과 같은 바람직하지 않은 요소들을 점진적으로 비문화화(de-culturization)하고, 다른 한편으로는 이전 문화적 규범 내지 종교적 형태들로부터 온 다른 요소들을 "확장"하는 것이다.
>
> —John Davies(1997, 199)

성들을 가졌음에도 불구하고 이 단어를 채택하셨다. 하나님께서는 자신이 가나안 사람들의 엘과는 질적으로 다른 유일하고 진정한 "엘"이라는 것을 나타내셨다.

할례의 행위는 원래 "아마도 성인으로 진입하는 의식이었을 것이지만 그것은 신적인 내용으로 재장전되었는데(reloaded)" 하나님께서는 그것을 자기 백성을 위한 정체성의 표시로 모든 남자 아이들에게 실행되도록 하셨다(Davies 1997, 200). 신명기에서 하나님은 고대의 종주권 언약 형태를 채택하셔서 이스라엘과 자신의 언약 관계를 소통하셨다(Craggie 1976).

구약성경 저자들은 라합(Rahab, 사 51:9)이나 리워야단(Leviathan, 사 27:1; Averbeck, 2004, 337-44)과 같은 고대 근동 종교들의 신비적 형상과 언어를 자주 사용하고 있다. 성막과 성전의 디자인은 이스라엘 주변 국가들 사이에 이미 존재하던 것이다(Kitchen. 1977, 54). 성경의 지혜 문서는 주변 문화들로부터 그 형태나 내용을 어느 정도 차용한 것으로 보인다(Davies, 1997, 203; Glasser 1987, 47).

그러나 아마도 "구약성경 안에서 상황화의 가장 뚜렷한 증거는 하나님께서 널리 알려진 고대 언약 현상을 사용하여 의도적으로 그리고 반복적으로 자신을 그 백성에게 알리는 모습을 취한 것일 것이다"(Glasser, 1989, 40). 성경적 언약들 자체와 그 언약에 충성을 요구한 선지자들의 설교 방식 및 실물 교훈 모두 고대 근동 지역에서 잘 알려진 것들이었다.

또한 구약성경 안에는 하나님의 백성들 중 어떤 이들이 주변 이방 민족들에게 충격을 줄 수 있는 상황화된 민감한 방법으로 유일하고 참되신 하나님을 소개하려고 했음을 암시하는 내용들이 있다. 히브리 포로들에게 바벨론의 번영과 평화에 공헌하라고 한 예레미아의 요청은 "문화적 장벽을 극복하는 것 이상을 내포한다. 그것은 문화적으로 이해될 수 있는 적절한 방식으로 신앙을 살아내라는 것을 의미했다"(Hesselgrave and Rommen, 1989, 5). 이것은 하나님의 진리를 바벨론 사람들이 이해하고 순종하도록 하기 위한 상황화의 첫 번째 단계일 것이다.

느헤미야 8:8은 에스라와 그의 동료 레위인들이 (방랑하며 유목 생활 하던 이스라엘에게 주어진) 율법책을 수 백 년 뒤 (바벨론에서 거의 전 생애를 살다가) 포로생활에서 돌아온 사람들에게 번역하고(translated) 그 뜻을 해석하여 깨닫게 하였다고 말하고 있다. 이것은 하나님의 진리가 원래의 메시지 그대로라면 매우 이상하게 여겨졌을 한 집단의 히브리 사람들에게 번역되고 상황화된 예이다.

우리가 주목해야 할 것은, 엘리사가 나아만이 (아마도 이스라엘의 하나님을 위해 제단을 세우려고) 이스라엘의 흙을 시리아로 가지고 돌아가는 것과 자신의 왕이 섬기는 이방 신의 신전에서 허리를 굽히는 것을 기꺼이 허락하는 것은 나아만의 세계관에 상황적으로 맞추어 줌(accomodation) 이라는 것이다. 그러나 어떤 사람에게는 이 본문이 구약성경의 상황화의 분명한 예라고 결론 내리기에는 너무나 많은 질문과 불확실함이 있다 (Effa 2007, 310-11; Tennent 2006, 108을 보라).

### 2) 신약성경

우리는 더한 명료성과 영향을 위해 상황에 맞게 형성된 하나님의 계시의 훨씬 많은 예들을 구약성경보다 신약성경 안에서 발견한다. 신약성경 안에서 상황화는 적어도 네 가지 방법으로 나타나고 있다.

첫째, 신약성경은 복음이 어떤 특정한 문화, 특히 유대 문화와 연결되지 않는다는 것을 분명히 한다.

라민 사네(Lamin Sanneh)의 말이다.

> 기독교는 문화를 절대성이 결여된 위치로 이동시키도록 영향을 미쳤는데, 그것은 하나님을 중심에 놓음으로써 그렇게 한

것이다. 선교하는 교회로서의 출발점은 오순절의 승리에서 나타나듯이 … 예루살렘 혹은 그것이 지리적으로든 아니면 언어적, 문화적으로든 어떤 고정된 우주적 중심을 포기함으로써, 결과적으로 그것은 교회 내에 많은 중심들과 언어들 및 문화들이 허용되도록 하였다(Sanneh 1995, 61).

안디옥교회는 제자들에게 "그리스도인"이라는 이름(행 11:26)이 처음으로 붙여진 곳이었다. 그들에게 이 이름이 붙여진 것은 외부인들이 그 회중이 단지 유대교의 분파가 아니라는 것을 인식했기 때문이라는 것을 보여주는 증거이다. 유대인과 이방인들로 구성되었던 그 모임의 사람들의 행동이 매우 범상치 않았기에 그 집단을 위한 새로운 이름이 만들어져야만 했던 것이다(Strauss 2007).

고린도전서 8-10장에서 바울은 복음의 증거를 위해서 형태와 의미의 관계를 자세히 설명한다. 그는 분명히 절대적 진리가 있다는 것(고전 8:4-6)과 어떤 문화적 관습들은 본질적으로 죄악 된 것(고전 10:7-8, 18-20)임을 보여주었다. 동시에 그는 모든 신자들이 복음을 위해 그들의 문화적 관습에 적응하였던 자신의 본(고전 9:4-5, 12, 14-15, 19-20)을 따르라고 요구하고 있다. 비록 다른 문화에 참여하는 것은 허용될 수 있더라도 거짓된 예배가 되는 참여는 피해야만 한다(고전 10:27-30). 딘 플레밍(Dean Flemming)은 고린도전서 8-10장 안에서 상황화에 관한 바울의 지침을 다음과 같이 요약하고 있다.

어떤 하나의 문화적 표현도 궁극적인 것이 아니기 때문에, 복음은 문화와 상황의 다원성 속의 삶을 살도록 자유롭다. 하지만 하나님께서 모든 문화를 가치 있게 보시고, 복음은 문화적 보금자리와 분리된 추상적 관념으로서는 이해될 수 없기 때문에, 하나님은 유대인에게는 유대인처럼, 헬라인에게는 헬라인처럼, 필리핀 사람에게는 필리핀 사람처럼, X세대에게는 X세대처럼 말씀하셔야만 한다. … 복음에 대한 우리의 설명은 문화적으로 구체성(culture-specific)을 띠어야하지만, 문화에 예속(culture-bound) 되어서는 안 된다(Flemming 2005, 138).

예루살렘 공의회는 복음을 유대 문화로부터 분리시킨 신약성경의 가장 분명한 예일 것이다. 교회의 사도들과 장로들은 예수의 제자들이 문화적으로, 민족적으로, 종교적으로 먼저 유대인이 되어야만 하는지, 아니면 그리스도의 진정한 추종자가 되면서도 자신들의 고유문화의 일원으로 남아있을 수 있는지를 결정하기 위해 함께 모였다.

야고보는, 하나님께서 새로운 이방인 회심자들에게 성령을 주심으로 그들을 인정하시고 그들에게 기적을 행하셨다는 것을 들은 후에, 하나님께서 이방인들을 **이방인으로서** 받으셨다는 것이 구약성경의 예언과 일치한다는 결론을 내린다. 이방인들은 유대인 개종자가 되지 않고도 그리스도의 완전한 제자들로 받아들여질 것이었다(행 15:19). 이러한 결론은 일차적으로 신학적인 것이었지만, 그것은 상황화에 대한 많은 의미를 내포하고 있다(Strong and Strong 2006을 보라).

둘째, 신약성경에서 상황화의 두 번째 예는 "예수와 사도들이 다른 집단의 사람들에게 전달하기 위해 복음의 메시지를 손질"한 방식이다(Flemming 2005, 15).

사도행전 13-14장 그리고 17장의 바울의 설교는 다양한 청중들 가운데서 자신의 청중들의 종교적 전제들에 대해 교량 역할을 하기도 하고 도전도 하려고 행해진 것이다.

사도행전에서 바울은 자신의 회심에 관한 간증을 두 번하고 있다. 민족주의적 유대 폭도들 앞에서 그의 설명은, 율법을 지키는 유대주의와 자신이 밀접한 연관이 있다는 것을 보여주면서도(행 22:2-5, 12, 19-20) 이방인들을 위한 자신의 소명으로 그들을 도전하기 위한 것이다.

한편, 그리스-로마의 상류층을 향한 그의 메시지는 친숙한 격언과 유행하는 종교적 개념을 사용하면서도, (그리스-로마 사람들에게) 반발심을 살 만한 부활에 대한 지식으로 그들을 도전하고 있다(행 26:8, 17-18, 20, 23).

셋째, 신약성경이 보여주고 있는 상황화의 방법은 사도들의 단어 사용에서 발견된다.

그들은 영적 진리를 소통하기 위해, 깊은 의미가 이미 담겨져 있고 심지어는 이방 종교에 뿌리를 둔 단어들을 사용하기도 하였다. 그러나 그 모든 경우에 있어서 그 단어들에 새로운 의미를 "재장전(reloaded)"하였다(Davies 1997, 209).

예를 들어, **로고스**(*logos*)는 헬라 철학 안에서 비인격적인 신적 원리를 지칭하는 것이었지만, 요한은 그것을 하나님과 함께 계셨고 그분 자신이 하나님이셨던 인격적 "말씀"으로 그것을 사용하였다. 요한은 **로고스**라는 단어를 사용함에 있어서 구약성경 히브리어 **다바르**(*dbr*)를 번역하여 더 깊은 근원을 발견하였을 것일 수도 있는데, 어떤 경우가 되었든지 요한은 자신의 청중들이 이미 알고 있는 개념을 취하여 거기에 새롭고도 추가적인 의미를 채움으로 "그리스도가 누구인가에 대한 독특한 개념"을 전달한 것이다(Davies 1997, 209).

**테오스**(*theos*)는 헬라 "신들"을 지칭하는 단어인데 그들은 진정 귀신들(고전 10:20)이었지만, 칠십인 역(Septuagint, 구약성경을 헬라어로 번역한 성경-역주) 번역자들과 신약성경의 저자들은 그 단어를 또한 유일한 참되고 살아 계신 하나님을 묘사하기 위해 사용하였다. 로마서에서 바울은 신비 종교들 안에서 널리 사용되던 단어들(*leitourgia*, 레이투르기아, "제사"; *leitourgon*, 레이투르곤, "일꾼"; *thysia*, 튀시아, "전제"; *latreian*, 라트레이안, "영적 예배"; Gilliland 1989, 56)을 복음의 사역자로서 자신의 역할을 묘사하기 위해 사용하였다.

넷째, "신약성경 기록들 자체가 신학적 작업의 사례들이다"(Flemming 2005, 15).

예수께서 직접 하셨던 말씀들이 (몇 가지 예외를 제외하고) 그분이 사용했던 본래의 아람어가 아니라 헬라어로 기록되어 있다. 이것은 (꾸란과는 달리) 심지어 예수의 가르침마저도, 그리고 기독교 자체가 번역가능하다는 것을 지지한다(Sanneh 1989를 보라).

더 나아가 각각의 복음서는 예수의 이야기를 다른 상황 속에 살아가고 있는 공동체에게 상황화하여 제시한 것이다. 바울과 다른 서신서의 저자들은 목회적 논점들을 다루었던 선교적 신학자들(missional theologians)이었다. 그들은 선교사적 입장에서 "신학을 수행"(doing theology)한 것이다(D. J. Bosch 1991, 124). 서신서들은 조직적 신학이 아니고 특수한 질문과 필요를 가지고 있던 1세기의 특수한 청중들에게 하나님의 영원한 진리를 상황적으로 적용한 것들이다.

신약성경 저자들이 칠십인역으로부터 인용하는 형태조차도 신학화를 위한 상황적 접근을 보여준다.

> 바울이 헬라어 성경을 사용하였을 때 이것은 이미 일종의 해석의 형태였다. 번역의 행위 자체는, 본래 히브리 용어와 개념들이 헬라 언어와 용어로 표현될 때 새로운 의미들을 취한다는 것을 뜻한다(Flemming 2005, 153-54).

성경, 특히 신약성경은 교회의 탄생 때부터 상황화가 선교적 과업의 일부였음을 보여주고 있다.

### 3) 선교 역사

상황화라는 용어는 1970년대까지 만들어지지 않았지만, 교회의 전 역사 속에서 선교사들과 신학자들은 성경의 진리를 제시할 때, 다양한 인간의 상황들에 적응시켜(adapting)왔다. 초대 교회 변증가들 중에 타티안(Tatian), 저스틴(Justin), 클레멘트(Clement) 같은 사람들은 성경을 헬라의 역사적이고 철학적인 범주 안에서 소통하기를 추구하였고, 헬라 철학적 배경을 가진 기독교인들에 의해 논의되고 있었던 질문들에 답변하였다.

키릴(Cyril)과 메소디우스(Methodius)는 9세기 슬라브 민족들을 위해 파송된 선교사들이었다. 그들은 오직 라틴어, 헬라어, 히브리어만이 성경을 위한 언어로 적합하다고 주장하는 기존 교회의 지도자들의 반대에도 불구하고 성경을 슬라브어로 번역하였다. 그들의 작업은 헬라 문화와 그리스-로마 세계의 세계관 밖에서 신학화(theologizing)가 일어날 수 있도록 문을 열었다(Sanneh 1989, 73-87).

16세기와 17세기에 인도의 로베르트 드 노빌리(Robert de Nobili)나 중국의 마테오 리치(Matteo Ricci)와 같은 예수회 선교사들은 기독교 진리를 설명하기 위하여 현지의 문화적 형태와 토착 종교의 용어를 사용하였다. 19세기와 20세기 초의 개신교의 위대한 선교 운동은 제한적으로만 상황화 작업에 관여하였다. 그러나 선교사들의 토착어

> 회심은 신념과 행위의 변화를 포함할 것이지만 만일 그것이 세계관을 변화시키지 못한다면, 길게 보아 복음은 변질되고 결과는 혼합주의적 기독교-이교주의(Christo-paganism)가 될 것이다.
>
> －Paul Hiebert(2008, 11)

(vernacular-language) 성경에 대한 강조는 아프리카, 아시아, 라틴 아메리카의 새로운 신자들에게 기독교 신앙을 자신들의 것으로 주장할 수 있도록 만들었고(Sanneh 2003, 95-130) 복음이 문화와 연관 맺는 것의 기회와 한계에 대한 참신한 사고를 자극하였다.

## 4. 상황화와 혼합주의

적합한 상황화의 한계는 무엇이며, 어떻게 우리는 혼합주의의 위험으로부터 상황화의 과정을 보호할 수 있을까?

혼합주의란 "비기독교적 요소들을 끌어들임으로 말미암아 복음의 본질적인 진리를 대체하거나 희석시키는 것이다"(Moreau 2000b, 924). 현대의 어떤 학자들은 혼합주의에 대해 염려하지 않는다. 그리고 그들은 그것이 모든 시대에 일어났던 종교들 사이의 자연스럽고, 중립적인 뒤섞임(blending)일 뿐이라고 말한다. "모든 교회들이 문화에 기초한 이상, 모든 교회는 혼합주의적"이라고 그들은 주장한다(Moreau 2000b 924; 또한 Schineller 1992도 보라).

하지만, 이러한 주장은 모든 문화와의 교류에 있어 기초가 되고 측정 기준이 되는 하나님의 진리에 관한 성경적 강조를 무시한 것이다. 구약성경(예, 신 12:4; 삿 2:19; 왕하 17:16-17)과 신약성경(예, 고전 8-10장; 골 2:8-23; Arnold 1996을 보라)은 모두 하나님의 백성이 그들의 신념과 행위를 하나님이 계시하신 진리와 하나님이 용납하시는 행위에서 벗어나는 방식으로 주도적 문화와 뒤섞는 타고난 성향에 대하여 분명히 경고하고 있다.

세계의 상황화 신학자들의 일부 저술들은, 상황화가 불가피하게 혼합주의로 귀결될 수밖에 없다고 믿는 사람들의 두려움을 근거있는 것으로 만들고 있다. 해방신학, 민중신학, 탈식민주의 신학의 지지자들은 성경보다는 경제적, 정치적 이데올로기에 더욱 권위를 부여하는 것처럼 보인다.

예수를 따르는 사람들이라고 주장하는 어떤 무슬림이나 힌두교인들은 자신들을 여전히 "무슬림" 혹은 "힌두"라고 정의하면서 이러한 신앙을 추종하는 다른 사람들과 똑같은 종교적 형태를 실천한다. 아프리카나 아시아의 민간 종교들로부터 회심한 사람들은 그들이 조상숭배 관습을 자신들의 삶과 예배에 다시 들여올 수 있는지를 질문한다.

본 장의 끝부분에 있는 사례 연구에서처럼, 심지어 복음주의자라고 하는 사람들조차 그들이 일상생활에서 직면하는 당면 문제들을 다루기 위해 물활론적인 민속적 관습을 사용할지도 모른다.

어느 때에 상황화가 혼합주의 속으로 빠져들게 되고, 어떻게 이것을 피할 수 있을까?

아마도 혼합주의를 유발하는 주요한 원인은 복음이 그 문화의 깊은 세계관 속으로 침투하는 데 실패하기 때문일 것이다.

> 혼합주의는, 문화의 외부적 문제를 다루는 데 너무 많은 신경을 쓰고 그 내부의 핵심 혹은 세계관에 충분한 관심을 기울이지 못한 결과이다(Hesselgrave 2006, 76).

선교사들과 교회 지도자들이 단지 회심한 사람들의 외적 행위들의 변화에만 초점을 맞춘다면 복음은 결코 그들의 핵심적 신념, 가치, 감정들을 변화시키지 못할 것이다. 성경이 이러한 문화의 핵심 전제들(assumptions)에 도전하기 시작할 때라야만, 복음은 진정으로 토착적인 방식으로 뿌리를 내리면서도 비성경적인 문화의 요소들과 타협하는 것을 피하게 될 것이다.

혼합주의의 다른 원인은 상황의 역할을 지나치게 강조하게 되면서 성경의 역할에 대해 미흡하게 강조하는 것이다. 케빈 J. 밴후저(Kevin J. Vanhoozer)는 『제3세계 신학 사전』(Dictionary of Third World Theologies) 안에서 여러 개의 "종족 신학들"(ethnic theologies)을 검토해 본 뒤에 다음과 같이 말했다.

> 이러한 많은 종족 신학들의 함의는, 상황적 차이가 성경 본문의 동일성을 능가(trump)할 수 있다는 것이다.
> 신학이 일차적으로 충성을 바쳐야할 것은 성경 본문인가 아니면 상황인가?
> 그것은 어느 한 요소를 배제하는 것의 문제가 아니라 … 오히려 둘 다에 대해 적절한 정의(justice)를 행하는 가에 대한 것이다(Vanhoozer 2006, 105).

어떻게 혼합주의를 피할 수 있을까?

가장 중요한 처방은 모든 상황적 신학화에 있어 일차적 자료로서 성경을 강조하는 것이다. 혼합주의는 교회가 상황의 진정성을 가장 중요한 우선순위로 놓을 때 슬그머니 들어온다. 상황은 중요한 역할을 하지만 이차 자료일 뿐이고, 성경 자체가 어떤 상황 속에서든지 용납할 만한 신념과 행위에 대한 통제를 해야만 한다. 다음 부분에서 우리는 본문과 상황의 역할에 대해 좀 더 자세히 논의할 것이다.

혼합주의에 대한 두 번째 중요한 방어책은 전 세계 교회이다. 모든 상황에 있는 교회는 자신학화(self-theologizing, Hiebert 1985, 193-224)의 권리와 특권을 가지고 있지만, 어떤 지역 신학도 세계 도처의 교회와 여러 세기를 거쳐 온 신학과 불일치되어서는 안된다. 우리가 서로 다른 문화, 사회경제 집단들, 종족들 및 신학적 전통들로부터 온 신자들과의 보다 많은 신학적 교류가 존재하게 되고, 보다 주의 깊게 과거로부터의 신학적 교훈과 실수들을 배우게 된다면, 교회는 혼합주의로 빠지게 될 가능성이 적어질 것이다. 우리가 세계화 신학(globalizing theology)을 논의할 때, 우리는 글로벌 교회(global church)가 제공하는 혼합주의에 대한 안전장치를 논의하게 될 것이다.

혼합주의에 대항하는 세 번째 방어책은 한 문화가 가장 절실히 느끼는 필요를 다루는 포괄적이고도 비판적 상황화이다. 실제로 매일의 생활에 필요한 보호, 축복, 치유, 영적 능력이 다루어지지 않는다면 사람들은 자신들의 옛날 종교적 관습들과 그리스도를 믿는 자신들의 새로운 신앙을 뒤섞게 될 것이다(Bauer 2008). 우리는 이 예방책에 대해서 본장의 "6. 전통적 관습들에 대해 우리는 어떻게 해야 할 것인가?"라는 부분에서 논할 것이다.

## 5. 본문과 상황의 역할

상황화에 대한 서로 다른 모델들은 본문과 상황의 정확한 역할에 대한 질문에 다른 방식으로 답변해왔다(Bevnas 2002). 스캇 모로우(Scott Moreau 2005)는 이러한 서로 다른 접근들을 번역 모델과 실존적(existential) 모델로 분류하였다.

**번역**(Translation) 모델들은 성경을 상황화를 위한 권위의 일차적 자료로 인정한다. 이러한 모델들은 성경이 상황화되어야 할 일차적 메시지를 제공하고 있다고 보고, 상황화는 이 메시지를 전달하기 위한 적합한 가교들을 찾는 것이다.

**실존적**(Existential) 모델들은 상황화가 하나님께서 미리 존재하는 상황 속에서 이미 행하고 계시는 것을 발견하고 함께 하는 것이라고 간주한다. 모로우는 더 나아가 실존적 모델들을 두 가지 주요한 접근들로 나눈다.

첫 번째는 **문화**에 초점을 맞추어 복음이 도달하기 전에 하나님께서 현지 관습, 신념, 가치, 세계관 속에서 자신을 드러내신 방법을 발견하기 위해 노력한다.

두 번째는 **사회 변화**의 필요성에 초점을 맞추고 하나님께서 소외된 자들에게 정의를 실천하기 위해 무엇을 하고 계시는가에 초점을 둔다.

이러한 모델들 안에서 가장 뚜렷하게 나타나는 특징들 중 하나는 각각이 성경의 역할과 상황의 역할에 대해 매우 다른 전제들을 가지고 있다는 것이다. 성경과 상황의 역할에 대해 밝힘으로써 우리는 성경적이면서도 실제적인 상황화에 대한 접근 방식을 발전시킬 수 있다.

**1) 성경의 역할을 무엇인가?**

성경의 권위를 인정하는 복음주의자들은 다음과 같은 질문으로 시작해야만 한다.

성경은 자신에게 어떤 역할을 부여하고 있는가?
성경은 그것을 읽는 사람들이 어떻게 반응하기를 기대하는가?

성경은 그 자체가 모든 사람들을 위한 하나님의 계시라고 제시하고 있다. 디모데후서 3:14-17은 우리에게 성경이 "하나님의 영감(God-breathed)"으로 되었고 우리에게 무엇을 믿고 어떻게 행하여야 할 것을 가르친다는 것을 상기시킨다. 베드로후서 1:21은 우리에게 성경을 쓴 사람들이 성령에 의해 "감동을 받았다"고 말한다. 이러한 구절들은 성경이 단지 처음 청중들을 위한 하나님의 말씀이 아니라, 또한 뒤이은 세대들을 위한 것이라는 것을 가정하고 있다.

어떤 실존주의적 상황화 실천가들은 성경을 사용하지만 그것을 단지 과거에 행해진 성공적인 하나의 모델로만 간주하고 모든 상황 속에서의 신학화를 위한 권위 있는 자료로 보지 않는다. 그러나 성경은 과거에 하나님이 말씀하신 것의 모델 그 이상이다. 성경은 그 자체가 역사의 모든 시대, 모든 사람들을 위한 하나님의 메시지로서 제시되고 있다.

다른 성경 구절들은 이것을 보다 분명하게 만든다. 로마서 15:4과 고린도전서 10:6, 11은 오래 전 기록된 성경이 하나님의 백성의 믿음과 행위에 지속적인 권위를 가지고 있음을 말한다. 성경 안에 있는 인물들 또한 자신들의 시대와 상황에 대해 도전하기 위해 다른 문화권 속에 살았던 다른 세대를 위해 기록되었던 성경을 사용하였다.

이미 우리가 그 예를 보았듯이 느헤미야 8:7-8에서 에스라와 레위인들은 수백 년 전 유목하던 백성을 위해 기록되었던 성경을 바벨론의 도시적 환경에서 자라났던 회중에게 적용하고 있다. 신약성경 저자들이 구약성경을 인용할 때마다(예, 히 3:7-4:3), 우리는 그 성경의 저자들이 성경을 그것을 처음 들었던 사람들과 또한 자신들 모두에게 권위를 가진 하나님의 메시지라고 이해하고 있었음을 볼 수 있다.

성경은 모든 시대와 모든 문화의 하나님의 백성을 위한 "생명과 경건에 속한 모든 것"(벧후 1:3)을 가지고 있다. 상황적 신빙성을 우선에 놓거나 문화 혹은 정치, 경제적 이데올로기 안에서 권위의 근거를 찾는 상황화의 모델들은 필연적으로 혼합주의적이 되고 말 것이다. 좋은 상황화는 이러한 삶의 모든 차원을 다루지만 그것들을 다루기 위한 제일 중요한 자료를 성경 안에서 발견한다.

> 이런 저런 문화에서의 삶의 경험들은, 전 교회의 역사 및 전통과 더불어 **이차적인** 신학적 자료로서 정당한 역할을 가지고 있

다. 하지만 일차 자료는 성경이 되어야만 한다(Vanhoozer 2006, 106).

성경 본문에 대한 높은 관점은 모든 문화가 성경 본문을 충분히 이해할 수 있다는 확신과 함께 가야만 한다. 비록 문화의 차이점들과 다양한 선(先)이해들로 나뉘어져 있지만 모든 사람들은 상황적 차이점들과 관계없을 만큼의 공통점을 가지고 있으며, 그들은 모두 성경의 핵심적인 진리들을 적절하게 이해할 수 있다(Strauss 2006b, 104-10). 모든 성경 해석자들의 첫 번째 과업은 **본문을 그것이 읽혀지도록 의도된 방식으로 읽기를 추구하는 것**이어야 한다.

> 해석자는 성경 본문에 임의대로 의미를 집어넣을 자유가 없으며 본문이 제공하는 것을 찾아야 한다(Ott 2006, 318).

모든 문화의 그리스도인들은 성경을 자신들의 삶에 있어 최고의 권위가 되도록 해야만 하며, 성경을 현재 삶에 적용할 때도 원래 메시지의 기초 위에서 그것을 실행해야만 한다.

### 2) 상황의 역할을 무엇인가?

성경을 그리스도인의 믿음과 행위에 있어 궁극적인 근거로 강력하게 주장하면서도, 우리는 상황의 역할을 가볍게 보지 않도록 동일한 주의를 기울여야만 한다. 신학한다(doing theology)는 것은 "하나님 말씀을 석의(exegete)하는 것 뿐 아니라 현대 세계를 석의하는 것을 우리에게 요청하는 다학문적(multidisciplinary)인 활동이다"(Netland 2006, 17).

상황은 적어도 세 가지 방식으로 상황화에 영향을 미친다.

첫째, 그것은 텍스트 안에서 우리가 무엇을 보고, 무엇을 보지 않는지에 영향을 준다.

둘째, 성경적 답변을 필요로 하는 질문들과 논점들을 제기한다.

셋째, 우리로 하여금 성경 본문을 효과적으로 전달할 수 있도록 돕는다.

(1) 상황은 성경 본문에서 무엇을 우리가 보고 무엇을 보지 않은지에 영향을 준다.

복음주의자들은 때때로 성경이 개념화되고, 경험되며, 귀중히 여겨질 수 있도록 만드는 방식을 상황이 형성한다는 것을 인정하지 않으려고 한다. 불가피하게도, 상황은 우리가 성경을 어떻게 **이해하는지**에 영향을 준다.

성경을 공부하는 모든 사람들은 성경이 읽혀지도록 의도된 방식으로 본문 읽는 것을 추구하는 것과, 모든 문화의 성경 독자들이 성경의 모든 구절들의 핵심 진리를 이해할 수 있다는 것으로부터 시작해야만 한다. 그러나 우리 자신을 상황으로부터 완전히 분리시키는 것은 불가능하기 때문에, 우리는 자신의 문화, 신학적 배경, 개인적 경험의 렌즈를 통하여 성경을 읽을 수밖에 없다.

상황은 우리의 성경 이해에 있어 두 가지 방식으로 영향을 미친다.

첫째, 상황의 렌즈는 성경의 어떤 측면들을 더욱 선명하게 만들어 다른 사람들이 놓치는 부분들을 우리로 하여금 보게 한다.

> 모든 문화는 복음을 이해하는 데 도움을 주는 긍정적 요소들을 가지고 있다(Padilla 1980, 69).

예를 들어, 라틴아메리카 신학자들은 구약성경의 선지자들이 정의에 관하여 가르치는 것을 꿰뚫어볼 수 있는 특별한 통찰력을 가지고 있을 수 있다. 난민이 되어본 경험을 가진 신자들은 기근과 유랑을 언급하고 있는 본문 속에 개인적인 감정 이입을 할 수 있을 것이다. 아시아 그리스도인들은 명예, 체면, 수치에 대해 가르치는 구절들에 특별히 예민성을 가지고 있다.

둘째, 상황의 렌즈는 성경의 어떤 측면들에 대해 흐릿하게 만들어 우리로 하여금 다른 상황 속에 살고 있는 신자들이 더욱 분명하게 볼 수 있는 것들을 놓치게 만든다.

> 모든 문화들 속에는 하나님의 말씀을 이해하는 것을 방해하도록 만드는 요소들이 존재한다(Padilla 1980, 69).

부유하고 힘을 가진 상황의 신자들은 굶주림, 박탈, 무력함에 관해 가르치는 본문들에 관해 덜 민감하게 될 것이다. 개인주의적 문화의 신자들은 공동체 삶에 관한 성경적 통찰력을 파악하지 못할 것이다. 권위주의적 리더십 스타일을 가진 문화에서 사는 신자들은 성경이 섬기는 리더십에 관해 가르치는 모든 것들을 보지 못할 수 있다.

이러한 경우들에 있어서 상황은 지역 신학을 위한 일차적 **근거**를 제공하는 것이 아니다. 오히려 상황은 우리의 눈을 열어 (혹은 닫아) 이미 성경 안에 있는 어떤 것을 보도록 (혹은 간과하도록) 만들거나 혹은 새로운 관점으로 그것을 보고 이해하도록 만든다.

> 창조적인 이해란 본질적으로 같은 것을 다른 상황에서 이해하는 문제로서, 그렇게 더 **많이** 이해하게 되는 것이다(Vanhoozer 2006, 121; 자료 11.2를 보라).

## 보조 자료 11.2
## 에베소서 설교

내(Steve)가 에티오피아에 신임 선교사로 부임했을 때, 나는 국제교회 목회자로 잠시 동안 사역할 것을 요청받았다. 나의 첫 번 설교 시리즈는 에베소서에 관한 것이었다. 에베소서를 설교하면서 나는 주로 최근에 신학교에서 공부하면서 노트했던 것을 활용하였다.

수 년 뒤, 에티오피아에서 여전히 사역하고 있는 동안, 나는 에베소서에 관해 성경 공부를 인도해 달라는 요청을 받았다. 그 책을 다시 공부하면서 내가 신임 선교사였을 때 본문에서 보지 못했던 내용들로 인해 놀랄 수밖에 없었다. 나는 특별히 바울이 영적 세계에 대한 그리스도의 주되심과 그것이 신자들의 삶에 미치는 영향에 대해 강조하는 것을 주목하게 되었다. 새로운 상황 속에서 살게 되자, 이미 성경 본문 안에 있지만 전에는 내가 간과했던 것들에 대해 나의 눈이 열렸다.

♦ 성찰과 토의 ♦

① 당신이 같은 성경 본문을 여러 번 공부하면서 과거에 간과하였던 것을 새롭게 보게 된 경험이 있었는지 당신의 삶의 예를 통해 생각해 보라.
당신의 변화하는 상황이 어떻게 당신이 과거에 보지 못한 것과 현재 보는 것에 영향을 주었는가?

(2) 상황은 성경적 답변을 필요로 하는 질문들과 논점들을 제기한다

상황화에 있어서 상황의 정당한 역할은 성경적 답변이 필요한 질문과 논점들을 제기하는 것이다.

성경은 사람들이 직면하는 문제들에 대해, 그들이 묻는 질문들에 대해, 그들의 문화적 신념과 실천에 대해 무엇이라고 말하는가?

예를 들어, 아프리카 신자들은 질문할 것이다.

"하나님 말씀은 우리 젊은이들을 위한 성인식에 대해 무엇이라고 하나? 하나님 말씀은 우리가 조상들을 공경하는 것에 대해 무엇이라고 하나?"

힌두교 배경에서 나온 신자들은 질문할 것이다.
"카스트제도에 관해 성경은 무엇이라고 하나?"
무슬림 배경에서 나온 신자들은 질문을 던질 것이다.
"우리가 하루 다섯 번씩 땅에 얼굴을 대고 기도해야만 하는가?"
세계의 인구가 조밀한 도시에서 살고 있는 신자들은 다음과 같은 성경적 답변을 요청하는 질문들을 언제나 제기한다.
"성경은 우리의 질문에 답변할 수 있는 도시신학을 가지고 있나? 성경은 HIV/AIDS 질병에 대해, 환경 문제 혹은 경제적 정의에 관해 신자가 어떻게 응답해야 하는지에 대해 어떤 말씀을 하고 있는가?"
상황은 언제나 성경적 답변을 요청하는 질문들을 제기한다.

상황이 신학화를 위한 질문들을 제기할 때, 신학자들은 몇 개의 연관성있는 본문들을 근거삼아(prooftexting) 단순한 성경적 답변들을 주려고 하는 것에 매우 조심해야만 한다.

예를 들어, 신자들은 도시신학의 발전을 도모하기 위해 단순히 **도시**라는 단어가 포함되었거나 혹은 도시들을 언급하고 있는 구절들을 연구하여서는 안 된다. 등장하는 상황적 신학들(contextual theologies)이 진실로 성경이 의도한 메시지에 뿌리를 내리고자 한다면 종합적인 성경신학 안에 뿌리를 내린 주의 깊은 연구가 요구된다.

예를 들어, 성경이 에이즈(HIV/AIDS) 질병에 관하여 무엇을 가르치는지 찾고자 하는 신자들은 하나님의 긍휼, 사회에서 배척된 사람들에 대한 돌봄, 치유, 하나님이 질병을 허용하는 많은 이유들, 선을 이루기 위해 하나님이 비극을 사용하시는 것에 관한 성경적 교훈들을 다른 성경적 주제들과 함께 연구할 필요가 있을 것이다.

어떻게 상황이 질문과 논점들을 제기하는가에 대한 좋은 예는 최근 발간된 『아프리카 성경 주석』(Africa Bible Commentary: ABC, Academy 2006)이다. 『아프리카 성경 주석』은 복음주의적 아프리카 학자들에 의해 집필된 성경 전권에 대한 주석이다. 성경의 어떤 구절을 보든지 거기서 우리는 아프리카 성경 교사들이 본문을 어떻게 이해하고 적용하는지를 볼 수 있다. 또한 이 주석은 일부다처제, 성인식, 에이즈, **로볼라**(신부값), 조상, 부족주의, 영의 세계와 같이 아프리카 상황에서 제기되고 있는 중요한 논점들에 관한 70여 개의 소논문(article)들을 포함하고 있다. 소논문들은 아프리카 상황에서 부각된 이러한 질문들과 논점들에 대해 성경적 답변을 주고 있다.

이러한 글들은 상황으로부터 나온 질문들과 더불어 시작하지만 성경 안에서 권위의 근거를 찾는 상황화의 실례들이다.

(3) 상황은 성경적 메시지를 효과적으로 전달할 수 있도록 우리를 돕는다.

상황이 신학에 영향을 미치는 세 번째 방법은 성경 본문을 효과적으로 전달할 수 있는 다리를 제공하는 것이다. 상황화는 성경 본문을 적대감을 덜 불러일으키도록 만들어 사람들이 그것을 수용하도록 하는 것이 아니다.

상황화는 사람들이 본문을 원래 그것이 의도했던 바대로 이해하고 경험할 수 있도록 더 분명하고 더 설득력 있게 만드는 것이다. 상황은 성경을 설교하고, 가르치고, 적용하는 데 활력을 불어넣음으로 성경이 첫 번 독자들에게 주었던 것과 똑같은 충격을 현대 청중들에게 줄 수 있도록 만들어야 한다(Hesselgrave 2006, 85).

예를 들어, 돈 리차드슨(Don Richardson 1974, 1981)은 모든 문화가 이야기, 의식, 속담(proverb), 언어유희와 같은 "구속적 유비들"(redemptive analogies)을 가지고 있는데, 그것들은 성경적 진리를 전달하기 위해 하나님이 예비해 놓으신 가교들이라고 주장했다. 하나님께서 이러한 소통 도구들을 **모든** 문화 안에 특별히 계획해 놓으셨다고 하는 것은 아마도 지나친 주장일 것이다. 그러나 하나님께서 인간을 그분의 형상대로 창조하셨기에, 세계 모든 사회들은 그들의 문화적 요소들이 구태여 신적 의도를 지니고 있다고 전제하지 않아도 그 안에 성경 진리를 표현하고 이해할 수 있는 문화적 자원들을 충분히 가지고 있다(Chua 2006, 238).

좋은 상황화는 성경적 진리가 어떻게 각 상황 안에서 설교되고, 가르쳐지며, 살아질 수 있을까를 질문한다. 예수를 따르는 모든 사람들은 자신들이 살고 있는 문화를 평생 동안 공부하는 학생들이 되어야만 하며, 하나님의 메시지를 명백하고도 힘 있게 전달할 수 있는 효과적인 가교들을 찾아야 한다.

어떤 상황 속에서든지 성경을 가장 효과적으로 전달하기 위한 방법은 사람들의 문화와 세계관 속에 심겨져 있는 이야기와 속담들을 사용하는 것이다. 세계 대부분의 사람들은 전달되어 온 이야기, 속담, 시, 노래, 수수께끼들을 구술 방식으로 배운다. 제이 문(Jay Moon 2004)은 속담을 신학적 소통에 있는 안개들을 제거하고 복음을 그 고장의 토양에 뿌리내리도록 하는 "달콤한 말"(sweet talk)이라고 묘사했다.

"이야기하기"는 세상의 대부분의 사람들이 배우는 방식으로 성경의 진리를 효과적으로 전달하기 위한 또 다른 사례이다. 연대기 성경의 이야기하기는 구약성경부터 시작하여 이야기, 드라마, 노래들을 성경의 진리들을 전달하는 데 사용하고 있다(http://www.chronologicalbiblestorying.com).

스캇 모로우와 마이크 오리어(Scott Moreau and Mike O'Rear 2004, 2008)는 이야기와 속담들을 사용하기 위한 인터넷 상의 자료들에 대해 훌륭한 목록을 제공하고 있다. 좋은 상황화는 사람들이 가장 자연스럽게 배우는 방법들을 인식하고 그러한 형식들을 사용하여 성경의 진리를 전달하는 것을 추구할 것이다.

## 6. 우리는 전통적 관습들을 어떻게 해야 할 것인가?

상황화가 된 신학은 성경적 진리를 특정한 상황 속에 가장 효과적으로 전달하기 위해 종종 본문으로부터 출발할 것이다. 그러나 또한 그것은 상황으로부터도 나타날 것이다. 우리가 이미 보았듯이 모든 상황은 답변을 필요로 하는 질문들을 제기한다. 존 그레이션(1984)은 중요한 상황적 질문들을 알고 있는 현지 교회 지도자들의 중요성을 강조한다. 그는 어떤 논점들이 성경적 응답을 요구하는지를 결정하는 과정을 도와주는 두 개의 중요한 질문들을 제시한다.

(1) 어떻게 복음이 우리 문화 속에서 좋은 소식이 되어왔는가?
(2) 복음이 우리 문화의 어떤 부분에 아직 영향을 미치지 못했는가?

두 번째 질문은 특별히 국가적(즉 정치적), 교회적, 개인적 영역을 면밀히 조사해야 한다. 그 후 교회 지도자들은 성경적이고 상황적 답변을 요청하는 "아직 끝나지 않은 의제들"에 대해 성경이 무엇이라고 말씀하시는지를 공동체 안에서 검토해야만 한다.

히버트(Hiebert 1987)는 상황으로부터 제기되는 질문과 논점들을 다루는 한편 지역 상황에서 나온 어떤 관습들을 유지하고 어떤 것들을 버릴 것인가를 다루기 위한 보완적 모델을 제시하였다. 이전의 모든 문화적 관습들을 생각 없이 거부하거나 무비판적으로 받아들이는 것 대신에, 그들은 **비판적 상황화**(critical contextualization) 과정을 가야만 한다. 비판적 상황화는 신자들의 그룹에 의해 다음의 단계를 밟아가도록 해야 한다.

(1) 문화 석의(釋義, exegesis) 단계로 관습의 온전한 의미와 함의를 이해할 수 있도록 한다.

여기서의 목적은 옛 방식들을 이해하고자 하는 것이지 그것들을 비판하고자 하는 것이 아니다(Hiebert 1987, 109).

(2) 성경 석의 단계인데, 여기에서 촉매자(facilitator) 역할을 하는 사람(주로 선교사-역주)은 전체 신자 그룹이 연관되는 성경 본문을 연구하도록 이끌고, 당면한 질문에 그 본문을 적용하려고 하기 전에 그 원래 의미에 대한 이해를 가질 수 있도록 한다.
(3) 비판적 응답 단계로 신자들의 그룹이 성경의 가르침에 근거하여 자신들의 옛 관습들의 미래를 결정하도록 한다.
(4) 상황화가 된 관습을 실행하도록 한다(도형 11.2를 보라).

도형 11.2 전통적 관습들에 대한 응답들
(Hiebert and Meneses 1995, 169에서 수정)

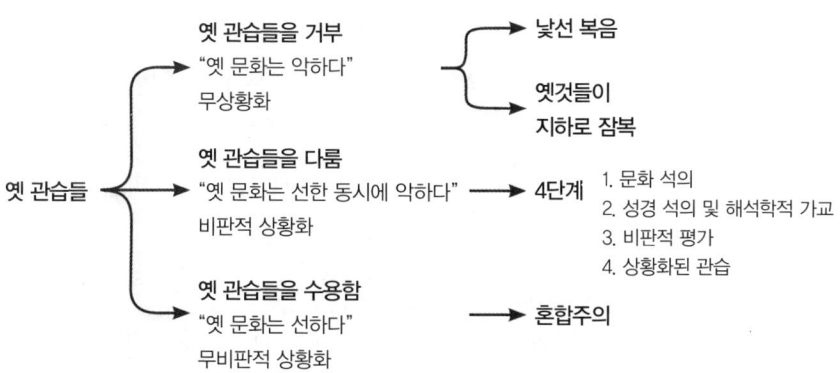

비판적 상황화의 과정 안에서 다섯 가지 다른 응답들이 가능하다.

**수용:** 옛 관습들은 비성경적이 아니고 유지될 수 있는 것으로 판단된다. 예를 들어, 미국사람들이 독립기념일에 불꽃놀이를 즐기는 것처럼 신자들은 국경일에 비그리스도인 이웃들과 어떤 문화적 관습들에 함께 참여한다.

**거부:** 옛 관습들은 비성경적이고 완전히 거부되어야 할 것으로 판단된다. 예를 들어, 애니미즘 배경에서 온 신자들은 더 이상 어떤 신성한 장소에 풍년을 기원하는 희생물을 가져가지 않겠다고 결정할 수 있다.

**수정:** 옛 관습에 대한 수정을 선택할 수 있는데, 옛 것에 새로운 기독교적 의미를 부여하는 것이다. 무슬림 배경에서 온 신자들은 기도할 때 무릎을 꿇고 엎드려 얼굴을 땅에 대는 것을 계속할 수 있는데, 다만 그들의 예배와 기도가 명백하게 예수께로 향한다. 신자들이 기독교 음악을 만들 때 자기 문화의 전통적 혹은 현대적 음악 스타일을 사용하면서 형태를 바꾸고 거기에 기독교적 의미를 부여한다.

**대체:** 옛 관습을 대체하기 위한 새로운 상징 또는 관습을 만든다. 미국의 교회들은 할로윈 축제의 대안으로 "추수 감사제" 혹은 "가면 행렬"같은 새로운 대체 의식을 만들었는데, 비판적 상황화의 결과이다. 애니미즘 배경으로부터 온 신자들은 이교적인 의미를 담고 있는 전통적인 성인식을 거부하고 젊은 남녀들이 기독교 성인으로서 책임을 갖도록 하는 다른 종류의 예식으로 대체할 것이다(ROPES 프로그램을 보라. http://tanari.org/index.php?option=com_content&tast=view&id=16&Itemid=3).

**관용:** 관습이 성경적 이상에 미치지 못한다고 할지라도 즉시로 그것을 바꾸는 것은 더 큰 악을 야기하게 될 것이다. 예를 들어, 어떤 경우 일부다처가 거부되었을 때 첫 번 아내를 제외한 모든

아내들은 이혼을 당하였다. 결과적으로, 가족이 해체되었고 이혼당한 아내들은 사회적으로 따돌림을 당하였고 어떤 이들은 생존하기 위해 매춘을 할 수 밖에 되어 일부다처 그 자체보다 더 큰 악을 야기한 것이다. 과도기적으로 어떤 관습은 용인될 필요가 있다. 그러나 이러한 관용은 적절한 가르침과 지원체계의 도입과 함께 미래에 그 관습이 바뀔 것이라는 계획 아래서만 허용되어야 할 것이다.

좋은 상황화는 중요한 질문들에 답변을 주는 동시에 기독교에 적대적인 옛 관습들이 단지 지하로 잠복하여 혼합주의적 이원론으로 변질되지 않도록 책임질 것이다. 새롭게 나타나는 교회의 신학과 윤리는 그 상황과 연관되고 성경적 진리에 뿌리를 내리게 될 것이다.

> 신학은 살아내져야 하는 어떤 것이다. 교리적 진리는 반드시 조직화되어야 할 뿐 아니라 보여져야 한다. 신학은 진술되어야(*stated*) 하지만 또한 상연되어야(*staged*) 하며 심지어 고난을 받아야 한다.
> —Kevin Vanhoozer(2006, 123)

## 7. 연결시키는 상황화: 성경적 진리를 소통하기 위해 문화를 사용함

실제로 어떻게 상황적 신학을 할 수 있는가?

우리는 좋은 상황화는 성경을 일차적 자료로 사용하지만 신학 형성과 실천에 있어서 상황의 중요한 역할을 인정한다는 것을 보았다.

본문과 상황은 우리가 상황화할 때 실제로 어떻게 교차하는가?

더니스(Dyrness 1991)는 "상호작용적"(interactional) 모델을 제안하는데, 그것은 신자들이 매일의 삶에서 어려운 결정들을 내릴 때 성경을 적용하고자 시도하는 것을 강조한다. 그 과정은 성경 본문과 상황 둘 다를 가지고 시작한다. 순종적 신자들로서 성경을 읽을 때, 그들은 어떻게 그것을 자신의 삶에 연관시키고 자신이 배운 것을 순종할 수 있을지를 생각하게 될 것이다.

자신의 상황에서 성경의 실재를 살아내고자 시도할 때에, 그들은 읽었던 본문들에 대한 더 깊은 통찰을 얻게 될 것이다. 동시에 성경에 순종적으로 살고자 할 때 성경적 답변들을 요청하는 문제와 질문들이 계속해서 제기될 것이다. 그것은 역으로 그들로 하여금 답변을 찾기 위해 성경으로 되돌아가도록 만들 것이다.

> 성경에 대한 우리의 이해는 우리의 환경에 의해 조건 지어지며 우리의 순종에 의해 형성된다. … 그때 실천은 불가피하게 인식론적 의미를 가지게 된다(Dyrness 1991, 117).

빠딜랴에 의해 제기된 두 가지 핵심적 질문들(Padilla 1983, 87)은 본문과 상황 사이의 이러한 역동적 교류에 불을 붙이고 연결하는 상황화로 이끌 것이다.

첫째, 어떤 지점에서 복음이 "일상생활과 전혀 관련이 없는 동떨어진 이국적 섬(foreign enclave)"처럼 되고 있는가?

이것은 **연관성 질문**(relevance question)이라 일컬어질 수 있다. 만일 교회가 사람들이 이해할 수 없는 언어를 사용하면서, 사람들이 전혀 의미를 발견할 수 없는 논점들을 토의하거나, 그 문화의 사람들이 관심을 갖고 있는 질문과 문제들을 무시하고 있다면, 이제 교회는 반드시 그 문화적 상황 속에서 보다 분명하고 권위 있게 말할 수 있도록 노력해야 한다.

둘째, 각 교회는 어떤 지점에서 자신의 메시지가 "시대 정신"에 순응하여 "단지 대중이 원하는 것에 대한 일종의 메아리"가 되었는지를 탐색해야만 한다.

이것은 **예언자적 질문**(prophetic question)이라 일컬어질 수 있다. 모든 교회는 예언자적으로 말함으로 그 문화의 비성경적 가정 및 규범들에 대해 도전해야만 한다.

좋은 상황화는 이 두 가지 질문을 자신들에게 던지는 가운데 신자들이 성경을 연구하고 자신들의 상황을 성찰할 때 일어난다. 이것은 역으로 본문에 대한 더욱 풍성한 이해, 의미 있는 상징과 예배를 통한 신앙의 새로운 표현, 그리고 자신들 상황에 영향을 미치기 위한 신선한 순종의 시도로 이끌 것이다(도형 11.3을 보라).

연결하는 상황화는 언제나 **공동체** 안에서 이루어질 것이다. 서구 그리스도인들은 신학이 책이 빽빽한 도서관의 고립된 자리에 앉아 있는 전문가(신학자—역주) 들에 의해서만 집필되어야 한다고 상상하곤 한다. 그러나 "기독교 공동체야말로 하나님의 말씀이 제 자리를 찾고 변화의 능력을 발휘하는 장소이다"(Padilla 1983, 81).

신약성경의 저자들과 기독교 역사의 가장 영향력 있는 신학자(루터와 칼빈 같은) 들은 자신들의 신학을 활발한 목회와 전도 사역을 하는 가운데 동료들과 신앙의 공동체와 함께 있으면서 썼다. 전문적인 신학자들은 상황화의 과정에 있어 촉진자와 인도자로서의 중요한 역할을 할 수 있지만, 신자의 전체 공동체가 그 과정의 일부분이 되어야만 한다.

도형 11.3 연결시키는 상황화
(Dryness 1991, 30에서 수정)

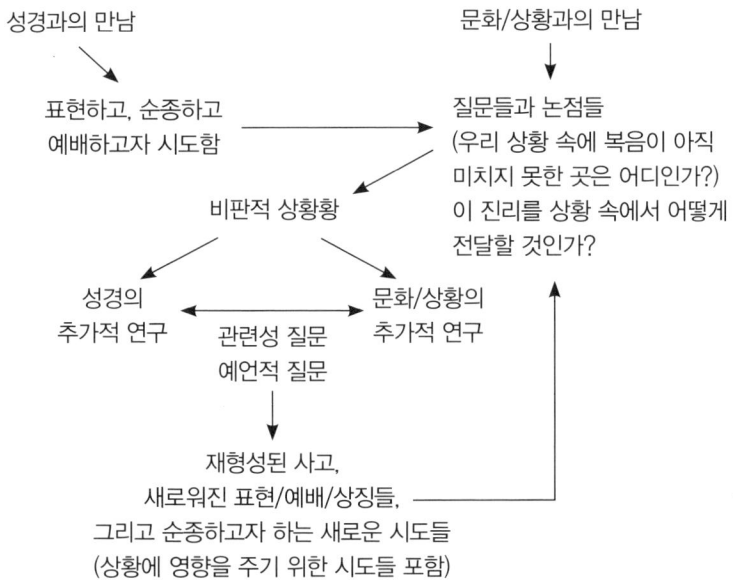

## 8. 포괄적인 상황화

상황화는 공식적인 신학 이상의 것을 포함한다. 그것은 중요한 성경적 주제들과 신학적 범주들을 전달하기 위한 지역적 가교들을 발견하는 것만으로는 충분치 않다. 그것은 또한 한 문화의 어떤 행동이나 의식들을 평가하고 비판적인 상황화를 하는 것만으로도 충분치 않다.

성경은 사회 모든 부분에 침투하고 문화의 모든 영역을 변혁시켜야만 한다. 교회의 모든 삶과 그리스도인의 생활은 성경적 진리를 분명하고도 설득력 있게 반영해야만 한다. 상황화는 반드시 포괄적이어야만 한다. 모로우(Moreau 2005, 2006)는 포괄적인 상황화가 다뤄야 할 일곱 가지 주요한 차원들을 제시하였다.

## 1) 교리적 혹은 철학적 차원

공식적 믿음과 교리들은 모든 상황 속에서 반드시 이해될 수 있는 방식으로 표현되어야만 한다. 모든 문화의 기본적인 신학적 질문들은 반드시 답변되어야만 한다. 즉 영의 세계, 하나님 혹은 신들, 인류, 창조, 그리고 이 모든 것들 사이의 관계는 무엇인가?

## 2) 윤리적/법적 차원

한 문화 안에서 어떤 규례, 법, 지침들이 사람의 행동을 규제하는가? 한 문화의 윤리적 차원들은 명시적이고도(예, 부모들은 십 대 자녀들에게 귀가시간을 설정하고, 빨간 불에 길을 건너지 않도록 주의를 준다) 또한 암시적이다(예, 업무회의 때 적절한 복장에 관한 기대). 성경은 윤리적 행위에 대한 명령과 지침들로 가득하고 모든 문화의 신자들은 자신들의 상황 속에서 그것들을 반드시 반영해야만 한다. 그들은 또한 자기 문화의 윤리적 지침들을 반드시 비판적으로 상황화해야 하며, 그것들을 유지하거나 폐기, 적응, 혹은 적절한 대안으로 대체해야 하는지를 결정해야만 한다.

## 3) 신화적 혹은 설화적 차원

모든 문화 안에서 신화들은 핵심 세계관을 반영하는 이야기들이다. 신화들은 역사적 진실이거나 혹은 거짓일 수 있지만, 그 이야기는 한 문화에 의해 그 문화의 믿음과 가치를 반영하는 것으로 소중히 여겨지는 이야기이다.

예를 들어, 미국인들은 조지 워싱턴이 소년이었을 때 자신이 도끼로 벚나무를 잘랐다고 아빠에게 솔직히 잘못을 인정했다는 이야기를 소중하게 여긴다. 그것이 역사적으로 진짜 일어났었는지 아닌지에 상관없이, 이 "신화"는 미국인들이 정직성의 가치를 소중히 여긴다는 것을 반영한다.

모든 문화의 신자들은 반드시 자기 사회의 신화들을 성경적으로 평가해야만 하고, 또한(역사적 진실인) 성경의 설화들이 자기 문화 속에 분명하고 영향력 있게 들려지도록 나타내야만 한다. C. S. 루이스(C. S. Lewis)의 『나니아』(*Narnia*) 이야기들은 성경적 진리를 신화적 형태로 탁월하게 상황화한 예이다.

### 4) 사회적 혹은 조직적 차원

인류학자들은 협회, 친족, 교육, 경제 조직들과 같은 광범위한 사회적 조직들을 인식하고 있다. 이러한 모든 사회적 조직들은 비판적 상황화를 통해 성경적으로 평가되어야만 한다. 리더십 스타일과 교육은 상황화를 위해 특별히 중요하다(Lingenfelter and Lingenfelter 2003; Lingenfelter 2008). 세계 곳곳의 학습 스타일도 매우 다양하다(Chang 1981; Pluddemann 1991). 선교사들은 교육과 리더십의 지역적 형태를 언제든지 배우고 활용해야만 하며, 특별히 새로운 신자들에게 자신들이 생각하는 최상의 학습방법을 강요하지 않는 것에 대해 반드시 주의를 기울여야만 한다.

### 5) 의식적(ritual) 차원

모든 문화는 고유한 의식으로 가득 차 있다. 그것이 로타리 클럽 가입식이든, 지역 교회가 성찬식을 행하는 형태이든, 아니면 장례식에서 죽은 이에게 적절한 예우를 표하는 관례든지 간에, 의식은 모든 문화 속에서 상태나 신분의 전환을 돕고 신념과 가치들을 상징화한다. 서구인들은 자신들 문화에서 의식들이 차지하는 중요성을 무시하는 경향이 있기 때문에 다른 문화들 속에서 그것들의 중요성 또한 평가 절하한다. 모든 문화의 신자들이 자기 사회의 의식들을 비판적으로 상황화하는 것은 필수적이다. 기독교 공동체에 의해 의식들이 생각 없이 수용되거나 거부될 때, 혼합주의는 교회 안에 재빨리 침투한다. 문화적 의식들은 반드시 사려 깊게 평가되어야만 하며, 기독교 의식들, 특히 성례전과 예배 형태들은 반드시 성경에도 맞고 각 상황에도 적합한 것으로 만들어져야만 한다 (Zahniser 1997을 보라).

### 6) 경험적 차원

모든 문화의 사람들은 영적 세계와의 만남을 다른 방식으로 이해하고 설명한다. 많은 문화들은 영적 세계에 대한 정교한 우주론을 발전시켜왔고, 꿈, 비전, 황홀경과 예언적 언급을 영적 세계로부터의 소통 방식으로 이해한다. 각 상황의 신자들은 이러한 경험들을 반드시 성경으로 평가하는 가운데, 실재와 신적 행동의 성경적 범주에 따른 자신들의 반응을 새롭게 형성해야만 한다.

### 7) 물질적 차원

교리적 차원 다음으로 물질적 차원은 아마도 과거의 상황화 논의에서 가장 철저하게 다루어졌던 영역일 것이다. 그것은 예술, 건축, 의상, 물품들을 포함한다. 아름답고도 다양한 기독교 예술, 조각, 성직자 복장, 음악, 문화적으로 적절한 건축이 세계 도처에서 발전되어 왔다. 종족 음악의 원리들은 신자들로 하여금 성경적인 진리를 반영하면서도 참으

> 아마도 선교에 있어 상황화의 가장 중요한 기능들 가운데 하나는 기독교를 이해하고 실천하고자 할 때 우리 자신이 특별한 지위를 가지고 있지 않다는 것을 일깨워주는 것이리라. 그것은 어떤 한 문화의 배타적인 재산이 될 수 없다.
>
> —Darrell Whiteman(1997, 4)

로 토착적인 음악 형태를 발전시키는 것을 돕도록 적용되었다(예, King et al. 2008). 현대 선교 학술지들과 웹사이트들은 물질적 차원의 계속적인 상황적 발전을 격려하기 위한 지역 예술과 음악의 구체적인 예들을 싣고 있다(예, Balisky 1997; Hatcher 2001; Chinchen and Chinchen 2002; Jordan and Tucker 2002; Moreau and O'Rear, 2002; www.mislinks.org/pratical/arts.htm).

이러한 차원들 각각에 대해 연관성 질문과 예언자적 질문을 던짐으로써, 신자들은 포괄적인 상황화가 이루어지도록 자극하여 성경적 신앙이 자기 문화의 모든 영역과 확실히 연결되도록 도울 수 있을 것이다.

## 9. 세계화된 신학(Globalizing Theology): 서로에게 배우기

21세기 신자들이 누리고 있는 풍성한 축복 중 하나는 예수의 교회가 참으로 세계화된 시기에 살고 있다는 것이다. 그리스도의 성숙한 추종자들이 지구 상의 모든 나라와 수천의 서로 다른 종족 그룹 가운데 살고 있다. 그러나 "첫 눈에 보기에 가장 커다란 세계 종교는 사실은 지역 종교이다"(Robert 2000, 56). 수없이 상이한 상황들 속에 세계적 교회가 존재하고 있다. 역으로 이러한 다양한 상황들은 교회의 신학과 실천을 다른 방식으로 형성하여 왔다. 중국의 가정 교회, 아프리카 농촌지역, 미국

교외지역, 혹은 라틴 아메리카 대도시의 신자들 사이에 예배 스타일, 신학적 성찰, 일상적 기독교인의 삶은 매우 다르다.

이러한 다양성이 우리에게 문제가 되어서는 안된다. 대신에 그것은 우리가 기뻐

> 다른 문화들로부터 온 그리스도인들은 우리 신앙을 부요하게 하거나 혹은 우리의 실수들을 바로잡도록 도와준다.
> 
> —Tite Tiénou(1993, 248)

해야 할 이유가 되어야 한다. 신자들이 우주적 교제를 향유하는 축복의 일부는 성장과 서로에게 배우는 것이다. 세계적 교회로부터 배우는 것은 단지 특권이 아니라 우선 사항이 되어야 한다. 왜냐하면 모든 상황 속에 있는 신자들은 성경적 진리의 다른 측면들을 볼 것이기 때문인데, 성경에 대한 우리 이해를 풍요롭게 하는 한 가지 방법은 서로에게 배우는 것이다. 그 결과는 신학의 진정한 세계화가 될 것이다.

세계화된 신학(globalizing theology)은 성경을 믿는 모든 그리스도인들에 의해 공유된 더 이상 축소될 수 없이 "간결화된" 신학이 아니다. 오히려 그것은 신학, 예배, 그리스도인의 삶에 관한 관점들을 나눔으로 우리로 하여금 서로 서로의 기독교적 경험을 **향상시키는** 것이다. 그 결과로 세계 도처의 우주적 교회에 의해 공유될 수 있는 더욱 풍요로운 빛깔과 깊고도 특유한 성질을 가진 신학과 실천이 나타날 것이다.

서구 그리스도인들은 이러한 신학적 대화에 자신들을 지도자로 간주하곤 한다. 하지만 다른 여느 교회와 마찬가지로 상황은 서구 그리스도인들로 하여금 어떤 성경적 통찰에 대하여 보지 못하도록 만든다. 아프리카, 아시아, 라틴 아메리카의 그리스도인들이 서구의 신자들에게 배워야하는 것처럼 그들 또한 다른 상황들 속에 있는 형제, 자매들로부터 배워야 한다. 세계 모든 지역의 신자들은 다른 상황 속에 살고 있는 신자

> 앞에 놓여있는 길은 비서구 신학이 아니라 서구 신학 이상의 것이다.
> —Kevin Vanhoozer(2006, 119)

들과 교류함으로 성경에 대한 자신들의 이해를 풍요롭게 만들고 맹점들을 교정할 수 있다. 열쇠는 모든 신자들이 겸손과 진정으로 배우고자 하는 정신을 가지는 것이다.

"모든 교회는 신학하는 데 있어서 학생과 교사가 되는 것을 반드시 배워야만 한다"(Conn 1984, 252).

세계화 신학(global theologizing)은 성경에 뿌리를 내리고 있지만, 다른 상황들도 신학적 과정에 있어서 반드시 영향을 미쳐야한다는 것을 인정한다. 다른 상황들 중 첫 번째 것은 **시대를 거쳐 내려온 기독교 공동체들의 역사적 유산**이다. 상황적 신학은 상황적 명확성과 연관성을 강조하지만 과거 세대의 신학을 무시할 만큼 강조하지는 않는다. 고대 신조들과 세계 도처에 있는 교회의 고백들은 이러한 역사적 유산의 아주 중요한 저장소이다. 그것들은 성경에 있는 하나님의 영원한 진리가 시간 속에서 검증되어 표현된 것이다.

> 그것들은 공통된 역사를 중심으로 우주적 교회가 연합하게 만드는 한편 성경적이고도 연관성있는 신학의 실례들로 작동한다(Strauss 2006a, 155).

그것들은 단지 서구교회들만의 재산은 아니다. 그것들은 세계 어디에 세워지게 되든지 그 교회를 위한 유산이다.

하지만 비록 "서구적 전통 안에서의 신학적 진술은 유럽이나 미국 안에서 만큼이나 아프리카 혹은 아시아에서 진실이지만 … 그것들이 반드시 모든 상황에서 똑같이 연관성이 있고, 이해할 만하거나 적합한 것은 아니다. 또한 이러한 신학적 진술들이 모든 것을 망라하는 것도 아니다"(Ott 2006, 312). 심지어 고대 신조들과 교회의 잘 검증된 고백들이라고 할지라도 그 자체가 특정 역사적 시대 안에서 형성된 상황적 신학들이다.

진리에 대한 그것들의 표현은 그 시대의 그리스도인들이 직면한 문제와 논점들을 향하고 있다. 그것들은 성경적 진리에 대한 정확한 반영으로서 중요한 기준점으로 남아있고, 모든 상황적 신학은 과거 세대의 성경을 믿는 그리스도인들로부터의 이러한 통찰에 의해 깊은 영향을 받아야만 한다. 하지만 그것들이 결코 오늘날 새롭게 신학하기(theologizing)에 있어서 출발점이 되어서는 안된다. 성경 자체가 출발점이 되어야만 한다.

> 우리는 앞서간 사람들의 어깨 위에 서지 않는 바보들이 될 수 있다. 하지만 누군가의 어깨 위에 서야 하는 이유가 있다면 그것은 현재의 상황적 실재에 대한 새로운 전망을 얻고 **더 멀리 보기** 위한 것이다(ibid.). 고대 신조들과 세계 도처 교회들의 많은 고백들은 반드시 **선택해야할 대안**(alternative)이 아니라 오히려 **더 충만한 신학적 이해**를 위한 것이다(ibid., 315).

둘째, 세계화 신학(global theologizing)은 **세계 도처에 있는 기독교 공동체들의 다양한 관점들**에 의해 영향을 받게 될 것이다.

아프리카인들은 서구인들에게 배울 것이고, 서구인들은 아시아인들에게 배울 것이며, 아시아인들은 라틴아메리카인들에게 배우고 라틴아메리카인들은 아프리카인들로부터 배울 것이다.

예를 들어, 아프리카 교회는 빈곤에 직면해서도 하나님을 기쁘게 의지하는 것과 공동체 안에서 신앙을 실천하는 것에 관하여 세계 나머지 지역의 교회에게 가르칠 것을 많이 가지고 있다. 라틴아메리카 교회는 경제 정의와 축제적 예배에 관하여 공유할 중요한 통찰을 가지고 있다. 아시아 교회는 소수 종교로서 다른 종교들과 관계 맺기에 대해 배운 것들을 전수할 수 있다. 모든 신자들은 다른 현대 문화에 속한 형제, 자매들로부터 그들이 배울 수 있는 것들을 배우는 것을 일생의 목표로 삼아야 한다.

지구촌의 신앙 공동체로부터 배우기 위한 첫 번째 방법은 우리를 방문하거나 우리 지역으로 이사 온 타문화권 신자들을 사귀는 것이다. 우리는 그들이 어떻게 그리스도께 나오게 되었는지, 어떻게 예배를 드리는지, 그들이 직면하고 있는 가장 심각한 문제들은 무엇인지에 대해 질문할 수 있다. 우리는 그들과 함께 성경을 공부하면서 그들이 본문에서 무엇을 보고 있는지를 관찰할 수 있다.

타문화권으로부터 온 신자들로부터 배우는 두 번째 방법은 그들이 어떻게 성경을 이해하는지에 대해 읽는 것이다. 보조 자료 11.3에는 타문화권 형제 자매들의 통찰들을 나누고 있는 최근에 나온 몇 권의 책들을 소개하고 있다. 이런 책들을 읽는 것은 우리 신학을 좀 더 온전하게 세계화하는 데 도움을 줄 것이다.

각 문화가 다른 문화권의 신자들로부터 반드시 배워야 할 뿐 아니라, 자신들 문화 안에 있는 **다른 사회경제적 및 교육적 계층**의 신자들로부터 또한 반드시 배워야만 한다. 부자 그리스도인들은 가난한 신자들의 성경적 식견을 반드시 들어야만 한다. 교육을 많이 받은 사람들은 덜 교육받은 사람들이 보여주는 성경적 진리의 함축된 식견을 배울 수 있다.

마지막으로 다른 그리스도인 공동체로부터 배운다는 것은 신자들이 **다른 신학적 전통**으로부터 배울 수 있다는 것을 의미한다. 강력한 개혁주의 전통의 신자들은 웨슬리안들에게 유익하게 듣고 배울 수 있는데, 자신의 개혁주의적 헌신을 희생시키거나 혹은 단지 그들을 논박하려고 하지 않고서도 그렇게 할 수 있다. 똑같은 진리가 오순절주의자, 세대주의자, 침례교도, 혹은 다른 어떤 신학 전통에 대해서도 적용된다.

세계 도처의 교회들이 지역적이고 상황적 신학들을 지속적으로 발전시킴으로, 세계화된 신학은 부요하게 되고 또한 향상될 것이다. 이러한 신학들을 나누는 것은 교회로 하여금 성경에 포함된 하나님의 진리를 이해하는 데 있어 더 부요하고, 더 온전한 이해를 가지도록 만들 것이고 그리스도의 몸의 각 지역적 표현이 혼합주의에 빠지는 것을 막아주는 역할을 하게 될 것이다.

> 우주적 교회는 전에 한 번도 경험해보지 못했고 이해하지 못했던 방식들로 복음을 이해하게 될 것이며, 따라서 하나님 나라에 대한 우리의 이해도 확장될 것이다(Whiteman 1997, 4).

---

**보조 자료 11.3**
**지구촌의 많은 상황들 속에 살고 있는 신자들로부터 배우기 위한 자료들**

* *Africa Bible Commentary*(Adeyemo 2006)
* *Global Dictionary of Theology: A Resource for the Worldwide Church*(Dyrness and KarkKainen 2008)
* *God's Global Mosaic: What We Can Learn form Christians around the World*(Chandler 2000)
* *Learning about Theology form the Third World*(Dyrness 1991)
* *Theology in the Context of World Christianity*(Tennent 2007)

## 10. 결론

잘 수행된 선교는 반드시 성경적으로 진실할 뿐 아니라 세계 도처의 셀 수 없이 다양한 인간 상황에 대해서도 진정성을 가진 것이 되어야만 한다. 성경적 모델은 하나님께서 자신을 먼저 그 백성에게 계시하셨을 때, 그들이 살고 있는 세상과 연결되는 방식으로 그분이 말씀하셨다는 것을 보여주고 있다.

예수 그리스도의 이야기는 모든 인간 상황 속에 좋은 소식으로 계속하여 전달되어야 하고 인간 사회 모든 영역에 깊은 영향을 미쳐야만 한다. 복음이 인간 경험의 모든 영역에 대해 말하지 않는 방식으로 전달될 때, 그들 문화와 상관없이 보이는 연약한 교회들이 나타나게 될 것이다.

모든 시대, 모든 문화의 사람들은 그들의 마음으로 이해되고 그들 감정에 깊이 다가오는 방식으로 복음을 들을 권리를 가지고 있다. 모든 신학과 실천이 성경에 뿌리를 내리고, 세계관 수준까지 침투하며, 상황의 모든 측면들과 교류하게 함으로써, 우리는 자신의 세계와 연결되며 또한 그것을 변화시키는 건강한 교회들이 확실히 나타나도록 도울 수 있다. 그 결과는 성경에 나타난 하나님의 계시를 좀 더 온전히 반영하는 더욱 강력한 세계적 교회가 될 것이다.

### 사례 연구
### 도둑잡기

마이크와 샌디*는 남미 한 국가에서 선교사로 사역했는데, 마이크는 선교진료소에서 의사로 일하였다. 어느 날 아침 마이크가 출타한 가운데 현지 간호사들이 진료소 문을 열었을 때, 거기에 도둑이 들었었다는 것을 발견하게 되었다. 흙 묻은 발자국들이 열린 욕실 창문으로 나있었다. 진료소의 현금박스는 사라졌다. 마이크가 돌아왔을 때, 간호사들은 그에게 자신들이 두 명의 지역 정부 당국자들에게 신고했다고 말했다. 그 두 사람은 지역에서 보안관과 재판관 역할을 하고 있었다. 마침 그 두 사람은 그 지역 복음주의 교회의 신자들이었다. 마이크는 그들이 범죄 수사에 있어 세련된 과학적 장비를 가지고 있지 않다는 것을 알았지만 그들이 범죄를 추적하고 도둑을 잡는 데 문화적으로 적합한 방법들을 가지고 있으리라고 믿었다.

며칠이 지난 뒤 마이크는 간호사들 중 한 사람과 이야기하다가 현금박스가 놓여있던 방 귀퉁이에 더러운 벽돌과 그 뒤에 비닐백이 놓여져 있음을 발견하였다.

"저게 뭐지요?"라고 간호사에게 물었다. "아, 그것은 도둑을 잡기 위한 보안관의 계획이에요." 라고 그녀는 대답했다.

마이크가 비닐 백을 열자 그는 소스라치게 놀랐다. 거기에 가시관을 두른 인간의 두개골이 나왔는데, 치아들 사이에는 두 개의 담배가 물려져 있었고, 바닥에는 코카나무 잎들이 뿌려져 있는 가운데 벽돌 위에는 촛불을 켰던 밀랍 자국이 남아있었다. 그 두 명의 공무원들이 지역 공동묘지에서 몇 개의 뼈들을 파낸 것이다. 그 후 그들은 두개골과 다른 비품들을 늘어놓고 의식을 행하였는데 그들은 그것이 도둑을 병들게 하여 그로 하여금 돈을 되돌려 주도록 만들 것이라고 믿었던 것이다.

\* 이야기는 사실이고 인물들의 이름은 바꾸었다.

◆ 성찰과 토의 ◆
① 무엇이 그리스도인 신자들로 하여금 이러한 애니미즘적 행위를 하도록 만들었을까?
② 당신은 마이크와 샌디에게 어떤 반응을 보이라고 조언할 것인가?
③ 적절한 성경적 상황화는 이런 논점들에 어떻게 대응할 것인가?

## 제12장
# 기독교와 타종교의 만남

―복음주의 종교신학을 위하여―

나(티모시)는 가끔 타자 연습 시간을 무척 좋아했던 1974년도의 고등학교 시절을 회상하곤 한다. 그 당시에는 내 생애에 있어서 앞으로 얼마나 많은 시간을 키보드 자판을 사용하는 데 보내야 하는지에 대해 상상도 하지 못했었다. 그 시절의 타자기는 수동 기계였기 때문에 타자치는 기술이 숙달하기까지는 많은 연습을 해야 했었다.

타자 연습은 언제나 일반적으로 가장 많이 사용하는 철자가 배열된 "기본 자리"에서부터 시작한다. 가장 적게 사용하는 철자일수록 기본 자리에서 먼 거리에 배치되어 있다. 키보드 자판 가운데서 가장 적게 사용했던 @라는 기호는 왼쪽 상단에 위치해 있는데 사람들은 심지어 왜 이 기호가 키보드에 있어야 하는지에 대해서 의문을 가지기도 했다. 그러나 전자메일 기술의 발달과 더불어 갑자기 가장 낯설고 소외되었던 이 자판이 가장 많이 사용하는 자판으로 그 지위가 격상되었다.

그동안 타종교와 기독교와의 관계에서 일어난 일들도 이와 비슷하다. 전통적인 기독교 국가들의 오랜 역사에서 타종교들은 거의 언제나 변방에 위치해 있었고 관심의 대상이 될 수 없었다. 종교적 다양성은 인류의 역사만큼이나 오래된 현상이었지만, 타종교에 대한 서구 기독교의 인식은 먼 나라의 낯선 이야기 정도에 불과했다.

그러나 갑작스런 세계화 현상과 함께 범세계적인 이주 현상, 다문화주의의 등장, 비기독교 권에서의 폭발적인 기독교의 성장, 그리고 9/11 사건 등으로 인해 기독교와 타종교들과의 관계가 기독교 진영의 가장 중요한 관심의 대상들 가운데 하나가 되기 시작했다.

이슬람의 모스크와 힌두교 사원, 그리고 불교의 사찰 등은 이제 서구 세계의 주요 도시들이라면 어디에서나 찾아볼 수 있다. 기독교 국가의 붕괴, 상대적 다원주의의 등장, 포스트모더니즘, 그리고 문화적 다양성이 대두되면서 종교들 사이에 서로가 진리라고 주장하며 경쟁과 갈등의 파도에 휩싸여 있다.

이 장은 세 부분으로 나뉘어져 있다.

첫째, 종교신학의 가장 대표적인 네 가지 관점들을 살펴볼 것이다.

둘째, 이 네 가지 관점들을 평가할 것이다.

셋째, 큰 틀에서 복음주의 종교신학을 제안할 것이다.

## 1. 고전적인 패러다임, 그리고 그 너머

앨런 레이스(Alan Race)는 1982년에 펴낸 『기독교와 종교 다원주의』(*Christians and Religious Pluralism*)에서 종교신학과 관련된 모든 논의는 주로 다원주의(pluralism), 포용주의(inclusivism), 그리고 배타주의(exclusivism)라는 세 가지 관점에서 이루어지고 있다고 주장한 바 있다. 그 후에 이 세 가지 관점은 로마가톨릭의 폴 니터(Paul Kntter)와 개신교의 존 힉(John Hick)에 의해 대중적으로 알려지기 시작했다.

이러한 용어들이 등장했던 초창기에는 주로 다원주의 학자들이 사용했지만 새빠르게 다양한 신학적 입장을 가진 학자들이 심지어 그 용어들을 그리 썩 좋아하지는 않았지만 대체로 받아들이기 시작했다. 복음주의자들은 비록 뒤늦게 종교신학에 관심을 갖기 시작했지만, 최근에는 이러한 용어들의 적절성과 관련하여 활발한 토론이 일어나고 있다(Netland 1991; 2001, 47-54; Yong 2002). 다른 여러 지역에서도 이 주제와 관련된 다양한 문헌들이 나오고 있는 것을 볼 때 이 주제에 관심 있는 학자들이 많이 있다는 사실을 알 수 있다(Tennent 2002).

최근에는 니터(2002)가 이 세 가지 관점들에 대한 용어를 변경했고, 네 번째 관점을 추가했다. 그는 배타주의를 "대체 모델"(replacement model)로, 포용주의를 "성취 모델"(fulfillment model)로 변경했다. 복음주의자들에게 있어서 가장 중요한 관심은 그가 근본주의, 복음주의, 그리고 오순절주의 등에서 주장하는 "완전 대체"(total replacement) 모델과 "부분 대체"(partial replacement) 모델 사이의 미묘한 차이를 구분했다는 것인데, 그는 부분적 대체 모델을 신복음주의와 동일시하였다. 그가 보기에 신복음주의자들은 타종교에 있어서 하나님의 임재의 가능성에 대해 더 열려 있고 하나님의 일반계시를 더 강하게 붙드는 자들이다.

그는 해럴드 네틀랜드(Harold Netland)를 "부분 대체" 모델을 주장하는 전형적인 복음주의 신학자로 분류한 바 있다(Netland 2002, 41). 니터는 다원주의를 "상호 관계 모델"(mutuality model)로 용어를 변경했고 존 힉이 이 모델에 속한다고 주장했다. 그러나 니터는 세계 종교들의 공통점을 찾고자 할 때 초래될 수 있는 본질적 상대주의, 피상적인 분석, 그리고 축소주의적 희화화(reductionistic caricatures) 등의 문제를 제기하며 존 힉을 이례적으로 신랄하게 비판한 바 있다.

힉은 네 번째 모델로 "수용 모델"(acceptance model)을 제안했는데, 이는 포스트모더니즘, 조지 린드백(George Lindbeck)의 후기 자유주의, 그리고 마크 하임(Mark Heim)이 주장한 다원적 구원론 등을 바탕으로 한다.

포스트모더니즘과 후기 자유주의 사상의 영향이 점점 더 커져감에 따라 우리는 이 네 가지 관점들을 이해할 뿐 아니라 오랫동안 기다려왔던 복음주의적 관점을 제시할 필요가 있다. 그러나 이 네 가지의 용어들이 각각의 관점들을 명확하게 대변하기보다는 미묘한 차이가 있는 다양한 관점들을 포괄적으로 분류하고 있다는 것을 이해해야 할 필요가 있다.

**1) 배타주의(혹은 대체 모델)**

일반적으로 보수적인 종교신학은 배타주의(exclusivism) 혹은 특정주의(particularism)로 분류된다. 때로는 제한주의(restrictivism)이나 기독론적 배타주의(Christocentric exclucivism)로 불리기도 한다. 다음 세 가지의 타협할 수 없는 신학적 관점을 주장한다면 배타주의에 해당한다.

첫째, 배타주의자들은 오직 예수 그리스도 한 분만 계시의 중심이고 규범이다.

따라서 다른 모든 종교들은 잘못된 것이라고 믿는다. 이 관점에 따르면, 요한복음 14:6; 사도행전 4:12; 요한일서 5:1-12 등의 성경 본문에 근거하여 예수 그리스도는 종교적 우주의 수많은 별들 가운데 하나에 불과한 존재가 아니며 세상의 유일한 빛이다. 그리스도를 믿지 않는 사람들은 바울이 말한 대로 "세상에서 소망이 없고 하나님도 없는 자들"(엡 2:12)이다.

둘째, 배타주의자들은 기독교 신앙의 본질은 인류 최대의 역사적 사건인 예수 그리스도의 죽음과 부활이라고 믿고 있다(행 2:31-32).

성경은 "하나님께서 그리스도 안에 계시사 세상을 자기와 화목하게"(고후 5:19) 하셨고, "그의 십자가의 피로 화평을 이루셨다"(골 1:20)라고 선포하고 있다.

셋째, 구원은 오직 그리스도의 십자가 사건에 대한 믿음과 회개를 통해서만 얻을 수 있고, 그리스도의 복음에 대한 명백한 회개와 믿음을 통하지 않으면 누구도 구원받을 수 없다고 믿는다(마 16:15-16; 요 3:16-18, 36).

핸드릭 크래머(Hendrick Kraemer)는 그의 잘 알려져 있는 유명한 저서『기독교 선교와 타종교』(*The Christian Message in a Non-Christian World*, 1938, CLC 刊)를 통해 배타주의에 대한 확고부동한 신학적 관점을 제시한 바 있다. 이 책은 1938년에 인도의 마드라스에서 개최된 세계 선교대회(World Missionary Conference)에서 논쟁을 불러 일으키고자 쓰여졌다. 그 후 크래머의 변증은 배타주의적 관점의 전형적인 주장으로 자리를 잡았다.

그는 기독교 신앙과 모든 타종교 신앙 사이의 관계를 "완전한 단절"(radical discontinuity)이라고 규정했다. 크래머는 "특별"계시와 "일반"계시의 구분을 거부했다. 그것이 기독교 복음의 선포 밖의 계시의 가능성을 허용할지도 모르기 때문이었다. 크래머가 일반계시를 거부한 것은 분명히 칼 바르트(Karl Bart)의 영향을 받았다. 그러나 1937년에 A. G. 호그(A. G. Hogg)가 레슬리 뉴비긴(Lesslie Newbigin)에게 쓴 편지에 나오는 비유를 빌려온다면, 바르트 신학이라는 황소가 도자기 상점에 피신한 현대주의의 투우사를 향해 돌진하여 수많은 값진 물건들을 파괴해 가며 투우사를 짓밟았다는 것이다(Sharpe 1971, 70). 바르트 신정통주의의 가장 큰 약점은 일반계시에 대한 올바른 신학을 갖지 못했다는 것이다.

크래머에게 있어서 예수 그리스도의 성육신은 "인류 역사의 가장 결정적인 순간"이었다(Kraemer 1938, 74). 예수 그리스도는 결정적인 하나님의 계시로서, 전 인류와 직면하고 "존재의 본질을 깨닫기 위한" 타종교와 철학들의 모든 다른 시도들을 능가한다(Kraemer 1938, 113).

크래머는 하나님과 인간 사이의 본질적인 차이를 무시하는 소위 "보편적 상대주의"(omnipresent relativism)를 비판했다. 이것은 "자연"과 "은혜" 혹은 "이성"과 "계시"의 철저한 분리를 의미하는 것이다.

론 내쉬(Ron Nash)는 배타주의 관점에 대한 보다 현대적인 해석을 제시한 바 있다(1994). 크래머와 달리 내쉬는 일반계시와 특별계시의 차이를 인정하지만 일반계시는 "인간을 하나님 앞에서 법적 책임을 가진 존재로 인식하게 하는 기능"을 갖고 있다고 주장했다(1994, 21, Demarest 1982, 69-70에서 재인용). 내쉬는 일반계시가 갖고 있는 구원의 능력에 대한 지나친 낙관적 관점을 드러내는 데는 기여했지만, 어떤 사람이 특별계시를 받는 데 있어서 일반계시가 어떤 역할을 하는가에 대해서는 명확한 입장을 제시하지 못했다.

### 2) 배타주의(혹은 부분적 대체 모델)

니터가 언급한 바와 같이, 배타주의 관점을 가진 사람들 중에는 위의 세 가지 타협할 수 없는 신학적 관점을 유지하고 있지만 기독교와 타종교 사이의 완전한 단절이나 타종교의 역할에 대한 철저한 부정 등에 대해서는 동의하지 않는 사람들도 있다. 이 견해를 가진 사람들은 일반계시의 역할과 기능에 대해 보다 폭넓게 인정하고 있다.

힌두교, 불교, 혹은 이슬람 등의 타종교들이나 일반계시를 통해 구원을 받을 수는 없지만 일부 배타주의자들은 하나님께서 모든 사람들이 일반계시를 통해 하나님과 인간에 대해 어느 정도는 알 수 있도록 허용해 주셨고 이 가운데 일부 진리는 성경적 계시에 부합할 때 연속성을 제공해 줄 수 있다고 보았다. 제럴드 맥더모트(Gerald McDermott, 2000)와 해럴드 네틀랜드(2001) 등이 이 견해를 지지하고 있다.

이 견해는 기독교의 진리와 일반계시를 통해 알 수 있는 진리 사이의 연관성을 부인하지 않지만, 타종교들은 그리스도의 계시의 중심성과 십자가에서의 그리스도의 구속 사역을 받아들이지 않기 때문에 궁극적으로 구원에 도달할 수 없다고 확신한다. 더 나아가 성경의 메시지는 비기독교의 종교적 경험이나 지식으로는 결코 경험할 수 없는 그리스도에 대한 믿음과 회개를 요청하고 있다고 믿는다.[1]

일부 배타주의자들은 전통적인 "성취신학"(fulfillment theology)을 지지한다. 성취신학은 19세기 말에 등장했지만 그 기원은 **로고스**(logos) 개념을 창의적으로 사용한 저스틴 마터(Justin Martyr) 시대인 2세기까지 거슬러 올라간다.

여기에서 말하는 "성취"는 니터가 포용주의를 설명할 때 사용하는 성취의 개념과 혼동하지 않아야 한다. 크래머의 주장과는 달리 성취신학의 중심 사상은 인간의 철학이나 종교와 기독교의 초월적인 신앙 사이의 연속성을 인정하는 것이다. 성취신학자들은 그리스도의 최종적 계시를 인정하면서도 하나님께서는 철학과 비기독교 종교들을 통해서도 사람들로 하여금 복음을 듣고 반응할 수 있도록 역사하신다는 것을 부인하지 않는다. 성취신학은 다윈의 진화론 사상을 과학, 사회학, 종교, 그리고 윤리학 등에 열광적으로 적용하기

> 하나님이나 그의 백성들이 죄인들을 천국에서 몰아내고 그들을 지옥으로 던질 것이라고 생각하지 말라. 왜냐하면 하나님은 사랑이시기에 아무도 지옥으로 던지지 않으셨고, 결코 그렇게 하지 않으실 것이다. 죄인의 악한 삶이 그를 지옥으로 데려갈 것이다. 인생의 끝이 다가오기 훨씬 전부터 천국과 지옥은 우리에게 가까이 와 있다. 자신의 선함이나 악한 성품에 따라 그의 천국이나 지옥이 각자의 마음 속에 와 있는 것이다.
>
> —Sadhu Sundar Singh(1922, 81)

---

[1] 현대의 배타주의에 대한 연구는 뉴포트(Newport, 1989)를 보라. 배타주의는 복음을 접하지 못했던 사람들의 운명은 오직 하나님만 알고 계시는 신비로 남겨두고 있다. 뉴비긴(Newbigin 1989)을 보라.

시작했던 19세기에 태어났다. 막스 뮐러(Max Müller, 1823-1900)는 성취 개념이 계시에 대한 기독교의 모든 주장을 손상시켰다고 보았고 종교의 기원을 보편적인 인간 경험의 표현으로 인식했다(M. Müller 1964를 보라). 모든 종교들은 하등 종교에서 고등 종교의 순서로 배열되었고, 기독교는 유일신 종교로서 그 정점에 위치해 있었다.

그러나 복음주의 진영에서 성취 개념을 받아들인 학자들과 선교사들이 있었다. 그 가운데 가장 잘 알려진 사람은 옥스포드대학교의 모니어 윌리엄스(Monier-Williams, 1819-1901)였다. 모니어 윌리엄스는 신적 계시로서의 역사적 기독교의 탁월성에 대해 주장했다. 그는 세계의 모든 비기독교 종교들이 복음의 진리를 만나게 되면 언젠가는 몰락할 수밖에 없을 것이라고 확신했다.

그러나 그는 기독교가 모든 종교들을 **논박했기**(refuted) 때문이 아니라, 기독교가 그 종교들을 **완성했기**(fulfilled) 때문에 궁극적으로 승리할 것이라는 관점에서 타종교에 대해 매우 긍정적인 태도를 보였다. 그는 모든 종교들 가운데 존재하는 우주적이며 하나님이 주신 본능과 욕구 그리고 열망이 기독교의 복음을 통해 성취될 것이라고 보았다. 힌두교의 강한 저항에 직면해 있던 인도의 선교 공동체는 20세기 초반의 성취 개념을 도입하여 진지하게 논의하기 시작했다.

당시의 가장 주목할 만하고 잘 표현된 성취 사상은 T. E. 슬레이터(T. E. Slate, 1902)와 J. N. 파쿠아르(J. N. Farquhar, 1913) 등 인도에서 사역한 선교사들로부터 왔다. 이들은 야심차게 힌두교 교리와 기독교 교리를 비교 분석하여 성취 사상을 정립한 바 있다. 파쿠아르는 힌두교의 핵심 사상과 열망이 기독교에서 비로소 최종적이고 완전하게 성취되었다고 주장함으로 힌두교와 기독교 사이의 갈등과 대립을 극복하고 서로 조화를 이루는 연속성을 구축하고자 했다. 그는 마태복음 5:17에 근거하여 그리스도께서 타종교를 파괴하기 위해서가 아니라 완전하게 하기 위해 오셨다고 주장했다.

복음주의 진영에서 성취신학은 크래머가 1938년에 펴낸 『기독교 선교와 타종교』의 등장과 함께 사라졌고, 이 책을 통해 기독교의 타종교에 대한 관점이 다시 엄격하고 완고해졌다. 자유주의 진영에서 지속적으로 이성주의적 전제들을 제기함에 따라 복음주의는 결속력을 더욱더 강화시켜 나갔다. 그러나 기독교의 우월성을 포기하지 않고도 타종교에 대한 급진적인 긍정적 평가를 내놓는 이른 바 포용주의로 알려져 있는 또 하나의 관점이 제기되고 있다.

### 3) 포용주의(혹은 새 성취 모델)

포용주의는 앞서 언급한 배타주의자들이 주장하는 세 가지의 타협할 수 없는 신학적 관점들 가운데 처음 두 가지의 관점에 동의한다. 따라서 포용주의자들은 오직 예수 그리스도께서 하나님의 최종적이고 권위 있는 계시라는 사실을 인정한다. 더 나아가 그들은 구원의 유일한 근원으로서의 그리스도의 십자가 사역의 중심성을 부인하지 않는다.

포용주의가 배타주의와 다른 점은 복음에 대한 우주적 접근과 예수 그리스도에 대한 개인적인 지식과 반응의 필요성에 대한 그들의 특정한 관점에 있다. 포용주의자들은 요한복음 3:16과 베드로후서 3:9 등에 근거하여 세상에 대한 하나님의 우주적인 사랑과 모든 사람들을 구원하고자 하는 그의 열정은 곧 모든 사람들이 구원받을 수 있어야 한다는 것을 의미하는 것이라고 주장한다.

포용주의자 가운데 한 사람인 스튜어트 해켓(Stuart Hackett)은 만약 모든 사람에게 예수 그리스도의 십자가의 구속 사역을 통해 구원받을 수 있는 기회가 주어졌다면 "모든 사람이 개인적으로 그 혜택을 받을 수 있는 자리에 있을 수 있어야 한다"고 주장했다(1984, 244). 다시 말하면 우주적인 기회의 제공은 곧 우주적인 접근의 제공을 의미한다는 것이다. 따라서, 전 세계의 대다수의 사람들이 복음의 메시지에 접근할 수 있는 기회가 주어져 있지 않기 때문에 포용주의자들은 일반계시, 역사 속에서의 하나님의 섭리적 활동, 그리고 심지어 타종교를 통해서도 구원의 혜택을 받을 수 있다고 주장하고 있다.

그들은 예수 그리스도의 십자가에서의 구속 사역이 구원을 위해 **존재론적으로** 필요한 것이지만 **인식론적으로** 반드시 필요한 것은 아니라고 말한다. 이는 곧 구원의 은혜를 받기 위해 반드시 개인적으로 그리스도를 알아야 할 필요는 없다는 것을 의미하는 것이다. 아마도 이러한 관점을 가장 잘 대변하고 있는 것은 "자기 탓 없이 그리스도의 복음과 그분의 교회를 모르지만 진실한 마음으로 하느님을 찾고 양심의 명령을 통하여 알게 된 하나님의 뜻을 은총의 영향 아래서 실천하려고 노력하는 사람은 영원한 구원을 얻을 수 있다"(*Lumen Gentium* 한글판, 101)라고 공표한 로마가톨릭의 제2차 바티칸 공의회의 **교회에 관한 교의 헌장**(*Constitution on the Church*)일 것이다.

포용주의자들은 일반적으로 하나님께서는 이스라엘과의 언약 밖에서도 일하실 뿐만 아니라 심지어 이방인들 가운데서 믿음과 구원의 역사가 일어났던 사례들을 주목하고 있다. 그 성경의 사례들로 멜기세덱(창 14장), 라합(수 2장), 니느웨 백성(욘 3장), 스바의 여왕(왕상 10장), 고넬료(행 10장) 등을 인용하기도 한다. 포용주의자들은 또한 "자기를 증언하지 아니하신 것이 아니니"(행 14:17)와 "이런 이들은 그 양심이 증거가 되어 … 그 마음에 새긴 율법의 행위를 나타내느니라"(롬 2:15) 등의 바울의 진술을 매우 중요한 성경적 근거로 제시하고 있다.

그들은 이 본문들을 특별계시를 받고 반응하기 위한 예비 단계라고 할 수 있는 **복음의 준비**(*preparatio evangelica*, 프레파라티오 에반겔리카) 그 이상의 의미가 있다고 해석하고 있다. 그들은 이 본문들이 그리스도께서 교회를 통해서 뿐만 아니라 창조와 역사 그리고 세계 종교들의 증거 등을 비롯한 수많은 알려지지 않은 방법으로도 일하신다는 독립적 구원론의 증거라고 주장하고 있다. 다시 말하면, 구원의 은혜가 특별계시를 통해서 뿐만 아니라 일반계시를 통해서도 주어질 수 있다는 것이다.

포용주의자들은 복음에 대한 보편적 접근과 일반계시의 확장된 효력에 대한 믿음에 따라 기독교인(Christian)과 믿는 자(believer)를 구분하기에 이르렀다. 둘 다 그리스도의 십자가 사역을 통해 구원을 받았지만 기독교인들은 이 진리에 대한 명확한 지식을 가진 반면 믿는 자들은 그리스도를 암시적으로만 경험했을 뿐이며 심지어 자신이 구원을 받은 것조차 깨닫지 못할 수도 있다는 것이다.

포용주의의 가장 대표적인 인물은 이러한 암시적인 믿는 자를 "익명의 그리스도인"(anonymous Christians)이라고 규정한 로마가톨릭 신학자인 칼 라너(Karl Rahner)이다. 제2차 바티칸 선언문에 따르면 "이것은 그리스도인만이 아니라 그 마음에서 은총이 보이지 않게 움직이고 있는 선의의 모든 사람에게도 들어맞는 말이다.

사실 그리스도께서는 모든 사람을 위하여 돌아가셨고 또 인간의 궁극 소명도 참으로 하나 곧 신적인 소명이므로 우리는 성령께서 하느님만이 아시는 방법으로 모든 사람에게 이 파스카 신비(그리스도의 고난, 죽음, 부활, 승천을 통한 구원 역사—역주)에 동참할 가능성을 주신다고 믿어야 한다"(현대 세계의 교회에 관한 사목 헌장『기쁨과 소망』22)고 천명하고 있다.

제2차 바티칸 공의회가 대부분의 칼 라너의 종교신학을 받아들였지만 "익명의 그리스도인"의 개념을 공식적으로 인정하지는 않았다. 따라서 라너의 포용주의와 로마가톨릭의 공식적인 교리 사이에는 다소간의 차이가 있다. 유진 힐만(Eugene Hillman, 1968)은 포용주의에 대해 좀 더 접근하기 쉽게 해주었고, 라이문도 파니카(Raimundo Panikkar, 1964)는 포용주의를 인도 상황에 적용한 인물로 잘 알려져 있다.

라너(1981; 1966-83. 제5권, 제6권)는 비기독교 종교들이 비록 오류를 포함하고 있지만 하나님께서 그것들을 자신의 은혜와 자비의 통로로 사용하고 있으며 궁극적으로는 그리스도의 구속 사역이 적용된다고 주장했다. 이 명시적-암시적 혹은 존재론적-인식론적 구분의 근거는 유대인과 관련이 있다. 라너는 구약성경의 믿음을 가진 유대인들이 그리스도에 대해 명시적으로 알 수 없었지만 그리스도를 통해 하나님과 화해하게 되었다고 주장했다.

예를 들면, 바울은 비록 이스라엘 백성들이 그리스도에 대해 명시적으로 알지 못했었지만 광야에서 방황하는 동안에도 그리스도가 동행했었다는 것이다(고전 10:4). 더 나아가, 이 원리가 그리스도가 이 땅에 오신 이후의 시대에 살고 있지만, 인식론적으로는 그리스도가 아직 오시지 않은 것처럼 살고 있는 이 세상의 모든 사람들에게 적용되어야 한다고 주장한다. 포용주의자들은 이런 상황에 처한 사람들에게 소망을 주고자 하는 것이다.

일부 개신교 지도자들이 제2차 바티칸 공의회가 보여준 새로운 관점에 몇 가지 조건을 내걸고 포용주의를 받아들였다. 존 샌더스(John Sanders, 1992)와 클라크 피녹(Clark Pinnock, 1992)는 개신교의 대표적인 포용주의자 학자들로 잘 알려져 있다.

### 4) 다원주의(혹은 상호 모델)

다원주의는 배타주의가 제기하고 있는 세 가지의 타협할 수 없는 신학적 관점들을 모두 거부한다. 폴 니터(Paul Knitter), 윌리엄 캔트웰 스미스(William Cantwell Smith), W. E. 호킹(W. E. Hocking), 그리고 존 힉(John Hick) 등과 같은 다원주의자들은 세계의 종교들이 구원에 도달하는 독자적인 방법들을 제시하고 있다고 주장한다. 종교들 사이에 서로 상충

되는 교리들은 객관적이고 규범적인 진리가 아닌 주관적인 경험으로 재조정함으로 서로 조화를 이룰 수 있다고 보는 것이다.

힉은 세계의 종교들은 "인간의 내면에 내제되어 있는 신적 실재(the Real)에 대한 서로 다른 인식과 개념을 그들의 고유한 방식으로 구현하고 있는 것"이라고 보았다(Hick 1989, 240). 그는 세계의 모든 종교들이 소위 "구원론적 공간"(soteriological space) 혹은 "인간이 구원/자유/궁극적 완성 등을 실현할 수 있는 방법"을 제시하고 있다고 말했다(ibid.). 다시 말하면, 기독교는 많은 종교들 가운데 하나일 뿐이기 때문에 최종적이거나 유일한 진리라는 어떤 주장도 할 수 없다는 것이다.

다원주의자들에 따르면, 기독교가 최고의 종교이거나 타종교의 완성은 아니라는 것이다. 이와 같이 신학적 배타성에 대한 모든 주장들은 그들의 급진적인 상대화 과정을 통해 무력화될 수밖에 없었다.

다원주의자 고든 카우프만(Gordon Kaufmann)은 배타주의적 관점은 우상숭배를 초래하고 타종교에 대한 신중한 접근을 불가능하게 한다고 비판했다. 대신에 그는 "우리는 기본적인 상징체계를 상대화하고 개방하는 방법을 찾아야 한다"라고 말했다(1987, 5). 힉은 기독교의 배태성에 대한 주장을 역사적 사실이 아닌 개인적 진술의 차원에서 급진적으로 재구성되어야 한다는 의미에서 신화라고 규정했다. 이 둘은 모두 세계의 모든 종교들에게 동일한 가치를 부여하는 신중심적 관점을 갖기 위해 기독교 신자들이 그리스도 중심적 관점을 포기해야 한다고 주장하고 있다(Hick and Knitter 1987).

배타주의나 포용주의와는 달리 다원주의자들은 성경 본문을 인용하는 것은 타종교들이 일종의 조정자의 역할을 기독교에 양보하는 결과를 초래할 수 있다는 이유로 그들의 관점을 입증하기 위해 성경을 사용하지 않는다. 신약성경은 기독교 신자들에게 권위가 있는 것과 마찬가지로 꾸란은 무슬림들에게 있어서 독립적인 권위를 갖고 있고, 베다 경전은 힌두고 신자들에게, 그리고 또 다른 종교 경전들은 그들의 종교에 있어서 동등한 권위를 부여하고 있다고 보는 것이다.

다원주의자들에게 있어서 유일한 보편적 규범은 어떤 특정한 종교 경전이 아닌 인간의 개인적인 경험인 것이다. 이러한 관점은 크래머를 비롯하여 대체로 일반계시를 소홀히 다루어 왔던 많은 학자들의 주장과 대조되는 것이다. 다원주의자들은 정반대의 극단적 방향에서 특별계시를 완전히 부인하거나 특별계시를 보편적인 종교 의식에 불과한 하나의 일반계시로 그 의미를 철저하게 격하시키고 있다.

### 5) 포스트모던, 수용 모델

앞서 언급한 바와 같이, 네 번째 모델은 전통적인 세 가지 패러다임에 포함되어 있지않다. 수용 모델은 우주 보편적인 진리는 존재하지 않을 뿐만 아니라 이런 주장을 하면 교만한 사람으로 간주하는 포스트모던 사상을 추구한다. 이 관점에 의하면 세계의 모든 종교들은 서로 근본적으로 다를 뿐만 아니라 깊은 차원에서는 모두 동일하다고 간주할 수 없다는 것이다. 조지 린드백(George Lindbeck, 1984)에 따르면, 각각의 종교들은 실재에 대한 총체적이고 종합적인 관점을 제시하기 때문에 비교하거나 공통점을 발견하기 위한 시도가 축소주의를 초래할 뿐이다. 다시 말하면, 수용 모델은 모든 종교들 사이의 단절성(incommensurability)을 강조하는 것이다.

니터는 로버트 프로스트(Robert Frost)의 "울타리가 튼튼해야 이웃 사이가 좋다"라는 유명한 말을 수용 모델을 이해하기 위한 하나의 비유로 사용하고 있다. 니터는 다음과 같이 말했다.

종교들은 서로 좋은 이웃이다. 각각의 종교들은 그들 자신의 마당을 갖고 있다. 모든 종교들이 공동으로 사용하고 있는 마당은 존재하지 않는다. 좋은 이웃이 되려면 각각의 종교는 그들의 마당을 청결하고 단정하게 잘 가꾸어야 한다"(2002, 183).

우리는 공통점을 찾기 위해 울타리를 넘어가지 않고도 "이웃"과 대화를 나눌 수 있다는 것이다(ibid.). 포스트모던 패러다임, 즉 수용 모델의 중심 역할을 담당하는 대화는 공통점을 찾거나 보편적 진리를 주장하지 않고 오직 서로 이야기를 나누는 것으로 축소된다. 린드백은 "모든 종교들이 "사랑"을 강조하는 것은 전혀 놀라운 일이 아니다"라고 말했다(Lindbeck 1984, 42).

마크 하임(Mark Heim, 2001)은 논리적 결론을 도출하기 위해 수용 모델을 채택하면서, 이 모델의 포스트모던 인식 체계는 다양한 종교들이 서로 다른 다양한 목표, 다양한 구원, 그리고 다양한 신적 존재들을 갖고 있다고 보는 것이다. 그는 전통적인 삼위일체 교리의 틀 안에서 이 모델을 주장하고 있다. 그는 기독교 신자들이 이미 하나님 안에서의 다원성을 인정하기 때문에 아마도 종교의 다원성은 그가 소위 "영원히 공존하는 진리" 혹은 "평행적 완전"(parallel perfections)을 허용하는 하나님 안에서의 관계의 다원성에 적합할 수 있다고 주장한다(Heim 2001, 175).

하나님께서 자신을 일괄적으로가 아닌 각 종교의 특수성에 따라 다양하게 계시하시기 때문에 각 종교의 신자들은 이 수용 모델을 통해 그들의 신앙의 독특성과 배타성을 확신할 수 있다는 것이다. 다원주의자들이 많이 사용하는 전형적인 비유인 "하나의 산에 올라가는 많은 길들"이 수용 모델에서는 "많은 산에 올라가는 많은 길들"로 대체된 것이다. 예수, 부처, 시바, 그리고 알라 가운데 누구도 완벽하게 혹은 배타적으로 계시하지 않았고, 모두가 신성의 무한한 다양성을 지니고 있기 때문에 모두 우주적 구원자들이라는 것이다.

## 2. 네 가지 관점에 대한 평가

우리의 평가는 지금까지 소개한 네 가지의 관점들에 대한 비평에서 시작하여 이러한 관점들이 형성되기까지의 기반이 된 주요 인식 체계들이 지닌 문제들을 탐구할 것이다.

### 1) 포스트모던, 수용 모델 평가

수용 모델은 표면적으로는 기독교 신자들에게 배타주의와 독특성의 용어를 되찾는 길을 제공해 주었기 때문에 배타주의적 관점으로 되돌아간 것처럼 보인다. 그러나 자세히 살펴보면 독특성이라는 용어를 다시 주장하고 있지만 이는 수용 모델의 몇 가지 중요한 약점들을 감추기 위한 가면에 불과하다는 사실을 알 수 있다.

첫째, **이 모델은 계시를 사회적으로 구성된 이야기로 재정의함으로써 진리의 본질인 객관적 계시를 거부한다.**

예를 들면, 이 모델은 기독교와 이슬람의 배타적 주장들을 모두 인정하면서, 서로 옳고 그름을 판단하는 것은 잘못된 것이라고 주장한다. 이와 같이 이 모델은 둘 다 옳아야 한다는 것을 전제로 한다.

그러나 자세히 살펴보면 이 같은 주장은 오직 진리에 대한 급진적인 재해석을 통해서만 가능해진다는 사실을 알 수 있다. 예를 들면, 기독교의 핵심 진리는 예수 그리스도의 성육신을 통해 하나님께서 자신을 계시하셨다는 것이다(요 1:14). 그러나 이슬람은 이러한 기독교의 가르침을 신성모독으로 간주하며 예수의 성육신을 믿는 것은 우상숭배의 **죄**(*shirk*)를 범하는 것이며, 이 죄는 용서받을 수 없다(*kabirah*)고 가르친다(꾸란 17:111, 19:35).

이제 객관적 진리의 관점에서 볼 때 예수께서 성육신했거나 성육신하지 않았어야 한다. 포스트모던적인 대답은 진리를 사회적으로 만들어진 비유에 불과한 것으로 바꾸어 놓았다. **진리**는 단지 수사학적인 표현이고 상상에 의한 창작물에 불과하며 기독교 신자들이 사용하는 성경에 적용될 수 없다고 주장한다.

따라서 이 모델은 종교 간의 공통된 진리의 가능성에 대한 탐구조차 할 수 없는 한계를 갖고 있다. 이 세상에 보편적인 진리란 존재하지 않으며 우리가 알고 있는 것들은 종교적 담론의 바다에 홀로 떠다니는 개인적인 이야기에 불과하다는 것이다.

**둘째, 이 모델은 매우 취약한 역사관을 갖고 있다.**

일부 철학과 종교들은 확고한 역사 인식을 필요로 하지 않는다. 예를 들면, 어느 유명한 불교 신자가 "만약 당신이 길에서 부처를 만난다면 그를 죽여야 한다"고 말한 바 있다. 이 충격적인 말의 핵심 논지는 부처의 역사성은 중요하지 않다는 것이다. 중요한 것은 이 세상에 부처가 준 **가르침**(dharma)이다.

반대로 이슬람과 유대교와 마찬가지로 기독교는 반복될 수 없는 특정한 역사적 사건을 바탕으로 세워졌다는 데 그 독특성이 있다. 예를 들면, 기독교 신자들은 예수 그리스도의 부활이 실제 역사에서 발생한 사건이라고 주장한다. 만약 그리스도가 역사적으로 다시 살아나지 않았다면 예수에 대한 모든 열정적인 헌신, 진정한 믿음, 그리고 예배는 한 순간에 부질없고 헛된 것이 되어 버릴 수밖에 없다. 이 때문에 바울은 "그리스도께서 다시 살아나신 일이 없으면 너희의 믿음도 헛되고 너희가 여전히 죄 가운데 있을 것이요"(고전 15:17)라고 증거했다.

그러나 수용 모델은 역사에 대한 포스트모던 사상의 회의론(skepticism)에 그 기초를 두고 있다. 부활과 성육신의 실제적 역사성은 확인되지 않았거나 확인할 수도 없는 것으로 의심한다. 포스트모더니즘의 가장 전형적인 문제는 모든 것이 가능하다고 말하지만 아무것도 확실한 것이 없다는 것이다. 그들에게 있어서 역사란 끝없는 편견과 추측의 한계를 넘어서지 못하기 때문에 끊임없이 변하는 것이다.

따라서 이 모델에 따르면 어느 종교도 역사적으로 거부되거나 검증될 수 없기 때문에 종교들의 고유한 주장은 모두 상호 공존을 위해 허용할 수밖에 없다. 린드백은 이 포스트모던 사상이 역사에 대한 기독교 신자들의 관점으로 자리잡는 데는 어려움이 있으며, 우리는 "문화적으로는 자리를 잡았지만 아직은 명확히 폐지되지 않은 어색한 과도기 단계"(1984, 134)에 있기 때문에 기독교 신자들이 이 모델을 수용하기까지는 시간이 더 필요할 것이라고 전망한 바 있다.

그러나 기독교는 기독교가 되기를 포기하지 않는 이상 역사로부터 분리될 수 없다. 사도적 믿음은 역사에 뿌리를 두고 있을 뿐만 아니라, 이 믿음은 종말론적 목표를 향해 움직이고 있는 역사의 본질을 증거하고 있다. 종말은 역사를 초월하지만 이미 역사 속에 들어 온 새 역사의 충만한 표징이다.

마지막으로, **이 수용 모델에 내제되어 있는 반정초주의**(antifoundationalism)**적 입장은 무분별한 상대주의를 초래한다.**

이 모델은 역사와 진리를 동시에 붕괴시킴으로써 세계 종교들의 다양한 주장들을 평가하거나 판단하는 기본적인 근거를 마련할 수 없게 만들었다.

어떤 사람이 무슬림, 기독교인, 사탄숭배자, 혹은 무신론자가 되고자 할 때 어떻게 선택할 수 있겠는가?

린드백조차도 이 선택은 "완전히 비이성적이고, 임의적이며 변덕스러운 기분이나 맹목적인 결정"에 불과하다고 했다(Lindbeck 1984, 130). 그는 "우주적 타당성의 기준"을 발견해야 할 필요를 인식하고 있지만, 다원화된 종교들 가운데서 어떤 기준을 찾아낼 수 있는 가능성은 거의 없다고 솔직하게 인정한 바 있다. 수용 모델을 주장하는 것 자체가 계몽주의의 망령이나 기독교 국가(Christendom)의 잔재가 그들 자신이 갖고 있던 메시지를 믿지 못하게 만든 것이다.

개념적으로 볼 때, "우주적 타당성의 기준"을 찾는 순간 수용 모델의 종말을 맞이하게 될 것이다. 이 기준이 바로 이 모델을 해체해버리는 철학적 용해제가 되어 버리기 때문이다.

다원주의자들은 산에 오르는 많은 길들을 인정하지만 적어도 **하나의** 산을 바라보고 있고, 일부 종교적 운동들은 사람들을 산에 오르게 하기보다는 내려가게 하고 있다고 지적하고 있다. 다원주의자들에게 있어서 **많은**(many) 종교들은 반드시 **아무**(any) 종교나 다를 의미하는 것은 아니다. 그러나 수용주의의 포스트모던 사상은 서로 연관성이 없이 끝없이 펼쳐져 있는 산들을 바라보고 있는 것이다. 우리에게 남아 있는 것은 오직 종교적 독자성 가운데 존재하는 극단적 상대주의뿐이다.

### 2) 다원주의(혹은 상호 모델) 평가

다원주의적 관점은 많은 난관에 직면해 있다.

첫째, 다원주의는 각 종교의 신자들의 실제적인 믿음이나 신앙생활에 대해 큰 의미를 부여하지 않는다.

예를 들면, 헌신적인 무슬림과 기독교 신자들은 그들 사이에 분명한 차이가 있음에도 불구하고 똑같이 취급하여 그들의 다양한 주장들의 독특성을 상대화하고 있다. 다원주의자들은 종교들의 실제적인 믿음이나 신앙생활의 차원을 넘어서서 그들을 가부장주의적 관점에서 볼 것을 제안한다. 이러한 종교들을 따르는 사람들은 그들의 초자연적인 믿음이 다원주의자들이 볼 때는 인간성에 대한 인간적 투영과 인식에 불과할 뿐이라는 것을 깨닫지 못하고 있다.

그러나 우리는 다원주의자들이 모든 다른 종교들을 바라볼 수 있는

"아르키메데스 점"(Archimedean point, 충분히 긴 지렛대와 장소만 주어진다면 지구도 들어 올릴 수 있다는 주장에서 유래된 것으로 탐구 주제를 객관적으로 지각할 수 있는 가설적 지점을 가리킨다-역주)을 발견했다고 어떻게 확신할 수 있는가?

다원주의 그 자체가 계몽주의의 칸트 철학에서 나온 또 하나의 특정한 관점은 아닌가?

둘째, **다원주의자의 "하나님"은 매우 모호하여 사실상 정체불명의 존재에 불과하다.**

다원주의자 존 힉은 기독교 신자들에게 실재(reality)에 대한 그리스도 중심적 관점을 포기할 것을 촉구하고 있다. 그러나 그는 "신중심적"(theocentric)이라는 매우 모호한 구심점을 만들고 자신이 동등하다고 간주했던 불교와 도교 등과 같은 신을 믿지 않는 종교들의 비위를 거슬리지 않기 위해 "하나님"이라는 단어조차 사용하지 않는다.

그 결과 힉의 "실재"(Real, 그는 "궁극적 실재"라는 용어를 선호한다.)는 그 의미가 너무 광범위하여 유대교와 이슬람 등의 엄격한 유신론적인 종교들과 불교와 도교 등의 무신론적 종교들을 모두 포용하고 있다. 힉의 "실재"는 예수 그리스도를 통해 나타난 하나님의 인격적 개념과 힌두교의 **니르구나 브라만**(Nirguna Brahman)의 비인격적 개념을 모두 포함하고 있다.

이러한 모호한 신적 실재의 개념은 우리에게 "하나님(God)"과 "하나님이 아닌(no-God) 것", 즉 알려져 있지도 않고, 알 수도 없을 뿐 아니라 누구도 종교적으로 체험할 수 없는 것 모두를 주고 있다. 왜냐하면 "신적 실재 그 자체가 종교적 체험의 직접적인 대상이 될 수 없기 때문이다. 오히려 신적 실재는 역사적으로나 문화적으로 제한된 수많은 현상들 가운데 하나 속에서 유한한 인간에 의해 경험되는 것이다"(Netland 2001, 224).

셋째, **다원주의는 궁극적으로 객관적 진리가 아닌 인간 경험의 주관**

성에 바탕을 두고 있다.

인간의 경험이 바로 모든 진리의 최종적 심판자인 것이다. 그러므로 계시는 더 이상 계시로서의 의미가 없다. 예를 들면, 그리스도의 신성은 우리의 반응을 요청하는 객관적인 진리가 아니라 모든 인간은 진리를 서로 다르게 인식하기 때문에 예수께서 제자들에게 보여주셨던 것은 우리에게 영향을 줄 수도 있고, 주지 않을 수도 있는 주관적인 표현에 불과한 것이다. 예를 들면, 힉은 그의 초창기 저술에서 구원을 "자기 중심성에서 실재 중심성으로의 이동"이라고 모호하게 정의한 바 있다(1995, 18).

이와 같은 무분별한 주관성은 신적 계시의 확신에 기초한 성경적 신학을 변화무쌍한 인간의 경험으로 대체하려고 하기 때문에 지지할 수 없는 것이다. 다원주의자들에게 있어서 종교는 더 이상 진리로서의 진리가 아니라 종교적 틈새시장을 공략하는 것에 불과하다. 다원주의자들은 진리의 문제를 모두 같은 범주로 분류한다. 조지 섬너(George Sumner)는 "시크교의 터번(turban)이나 티베트 불교의 마니차(prayer wheel), 혹은 힌두교와 불교의 신비한 주문(Mantra) 등은 모두 "소비자의 선호"에 의해 사용될 뿐이다"라고 말한 바 있다(Sumner 2004, 3).

### 3) 포용주의(혹은 새 성취 모델) 평가

포용주의가 예수 그리스도의 중심성과 구원을 위한 그의 죽음과 부활의 필연성을 강조한 것은 칭찬할 만하다. 더 나아가 포용주의는 라합과 나아만 등을 비롯하여 많은 언약의 경계 밖에 있던 사람들의 삶 가운데 하나님께서 어떻게 역사하셨는가를 명확하게 분별하고 있다. 일반계시와 특별계시의 관계에 대한 보다 긍정적인 관점은 크래머가 주장한 자연과 은혜의 완전한 분리의 문제를 해소할 수 있게 해 주었다.

이런 관점에서 볼 때 포용주의가 기독교 역사와 전통의 범위 밖으로 밀려나지는 않을 것이다. 아퀴나스의 중심 사상인 **"은총은 자연을 폐기하지 않고 완성한다"**(Gratia non tollit sed perficit naturam)는 선언은 일반계시에 대한 보다 열린 태도를 갖게 해 주었다. 그러나 포용주의는 역사적 기독교 신앙과 모순되는 추가적인 관점을 수용하고 있다.

첫째, 그리스도의 사역에 대한 존재론적 필요성과 회개와 믿음에 대한 인식론적 반응 사이를 갈라놓고자 하는 포용주의자들의 시도를 인정할 수 없다.

그들은 성경 본문을 매우 선별적으로 사용하는 경향을 보이고 있다. 예를 들면, 베드로후서 3:9에서 그들은 "아무도 멸망하지 아니하고"를 인용하지만 그 본문의 나머지 부분인 "다 회개하기에 이르기를 원하시느니라"는 관심을 갖지 않는다. 보편적 구원에 대한 하나님의 의지는 인간의 반응과 명백한 연관성을 갖고 있다.

포용주의자들은 로마서 10:18에 기록되어 있는 계시의 보편성에 대한 바울의 강력한 표현에서 계시의 "소리"가 "온 땅에 퍼졌고"라는 부분을 강조하지만, 이 말씀이 "누구든지 주의 이름을 부르는 자는 구원을 받으리라"(롬 10:13)는 말씀의 문맥 가운데서 선포되었다는 사실을 간과하고 있다. 바울은 보내는 교회와 보냄을 받은 사람들 사이의 연결 고리를 확립하여 사람들로 하여금 예수의 이름을 듣고, 믿고, 부르는 자들이 되게 했다(롬 10:14-15).

포용주의자들은 이 연결고리를 분리시켜 교회의 증거는 믿음을 갖는 데 있어서 반드시 필요한 것은 아니라고 주장하지만, 이것은 구원에 대한 암시적인 믿음이 예수 그리스도에 대한 명시적인 지식과는 연관이 없다는 것을 의미하는 것이다. 그러나 만약 포용주의자들의 관점이 사실이라면 기독교 교회들보다 비기독교 종교들이 더 많은 사람들을 그리스도께로 인도한다는 의미를 내포하고 있기 때문에 그리스도의 지상명령의 중요성은 약화될 수밖에 없는 것이다.

둘째, 포용주의자들이 모든 진정한 믿음의 대상이 암시적으로 그리스도에게 있다고 주장하는 것은 그 강조점을 그리스도에 대한 개인적인 반응에서 믿음의 대상과는 상관없는 믿음의 **경험**으로 이동하는 것이다.

이 관점은 크리쉬나(Krishna)를 믿는 힌두교인이나 아미타불(Amitabha)의 극락세계를 믿는 불교도, 혹은 예수 그리스도를 주님으로 믿는 기독교 신자들이 모두 동일하게 구원을 받을 수 있다고 보는 것이다.

힌두교에서 기독교로 개종하는 것은 크리쉬나를 배반하는 것이 아니라 그들이 그리스도도 함께 섬기고 있다는 것을 보여주는 것일 뿐이다. 니터는 포용주의에 대해 "교회의 목적은 사람들을 구원하여 새로운 길로 들어가게 하는 것이 아니라 안개를 걷어내어 그들이 더 선명하게 보고 안전하게 갈 수 있도록 하는 것이다"(Knitter 2002, 74)라고 말한 바 있다.

그러나 바울은 사도행전 20:21에서 "유대인과 헬라인들에게 하나님께 대한 회개와 우리 주 예수 그리스도께 대한 믿음을 증언한 것이라"라고 선포했다.

포용주의자들은 A.D. 754년에 프리지안 종교에 직면한 윈프리드(Wynfrith)에게 어떤 권면을 해 줄 수 있었겠는가?

윈프리드에게 북유럽의 신화에 나오는 땅의 신 뇨르드(Njord)에게 인간 제물을 바치는 것이 단순히 하나님의 어린 양의 예표이거나 상징일 뿐이라고 말할 수 있겠는가?

이 신화 속의 토르(Thor)는 진정으로 예수 그리스도의 또 다른 이름이었는가(Van Rooy 1985, 9)?

이것은 이드로, 나아만, 그리고 라합과 같은 유대교 언약의 밖에서 믿음을 갖게 된 구약의 인물들을 부정하는 것이 아니라 그들의 믿음의 대상이 과거에 숭배했던 이방의 신들이 아니라 명백하게 이스라엘의 하나님이었다는 것이다. 사도행전 17장에 언급된 바울의 유명한 연설은 구원에 대한 자연신학의 기초를 제공해 주는 본문이 아니라 "종교성이 매우 강한 이 사람들의 영적 갈급함에 주목하여 그들을 올바른 대상으로 인도하는 것이다"(Johnson 1992, 319).

**셋째, 포용주의는 구원론과 교회론을 지나치게 분리하고 있다.**

포용주의는 "누가 구원받을 수 있는가?"라는 질문에 대해 "더 큰 소망"의 대답을 제시하고 있다고 주장한다. 그러나 포용주의적 대답은 새 창조의 실재를 살아가는 구속적 공동체로서의 교회와 동떨어진 열정적인 구도자들에게 초점을 맞추고 있다. 오직 철저한 신약적 축소주의를 통해서만 신약성경의 성경적 구원을 하나님을 찾고 있는 구도자의 개인적 운명과 동일시 할 수 있다.

이 관점에 대해 칼 라너는 교회와 예전은 타종교의 신전이나 사원에서 모인 공동체들 가운데서도 신비로운 방식으로 구현되고 있다고 주장한 바 있다. 이와 같이 칼 라너는 익명의 그리스도인뿐만 아니라 익명의 공동체, 익명의 경전, 익명의 예전 등도 제시하고 있다. 라너의 주장은 구원론과 교회론의 재결합에 도움을 줄 수 있겠지만, 이는 라너가 힌두교, 이슬람, 혹은 기독교 공동체 사이의 차이를 인식하지 못하고 있기 때문에 교회론의 모든 의미를 파괴한 결과일 뿐이다.

넷째, 힌두교 신자, 무슬림, 혹은 불교 신자를 "익명의 그리스도인"이라고 부르는 것은 오랫동안 그 종교 신자들을 모독하는 것으로 간주되어 왔다.

외부자인 당신에게 다른 사람들의 종교적 경험에 대해 더 많이 그리고 더 깊이 이해하고 있다고 말한다면 이는 곧 그들의 행위와 신앙에 대한 그들 자신의 이해를 무시하는 패권주의의 잔재라고 할 수 있다. 크리쉬나를 숭배하는 힌두교인에게 "사실상 당신은 예수 그리스도를 예배하고 있지만 일시적인 인식론적 차이가 있을 뿐이다"라고 말하는 것은 가부장적인 발상이 아닐 수 없다.

불교 신자나 힌두교인이 기독교 신자를 "익명의 불교 신자" 혹은 "익명의 힌두교인"라고 말할 수도 있지 않겠는가?

사실상 일부 불교 신자들과 인도네시아의 여러 이슬람 분파들을 포함하여 일부 무슬림 신자들도 이런 주장을 펼치고 있고, 힌두교 라마 크리쉬나 신자들은 세계의 모든 종교들이 힌두교에 속해 있다고 주장하기도 한다.

### 4) 배타주의(혹은 대체/부분적 대체 모델) 평가

배타주의의 장점은 성경의 권위, 예수 그리스도의 유일성, 그리고 그의 죽음과 부활의 불가피성을 주장하는 것이다. 더 나아가 배타주의는 회개를 촉구하고 명확한 신앙의 대상인 예수 그리스도께로 돌아오는 것을 매우 중요하게 인식하고 있다. 배타주의는 역사적인 선언의 주요 신조들이 고대로부터 전해 내려온 것이라고 확신한다. 배타주의의 문제는 이 진리들의 중심성을 보존하고자 하는 열망이 다음 몇 가지의 잠재적인 오류들에게까지 과도하게 확대할 때 발생한다.

첫째, 특별계시와 그리스도의 유일성을 강조하고자 하는 열정 때문에 배타주의는 그리스도 이전의 하나님의 활동에 대해 충분히 인식하지 못하는 오류를 범할 수 있다.

예수 그리스도가 하나님의 자기 계시의 정점이라는 주장과 그가 하나님의 유일한 계시라고 말하는 것은 완전히 다른 것이다. 모든 일반계시는 궁극적으로 예수 그리스도를 나타내기 때문에 배타주의자들은 하나님께서 자신을 나타내기 위해 피조물과 인간의 마음에 심어주신 것으로부터 나오는 충고나 표적 등으로 인해 공격받을 필요가 없다.

우주가 경이로운 팽창을 보여줄 때나, 하나님을 갈망하는 고독한 사람의 심령 깊은 곳에서나, 인류 역사에 걸쳐 심오한 질문에 대한 해답을 추구했던 철학자나 신학자들의 사색 속에서 하나님은 자신을 나타내시는 데 있어서 피동적이거나 인색하지 않으시다. 이런 관점에서 볼 때 니터가 부분적 대체 모델이라고 규정한 바 있는 부분적으로 대체된 배타주의 모델이 극단적인 배타주의보다 월등히 나은 것이다.

둘째, 배타주의자들은 타종교의 질문이나 비판에 대해 정직하게 직면하지 못하고 방어적인 입장을 취해왔다.

초기 신자들은 이교도 집단들, 신비주의 종교들, 그리고 황제 숭배자들이 난립해 있는 상황 가운데서도 그리스도의 복음을 담대하게 전파했다. 사도들은 지상명령에 비추어 볼 때 배타주의자들의 방어적 특성을 이해하기 어려웠을 것이다. 쉽게 말하면, 선수들이 안전한 대기실에 머물러 있다면 경기에 참가할 수 없을 것이다. 기독교의 역사적 신조들은 우리가 숨을 피난처가 아니라 복음의 범세계적 선포를 위한 토대가 된다.

셋째, **배타주의자들은 타종교와 그들의 경전을 문화와 분리하여 불필요하게 차단했다.**

이것은 특별계시와 일반계시를 분리했을 뿐만 아니라 창조론과 구원론의 분리를 유발했다. 그 결과로 계몽주의 사상가 고트홀트 레싱(Gotthold Lessing, 1729-81)이 소위 "험한 도랑"(ugly ditch)라고 말한 피조물과 인간의 인식에 근거한 하나님에 대한 보편적 지식으로부터 특별계시와 역사의 특수성을 분리하게 된 것이다. 그러나 앞서 언급한 바와 같이 특별계시와 일반계시로부터 나온 수많은 진리가 타종교의 경전이나 세계관에 내포되어 있다(Tennent 2007을 보라).

## 3. 전통적 패러다임과 확장된 패러다임에 대한 재평가

### 1) 구조적 문제

전통적인 패러다임에는 니터가 제시한 새로운 분류 방법으로는 충분히 해결되지 않는 세 가지의 중요한 구조적인 문제들이 남아있다.

첫째, 이 세 가지 패러다임들의 핵심 논지들이 주로 구원론적 관점에서만 다루어져 왔다.

다시 말하면, 이 패러다임들은 "누가 구원받을 수 있는가?" 혹은 "복음을 듣지 못한 사람들의 운명은 어떻게 되는가?" 등의 질문에 대한 해답을 찾는 방향으로 논의가 이루어지고 있다.

이 질문들이 중요한 것은 사실이지만, 이 질문들을 성경에 나타나 있는 창조론적 그리고 종말론적 구원의 교리와 분리해서 다룰 때 신학적으로 그 의미가 축소될 수 있다.

둘째, 이 세 가지 패러다임들의 전체적인 관점들은 **특정한 종교적 전통**을 정당화하거나 부정하는 것으로 이해했다.

배타주의자들과 포용주의자들은 기독교의 우월성을 옹호하는 반면 다원주의자들과 포스트모더니즘을 주장하는 사람들은 모든 종교들이 동등한 가치를 지니고 있다고 믿는 것으로 이해하고 있다.

이 관점은 복음주의가 전체 혹은 부분적 대체 모델(배타주의)이라고 해석하는 니터의 주장에 잘 나타나 있다. 니터는 대체 모델이,

> 어느 종교가 더 거룩한가를 경쟁하도록 부추기고 있다. … 이 경쟁은 비즈니스의 세계처럼 자연스럽고 필요하며 도움이 된다. 당신이 만약 팔고자 하는 상품을 다른 사람이 파는 물건과 비슷하다고 소개한다면 효과적으로 팔 수 없을 것이다. … 따

라서 종교들이 경쟁하게 해야 한다(2002, 31).

그러나 복음주의자들은 **종교로서의** 기독교가 다른 모든 종교들보다 더 우월한 종교라고 주장하지 않는다. 복음주의자들은 예수 그리스도가 하나님의 계시의 핵심이라고 믿고 있다. 기독교는 다른 종교들과 마찬가지로 때로는 문화적인 이유로 같은 취급을 받기도 했고 다른 여느 종교와 마찬가지로 인간의 반역의 표현이 되기도 했다. 레슬리 뉴비긴(Lesslie Newbigin)은 로마서 3:23을 바탕으로 "하나님의 아들을 십자가에 못 박은 자는 하나님의 계시의 수호자들이었다"([1978] 1995, 170)라고 우리에게 상기시켜 주고 있다.

셋째, 계몽주의 프로젝트에서 나온 전통적인 패러다임은 종교 다원주의와는 전혀 다른 이해와 경험을 가진 대다수 세계의 교회들을 완전히 무시했다.

계몽주의가 종교적 진리에 대한 회의론을 주도했고, 그 영향은 지금까지 지속되고 있다. 독일 철학자 임마누엘 칸트(Immanuel Kant, 1724-1804)는 계몽주의를 "인간이 스스로 초래한 미숙함으로부터 벗어나는 것"이라고 정의한 바 있다. 칸트는 자연종교의 기반이 되는 보편적이고 이성적인 도덕성을 확립하고자 했다. 그는 특별계시에 근거한 어떤 형태의 특별성도 거부함으로써 종교와 관련하여 급진적인 상대주의의 문을 열어주었다.

그에게 있어서 종교는 보편적인 인간 경험의 한 부분에 해당하는 자연 종교를 설명하고 해석하는 수많은 대안들 가운데 하나에 불과했다. 계몽주의가 발전함에 따라 객관적인 진리로 받아들여져왔던 전통적인 기독교의 주장들은 더 이상 지지를 얻지 못했다.

이러한 발전은 종교 다원주의의 영향을 강하게 받고 있는 비서구 세계에서의 교회의 등장과는 대조적인 것이다. 조지 섬너(George Sumner)

는 "서구의 종교 다원주의는 서구 기독교에 만연해 있는 인식론적 질병의 증세를 보여주는 것이다"라고 지적한 바 있다(Sumner 2004, 5). 이와는 대조적으로, 비서구 세계의 종교 다원주의는 1세기의 상황과 비슷한 측면이 있다. 세계의 기독교는 일반적으로 서구 학자들보다 신학적으로는 더 보수적이고, 덜 개인주의적이며, 세계의 주요 종교의 신자들과 더 많은 교류를 하고 있다.

20여 년 동안 아시아에서 사역했던 필자(테넌트)는 비서구 세계의 기독교 신자들은 종교 다원주의적인 상황 가운데서 살 수 밖에 없음에도 불구하고 종교들을 "비슷한 종교적 공예품"이 아닌 예수 그리스도의 선포를 위한 실제적인 자극제로 본다는 것을 관찰한 바 있다(Sumner 2004, 3).

### 2) 아모스 용(Amos Yong)의 성령론적 접근

리전트대학교의 오순절 신학자 아모스 용은 보수파 신학자들의 전통적인 주장에 대한 대안적인 접근을 제시한 바 있다. 그는 『영 분별』(*Discerning the Spirits*, 2000), 『난국을 넘어』(*Beyond the Impasse*, 2003), 그리고 『환대와 타인』(*Hospitality and the Other*, 2008) 등에서 종교의 성령론적 신학으로 알려져 있는 대안적 접근을 제시했다. 그는 종교 다원주의자들이 종교신학을 신론에 대한 포괄적인 교리의 하위 분야로 규정한 것은 지나치게 낙관주의적 관점이라는 것을 지적하는 것으로 시작했다.

이와 마찬가지로 종교신학을 구원론의 범주에 넣는 것은 지나친 비관주의라는 것이다. 그는 또한 종교신학을 기독론의 범주로 제한할 때 우리는 타종교의 주장에 대해 잘 **방어**(*defensive*)할 수 있었지만, "말씀이 육신이 되신"(요 1:14) 특수성이 "모든 육체에 부어준 영"(행 2:17)의 보편성과도 균형을 이루어야 한다는 것을 인정하는 가운데 더 공격적(*offensive*)으로 대하는 데에 있어서는 효과가 적었다는 것이다.

하나의 대안으로서 용은 종교신학이 성령론에서 다루어져야 한다고 주장한다. 서구 신학이 성령론을 소홀이 다루어 온 것이 결국 타종교에서의 성령의 역사를 지나치게 부정적으로 인식하게 했다는 것이다. 그는 성령께서 하나님의 임재와 활동이 타종교에 어떻게 일어나게 했는가를 분별하는 방법에 대해 탐구했다.

용은 신적 임재, 신적 부재, 신적 활동이라는 세 가지의 기준을 제시했는데 이 기준은 교회가 하나님의 현존과 사역을 분별하거나 귀신적이거나 파괴적인 것을 거부할 수 있게 해 준다. 그는 최근의 글에서 성령은 우리로 하여금 종교적으로 다원화된 세상에서 주인으로서 긍정적으로 타종교를 대할 수 있도록 도움으로써 "하나님의 환대"(hospitality of God)를 실현하게 한다고 강조한 바 있다.

용은 오순절에 일어났던 다양한 방언을 언급하면서, 종교적 "타자"가 종교적으로 낯선 언어로 말을 해도 성령은 우리로 하여금 타종교 가운데서의 하나님의 임재와 사역을 이해하고 분별할 수 있게 해 준다고 주장한다.

용의 주장의 장점은 훨씬 더 폭넓은 신학의 범주에서 다루고 있는 그의 성령론적 접근에 있다. 그러나 한편으로는 세 가지의 중요한 약점을 지니고 있다.

첫째, 그의 주장은 그리스도의 중심성에서 벗어나 있다.

그의 본래 주장은 철저한 삼위일체적 종교신학을 전개하면서 성령론을 그 출발점으로 사용하는 것이었다. 그는 "성령론에서 출발하는 어떤 기독교 종교신학도 궁극적으로 기독론을 포함하거나 직면할 수밖에 없다"라고 주장한 바 있다(Yong 2003, 103).

그는 자신의 입장을 제시한 초기 단계에서 "최소한 일시적으로라도 구원론적 질문을 언급"하는 데 동의한 것이다(Yong 2003, 167). 그러나 그의 논지가 발전함에 따라, 그는 결코 기독론과 구원론의 중심성으로 완전히 돌아오지는 않은 것으로 보인다. 사실상, 그는 자신의 종교신학에서 기독론에 대한 "범주적 제한"(categorical constraints)을 강요하고 있는 것이다(Yong 2003, 167).

기독론의 기반이 부실하기 때문에 용의 주장은 타종교 신자들의 삶과 생각 속에 존재할 수 있는 귀신적이고 파괴적인 영들의 존재로부터 교회가 성령의 현존을 분별할 수 있는 능력을 키워줄 수 있는 신뢰할 만한 일련의 기준(criteria)을 만들어 내는가의 여부에 따라 성립이 되기도 하고 안 되기도 한다.

불행하게도 그의 세 가지 기준은 결국 너무 불분명하여 그의 야심찬 주장을 입증하기가 어렵다. 심지어 자신도 "영들을 분별하는 것은 원래 애매모호한 것"(Yong 2003, 159, 160)이라는 것과 어떤 종교적 활동도 신성하거나 인간적이거나 귀신적인 것을 완전히 분별하는 것은 불가능하다고 인정하고 있다(Yong 2003, 167).

둘째, 용의 주장은 종교적 전통과 조직들 사이의 굳어져버린 관계를 넘어서는 방법을 제시하지 못하고 있다.

복음적인 종교신학은 반드시 그리스도와 타종교들 사이의 긴장을 보여주어야 한다. 그러나 그의 입장은 관용성은 있지만 기독교의 우수성에 대한 복음주의의 전제를 배제하고 있다.

셋째, 용의 주장은 전통적인 패러다임들과 마찬가지로 전 세계의 교회들이 종교 다원주의를 어떻게 이해하고 있는가에 대해서는 충분히 고려하지 않고 있다.

그는 복음주의자들로 하여금 계몽주의의 큰 틀 안에서 또 하나의 견해를 제시하게 하는 차원에서의 새로운 종교신학을 찾기로 결정한 것이다. 그러나 기독교 구심점의 급격한 변화를 고려할 때 서구 기독교라는 한정된 청중들에게만 호소하는 것은 더 이상 충분하지 않다.

## 4. 복음주의 종교신학을 위하여

다음은 어떠한 형태의 복음주의 종교신학이라도 반드시 고려해야 할 다섯 가지의 표준 혹은 기준에 해당하는 것이다.

### 1) 복음주의 종교신학 형성을 위한 다섯 가지 기준

#### (1) 전문용어에 대한 주목
첫째, 다양한 관점들에 대한 전문용어나 명칭들은 반드시 서술적이면서도 실천적으로 이해되어야 한다.

어느 특정한 관점을 설명하기 위해 사용된 서술적 표현이나 문구는 그 관점을 따르는 사람들에게 정확하고 수용할 만한 것이어야 한다. 불행하게도 종교 간의 대화에 대한 입장들도 정직하게 표현되기보다는 희화화된 경우도 많았다.

더 나아가 특정한 입장을 지지하는 사람들이 무엇을 믿고 있는가에 대한 정적인 설명 뿐 아니라 타종교 신자들과의 관계 속에서 어떻게 행동하며 살아가고 있는가에 대한 설명도 반영해야 한다. 다시 말하면 종교신학은 단순히 서술적 그리고 교리적인 것뿐만 아니라 윤리적이고 관계적인 측면을 포함하고 있는 것이다.

#### (2) 기독론적 기초 위에 확립된 삼위일체 신학
둘째, 종교신학은 반드시 더 큰 삼위일체 신학의 일부가 되어야 한다.

많은 학자들이 그들의 종교신학을 삼위일체 신학의 큰 틀 안에서 다루고 있지만, 또한 기독론의 기초 위에서 논의해야 한다는 것도 인식해야 한다. 종교 간의 대화와 관련된 그들의 주장이 기독교 내부에서 나온 것이든 타종교에서 나온 것이든 상관없이 최종적인 분석에서는 결국 기독론이 진리를 평가하는 유일한 객관적 기준이 되기 때문이다.

### (3) 진리의 선포

셋째, 최근 들어 점점 더 많은 복음주의자들이 복음의 유일성에 대한 확신을 잃어가고 있다.

**배타성**(exclusivism)이라는 단어는 부정적인 의미를 지니고 있기 때문에 피하고 있는 추세이다. 더 나아가 우리는 주변의 문화적 다양성에 대한 상대주의적 분위기가 보편화되어 있는 시대에 살고 있다. 다만 "특수성의 걸림돌"(scandal of particularity)을 제거하기 위해서가 아니라 복음의 메시지의 본질을 타협하지 않고도 적절하게 표현하고자 하는 의도로 전문적인 용어를 만들어야 한다.

우리는 지금 상대주의가 단순히 하나의 이론적 원리가 아닌 도덕적인 문제로 인식되고 있는 상황 가운데서 복음을 전하고 있는 것이다. 오늘날의 종교 간의 대화의 등장으로 인한 가장 큰 문제는 성경의 계시에 근거를 둔 "진리"의 부재인 것이다. 오늘날의 긴장은 진리와 거짓의 문제가 아니라 관용과 불관용의 문제로 기울어지고 있다. 우리는 어려움을 감수하고서라도 진리의 언어를 되찾아야 할 필요가 있다.

### (4) 더 큰 신학적 상황가운데서의 토론

넷째, 복음주의 종교신학은 더 폭넓은 성경적 그리고 신학적 상황 가운데서 다루어야 한다.

이 기준들은 앞서 언급한 바 있는 세 가지의 타협할 수 없는 신학적 관점들(예수 그리스도의 유일성, 그의 죽음과 부활의 중심성, 그리고 회개와 믿음의 명시적인 응답의 필요성)의 중요성을 약화시키는 것으로 이해하지 않아야 하며, 전통적인 배타주의적 입장을 인정하는 것이어야 한다.

그러나 이러한 타협할 수 없는 신학적 관점들은 창조, 계시(일반계시와 특별계시), 인류학, 삼위일체, 기독론, 성령론, 교회론, 그리고 특히 종말론의 큰 틀 안에서 논의되어야 한다. 이 큰 신학적 틀은 지나치게 개인주의적이거나 신학적으로 축소주의적인 오류로부터 종교신학을 보호하는 데 도움을 줄 수 있다.

### (5) 종교 다원주의와 세계 기독교의 국제적 차원

다섯째, 복음주의 종교신학은 오늘날 전 세계의 종교 다원주의에 대한 서로 다른 이해와 인식의 맥락 가운데서 논의되어야 한다.

서구에서는 세계화, 이민, 그리고 기독교 국가(Christendom)의 붕괴 등이 오늘날의 지극히 상대주의적인 특성을 지닌 종교 다원주의를 등장하게 하였다.

종교 다원주의는 오늘날의 시대적 상황에 대한 단순한 서술적 진실(descriptive fact)이 아니라 "규범적 흥미(normative interests)의 충돌"이다(Soneson 1993, 137). 서구의 종교 다원주의는 일반적으로 종교에 대한 모든 논의들을 계몽주의 사상과 그 맥락을 같이하는 인류학의 하부 구조에 속하게 만들었다. 포스트모더니즘은 이성에 대한 계몽주의 사상과 진보의 필연성 등의 개념들을 거부하는 것과 마찬가지로 계시의 개념도 단호하게 거부한다. 그러나 대다수 세계에서는 종교 다원주의는 보다 더 **서술적**(*descriptive*) 진실에 가깝다.

대다수 세계에서의 기독교 신자들은 타종교 신자들과 더불어 살아가는 데 익숙해 있고, 그들은 이 다원주의 환경의 한 가운데서 그리스도의 규범적 탁월성을 드러내면서 살아가고 있다. 오늘날의 어떤 종교신학도 그와 같이 쇠퇴하고 있는 계몽주의 사상에 의해 논의되어서는 안 되고 범 세계 교회의 관점에서 논의되어야 한다.

## 2) 재정립한 전통적 패러다임 위에 종교신학 세우기

복음주의 종교신학은 니터가 지적한 바대로 비록 포스트모더니즘의 추세를 반영한 네 번째의 입장이 도움이 되고 그 중요성이 높아지기는 해도 전통적인 패러다임을 폐기할 필요가 없다. 전통적 혹은 수정된 패러다임은 지금까지의 논의가 진행되어 오게 한 출발점이었기 때문에 중요한 것이다. 그러나 "패러다임"(paradigm)이라는 것은 만약 그 내부에서 지속적으로 문제가 제기되고 있다면 재정립할 필요가 있다.

우리는 이 패러다임의 용어를 총체적으로 살펴보는 것으로 시작할 것이다. 우리는 첫째 기준을 유지하는 가운데 각각의 관점들로부터 배울 수 있는 것을 탐색할 뿐만 아니라 보다 더 서술적인 용어를 제시할 것이다(도표 12.1을 보라). 그 다음에는 전통적인 복음주의의 관점에 초점을 맞추어 다른 관점들이 어떻게 복음주의 종교신학을 강화하는 데 도움이 되는가를 입증할 것이다.

**도형 12.1 종교신학의 용어 분류 제안**

| 전통적 분류 | 배타주의 | | 포용주의 | 다원주의 | |
|---|---|---|---|---|---|
| 니터의 분류 | 대체 모델 | | 성취 모델 | 상호 모델 | 수용 모델 |
| | 완전한 대체 | 부분 대체 | | | |
| 제안 | 계시적 특별주의 | | 보편적 포용주의 | 대화적 다원주의 | 내러티브 포스트모더니즘 |

첫째, 복음주의 종교신학은 더 정교하게 만들어진 용어들을 수용하면서 동시에 종교 간의 만남을 통해 의견을 교환하는 가운데 서로의 관점에 대해 실천적인 교훈을 배울 수 있다는 것을 인정해야 한다.

우리는 이 첫째 원칙을 유지하면서 각각의 패러다임이 주장하는 바를 고려하여 다음과 같은 변화를 제안한다. 우리는 서술적으로 더욱더 정확할 뿐만 아니라 각각의 패러다임을 따르는 사람들이 인정하는 용어를 만들기 위해 노력하고 있다.

**배타주의**(Exclusivism)는 계시적 특별주의(Revelatory Particularism)로 변경되어야 한다. "계시적"(revelatory)이라는 단어는 복음주의적 관점에서 성경과 예수 그리스도 안에 나타난 계시의 중요성을 강조하는 것이다. 복음주의 종교신학은 성경 계시의 규범적 본질이나 예수 그리스도의 최종적 절대성을 결코 양보할 수 없다.

**특별주의**(particularism)는 우리의 핵심적인 주제인 예수 그리스도의 절대성을 강조하는 것으로서 배타주의보다 더 적절한 용어이다. 이 때의 배타주의는 그 의도의 초점이 예수 그리스도의 절대성과 중심성보다는 인간의 배타성을 뜻하는 것으로 오해될 수도 있는 것이다.

또한 **특별주의**라는 용어는 그리스도 중심적이지만 성육신의 역사성이 결여되어 실제로는 예수 그리스도의 사도적 선포와는 연관성이 없는 우주적 그리스도(cosmic Christ)의 개념을 지나치게 강조하는 주장들로부터 복음주의를 보호해 주기도 한다.

**포용주의**는 **보편적 포용주의**(Universal Inclusivism)로 변경해야 한다. 이 용어는 포용주의 관점의 중심에 자리 잡고 있는 보편성을 강조하면서 복음의 메시지에 대한 개인적인 반응의 인식론적 필요성을 배제해버렸다. 포용주의는 우리에게 하나님의 계시가 성경의 계시의 전제를 넘어선다는 것을 상기시켜주는 실천적 기능이 있다.

종교개혁가 존 칼빈은 하나님 자신이 "모든 사람에게 하나님의 신성에 대해 인식할 수 있는 능력을 부여하셨고, 그 인식을 지속적으로 새롭게 하시고 때로는 확장하신다"라고 주장한 바 있다([1560] 1960, 43, XX. 1.3.1.). 이와 관련해서 칼빈은 "신 지식"(*sensus divinitatis*, 센수스 디비니타

티스)과 보편적 "종교의 씨앗"(semen religionis, 세멘 렐리기오니스)에 대해 언급했다.

어거스틴도 그의 『고백록』(Confessions)에서 불신자들에게도 내재되어 있는 하나님의 "사랑의 기억"(loving memory)에 대해 말하고 있다(1998, 128, 7.17.23). 일반계시가 특별계시를 삼켜버리지 않도록 조심해야 하지만, 우리는 이 둘 사이의 연속성이나 심지어 타종교들과의 관계 속에 내포되어 있는 기본적인 진리를 포기하거나 하나님께서 그들에게도 자신을 나타내셨다는 사실을 잊지 말아야 한다.

다원주의(Pluralism)란 말은 개방성과 겸손으로 종교적 타자들을 대하고자 하는 실천적 관심을 반영하는 **대화적 다원주의**(Dialogic Pluralism)란 용어로 바뀌어야 한다. 복음주의자들은 타종교와의 대화를 경계하고 타종교 신자들의 솔직한 질문이나 반대 견해에 대해 지나치게 방어적인 입장을 취하는 경향이 있다. 복음주의 저술가인 제럴드 맥더모트(Gerald McDermott 2000)는 우리가 세계의 다양한 종교 신자들과 진솔한 대화를 나눌 때 많은 것을 배울 수 있다는 것을 보여주었다.

또한 니터의 포스트모던 "수용"(acceptance) 모델은 **내러티브 포스트모더니즘**(narrative postmodernism)으로 이름을 바꾸어야 한다. 비록 포스트모더니즘의 세계관은 성경의 계시와 매우 큰 차이가 있지만, "내러티브"(narrative, 혹은 "이야기"-역주)에 대한 강조는 매우 유용한 것이다.

복음주의자들은 복음의 메시지를 교리적 전제들과 동일시하는 경향을 보여 왔고, 그리스도의 복음에 대한 선포와 우리의 삶이 그 복음과 무수한 방식으로 상호작용하는 것에 대해서는 필요 이상으로 분리해 온 것도 사실이다. 우리는 우리가 만나는 사람들의 개인적인 신앙에 대한 이야기에 귀를 기울여야 하고, 심지어 우리가 그들의 이야기들을 더 큰 복음의 이야기와 연결시키려고 할 때도 그렇게 해야 한다.

복음주의 종교신학은 각각의 입장이 갖고 있는 장점들을 포용해야 한다. 우리는 다원주의자들의 특징인 개방성의 "환대"(hospitality)를 배워야 한다. 우리는 **하나님의 선교**(*missio Dei*)가 교회의 선교와 증거의 특별성을 초월한다는 사실을 보고자 하는 포용주의자들의 열망을 배워야 한다. 우리는 복음을 전할 때 성경과 개인의 이야기의 중요성을 고려해야 한다. 나머지 네 가지의 기준은 계시적 복음주의라는 새로운 명칭으로 알려져 있는 복음주의적 관점에 적용될 수 있다.

둘째, **계시적 특별주의는 삼위일체 신학의 바탕 위에 확립되어야 한다.** 삼위일체 교리가 모든 기독교 신학화의 기초이며 목표이기 때문에 이 두 번째 기준의 적용은 우리에게 기독교의 복음을 삼위일체 교리와 분리해서 이해할 수 없다는 사실을 상기시켜 준다. 이것은 기독교 선포의 완벽함을 제시하는 큰 신학적 틀 내에서 모든 종교 간의 대화와 종교 내의 대화를 유지하는 가장 실제적인 방법이다.

성부 하나님은 모든 계시의 근원이다. 이 사실은 특별주의를 창조론과 연결시키고 일반계시의 확고한 입장을 유지할 수 있도록 돕는다. 우리는 모든 종교는 다양한 방식으로 "하나님의 조용한 사역"(the silent work of God)을 내포하고 있다고 확신할 수 있다(Bavinck 1966, 200). 종교들은 인간의 마음속에 내재된 하나님의 활동과 하나님을 찾는 인간의 열망을 보여준다. 종교들은 또한 심지어 종교적인 활동이라는 가면 속에서 하나님으로부터 도피하고자 하는 인간의 끊임없는 시도를 보여주고 있다. 칼빈 쉥크(Calvin Shenk)가 지적한 바와 같이 인간의 종교는 "도움에 대한 갈망과 자기합리화"의 양면성을 지니고 있다(Shenk 1997, 75).

종교개혁가들은 타종교들은 "율법"의 고전적인 역할 중의 하나를 수행함으로써, 즉 신자들의 삶에 있어 절망과 답이 없는 질문들을 야기함으로써 그들이 마침내 하나님의 은혜의 복음으로 나오게 할 수 있다는 의미에서 타종교에 "율법과 복음"의 주제를 지혜롭게 적용했다. 테리 티센(Terry Tiessen)은 마리아수사이 다바모니(Mariasuasai Dhavamony)의 연구를 참고하여 우주적 종교들은 피조물 안에 있는 하나님의 계시에 주목하고, 윤리적 종교들은 인간의 의식 속에 내재된 신적 절대성을 추구하고, 구원의 종교들은 타락에 대한 인식과 구원의 필요에 대한 반응에 집중하고 있다고 분석했다(Tiessen 2007, 167-68).

성령 하나님은 새 창조의 주도자로서 종말의 상황에서 계시적 특별주의가 실현되도록 돕는다. 기독교 신자들에게 있어서 구원은 칭의 교리 이상의 의미가 있다. 구원은 우리를 완전한 새로운 피조물이 되게 하는 것이며 이 일은 현재의 질서에 이미 도래해 있는 것이다. 이 구원은 문화의 모든 영역에도 영향을 끼치는 것이다.

삼위일체의 핵심인 예수 그리스도는 하나님의 계시의 정점이며 모든 것을 판정하는 궁극적 기준이다. 기독교와 타종교를 비교하고 대조하기보다는 기독교를 포함한 모든 종교들은 새로운 피조물의 전형이신 예수 그리스도의 계시와 비교하여 평가되어야 한다. 그렇기 때문에 복음주의 종교신학은 삼위일체적이며 동시에 그리스도 중심적이어야 하는 것이다.

이 기준은 두 종교들 사이의 교리와 실천 사항들을 비교하는 종교 간의 대화를 실천하는 데 있어서 중요한 의미를 갖고 있다. 예를 들면, 만약 어느 힌두교인과 기독교 신자가 업보(karma)에 대해 대화를 나눈다면 기독교 신자의 의미 있는 응답은 업보 교리를 예수 그리스도 안에 있는 은혜의 선포와 연결하는 것이다. 무슬림과 기독교 신자가 꾸란과 성경의 계시를 비교할 때 만약 기독교 신자가 예수 그리스도가 계시의 정점이라는 것을 제시하지 않는다면 그것은 일종의 신학적 축소주의에 불과할 것이다.

요약하면, 삼위일체, 특히 예수 그리스도는 모든 기독교 신학의 중심이다. 그리스도의 특별성은 하나님의 "신성이 육체를 입음으로 무한에서 유한으로 진입"한 실제적인 역사적 개입을 주장하기 때문에 매우 중요하다(Holloway 1982, 5). 항상 "주체"이시며 결코 "객체"가 될 수 없으신 하나님께서 자발적으로 우리가 볼 수 있고, 만질 수 있고, 관찰할 수 있는 "객체"가 되신 것이다.

그렇기 때문에 그리스도는 삼위일체 하나님 전체의 궁극적 계시인 것이다. 예수 그리스도의 삶과 사역은 성령 하나님으로부터 능력을 부여받았고, 그분은 "나를 본 자는 아버지를 보았거늘"(요 14:9)이라고 선포하셨다.

**셋째, 계시적 특별주의는 성경이 하나님의 자기 계시의 중심이라는 대 원칙을 받아들인다.**

하나님께서는 타락한 인간에게 육신이 되신 말씀으로 뿐만 아니라 기록된 말씀으로도 자신을 나타내신다. 계시적 특별주의자들은 "모든 성경은 하나님의 감동으로 된 것"이기 때문에 "교훈과 책망과 바르게 함과 의로 교육하기에 유익"한 것으로 조건없이 확증한다(딤후 3:16).

이 셋째 원리는 일반계시의 모든 통찰과 혹은 타종교의 어떤 특정 주장이라도 성경의 계시와 예수 그리스도의 인성과 사역으로 평가되어야 한다는 것을 강조하는 것이다. 명제적인 계시에 대한 확고한 믿음은 우리를 상대주의와 끊임없는 논란의 함정, 혹은 더 나아가 종교란 세상의 종교 시장에 널려있는 실용적인 상품에 불과하다는 입장으로부터 벗어나게 해주는 가장 확실한 길이다.

앞서 언급한 바와 같이, 계시적 특별주의는 세 가지의 타협할 수 없는 진리들에 대한 믿음을 갖고 있는 것만으로는 충분하지 않다. 복음주의 종교신학은 더 큰 틀의 성경 전체의 증거 안에서 표현되어야 한다. 더 나아가 우리는 복음이 선포되어야 할 좋은 소식이라는 사실을 항상 기억해야 한다. 우리는 타종교와의 대화 가운데서도 예수 그리스도를 증거하도록 부르심을 받았다.

**넷째, 계시적 특별주의 입장은 하나님의 선교**(missio Dei)**에 기초하여 종교신학을 확립하고 있다.**

이 원리를 유지하는 가운데 하나님의 선교를 통해서만 종교신학이 성경적 신학의 전체적인 틀과 연결될 수 있다. 하나님의 선교의 핵심은 하나님께서 모든 민족을 구원하고 복을 주시기 위해 말씀과 행동으로 선교하신다는 것이다.

이런 의미에서, 케빈 밴후저(Kevin Vanhoozer)는 하나님의 자기 계시가 근본적으로 신적 드라마(theodramatic)라고 주장한 바 있다. 다시 말하면, 기독교의 계시는 이슬람과 마찬가지로 인간의 문화와 상황과 밀접한 연관성을 갖고 있다. 하나님께서는 인간의 삶의 현장에 들어와 개입하시며 감격적인 선교를 펼쳐나가신다. 복음은 인간이 상상도 할 수 없었던 가장 위대한 드라마이다. 이 신성한 신적 드라마는 창조와 타락의 결과를 초래한 하나님의 통치에 대한 인간의 반응으로 시작된다.

하나님은 인간의 타락에 대한 응답으로서 아브라함과 모든 민족에게 복을 주시겠다는 구속적 언약을 맺으셨다. 하나님의 자기 계시가 펼쳐진 극장은 칼빈이 "하나님의 영광의 극장"(*theatrum gloriae Dei*, [1560] 1960, 156, 293, 1.14.20, 2.6.1)이라고 말한 바 있는 인간의 역사라고 하는 무대이다. 창조, 구속, 그리고 새 창조의 드라마에서 하나님 자신이 주인공이시다. 하나님이 이스라엘을 애굽에서 구하신 사건은 하나님이 전 인류를 구속하시겠다는 더 깊은 차원의 구원에 대한 하나의 모형인 것이다.

밴후저는 하나님의 드라마가 펼쳐질 때 많은 극적인 긴장감을 느끼면서 하나님이 모든 민족들에게 복을 주시겠다고 아브라함에게 하신 약속을 어떻게 지키실 것인가에 대해 궁금증이 더해 갔다고 말한다. 예수 그리스도의 죽음과 부활이 바로 모든 긴장에 대한 해답이었다(Vanhoozer 2005, 42). 죄와 죽음은 물러나고 새 창조의 역사가 시작되었으며, 성령을 보내어 하나님의 구속 계획의 드라마를 계속 펼쳐 나가신다.

복음주의 종교신학은 언제나 하나님의 선교의 거대한 드라마 속에 자리 잡아야 한다.

**다섯째, 계시적 특별주의는 복음적이며 동시에 보편적이어야 한다.**

복음적이라는 것은 그리스도의 중심성, 기독교의 역사적 정통성, 복음 선포의 긴급성, 회개와 믿음의 요청 등에 헌신하는 것을 의미한다. 우리는 전 세계에 걸쳐 그리스도의 몸의 지체들과 연합해야 한다는 의미에서 보편적이어야 한다. 그리스도의 중심성과 성경의 정경성을 유지하는 가운데 활발한 연합 운동에 헌신할 때 모든 교회는 더욱더 강건해질 것이다. 우리는 "오직 하나의 복음이 많은 신자들과의 대화를 가장 풍요롭게 만들 수 있다"는 것을 믿는다(Vanhoozer 2005, 30).

이 원리는 전 세계의 교회들이 계몽주의 철학에 휩쓸리지 않고 종교 다원주의의 상황 가운데서 어떻게 믿음을 표현할 수 있는가에 대한 풍부한 경험과 관점을 갖고 있다는 것을 상기시켜 준다. 사도신경에도 언급되어 있는 바와 같이 성경적 보편성을 회복할 수 있는 독특한 기회를 제공해 주는 세계 교회의 출현은 진정한 교회의 표상 가운데 하나가 될 것이다.

## 6. 결론

전통적 패러다임을 조금 수정하여 그대로 유지하는 것은 기존의 패러다임의 틀 안에서 종교 간의 대화에 지속적으로 참여하게 해 줄 수는 있을 것이다. 그러나 네 가지의 입장들을 보다 더 정교하게 표현한 새로운 명칭들은 계시적 특별주의의 입장을 정립해 온 큰 틀의 흐름을 바탕으로 타종교와의 대화에 있어서 복음주의의 참여를 활성화하고, 종교 다원주의의 상황 가운데서도 복음의 메시지를 명확하게 증거하며, 전 역사에 걸쳐 전 세계 교회들의 증거와 조화를 이루게 해 줄 것이다.

## 제13장
## 선교의 필요성

−세 가지 불편한 질문−

　20세기가 시작되기 얼마 전에 남부 에티오피아에 아사(Asa)라고 하는 방랑하는 예언자가 나타났다. 아사는 월라이타(Wolaytta)어를 사용하는 부족이 사는 곳을 돌아다니면서 그 사람들에게 하늘과 땅을 지으신 유일하고 참되신 하나님의 메시지를 전하러 왔다고 주장하였다. 그 메시지의 내용은 월라이타족이 악한 영을 섬기는 일을 그만두고 하나님만 섬겨야 한다는 것이었다. 아사는 그들이 하나님께 기도해야 하며 특별히 일요일에 기도해야 한다고 가르쳤다.

　그는 그의 손가락을 꿀단지에 찍어서 그 꿀을 손가락으로 튀기는 의식을 통해 그의 기도가 사탄이나 악한 영에게 향한 것이 아니라 하나님께 드리는 것임을 보여주려 하였다.

　아사는 십계명과 아주 유사한 윤리 강령을 선포하고 곧 어떤 외국인이 하나님의 책을 가지고 그들을 찾아 올 것이라고 예언하였다. 그는 월라이타 사람들에게 그 책의 메시지에 순종하라고 하였다. 이렇게 아사가 그들 지역을 여행하면서 메시지를 전할 때 많은 사람들이 귀신을 섬기는 일을 그만두었다. 많은 사람들이 열성적으로 아사의 가르침을 따르게 되자 월라이타족이 사는 지역의 지방 정부가 이들을 주목하게 되었다.

아사는 불법적으로 정치 운동을 시작하였다는 이유로 체포 구금되었다. 아사는 한 번도 그리스도의 복음이 분명히 제시되는 것을 들은 적이 없고 그리스도를 자신의 개인의 구주로 받아들인 적도 없었다. 아사의 이 놀라운 사역이 시작된 지 20년 정도 지난 후 남부 에티오피아의 그 지역에 복음을 전하는 선교사들이 오게 되었다. 이 선교사들이 전하는 메시지를 듣고 복음을 받아들인 사람들은 아사를 기억하고 있었으며, 그의 사역으로 인해 그들의 마음이 복음을 받아들일 준비가 되었다고 말하였다.

오늘날 에티오피아의 이 지역에는 수백만의 사람들이 예수 그리스도를 믿는 믿음을 갖고 있다. 이들 중 많은 사람들이 아사는 그들에게 예수 그리스도의 오심을 예비한 "세례 요한"과 같은 사람이라고 믿고 있다.[1]

아사의 이야기는 어떤 선교신학으로도 설명하기 가장 어려운 문제를 내포하고 있다. 앞의 12장에서 우리는 계시적 특별주의(revelatory particularism)가 기독교와 다른 종교와의 관계를 이해하는 데 있어서 가장 성경적인 방법이라고 하였다. 특별계시, 특히 성경에 나타나 있는 바와 같은 예수 그리스도의 존재(person)와 사역은 하나님께서 그 자신의 구속의 진리를 나타내신 유일한 방법(the way)이다.

일반계시가 하나님에 대하여 많은 것을 계시해 주고 있으며 그리스도에 관한 선포를 받아들일 수 있도록 사람들을 준비시켜주는 것이기는 하지만, 그리스도의 구속 사역과 영원한 구원이 적용되기 위해서는 그리스도에 대한 명시적인 신앙이 필요한 것이다.

그러나 이것이 맞다면 아사처럼 그리스도에 대해서 들어본 적은 없으나 선하고 하나님을 두려워한 사람들의 영원한 운명은 어떻게 되는 것인가?

---

[1] 아사의 이야기는 에티오피아 교회 지도자들이 스티브 스트라우스(Steve Strauss)에게 얘기해 준 것에 따른 것이다. 이 이야기는 Davis 1980, 238-39에서도 볼 수 있다.

그런 사람들이 구원을 얻은 길은 없는 것일까?

그리스도에 대한 명시적이고 의식적인 믿음만이 구원에 이르는 길일까?

우리는 선교의 필요성과 긴급성에 관한 더 큰 문제를 생각할 때 야기되는 세 가지 구체적인 문제에 집중할 것이다.

(1) 그리스도가 구원에 이르는 유일한 길이라고 주장하는 것은 지나치게 편협하고 옹졸한 것일까?
(2) 선하시고 의로우신 하나님이 어떤 상황에서든 어떻게 사람들을 지옥의 영원하고도 의식할 수 있는(conscious) 형벌을 내리실 수 있는가?
(3) 예수 그리스도의 복음을 들을 기회가 전혀 없었던 사람에게 지옥의 형벌을 내리시는 것은 불공평한 것이 아닌가?

성경을 소중히 여기는 그리스도인들 사이에 이러한 어려운 문제에 관하여 서로 다른 미묘한 견해차가 있다. 우리는 이러한 문제에 대해 관련된 성경 구절을 검토해 봄으로써 답을 찾아보려는 시도를 하려 한다. 그러나 이러한 시도는 단지 어려운 문제들에 대한 보다 완전한 답으로 가는 방향을 제시해 줄 뿐임을 알고 있다.

## 1. 그리스도는 구원의 유일한 길인가?
### 기독교의 유일성(uniqueness)에 관한 문제

이미 살펴본 바와 같이 대화적(dialogic) 다원주의나 내러티브 포스트모더니즘 어느 것도 그리스도가 구원에 이르는 유일한 길, 즉 하나님과 관계를 맺을 수 있는 하나뿐인 길(the one and only way)이라는 것을 믿지 않는다. 양쪽 모두 예수 그리스도는 하나님께로 갈 수 있는 여러 길 중에 하나일 뿐이라고 주장한다.

예수는 진실로 구원에 이르는 유일한 길인가?

우리가 그리스도의 유일성에 대하여 논할 때는 기독교라는 종교의 유일성에 대하여 얘기하는 것이 아니다(물론 그러한 점에서도 이야기 할 수는 있겠지만). 제12장에서 보았듯이 제도화된 종교로서의 기독교조차도 성경의 계시, 특히 인격적 존재(person)으로서의 예수 그리스도에 대한 계시에 얼마나 충실한가에 따라 평가해야 한다. 어떤 종교 체제의 우월성에 대해서라기보다는 하나님께로 가는 유일한 길(the one way)로서의 예수 그리스도의 존재(person)의 유일성에 대해 말하고 있는 것이다.

제3장에서 구약성경이 하나님을 열방의 거짓된 신들과 우상들과는 전혀 비교할 수 없는 유일한 하나님임을 보여주고 있음을 살펴보았다. 그분은 홀로 참된 하나님이시기 때문에 구약성경은 이스라엘의 하나님이 또한 모든 열방과 민족의 유일한 하나님이심을 분명히 하고 있다.

이스라엘 민족은 각 민족과 나라, 심지어는 각 도시국가마저도 각자의 신들을 섬기는 다원주의 세계에 살고 있었다. 이 "신들"은 그들을 섬기는 민족들이 서로 경쟁 관계에 있는 것처럼 서로 경쟁 관계에 있는 것으로 간주되었다.

어느 신이 풍성한 수확을, 전쟁에서의 승리를, 많은 인구를 약속해 줄 수 있을까?

이스라엘은 거듭해서 그들 자신의 번영을 확보하기 위해서 이러한 다른 신들을 섬기려는 유혹을 받는다. 구약의 율법과 선지자들은 주변 나라들의 이러한 우상숭배 종교들을 참되신 한 분 하나님과 비교할 때 어리석고 역겨우며 심지어 악마적인 것이라고 공격한다(예, 신 32:16-17; 사 44:9-20). 다른 신들을 섬김으로써 타락하게 되는 위험으로 인하여 이스라엘은 그런 다른 신들을 섬기는 것과 관련된 모든 것을 없애 버리게 되어 있었고(신 13:2-3), 그런 신들을 섬기는 자는 죽임을 당하게 되어 있었다(신 17:2-7). 구약의 다원주의 세계에서 주변 국가들의 이러한 신들 중에 어떤 것도 야웨(YHWH)의 참되심과 같은 것을 보여주거나 그 신을 믿는 사람들이 참되신 신적 존재(divine)와의 참된 경험을 갖게 하지 못하였다.

신약의 세계 또한 많은 도시들이 그리스 로마의 신들에게 바쳐진 신전들을 자랑하고 동방의 다양한 신들로 둘러싸인 다원주의의 상황 속에 있었다. 신비한 체험을 추구하는 사이비 종교와 지역별 정령 숭배의 신앙이 널리 퍼져있었다. 많은 사람들이 자신들이 선호하는 신들을 갖고 있었지만 "절대 다수의 사람들의 생각은 경쟁 관계에 있는 종교들이 나름대로 그들에게 다소의 도움이 된다는 것"이었으며 따라서 "여러 종교에 참여하는 것에 아무런 문제를 느끼지 못하였다"(Carson 1996, 271).

이러한 다원주의적 세계에서 초대 교회의 그리스도인들은 여호와만이 유일한 신이라는 구약의 관점을 받아들였다. 훨씬 더 나아가서 신약의 저자들은 예수 그리스도를 구약의 유일한 참 하나님이라는 독특한 정체성 속에 포함시키는 과감함을 보여 주었다. 이러한 주장은 그의 말씀과 행동으로 자기 자신에 대한 특별한 주장을 한 예수로부터 시작된 것이다.

예수 그리스도께서는 자신이 구약의 예언이 성취되게 하셨음을 주장하셨다(마 5:17). 그는 율법을 누구보다 권위를 갖고 해석할 수 있는 특권을 행사하셨다(마 5:21-22, 27-28, 31-32, 33-34, 38-39, 43-44). 그는 그 자신에 대해 우주적인 권세를 갖고 있음을 주장하셨고(28:18) 자신의 말의 권위와 정당성을 "진실로, 진실로(**아멘, 아멘**) 내가 너희들에게 말하노니"(예, 요 8:58, Erickson 1991, 434-35)라는 선언적 형식을 통해 주장하셨다.

그는 하나님만이 죄를 사하실 수 있는 분이라는 것을 분명히 인식하고 있는 사회에서 죄를 사할 수 있는 권세가 있음을 주장하셨다 (예, 막 2:5, 10).

그는 하나님을 깊이 알고 있다는 것과 아버지 하나님이 하시는 모든 것을 할 수 있는 능력과 생명을 줄 수 있는 능력, 하나님과 같이 심판할 수 있는 권세를 갖고 있는 것 등을 통해 그의 아버지인 하나님과 특별한 관계가 있음을 주장하셨다(예, 마 11:27; 요 5:19-23). 예수께서 하나님을 아버지라고 부르셨는데, "유대인의 기도에 있어서 하나님을 그와 같은 용어로 부른 예를 찾아 볼 수 없다"(Erickson 1991, 435).

그는 하나님 자신께만 합당한 영광과 존귀 그리고 경배까지도 받으셨다(마 14:33; 28:17; 요 5:22-23; 20:28-29). 그는 구약에서 하나님을 가리키는 칭호와 구절들을 자주 자신에게 적용하셨다(마 21:16; 시 8:1-2; 눅 20:18; 사 8:13-15; 요 8:12; 시 27:1; 요 10:11; 겔 34:10-22; 시 23:1-4). 그는 열방을 심판할 자로서 여호와와 인자의 권위를 주장하셨다(마 25:31-46; 26:64; 단 7:9-14; 욜 3:1-12).

그는 그 자신이 하나님께로 갈 수 있는 유일한 길, 절대적 진리, 영생에 이르는 유일한 길이라고 담대히 말씀하셨다(요 14:6). 요한복음의 더 큰 문맥 속에 나타나는 이 구절의 배타주의(exclusivism)는 유대주의와 이방 종교들 모두를 향한 것이었다.

(1) 이제 예수께서 오셨기 때문에 "**이전**(antecedent)의 계시(구약)를 근거로 하나님을 안다고 하면서 예수 그리스도를 배제하는 것은 전혀 적절치 못한 것이 되어버렸다"(Carson 1991, 491). 예수를 배제한 상태에서 유대인의 성경에서 하나님을 가르치는 것은 이제 결코 충분치 않다.

(2) 다른 종교들은 "사람들을 참 하나님께로 인도하는 데 비효과적이다"(Carson 1991, 492).

예수의 대적들은 그의 주장을 정확히 이해하였고 그렇기 때문에 그를 죽이려고 하였다(마 26:65; 요 5:17-18).

예수의 죽으심과 부활 이후에 예수를 따르던 자들은 예수께서 스스로에 대하여 담대히 주장하셨던 것을 그대로 주장하였다. 유일신 사상을 철저히 주장하던 1세기 유대주의 환경에서 신약의 가장 초기 저자들조차도 그들의 유일신 사상을 조금도 버리지 않은 채 예수를 참되신 한 하나님이라는 독특한 존재(identity) 가운데 주저함 없이 포함시켰다.

신약의 저자들은,

> 만물의 주재가 되는 유일한 하나님 속에 그를 포함시켰고, 만물을 지으신 유일한 하나님의 창조에도 포함시켰으며, 유일한 하나님의 정체성을 보여주는 이름과 같은 이름으로 그를 불렀고, 유대주의 유일신론자들에게 유일한 하나님의 신분을 인정하면서 그를 경배할 때에 쓰는 표현으로 그를 묘사하였다 (Bauckham 1998, 26).

> 신약의 저자들은 그가 하나님 되신 그분에게 본질상 속한 (belongs inherently to) 것으로 보았다(Bauckham 1998, 45).

그 결과 가장 초기의 유대인 신자들조차도 하나님을 위해서만 드려지던 경배와 예배를 예수께 드리는 것을 주저하지 않았다(Hurtado 2003).

예수의 독특한 정체성은 이제 구원이 그의 삶과 죽음과 부활로만 가능하다는 신약 저자들의 확신의 기초가 되었다. 신약의 핵심 메시지 중 하나는 예수가 하나님께로 가는 유일한 길이라는 것이다. 유일신 사상이라는 유대적인 상황 속에서 초기 사도들은 이제 예수를 통해서만 하나님의 용서와 구원을 누릴 수 있다는 배타적인 메시지를 전파하였다

(행 2:38; 4:12; 13:38). 다원주의적인 이방 문화의 상황 속에서 그들은 예수가 초월적인 창조자 하나님을 알 수 있는 유일한 길임을 주장하였다(행 17:24-31).

더 나아가서 바로 그 신약 시대의 다원주의적인 상황 **때문에** 신약의 저자들은 예수에 대해 배타적인 주장을 하였다고 할 수 있을 것이다. 신이 여럿 있는 것이 아니라 한 분 하나님뿐이며 그 유일한 하나님이 모든 사람을 향해 열정적으로 구원을 펼치시려 하시며, 예수께서 하나님께로 가는 유일한 길이라는 것도 선포되어야만 한다(딤전 2:1-7).

사도행전 4:12은 하나님에 대해 부분적인 계시를 받은 사람들에게도 예수께서 하나님께로 가는 유일한 길임을 선언하고 있다는 점에서 특히 중요하다. 유일한 참된 하나님을 경배하는 유대 민족 지도자들 앞에서 베드로는 "다른 이로는 구원을 얻을 수 없나니 천하 인간에 구원을 얻을 만한 다른 이름을 우리에게 주신 일이 없음이니라"라고 담대히 주장하고 있다. 대릴 복(Darrel Bock)은 이 구절의 헬라어 단어들의 순서가 예수가 구원에 이르는 **유일한** 길이라는 데에 강조점이 있다고 하였다.

> 하나님의 계시로 나아가는 길이 있는 유대인에게조차도 구원을 주시는 방도가 되시는 예수 이외에 다른 이름은 전혀 없다.
> … 구원을 위해 의지할 다른 사람이나 신은 없다(2007, 194).

예수의 성육신과 십자가의 죽으심과 부활에 비추어 볼 때 예수와 분리된 참되신 하나님 한 분만 경배하는 것은 더 이상 충분치 않다. 베드로의 말은 기독교의 유일성에 대해 직설적으로 얘기하고 있는 것이다. 그는 분명히 "현대의 종교 다원주의라는 생각을 대변하고 있지 않다"(Witherington 1998, 194). 구원을 얻는 데 있어서 예수라는 **이름**을 강조한 베드로의 메시지는 사도행전 나머지 부분에서도 그대로 나타나 있다(예, 행 2:21; 38;4:10; 18; 8:12, 14-15; 10:43; 15:17; 22:16).

신약의 모든 책에서 구원에 이르는 유일한 길이신 예수 그리스도의 유일성을 보여주고 있지만 특히 두 책이 중요한 것으로 부각된다. 골로새서와 히브리서 두 책 모두 그리스도의 독특한 인격과 사역의 의미가 주요 주제로 다루어지고 있다.

골로새서는 골로새교회를 어려움에 빠뜨린 혼합주의적 이단의 문제를 다루기 위해 쓰여 졌다. 골로새교회의 신자들 중에는 마강한 우주적인 세력들에 미혹되어 그 세력들을 달래어서 그들로부터 영적인 힘을 얻을 수 있다고 생각하는 사람들이 있었다.

"골로새의 그리스도인들은 종교적인 다원주의 속에 살고 있었으며," 이방종교들의 여러 가지 아이디어를 혼합주의적으로 공유하고 있었다 (Arnold 1996, 311). 바울은 이러한 다원주의와 혼합주의를 용인하지 않고 악한 영들에 의해 조장된 공허한 속임수라고 공격하였다.

골로새서 1:13에서 바울은 골로새인들이 대적하는 영적 세력들의 "흑암의 권세"로부터 구출되었음을 상기시키고 있다. 그리고 1:15-20에서는 그들이 구원을 받게 된 근거가 오로지 뛰어나신 하나님의 아들에 있음을 설명하고 있다.

예수는 보이지 않는 하나님을 나타내 준다.

> 하나님의 본성과 성품이 그대로 그 안에 완전히 나타나 있다
> (O'Brien 1982, 43).

그는 모든 창조 만물보다 먼저 나신 분이시다. 여기서 **먼저 난** (firstborn) 이라는 말은 "처음으로" 라는 뜻이 아니라 "최고로 뛰어난" (supreme)이라는 의미임이 틀림없다. 그리스도는 창세 **전에** 계셨고 모든 피조물보다 **먼저** 계셨으며, 그 자신이 만물을 창조하셨으므로 모든 피조

물보다 뛰어나신 분이다.

그는 일반적으로 만물을 지으신 창조자이실 뿐만 아니라 구체적으로 이제 골로새인들을 공격하고 있는 영적 권세들의 창조자이시기도 하다. 그리스도가 근원(ultimate)이지 이 "권세들"이 근원이 아니다.

그는 또한 피조 세계가 유지되도록 하시는 분이시다. 그리스도의 능력의 개입 없이는 피조 세계는 혼돈 속으로 와해되고 말 것이다.

그는 교회의 머리이시다. 모든 피조물 위에 뛰어난 그리스도는 그가 구속하신 모든 사람들에게 중요하다. 그들은 그 몸의 지체를 이루고 있다. 그는 모든 부활의 근거가 되는 부활을 이루신 분으로 이것이 그를 만물 위에 뛰어난 분이 되게 한다.

그는 하나님을 그 온전하심 가운데 나타내 보여 주신다.

> 하나님의 모든 속성과 사역―그의 영, 말씀, 지혜와 영광, 이 모든 것들이 그리스도 안에서 완벽하게 나타나 있다(O'Brien 1982, 53).

그는 악한 권세들을 잠잠케 하는 것을 포함하여 온 세상에 우주적 화평을 가져다주시는 분이시다.

골로새서 2:9-15에서 바울은 사람들이 그리스도 이외에 그와 견줄만한 어떤 "신들"이 있다고 믿어서는 안 되는 이유를 보다 상세하게 설명하였다. 하나님의 신성의 모든 충만이 그리스도 안에 거하므로 "그는 하나님의 본질적이고 충분한 형상이시다"(O'Brien 1982, 111). 믿는 자들은 다른 어떤 영적 권세나 능력에게 충성을 바칠 필요가 없다.

> 그것은 그들이 그리스도 안에 있고 그 그리스도는 그러한 모든 것들의 주이시고 주인이시기 때문이다(O'Brien 1982, 114).

> 그리스도께서는 그의 백성들을 어둠의 권세로부터 구출하셨을 뿐 아니라 그의 나라로 데리고 오셔서 그들에게 그의 구원을 베푸셨다.
>
> —Clinton Arnold(1996, 293)

바울은 계속해서 그리스도께서 이 대적하는 영적 권세들을 무찌르고 힘을 제거하고 굴복시키신 두 단계의 사역을 설명하였다.

첫 단계로 하나님께서는 "우리를 대적하는 이문에 쓴 증서를 도말하시고 제하여 버리사 십자가에 못 박으셨다." 여기서 "의문에 쓴 증서"라고 번역된 단어는 차용 증서를 표현할 때 사용된 단어이다. 바울은 모든 인간이 율법의 "증서(규정)"를 지키지 못하였으므로 부채를 갖고 있다고 말하고 있는 것이다(O'Brien 1982, 124-25). 그리스도께서 십자가에 못 박히실 때 우리의 부채 증서 또한 "십자가에 못 박으신" 것이다. 십자가에서의 그리스도의 죽으심은 우리의 빚을 청산하고 우리의 죄로부터 용서를 확보한 것이다.

두 번째 단계로 우리의 빚이 청산되었고 우리의 죄가 사함을 얻었으므로 인간에 대한 사탄의 권세는 깨어졌다. 그리스도의 죽으심이 "권세와 능력들을 무력화시켰다." 즉 우리의 죄와 빚진 것으로 인해 사탄과 그의 부하들이 인간들을 향해 갖고 있던 능력을 그리스도께서 제거하셨다는 말이다. 그리고 십자가에서 어둠의 권세의 능력을 제거하였으므로 하나님은 그들의 모습을 "밝히 드러내시었다"(골 2:15).

바울은 군사 용어를 사용하여 그리스도가 사탄과 그의 악한 영들을 완벽하게 무찔러서 그들의 무기와 갑주를 벗겨버림으로 그들이 아무 힘이 없음을 보여주는 승리의 모습을 묘사하고 있다. 예수 그리스도께서는 그를 따르는 자들에게 죄 사함과 새 생명, 그리고 대적하는 영적 권세로부터의 자유를 주셨다.

그리스도를 따르는 자들은 십자가에서의 이러한 놀라운 승리에 대해 어떤 반응을 보여야 할까?

신자들은 대적하는 가르침, 즉 "헛된 속임수와 철학"(골 2:8)에 지나지 않는 것들 앞에서 그리스도에게 완전히 충성하여야 할 것이다. 신자들은 대적하는 종교가 진리라고 주장하는 것들과 여러 가지 의식에 대해 혼합주의적 관련을 맺는 것을 피해야 한다(골 2:16-23).

히브리서는 그리스도에 대한 믿음을 버리고 유대주의로 돌아가려는 신자들을 향해 기록된 것이다. 이 책의 핵심 메시지는 예수께서 다른 모든 영적 권세와 다른 어떤 종교의 사람 또는 제도와 비교할 수 없이 뛰어난 분이시라는 것이다. 예수는 그분의 존재와 그로 말미암는 구원에 있어서 그 누구와도 비교할 수 없이 뛰어난 분이시다.

그는 하나님의 최고의 계시(1:1-4)이며, 모든 천사와 영적 권세보다도 뛰어나신 분이시고(1:5-14), 사탄을 물리치시고 인간을 그 죽음의 공포에서 해방하셨으며(2:14-15), 모세보다 뛰어나시고(3:1-6) 최고의 제사장이시다(4:14-5:10; 7:23-28). 예수는 죄를 위해 더 나은 제사를 드리시고, 그 자신의 피를 흘리심을(9:11-14, 23-28) 통해 더 좋은 언약의 보증이 되셨다(7:22-8:6-13). 예수는 다른 어떤 인간이나 종교적 제도를 전혀 추구할 필요를 없게 할 만큼 절대적으로 뛰어나신 분이시다.

예수와 그의 사역에 대한 유일하고 합당한 반응은 그를 확고히 따르고 의지하며 그 베푸시는 구원을 붙드는 것이다(2:1; 3:12-14; 4:14; 6:9-12; 10:19-23, 35-36,

> 예수 안에서만 구원의 길이 있다는 확신은 다른 믿음을 가진 사람들을 존중하는 마음이 담긴 사랑으로 나타나야 한다. 그렇지 않으면 무례한 승리주의로 보여지게 된다.
>
> —William Larkin(2005, 113)

39; 12:1-2, 15; 13:11-15).

예수는 그 존재와 아버지 하나님과의 관계, 그리고 인간에게 구원의 방도가 되신 그의 사역이라는 관점에 볼 때 절대적으로 독보적이다(Murray 2005). 누구든 성경이 인간에게 제시된 하나님의 변함없는 계시라는 것을 믿는 사람은 자신의 구원과 선교(사명)에 대한 이해를 이러한 구절에 기반을 두지 않으면 안된다. 이러한 이해는 다원주의적인 이해와는 전혀 다른 것이다.

우리 복음주의자들은 그리스도의 유일성을 확고히 받아들이고 종교다원주의를 성경의 가르침에 어긋나기 때문에 거부한다. 그러나 그리스도를 열방에 전함에 있어서 오만한 승리주의에 빠지지 않도록 조심하여야 한다. 우리는 많은 문화와 종교 속에서 살아가며 사역을 하고 있다.

모든 종교의 체계에는 진리와 거짓됨이 섞여 있으며 이러한 종교들을 신봉하는 사람들 또한 똑같이 하나님의 형상대로 지음을 받은 자들이다. 세상의 이러한 타종교들을 대함에 있어서 그러한 종교들을 구원의 방도로 받아들이지 않으면서도 그들 가운데 나타나 있는 진실되고 고귀한 것을 인정할 수 있다.

> 기독교의 배타주의는 다른 모든 종교가 거짓되다는 것을 주장하는 것이 아니다. … 즉 다른 모든 종교가 아무런 가치가 없다거나 그리스도인들은 다른 종교의 신자들로부터 아무것도 배울 것이 없다는 의미가 아니다(Netland 1991, 35).

우리는 문화에 대한 민감성과 겸손한 자세, 온유함 그리고 다른 종교의 신자들에 대한 진정한 존경심을 가지고 전도와 변증을 해나가야 한다(Netland 2005, 160). 베드로는 우리가 다른 사람들에 대해 온유함과 존경심을 가지고서 예수가 하나님께로 가는 유일한 길이라는 것에 대한 확고한 믿음을 보여주고 열성적으로 선포할 수 있다는 것을 상기시켜 주고 있다(벧전 2:9, 15-17; 3:1-2, 15-16). 우리는 겸손하게 경청하고 배우려는 자세, 그리고 진정한 존경심을 가지고서 그리스도의 유일성을 선포해야 한다.

## 2. 하나님은 정말로 영원하고 의식할 수 있는 형벌을 내리시는가?
(지옥에 관한 문제)

누구든지 성경이 보여주는 지옥에 관한 모습을 진지하게 생각하는 사람이라면 영원하고 스스로 의식할 수 있는(conscious) 형벌을 받게 된다는 것에 대해 끔찍하다는 생각을 하게 될 것이다. 성경은 지옥을 고통과 고립과 파괴의 장소로 묘사하고 있다.

사랑이 충만한 하나님이 어떻게 누군가를 그러한 곳에서 형벌을 받도록 할 수 있다는 말인가?

제한적이고 일시적인 죄에 대해 영원하고 의식할 수 있는 형벌을 내리는 것이 정말로 정당한 것인가?

우리가 사랑하던 사람 또는 그 누구라도 지옥에서 그러한 형벌을 받는다면 우리 성도들이 천국에서 기쁨을 누릴 수 있겠는가?

이러한 질문들은 오랫동안 진지한 그리스도인들을 괴롭혀 온 문제들이며 어떤 선교신학이든 이 문제를 간과해서는 안된다. 지옥에서의 고통을 당하지 않도록 하려는 소망이 선교의 일반적인 동기이다.

그러나 하나님께서 정말로 사람들을 지옥의 영원하고 의식할 수 있는 형벌을 받도록 하지 않으신다면 선교를 위해 희생을 할 필요가 없지 않겠는가?

### 1) 대안들: 보편주의와 조건주의

하나님의 은혜를 받지 못한 사람들은 영원하고 의식할 수 있는 지옥의 형벌에 처해진다는 전통적인 견해에 대해 몇 가지 다른 대안이 제시되었다. 이러한 제안 중에는 하나님께서 궁극적으로 모든 사람을 구원하실 것이라고 믿는 보편주의가 있다. 또한 하나님의 죄인들을 향한 형벌은 결국 그 죄인들의 영혼의 소멸로 끝날 것이며 영원히 의식을 가진 상태로 지속될 것은 아니라고 믿는 조건주의가 있다.

#### (1) 보편주의

보편주의의 역사는 오리겐(185-254)으로 거슬러 올라가게 되지만 19세기까지는 영원하고 의식할 수 있는 형벌에 대해 의심하는 그리스도인은 별로 없었다. 프리드리히 슐라이어마허(1786-1834)가 이 문제에 있어서 최초로 영향을 끼친 현대의 보편주의자였다. 19세기 후반에 이르러 많은 빅토리아 시대의 설교자들과 신학자들은 사람들을 지옥에서 구원하는 것보다는 지옥의 두려움에서 벗어나게 하는 것에 관심을 두게 되었다(Mohler 2004, 24).

20세기 초에 에큐메니칼 운동은 선교의 초점을 구원에 이르는 진리를 선포하는 것으로부터 종교들과 사회 정의 사이에서 이성적인 변증법적 합(synthesis)을 추구하는 것으로 바꾸었다. 제2차 바티칸 공의회(1962-65)에서 로마가톨릭은 칼 라너의 "익명의 그리스도인"이라는 개념, 즉 이 세상에서 그리스도를 명시적으로 받아들이지 않은 많은 사람들도 천국에 있게 될 것이라는 주장을 받아들여 "그리스도에 대한 명시적인 믿음보다는 진지함(sincerity)이 구원의 조건이 된다"는 입장을 천명하였다(ibid., 27).

보편주의자들 가운데는 그들의 입장을 펼침에 있어서 성경적 근거는 제시하지 않는 사람들이 있다. 그들은 오히려 하나님은 사랑이시라는 것을 근거로 해서 그들의 주장을 펼친다. 하나님은 모든 사람을 사랑하심으로 그들에 대해 최상의 것을 바라신다.

따라서 모든 사람에게 최상인 것은 그들 모두가 천국에서 영원히 거하는 것이다. 이러한 입장을 취하는 보편주의자들은 일반적으로 현대의 성경비평주의 입장을 받아들여, 성경이 말하고 있는 지옥은 그 당시 문화의 제약 속에 있었던 성경 저자의 잘못된 생각에서 비롯된 것이라고 치부하는 데 아무런 문제를 느끼지 않는 사람들이다. 존 힉(John Hick) 같은 보편주의자들은 모든 종교가 궁극적인 진리를 내포하고 있으며, 모두 구원에 이르는 길이 된다고 믿는 다원주의자이기도 하다.

그러나 보편주의자들 중에는(이들은 스스로 복음주의자라고 한다. Talbot 1999, 2003a, 2003b; Gregory MacDonald 2006) 성경을 근거로 그들의 입장을 제시하는 사람들도 있다. 그들은 하나님께서 모든 사람들이 구원에 이르기를 원한다는 성경 구절(겔 33:11; 요 3:16; 딤전 2:4; 벧후 3:9)과 예수께서 모든 사람을 구원하기 위해 죽으셨다거나 혹은 어떤 의미에서 모든 사람의 구주가 되셨다고 말하고 있다는 구절들(고후 5:19; 딤전 4:10; 요일 2:2),

그리고 궁극적으로는 모든 사람이 구원을 얻게 된다는 것을 명시적으로 보여준다고 주장하는 구절들(롬 5:18; 11:32; 고전 15:22; 빌 2:10-11; 골 1:20)을 제시한다. 그들은 모든 사람이 지옥의 형벌을 받아 마땅하다는 것과 불신자들이 지옥에서 일정한 시간을 지내어야 한다는 점에서 지옥이 있다는 점은 기꺼이 인정한다.

그러나 지옥은 회복하는 곳이 된다고 믿는다. 지옥의 형벌을 통해 결국 모든 사람들은 자신이 죄인임을 깨닫게 되어(사후의, postmortem) 회개하게 되며, 그리스도에 대한 믿음을 갖게 되어 그리스도의 죽으심으로 인한 하나님의 은혜로 말미암아 구원에 이르게 된다고 믿는 것이다. 토마스 탈봇(Thomas Talbot)은 (자신이 보기에) 이것만이 모든 사람이 구원을 얻는다고 한 구절과 지옥의 존재를 가르치고 있는 구절 사이의 모순을 해결하는 유일한 길이라고 주장한다.

### (2) 조건주의

보편주의의 다른 대안은 그리스도에 대한 믿음 없이 죽은 자들은 궁극적으로 소멸될 것이라는 생각이다. 단순히 존재하기를 멈추게 된다는 것이다. 이러한 입장을 취하는 많은 사람들은 하나님이 사람들을 영생을 얻을 **가능성**(potential)을 가진 존재로 창조하였으므로 "조건적인 영혼불멸"의 상태에 있다는 점에서 **조건주의**(conditionalism)라는 용어를 선호한다. 그리스도를 믿지 않은 자들은 이러한 영혼불멸을 얻지 못하며 따라서 죽은 후에는 결국 존재하는 것을 멈추게 된다는 것이다.

이러한 입장을 취하는 복음주의자들은 대체로 그리스도에 대한 믿음이 없이 죽은 자들은 한동안 지옥에서 형벌을 받은 후에 멸절될 것이라고 말한다(Edwards와 Stott 1988, 313-20; Wenham 1992, 187; Fudge와 Peterson 2000; Fudge 1994; Morgan 2004, 196도 보라).

조건주의자들은 그들의 주장을 펼침에 있어 멸하는 것을 미래에 있을 심판이라고 한 성경 구절(마 10:28; 롬 9:22; 살후 1:9)을 근거로 내세운다. 이들은 논리적으로 볼 때 영원한 **생명**을 얻는 것의 반대가 되는 것은 영원한 **죽음**이라고 말하면서 그 죽음은 곧 존재하는 것을 영원히 멈추는 것이라고 말한다(롬 6:23; 계 21:8). 조건주의자들은 공의로우신 하나님이 어떻게 한정된 죄를 지은 사람에게 영원하고 의식할 수 있는 형벌을 주실 수 있겠느냐고 묻는다.

많은 조건주의자들은 성경에서 영원한 형벌이라고 한 것(단 12:1-2; 마 25:46; 살후 1:9)은 죄의 결과가 영원히 지속된다는 것이지 그 형벌이 무한한 시간 동안 지속된다는 것을 의미하는 것은 아니라고 말한다

(Fudge와 Peterson 2000, 33, 45, 51; Fudge 1994).

### 2) 우리의 견해

보편주의와 조건주의 양편 모두 인간이 원하는 공정성과 사람들이 영원히 지옥에서 지내게 된다는 데서 느끼는 공포를 고려할 때 대단히 매력적인 주장이다.

그러나 보편주의와 조건주의에 대해 성경은 무엇이라고 말하고 있는가?

이 점에 관하여 4가지로 나누어 설명하겠다.

첫째, 보편주의와 조건주의 양편 모두가 틀렸다는 것을 보여주는 성경 구절, 즉 성경 전체를 통해 영원하고 의식할 수 있는 형벌이 일부 사람들의 운명이 될 것임을 보여주는 구절을 보게 될 것이다.

둘째, 보편주의를 지지하는 데 인용된 성경 구절들을 검토해 볼 것이다.

셋째, 하나님의 사랑과 죄의 특성을 생각해 볼 것이다.

넷째, 지옥의 속성에 대한 성경적 가르침의 중요성을 검토해 볼 것이다.

#### (1) 영원하고 의식할 수 있는 형벌을 가르치고 있는 구절들

영원하고 의식할 수 있는 형벌을 확고히 주장하여 보편주의와 조건주의가 틀렸음을 보여주는 핵심적인 성경 구절이 있다.

다니엘서 12:2에서 다니엘은 의인들은 영원한 생명으로 깨어나고 악한 자들은 영원한 **수치** 가운데 깨어나게 될 것이라고 말한다.

> 땅의 티끌 가운데에서 자는 자 중에서 많은 사람이 깨어나 영생을 받는 자도 있겠고 수치를 당하여서 영원히 부끄러움을 당할 자도 있을 것이며(단 12:2).

그들은 멸절을 당하지 않고 궁극적으로는 구원을 얻도록 되어있지도 않다. 오히려 **영원한** 수치와 모욕, 즉 의식하는 가운데 벌을 받게 됨을 보여준다. 그리고 많은 구절에서 영원한 생명과 영원한 형벌이 평행적으로 나타나 있음을 보게 된다. "영원한"이라는 표현이 생명에 관한 것이고, "미래에 있어서의 끝없는 시간"을 의미하는 것이라면 논리적으로 죽음과 수치 또는 형벌에 대한 다른 묘사 역시 같은 것을 의미한다고 보아야 할 것이다(아래에 "죽음"과 "파멸"에 대해 설명한 것을 보라). 이 구절에서 악한 자들은 한정된 시간 동안만 수치를 당하는 것이 아니라 "끝없는 시간 동안" 수치를 당할 것이라고 하였다(Block 2004, 64).

이사야 66:24; 마태복음 18:8-9; 마가복음 9:42-49의 구절들은 불과 벌레와 같은 형벌의 영원한 **도구**들에 대해 말하고 있다. 도구들이 영원한 것이라면 형벌도 영원한 것이어야 할 것이다. 마태복음 18장과 마가복음 9장에서의 예수의 가르침의 핵심은 고통의 근원(source)이 끝이 없다는 것이고 따라서 이 세상에 사는 동안 우리가 절제하는 것이 그런 곳으로 가는 것 보다 훨씬 낫다는 것이었다. 사람들이 영원히 형벌을 받는다는 의미가 내포되어 있는 것이다.

마태복음 25:41, 46에서 예수께서 의인이 영생을 얻고 악한 자는 영원한 죽음에 이른다고 하였을 때 생명과 죽음은 평행적으로 나타나 있다. 양편 모두 영원에 이른다는 것이다. 그러므로 예수께서 형벌과 생명 양편 모두 동일하게 영원한 미래에 이른다고 말씀한 것이 분명하다고 생각된다.

누가복음 16:19-31에 많은 사람들이 부자와 나사로의 비유는 단지

한 비유에 지나지 않으므로 이 비유에서 죽음 뒤에 어떤 일이 일어나는지에 대해 명확한 가르침을 찾아내려 해서는 안 된다고 말한다. 물론 이것이 하나의 비유이기는 하지만 이 비유가 성립하려면 의식할 수 있는 형벌을 받는 곳이 실제로 있어야 한다. 이 비유에서 아브라함은 그 형벌 끝에 구원이나 멸절이 있다는 기대를 갖게 하지 않고 있다.

요한복음 3:36의 "영생"의 반대는 하나님의 진노가 어떤 사람에게 머물러 있는 것이다. 요한복음에서 영생의 반대는 "멸망"(3:16; 10:28), "정죄"(3:18; 5:24, 29), "심판"(5:22, 30), "사망"(5:24), 그리고 "죽음"(6:50)이다.

> 만약 구원과 의식할 수 있는 기쁨이 영원할 것이라면 멸망과 고통 또한 그러할 것이다(Yarbrough 2004, 75).

데살로니가후서 1:8-9에 보면 악한 자는 **"영원한 멸망"**을 겪는다. 멸절론자들은 "멸망"과 "사망"의 의미를 "존재하는 것을 멈추는 것"이라고 생각한다(Edwards와 Stott 1988, 316). 그러나 데살로니가후서 1:8-9에서 "멸망"을 의미하는 것으로 사용된 단어(olerthros)와 신약에서 멸망을 의미하는 단어로 자주 사용된 단어(allymi)는 모두 꼭 "멸절"을 의미하는 것은 아니다.

오히려 이 두 단어는 일반적으로 어떤 사람이나 물건이 그 본질적인 속성이나 기능을 잃어버렸을 때, 예를 들면 땅이 비옥함을 잃어버렸다거나 약물이 쏟아져 버린 경우, 포도주를 담는 포대가 구멍이 난 경우 또는 홍수로 휩쓸려간 경우 등에 사용된 단어이다.

이 모든 경우에서 어떤 대상이 존재하는 것을 멈춘 경우는 없다. 단지 유용성이 없어지거나 본래의 상태 또는 의도되었던 상태로 남아있지 못한 경우에 해당한다. 멸망은 자동차가 사고로 완전히 망가진 상태와 비슷하다고 할 수 있다. 그 차를 구성하는 금속이나 플라스틱 같은 것들이 그대로 남아 있기는 하지만 완전히 부서진 잔해로 남아 있는 것이다(Moo 2004, 105).

이 단어가 보여주는 상태를 가장 잘 보여주는 것이 "파멸"(ruin)이라는 단어이다. 영원한 멸망의 형벌을 받는 자는 존재하기를 멈추지 않는다. 그들은 영원히 파멸되는 것이다. 그와 유사하게 성경에서 "사망"이라는 의미는 결코 "존재하는 것을 멈추는 것"을 의미하는 것이 아니라 오히려 "분리"를 의미한다. 육신적인 사망을 통해 육신은 썩어가게 되지만 존재하는 것을 멈추지는 않는다. 오히려 육신적인 죽음은 몸에서 영혼이 분리되는 것을 의미하며 영적 죽음은 하나님으로부터 영혼이 분리되는 것을 의미한다.

요한계시록 14:9-12은 짐승을 경배한 자에 대한 형벌은 영원하다고 말한다. 여기서 저자는 구체적으로 짐승을 경배한 자를 언급하였다(그러므로 인간들 중 **일부**가 의식할 수 있는 영원한 형벌을 받게 될 것을 의미한다).

> 전 역사를 통하여 악한 세상의 체제에 충성한 모든 사람들에 대해 마지막 심판이 있을 것이 확실하거나 아주 가능성이 많다는 것을 보여 준다(Beale 2004, 115).

요한계시록에서 밤과 낮이 "영원"과 평행적으로 나타난다(20:10; 22:5). 그리고 거기서 죄인들이 "쉼을 얻지 못하는" 것은 14:3(4:8에서도)에서 성도들이 영원한 쉼을 얻는 것과 평행을 이루고 있다. 이 구절은 불신자들이 "끝임 없이 쉼을 누리지 못하는 형벌"을 받을 것임을 분명히 보여준다고 하겠다(Beale 2004, 119).

요한계시록 20:10에서 이 구절은 사탄, 즉 짐승과 거짓 선지자들이 영원하고 의식할 수 있는 형벌을 받을 것을 분명히 말해주고 있다. 일부 보편주의자들과 조건주의자들은 사탄이 영원한 고통을 당할 것이라는 데에는 동의하지만 짐승과 거짓 선지자들은 개인이 아니고 제도를 의미한다고 주장하면서 이 구절은 압제적인 제도(기구)의 종말을 가리키는 것이라고 말한다(Fudge 1993, 192).

그러나 그레고리 K. 빌(Gregory K. Beale)이 지적하였듯이, "제도(institution)는 사람들로 이루어져 있는 것이므로 제도가 어떤 고통을 당한다면 그 제도를 구성하고 있는 사람들도 고통을 당하는 것이다"(2004, 127).

빌은 "요한계시록 14:11; 20:10-15은 멸절론의 아킬레스건이라고 결론을 내린다. 불신자들의 고통이 일시적인 것이라고 주장하는 사람들이 있지만, 요한은 불경건한 자들의 영원한 멸망을 믿고 있다고 할 수 있다"라고 하였다(2004, 134).

이 구절과 아울러서 다른 많은 구절들이 확고하고 영원한 멸망이 철회되지 않을 것임을 암시하고 있다(사 66:24; 마 12:32; 13:42; 24:51; 눅 13:28-30; 요 5:28-29; 히 6:2; 9:27; 10:27, 31). 성경의 일관된 주장은 하나님을 대항하여 거부한 사람들이 영원하고 의식할 수 있는 형벌을 받을 것이라는 것이다.

**(2) 보편주의를 지지하는 것으로 인용되는 성경 구절에 대한 평가**

보편주의자들이 자신들의 입장을 지지하는 것으로 인용하고 있는 성경 구절들을 잘 살펴보면 실제로는 아주 다른 것을 가르치고 있음을 알 수 있다.

예를 들면 복음이 보편적으로 주어진다는 것, 그리스도께서 구원을 위해 하신 일이 보편적으로 적용될 수 있으며 또 그렇게 적용될 만큼 충분한 것이라든지, 모든 종류의 사람들을 구원하시기 위한 것이라는 것이

> 죽은 후에 다시 구원을 얻을 수 있는 기회가 있다는 것을 뒷받침하는 긍정적인 증거는 그 어디에도 없다.
> ─I. Howard Marshall(2003, 65)

그러하다(고후 5:19; 딤전 4:10; 딛 2:11; 히 2:9; 요일 2:2).

이 구절들 중 어느 것도 보편적 구원을 말한다고 할 수 있는 것은 없다. 오히려 결국 예수의 주님 되심이 우주적(보편적)으로 알려지게 될 것임을 보여주는 구절이 있다(빌 2:9-11). 이 세상에서 지내는 동안 그를 믿는 믿음을 갖게 된 자들은 기꺼이 그것을 인정할 것이지만, 대적하는 영들을 포함하여 그것을 부인한 자들은 억지로 무릎을 꿇게 될 것이다. 그리고 또 다른 구절들은 개인의 구원이 아니라 피조계 또는 종족 집단(예, 이스라엘)의 회복에 대해서 말하고 있다(행 3:2; 롬 9; 11:26, 32; 골 1:20). 모든 사람들을 구원하기를 원하시는 하나님의 열정에 대한 구절들도 있다(딤전 2:4; 벧후 3:9).

그러나 "교회 역사의 초기부터 신학자들은 있는 그대로 표현된 하나님의 "일반적인" 의지, 즉 그의 "바라시는" 바와 하나님의 실제적으로 이루시는(effective) 의지를 구별해 왔다"(Moo 2004, 101). 하나님께서는 모든 사람이 그리스도에 대한 믿음을 갖고 영원히 그와 교제하는 기쁨을 누리기를 원하시지만, 그를 거부하는 자유도 허용하셨다.

보편주의자들이 사용하는 구절들 중에는 보다 넓은 문맥 속에서 검토해 볼 때, 그 구절 자체에는 언급되어 있지 않지만 실제로는 구원을 위한 조건을 포함하고 있는 경우가 있다.

예를 들면 로마서 5:18의 경우 그리스도의 "의의 한 행동으로 말미암아 많은(all) 사람이 의롭다 하심을 받아 생명에 이르렀다"고 말하고 있는데 로마서 3:21-4:25에서 이미 그리스도를 믿기로 작정한 자들만이 의롭다함을 얻는다는 것을 분명히 하고 있다. 고린도전서 15:22에서는 "그리스도 안에서 모든 사람이 삶을 얻으리라"고 하였지만 바로 그 다음 구절에서 바울은 그리스도에게 속한 자들만이 생명을 얻는 부활에 이른다는 것을 분명히 하여 "모든"이 의미하는 바가 무엇인지 말해주고 있다.

성경은 지옥이 회복의 장소라든지, 사람들이 죽은 후에 회개하고 그리스도를 믿는 믿음을 갖게 되는 기회가 있다는 얘기를 하지 않고 있다. 오히려 성경은 일관되게 이 세상에 사는 동안 믿음을 갖는 결단을 하는 것이 죽은 후에 우리가 직면하게 될 심판을 위해 결정적으로 중요하다는 것을 말하고 있다(마 7:13-14; 12:32; 25:41, 46; 26:24; 눅 16:24; 요 8:21; 롬 2:1-16; 고후 5:10; 갈 6:7; 히 9:27). 끝으로,

> 신약에서 사람들이 궁극적으로 하나님으로부터 분리되는 고통을 겪게 되지 않도록 회개하고 믿으라고 강하게 말하고 있다는 사실은 이러한 분리가 단순히 일시적이며 결국 끝나게 되는 것으로 보기 어렵게 한다(Marshall 2003, 56).

로마서 9:1-4; 10:1-2에서 말하는 바울의 고통은 그의 동포들이 결국에 가서는 구원을 얻게 된다는 것을 아는 사람의 심정을 보여주는 것 같지는 않다.

### (3) 하나님의 사랑과 인간의 죄

"어떻게 사랑의 하나님이 인간을 지옥에서 영원히 고통 받도록 할 수 있다는 말인가?"라는 질문을 자주 받게 된다. 이 질문의 배후에는 하나님의 사랑이 어떤 이유에서든지 하나님의 다른 모든 속성을 무효화 시킨다는 전제가 있는 것이다. 하나님은 사랑이시다. 그러나 하나님의 사랑은 완전히 순수한 사랑이어서 하나님의 거룩하심과 공의로우심 또는 그의 완전한 창조를 타락시킨 죄에 대한 진노를 떠나서는 이해하거나 정

의될 수가 없다.

> 하나님의 사랑은 그의 공의로우심을 무력화 시키는 것이 아니다. 하나님의 공의로우심이 적용된다고 해서 하나님의 사랑이 저해되는 것은 아닌 것이다. 하나님의 사랑과 공의는 상호 모순되는 것이 아니다(Morgan 2004, 216).

하나님은 언제나 그의 사랑과 거룩함, 죄에 대한 진노, 공의가 완전하게 서로 조화를 이루도록 행동하신다.

하나님의 사랑이 그의 다른 속성들과 분리하여 생각할 수 없는 것이라면 인간의 죄의 엄중함과 분리하여 생각할 수도 없는 것이다. 인간은 의지적으로 하나님으로부터 등을 돌리고 그에 대항하여 반역하는 길을 택함으로 하나님의 완전하신 목적들과 창조를 훼손하였다. 오늘날의 현대적인 인본주의적 가치관은 인간의 죄 그 자체 보다는 그로 인한 형벌에 대해 더 신경을 곤두세우게 한다.

그러나 "죄는 실제로 하나님의 온 우주에서 가장 끔찍한 것이다. 지옥은 단지 형벌일 뿐이다. 죄는 범죄인 것이다.

살인과 종신형 중에서 무엇이 더 나쁜 것인가?

명백히 형벌보다는 범죄가 더 나쁜 것이다"(Morgan 2004, 210). 죄는 무한히 거룩하신 하나님을 대적하여 짓는 것이므로 무한한 징벌을 받는 것이 마땅하다. 만약 수감된 죄수에 대해 조사를 해 본다면 대부분의 죄수들은 자신에게 주어진 형벌이 지나친 것이라고 답하는 것을 보게 될 것이다. 그와 유사하게 인간들은 자신들의 죄의 사악함을 과소평가하고 지옥은 지나친 형벌이라고 생각한다.

하나님의 사랑과 공의, 죄에 대해 진노는 그리스도의 십자가 위에서 다 같이 만난다. 그 십자가는 그의 사랑의 가장 위대한 표현인 것이다

(요 3:16; 롬 5:8; 요일 4:10). 그리스도 안에서 하나님은 모든 사람이 그와 화해할 수 있는 충분하고도 누구에게나 적용될 수 있는 방법을 제시하신 것이다. 하나님으로부터 영원히 분리되는 상황에 처하게 되는 사람은 이미 하나님을 거역하기로 작정하고 이 세상에서 스스로 그와 분리되는 길을 간 사람이다. 지옥은 그 결정이 영원히 연장되는 것이다.

### (4) 지옥의 특성
성경은 지옥을 묘사하는 데 세 가지 그림을 사용하고 있다.

① 징벌-공의롭고, 끝이 없는 의식할 수 있는 고통
② 파멸-파괴된 삶
③ 추방-하나님으로부터의 완전하고도 최종적인 분리(Morgan 2004, 142-51).

이 세 가지 모두 몇 개의 같은 구절에 나타난다(마 24:45-25:46; 살후 1:5-10; 창 20:14; 21:8). 이 세 가지 그림은 모두 지옥에 있게 될 자들에 대해 동시적으로 진실한 모습을 보여주는 것이다. 지옥을 설명하는 성경 언어의 많은 부분은 은유적이다. 예를 들면, 지옥은 "어두움"(마 25:30)이면서 동시에 "불 못"(계 20:14-15)이라고 묘사되어 있다. 은유적 표현임을 인정한다면 이러한 묘사는 상호 모순되는 것이 아니라 징벌, 파멸, 추방의 이미지를 상호 보완적으로 보여주는 것이다.

이러한 성경에 나타난 지옥의 모습을 종합해 보면 지옥은 사람들이 이 세상에서 살아있는 동안에 그들 스스로를 하나님과 결별하기로 작정한 것을 영원히 확정하는 것으로 나타나 있다. 그들이 겪게 되는 하나님의 진노, 즉 끝이 없는 고통의 징벌은 분명히 스스로의 자유의지로 선택한 하나님으로부터의 분리인 것이다. 사람들은 하나님을 알도록 창조되었고 그 하나님을 영원히 기뻐하도록 되어 있었기 때문에 하나님으로부터의 영원한 분리는 그들이 창조된 목적, 즉 하나님과의 교제를 단절하는 것이다.

지옥의 형벌을 받게 되는 자들은 하나님에 대한 잘못된 거역을 계속하고 영원히 그로부터 결별하기로 의지적으로 **선택**하게 될 것으로 생각된다(계 16:11).

> 지옥에서 의식할 수 있는 징벌이 지속되는 이유 중 하나는 죄가 지속되기 때문이다(Carson 1996, 533).

지옥의 고통은 하나님으로부터의 분리로서 하나님과 그와의 친밀한 관계에서 얻는 기쁨을 결코 알지 못한 상태에서 지옥에 있는 자들은 계속해서 이 세상에서의 그들의 삶의 특징인 자기도취적인 거역을 똑같이 계속하게 된다. C. S. 루이스(C. S. Lewis)가 주장한 것처럼 "지옥의 문들은 안쪽에서 잠겨있다"(1944, 115)고 할 수 있을 것이다.

지옥에 있는 자들이 계속 죄 가운데 있고 거기서도 하나님을 거역하는 것을 계속하고 있다는 것은 믿기 어려운 일이다.

> 그 저주받은 자들이 원하는 것은 자신들의 방식으로 행복하려는 것이다. 그러나 그것은 불가능한 일이다. 참으로 행복하게 되는 유일한 길은 하나님의 방식을 따르는 것이다. 그러므로 저주 받은 자들은 그들 자신의 방법에 의해 얻을 수(can) 있는 것을 선택한 것이며 이는 곧 참된 것의 뒤틀린 반사 이미지, 즉 왜곡된 만족감이다(J. L. Walls 2003, 121-22).

어떤 사람들은 부자와 나사로의 비유(눅 16:19-31)는 지옥에 있는 자들은 그들이 선택해서 그곳에 남아 있는 것이 아니라는 것을 보여 주는 것이라고 주장한다. 제리 월스는 이에 대하여 그 비유에서 부자가 비참한 상태에 있기는 하지만 참으로 회개하기보다는 이 세상에 있을 동안 그가 선택한 것을 정당화하는 일에 더 관심이 있다는 점을 지적하였다.

> 이 비유의 핵심은 부자가 증거가 부족해서 지옥에 있는 것이 아니라는 것이다. 그는 그의 형제들과 마찬가지로 모세와 선지자들로부터 들을 기회가 있었다는 것이다. … 그는 정말로 다 알고 있었지만 그 앞에 공공연하게 제시된 진리에 입각하여 행동하지 않은 것이다(2003, 119).

사람들은 이 세상에 살아있는 동안 어리석은 선택을 하고 그에 따라 부정적인 결과를 거두게 되지만 그 잘못을 인정하려 하지 않고 계속해서 똑같은 어리석은 선택을 한다. 이와 마찬가지로 지옥에 있는 사람들도 하나님을 거역하는 것과 하나님으로부터 분리됨으로 겪게 되는 비참한 상태에 더욱 깊이 빠져 들어가는 것이다.

### 3) 하나님은 정말로 사람들을 영원하고 의식할 수 있는 징벌을 받도록 저주하시는가?

하나님께서는 그의 사랑 가운데서 모든 인류가 그와 영원한 교제를 누릴 수 있는 길을 제시하셨다. 그러나 성경이 분명히 얘기하는 것은 다음과 같다. 어떤 사람들은 고집스럽게 하나님을 거역하는 일을 하고 그 결과로 하나님으로부터 영원히 분리되도록 **스스로를 저주하게** 된다. 하나님께서는 그의 사랑과 용서, 교제를 받아들일 것을 강요하지 않으신다. 지옥이라는 곳은 실제로 존재한다. 하나님께서 스스로를 계시하신 것을 거부하고 그 자신의 의지에 의해 반역적인 성향을 따르기로 선택한 모든 사람들은 영원히 그 비참한 상태에 놓이게 될 것이다. 예수께서 친히 지옥에 대해서 많은 얘기를 하셨다는 것을 기억해야 한다.

> 성경의 모든 인물들 중에서 특히 주 예수께서 지옥의 생생한 이미지를 지속적이며 반복적으로 사용하셨다. 그가 그렇게 하신 것은 정확히 사람들에게 지옥에 대해 경고하고 그들이 회개하고 믿음을 갖도록 하기 위한 것이 아니었는가? 그러므로 우리도 그와 똑같이 해야 하지 않겠는가?(Carson 1996, 530).

성경이 선교에 참여하게 하는 여러 가지 타당한 동기를 담고 있지만(제7장) 우리가 선교에 참여하는 한 가지 이유는 그리스도 없이는 영원한 파멸이라는 고통을 겪게 되기 때문이라는 확신을 결코 잃어버려서는 안 된다.

## 3. 복음을 들을 기회가 전혀 없었던 사람들은 어떻게 되는가? 하나님의 공정성에 관한 질문

예수 그리스도를 따르는 사람이라면 누구나 직면하게 되는 가장 어려운 문제 가운데 하나는 "복음을 들을 기회가 전혀 없었던 사람들은 어떻게 되는가?" 이다.

그리스도를 믿을 기회를 전혀 갖지 못한 사람들을 정죄하는 것이 공정한 것인가?

이미 보았듯이 신약성경은 어떤 사람들은 하나님으로부터 분리되며 하나님을 거절하였기 때문에 영원한 형벌을 받게 될 것을 가르치고 있음이 분명해 보인다.

그러나 그리스도의 메시지를 명시적으로 거역한 적이 전혀 없는 사람들은 어떻게 되는 것인가?

이 장의 서두에서 언급한 아사의 경우는 어떻게 되는 것인가?

하나님을 찾았지만 복음을 들을 기회가 전혀 없었던 사람들에게 영원한 형벌을 받도록 저주한다면 하나님은 공정한 것인가?

제12장에서 보편적 포괄주의는 일반은총에 반응하여(비기독교 신앙에서 발견되는 계시에 반응한 경우조차도) 믿음을 갖게 된 사람들은 그리스도의 대속의 죽음으로 말미암는 혜택을 받게 된다고 주장한다는 것을 보았다.

그렇다면 계시적 특별주의는 하나님의 공정성에 대해 무엇이라고 말하는가?

이에 대해 성경이 일반계시에 대해 무엇이라고 말하고 있는가를 살펴봄으로써 시작하겠다. 그런 후 하나님의 공의가 의미하는 바를 살펴보고 누구든지 복음 증거의 가능성 밖에 있게 될 가능성이 어느 정도인지를 생각해 보자.

### 1) 일반계시의 역할은 무엇인가?

일반계시는 "하나님께서 언제, 어디서나 모든 사람에게 자기 자신을 나타내시는 것"을 말한다. 구체적으로 말하자면 하나님께서 자연과 역사, 그리고 인간의 내적 존재(inner being) 가운데 당신을 보여주시는 것이다(Erickson 1983, 153). 역사적으로 기독교 신학은 일반계시는 "하나님의 존재와 성품에 관한 보편적인 증거"의 역할을 하지만 하나님과 화목할 수 있는 유일한 방법은 "특별한 사람들에 대한 초자연적인 계시가 나타남으로" 즉 특별계시에 의한 것뿐이라고 주장해 왔다(Demarest 1982).

성경은 일반계시에 대해서는 무엇이라고 말하고 있는가?

### 시편 19:1-4

시편 기자는 피조물들이 지속적으로 하나님의 영광을 가리키고 있으며 이 세상의 어느 민족이나 언어 그룹도 그의 영광을 보는 데서 제외되어 있지 않다고 말하고 있다. 이 시편의 후반부(7-14절)에서는 하나님의 말씀의 특별계시의 역할에 대해 찬양하고 있는데 이는 창조의 계시와 대비하여 말하고 있는 듯하다. 영혼을 소생시키고, 어리석은 자들을 현명하게 만들고, 마음에 기쁨을 주고 눈에 빛을 가져다주며, 하나님의 종들에게 큰 보상을 가져다주는 것은 기록된 하나님의 말씀이다.

### 사도행전 14:14-18

바울은 과거에는 하나님이 비를 내리시는 것, 결실기를 주시는 것, 일하는 데서 오는 만족과 좋은 음식을 통해 기쁨을 주심으로 그의 선하심을 듣는 자들에게 알게 하셨다고 말한다. 하나님의 선하심은 자연의 계절을 통해 모든 사람에게 명백하게 나타난다. 바울이 과거에는 하나님이 "모든 민족으로 자기의 길들을 다니도록 묵인하였다"(16절)라고 하였는데 이것은 구약 시대에는 민족들이 그들의 죄에 대해 책임이 없었다는 뜻으로 말한 것이 아니라 하나님께서 그들에게는 이스라엘에게 하신 것처럼 완전하게 자신을 드러내지 않으셨다는 뜻으로 말한 것이다(Harrison 1975, 223). 하나님께서 그 자신을 완전히 계시하시고 그로 인해 민족들로 하여금 결단을 내리게 하신 것은 그리스도의 오심과 민족들을 향한 교회의 선교를 향해 준비되게 하려 하신 것이다.

### 사도행전 17:22-31

하나님의 일반계시의 몇 가지 양상은 바울의 아덴 사람들을 향한 설교에 잘 나타나 있다.

첫째, 아덴 사람들은 바울이 이제 막 알려주려 하고 있는 "알지 못하는 신"을 섬기고 있었다(17:23). 이것은 이름은 모른 채로 참되신 하나님을 섬기고 있었다는 의미는 아니고 혹시라도 간과한 신이 있을까봐 안전하게 하기 위해 여분으로 한 신을 더 섬기고 있었다는 의미이다. 실제로 바울은 그들이 참되신 하나님을 섬기는 것을 간과하고 있다는 것을 지적한 것이다.

둘째, 하나님은 민족들을 창조하시고 어떤 의미에서 그들로 하여금 하나님을 의식하고 그를 찾도록 그들의 운명을 정해 주셨다(17:26-27).

셋째, 인간들을 하나님의 "소생"으로 창조하신 것은 우상숭배의 어리석음을 알 수 있을 만큼 하나님에 대해 드러내신 것이다(17:29).

넷째, 하나님은 과거에는 우상숭배를 하는 그들의 무지함을 "허물치 아니하셨다"(30절).

사도행전 14:14-18에서처럼 바울은 하나님이 그들의 죄를 간과하였다고 말하는 것이 아니다. 그가 지적하려 한 것은 모든 민족에게 복음의 완전한 계시가 있기 전에 하나님의 계획 가운데 다른 시대가 있었다는 것이다. 이 완전한 계시가 이제 그리스도 안에 나타났으므로 민족들은 회개해야 하며 그리스도에 대한 그들의 반응에 따라 심판이 있을 것에 대비해야 한다는 것이다(17:30-31).

### 로마서 1:18-32

로마서 1:18-3:20에서 바울은 하나님께서 모든 사람에게 계시하신 것이 무엇이며 사람들이 그에 대해 어떻게 반응하였는가를 자세히 말하고 있다. 로마서 1:18-32에서 바울은 이방인에 대해 초점을 맞추고 있다. 하나님께서는 창조를 통해 그 자신에 대해 어떤 것들은 모든 사람들에게 더할 나위 없이 분명하게 알게 하셨다. 모든 사람들은 전능하신

신적 존재(divine being)가 있다는 것을 알고 있다(1:20). 그러나 하나님에 대한 이러한 핵심적인 지식은 거부하고 창조자 대신 피조물을 섬기는 것을 선택하였다(1:21-22, 25, 28). 피조계가 하나님에 대해 가르치고 있는 바를 거부하였기 때문에 하나님은 그들 자신이 원하는 길로 가서 그 선택으로 인한 당연한 결과, 즉 죄의 비참한 나락으로 떨어지는 것을 허용하셨다(1:24, 26-27, 28-32).

### 로마서 2:1-16

그들 스스로를 다른 사람들보다 도덕적이라고 생각하는 사람들조차도 그들에 대한 하나님의 계시를 거부한 것에 대해 하나님의 심판 아래 있도록 하였다. 하나님은 여러 다른 사람들에 대해 다양한 수준의 계시를 주시었다(2:4, 12). 그러나 모든 사람들에게 그들이 받은 계시의 수준에서 책임을 물으신다(2:6-13). 이방인들조차도 구약의 율법이라는 특별계시를 받지는 못하였지만 그들의 양심에 있는 하나님의 도덕률의 어떤 모습에 대해 내적으로 알고 있었으므로 그에 대해 책임을 물으실 것이다(2:14-15). 모든 사람들은 심지어 자신들이 다른 사람들 보다 낫다고 생각하는 사람들조차도 하나님의 계시를 거부하고 자신의 길로 가서 불순종하였다(2:3-5). 하나님은 모든 사람들을 완전한 진리에 따라 완전히 공정하게 대하신다. 하나님은 편애함이 없이 모든 사람들을 공평하게 대하신다(2:2, 11).

하나님에 대해 일반계시에 의해 알려진 바에 관하여 이러한 주요 구절로부터 얻을 수 있는 결론은 무엇인가?

하나님은 인류에게 선한 것들과 기쁨을 주시는 영광스럽고 전능하신 창조자이시다. 인간들은 하나님의 형상을 반영하고 있기 때문에 하나님이 어떤 우상보다도 훨씬 더 위대하시다는 것을 분명히 알고 있다. 하나님께서 민족들과 역사를 지배하심을 통해 사람들이 그를 찾도록 만드셨다. 일반계시를 통해서도 하나님께 반응하고 그를 찾지 않으면 안 될 만큼 하나님에 대해서 알 수 있다.

그러나 하나님에 대해 그만큼 알고 있음에도 불구하고 인간들은 하나님에게 등을 돌리고 피조물을 경배하고 섬기는 어리석은 일을 하는 것을 선택하였다. 어떤 사람들은 다른 사람들보다 하나님에 대해 더 많은 계시를 받기도 하였지만 **모든** 사람이 하나님에게 등을 돌리고 하나님을 거부하였다. 모든 사람들이 하나님에 대해 받은 계시에 대해 책임을 지게 될 것이다. 하나님은 구약 시대에는 다른 나라들에게는 이스라엘에게 하신 것만큼 분명하게 자신을 드러내시지 않았지만 이제는 예수 안에서 그 자신을 분명히 계시하신다.

성경 자체에 일반계시를 통해 그리스도에게로 온 사람들이 있다는 증거가 있는가?

성경에는 비유대인과 비그리스도인 중에 구원을 얻은 사람들의 예가 있기는 하지만 이들 "거룩한 이방인들"은 그들 역사의 시점에서 주어진 하나님의 특별계시에 반응함으로써 모두 구원을 얻었는데, 그것은 아담, 노아, 모세와 맺은 하나님의 언약과 그리고 하나님께서 그들에게 직접 주셨을지도 모르는 구체적인 구원의 계시를 포함한다.

구약의 많은 "거룩한 이방인들"(예를 들면, 롯, 이드로, 룻, 나아만 등)은 하나님의 백성들과 언약의 공동체 속에 있었다. 다른 사람들(예를 들면, 욥, 멜기세덱, 에녹)은 아마도 인간 역사의 초장기에 민족들에게 주어진 특별계시에 반응을 보였기 때문이었을 것이다(예, 창 3:14-24; 9:1-17). 소위 거룩한 이방인이라고 일컬음을 받았으나 구원을 얻지는 못했을 것 같은 자들도 있다(예를 들면, 아비멜렉, 발람). 동방 박사들은(마 2:1-12) 아마도 다니엘을 통해 전해진 히브리 성경에 나타난 계시(민 24:17)를 믿었을 것이다.

크리스토퍼 리틀(Christopher Little)은 일반계시를 통해서 하나님의 구원을 얻는 지식을 갖게 된 사람들에 관한 성경적 증거를 찾아보았지만, 결론은 그들 모두 하나님과 화목할 수 있도록 하는 특별계시를 받아들였다는 것이었다(2000, 88).

성경의 어떤 부분도 일반계시만으로 인간이 하나님 앞에서 의롭게 되거나 그와 화목하게 되는 데 있어서 충분하다는 암시를 주고 있지 않다(Little 2000, 46). 다른 종교에도 하나님에 관하여 부분적인 진리가 있기는 하지만 그러한 것들은 일반계시의 결과로 나타난 잔재일 뿐이고, 성경에 그러한 부분적인 진리가 다른 종교를 추종하는 사람들이, 비록 그들이 선하고 도덕적이라고 할지라도, 구원을 얻는 데 충분하다는 암시를 주는 것은 없다. 하나님의 일반은총에 의해 나름대로 고상하게 살고 그들 문화에 진리와 선함의 요소가 있지만 그럼에도 불구하고 구원을 얻지는 못하는 사람들과 구원을 얻은 사람들을 구분해야 한다.

이미 본 바와 같이 성경의 다른 종교에 대한 일반적인 가르침은 그들의 신들은 참되고 유일하신 하나님이 아니라는 것과 그들이 "아무리 훌륭해도 구원을 가져다주지 못하며, 최악의 경우에는 … 어둠의 세력 중 일부라는 것이다"(Givett와 Phillips 1995, 237, 출 20:3-6; 역대하 13:9; 사 37:18-19; 40:12-26; 렘 2:11; 5:7; 16:20; 행 19:26; 26:17-18; 고전 1:21, 8:4-6; 10:19-20; 갈 4:8; 골 1:13; 살전 2:16; 살후 1:8).

기독교 이외의 많은 다른 종교들이 고등 신의 개념을 가지고 있지만, 그러한 개념들 중 어떤 것들은 하나님에 대한 성경적 가르침과는 아주 다르므로 그러한 종교들이 우리와 같은 하나님을 섬기고 있는지에 대해서는 의문을 갖지 않을 수 없다(Carson 1996, 291-96).

## 2) 구원을 얻지 못한 사람들에 대한 하나님의 사랑과 공의

이 장의 앞부분에서 구원을 향한 하나님의 열정(요 3:16; 딤전 2; 벧후 3)

을 보았다. 성경에서 하나님께서 구원을 받지 못한 사람들을 당신께로 데려 오기를 원하신다는 것을 가장 잘 보여주는 부분이 누가복음 15장이다. 예수는 구원을 얻지 못한 사람들이 구원을 얻게 되는 것에 대해 세 가지 이야기를 하고 있다. 즉 잃어버린 양, 잃어버린 동전, 잃어버린 아들. 이 각각의 비유에서 하나님께서는 잃어버린 것을 진지하게 찾으시고 그것을 찾았을 때는 큰 기쁨에 넘치는 사람으로 나타난다.

그러나 마지막의 그리고 가장 중요한 비유, 즉 탕자의 비유에서 아들이 돌아오기를 기다리는 아버지의 마음은 아들의 회개와 별개의 것이 아니었다. 하나님의 잃어버린 자들을 향한 열정은 믿음과 회개를 통해 하나님께로 나아와야 할 필요와 무관하지 않다.

잃어버린 자들을 향한 하나님의 사랑은 또한 그의 공의로우심과도 무관하지 않다. 하나님께 대한 성경의 묘사 중 핵심적인 것 중 하나가 공의로우심이다. 하나님께서는 언제나 옳은 일을 하신다. 욥기 34:12에서 엘리후는 우리에게 "진실로 하나님은 악을 행하지 아니하시며 전능자는 공의를 굽히지 아니하시느니라"라고 상기시켜주고 있다. 하나님의 심판은 언제나 진리와 의로움을 전제로 하고 있고(롬 2:2-5), 편벽됨이 전혀 없으며(벧전 1:17) 편애함도 찾아 볼 수 없다(롬 2:11).

하나님의 공의로우심은 그의 심판이 언제나 사람들이 그의 진리를 얼마나 알고 있는가에 비례하여 이루어질 것임을 의미한다(마 11:21-24; 눅 12:47-48; 벧후 2:21). 모든 사람들이 그들이 어떤 삶을 살았는가에 따라 합당한 심판이 영원히 주어질 것이다.

하나님의 공의로우심에 대해 성경 말씀을 연구하면 할수록 성경 기자들의 가장 큰 관심사가 하나님께서 어떻게 죄인들을 영원히 심판하시면서도 공의로우심을 잃지 않을까 하는 데 있지 않음을 분명히 알게 된다. 그들의 가장 큰 관심사는 하나님께서 공의로우시다면서 어떻게 죄인들을 즉시 엄하게 벌하시지 않는가 하는 것이다. 성경적 관점에서 본다면 하나님께서 계속 공의로우시면서도 죄를 용서하실 수 있는가가 정말로 놀라운 일이다.

많은 성경 구절이 하나님의 공의로우심과 함께 그의 사랑과 구원하시려는 소망을 보여준다.

> 여호와께서는 그 모든 행위에 의로우시며 그 모든 일에 은혜로우시도다(시 145:17).

그는 "공의를 행하며 구원을 베푸는 하나님"(사 45:21) 이시다. 하나님은 "아무도 멸망하지 아니하고 다 회개하기에 이르기를 원하시기"(벧후 3:9) 때문에 이 세상에 대한 자신의 심판을 늦추신다. 바울은 그리스도가 십자가에서 죽으심으로 죄에 대한 처벌을 감당하셨으므로 하나님께서는 "의로우시며 또한 예수를 믿는 자를 의롭다 하실 수" 있으시다 (롬 3:22-26).

> 하나님의 심판은 모든 도덕적 문제를 야기하는 것이 아니라 해결한다. 성경 기자들은 하나님이 악한 자들을 영원히 벌하신다면 어떻게 공의로우실 수 있는가에 큰 관심을 갖지 않았다. 오히려 하나님이 행악하는 자들을 즉시 벌하시지 않으면서도 어떻게 공의로우실 수 있는가에 큰 관심을 가졌다.
> —Christopher W. Morgan(2004, 208)

예수께서 하나님의 죄에 대한 심판을 자신이 완전히 받으셨기 때문에(고후 5:21; 히 13:11-13; 벧전 2:24; 마 26:17-46에서의 "잔," 막 14:12-52; 눅 22:1-53), 하나님께서는 그 자신에 대해 나타내신 바에 대한 사람들의 반응에 따라 공의롭게 심판하실 수 있는 것이다.

창세기의 한 이야기가 하나님의 공의로우심과 구

원하시려는 열정을 생생하게 보여준다. 창세기 18장에서 여호와 하나님께서는 아브라함에게 나타나 악한 자들로 인해 소돔과 고모라를 멸하실 것이라고 말씀하신다. 아브라함은 그의 조카 롯과 그의 가족이 거기에 살고 있었으므로 크게 걱정하면서 하나님의 자비를 구한다. 그는 "주께서 의인을 악인과 함께 멸하려 하시나이까?"하고 묻는다.

세상을 심판하시는 이가 정의를 행하실 것이 아니니이까?
(창 18:23, 25).

이 이야기의 나머지 부분에서 하나님은 가능한 많은 사람들에게 그의 자비를 베푸시기 위하여 극단적인 조치를 취하심으로 악한 자들을 벌을 하시면서도 하나님의 관용을 받아들이거나(욥의 경우) 거절할 수 있는 (욥의 아내와 사위들) 자유의지를 행사하도록 허용하신다.

창세기 18:25은 하나님이 심판하심에 있어서 믿는 자와 불신자 양쪽 모두에게 의롭게 하실 것임을 상기시켜 준다. 그의 공의로우심에 의문이 생길 때 하나님은 그가 공의롭고 공평하셨으며 앞으로도 그러하실 것임을 상기시키신다(우리가 언제나 이해하지 못할지라도).

### 3) 선교사의 증거에 의한 소망 밖에 있는 자들은 어떻게 되는 것인가?

선교사에 의한 복음 증거의 가능성 밖에 있는 자들은 어떻게 되는 것인가?

복음을 들을 기회가 전혀 없었다면 그러한 사람들을 멸망하도록 하시는 하나님이 어떻게 공정하고 공의롭다고 할 수 있겠는가?

이에 대해 두 가지 방법으로 대답할 수 있을 것이다. 우선 선교 역사는 복음이 예기치 못한 방법으로 지극히 먼 곳까지 퍼져 나갔다는 것을 보여준다. 복음은 2세기에는 인도에, 4세기에는 에티오피아에 그리고 7세기에는 중국에 증거되었다. 아일랜드의 성 브렌단(St. Brendan)은 7세기에 북아메리카 지역에 갔을 가능성도 있다(Haggerty 2006). 선교사들이 일반계시에 호응하였던 민족을 향해 가는 것이 불가능했다고 쉽게 추정해서는 안 될 것이다.

두 번째로 일반적으로는 사람들이 복음 전도를 받게 되는 방식은 복음을 증거하는 메시지의 선포를 통해서이지만(로마서 10장에 관한 아래의 글을 보라) 하나님께서는 꿈과 환상과 같은 직접적인 특별계시를 통해서도 얼마든지 그리스도에 대한 구원의 진리를 나타내시기를 선택하실 수 있다(Little 2000, 116-31). 성경은 언약의 공동체 밖에 있던 사람들 중에도 하나님으로부터 계시의 꿈을 받은 사람들이 있음을 보여준다(예, 바로, 아비멜렉, 느부갓네살).

그리고 현대 선교의 역사에도 비그리스도인들(특히 이슬람 신자들)이 꿈과 환상을 통해 그리스도께 인도된 이야기를 들을 수 있다(Musk 1988; Martin 2004). 하나님의 공의는 만약 복음이 증거 된다면 올바르게 반응할 사람이나 집단들이 있는 경우 그들을 향해서 증거를 하지 않은 채로 그냥 두지는 않으심을 확실히 보여준다.

고넬료의 이야기(행 10장)는 그러한 일이 어떻게 이루어지는지를 보여주는 좋은 본보기이다. 고넬료는 그가 경험한 유대교를 통해 배운 바에 따라 충성스럽게 하나님을 섬긴 사람이었다. 하나님께서는 고넬료가 알고 있던 참되신 유일한 하나님을 바탕으로 하여 하나님의 사자를 통해 그에게 베드로를 만나보라고 하는 메시지를 전하고, 베드로를 통해 하나님에 대해 더 많은 것을 알게 하신다.

고넬료는 하나님의 사자에게 순종하였고 하나님께서는 극적이고 긴 과정을 통해 베드로로 하여금 고넬료에게 복음을 전하게 하신다.

고넬료의 이야기는 하나님의 영이 하나님의 계시에 대해 올바른 반응을 보이도록 인도하실 때는 하나님께서 예수의 구원의 역사에 대해 분명한 계시를 충실하게 제시하신다는 것을 보여준다.

### 4) 그렇다면 우리는 하나님의 공의와 공정함을 믿을 수 있는가?

모든 사람들이 일반계시를 통해 하나님에 대해 무언가를 알고 있다. 여러 종류의 개인들과 집단들이 다양한 정도로 하나님의 계시를 받지만 그들이 받은 그 빛에 대해 어떻게 반응하였는가에 따라 심판을 받을 것이다. 하나님은 사람들이 알고 있지 않은 것에 대해 책임을 묻지 않고 오로지 그들이 알고 있는 것을 근거로 책임을 물으실 것이다.

구원을 얻지 못한 사람들을 향한 하나님의 열정이 우리에게 확신시켜 주는 사실은 하나님께서는 사람들이 하나님을 거절할 수 있는 자유를 침해함이 없이 그들을 회개하게 하도록 하기 위해 그분이 하실 수 있는 모든 일을 하실 것이라는 것이다. 우리는 하나님께서 공의로우시므로 모든 사람들을 완전한 공의로 대하시고 하나님을 고집스럽게 거부하는 완악함을 보여준 사람들에게 그들의 거부에 합당한 결과를 경험하게 하실 것임을 믿는다.

성령은 그의 자비와 사랑 가운데 일반계시를 사용하여 사람들이 하나님을 찾도록 이끄실 수 있으므로 우리는 복음에 대해 반응을 할 준비가 되어있는 자라면 이 세상의 어느 누구에게도 복음의 증거를 받게 하시는 하나님의 능력을 과소평가해서는 안된다. 그리스도에 관한 메시지는 일반적으로 말을 통한 증거나 기록된 하나님의 말씀을 통해서 전파되는 것이지만, 그리스도는 때때로 그의 기뻐하심에 따라 특별한 방법으로 그 자신을 나타내시기도 한다.

> **보조 자료 13.1**
> **아사의 이야기로 돌아가서**
>
> 이 장에서 다룬 세 가지 어려운 문제를 염두에 두고, 이 장 서두에 언급한 아사의 이야기를 다시 읽어보라.
> 만약 누군가 이렇게 묻는다면 어떻게 대답할 것인가?
>
> 1. 하나님께서 아사의 믿음과 순종을 보시고 그에게도 구원을 베푸실까?
> 2. 아사가 일반계시에 올바르게 반응한 것처럼 보이지만 하나님께서는 아사에게 지옥에 가는 벌을 주실 것인가?
> 3. 아사의 경우에 하나님의 공평하심과 공의로우심은 어떻게 나타나고 있는가?

끝으로, 우리는 아사의 이야기(보조 자료 13.1을 보라)에서처럼 일반계시를 통해 그 자신을 드러내신 하나님에 대해 반응을 보인 사람들의 당황스런 이야기의 모든 자세한 내용을 다 알 수는 없다. 아사는 분명히 그의 마지막 시기를 아디스아바바에 있는 감옥에서 지냈으며, 아디스아바바는 성경과 복음 증거를 접할 수 있는 곳이었다. 그 기간에 그가 성경을 보게 되었거나 그리스도의 충성스런 성도를 통해 복음을 들었을 가능성은 충분하다. 하나님께서는 아사와 같은 사람이 처하게 되는 영원한 상황에 대해 우리가 알아야 한다고 요구하지 않으신다.

이와 같이 우리가 이야기 전체를 다 알지 못하는 상황을 근거로 일반적인 구원의 교리나 선교신학을 구축하려고 해서는 안된다. 오히려 우리의 신학과 선교의 실천은 성경 전체에서 볼 수 있는 복음 증거의 긴박성에 기초를 둔 것이어야 한다.

## 4. 결론: 선교의 긴박성

로마서 9-11장에서 사도 바울은 대부분의 이스라엘 사람들이 메시아를 거부한 이유가 무엇인가 하는 문제를 가지고 씨름하고 있다. 한 가지 이유는 로마서 9:30-10:21에서 바울이 얘기한 것처럼 그들이 하나님의 구원의 방도를 거부하고 그들 자신의 길을 찾는 일을 계속하였기 때문이다. 하나님께서 이미 그들을 구원하시기 위해 행하신 것을 믿지 않고 오히려 율법을 지킴으로 구원을 얻으려고 하였다. 구원을 얻기 위해서는 자기 자신의 행위나 종교적인 의식을 통해서 의롭게 되는 것이 아니라 주님의 이름을 불러야 한다.

그러나 구원에 이르는 유일한 길이 주님의 이름을 부르는 것밖에 없다면 오직 그리스도로 말미암는 구원의 메시지를 온 세상에 전하는 것이 절대적으로 중요하다. 바울은 그리스도의 이름을 부르기 위해서는 어떤 일이 일어나야 하는가에 대해 연속적으로 몇 가지 문제를 제기한다.

> 그런즉 그들이 믿지 아니하는 이를 어찌 부르리요 듣지도 못한 이를 어찌 믿으리요 전파하는 자가 없이 어찌 들으리요 보내심을 받지 아니하였으면 어찌 전파하리요 기록된 바 아름답도다 좋은 소식을 전하는 자들의 발이여 함과 같으니라(롬 10:14-15).

예수를 주로 고백하기 전에 예수께 구원이 있음을 믿어야 한다. 그러나 예수만이 구원에 이르는 유일한 길임을 마음으로 믿게 되려면 먼저 예수에 대한 메시지를 들어야만 한다. 예수께 대한 메시지를 듣게 되려면 누군가 보내심을 받아 그 메시지를 전하러 가야만 한다.

하나님이 사람들을 구원에 이르게 하시는 일반적인 방법은 예수 그리스도에 관한 메시지를 듣고 믿게 되는 것이다. 예수에 대해 듣고 믿게 되기 위해서는 누군가 그들에게 메시지를 전해야 한다. 그러므로 누군가 가서 예수를 믿음으로 구원을 얻게 된다는 복음의 메시지를 선포하는 것이 시급한 것이다. 바울은 그 외에 다른 구원의 방도가 있다고 말하고 있지 않다.

선교에서 정말 부끄러운 것은 복음주의자들이 예수가 유일한 구원의 길이라는 것을 믿는 것이 아니라, 이를 믿는다고 주장하는 많은 사람들이 이 세상의 구원을 받지 못한 많은 사람들에게 복음을 전하기 위해 별로 또는 전혀 아무것도 하지 않고 있다는 것이다. 바울은 이 복음을 전하려는 열정이 그의 삶을 지배하고 있다고 말한다(롬 9:1-4; 10:1; 15:18-21). 어떤 사람이든 그리스도에 대한 믿음이 없이는 하나님과 영원히 있지 못한다는 것을 믿는다면 교회와 모든 신자들의 가장 시급한 과업은 선교이다.

바울은 더 나아가 로마서 10:15에서 복음의 메시지를 전하는 자들이 "아름다운 발"을 갖고 있다고 하였다. 바울은 이사야 52:7을 인용하고 있는데 이 구절에서 하나님께서는 포로된 이스라엘 백성이 그들의 고국으로 돌아오게 될 것을 약속하신다. 누군가 절망에 빠진 포로들에게 기쁜 소식을 전해주면 그 전한 사람은 그들에게 포로된 것에서 놓여남을 전하였기 때문에 큰 기쁨 가운데 환영을 받을 것이다. 바울은 예수 그리스도 말미암는 영원한 구원의 소식을 전하는 자는 이와 마찬가지로 그 메시지를 듣는 사람들을 위해 "아름다운"자가 된다고 말한다.

선교는 믿는 자들이 감당해야 할 가장 시급한 과업일 뿐만 아니라 그들 각자에게 가장 큰 기쁨과 특권이 되는 일이다. 한 잃어버린 사람이 그리스도께 돌아오면 하늘나라도 기뻐한다(눅 15:7, 10, 32)고 하였으므로 우리 주변의 사람들에게 복음을 전함으로 하나님 자신의 기쁨을 함께 맛볼 수 있다. 우리 각자는 구원이 필요한 사람들에게 근본적인 변화(transforming)를 가져다주는 복음의 메시지를 전하는 특권을 누릴 수 있다.

선교에는 여러 가지 동기가 있지만 하나님의 은혜를 떠나서는 사람들에게 구원이 없으며 신약성경에서 하나님의 은혜를 받는 방법은 그리스도의 십자가의 메시지를 선포하는 것임이 분명하다는 것을 잊어서는 안 된다. 그 메시지를 받아들인 사람들은 누군가 그들을 위해 그 메시지를 가지고 올 만큼 귀한 관심을 가졌다는 것에 대해 영원히 감사할 것이다. 메시지를 전하는 자의 발걸음은 언제나 아름다운 것이다.

Encountering
Theology of Mission

# 참고문헌

Aagaard, Johannes. 1987. "The Double Aposto-late (Part I)." *Areopagus* 11 (Fall): 15–18.

Adeyemo, Tokunboh, ed. 2006. *Africa Bible Commentary*. Grand Rapids: Zondervan.

*Ad Gentes: On the Mission Activity of the Church*. Available online at http://www.vatican.va/archive/hist_councils/ii_vatican_council/documents/vatii_decree_19651207_ad-gentes_en.html.

Aigbe, Sunday A. 1991. "Cultural Mandate, Evangelistic Mandate, Prophetic Mandate: Of These the Greatest is…?" *Missiology* 19 (1): 31–43.

Allen, Roland. [1912] 1962a. *Missionary Methods: St. Paul's or Ours?* Grand Rapids: Eerdmans.

———. [1927] 1962b. *The Spontaneous Expansion of the Church*. London: world Dominion.

Anderson, Courtney. [1956] 1972. *To the Golden Shore: The Life of Adoniram Judson*. Grand Rapids: Zondervan.

———, ed. 1998. *Biographical Dictionary of Christian Missions*. new york: Macmillan Reference.

AnglicansOnline. 2009. "The Seal of the Society for Propagating the Gospel in Foreign Parts." http://anglicansonline.org/special/spg.html (accessed March 4, 2009).

Aring, Paul Gerhardt. 1971. *Kirche als Ereignis: Ein Beitrag zur Neuorientierung der Missionstheologie*. neukirchen-Vluyn: neukirchner Verlag.

Arnold, Clinton E. 1996. *The Colossian Syncretism: The Interface between Christianity *and Folk Belief at Colossae*. Grand Rapids: Baker Academic.

———. 1997. *3 Crucial Questions about Spiritual Warfare*. Grand Rapids: Baker Academic.

———. 2000. "Territorial Spirits." in Moreau 2000a.

Augustine. 1998. *Confessions*. Trans. Henry Chadwick. new york: Oxford university.

Aus, Roger. 1979. "Paul's Travel Plans to Spain and the 'Full number of the Gentiles' of Ro-mans 11:25." *Novum Testamentum* 21 (July): 232–62.

Averbeck, Richard E. 2004. "Ancient Near Eastern Mythography as it Relates to Historiography in the Hebrew Bible." in *The Future of Biblical Archaeology*, ed. James K. Hoffmeier and Alan Millard, 328–56. Grand Rapids: Eerdmans.

Baker, Ken. 2002. "The Incarnational Model: Perception or Deception?" *Evangelical Missions Quarterly* 38 (January): 16–24.

Balisky, Lila w. 1997. "Theology in Song: Ethiopia's Tesfaey Gabbiso." *Missiology* 25 (October): 447–56.

Barnett, Mike, and Michael Pocock, eds. 2005. *The Centrality of Christ in Contemporary Missions*. EMS Series, no. 12. Pasadena, CA: william Carey.

Barrett, David B. 2006. "Missiometrics 2006: Goals, Resources, Doctrines of the 350 Christian world Communities." *International Bulletin of Missionary Research* 30 (January): 27–30.

Barrett, David B., Todd M. Johnson, and Peter F. Crossing. 2007. "Missiometrics 2007." *International Bulletin of Missionary Research* 31 (January): 25–32.

———. 2008. "Missiometrics 2008." *International Bulletin of Missionary Research* 32 (January): 27–30.

Barrett, David B., George T. Kurian, and Todd M. Johnson. 2001. *World Christian Encyclopedia: A Comparative Survey of Churches and Religions in the Modern World*. 2nd ed. 2 vols. new york: Oxford university Press.

Bassham, Rodger C. 1979. *Mission Theology, 1948–1975: Years of Worldwide Creative Tension—Ecumenical, Evangelical, and Roman Catholic*. Pasadena, CA: william Carey.

Bate, Stuart. 1994. "Inculturation: The Local Church Emerges." *Missionalia* 22 (August): 93–117.

Bauckham, Richard J. 1983. *Jude, 2 Peter*. word Biblical Commentary 50. waco: word.

———. 1998. *God Crucified: Monotheism and Christology in the New Testament*. Grand Rapids: Eerdmans.

———. 2003. *Bible and Mission: Christian Witness in a Postmodern World*. Grand Rapids: Baker Academic.

Bauer, Bruce L. 2008. "A Response to Dual Allegiance." *Evangelical Missions Quarterly* 44 (July): 340–47.

Bavinck, J. H. 1960. *An Introduction to the Science of Missions*. Phillipsburg, nJ: P&R.

———. 1966. *The Church between Temple and Mosque: A Study of the Relationship between the Christian Faith and Other Religions*. Grand Rapids: Eerdmans.

Beale, Gregory K. 2004. "The Revelation on Hell." in Morgan and Peterson 2004, 111–34.

Beals, Paul A. 1995. *A People for His Name: A Church-Based Missions Strategy*. Rev. ed. Pasadena, CA: william Carey.

Beaver, R. Pierce. 1959. "Eschatology in Early American Missions." in *Basileia: A Tribute to Walter Freytag*, ed. Jan Hermelink and Hans Jochen Margull, 60–75. Stuttgart: Evangelische Missionsverlag.

———. 1966. *Pioneers in Mission: The Early Missionary Ordination Sermons, Charges, and Instructions*. Grand Rapids: Eerdmans.

———. 1968a. "Missionary Motivation through Three Centuries." in *Reinterpretation in American Church History*, ed. Jerald C. Brauer, 113–51. Chicago: university of Chicago.

———. 1968b. *All Loves Excelling: American Protestant Women in World Mission*. Grand Rapids: Eerdmans.

———. 1968c. *The Missionary between the Times*. new york: Doubleday.

Bemis, Kenneth. 1981. "The Myth of the Missionary Call." *Moody Monthly* 81 (March): 49, 55–56.

Berneburg, Erhard. 1997. *Das Verhältnis von Verkündigung und sozialer Aktion in der Evangelikalen Missionstheorie*. Giessen: Brockhaus.

Bevans, Stephen B. 2002. *Models of Contextual Theology*. Rev. and expanded ed. Maryknoll, ny: Orbis.

Bevans, Stephen B., and Roger P. Schroeder. 2004. *Constants in Context: A Theology of Mission for Today*. Maryknoll, ny: Orbis.

Beyerhaus, Peter. 1969. "The Ministry of Crossing Frontiers." in *The Church Crossing Frontiers*, ed. Bengt Sundkler, Peter Beyerhaus, and Carl F. Hallencreutz, 36–54. Lund: Gleerup.

———. 1974. *Bangkok '73: Beginning or End of World Mission?* Grand Rapids: Zondervan.

———. 1975. "World Evangelization and the Kingdom of God." in Douglas 1975, 283–95.

———. 1987. *Krise und Neuaufbruch der Weltmission*. Bad Liebenzell: Verlag der Liebenzeller Mission.

———. 1990. "Eschatology: Does it Make a Difference in Missions?" *Evangelical Missions Quarterly* 26 (October): 366–76.

———. 1996. *Er sandte sein Wort: Theologie der christlichen Mission*. Vol. 1: *Die Bibel in der Mission*. wuppertal: Brockhaus.

Beyreuther, Erich. 1960. "Mission und Kirche in der Theologie Zinzendorfs." *Evangelische Missions-Zeitschrift* 17:65–76.

———. 1961. "Evangelische Missionstheologie im 16. und 17. Jahrhundert." *Evangelische Missions-Zeitschrift* 18:1–10, 33–43.

Bintz, Helmut, ed. 1979. *Texte zur Mission: Mit einer Einführung in die Missionstheologie Zinzendorfs*. Hamburg: wittig.

Blauw, Johannes. 1962. *The Missionary Nature of the Church: A Survey of Biblical Theology of Mission*. new york: McGraw-Hill.

Blincoe, Robert A. 2002. "The Strange Structure of Mission Agencies—Part I: Still Two Structures after All These years?" *International Journal of Frontier Missions* 19 (January– March): 5–8.

Block, Daniel i. 2004. "The Old Testament on Hell." in Morgan and Peterson 2004, 43–65. Blue, Ken. 1999. "D-Day before V-e Day." in winter and Hawthorne 1999, 72.

Bock, Darrell L. 2007. *Acts*. Baker Exegetical Commentary on the new Testament. Grand Rapids: Baker Academic.

Boer, Harry R. 1964. *Pentecost and Missions*. Grand Rapids: Baker Academic.

Boff, Leonardo. 1988. *Trinity and Society*. Maryknoll, ny: Orbis.

Bonk, Jonathan J. 1991. *Missions and Money: Affluence as a Western Missionary Problem*. Maryknoll, ny: Orbis.

———, ed. 2003. *Between Past and Future: Evangelical Mission Entering the Twenty-first Century*. EMS Series, no. 10. Pasadena, CA: william Carey.

Borthwick, Paul. 1998. "The Confusion of American Churches about Mission: A Response to Paul E. Pierson." *International Bulletin of Missionary Research* 22 (October): 151.

———. 1999. "What Local Churches Are Saying to Mission Agencies." *Evangelical Missions Quarterly* 35 (July): 324–30.

Bosch, David J. 1959. *Die Heidenmission in der Zukunftsschau Jesu: Eine Untersuchung zur Eschatologie der synoptischen Evangelien*. Zürich: Zwingli Verlag.

———. 1980. *Witness to the World: The Christian Mission in Theological Perspective*. Atlanta: John Knox.

———. 1991. *Transforming Mission: Paradigm Shifts in Theology of Mission*. Maryknoll, ny: Orbis.

Bosch, David T. 1969. "'Jesus and the Gentiles'— A Review after Thirty years." in

*The Church Crossing Frontiers: Essays on the Nature of Mission in Honour of Bengt Sundkler*, ed. Peter Beyerhaus and Carl F. Hallencreutz, 3–19. uppsala: Almquist & wiksells.

Bowie, Fiona. 1993. "Introduction: Reclaiming women's Presence." in Bowie, Kirkwood, and Ardener 1993, 1–19.

Bowie, Fiona, Deborah Kirkwood, and Shirley Ardener, eds. 1993. *Women and Missions: Past and Present; Anthropological and Historical*. Providence: Berg.

Boyd, Gregory A. 1999. "God at war." in winter and Hawthorne 1999, 78–85.

Braaten, Karl E. 2000. "Eschatology and Mission in the Theology of Robert Jenson." in *Trinity, Time, and Church*, ed. Colin E. Gunton, 298–311. Grand Rapids: Eerdmans.

———. 2008. *That All May Believe: A Theology of the Gospel and the Mission of the Church*. Grand Rapids: Eerdmans.

Brandl, Bernd. 1998. *Die Neukirchner Mission*. Cologne: Rheinland-Verlag.

Braun, T. 1992. *Die Rheinische Missionsgesellschaft und der Missionshandel im 19. Jahrhundert*. Erlangen: Ev.-Luth. Mission.

Brechter, Suso. 1969. "Decree on the Church's Missionary Activity." in *Commentary on the Documents of Vatican II*, ed. Herbert Vorgrimler, 4:87–181. new york: Herder & Herder.

Brewster, Tom, and Betty Sue Brewster. 1982. *Bonding and the Missionary Task: Establishing a Sense of Belonging*. Pasadena, CA: Lingua House.

Bria, ion. 1986. *Go Forth in Peace: Orthodox Perspectives on Mission*. Geneva: world Council of Churches.

Bright, J. 1955. *The Kingdom of God in Bible and Church*. London: Lutterworth.

Bubeck, Mark I. 1975. *The Adversary: The Christian versus Demon Activity*. Chicago: Moody.

Bühlmann, walbert. 1982. *God's Chosen Peoples*. Maryknoll, ny: Orbis.

Bush, Luis. 2000. "A.D.2000 and Beyond: Toward a Conceptual Model." in *Working Together with God to Shape the New Millennium*, ed. Kenneth B. Mulholland and Gary Corwin, 197–209. EMS Series, no. 8. Pasadena, CA: william Carey.

———. 2003. "A.D.2000 Movement as a Great Commission Catalyst." in Bonk 2003, 17–36. Calvin, John. [1560] 1960. *Institutes of the Christian Religion*. ed. John T. Mcneill. Philadelphia: westminster.

Camp, Bruce K. 1995. "A Theological Examination of the Two-Structure Theory." *Missiology* 23 (April): 197–209.

———. 2003. "A Survey of the Local Church's involvement in Global/Local Outreach." in Bonk 2003, 121–47.

Cannistraci, David. 1996. *Apostles and the Emerging Apostolic Movement*. Ventura, CA: Regal Books.
Carey, william. [1792] 1961. *An Enquiry into the Obligation of Christians to Use Means for the Conversion of the Heathens*. new facsimile edition with introduction by E. Payne. London: Carey Kingsgate.
Carpenter, Joel A. 1990. "Appendix: The Evangelical Missionary Force in the 1930s." in Carpenter and Shenk 1990, 335–42.
———. 1997. *Revive Us Again: The Reawakening of American Fundamentalism*. new york: Oxford university Press.
Carpenter, Joel A., and wilbert R. Shenk, eds. 1990. *Earthen Vessels: American Evangelicals and Foreign Missions, 1880–1980*. Grand Rapids: Eerdmans.
Carpenter, John B. 2002. "New England Puritans: The Grandparents of Modern Protestant Missions." *Missiology* 30 (October): 519–32.
Carriker, C. Timothy. 1993. "Missiological Hermeneutic and Pauline Apocalyptic Eschatology." in Van Engen, Gilliland, and Pierson 1993, 45–55.
Carson, Donald A. 1984. "Matthew." in *The Expositor's Bible Commentary*, ed. Frank E. Gaebelein, 8:3–599. Grand Rapids: Zondervan.
———. 1987. "Church and Mission: Reflections on Contextualization and the Third Horizon." in *The Church in the Bible and the World: An International Study*, ed. D. A. Carson, 213–57. Grand Rapids: Baker Academic.
———. 1991. *The Gospel according to John*. Leicester, England: Inter-Varsity.
———. 1996. *The Gagging of God: Christianity Confronts Pluralism*. Grand Rapids: Zondervan.
Castro, Emilio. 1975. "Moratorium." *International Review of Mission* 64 (April): 117–21.
Chae, Daniel Jong Sang. 1997. *Paul as Apostle to the Gentiles*. Carlisle, England: Paternoster.
Chandler, Paul-Gordon. 2000. *God's Global Mosaic: What We Can Learn from Christians around the World*. Downers Grove, IL: InterVarsity.
Chaney, Charles L. 1976. *The Birth of Missions in America*. Pasadena, CA: william Carey. Chang, Peter. 1981. "Linear and nonlinear Thinking in Theological Education." *Evangelical Review of Theology* 5 (October): 279–86.
Chapman, Alister. 2009. "Evangelical International Relations in the Post-Colonial world." *Missiology* 37 (July): 355–68.
Chinchen, Del, and Palmer Chinchen. 2002. "Sing Africa!" *Evangelical Missions Quarterly* 38 (July): 286–98.
ChristianHistory.net. 2008. "Gregory Thaumaturgus." http.//www.chrisitianitytoday.com/history/special/131christians/thaumaturgus.html (accessed July

25, 2008).

Chua, How Chuang. 2006. "Revelation in the Chinese Characters." in Van Rheenen 2006, 229–41.

Cobbs, Louis R. 1994. "The Missionary's Call and Training for Foreign Missions." *Baptist History and Heritage* 29 (October): 26–35.

Coe, Shoki. 1976. "Contextualizing Theology." in *Mission Trends No. 3: Third World Theologies*, ed. Gerald H. Anderson and Thomas F. Stransky, 19–24. new york: Paulist Press; Grand Rapids: Eerdmans.

Collani, Claudia von. 2006. "Der Ritenstreit und die Folgen für das Christentum." *Zeitschrift für Missionswissenschaft und Religionswissenschaft* 90 (3–4): 210–25.

Conn, Harvie M. 1984. *Eternal Word and Changing Worlds: Theology, Anthropology, and Mission in Trialogue*. Phillipsburg, nJ: P&R.

Coote, Robert T. 1982. "The uneven Growth of Conservative Evangelical Missions." *International Bulletin of Missionary Research* 6 (July): 118–23.

Corrie, John, ed. 2007. *Dictionary of Mission Theology: Evangelical Foundations*. Downers Grove, IL: InterVarsity.

Costas, Orlando E. 1974. *The Church and Its Mission: A Shattering Critique from the Third World*. wheaton: Tyndale House.

———. 1979. *The Integrity of Mission*. new york: Harper & Row.

———. 1982. *Christ outside the Gate: Mission beyond Christendom*. Maryknoll, ny: Orbis.

Craigie, P. C. 1976. *The Book of Deuteronomy*. Grand Rapids: Eerdmans.

Cullmann, Oscar. 1950. *Christ and Time*. Philadelphia: westminster.

———. 1961. "Eschatology and Missions in the new Testament." in *The Theology of the Christian Mission*, ed. G. H. Anderson, 42–54. nashville: Abingdon.

Cumbers, John. 1995. *Count It All Joy: Testimonies from a Persecuted Church*. Kearney, ne: Morris.

Davies, John G. 1966. *Worship and Mission*. London: SCM.

———. 1997. "Biblical Precedence for Contextualization." *Evangelical Review of Theology* 21 (July): 197–214.

Davis, Raymond J. 1980. *Fire on the Mountains*. Canada: SiM.

Dayton, Edward R. 1987. "Social Transformation: The Mission of God." in Samuel and Sugden 1987, 52–61.

Deere, Jack. 1993. *Surprised by the Power of the Spirit*. Grand Rapids: Zondervan.

Demarest, Bruce A. 1982. *General Revelation: Historical Views and Contemporary Issues*. Grand Rapids: Zondervan.

Donovan, Kath, and Ruth Myors. 1997. "Reflections on Attrition in Career Mis-

sionaries: A Generational Perspective into the Future." in w. D. Taylor 1997, 41–73.
Donovan, Vincent. 1978. *Christianity Rediscovered.* Maryknoll, ny: Orbis.
Douglas, J. D., ed. 1975. *Let the Earth Hear His Voice.* Minneapolis: world wide Publications.
Dubose, Francis M. 1983. *God Who Sends.* nashville: Broadman.
Dumbrell, william J. 1985. "The Purpose of the
Book of isaiah." *Tyndale Bulletin* 36:111–28. Dunch, Ryan. 2002. "Beyond Cultural imperialism: Cultural Theory, Christian Missions, and
Global Modernity." *History and Theory* 41 (October): 301–25.
Dyrness, william A. 1983. *Let the Earth Rejoice: A Biblical Theology of Holistic Mission.* westchester, IL: Crossway.
———. 1991. *Learning about Theology from the Third World.* Grand Rapids: Zondervan.
Dyrness, william A., and Veli-Matti Kärkkäinen, eds. 2008. *Global Dictionary of Theology: A Resource for the Worldwide Church.* Downers Grove, IL: IVP Academic; nottingham, England: Inter-Varsity.
Edwards, David L., and John R. w. Stott. 1988. *Evangelical Essentials: A Liberal-Evangelical Dialogue.* Downers Grove, IL: InterVarsity.
Edwards, Jonathan. 1748. A humble attempt to promote the agreement and union of God's people throughout the world in extraordi nary prayer for a revival of religion and the advancement of God's kingdom on earth, according to scriptural promises and prophecies of the last time. http://www.ccel.org/ccel/Edwards/works2.viii.html (accessed november 26, 2008).
Edwards, wendy J. Deichmann. 2004. "Forging an ideology for American Missions: Josiah Strong and Manifest Destiny." in w. R. Shenk 2004, 163–91.
Effa, Allan. 2007. "Prophet, Kings, Servants, and Lepers: A Missiological Reading of an Ancient Drama." *Missiology* 35 (July): 305–13.
———. 2008. "The Greening of Mission." *International Bulletin of Missionary Research* 32 (October): 171–76.
Eicken, E. von, and H. Lindner. "Apostle." in *The New International Dictionary of New Testament Theology.* Grand Rapids: Zondervan.
Engel, James E., and william A. Dyrness. 2000. *Changing the Mind of Missions.* Downers Grove, IL: InterVarsity.
Engelsviken, Tormod. 2005. "'Come Holy Spirit, Heal and Reconcile': An Evangelical Evaluation of the CwMe Mission Conference in Athens, May 9–16, 2005." *International Bulletin of Missionary Research* 29 (October): 190–92.
Enklaar, ido H. 1978. "Motive und Zielsetzungen der neueren niederländischen

Mission in ihrer Anfangsperiode." in *Pietismus und Reveil*, ed. J. Van den Berg and J. P. Van Dooren, 282–88. Leiden: Brill.

Erickson, Millard J. 1983. *Christian Theology*. Grand Rapids: Baker Academic.

———. 1991. *The Word Became Flesh*. Grand Rapids: Baker Academic.

Escobar, Samuel. 2003. *The New Global Mission: The Gospel from Everywhere to Everyone*. Downers Grove, IL: InterVarsity.

Escobar, Samuel, and John Driver. 1978. *Christian Mission and Social Justice*. Scottdale, PA: Herald.

Eskilt, ingrid. 2005. "An Analysis of Changing Perspectives on the understanding of the Missionary Call in the Mission Covenant Church of norway." PhD diss., Trinity Evangelical Divinity School, Deerfield, illinois. "The Evangelical-Roman Catholic Dialogue on Mission, 1977–1984: A Report." 1986. *International Bulletin of Missionary Research* 10 (January): 2–21.

Evangelicals for Social Action. n.d. "Core Values." http://www.esa-online.org/Display.asp?Page=aCoreValues (accessed December 27, 2007).

Farquhar, J. n. 1913. *The Crown of Hinduism*. Oxford: Oxford university Press.

Fee, Gordon. 1987. *The First Epistle to the Corinthians*. The new international Commentary on the new Testament. Grand Rapids: Eerdmans.

Ferguson, James J. 1984. "A Paradigm Shift in the Theology of Mission: Two Roman Catholic Perspectives." *International Bulletin of Missionary Research* 8 (July): 117–19.

Fernando, Ajith. 2007. "Getting Back on Course." *Christianity Today* 51 (november): 40–44. Finley, Bob. 2005. *Reformation in Foreign Missions*. Longwood, FL: Xulon.

Fishburn, Janet F. 2004. "The Social Gospel as Missionary ideology." in w. R. Shenk 2004, 218–42.

Flemming, Dean. 2005. *Contextualization in the New Testament: Patterns for Theology and Mission*. Downers Grove, IL: InterVarsity.

Forman, Charles w. 1977. "A History of Foreign Mission Theory in America." in *American Mission in Bicentennial Perspective*, ed. R. Pierce Beaver, 69–140. Pasadena, CA: william Carey.

*Frankfurt Declaration on the Fundamental Crisis in Mission*. 1970. Available online at http://www.institut-diakrisis.de/fd.pdf.

Freytag, walter. 1940. "Das Ziel der Missionsarbeit." *Evangelische Missionszeitschrift* 1 (november): 305–8.

———. 1958. "Changes in the Patterns of western Missions." in *The Ghana Assembly of the International Missionary Council*, ed. R. K. Orchard, 138–48. London: Edinburgh House.

———. 1961. *Reden und Aufsätze*. 2 vols. Munich: Kaiser.
Frost, Michael, and Alan Hirsch. 2003. *The Shaping of Things to Come: Innovation and Mission for the 21st-Century Church*. Peabody, MA: Hendrickson.
Fudge, Edward. 1994. *The Fire That Consumes: The Biblical Case for Conditional Mortality*. ed. Pete Cousins. Rev. ed. Carlisle, England: Paternoster.
Fudge, Edward william, and Robert A. Peterson. 2000. *Two Views of Hell: A Biblical and Theological Dialogue*. Downers Grove, IL: InterVarsity.
Gannett, Alden A. 1960. "The Missionary Call-what Saith the Scriptures?" *Bibliotheca Sacra* 117 (January–March): 32–39.
Gatu, John. 1974. "Missionary, Go Home." in underwood 1974, 71–72.
Geivett, R. Douglas, and w. Gary Phillips. 1995. "A Particularist View: An Evidentialist Approach." in *Four Views on Salvation in a Pluralistic World*, ed. Dennis L. Okholm and Timothy R. Phillips, 213–45. Grand Rapids: Zondervan.
Geldenhuys, norval. 1977. *Commentary on the Gospel of Luke*. Grand Rapids: Eerdmans. Gensichen, Hans-werner. 1971. *Glaube für die Welt: Theologische Aspekte der Mission*. Gütersloh: Gerd Mohn.
Gerber, Virgil, ed. 1971. *Missions in Creative Tension: The Green Lake '71 Compendium*. Pasadena, CA: william Carey.
Gibbs, Eddie. 2000. *Church Next: Quantum Changes in Christian Ministry*. Downers Grove, IL: InterVarsity.
Gilliland, Dean S. 1989. "New Testament Contextualization: Continuity and Particularity in Paul's Theology." in *The Word among Us: Contextualizing Theology for Mission Today*, ed. Dean S. Gilliland, 9–31. Dallas: word.
———. 2005. "Incarnation as Matrix for Appropriate Theologies." in *Appropriate Christianity*, ed. Charles H. Kraft, 493–519. Pasadena, CA: william Carey.
Glasser, Arthur F. 1976. "The Apostle Paul and the Missionary Task." in *Crucial Dimensions in World Evangelization*, ed. Arthur F. Glasser et al., 32–33. Pasadena, CA: william Carey.
———. 1989. "Old Testament Contextualization: Revelation and its Environment." in Gilliland 1989, 32–51.
Glasser, Arthur F., and Donald A. McGavran. 1983. *Contemporary Theologies of Mission*. Grand Rapids: Baker Academic.
Glasser, Arthur F., with Charles E. van Engen, Dean S. Gilliland, and Shawn B. Redford. 2003. *Announcing the Kingdom: The Story of God's Mission in the Bible*. Grand Rapids: Baker Academic.
Glover, Robert Hall. 1948. *The Bible Basis of Missions*. Chicago: Moody.
Gnanakan, Ken R. 1989. *Kingdom Concerns: A Biblical Exploration Towards a Theol-

*ogy of Mission*. Bangalore: Theological Book Trust.

Goheen, Michael w. 2002. "The Missional Church: Discussion in the Gospel and Our Culture network in north America." *Missiology* 30 (October): 479–90.

Goodall, norman. 1964. *Christian Mission and Social Ferment*. London: Epworth.

———, ed. 1968. *The Uppsala Report 1968*. Geneva: world Council of Churches.

Gration, John. 1984. "Willowbank to Zaire: The Doing of Theology." *Missiology* 12 (July): 295–309.

Green, Joel B. 1994. "Good news to whom? Jesus and the Poor in the Gospel of Luke." in *Jesus of Nazareth, Lord and Christ: Essays on the Historical Jesus and New Testament Christology*, ed. Joel B. Green and Max Turner, 59–74. Grand Rapids: Eerdmans.

Green, Keith. 1982. *Why You Should Go to the Mission Field*. Lindale, TX: Last Days Ministries.

Greene, Colin J. D. 2002. "Trinitarian Tradition and the Cultural Collapse of Late Modernity." in *A Scandalous Prophet: The Way of Mission after Lesslie Newbigin*, ed. Thomas F. Foust et al., 65–72. Grand Rapids: Eerdmans.

Griffiths, Michael C. 1985. "Today's Missionary, yesterday's Apostle." *Evangelical Missions Quarterly* 21 (April): 154–65.

Guder, Darrell L. 1994. "Incarnation and the Church's Evangelistic Mission." *International Review of Mission* 83 (July): 417–28.

———, ed. 1998. *Missional Church: A Vision for the Sending of the Church in North America*. Grand Rapids: Eerdmans.

Günther, wolfgang. 2003. "The History and Significance of world Mission Conferences in the 20th Century." *International Review of Mission* 92 (October): 521–37.

Guthrie, Stan. 2002. "New Paradigms for Churches and Mission Agencies." *Mission Frontiers* 24 (January–February): 6–8.

Gutiérrez, Gustavo. 1973. *A Theology of Liberation*. Maryknoll, ny: Orbis.

Haas, Odo. 1971. *Paulus der Missionar*. Münsterschwarzach: Vier-Türme-Verlag.

Hackett, Stuart C. 1984. *The Reconstruction of the Christian Revelation Claim*. Grand Rapids: Baker Academic.

Haggerty, Bridget. 2006. "St. Brendan, The navigator." http://www.irishcultureandcustoms.com/ASaints/Brendannav.html (accessed October 27, 2008).

Hahn, Ferdinand. 1965. *Mission in the New Testament*. London: SCM.

Hammett, John S. 2000. "How Church and Parachurch Should Relate: Arguments for a Servant-Partnership Model." *Missiology* 28 (April): 199–207.

Harris, Murray J. 1976. "2 Corinthians." in *The Expositor's Bible Commentary*, ed. Frank Gaebelein, 10. Grand Rapids: Eerdmans.

Harrison, Everett F. 1975. *Acts: The Expanding Church*. Chicago: Moody.
Hartenstein, Karl. 1933. *Die Mission als theologisches Problem*. Berlin: Furche Verlag.
Harvey, John D. 1998. "Mission in Jesus' Teaching." in Larkin and williams 1998, 39–40.
Hatcher, Mark J. 2001. "Poetry, Singing and Contextualization." *Missiology* 29 (October): 475–87.
Hegeman, David Bruce. 2004. *Plowing in Hope: Toward a Biblical Theology of Culture*. Rev. ed. Moscow, idaho: Canon.
Heim, S. Mark. 2001. *The Depth of Riches: A Trinitarian Theology of Religious Ends*. Grand Rapids: Eerdmans.
Hengel, Martin. 1983. "The Origins of Christian Mission." in *Between Jesus and Paul: Studies in the Earliest History of Christianity*, ed. Martin Hengel, 48–64, 166–79. London: SCM.
Hesselgrave, David M. 1980. *Planting Churches Cross-Culturally*. Grand Rapids: Baker Academic.
———. 1990. "Holes in 'Holistic Mission.'" *Trinity World Forum* 15 (Spring): 1–5.
———. 1999. "Redefining Holism." *Evangelical Missions Quarterly* 35 (July): 278–84.
———. 2005. *Paradigms in Conflict: 10 Key Questions in Christian Missions Today*. Grand Rapids: Kregel.
———. 2006. "Syncretism: Mission and Missionary induced?" in Van Rheenen 2006, 71–98.
Hesselgrave, David J., and Edward Rommen. 1989. *Contextualization: Meaning, Methods, and Models*. Grand Rapids: Baker Academic.
Heufelder, Emmanuel. 1983. *The Way to God: According to the Rule of Saint Benedict*. Kalamazoo, Mi: Cistercian.
Hibbert, Richard yates. 2009. "The Place of Church Planting in Mission: Towards a Theological Framework." *Evangelical Review of Theology* 33 (October): 316–31.
Hick, John. 1989. *An Interpretation of Religion*. new Haven: yale university Press.
———. 1995. *A Christian Theology of Religions: The Rainbow of Faiths*. Louisville: westminster John Knox.
Hick, John, and Brian Hebblethwaite, eds. 1981. *Christianity and Other Religions: Selected Readings*. Philadelphia: Fortress.
Hick, John, and Paul F. Knitter, eds. 1987. *The Myth of Christian Uniqueness*. Maryknoll, ny: Orbis.
Hiebert, Paul G. 1982a. "The Flaw of the Excluded Middle." *Missiology* 10 (January): 33–47.

———. 1982b. "The Bicultural Bridge." *Mission Focus* 10 (1): 1–6.

———. 1985. *Anthropological Insights for Missionaries*. Grand Rapids: Baker Academic.

———. 1987. "Critical Contextualization." *International Bulletin of Missionary Research* 11 (July): 104–12.

———. 1999. "Cultural Differences and the Communication of the Gospel." in winter and Hawthorne 1999, 373–83.

———. 2008. *Transforming Worldviews: An Anthropological Understanding of How People Change*. Grand Rapids: Baker Academic.

Hiebert, Paul G., and Eloise Hiebert Meneses. 1995. *Incarnational Ministry*. Grand Rapids: Baker Academic.

Hilary, Mbachu. 1995. *Inculturation Theology of the Jerusalem Council in Acts 15: An Interpretation of the Igbo Church Today*. Frankfurt am Main: Peter Lang.

Hill, Harriet. 1990. "Incarnational Ministry: A Critical Examination." *Evangelical Missions Quarterly* 26 (April): 196–201.

———. 1993. "Lifting the Fog on incarnational Ministry." *Evangelical Missions Quarterly* 29 (July): 262–69.

Hillman, Eugene. 1968. *The Wider Ecumenism: Anonymous Christianity and the Church*. new york: Herder & Herder.

Hirsch, Alan. 2006. *The Forgotten Ways: Reactivating the Missional Church*. Grand Rapids: Brazos.

Hoekendijk, Johannes Christiaan. 1952. "The Church in Missionary Thinking." *International Review of Mission* 41 (July): 324–36.

———. 1966. *The Church Inside Out*. Philadelphia: westminster.

———. 1967. *Kirche und Volk in der deutschen Missionswissenschaft*. Munich: Kaiser.

Hoffman, George. 1975. "The Social Responsibilities of Evangelization." in Douglas 1975, 698–709.

Holloway, Richard. 1982. *Signs of Glory*. London: Darton, Longman & Todd.

Holste, Scott, and Jim Haney. 2006. "The Global Status of Evangelical Christianity: A Model for Assessing Priority People Groups." *Mission Frontiers* 28 (January–February): 8–13.

Howard, David M. 2004. "Can a wASP Really identify with Another Culture?" *Evangelical Missions Quarterly* 40 (April): 178–81.

Howard, Kevin L. 2003. "A Call to Missions: is There Such a Thing?" *Evangelical Missions Quarterly* 39 (October): 462–65.

Howell, Don n. 1997. "Confidence in the Spirit as the Governing Ethos of the Pauline Mission." in McConnell 1997, 36–65.

———. 1998. "Mission in Paul's Epistles: Theological Bearings." in Larkin and wil-

liams 1998, 92–116.
Huffard, Everett w. 1991. "Eschatology and the Mission of the Church." *Restoration Quarterly* 33 (1): 1–11.
Hunsberger, George R., and Craig Van Gelder, eds. 1996. *The Church between Gospel and Culture*. Grand Rapids: Eerdmans.
Hunter, George R., iii. 2000. *The Celtic Way of Evangelism: How Christianity Can Reach the West Again*. nashville: Abingdon.
Huntington, Samuel P. 1997. *The Clash of Civilizations and the Remaking of World Order*. new york: Touchstone.
Hurtado, Larry w. 2003. *Lord Jesus Christ: Devotion to Jesus in Earliest Christianity*. Grand Rapids: Eerdmans.
Jaffarian, Michael. 2004. "Are There More nonwestern Missionaries than western Missionaries?" *International Bulletin of Missionary Research* 28 (July): 131–32.
———. 2008. "The Statistical State of north American Protestant Missions Movement from the *Mission Handbook*, 20th edition." *International Bulletin of Missionary Research* 32 (January): 35–38.
Johnson, L. T. 1992. *The Acts of the Apostles*. Sacra Pagina. Collegeville, Mn: Liturgical.
Johnston, Arthur. 1978. *The Battle for World Evangelism*. wheaton: Tyndale House.
Johnstone, Patrick. 1995. "Biblical intercession: Spiritual Power to Change Our world." in Rommen 1995, 137–63.
Jongeneel, Jan. 1991. "The Missiology of Gisbertus Voetius: The First Comprehensive Protestant Theology of Missions." *Calvin Theological Journal* 26 (April): 47–79.
———. 1995–97. *Philosophy, Science, and Theology of Mission in the 19th and 20th Centuries: A Missiological Encyclopedia*. new york: Peter Lang.
Jordan, ivan, and Frank Tucker. 2002. "Using indigenous Art to Communicate the Christian Message." *Evangelical Missions Quarterly* 38 (July): 302–9.
Kähler, Martin. [1908] 1971. *Schriften zur Christologie und Mission*. Munich: Christian Kaiser.
Kaiser, walter C., Jr. 1999. "Israel's Missionary Call." in winter and Hawthorne 1999, 10–16.
———. 2000. *Mission in the Old Testament: Israel as a Light to the Nations*. Grand Rapids: Baker Academic.
Kane, J. Herbert. 1974. *Understanding Christian Mission*. Grand Rapids: Baker Academic. Kaplan, Steven. 1984. *The Monastic Holy Man and the Christianization of Early Solomonic Ethiopia*. wiesbaden: Steiner.

Kärkkäinen, Veli-Matti. 2003. *An Introduction to the Theology of Religions.* Downers Grove, IL: InterVarsity.

Kaufman, Gordon D. 1987. "Religious Diversity, Historical Consciousness, and Christian Theology." in Hick and Knitter 1987, 3–15.

King, Roberta, Jean ngoya Kidula, James R. Krabill, and Thomas A. Oduro. 2008. *Music in the Life of the African Church.* waco, TX: Baylor university Press.

Kirk, Andrew. 1983. *A New World Coming: A Fresh Look at the Gospel for Today.* Basingstoke, England: Marshall, Morgan & Scott.

———. 2000. *What Is Mission? Theological Explorations.* Minneapolis: Fortress.

Kitchen, Kenneth. 1977. *The Bible in Its World: The Bible and Archaeology Today.* Downers Grove, IL: InterVarsity.

Knapp, Henry M. 1998. "The Character of Puritan Missions: The Motivation, Methodology, and Effectiveness of the Puritan Evangelization of the native Americans of new England." *Journal of Presbyterian History* 76 (Summer): 111–26.

Knitter, Paul F. 2002. *Introducing Theologies of Religions.* Maryknoll, ny: Orbis.

Köstenberger, Andreas J. 1998a. *The Missions of Jesus and the Disciples according to the Fourth Gospel.* Grand Rapids: Eerdmans.

———. 1998b. "Mission in the General Epistles." in Larkin and williams 1998, 189–206. Köstenberger, Andreas J., and Peter T. O'Brien. 2001. *Salvation to the Ends of the Earth: A Biblical Theology of Mission.* Downers Grove, IL: InterVarsity.

Koyama, Kosuke. 1974. "What Makes a Missionary?" in *Mission Trends No. 1: Critical Issues in Mission Today,* ed. Gerald H. Anderson and Thomas F. Stransky, 117–32. new york: Paulist Press.

Kraemer, Hendrik. 1938. *The Christian Message in a Non-Christian World.* new york: Harper & Brothers.

Kraft, Charles H. 1989. *Christianity with Power.* Ann Arbor, Mi: Servant Books.

———. 1992. *Defeating Dark Angels.* Ann Arbor, Mi: Servant Books.

———. 1995. "'Christian Animism' or GodGiven Authority?" in Rommen 1995, 88–136.

———. 2000. "Power Encounter." in Moreau 2000a.

———. 2002a. "Contemporary Trends in the Treatment of Spiritual Conflict." in Moreau et. al. 2002, 177–202.

———. 2002b. "Contextualization and Spiritual Power." in Moreau et al. 2002, 290–308.

Kraft, Marguerite. 2002. "Spiritual Conflict and the Mission of the Church: Contextualization." in Moreau et al. 2002, 276–89.

Kramm, Thomas. 1979. *Analyse und Bewährung theologischer Modelle zur Begründung der Mission*. Aachen: Missio Aktuell.
Kraybill, Donald B. 2003. *The Upside-Down Kingdom*. Scottdale, PA: Herald.
Ladd, George Eldon. [1959] 1992. *The Gospel of the Kingdom*. Grand Rapids: Eerdmans.
Lambert, J. C. 1955. "Apostle." in *International Standard Bible Encyclopedia*, ed. James Orr, 202–4. Grand Rapids, Eerdmans.
Langmead, Ross. 2002. "Ecomissiology." *Missiology* 30 (October): 505–18.
―――. 2004. *The Word Made Flesh: Towards an Incarnational Missiology*. new york: university Press of America.
Larkin, william J. 1996. "Mission." in *Evangelical Dictionary of Biblical Theology*. Grand Rapids: Baker Academic.
―――. 2005. "The Relevance of Jesus as the Source of Salvation and Mission for the Twenty-First Century Global Context." in Barnett and Pocock 2005, 101–17.
Larkin, william J., and Joel F. williams, eds. 1998. *Mission in the New Testament: An Evangelical Approach*. Maryknoll, ny: Orbis.
Lausanne Committee for world Evangelization, no. 2. 1978. "The willowbank Report: Consultation on Gospel and Culture." http://www.lausanne.org/willowbank-1978/lop-2.html (accessed February 27, 2009).
―――, no. 21. 1982. "Evangelism and Social Responsibility: An Evangelical Commitment." http://ww.lausanne.org/grand-rapids-1982/lop-21.html (accessed november 25, 2008).
Lausanne Covenant. 1974. Available online at http://www.lausanne.org/covenant.
Lausanne Occasional Paper no. 51. 2004. "Reconciliation as the Mission of God." available online at http://www.lausanne.org/documents/2004forum/LOP51_iG22.pdf.
Legrand, Lucien. 1990. *Unity and Plurality: Mission in the Bible*. Maryknoll, ny: Orbis.
Lewis, C. S. 1944. *The Problem of Pain*. new york: Macmillan.
―――. 1961. *The Screwtape Letters*. new york: Macmillan.
Lindbeck, George A. 1984. *Nature of Doctrine: Religion and Theology in a Postliberal Age*. Philadelphia: westminster.
Lindsell, Harold. 1955. *Missionary Principles and Practices*. westwood, nJ: Revell.
Lingenfelter, Judith E., and Sherwood G. Lingenfelter. 2003. *Teaching Cross-Culturally*. Grand Rapids: Baker Academic.
Lingenfelter, Sherwood. 2008. *Leading Cross Culturally*. Grand Rapids, Baker Academic. Linhart, George. 1971. "IFMA Missions and Sending (Supporting)

Churches—A Pastor's Viewpoint." in Gerber 1971, 52–56.
Little, Christopher R. 2000. *The Revelation of God among the Unevangelized*. Pasadena, CA: william Carey.
———. 2005. *Mission in the Way of Paul: Biblical Mission for the Church in the Twenty-First Century*. new york: Peter Lang.
Livermore, David. 2004. "AmeriCAN or AmeriCAN'T? A Critical Analysis of western Training to the world." *Evangelical Missions Quarterly* 40 (October): 458–66.
Long, Charles, Jr. 1950. "Christian Vocation and the Missionary Call." *International Review of Missions* 39 (October): 409–17.
Lowe, Chuck. 1998. *Territorial Spirits and World Evangelisation?* Sevenoaks/Kent, Great Britain: Mentor/OMF.
Lutheran world Federation. 2004. *Mission in Context: Transformation, Reconciliation, Empowerment*. Geneva: Lutheran world Federation. MacDonald, Gordon. 1971. "Report for Pastor Delegates." in Gerber 1971, 372–74. MacDonald, Gregory. 2006. *The Evangelical Universalist*. Eugene, OR: Cascade Books.
Manila Manifesto. 1989. Available online at http://www.lausanne.org/manila-1989/man ila-manifesto.html.
Mare, w. Harold. 1973. "Cultural Mandate and the new Testament Gospel imperative." *Journal of the Evangelical Theological Society* 16 (3): 139–47.
Martin, George H. 2004. "The God who Reveals Mysteries: Dreams and world Evangelization." *Southern Baptist Journal of Theology* 8 (1): 60–72.
Marshall, I. Howard. 1985. "New Testament Perspectives on war." *Evangelical Quarterly* 57 (April): 115–32.
———. 2003. "The new Testament Does *Not* Teach universal Salvation." in Parry and Partridge 2003, 55–76.
Matthey, Jacques. 2005. "Versöhnung im ökumenischen missionstheologischen Diskurs." *Zeitschrift für Mission* 31:174–91.
McConnell, C. Douglas, ed. 1997. *The Holy Spirit in Mission Dynamics*. EMS Series, no. 5. Pasadena, CA: william Carey.
McConnell, walter. 2007. "The Missionary Call: A Biblical and Practical Appraisal." *Evangelical Missions Quarterly* 43 (April): 210–16.
McDaniel, Ferris L. 1998. "Mission in the Old Testament." in Larkin and williams 1998, 11–20.
McDermott, Gerald R. 2000. *Can Evangelicals Learn from World Religions?* Downers Grove, IL: InterVarsity.
Mcelhanon, Kenneth. 1991. "Don't Give up on the incarnational Model." *Evangeli-

*cal Missions Quarterly* 27 (October): 390–93.
McGavrin, Donald A. [1970] 1980. *Understanding Church Growth*. Rev. ed. Grand Rapids: Eerdmans.
McGee, Gary B. 1986. *This Gospel Shall Be Preached: A History and Theology of Assemblies of God Foreign Missions to 1959*. Springfield, MO: Gospel Publishing House.
———. 1991. "Pentecostals and Their Various Strategies for Global Mission: A Historical Assessment." in *Called and Empowered: Global Mission in Pentecostal Perspective*, ed. Murray A. Dempster, Byron D. Klaus, and Douglas Petersen, 203–24. Peabody, MA: Hendrickson.
———. 1997. "The Radical Strategy in Modern Mission: The Linkage of Paranormal Phenomena with Evangelism." in McConnell 1997, 69–95.
McKinney Douglas, Lois. 2000. "Single Missionary." in Moreau 2000a.
McLaren, Brian D. 1998. *The Church on the Other Side*. Grand Rapids: Zondervan.
McQuilkin, J. Robertson. 1993. "An Evangelical Assessment of Mission Theology of the Kingdom of God." in Van Engen, Gilliland, and Pierson 1993, 172–78.
———. 1997. "The Role of the Holy Spirit in Missions." in McConnell 1997, 22–35. McQuilkin, Kent. 1990. "Initial Findings in the Major Motivational Factors influencing Evangelicals to Become Career Missionaries." MA thesis, Trinity Evangelical Divinity School, Deerfield, illinois.
Meek, Donald E. 2000. *The Quest for Celtic Christianity*. Edinburgh: Handsel.
Merkel, Franz Rudolf. 1920. *G. W. von Leibniz: Eine Untersuchung über die Anfänge der protestantischen Missionsbewegung*. Missionswissenschaftliche Forschungen 1. Leipzig: Hinrichs.
Metcalf, Samuel F. 1993. "When Local Churches Act like Agencies." *Evangelical Missions Quarterly* 29 (April): 142–49.
Minatrea, Milfred. 2004. *Shaped by God's Heart: The Passion and Practices of Missional Churches*. San Francisco: Jossey-Bass.
Miyamoto, Ken Christoph. 2008. "Worship is nothing but Mission: A Reflection on Some Japanese Experiences." in walls and Ross 2008, 157–64.
Mohler, R. Albert Jr. 2004. "Modern Theology: The Disappearance of Hell." in Morgan and Peterson 2004, 15–41.
Montgomery, James H. 1980. *Discipling of a Nation*. Santa Clara, CA: Global Church Growth Bulletin.
Moo, Douglas J. 2004. "Paul on Hell." in Morgan and Peterson 2004, 91–109.
Moon, Jay. 2004. "Sweet Talk in Africa: using Proverbs in Ministry." *Evangelical*

*Missions Quarterly* 40 (April): 162–69.

Moreau, A. Scott. 1997. *Essentials of Spiritual Warfare*. wheaton: Shaw.

———, ed. 2000a. *Evangelical Dictionary of World Missions*. Grand Rapids: Baker Academic.

———. 2000b. "Syncretism." in Moreau 2000a.

———. 2000c. "Option for the Poor." in Moreau 2000a.

———. 2002. "Gaining Perspective on Territorial Spirits." in Moreau et al. 2002, 259–75.

———. 2004. "Putting the Survey in Perspective." in *Missions Handbook 2004–2006*, ed. Dotsey welliver and Minnette northcutt, 11–64. Wheaton: Evangelism and Missions Information Service.

———. 2005. "Contextualization." in *The Changing Face of World Missions*, by Michael Pocock, Gailyn Van Rheenen, and Douglas McConnell, 321–48. Grand Rapids: Baker Academic.

———. 2006. "Contextualization That is Comprehensive." *Missiology* 34 (July): 325–35.

———. 2007. "Putting the Survey in Perspective." in *Missions Handbook 2007–2009*, ed. Linda weber and Dotsey welliver, 11–75. Wheaton: Evangelism and Missions information Service.

Moreau, A. Scott, Tokunboh Adeyemo, David G. Burnett, Bryant L. Myers, Hwa yung, eds. 2002. *Deliver Us from Evil: An Uneasy Frontier in Christian Mission*. Monrovia, CA: MARC world Vision Publications.

Moreau, A. Scott, Gary R. Corwin, and Gary B. McGee. 2004. *Introducing World Missions*. Grand Rapids: Baker Academic.

Moreau, A. Scott, and Mike O'Rear. 2002. "Missions on the web: Missions and Arts on the web." *Evangelical Missions Quarterly* 38 (July): 364–71.

———. 2004. "Mission Resources on the web: And So the Story Goes . . . web Resources on Storytelling, Myths and Proverbs." *Evangelical Missions Quarterly* 20 (April): 236–42.

———. 2008. "Mission Resources on the web: A Proverbial Gold Mine." *Evangelical Missions Quarterly* 44 (July): 376–80.

Morgan, Christopher w. 2004. "Annihilationism: will the unsaved Be Punished Forever?" in Morgan and Peterson 2004, 195–218.

Morgan, Christopher w., and Robert A. Peterson, eds. 2004. *Hell under Fire: Modern Scholarship Reinvents Eternal Punishment*. Grand Rapids: Zondervan.

Morris, Leon. 1971. *The Gospel according to John*. Grand Rapids: Eerdmans.

Müller, Karl. 1987. *Mission Theology: An Introduction*. Translated from the German by Francis Mansfeld. nettetal: Steyler.

———, ed. 1997a. *Dictionary of Mission: Theology, History, Perspectives*. Maryknoll, ny: Orbis.

———. 1997b. "Inculturation." in Müller 1997a.

Müller, Max. 1964. *Origin and Growth of Religion*. Varanasi: indological Book House.

Murphy, Ed. 1992. *The Handbook of Spiritual Warfare*. nashville, Tn: Thomas nelson. Murphy, Edward F. 1974. "Missionary Society as an Apostolic Team." *Missiology* 4 (January): 103–18.

Murray, George. 2005. "Is Jesus Christ Really the Only way?" in Barnett and Pocock 2005, 19–36.

Murray, Stuart. 2001. *Church Planting: Laying Foundations*. Scotsdale, PA: Herald.

Musk, Bill. 1988. "Dreams and the Ordinary Muslim." *Missiology* 16 (April): 163–72. Myklebust, Olav Guttorm. 1955, 1957. *The Study of Missions in Theological Education*. 2 vols. Oslo: Egede instituttet. nash, Ronald H. 1994. *Is Jesus the Only Savior?* Grand Rapids: Zondervan.

Nazir-Ali, Michael. 1990. *From Everywhere to Everywhere: A World View of Christian Mission*. London: Collins/Flame.

Neely, Alan. 2000. "Incarnational Mission." in Moreau 2000a.

Neill, Stephen. 1959. *Creative Tension*. London: Morrison & Gibb.

———. 1964. *A History of Christian Missions*. Baltimore: Penguin Books.

———. 1966. *Colonialism and Christian Missions*. new york: McGraw-Hill.

Netland, Harold A. 1991. *Dissonant Voices: Religious Pluralism and the Question of Truth*. Vancouver, B.C.: Regent College Publishing.

———. 2001. *Encountering Religious Pluralism: The Challenge to Christian Faith and Mission*. Downers Grove, IL: InterVarsity.

———. 2005. "Mission and Jesus in a Globalizing world: Mission as Retrieval." in Barnett and Pocock 2005, 145–64.

———. 2006. "Introduction." in Ott and netland 2006, 14–34.

Newbigin, Lesslie. 1954. *The Household of God*. new york: Friendship.

———. [1963] 1998. *Trinitarian Doctrine for Today's Mission*. Biblical Classics Library. Carlisle, England: Paternoster.

———. 1965. "From the Editor." *International Review of Missions* 54 (October): 417–27.

———. 1966. *Honest Religion for Secular Man*. Philadelphia: westminster Press.

———. 1969. *The Finality of Christ*. Richmond, VA: John Knox.

———. [1978] 1995. *The Open Secret: An Introduction to the Theology of Mission*. Rev. ed. Grand Rapids: Eerdmans.

———. 1989. *The Gospel in a Pluralist Society*. Grand Rapids: Eerdmans.

———. 1994. *A Word in Season: Perspectives on Christian World Mission*. ed. Eleanor Jackson. Grand Rapids: Eerdmans.

———. 1997. "The Dialogue of Gospel and Culture: Reflections on the Conference on world Mission and Evangelism, Salvador, Bahia, Brazil." *International Bulletin of Missionary Research* 21 (April): 50–52.

Newport, John P. 1989. *Life's Ultimate Questions*. Dallas: word.

Niringiye, D. Zac. 2008. "To Proclaim the Good news of the Kingdom (ii)." in walls and Ross 2008, 11–24.

Noel, Jana. 2002. "Education toward Cultural Shame: A Century of native American Education." *Educational Foundations* 16 (winter): 19–32.

Noll, Mark A. 1997. *Turning Points: Decisive Moments in the History of Christianity*. Grand Rapids: Baker Academic.

Oborji, Francis Anekwe. 2006. *Concepts of Mission*. Maryknoll, ny: Orbis.

O'Brien, Peter T. 1982. *Colossians, Philemon*. word Biblical Commentary. waco, TX: word.

———. 1995. *Gospel and Mission in the Writings of Paul*. Grand Rapids: Baker.

Oehler, wilhelm. 1949. *Geschichte der Deutschen Evangelischen Mission*. Vol. 1. Baden-Baden: Fehrholz.

Ohm, Thomas. 1962. *Machet zu Jüngern: Theorie der Mission*. Freiburg im Breisgau: Erich Wewel.

Okoye, James Chukwuma. 2006. *Israel and the Nations: A Mission Theology of the Old Testament*. Maryknoll, ny: Orbis.

Ollrog, wolf-Henning. 1979. *Paulus und seine Mitarbeiter*. neukirchen: neukirchener Verlag.

O'Sullivan, John L. 1839. "The Great nation of Futurity." *United States Democratic Review* 6 (23): 426–30. http://cdl.library.cornell.edu/cgi-bin/moa/moa-cgi?notisid=AGD1642-0006-46 (accessed november 25, 2008).

Ott, Craig. 1993. "Let the Buyer Beware: Financially Supporting national Pastors and Missionaries May not Always Be the Bargain it's Cracked up to Be." *Evangelical Missions Quarterly* 29 (July): 286–91.

———. 2006. "Conclusion: Globalizing Theology." in Ott and netland 2006, 309–36.

Ott, Craig, and Harold A. netland. 2006. *Globalizing Theology: Belief and Practice in an Era of World Christianity*. Grand Rapids: Baker Academic.

Padberg, Lutz von. 1995. *Mission und Christianisierung: Formen und Folgen bei Angelsachsen und Franken im 7. und 8. Jahrhundert*. Stuttgart: Franz Steiner.

Padilla, C. René. 1975. "Evangelism and the world." in Douglas 1975, 116–33.

———. 1980. "Hermeneutics and Culture: A Theological Perspective." in *Down to Earth*, ed. John Stott and Robert Coote, 63–78. Grand Rapids: Eerdmans.
———. 1983. "Biblical Foundations: A Latin American Study." *Evangelical Review of Theology* 7 (April): 79–88.
———. 1985. *Mission between the Times*. Grand Rapids: Eerdmans.
———. 2002. "integral Mission and its Historic Development." in *Justice, Mercy, and Humility: The Papers of the Micah Network International on Integral Mission and the Poor (2001)*, ed. Tim Chester, 42–58. Carlisle, England: Paternoster.
Panikkar, Raimundo. 1964. *The Unknown Christ of Hinduism*. London: Darton, Longman & Todd.
Parry, Robin A., and Christopher H. Partridge, eds. 2003. *Universal Salvation? The Current Debate*. Grand Rapids: Eerdmans.
Paton, David M., ed. 1975. *Breaking Barriers: Nairobi 1975; The Official Report of the Fifth Assembly of the World Council of Churches, Nairobi, 23 November–10 December 1975*. Grand Rapids: Eerdmans.
Patterson, James Alan. 1990. "The Loss of a Protestant Missionary Consensus: Foreign Missions and the Fundamentalist-Modernist Conflict." in Carpenter and Shenk 1990, 73–91.
Pentecost, Edward C. 1982. *Issues in Missiology: An Introduction*. Grand Rapids: Baker Academic.
Peskett, Howard. 1997. "Missions and Eschatology." in *Eschatology in Bible and Theology*, ed. Kent E. Brower and Mark W. Elliot, 301–22. Downers Grove, IL: InterVarsity.
Peters, George w. 1972. *A Biblical Theology of Missions*. Chicago: Moody.
Phillips, Mike. 1998. "Congregational-Direct Missions Represented." *Mission Frontiers* 20 (March–April): 43–44.
Phillips, woody. 1985. "your Church Can Train and Send Missionaries." *Evangelical Missions Quarterly* 21 (April): 196–201.
Pierson, Paul E. 1998. "Local Churches in Mission: what's Behind the impatience with Traditional Mission Agencies?" *International Bulletin of Missionary Research* 22 (1998):146–50.
———. 2003. "Lessons in Mission from the Twentieth Century: Conciliar Missions." in Bonk 2003, 67–84.
———. 2009. *The Dynamics of Christian Mission*. Pasadena: william Carey.
Pinnock, Clark H. 1992. *A Wideness in God's Mercy: The Finality of Jesus Christ in a World of Religions*. Grand Rapids: Zondervan.

Piper, John. 1993. *Let the Nations Be Glad!* Grand Rapids: Baker Academic.
———. 2003. *Let the Nations Be Glad!* 2nd ed. Grand Rapids: Baker Academic.
Plueddemann, James E. 1991. "Culture, Learning and Missionary Training." in *Internationalising Missionary Training*, ed. William Taylor, 217–30. Grand Rapids: Baker Academic.
———. 2006. "Theological implications of Globalizing Missions." in Ott and netland 2006, 250–66.
Plummer, Robert L. 2006. *Paul's Understanding of the Church's Mission*. waynesboro, PA: Paternoster.
Powlison, David. 1995. *Power Encounters: Reclaiming Spiritual Warfare*. Grand Rapids: Baker Academic.
Priest, Robert J. 2008. "u.S. Megachurches and new Patterns of Global Mission." Research report given at Trinity Evangelical Divinity School, June 2008, Deerfield, illinois.
Priest, Robert J., Thomas Campbell, and Bradford A. Mullen. 1995. "Missiological Syncretism: The new Animistic Paradigm." in Rommen 1995, 9–87.
Race, Alan. 1982. *Christians and Religious Pluralism*. Maryknoll, ny: Orbis.
Rahner, Karl. 1966–83. *Theological Investigations*. 20 vols. new york: Seabury.
———. 1981. "Christianity and the non-Christian Religions." in Hick and Hebblethwaite 1981, 52–79.
Ramachandra, Vinoth. 1996. *The Recovery of Mission: Beyond the Pluralist Paradigm*. Grand Rapids: Eerdmans.
Ramsey, Arthur Michael. 1960. *An Era of Anglican Theology: From Gore to Temple*. London: Longmans.
*Redemptoris Missio: On the Permanent Validity of the Church's Missionary Mandate*. Available online at http://www.vatican.va/holy_father/john_paul_ii/encyclicals/documents/hf_jp-ii_enc_07121990_redemptoris-missio_en.html.
Richardson, Don. 1974. *Peace Child*. Ventura, CA: Regal Books.
———. 1981. *Eternity in Their Hearts*. Ventura, CA: Regal Books.
Richelbächer, wilhelm. 2003. "*Missio Dei*: Basis of Mission Theology or a wrong Path?" *International Review of Mission* 92 (October): 588–605.
Richter, Martin. 1928. *Der Missionsgedanke im Evangelischen Deutschland des 18. Jahrhunderts*. Leipzig: Hinrichs.
Riesner, Rainer. 1998. *Paul: The Early Years*. Grand Rapids: Eerdmans.
Ringma, Charles. 2004. "Holistic Ministry and Mission: A Call for Reconceptualization." *Missiology* 32 (October): 431–48.
Robb, John D. 1999. "Strategic Prayer." in winter and Hawthorne 1999, 145–51.
Robert, Dana L. 2000. "Shifting Southward: Global Christianity since 1945." *Inter-

*national Bulletin of Missionary Research* 24 (April): 50–58.

———. 2003. *Occupy until I Come: A. T. Pierson and the Evangelization of the World*. Grand Rapids: Eerdmans.

———, ed. 2008. *Converting Colonialism: Visions and Realities in Mission History, 1706–1914*. Grand Rapids: Eerdmans.

Robinson, Martin. 2004. "Pilgrimage and Mission." in *Explorations in a Christian Theology of Pilgrimage*, ed. Craig G. Bartholomew and Fred Hughes, 170–83. Aldershot, England: Ashgate.

Robinson, P. J. 1989. "Some Missiological Perspectives from 1 Peter 2:4–10." *Missionalia* 17 (november): 176–87.

Rommen, Edward. 1993. "The De-theologizing of Missiology." *Trinity World Forum* 19 (Fall): 1–4.

———, ed. 1995. *Spiritual Power and Missions: Raising the Issues*. EMS Series, no. 3. Pasadena, CA: william Carey.

Rooy, Sidney H. 1965. *The Theology of Missions in the Puritan Tradition*. Grand Rapids: Eerdmans.

Rowell, John. 1998. *Magnify Your Vision for the Small Church*. Atlanta: northside Community Church.

Rowley, Harold H. 1944. *The Missionary Message of the Old Testament*. London: Carey Kingsgate.

Roxborogh, John. 2001. "After Bosch: The Future of Missiology." Princeton Currents in world Christianity Seminar, February 2, 2001. http://www.roxborogh.com/Articles/Missiology%20MAB.doc (accessed August 25, 2005).

Roxburgh, Alan J. 2000. "Rethinking Trinitarian Mission." in w. D. Taylor 2000a, 179–88.

———. 2004. "The Missional Church." *Theology Matters* 10 (September/October): 1–5.

Samuel, Vinay, and Chris Sugden, eds. 1987. *The Church in Response to Human Need: Papers from the Consultation on the Church in Response to Human Need, Held in Wheaton, Ill., in June 1983 and Sponsored by the World Evangelical Fellowship*. Grand Rapids: Eerdmans.

Sanders, John. 1992. *No Other Name: An Investigation into the Destiny of the Unevangelized*. Grand Rapids: Eerdmans.

Sanneh, Lamin. 1989. *Translating the Message: The Missionary Impact on Culture*. Maryknoll, ny: Orbis.

———. 1995. "The Gospel, Language and Culture: The Theological Method in Cultural Analysis." *International Review of Mission* 84 (January–April): 47–64.

———. 2003. *Whose Religion Is Christianity? The Gospel beyond the West*. Grand Rapids: Eerdmans.
———. 2008. *Disciples of All Nations: Pillars of World Christianity*. new york: Oxford university Press.
Scherer, James A. 1964. *Missionary Go Home! A Reappraisal of the Christian World Mission*. Englewood Cliffs, nJ: Prentice Hall.
———. 1990. "Why Mission Theology Cannot Do without Eschatological Urgency: The Significance of the End." *Missiology* 18 (October): 395–413.
———. 1993. "Church, Kingdom, and *Missio Dei*." in Van Engen, Gilliland, and Pierson 1993, 82–88.
Schineller, Peter. 1992. "Inculturation and Syncretism: what is the Real issue?" *International Bulletin of Missionary Research* 16 (April): 50–53.
Schlatter, wilhelm. 1916. *Geschichte der Basler Mission, 1815–1915*. Vol. 1. *Die Heimatgeschichte der Basler Mission*. Basel: Verlag der Basler Missionsbuchhandlung.
Schnabel, Eckhard J. 2004. *Early Christian Mission*. 2 vols. Downers Grove, IL: InterVarsity.
———. 2008. *Paul the Missionary: Realities, Strategies and Methods*. Downers Grove, IL: InterVarsity.
Schomerus, H. w. 1935. "Bildung von Kirche als Aufgabe der Mission." *Neue allgemeine Missionszeitschrift* 12 (9): 289–312.
Schreiter, Robert J. 2005. "Reconciliation and Healing as a Paradigm for Mission." *International Review of Mission* 94 (January): 74–83.
Schultz, Richard. 1996. "'und sie verkündigten meine Herrlichkeit unter den nationen': Mission im Alten Testament unter besonderer Berücksichtigung von Jesaja." in *Werdet meine Zeugen*, ed. H. Kasdorf and F. walldorf, 33–53. neuhausen-Stuttgart: Hänssler.
Scobie, Charles H. H. 1992. "Israel and the nations: An Essay in Biblical Theology." *Tyndale Bulletin* 43 (2): 283–305.
Seitz, Christopher R. 1991. *Zion's Final Destiny: The Development of the Book of Isaiah*. Philadelphia: Fortress.
Senior, Donald, and Carroll Stuhlmueller. 1983. *The Biblical Foundations for Mission*. Maryknoll, ny: Orbis.
Severn, Frank M. 2000. "Mission Societies: Are They Biblical?" *Evangelical Missions Quarterly* 36 (July): 320–26.
Sharpe, Eric. 1971. *The Theology of A. G. Hogg*. Madras: Christian Literature Society.
Shenk, Calvin E. 1997. *Who Do You Say That I Am? Christians Encounter Other Reli-*

*gions*. Scottdale, PA: Herald.

Shenk, wilbert R. 1999. *Changing Frontiers of Mission*. Maryknoll, ny: Orbis.

———. 2001. "Recasting Theology of Mission: impulses from the non-western world." *International Bulletin of Missionary Research* 25 (July): 98–107.

———, ed. 2004. *North American Foreign Missions, 1810–1914*. Grand Rapids: Eerdmans.

Shepherd, Jack F. 1971. "Church Mission Relations 'at Home.'" in Gerber 1971, 124–53.

Shorter, Aylward. 1988. *Toward a Theology of Inculturation*. Maryknoll, ny: Orbis.

Sider, Ronald J. 1993. *One-Sided Christianity? Uniting the Church to Heal a Lost and Broken World*. Grand Rapids: Zondervan.

Siewert, John A. 1997. "Growing Local Church initiatives." in *Mission Handbook 1998–2000: U.S. and Canadian Ministries Overseas*, ed. John A. Siewert and Edna G. Valdez, 17th ed., 57–72. Monrovia, CA: MARC.

Sills, M. David. 2008. *The Missionary Call*. Chicago: Moody.

Singh, Sadhu Sundar. 1922. *At the Master's Feet*. new york: Revell.

Skarsaune, Oskar, and Tormod Engelsviken. 2002. "Possession and Exorcism in the History of the Church." in Moreau et al. 2002, 65–87.

Slater, Thomas Ebenezer. 1902. *The Higher Hinduism in Relation to Christianity: Certain Aspects of Hindu Thought from the Christian Standpoint*. London: Elliot Stock.

Smith, Oswald J. 2002. "What Constitutes a Call? is There Any way of Knowing the will of God? How Can One Be Sure?" *Frontlines* 1 (winter). http://www.heartofgod.com/Front lines1/Articles/Feature.asp (accessed november 26, 2008).

Snyder, Howard A. 1975. "The Church as God's Agent in Evangelism." in Douglas 1975, 327–51.

———. 1991. *Models of the Kingdom*. nashville: Abingdon.

Sobrino, Jon. 1985. *Spirituality of Liberation: Towards Political Holiness*. Maryknoll, ny: Orbis.

Soneson, Jerome Paul. 1993. *Pragmatism and Pluralism*. Minneapolis: Fortress.

Speer, Robert E. 1902. *Missionary Principles and Practice*. new york: Revell.

Spohn, Elmar. 2000. *Mission und das kommende Reich*. Bad Liebenzell: Liebenzeller Mission. Stamoolis, James J. 1986. *Eastern Orthodox Mission Theology Today*. Maryknoll, NY: Orbis.

———. 2000. "Orthodox Theology of Mission." in Moreau 2000a.

———. 2002. "The nature of the Missionary Calling: A Retrospective Look to the Future." *Missiology* 30 (January): 3–14.

Stanley, Brian. 1992. "Planting Self-Governing Churches: British Baptist Ecclesiology in the Missionary Context." *Baptist Quarterly* 34 (October): 378–89.

———. 2003. "Where Have Our Mission Structures Come From?" *Transformation* 20 (January): 39–46.

Stetzer, Ed, and David Putman. 2006. *Breaking the Missional Code: Your Church Can Become a Missionary in Your Community.* nashville: Broadman & Holman.

Stott, John R. w. 1975. *Christian Mission in the Modern World.* Downers Grove, IL: InterVarsity.

———. 1992. *The Contemporary Christian.* Downers Grove, IL: InterVarsity.

Strauss, Steve. 2005. "Kingdom Living: The Gospel on Our Lips and in Our Lives." *Evangelical Missions Quarterly* 41 (January): 58–63.

———. 2006a. "Creeds, Confessions and Global Theologizing." in Ott and netland 2006, 140–56.

———. 2006b. "The Role of Context in Shaping Theology." in Van Rheenen 2006, 99–128.

———. 2007. "'And the Disciples were Called Christians First in Antioch': The Significance of Acts 11:26 for Obeying Jesus in the Church at Antioch and Today." Paper presented at the Evangelical Theological Society Annual Meeting, november 15, 2007, San Diego.

Strong, A. H. 1909. *Systematic Theology.* Vol. 3. Philadelphia: Griffith Rowland.

Strong, David K., and Cynthia A. Strong. 2006. "The Globalizing Hermeneutic of the Jerusalem Council." in Ott and netland 2006, 129–39.

Sulpitius Severus. 1894. *Life of Saint Martin.* in *A Select Library of Nicene and Post-Nicene Fathers of the Christian Church,* Second Series, Vol. 11. new york. http://www.users.scbsju.edu/~eknuth/npnf2-11/sulpitiu/lifeofst.html#tp (accessed August 21, 2008). Sumner, George R. 2004. *The First and the Last: The Claim of Jesus Christ and the Claims of Other Religious Traditions.* Grand Rapids: Eerdmans.

Sundermeier, Theo. 2003. "*Missio Dei* Today: On the identity of Christian Mission." *International Review of Mission* 92 (October): 560–78.

Sundkler, Bengt. 1936. "Jésus et les païens." *Revue d'Histoire et de Philosophie Religieuses* 16:462–99.

Swaisland, Cecillie. 1993. "Wanted—earnest, Self-Sacrificing women for Service in South Africa." in Bowie, Kirkwood, and Ardener 1993, 70–84.

Talbot, Thomas. 1999. *The Inescapable Love of God.* Parkland, FL: universal.

———. 2003a. "Towards a Better understanding of universalism." in Parry and Partridge 2003, 3–14.

———. 2003b. "Reply to My Critics." in Parry and Partridge 2003, 247–73.

Tamrat, Taddesse. 1972. *Church and State in Ethiopia, 1270–1527.* Oxford: Clarendon. Taylor, Dr. Howard, and Mrs. 1965. *J. Hudson Taylor: A Biography.* Chicago: Moody.

Taylor, william D., ed. 1997. *Too Valuable to Lose: Exploring the Causes and Cures of Missionary Attrition.* Pasadena, CA: william Carey.

———, ed. 2000a. *Global Missiology in the 21st Century.* Grand Rapids: Baker Academic.

———. 2000b. "Missionary." in Moreau 2000a. Tennent, Timothy C. 2002. *Christianity at the Religious Roundtable.* Grand Rapids: Baker Academic.

———. 2006. "Followers of Jesus (isa) in islamic Mosques." *International Journal of Frontier Missions* 23 (Fall): 101–15.

———. 2007. *Theology in the Context of World Christianity.* Grand Rapids: Zondervan. "Theology and implications of Radical Discipleship." in Douglas 1975, 1294–96.

Thomas, John Christopher. 2002. "Spiritual Conflict in illness and Affliction." in Moreau et al. 2002, 37–60.

Thomas, Juliet. 2002a. "Issues from the indian Perspective." in Moreau et al. 2002, 146–51.

———. 2002b. "Worship, Praise, and Prayer." in Moreau et al. 2002, 231–42.

Thomas, M. M. [1972] 2002. "Salvation and Humanization." in *M. M. Thomas Reader*, ed. T. Jacob Thomas, 82–98. Thiruvalla, india: Christava Sahitya Samithy.

Thomas, norman E. 2005. "Athens 2005: 'Come Holy Spirit—Heal and Reconcile.'" *Missiology* 33 (October): 451–60.

Thornton, Philip, and Jeremy Thornton. 2008. "Why They Don't Go: Surveying the next Generation of Mission workers." *Evangelical Missions Quarterly* 44 (April): 204–10.

Tiénou, Tite. 1987. "Evangelism and Social Transformation." in Samuel and Sugden 1987, 175–79.

———. 1993. "Forming indigenous Theologies." in *Toward the 21st Century in Christian Mission,* ed. James Phillips and Robert Coote, 245–52. Grand Rapids: Eerdmans.

Tippet, Alan R. 1967. *Solomon Islands Christianity.* Pasadena, CA: william Carey.

Tiessen, Terry. 2007. "God's work of Grace in the Context of the Religions." *Didaskalia* 18 (1): 165–91.

Trites, Allison A. 1977. *The New Testament Concept of Witness.* Cambridge: Cambridge university Press.

Tucker, Ruth A. 1988. *Guardians of the Great Commission: The Story of Women in*

     *Modern Missions.* Grand Rapids: Zondervan.
Turaki, yusufu. 2000. "Evangelical Missiology from Africa: Strengths and weaknesses." in w. D. Taylor 2000a, 271–83.
underwood, Joel, ed. 1974. *The Future of the Missionary Enterprise: In Search of Mission, An IDOC Documentation Participation Project.* new york: iDOC international.
Van den Berg, Johannes. 1956. *Constrained by Jesus' Love.* Kampen: J. H. Kok.
Van Engen, Charles. 1991. *God's Missionary People.* Grand Rapids: Baker Academic.
Van Engen, Charles, Dean S. Gilliland, and Paul Pierson, eds. 1993. *The Good News of the Kingdom.* Maryknoll, ny: Orbis.
Van Gelder, Craig. 2000. *The Essence of the Church.* Grand Rapids: Baker Academic.
———. 2004. "From Corporate Church to Missional Church: The Challenge Facing Congregations Today." *Review and Expositor* 101 (Summer): 425–50.
———. 2007a. *The Ministry of the Missional Church: A Community Led by the Spirit.* Grand Rapids: Baker Academic.
———, ed. 2007b. *The Missional Church in Context: Helping Congregations Develop Contextual Ministry.* Grand Rapids: Eerdmans.
———, ed. 2008. *The Missional Church and Denominations: Helping Congregations Develop a Missional Identity.* Grand Rapids: Eerdmans.
Vanhoozer, Kevin J. 1998. *Is There Meaning in This Text?* Grand Rapids: Zondervan.
———. 2000. "The Voice and the Actor." in *Evangelical Futures: A Conversation on Theological Method*, ed. John G. Stackhouse Jr., 61–106. Grand Rapids: Baker Academic.
———. 2005. *The Drama of Doctrine: A Canonical-Linguistic Approach to Christian Theology.* Louisville: westminster John Knox.
———. 2006. "'One Rule to Rule Them All?' Theological Method in an Era of World Christianity." in Ott and netland 2006, 85–126.
Van Rheenen, Gailyn. 2005. "Theology of Power." *Evangelical Missions Quarterly* 41 (January): 32–38.
———, ed. 2006. *Contextualization and Syncretism: Navigating Cultural Differences.* EMS Series, no. 13. Pasadena, CA: william Carey.
Van Rooy, J. A. 1985. "Christ and the Religions: The issues at Stake." *Missionalia* 13 (April): 3–13.
Vatican ii. *Gaudium et Spes.* Available at http://www.vatican.va/archive/hist_councils/ii_vatican_council/documents/vat-ii_cons_19651207_gaudium-et-spes_en.html. Verkuyl, Johannes. 1978. *Contemporary Missiology: An Introduction.* Grand Rapids: Eerdmans.
Vicedom, Georg. 1965. *The Mission of God: An Introduction to a Theology of Mission.*

St. Louis: Concordia.
Vriezen, Theodorus Christiaan. 1953. *Die Erwählung Israels nach dem Alten Testament*. Zürich: Zwingli Verlag.
Wagner, C. Peter. 1981. *Church Growth and the Whole Gospel*. new york: Harper & Row.
―――. 1988. *The Third Wave of the Holy Spirit: Encountering the Power of Signs and Wonders Today*. Ann Arbor, Mi: Vine Books.
―――. 1990a. *Church Planting for a Greater Harvest*. Ventura, CA: Regal Books.
―――. 1990b. "Territorial Spirits." in *Wrestling with Dark Angels: Toward a Deeper Understanding of the Supernatural Forces in Spiritual Warfare*, ed. C. Peter wagner and F. Douglas Pennoyer, 73–99. Ventura, CA: Regal Books.
―――. 1991. "Territorial Spirits." in *Engaging the Enemy: How to Fight and Defeat Territorial Spirits*, ed. C. Peter wagner, 43–54. Ventura, CA: Regal Books.
―――. 1996. *Confronting the Powers*. Ventura, CA: Regal Books.
―――. 1999. *Churchquake: How the New Apostolic Reformation Is Shaking Up the Church as We Know It*. Ventura, CA: Regal Books.
―――. 2000. *Apostles and Prophets: The Foundation of the Church*. Ventura, CA: Regal Books.
Wakatama, Pius. 1976. *Independence for the Third World Church: An African's Perspective on Missionary Work*. Downers Grove, IL: InterVarsity.
Walker, David S. 1992. "Preferential Option for the Poor in Evangelical Theology: Assessments and Proposals." *Journal of Theology for Southern Africa* 79 (June): 53–62.
Walls, Andrew F. 1982. "The Gospel as the Prisoner and Liberator of Culture." *Missionalia* 10 (november): 93–105.
―――. 1996. *The Missionary Movement in Christian History*. Maryknoll, ny: Orbis.
―――. 2002. *The Cross-Cultural Process in Christian History*. Maryknoll, ny: Orbis.
walls, Andrew, and Cathy Ross, eds. 2008. *Mission in the 21st Century: Exploring the Five Marks of Global Mission*. Maryknoll, ny: Orbis.
Walls, Jerry L. 2003. "A Philosophical Critique of Talbot's universalism." in Parry and Partridge 2003, 105–24.
Wan, Enoch, and Michael Pocock. 2009. *Missions from the Majority World: Progress, Challenges and Case Studies*. Pasadena: william Carey.
Warneck, Gustav. 1874. "Der Missionsbefehl als Missionsinstruktion." *Allgemeine MissionsZeitschrift*. Gütersloh: Bertelsmann.
―――. 1897–1905. *Evangelische Missionslehre*. 2nd ed. 3 vols. in 5 bks. Gotha: Friedrich Andreas Berthes.
Warner, Clifton D. S. 2000. "Celtic Community, Spirituality, and Mission." in w.

D. Taylor 2000a, 491–94.
Warren, Max. 1967. *Social History and Christian Mission*. London: SCM.
Wedderburn, A. J. M. 1988. *The Reasons for Romans*. Edinburgh: Clark.
Weidenmann, Ludwig. 1965. *Mission und Eschatologie*. Paderborn: Verlag Bonifacius Druckerei.
Wellenreuther, Hermann. 2004. "Pietismus und Mission: Vom 17. bis zum Beginn des 20. Jahrhunderts." in *Geschichte des Pietismus*, vol. 4, *Glaubenswelt und Lebenswelten*, ed. Hartmut Lehmann, 166–93. Göttingen: Vandenhoeck & Ruprecht.
Wenham, John w. 1992. "The Case for Conditional immortality." in *Universalism and the Doctrine of Hell*, ed. nigel M. de S. Cameron, 161–91. Grand Rapids: Baker Academic.
Werner, Dietrich. 2008. "Evangelism from a WCC Perspective—a Recollection of an important Ecumenical Memory, and the unfolding of a Holistic Vision." *International Review of Mission* 96 (July–October): 183–203.
"Wheaton Declaration." 1966. http://www.wheaton.edu/bgc/archives/docs/wd66/b01.html (accessed December 9, 2008).
White, Jerry. 1983. *The Church and the Parachurch: An Uneasy Marriage*. Portland, OR: Multnomah.
Whiteman, Darrell L. 1997. "Contextualization: The Theory, the Gap, the Challenge." *International Bulletin of Missionary Research* 21 (January): 2–7.
———. 2003. "Anthropology and Mission: The incarnational Connection." *Missiology* 31 (October): 397–415.
Williams, C. Peter. 1990. *The Ideal of the Self-Governing Church: A Study in Victorian Missionary Strategy*. new york: Brill.
Williams, Peter. 1993. "'The Missing Link': The Recruitment of women Missionaries in Some English Evangelical Missionary Societies in the nineteenth Century." in Bowie, Kirkwood, and Ardener 1993, 43–69.
Willibald, n.d. *The Life of St. Boniface*. Medieval Sourcebook. http://www.fordham.edu/halsall/basis/willibald-boniface.html (accessed August 21, 2008).
Willmer, Haddon. 2007. "'Vertical' and 'Horizontal' in Paul's Theology of Reconciliation in the Letter to the Romans." *Transformation* 24 (July–October): 151–60.
Wimber, John, and Kevin Springer. 1986. *Power Evangelism*. San Francisco: Harper & Row. winter, Ralph, ed. 1973. *The Evangelical Response to Bangkok*. Pasadena, CA: William Carey.
———. 1974. "The Two Structures of God's Redemptive Mission." *Missiology* 1 (January): 121–39.

———. 1975. "The Highest Priority: Cross-Cultural Evangelism." in Douglas 1975, 213–58.
Winter, Ralph D., and Steven C. Hawthorne, eds. 1999. *Perspectives on the World Christian Movement.* 3rd ed. Pasadena, CA: william Carey.
Witherington, Ben. 1998. *The Acts of the Apostles: A Socio-rhetorical Commentary.* Grand Rapids: Eerdmans.
Wood, Rick. 1995. "A Church Planting Movement within Every People: The Key to Reaching Every People and Every Person." *Mission Frontiers* 17 (May–June): 5–6.
Woodberry, Robert D. 2004. "The Shadow of Empire: Christian Missions, Colonial Policy, and Democracy in Postcolonial Societies." PhD diss., university of north Carolina, Chapel Hill.
———. 2006. "Reclaiming the M-word: The Legacy of Mission in nonwestern Societies." *The Review of Faith and International Affairs* 4 (Spring): 3–12.
World Council of Churches. 1982. *Mission and Evangelism: An Ecumenical Affirmation.* Geneva: world Council of Churches.
———. 2000. "Mission and Evangelism in unity Today." http://www.oikoumene.org/en/resources/documents/wcc-commissions/mission-and-evangelism/cwme-world-con ference-athens-2005/preparatory-paper-n-1-mission-and-evangelism-in-unity-today.html (accessed December 26, 2007).
Wright, Chris. 1996. "The Old Testament and Christian Mission." *Evangel* 14 (Summer): 37–43.
Wright, Christopher J. H. 2006. *The Mission of God: Unlocking the Bible's Grand Narrative.* Downers Grove, IL: InterVarsity.
Yarbrough, Robert w. 2004. "Jesus on Hell." in Morgan and Peterson 2004, 69–90.
Yohannen, K. P. 1986. *The Coming Revolution in World Missions.* Altamonte Springs, FL: Creation House.
Yong, Amos. 2000. *Discerning the Spirit(s).* Sheffield: Sheffield Academic.
———. 2003. *Beyond the Impasse: Toward a Pneumatological Theology of Religions.* Grand Rapids: Baker Academic.
———. 2008. *Hospitality and the Other.* Maryknoll, ny: Orbis.
Yoshimoto, Makito. 2005. "The Perspective of the Two Thirds world Churches for world Missions in the 21st Century." in *A New Vision, A New Heart, A Renewed Call: Lausanne Occasional Papers from the 2004 Forum for World Evangelization*, ed. David Claydon, 2:143–51. Pasadena, CA: william Carey.
Young, Edward J. 1972. *The Book of Isaiah.* Vol. 3. Grand Rapids: Eerdmans.
Yung, Hwa. 2002a. "A Systematic Theology That Recognizes the Demonic." in

Moreau et al. 2002, 3–27.

———. 2002b. "Case Studies in Spiritual warfare from East Asia." in Moreau et al. 2002, 138–45.

Zahniser, A. H. Mathias. 1997. *Symbol and Ceremony: Making Disciples across Cultures* (*Innovations in Mission*). Monrovia, CA: MARC.

Zangger, Christian D. 1973. *Welt und Konversation: Die theologische Begründung der Mission bei Gottfried Wilhelm Leibniz*. Zürich: Theologischer Verlag Zürich.

Zimmerling, Peter. 1985. *Pioniere der Mission im älteren Pietismus*. Giessen: Brunnen.

# 주제별 색인

## 번호

9/11  560, 605

## 로마자

### A

A. B. 심슨(A. B. Simpson)  413
A.D. 2000년 운동(the AD 2000 and Beyond Movement)  280
A. H. 스트롱(A. H. Strong)  448
Allison A. Trites  135, 136
A. T. 밴 루웬(A. T. Van Leeuwen)  427
A. T. 피어슨(A. T. Pierson)  173, 413

### C

C&MA(Christian and Missionary Alliance)  413
C. S. 루이스(C. S. Lewis)  508, 594, 672
C. 피터 와그너(C. Peter Wagner)  278, 329, 342, 530, 540, 544

### H

H.W. 쇼메로스(H.W. Schomerus 1935)  276

### J

J. C. 램버트(J. C. Lambert)  491, 496
J. N. 파쿠아르(J. N. Farquhar)  611
J. 로버트슨 맥퀼킨(J. Robertson McQuilkin)  336, 510

## M

M. M. 토마스(M. M. Thomas) 307
M. 데이비드 실스(M. David Sills) 490

## P

P. J. 로빈슨(P. J. Robinson) 150

## S

Sadhu Sundar Singh 610
S. L. 포머로이(S. L. Pomeroy) 397

## T

TEAM(the Evangelical Alliance Mission) 413
Theodorus Christians Vriezen 74
T.W. 맨슨(T.W. Manson) 122

## W

W. A. 비세르 후푸트(W. A. Visser't Hooft) 311

## 한국어

### ㄱ

가난 298, 301, 307, 310, 317, 330, 342, 375, 389, 534
가난한 자 112, 164, 187, 204, 244, 304, 310, 316, 319, 323, 334, 339, 344, 349, 359, 395, 516
가부장주의(paternalism) 462, 464, 471, 622
가식적인 연민 379
가족 69, 70, 182, 185, 236, 240, 247, 270, 343, 344, 345, 346, 359, 545, 548, 589, 683
감람산 강화(Olivet Discourse) 119, 226
감리교 260, 398, 399, 403, 412, 448
개신교 선교 운동 51, 52, 54, 109, 165, 261, 389, 407, 442, 443, 468
개인주의 36, 269, 272, 376, 387, 461, 581, 632, 637
개척 선교(pioneer mission) 492, 540
개척 전도 339, 474, 500, 531, 539
개혁교회 377
개혁주의 600
객관적 진리 619, 623
거꾸로 된 나라(upside-down kingdom) 120
거룩한 나라 75, 151, 152, 425
거류 78, 153
거짓 사도 496, 498
거짓 신 162, 163, 235, 266, 538, 542, 546, 547
게오르그 비세덤(Georg F. Vicedom) 165, 171, 176, 191, 194, 198, 200, 276, 492
겸손 46, 95, 96, 120, 138, 199, 229,

252, 254, 257, 335, 337, 341, 427, 523, 538, 598, 640, 658
경건주의 273
경건주의자 52, 258, 260, 261, 392, 412, 441, 484
경쟁 70, 152, 164, 169, 376, 378, 379, 605, 630, 631, 649, 650
계몽주의 36, 51, 159, 286, 287, 288, 533, 535, 621, 623, 629, 631, 634, 637, 645
계몽주의(Enlightenment) 34
계시 38, 44, 86, 128, 161, 164, 181, 212, 221, 249, 308, 315, 352, 436, 483, 498, 556, 565, 567, 573, 577, 602, 607, 609, 611, 618, 624, 628, 631, 636, 639, 641, 643, 647, 649, 651, 653, 657, 658, 673, 675, 677, 679, 684
계시적 특별주의(revelatory particularism) 638, 641, 643, 645, 647, 675
계층 36, 235, 236, 256, 560, 600
고귀한 야만인(noble savage) 299, 385
고대 근동 76, 566
고대의 종주권 언약 형태 566
고든 카우프만(Gordon Kaufmann) 616
고수케 고야마(Kosuke Koyama) 476
고트홀트 레싱(Gotthold Lessing) 629
고프리드 W. 라이프니츠(Gofftried Wilhelm Leibniz) 286
공동체 18, 31, 41, 46, 99, 108, 114, 116, 125, 130, 136, 139, 142, 150,

152, 159, 200, 215, 219, 231, 240, 243, 255, 269, 271, 276, 279, 281, 283, 285, 315, 319, 326, 337, 340, 347, 354, 355, 356, 358, 360, 362, 382, 428, 431, 438, 455, 472, 474, 479, 480, 500, 502, 505, 516, 520, 541, 571, 581, 586, 591, 595, 598, 600, 627, 679, 684
공산주의 236, 308, 376, 529
관용 588, 634, 636
교단 34, 110, 237, 262, 284, 315, 323, 377, 379, 389, 443, 446, 448, 458, 461, 465, 559, 560
교리 36, 60, 125, 137, 173, 252, 262, 271, 303, 320, 349, 355, 398, 455, 538, 589, 593, 595, 611, 614, 615, 618, 630, 632, 635, 640, 641, 642, 686
교육 35, 235, 249, 260, 278, 286, 287, 289, 298, 300, 302, 333, 336, 359, 376, 443, 472, 485, 502, 521, 528, 560, 594, 600, 643
교인 빼앗기(sheep stealing) 284
교화(edification) 497
교황 바오로 6세(Pope Paul VI) 55
교황 요한 23세(Pope John XXIII) 55
교황 요한 바오로 2세 57, 250, 272
교회 개척 211, 219, 228, 237, 240, 260, 261, 263, 268, 270, 272, 274, 276, 278, 280, 283, 285, 287, 304, 308, 316, 318, 320, 328, 344, 347,

353, 357, 362, 472, 474, 506, 511, 513, 520, 528, 531, 537, 538
교회론 12, 18, 59, 269, 272, 273, 377, 423, 424, 433, 437, 454, 455, 461, 465, 627, 637
교회 성장 운동 277, 278, 329
교회세계선교대회(Congress on the Church's Worldwide Mission) 279, 321
교회와 세상 305
교회의 선교적 특성 432, 437
교회의 탄생 104, 138, 571
교회의 파송 252
교회 중심적(ecclesiocentric) 선교 277, 284
구속(redemption) 24, 32, 48, 65, 104, 113, 117, 119, 123, 132, 155, 163, 165, 175, 180, 190, 195, 198, 207, 210, 212, 217, 219, 221, 232, 238, 250, 252, 259, 281, 306, 313, 327, 337, 339, 342, 346, 352, 355, 358, 396, 407, 410, 414, 420, 422, 426, 429, 435, 483, 516, 554, 609, 612, 615, 627, 644, 647
구속사 48, 65, 66, 71, 97, 116, 127, 130, 133, 134, 152, 487, 494, 496, 504
구속사적(salvation-historical) 305
구속사적 접근 175, 227, 228
구속은 선교의 기초 255
구속자 178, 232, 266, 392

『구속자의 선교』(Redemptoris Missio) 57, 250
구속적 유비들(redemptive analogies) 584
구스타프 바르넥(Gustav Warneck) 53, 173, 263, 269, 275, 292, 459
구심력적(centripetal) 선교 운동 101
구심력적 선교 125
구심력적 선교 운동 128
구심력적 운동 106
구심력적인 선교 156, 157
구심력적인 선교 운동 105
구약 64, 66, 68, 71, 73, 79, 84, 93, 97, 99, 101, 103, 105, 108, 110, 115, 117, 119, 125, 127, 133, 137, 141, 151, 156, 162, 167, 168, 181, 185, 281, 310, 345, 346, 428, 542, 547, 564, 566, 569, 573, 578, 580, 585, 615, 626, 649, 651, 676, 678
구약의 종말론적 비전 102, 133, 156, 208
구원론 59, 173, 259, 266, 269, 286, 314, 392, 606, 614, 616, 627, 629, 630, 632, 633
구원의 이야기 64
구조적 악 359
국가사회주의 303, 314
국왕의 성직 수여권(patronage) 441
국제선교협의회(IMC: International Missionary Council) 10, 173, 181, 229, 302, 304, 432, 446, 470
그리스도의 교회 29, 328, 437, 449
그리스도의 신부 284

주제별 색인　727

그리스도의 주권　155, 207, 212, 224, 225, 231, 256, 268, 331, 346, 429
근대성(modernity)　508
근본주의　160, 606
근본주의자와 현대주의자 간의 논쟁(fundamentalist-modernist debate)　264, 302, 320, 447
근시안(myopia)　45, 62
글로벌 교회(global church)　47, 48, 576
글로벌 소통　26, 57
금욕주의　382, 383, 385, 419
긍휼(compassion)　77, 81, 93, 151, 219, 222, 240, 297, 300, 310, 316, 318, 320, 331, 334, 337, 339, 341, 345, 349, 352, 356, 358, 379, 382, 391, 394, 399, 406, 418, 425, 426, 428, 430, 473, 502, 513, 517, 583
기도하는 마을(praying towns)　288, 373
기독교 국가(Christendom)　372, 604, 605, 622, 637
기독교권　27
기독교지식촉진협회(SPCK: Society for Promoting Christian Knowledge)　258, 289, 442
기독론　59, 207, 607, 632, 633, 634, 635, 637
기둥 사도직　492
기스베르투스 보에티우스(Gisbertus Voetius　51
기스베르투스 보에티우스(Gisbertus Voetius)　210, 273

기적적인 표적　530
꾸란　114, 571, 616, 619, 642

ㄴ

나아만　79, 567, 624, 626, 679
나이　562
나이로비(Nairobi)　109, 308, 309
내러티브 포스트모더니즘(narrative postmodernism)　640, 648
내세주의(otherworldliness)　229
내적 충동　404
냉전　57, 58, 386
노예제도　291
노이키르헨선교회(Neukirchen Mission)　290
뉴델리(New Delhi)　305, 446
뉴비긴　179, 197, 201, 302, 312, 313, 333, 430, 432, 433, 446
뉴잉글랜드와 북미 근접 지역 안에서의 복음 전파를 위한 모임(the Company for Propagating the Gospel in New England and Parts Adjacent in North America)　258
능력 대결(power encounter)　508, 530, 535, 536, 537, 538, 549
니느웨　93, 94, 613
니콜라스 루드비히 폰 진젠도르프(Nicolas Ludwig von Zinzendorf　260

## ㄷ

다렐 화이트맨(Darrell Whiteman) 246, 249, 596
다문화 487, 505
다문화주의 605
다원주의(pluralism) 34, 56, 57, 115, 159, 168, 433, 605, 615, 617, 618, 622, 623, 624, 630, 631, 632, 634, 637, 638, 640, 645, 648, 649, 650, 653, 654, 658, 661
단기 선교 27, 255, 297, 368, 388, 405, 448, 470
단기 선교사들(short-term missionaries) 376, 477
대각성 운동 261
대 계명 347, 356, 357, 358, 359, 430
대 계명(Great Commandment) 346
대다수 세계(the majority world) 13, 17, 27, 35, 47, 57, 58, 293, 299, 317, 321, 445, 446, 470, 471, 472, 631, 637
대량 학살 236
대 소명(Great Calling) 355, 359, 430
대속물 186, 218
대체 모델(replacement model) 606, 607, 638
대화적 다원주의(Dialogic Pluralism) 640
더글라스 맥아더(Douglas MacArthur) 376
데이비드 리빙스턴(David Livingstone) 385
데이비드 자크 니링기에(D. Zac Niringiye) 361
데이비드 폴리슨(David Powlison) 546
덴마크-할레선교회(Danish-Halle Mission) 289, 442
도교 623
도날드 A. 맥가브란(Donald A. McGavran) 55, 277, 278, 308, 314, 328, 329
도날드 B. 크레이빌(Donald B. Kraybill) 120
도로테 죌레(Dorothee Sölle) 60
도움을 제공하는 업무(lending operation) 446
독립성 443, 471
독일 경건주의 260, 412
돈 리차드슨(Don Richardson) 584
동방 박사 118, 679
동방 정교회 선교신학 214
동일시하는 회개(identificaltional repentance) 508, 542
두 가지 명령 341, 344, 348, 350, 351, 352, 353
드와이트 무디(Dwight L. Moody) 261
디도 493, 495
디모데 388, 414, 484, 487, 488, 490, 493, 495, 500
디아스포라 108, 139
따로 구별 490
땅 밟기 기도(prayer walk) 526, 527, 542

## ㄹ

라민 사네(Lamin Sanneh) 116, 160, 293, 296, 298, 336, 567
라이문도 파니카(Raimundo Panikkar) 614
라인선교회(Rhine Mission Society) 290
라틴 아메리카 35, 48, 233, 296, 307, 573, 597
라합(Rahab) 566, 613, 624, 626
랄프 윈터(Ralph Winter) 234, 278, 279, 280, 450, 453, 458, 479
런던선교회(LMS: London Missionary Society) 262, 374, 385, 447
레네 빠딜랴(René Padilla) 325
레슬리 뉴비긴(Lesslie Newbigin) 56, 161, 282, 423, 608, 631
레이몬드 룰(Raymond Lull) 50
로고스(logos) 188, 249, 570, 610
로날드 J. 사이더(Ronald J. Sider) 327, 349
로마 50, 109, 110, 115, 153, 167, 285, 372, 397, 487, 495, 524, 570, 572, 650
로마가톨릭 선교 59, 237, 271, 286, 484
로마 제국 138, 285, 377, 440
로버트 E. 스피어(Robert E. Speer) 320, 400
로버트 J. 슈라이터(Robert J. Schreiter) 237
로버트 스피어(Robert Speer) 276
로버트 우드베리(Robert Woodberry) 292, 295, 296, 374, 376
로버트 프리스트(Robert Priest) 546
로버트 플루머(Robert Plummer) 147, 422
로베르트 드 노빌리(Robert de Nobili) 572
로스 랭미드(Ross Langmead) 251
로잔(Lausanne) 230
로잔세계복음화대회(Lausanne Congress on World Evangelization 55, 264
로잔세계복음화위원회(Lausanne Committee for World Evangelization) 264, 265
로잔세계복음화위원회(LCWE: Lausanne Committee for World Evangelization) 231
로잔 언약(Lausanne Covenant) 35, 55, 230, 279, 322, 415
로잔 운동(Lausanne Movement) 35
로저 P. 슈뢰더(Roger P. Schroeder) 11, 58, 59, 60
로티 문(Lottie Moon) 390
론 내쉬(Ron Nash) 609
루드비히 뢰티(Ludwig Rütti) 305
루뱅 학파(Louvain School) 271, 272
루스 A. 터커(Ruth A. Tucker) 389, 390, 596
루터교 377, 413, 448, 484
루터교세계연맹(the Lutheran World Federation) 177
뤼시앵 르그랑(Lucien Legrand) 127

## ㅁ

마가렛 크래프트(Marguerite Kraft) 507
마게도냐 380, 402, 484
마귀 35, 508, 516, 519, 521, 525, 549
마닐라 선언문(Manila Manifesto) 244, 280
마르크스주의 307, 314
마리아수사이 다바모니(Mariasuasai Dhavamony) 642
마술(occult) 540
마이크 오리어 585
마크 A. 놀(Mark A. Noll) 441
마테오 리치(Matteo Ricci) 572
마틴 루터 342, 519, 591, 560
마틴 캘러(Martin Kähler) 38
막스 뮐러(Max Müller) 610
『만민에게』(Ad Gentes) 36, 55, 180, 250, 272
말라기 96
말씀과 행동 157, 242, 244, 245, 251, 309, 431, 644, 650
맛디아 493, 494
메노나이트 377
메리 슬레서(Mary Slessor) 390
메소디우스(Methodius) 572
메시아 73, 81, 86, 95, 96, 97, 98, 103, 104, 110, 112, 117, 120, 136, 137, 157, 185, 306, 428, 687
멕시코시티(Mexico City) 470
멜기세덱 613, 679
멜버른(Melbourne) 309
명백한 운명(manifest destiny) 289, 374, 375
모니어 윌리엄스(Monier-Williams) 611
모든 나라 33, 64, 80, 82, 83, 84, 89, 95, 97, 100, 103, 119, 134, 160, 162, 164, 199, 208, 314, 347, 360, 361, 469, 470, 596
모라비안 109, 165, 259, 260, 261, 412
모세 73, 182, 536, 657, 673, 679
모세의 율법 76, 77, 113, 127, 141, 217, 334
모택동 혁명 308
모험 385, 386, 387, 405, 412, 467
목격자 137
무슬림 50, 204, 472, 560, 574, 583, 588, 616, 621, 627, 628, 642
무신론 621, 623
문명화(civilization) 285, 287, 289, 291, 293, 294, 296, 297, 298, 300, 371, 372, 373, 375, 376, 392
문명화 기금법령(Civilization Fund Act) 289, 373
문화를 변혁 299, 300
문화에 대한 성경적 이해 298
문화와 상황 60, 558, 568, 644
문화인류학 41, 56, 59
문화적 우월성 371, 376
문화적 정체성 115, 296
문화적 지배 294
문화적 형태 564, 565, 572

문화화(inculturation) 134
뮌스터 학파(Münster School) 271, 272
미가 97
미국 원주민 258, 259, 273, 288, 289, 372, 373, 374, 381
미국해외선교위원회(American Board of Commissioners for Foreign Missions) 274
미나트리아 431
미디어 451
미전도 종족(unreached peoples) 233, 234, 280, 438, 442, 469, 474
민간 종교(folk religions) 534, 535, 560, 574
민족지학(ethnography) 294
민중신학 574
믿음 선교(faith missions) 413, 443, 445
밀프레드 미나트리아(Milfred Minatrea) 477

## ㅂ

바벨론 340, 566, 567, 578
바벨론 포로 98
바벨탑 70, 232
바울의 복음 선포 266
바울의 복음 전도 495
바울의 선교 여행 500
바젤선교회(Basel Mission) 290
바톨로뮤 지겐발크(Bartholomew Ziegenbalg) 258

박애사업(philanthropy) 300, 301, 316, 324
박해 139, 140, 156, 157, 211, 225, 229, 236, 388, 391, 408, 440, 451, 511, 520, 523
반정초주의(antifoundationalism) 621
방콕 306, 307, 308
방콕(Bangkok) 177
배타성, 배타주의(exclusivism) 605, 606, 607, 608, 609, 610, 612, 615, 616, 618, 619, 628, 629, 630, 636, 638, 639, 651, 658
백부장 118, 140, 527
백색 순교 383
베네딕트 수도원 407
베다 경전 616
베드로 72, 116, 140, 150, 152, 425, 492, 501, 544, 653, 658, 684
벵트 순드클러(Bengt Sundkler) 101
변증 49, 52, 572, 608, 658
변혁 60, 102, 104, 105, 112, 120, 125, 133, 175, 200, 287, 299, 300, 312, 317, 319, 321, 326, 328, 332, 337, 429, 437, 511, 518, 555, 556, 559, 592
변혁적 선교(transformative mission) 318
병원 31, 260, 296, 301, 302, 320, 344
보냄 15, 30, 91, 102, 144, 148, 180, 182, 184, 187, 191, 194, 196, 210, 252, 254, 264, 268, 304, 322, 424, 426, 432, 468, 475, 477, 479, 488,

490, 493, 494, 496, 501, 502, 625
보에티우스 211
보편성 66, 625, 632, 639, 645
보편적 포용주의(Universal Inclusivism) 639
보편주의 660, 662, 663, 667, 668
복음과 문화에 관한 로잔협의의 윌로우뱅크보고서(The 1978 Lausanne Consultation on Gospel and Culture Willowbank Report 245
복음과 우리 문화 네트워크(GOCN: the Gospel and Our Culture Network) 431, 433, 476
복음명령(gospel mandate) 178, 341, 344, 346, 347, 350, 351, 352, 353, 354, 356, 357
복음반포회(SPG: Society for the Propagation of the Gospel) 258, 378, 442
복음의 전파 129
복음주의 선교학 6, 14, 55, 57, 308, 318, 323, 330
복음주의자 14, 27, 35, 230, 242, 273, 279, 302, 305, 308, 317, 319, 323, 325, 394, 448, 531, 546, 556, 574, 577, 580, 606, 631, 634, 636, 640, 658, 661, 688
복음주의저인 사회적 관심에 대한 시카고 선언(Chicago Declaration of Evangelical Social Concern) 321
복음주의적 사회 윤리 320

본문과 상황 575, 576, 589, 590
볼프 헤닝 올로그(Wolf-Henning Ollrog) 150, 496
부르심 70, 73, 88, 152, 157, 214, 229, 232, 243, 309, 400, 402, 404, 418, 423, 425, 434, 436, 445, 456, 475, 480, 482, 484, 486, 488, 490, 494, 497, 499, 502, 504, 512, 643
부분적 대체 모델 606, 609, 628, 629, 630
부흥 운동 261, 273, 412
브라이언 매크라렌(Brian McLaren) 477, 479
브라이언 스탠리(Brian Stanley) 442, 444, 447, 460
비기독교 종교들 309, 314, 610, 611, 614, 625
비노쓰 라마찬드라(Vinoth Ramachandra) 168
비샬 망갈와디(Vishal Mangalwadi) 397
비판적 상황화(critical contextualization) 576, 586, 587, 588, 594
빈야드 운동(Vineyard Movement) 530
빌립 140
빌링겐(Willingen) 173, 181
빌링겐 대회 174, 175, 179
빌헬름 분트(Wilhelm Wundt) 293
빛 218, 394, 400, 656
빠딜랴 327, 590

## ㅅ

사도 33, 49, 51, 54, 108, 128, 139, 142, 144, 150, 265, 268, 270, 338, 347, 350, 385, 392, 398, 400, 440, 468, 480, 490, 492, 494, 496, 498, 500, 501, 502, 504, 513, 544, 569, 570, 629, 652
사도성 496
사도적 선교 323, 422
사도적 선교사들(apostolic missionaries) 499, 505
사도적 직무(Apostolic office) 30
사도직(Apostolate) 30, 142, 491, 492, 497, 498, 499
사도행전 72, 107, 108, 128, 129, 133, 135, 137, 141, 143, 153, 192, 194, 233, 266, 282, 323, 339, 380, 422, 452, 454, 483, 494, 506, 510, 512, 528, 539, 544, 547, 569, 607, 626, 653, 676
사마리아 108, 133, 135, 139, 140
사마리아 여인 107, 118
사마리아인 107, 186
사무엘 홉킨스(Samuel Hopkins) 384
사무엘 M. 즈위머(Samuel M. Zwemer) 303
사무엘 멧카프(Samuel Metcalf) 462
사탄 36, 69, 121, 176, 194, 217, 221, 347, 353, 358, 359, 392, 496, 506, 509, 511, 514, 516, 518, 520, 523, 525, 530, 535, 537, 539, 541, 546, 548, 551, 621, 646, 656, 667
사회과학(Social Science) 27, 46, 47, 48, 56
사회 구조 320, 326, 331, 343, 459
사회 복음 175, 301, 302, 319, 320
사회 봉사 303, 320, 324
사회 윤리 242, 311, 316, 320, 346
사회적 323
사회적 차원 321, 324, 332
사회적 행동 264, 301, 309, 310, 316, 318, 319, 320, 321, 322, 323, 325, 326, 327, 328, 329, 330, 331, 341, 342, 344, 348, 349
사회적 행동을 위한 복음주의자들(ESA: Evangelicals for Social Action) 321
사회 정의 25, 56, 187, 278, 345, 660
사회정치적 177, 306, 310, 322
사회종교적 159
삭개오 186
산상수훈 118, 120, 185, 359
산업 혁명 294
삼위일체 하나님 32, 213, 434, 643
삼위일체 하나님의 선교 423
삼자(three-self) 53, 274, 275
상대주의 606, 608, 621, 622, 631, 636, 637, 643
상호관계 모델(mutuality model) 606
상호의존성(interdependence) 471
상황화(contextualization) 34, 56,

116, 241, 244, 249, 251, 480, 554, 556, 558, 562, 564, 566, 568, 570, 572, 574, 576, 578, 582, 584, 586, 588, 590, 592, 594, 595, 596, 603
새로운 인류 240
새부족선교회(New Tribes Mission) 386
새 언약 70, 92
새 예루살렘 102, 103, 106, 107, 155, 156, 158
새 창조 114, 154, 225, 627, 642, 644
샌안토니오(San Antonio) 309
샬롬(shalom) 256, 305, 306
서구 문화 34, 36, 56, 236, 269, 286, 299, 371, 372, 373, 376, 387, 433, 434, 469, 476
서구 신학 598, 633
선교 공동체 12, 458, 611
선교단체들 26, 34, 110, 263, 274, 290, 297, 337, 344, 372, 378, 381, 386, 394, 404, 436, 439, 443, 445, 447, 449, 453, 454, 456, 459, 461, 463, 465, 471, 482, 486, 513, 534
선교 모델 252, 297, 326, 442
선교사의 소명 467, 468, 475, 481, 483, 495, 502, 503
선교사 하나님 172, 179, 391
선교신학(Theology of Mission) 8, 17, 24, 27, 29, 37, 40, 44, 46, 48, 51, 54, 56, 57, 58, 59, 60, 62, 65, 173, 176, 178, 213, 214, 231, 244, 259, 269, 272, 280, 298, 305, 317, 318, 327, 424, 506, 531, 535, 554, 555, 647, 659, 686
선교와 같은 용어는 성경에서 발견되지 않는다 341
선교와 교회의 정체성 422
선교와 선교사역 15, 59
선교의 과제 305, 335, 337, 472
선교의 기초는 구속 206, 217, 455
선교의 긴급성 143
선교의 동기 251, 273, 286, 368, 370, 377, 379, 383, 386, 388, 390, 392, 395, 397, 406, 409, 412, 414, 438
선교의 목적 28, 33, 61, 145, 205, 206, 210, 213, 220, 223, 227, 232, 236, 257, 271, 272, 273, 306, 352, 368, 370, 382
선교의 불확실성(mission entropy) 155
선교의 세속화 303, 305, 311
선교의 열매로서 진정한 화해 237
선교의 정당성 159, 161
선교의 탈중심화 107, 110, 113
선교의 파송 구조들 421, 438
선교적 교회론
선교적 교회론(missional church) 12, 15, 37, 56, 150, 206, 234, 421, 431, 433, 435, 437, 438, 439, 446, 462, 465, 469, 470, 476, 478
선교 중에 있는 공동체(community-in-mission) 76

선교지  13, 52, 57, 174, 233, 234, 273, 370, 376, 378, 388, 389, 404, 464, 468, 470, 471, 473, 476, 477, 486, 512
선교학(Missiology)  27, 29, 35, 37, 39, 41, 43, 44, 51, 53, 54, 55, 56, 57, 58, 205, 210, 236, 241, 242, 263, 269, 271, 275, 293, 303, 305, 308, 310, 314, 318, 321, 323, 329, 330, 342, 417, 424, 433, 449, 459, 462, 508, 509, 556
선교회들  262, 287, 289, 412, 442, 444, 454, 458, 460, 469, 470, 481
선지자  30, 64, 84, 93, 94, 97, 99, 105, 108, 124, 127, 163, 166, 177, 181, 185, 334, 370, 391, 402, 416, 476, 483, 487, 490, 497, 500, 566, 580, 649, 667, 673
선택(election)  426
선포  67, 69, 75, 78, 81, 83, 86, 91, 98, 103, 105, 111, 117, 124, 126, 129, 132, 138, 148, 151, 154, 157, 163, 170, 175, 184, 187, 192, 195, 197, 199, 209, 212, 215, 228, 231, 238, 244, 255, 258, 260, 262, 264, 266, 268, 270, 272, 276, 282, 303, 310, 318, 324, 331, 333, 336, 353, 357, 361, 369, 394, 400, 407, 411, 417, 425, 427, 434, 436, 493, 514, 517, 523, 528, 534, 545, 549, 607, 625, 629, 632, 636, 639, 641, 643, 645, 647, 653, 659, 660, 684, 688
선한 사마리아인  346
성결 운동(Holiness movement)  389
성경적 선교신학(biblical theology of mission)  37, 43, 44, 45, 57, 424
성공회  262, 372, 377, 378, 448
성공회선교협회(CMS: Church Missionary Society)  274
성령과 선교  510
성령론  632, 633, 637
성령의 능력  28, 64, 112, 129, 131, 133, 144, 149, 155, 175, 192, 200, 222, 225, 344, 350, 355, 422, 428, 510, 513, 514, 515, 522, 524, 528, 549
성령의 보내심  191, 192, 195
성령의 시대  102, 104, 107, 132, 338
성령의 운동(movement)  110, 111, 112, 129, 147, 154, 155, 157
성별(gender)  388
성부  128, 169, 172, 178, 180, 181, 182, 188, 190, 191, 193, 195, 196, 197, 199, 201, 493, 641
성육신  206, 241, 243, 245, 247, 249, 251, 252, 253, 254, 255, 256, 311, 338, 435, 455, 474, 479, 608, 619, 620, 639, 653
성전  78, 79, 89, 98, 101, 105, 106, 107, 108, 113, 115, 117, 118, 157, 359, 375, 566
성찬식(Eucharist)  214, 215, 594

성취 모델(fulfillment model) 606, 612, 624, 638
성화 240, 288, 342, 374, 419
세계관 47, 146, 219, 226, 246, 247, 268, 376, 434, 507, 509, 519, 521, 532, 534, 537, 548, 554, 557, 559, 561, 563, 567, 572, 574, 577, 585, 593, 602, 629, 640
세계교회협의회(WCC: World Council of Churches) 10, 34, 177, 230, 237, 241, 264, 277, 305, 308, 311, 315, 330, 354, 424, 427, 435, 445, 475
세계복음전도대회(World Congress on Evangelism) 321
세계복음주의연맹(WEA: World Evangelical Alliance) 13, 387, 482
세계복음주의협회(World Evangelical Fellowship) 180, 325
세계복음화국제대회(International Congress on World Evangelization) 35, 230
세계복음화를 위한 전략회의 (GCOWE: Global Consultation on World Evangelization) 280
세계 선교와 전도위원회(CWME: Commission on World Mission and Evangelism) 177, 237, 306, 309, 470
세계 선교협의회(Council for world Mission) 447

세계 종교 42, 292, 596, 606, 613, 621
세계화(Globalization) 26, 35, 56, 110, 255, 299, 596, 597, 600, 605, 637
세계화 신학(global theologizing) 576, 598, 599
세례 124, 125, 126, 127, 195, 228, 283, 346, 357, 454, 513
세례 요한 117, 183, 428, 647
세상 끝날까지 126, 165, 226, 398, 423, 474
세상은 교회를 위한 의제를 설정한다 177
세속주의 159, 427, 521
세속화 51, 54, 56, 177, 229, 303, 305, 311, 316, 433, 469, 534
소말리족 561
소망 18, 20, 84, 94, 106, 117, 151, 206, 218, 224, 230, 231, 232, 248, 256, 311, 324, 345, 348, 350, 355, 358, 380, 407, 410, 414, 428, 435, 455, 507, 607, 615, 627, 659, 682,
소명 31, 74, 91, 97, 103, 133, 142, 144, 151, 153, 157, 338, 353, 359, 437, 442, 452, 456, 480, 482, 484, 487, 497, 512, 570, 614
소외된 자들 187, 310, 316, 358, 359, 577
소통 26, 36, 47, 57, 98, 235, 444, 448, 453, 454, 456, 473, 566, 570, 572, 584, 585, 589, 595
속죄 382, 516

솔로몬 78, 79, 81, 98
송영(Doxology) 34, 206, 207, 213, 255, 406, 407, 430, 435, 455
수도원 운동 49, 382, 441
수로보니게 여인 118
수용 139, 178, 179, 235, 238, 245, 246, 277, 299, 437, 584, 588, 595, 625, 635
수용 모델(acceptance model) 606, 617, 619, 620, 621, 622, 638, 640
수직적 화해
수직적 화해(vertical reconciliation) 237, 239, 240
수평적 화해(horizontal reconciliation) 236, 237, 239, 240, 344
순례(pilgrimages) 238, 382, 383
순례자 138, 382, 440, 441
순례자 원리(pilgrim principle) 116, 563
순종 76, 92, 97, 105, 125, 142, 144, 171, 173, 188, 199, 209, 216, 268, 279, 324, 325, 330, 360, 384, 398, 399, 400, 402, 418, 519, 522, 526, 549, 567, 590, 591, 646, 684, 686
순환 226, 227
숨겨진 사람들(hidden peoples) 234
스가랴 94, 95, 96, 98, 412
스구디아인(Scythians) 114
스데반 107, 140
스데반 룬구(Stephen Lungu) 519
스캇 모로우(Scott Moreau) 19, 537, 576, 577, 585, 592

스튜어트 머레이(Stuart Murray) 281
스티브 스트라우스(Stephen Strauss) 19, 647
스티븐 닐(Stephen Neill) 32, 205, 263, 378, 436, 454
승리주의 178, 527, 657, 658
시대의 징조(signs of the times) 176, 308
시드니 루이(Siney Rooy) 259
시므온 117
시민 108, 328, 345, 352
시온 82, 84, 85, 90, 95, 97, 98, 101, 102, 103, 105, 118, 156, 408
시편 78, 79, 80, 81, 82, 98, 127, 208, 317, 676
식민주의 159, 204, 286, 291, 292, 296, 299, 315, 337, 371, 372, 376
신앙공동체적 및 제도적(communitarian-institutional) 모델 442
신약 19, 30, 38, 44, 49, 66, 72, 75, 89, 101, 103, 105, 107, 109, 111, 113, 115, 124, 126, 129, 151, 153, 155, 167, 183, 265, 270, 281, 283, 298, 337, 400, 429, 436, 440, 450, 453, 455, 468, 477, 483, 491, 493, 496, 501, 506, 510, 512, 524, 526, 528, 538, 540, 543, 564, 567, 569, 571, 573, 578, 591, 616, 627, 650, 652, 654, 665, 669, 674, 689
신적 드라마(Divine Drama) 48
신적 드라마(theodramatic) 644
신적 현현 182

신정정치 287
신 지식(sensus divinitatis) 639
실라 452, 493, 495, 501
실용주의 27, 160, 284, 309
실제적 필요 285, 310, 548
실존적 모델 577
실천(praxis) 307
실천적 무신론 509, 521
심리학 160
심층 교회 개척을 위한 동맹(Alliance for Saturation Church Planting) 280
십계명 345, 646
십자가의 신학 313
썬데이 아익베(Sunday Aigbe) 348

## ㅇ

아가페 242
아더 P. 존스턴(Arthur P. Johnston) 308, 413
아더 T. 피어슨(Arthur T. Pierson) 263, 267
아도니람 저드슨(Adoniram Judson) 399, 408
아라비아 139, 452, 483
아람어 116, 138, 571
아모스 용(Amos Yong) 606, 632, 634
아브라함 70, 71, 72, 73, 79, 81, 86, 89, 94, 97, 100, 102, 104, 114, 119, 123, 124, 138, 153, 166, 232, 425, 644, 665, 683

아사(Asa) 646, 647, 675, 686
아시아 교회 600
아이오나(Iona) 109
아테네(Athens) 237
아토 키다모 마차토(Ato Kidamo Machato) 540
아프리카 35, 48, 140, 203, 233, 236, 250, 301, 308, 370, 384, 394, 446, 468, 471, 528, 548, 561, 573, 574, 582, 584, 596, 598, 599
안드레아스 J. 쾨스텐버거(Andreas J. Köstenberger) 43, 65, 71, 89, 99, 130, 153, 183, 188, 190, 196, 197, 252, 283, 329
안디옥 109, 139, 140, 145, 402, 483
안디옥교회 141, 143, 440, 450, 452, 453, 454, 490, 568
안수 355, 418, 443, 444, 475, 480, 484, 488, 490
앤드류 월스(Andrew Walls) 57, 115, 443, 563
앨런 닐리(Alan Neely) 243
앨런 레이스(Alan Race) 605
앨런 록스버그(Alan Roxburgh) 431, 434
앨런 티펫(Alan Tippet) 536
야만인 114, 285, 288, 299, 385
얀 용어네일(Jan Jongeneel) 211
억눌린 자 187, 304, 307, 308, 310, 313, 316, 333, 334, 340, 516
언약 70, 73, 74, 76, 77, 87, 90,

92, 93, 95, 100, 425, 566, 613, 624, 626, 644, 657, 679, 684
언약궤 78, 98
에드 머피(Ed Murphy) 540
에드워드 C. 펜티코스트(Edward C. Pentecost) 342
에른스트 트뢸치(Ernst Troeltsch) 292
에반스톤(Evanston) 229
에버렛 W. 후파드(Everett W. Huffard) 416
에베소 109, 145, 487, 500, 525, 547
에스겔 91, 105
에스라 567, 578
에큐메니즘 56, 115, 262, 277, 354
에큐메니칼 운동 10, 11, 446, 447, 468, 660
에크하르트 J. 슈나벨(Eckhard J. Schnabel) 19, 44, 464, 483, 488, 495
에티오피아 140, 529, 530, 536, 540, 561, 582, 646, 647, 684
여성 56, 58, 203, 300, 388, 389, 390, 550, 561
여행하는 사도직 492
역사(history) 18, 24, 34, 38, 43, 45, 48, 59, 61, 64, 66, 70, 103, 111, 154, 207, 215, 217, 221, 226, 229, 231, 246, 251, 267, 281, 295, 305, 308, 310, 312, 314, 319, 326, 339, 342, 360, 369, 370, 374, 392, 403, 409, 417, 419, 421, 426, 428, 440, 448, 457, 459, 462, 476, 483, 487, 507, 528, 531, 534, 536, 561, 572, 578, 591, 598, 604, 608, 613, 620, 624, 628, 644, 660, 666, 668, 675, 678, 683, 685
역사의 중요성 409
연관성 질문(relevance question) 590, 596
열두 사도 33, 139, 487, 488, 491, 492, 493, 494, 495, 496, 498, 499, 500, 504
열방을 위한 하나님의 계획 66, 97, 103, 202
영원하고도 의식할 수 있는(conscious) 형벌 648, 659, 660, 662, 663, 667
영적 역동성(spiritual dynamics) 17, 454, 506, 507, 508, 509, 510, 514, 532, 550
영적 전쟁 149, 507, 509, 514, 517, 520, 521, 522, 523, 524, 525, 541, 543, 544, 549
영화(glorification) 34, 153, 196, 206, 207, 208, 209, 211, 212, 268, 342, 361, 368, 384
예견된 종말론(anticipated eschatology) 232
예루살렘 78, 85, 90, 95, 98, 102, 105, 107, 109, 113, 115, 128, 131, 133, 135, 139, 141, 144, 154, 156, 158, 192, 194, 210, 302, 451, 452, 471, 494, 524, 568
예루살렘 공의회 141, 569
예배(worship) 34, 67, 78, 80, 82, 84,

87, 89, 95, 97, 101, 103, 105, 117, 144, 156, 157, 158, 281, 314, 359, 360, 375, 407, 427, 435, 474, 554, 558, 559, 565, 568, 571, 574, 588, 591, 595, 597, 600, 620, 627, 652
예수 그리스도의 주권 212
예수의 가르침 116, 119, 120, 125, 133, 221, 429, 571, 664
예술 361, 595, 596
예언자적 대화(prophetic dialogue) 11, 14, 58, 60
예언적 명령 348
예정 211, 359, 398, 450
옛 관습 587, 588, 589
오만 25, 294, 373, 376, 658
오순절 34, 35, 47, 58, 104, 115, 129, 138, 139, 141, 154, 155, 194, 195, 338, 413, 440, 499, 508, 530, 568, 600, 606, 632, 633
오스왈드 J. 스미스(Oswald J. Smith) 404
온국가 제자화 운동(Discipling a Whole Nation) 280
완성(consummation) 67, 106, 227
왕 같은 제사장 75, 151, 152, 425
외국인 246, 247, 250, 646
요나 93, 94, 99, 370, 391
요하네스 반 덴 베르크(Johannes Van den Berg) 258, 260, 262, 273, 286, 288, 370, 372, 374, 377, 378, 382, 384, 392, 394, 397, 399, 403, 407, 412, 418, 443

요하네스 베르카일(Johannes Verkuyl) 10, 42, 130, 260, 264, 274, 275, 292, 302, 369
요하네스 아가르드(Johannes Aagaard) 492
요한계시록 35, 68, 106, 156, 207, 210, 233, 666, 667
요하네스 크리스티얀 호켄다이크 (Johannes Christiaan Hoekendijk) 175, 277, 304, 427
요한 밥티스트 메츠(Johann Baptist Metz) 307
용서 93, 131, 132, 133, 207, 218, 219, 222, 223, 238, 239, 252, 255, 269, 283, 336, 411, 619, 652, 656, 673, 682
우상들 83, 85, 98, 161, 163, 235, 649
우상숭배 38, 100, 162, 209, 340, 565, 616, 619, 649, 677
우선순위 122, 187, 237, 279, 324, 325, 327, 328, 329, 335, 336, 337, 338, 347, 423, 437, 456, 466, 470, 562, 575
우선주의(prioritism) 329
우호적인 동역자들(fraternal coworkers) 469
우호 협정(comity agreement) 378
웁살라(Uppsala) 177, 305, 306, 311, 314, 435, 445, 476
원시복음(protoevangelium) 69, 217
원심력적(centrifugal) 선교 운동 101,

102, 105, 109, 110, 125
월벗 쉥크(Wilbert R. Shenk) 47
월터 라우센부쉬(Walter Rauschenbusch) 301, 302
월터 맥코넬(Walter McConnell) 489
월터 카이저(Walter Kaiser) 75
웨슬리안 448, 600
위르겐 몰트만(Jürgen Moltmann) 307
윈프리드(Wynfrith) 626
윌리엄 캔트웰 스미스(William Cantwell Smith) 615
윌리엄 허친슨(William Hutchinson) 296
윌버트 쉥크(Wilbert Shenk) 269, 458
유니아 495
유대 108, 133, 135, 140
유럽선교회(Greater Europe Mission) 386
유수푸 투라키(Yusufu Turaki) 301
유시티니안 폰 벨츠(Justinian von Weltz) 51
윤리 160, 223, 242, 252, 287, 311, 316, 320, 323, 335, 345, 352, 376, 589, 593, 610, 635, 642, 646
윤리적 의무 323
율법주의 400
융통성 146, 496
은혜 72, 80, 94, 95, 102, 143, 149, 153, 207, 209, 211, 218, 221, 259, 286, 309, 324, 341, 345, 350, 359, 392, 406, 430, 608, 613, 614, 615, 624, 641, 660, 661, 682, 688

의로움 340, 355, 360, 681
의사소통 164
의식(rituals) 533, 546, 554, 592, 594, 595
의존성(dependency) 471
이과수 선언문(the Iguassu Affirmation) 179, 180
이그나시우스 로욜라(Ignatious Loyola) 30
이데올로기 167, 298, 314, 574, 578
이드로 626, 679
이란(Iran) 55
이레니우스(Irenaeus) 440
이미 그러나 아직 아닌 514, 515
이민 35, 637
이방인 73, 77, 79, 84, 89, 91, 93, 97, 99, 103, 105, 107, 110, 113, 115, 117, 118, 119, 122, 123, 135, 137, 138, 140, 142, 144, 147, 152, 163, 164, 168, 184, 190, 194, 205, 209, 210, 233, 240, 261, 338, 400, 402, 406, 412, 426, 452, 483, 487, 494, 497, 501, 568, 569, 613, 677, 679
이방인의 사도 140, 142, 144, 501
이사야 84, 85, 86, 89, 90, 91, 98, 99, 105, 117, 118, 136, 137, 142, 151, 152, 187, 317, 522, 664, 688
이성주의(rationalism) 289, 521, 612
이스라엘 64, 66, 71, 73, 75, 77, 79, 81, 84, 86, 88, 90, 92, 94, 97, 99, 101, 103, 105, 110, 117, 119, 122,

131, 134, 137, 152, 157, 162, 166, 182, 184, 193, 220, 221, 232, 235, 281, 345, 425, 426, 494, 515, 537, 542, 565, 566, 567, 613, 615, 626, 644, 649, 668, 676, 679, 687, 688
이스라엘의 실패 88, 91
이슬람 55, 114, 159, 174, 363, 376, 386, 560, 605, 609, 619, 620, 623, 627, 628, 644, 684
이신론(deism) 227
이웃 27, 163, 223, 275, 324, 346, 357, 358, 473, 477, 550, 588, 617, 618
이웃 사랑 319
이타적 375, 384
익명의 그리스도인(anonymous Christians) 614, 627, 660
인간 필요에 응답하는 교회에 대한 자문회의(Consultation on the Church in Response to Human Need) 325
인간화(humanization) 213, 217, 230, 300, 301, 306, 307, 310, 311, 312, 313, 314, 316, 320, 327, 353, 427
인권 탄압 56
인도주의 259, 347, 364
『인류의 빛』(Lumen Gentium) 36, 55, 613
인류학 159, 294, 594, 637
인식론적 가정들 61

인자 124, 186, 651
인종분리주의(apartheid) 314
인종차별주의 236
인종 청소 236
일반계시 344, 606, 608, 609, 613, 614, 617, 624, 625, 628, 629, 636, 640, 641, 643, 647, 675, 676, 678, 679, 684, 685, 686
일반적인 부르심 483, 488
임마누엘 칸트(Immanuel Kant) 623, 631
입양 191, 195, 219, 240
잉글랜드 국교회 442


## ㅈ

자기 부인 383
자문화중심주의(ethnocentrism) 286, 294
자발적 선교회 454, 459
자본주의 36, 57, 159, 294, 297, 314
자비량 선교사 443
자선 사업 31, 380
자아실현 387, 390, 405, 419
자전(self-propagating) 35, 53, 274, 275
장기 선교사역 203
장로교 262, 377, 378, 392, 448
저스틴 마터(Justin Martyr) 610, 572
저주 69, 71, 72, 73, 94, 138, 217, 236, 262, 403, 519, 545, 547, 672, 673, 675
적십자사 339
전도와 사회적 책임 간의 관계에 대한

국제자문회의(CRESR: Consultation on the Relationship between Evangelism and Social Responsibility) 323
전략적 차원의 영적 전쟁(SLSW: strategic-level spiritual warfare) 541, 543, 544
전방 개척 선교(frontier missions) 234, 280
전자 매체 57
전천년설(premillennialism) 36, 302, 319
전투 기도(warfare prayer) 525
점진적 계시 103
정경 43, 68, 645
정령 숭배 508, 509, 537, 540, 544, 546, 548, 549, 650
정의(justice) 77, 78, 80, 87, 92, 93, 100, 221, 222, 229, 230, 240, 244, 245, 256, 259, 278, 295, 300, 305, 308, 309, 310, 312, 313, 317, 321, 333, 334, 339, 341, 344, 345, 350, 352, 355, 360, 427, 428, 430, 575, 577, 580, 583, 600
정치적 이데올로기 314, 574
정통성 645
제1차 세계 대전 293, 302
제2차 바티칸 공의회(Vatican II) 36, 55, 180, 250, 271, 272, 613, 614, 615, 660
제2차 세계 대전 54, 294, 376, 386, 518

제4차 라테란 공의회 271
제국주의 138, 159, 199, 296, 299, 315, 372, 375, 376, 377, 394, 441
제럴드 맥더모트(Gerald McDermott) 609, 640
제사장 나라 74, 97, 425
제사장 직분 144, 426
제이 문(Jay Moon) 585
제이콥 로이너(Jacob Loyner) 30
제임스 쉐러(James A. Scherer) 178, 440
제임스 스태물리스(James Stamoolis) 214, 482
제임스 추쿠마 오코예(James Chukwuma Okoye) 76
제자도 260, 344, 347, 356, 357, 358, 430, 502
제자들 30, 108, 111, 117, 119, 121, 123, 125, 127, 129, 131, 133, 134, 135, 136, 137, 138, 140, 141, 155, 172, 191, 193, 195, 196, 200, 268, 279, 352, 354, 398, 402, 422, 425, 426, 483, 488, 494, 506, 510, 514, 515, 524, 528, 539, 568, 569, 624
조건주의 660, 662, 663, 667
조상의 영 545
조셉 슈미들린(Joseph Schmidlin) 54, 271
조쉬아 스트롱(Josiah Strong) 375
조용한 증인(silent witness) 25
조지 래드(George Eldon Ladd) 221
조지 린드백(George Lindbeck) 606, 617, 618, 621

조지 섬너(George Sumner) 624, 631
조지 W. 피터스(George W. Peters) 10, 342, 457, 458
조지 휫필드(George Whitefield) 261, 392
족장들 70, 97, 565
존 R. 모트(John R. Mott) 263
존 맥케이(John Mackay) 242
존 샌더스(John Sanders) 615
존 소브리노(Jon Sobrino) 244
존 스토트(John R. W. Stott) 10, 55, 253, 322, 323, 406,
존 오설리번(John O'Sullivan) 374
존 웨슬리(John Wesley) 260, 261, 384, 392, 396, 398
존 윌리엄스 374
존 윔버(John Wimber) 530
존 파이퍼(John Piper) 213, 215, 234, 235, 280, 360, 394, 407
종교개혁 51, 159, 257, 273, 392, 441, 484
종교개혁가 271, 342, 383, 385, 392, 398, 412, 639, 641
종교신학 16, 604, 605, 606, 607, 614, 632, 633, 634, 635, 636, 637, 638, 639, 640, 642, 643, 644
종교의 씨앗(semen religionis) 640
종교적 광신(religious enthusiasm) 289
종말론 18, 59, 84, 90, 99, 102, 133, 156, 206, 208, 210, 224, 226, 227, 228, 229, 230, 231, 256, 305, 307, 311, 324, 409, 410, 411, 412, 414, 415, 429, 435, 455, 621, 630, 637
종말론(Eschatology) 34
종족 신학들(ethnic theologies) 575
죄 67, 69, 70, 111, 131, 143, 165, 176, 186, 188, 190, 192, 197, 207, 217, 220, 222, 236, 238, 244, 255, 265, 301, 333, 339, 344, 347, 358, 392, 395, 411, 510, 516, 523, 530, 540, 541, 544, 547, 550, 559, 619, 620, 644, 650, 656, 657, 659, 662, 669, 670, 672, 676, 677, 678, 682
죄 사함 112, 128, 194, 196, 217, 218, 265, 266, 327, 331, 358, 656
주관성 623, 624
주의 종 86, 88, 136, 157
줄리엣 토마스(Juliet Thomas) 527
중국내지선교회(CIM: China Inland Mission) 262, 401, 413, 445
중생 114, 219, 347, 511
중재로서의 선교 130
증인 58, 75, 88, 98, 102, 103, 105, 108, 111, 128, 130, 135, 136, 153, 156, 165, 194, 197, 200, 282, 352, 353, 426, 428, 433, 472, 473, 474, 478, 493, 502, 503, 506, 511, 515
지겐발크(Ziegenbalg) 260, 442
지상명령 50, 66, 123, 125, 126, 127, 128, 130, 132, 142, 147, 164, 165, 171, 195, 265, 268, 270, 278, 314, 322, 329, 330, 355, 357, 358, 359,

364, 385, 398, 399, 400, 418, 430, 459, 465, 473, 474, 478, 485, 491, 503, 509, 512, 530, 549, 625, 629
지역 교회와 선교단체 450, 465
지옥 312, 336, 392, 610, 648, 659, 660, 661, 662, 663, 669, 670, 672, 673, 686
직업 376, 387, 440, 475, 477, 483, 486, 554
진리 대결(truth encounter) 535, 537
진정성(authenticity) 499
진젠도르프(Zinzendorf) 109, 173, 260, 261
진화론 610
집사들 350

## ㅊ

착취 223, 374
찰스 H. H. 스코비(Charles H. H. Scobie) 68, 99, 139
찰스 T. 스터드(Charles T. Studd) 404
찰스 롱(Charles Long) 475
찰스 링마(Charles Ringma) 318
찰스 밴 엥겐(Charles Van Engen) 431
찰스 크래프트(Charles Kraft) 530, 536, 540, 541, 546
창조명령 178, 341, 342, 344, 345, 346, 347, 349, 350, 351, 352, 353, 354, 356, 358
창조자 24, 102, 161, 163, 165, 178, 180, 199, 212, 236, 239, 272, 349, 357, 533, 653, 655, 678
천년왕국(Millennium) 35, 36, 412, 413
천사들 30, 64, 166, 182, 210, 532
청교도 52, 212, 258, 259, 273, 287, 288, 372, 373, 374, 392, 398, 407, 412
청교도주의 261, 273
초교파 선교 378, 448
초대 교회 12, 38, 109, 113, 116, 138, 141, 298, 310, 319, 347, 350, 377, 399, 450, 451, 480, 494, 499, 504, 528, 529, 538, 541, 544, 572, 650
초문화 562, 563
초문화화(Transculturalization) 113, 116
총체적 선교(holistic mission) 56, 309, 310, 319, 323, 325, 326, 328, 329, 330, 336, 373
축귀 184, 188
출애굽 73, 97
칠십인역 571
침례교 377, 442, 448, 460, 482, 485, 601

## ㅋ

칼 라너(Karl Rahner) 614, 615, 627, 660
칼빈 쉥크(Calvin Shenk) 641
칼빈주의 212, 398
케빈 J. 밴후저(Kevin J. Vanhoozer)

40, 41, 47, 48, 575, 644
켄 미야모토(Ken Chrisoph Miyamoto) 216
켈트 선교사 382
코튼 마더(Cotton Mather) 288
퀘이커교 377, 378
크리스토퍼 J. H. 라이트(Christopher J. H. Wright) 12, 14, 37, 38, 65, 86, 99, 216, 345, 353
크리스토퍼 R. 리틀(Christopher R. Little) 213, 252, 679
크리스토퍼 콜럼버스(Christopher Columbus) 50
클라크 피녹(Clark Pinnock) 615

## ㅌ

타락 33, 64, 69, 94, 97, 121, 134, 153, 157, 164, 179, 182, 217, 220, 231, 238, 255, 256, 343, 345, 352, 418, 516, 642, 643, 644, 649, 669
타문화 선교 18, 344, 347, 435, 459, 461, 463
타문화 선교사 468, 469, 472, 473
타이트 티에누(Tite Tiénou) 19, 332, 597
타티안(Tatian) 572
탈중심화된 신약에서의 선교 운동 109
탐바람(Tambaram) 229, 432, 470
탐욕 223, 373
택하신 족속 75, 151, 152, 425
테러 58, 160, 204, 386

테레사 오쿠레(Theresa Okure) 250
테리 티센(Terry Tiessen) 641
토마스 브레이(Thomas Bray) 258, 442
토마스 아퀴나스(Thomas Aquinas) 172
토마스 옴(Thomas Ohm) 54
토마스 콕(Thomas Coke) 403
토마스 크램(Thomas Kramm) 305
토마스 탈봇(Thomas Talbot) 661
토착 교회 274, 275, 280
토착 원리(indigenous principle) 116
통일성과 다양성 66
투르의 마틴(Martin of Tours) 530
트리니티복음주의신학교 (Trinity Evangelical Divinity School) 55
특별계시 344, 609, 613, 614, 617, 624, 628, 629, 631, 637, 640, 647, 675, 678, 679, 680, 684

## ㅍ

파송 27, 30, 33, 48, 50, 52, 106, 109, 129, 141, 143, 150, 260, 275, 285, 315, 370, 378, 387, 390, 421, 431, 433, 435, 438, 439, 440, 442, 444, 445, 446, 447, 448, 449, 450, 451, 452, 454, 455, 456, 457, 458, 459, 460, 461, 462, 463, 464, 469, 470, 475, 481, 482, 485, 491, 493, 494, 495, 501, 502, 503, 505, 572
파시즘 303
패트릭(Patrick) 403, 501

패트릭 존스턴(Patrick Johnstone) 525
편협함 262
평화 25, 36, 85, 90, 95, 96, 97, 103, 215, 227, 229, 238, 239, 240, 305, 312, 339, 358, 410, 427, 523, 566
포교성성 50, 441
포스트모더니즘 14, 56, 508, 605, 606, 620, 630, 637, 638, 640
포스트모던 57, 164, 228, 617, 618, 619, 620, 621, 622, 640
포용주의(inclusivism) 115, 605, 606, 610, 612, 613, 614, 615, 616, 624, 625, 626, 627, 630, 638, 639, 641
폭력 58, 122, 156, 160, 236, 297, 306, 311, 408, 526, 549
폴 E. 피어슨(Paul E. Pieson) 315, 449
폴 니터(Paul Knitter) 57, 605, 606, 609, 610, 615, 617, 626, 629, 630, 638, 640
푀비 팔머(Phoebe Palmer) 389
표적과 기사 144, 528, 530, 531
풀러신학교(Fuller Theological Seminary) 55, 530
프랑크푸르트 선언(Frankfurt Declaration) 212
프리드리히 슐라이어마허(Friedrich Schleiermacher) 292, 660
프린스턴대학교(Princeton University) 53
프린스턴신학교 242
플리머스 형제단(Plymouth Brethren) 449

피터 T. 오브라이언(Peter T. O'Brien) 43, 65, 71, 89, 99, 147, 149, 153, 188, 197, 283
피 흘림 69

## ㅎ

하나님 나라(kingdom of God) 19, 33, 36, 56, 64, 66, 68, 70, 73, 76, 78, 97, 100, 102, 106, 107, 110, 112, 115, 120, 122, 127, 131, 133, 135, 138, 142, 150, 153, 155, 157, 160, 164, 170, 175, 184, 201, 206, 211, 215, 218, 220, 222, 224, 227, 229, 231, 234, 236, 240, 244, 255, 260, 266, 268, 273, 281, 285, 301, 304, 308, 310, 312, 314, 319, 321, 326, 335, 339, 345, 347, 350, 353, 355, 357, 359, 361, 377, 379, 409, 412, 422, 426, 427, 429, 433, 435, 438, 455, 465, 472, 477, 494, 514, 516, 518, 521, 522, 536, 538, 601
하나님 나라 공동체 18, 136, 142, 150, 200, 354, 355, 356, 357, 358, 359, 360, 361, 362, 428, 455, 500, 502, 505
하나님 나라의 비유들 121
하나님 나라의 사회적 차원 341
하나님 나라의 표징 32, 64, 120, 134, 225, 231, 232, 236, 256, 324, 335, 339, 341, 353, 358, 361, 428, 430

하나님을 사랑 68, 213, 347, 358
하나님의 부르심 153, 402, 405, 436, 481, 482, 490, 504
하나님의 사랑 164, 167, 168, 242, 317, 333, 351, 357, 476, 513, 663, 669, 670, 680
하나님의 선교(*missio Dei*) 9, 13, 15, 16, 18, 20, 39, 40, 61, 68, 74, 135, 141, 154, 159, 170, 172, 173, 175, 177, 179, 198, 202, 205, 214, 223, 228, 237, 281, 308, 327, 330, 361, 409, 410, 421, 423, 427, 432, 433, 434, 435, 437, 439, 461, 471, 476, 478, 482, 503, 505, 641, 643
하나님의 선물(*donum Dei*) 177
하나님의 선택 426
하나님의 영광 34, 105, 106, 138, 207, 208, 209, 210, 211, 212, 213, 214, 215, 217, 221, 262, 352, 359, 361, 384, 387, 406, 407, 408, 426, 644, 676
하나님의 우주성 166
하나님의 정의 221, 317, 333
하나님의 주권 104, 181, 358, 417, 426, 515, 519, 549
하나님의 진노 266, 395, 665, 671
하나님의 형상 114, 164, 214, 343, 347, 358, 658, 678
하워드 A. 스나이더(Howard A. Snyder) 224, 279

하워드 페스켓(Howard Peskett) 410
학생자원운동(SVM: Student Volunteer Movement) 263, 267, 413, 485
한나 휘트올 스미스(Hannah Whitall Smith) 389
할레의 경건주의 선교사 운동 289
할레 113, 114, 139, 141, 566
항공선교회(Missionary Aviation Fellowship) 386
해럴드 네틀랜드(Harold Netland) 606, 609
해럴드 매어(Harold Mare) 347
해롤드 린드셀(Harold Lindsell) 328
해방(liberation) 60, 111, 141, 215, 219, 230, 241, 283, 300, 301, 307, 308, 310, 311, 312, 313, 314, 320, 322, 339, 354, 397, 430, 530, 657
해방신학 54, 244, 245, 302, 307, 308, 574
핸드릭 크래머(Hendrick Kraemer) 54, 276, 608, 610, 612, 617, 624
허드슨 테일러(J. Hudson Taylor) 262, 401, 413, 485
헤롤드 린드셀(Harold Lindsell) 303
헨리 냅(Henry Knapp) 288
헨리 벤(Henry Venn) 52, 274, 275, 292, 419
헨리 플뤼차우(Henry Plütschau) 258, 260, 442
헬라어 30, 33, 34, 116, 136, 137,

140, 286, 493, 494, 497, 570, 571, 572, 653
헬라 철학 570, 572
현대 선교학 205, 263
협의회 교회 315
혼합주의(Syncretism) 36, 38, 268, 509, 534, 537, 557, 573, 574, 575, 576, 578, 589, 595, 601, 654, 657
홀로코스트 159, 174
화란 개혁자들 51
화목 33, 113, 148, 157, 238, 239, 240, 331, 346, 350, 353, 607, 675, 680
화해 64, 102, 112, 206, 219, 220, 222, 236, 237, 238, 239, 240, 256, 267, 322, 328, 336, 344, 352, 355, 357, 358, 360, 361, 396, 435, 455, 615, 671
환경에 대한 청지기 358
환대(hospitality) 641, 633
황제 숭배 629
회개 93, 94, 112, 125, 127, 128, 140, 157, 184, 186, 262, 265, 266, 268, 283, 309, 313, 331, 357, 393, 415, 428, 430, 522, 542, 544, 549, 607, 610, 625, 626, 628, 636, 645, 661, 669, 673, 674, 677, 681, 682, 685
회심 34, 50, 113, 139, 142, 145, 147, 258, 259, 260, 261, 263,
264, 267, 268, 269, 270, 271, 272, 273, 275, 276, 278, 282, 283, 286, 287, 288, 289, 302, 310, 328, 332, 342, 353, 362, 373, 397, 412, 452, 483, 490, 497, 527, 536, 541, 546, 560, 569, 572, 574
후기 서구 기독교(post-Western Christianity) 293
후기 자유주의 606
후천년설(Postmillennialism) 36, 319
휘튼 선언(Wheaton Declaration) 321
힌두교 583, 605, 609, 611, 616, 623, 624, 626, 627, 628
힌두교인 397, 560, 574, 626, 642

# GMF 시리즈

## 1 범세계적 교회와 선교적 리더십

제임스 E. 프루드만 지음 | 변진석 · 김동화 옮김 | 신국판, 320P

본서는 교차문화적 리더십의 경험과 성경과 리더십 이론을 토대로 교차문화적 또는 다중문화적 상황에서 다양한 리더십의 의미와 형태의 충돌이라는 문제에 대한 해결책을 제시한다.

## 2 전인적 선교 훈련, 어떻게 할 것인가?

로버트 브링좁슨 · 조나단 루이스 지음 | 변진석 · 엄주연 옮김 | 신국판, 424p

본서는 선교사를 파송하기 전 적절한 훈련이 선교에 있어 아주 중요하다는 확신 하에 총체적이고 전인적인 선교 훈련을 이론과 실제를 통해 상세히 제시한다.

## 3 범세계 교회를 위한 상황화 이론과 실제

로즈 도우셋 지음 | 변진석 · 엄주연 옮김 | 신국판, 520p

본서는 "상황화"에 대해 지금까지 다루어진 어떤 논의와 저서보다도 실제적으로 다양하게 세계의 각 문화권에서 나타난 "상황화"를 잘 보여준다.

# WEA 선교의 세계화 시리즈

### 1 21세기 글로벌 선교학
윌리엄 D. 테일러 편집 | 김동화 외 3인 옮김 | 신국판 양장, 934p

본서는 삼위일체 선교의 성경연구들, 선교의 상이한 모델들을 다루며 전 세계적 선교에 대한 창의성과 헌신을 자극하는 이구아수 선언에 대한 개인적 응답을 발견케 한다.

### 2 선교사 멤버케어
오도넬 편집 | 최형근 외 4인 옮김 | 신국판 양장, 1058p

본서는 멤버케어 분야의 전문가들을 통해 멤버케어를 국제화하고, 인도주의적 구호와 인적 자원 등을 살펴봄으로써 선교사들을 위한 자원을 증대하며 멤버케어에 대한 정보를 제공한다.

### 3 라틴아메리카의 위기와 희망
에밀리오 A. 누네스 · 윌리엄 D. 테일러 지음 | 변진석 옮김 | 신국판 양장, 670p

본서는 라틴 아메리카의 역사적, 사회정치적 및 종교적 배경을 살피고, 로마 가톨릭주의, 해방신학, 은사주의, 상황화 및 복음주의자들의 사회 책임과 같은 쟁점들과 도전들을 다룬다.

### 4 선교사의 생활과 사역
탐 스테픈 · 로이스 맥키니 더글라스 지음 | 김만태 옮김 | 신국판, 480p

본서는 선교사로서의 출발부터 현지생활과 사역, 은퇴와 은퇴 이후까지 선교사의 일생에 걸쳐 중요한 주제들을 다룬다.

### 5 선교 전략 총론
J. 마크 테리 · J. D. 페인 지음 | 엄주연 옮김 | 신국판, 472p

본서는 전 세계의 모든 선교지에서 실행되었던 전략을 분석하고 통합하고 평가한 책으로 다양한 이론과 더불어 수많은 사례를 통해 총체적인 선교 전략을 제시한다.

### 6 박해와 순교 I
윌리엄 테일러 외 편저 | 김동화 외 옮김 | 신국판 양장, 328p

본서는 지금도 이 지구상에서 거의 매일 발생하고 있는 그리스도인들의 고난과 순교에 대한 현실을 가장 생생하게 다룬다.

# 선교신학의 도전
Encountering Theology of Mission

2017년 6월 30일  초판 발행
2021년 4월 10일  초판 2쇄 발행

지 은 이 | 크레이그 오트, 스티브 J. 스트라우스, 티모시 C. 테넌트
옮 긴 이 | 변진석·엄주연 외 5인

편    집 | 변길용, 곽진수
디 자 인 | 신봉규, 박슬기
펴 낸 곳 | 사)기독교문서선교회
등    록 | 제16-25호(1980. 1. 18)
주    소 | 서울시 서초구 방배로 68
전    화 | 02) 586-8761~3(본사)  031) 942-8761(영업부)
팩    스 | 02) 523-0131(본사)  031) 942-8763(영업부)
홈페이지 | www.clcbook.com
이 메 일 | clckor@gmail.com
온 라 인 | 기업은행 073-000308-04-020, 국민은행 043-01-0379-646
           예금주: 사)기독교문서선교회

ISBN  978-89-341-1678-3  (93230)

* 낙장·파본은 교환해 드립니다.

이 도서의 국립중앙도서관 출판시 도서목록(CIP)은 서지정보유통지원시스템 홈페이지(http://seoji.nl.go.kr)와
국가자료공동목록시스템(http://www.nl.go.kr/kolisnet)에서 이용하실 수 있습니다.
(CIP제어번호: CIP2017013921)